Die Deutsche Bibliothek - CIP-Einheitsaufnahme
Modefotografie in Deutschland 1929 bis 1995/
Johannes Christoph Moderegger
Norderstedt, Libri Books On Demand, 2000

Dem Buch Modefotografie in Deutschland 1929-1955 liegt die Dissertation zur Erlangung des Doktorgrades der Philosophischen Fakultät der Christian-Albrechts-Universität zu Kiel, "Die Modefotografie im Focus des Dritten Reiches, produktionstechnische, gestalterische und stilistische Aspekte der Modefotografie in Deutschland von 1929 bis 1955" zugrunde.

Umschlag:
Tina Troike
Layout:
Frank Pfabigan
Herstellung:
Libri Books On Demand

ISBN 3-8311-0731-9
Printed in Germany

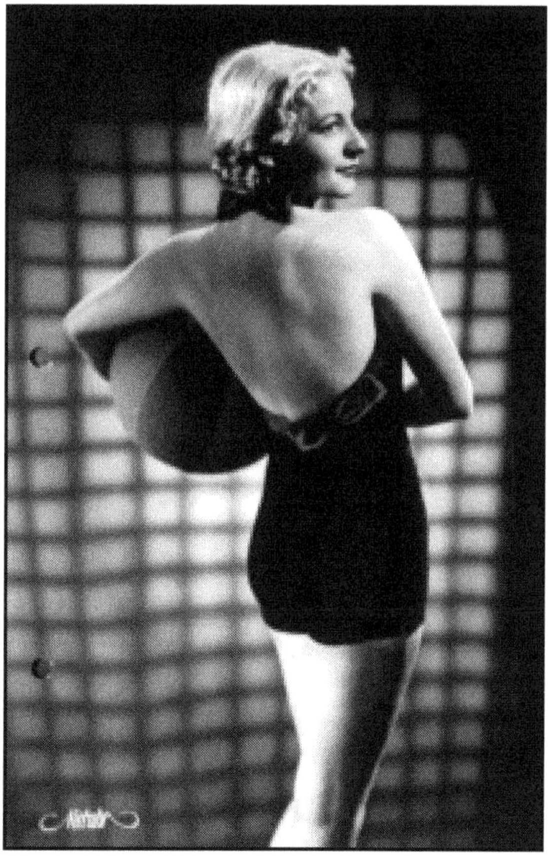

Danksagung

In allen Phasen der Arbeit an dieser Dissertation bekam ich Anregungen und Hilfen, für die ich mich hier ganz herzlich bedanken möchte.
Zuerst bedanke ich mich bei meiner Familie, vor allem bei meiner Frau Anja und meiner Tochter Eva Lotta, für ihre große Geduld und die Liebe und Unterstützung, die Sie mir in den hellen und dunklen Stunden der Forschung gaben. Bei meinen Eltern Brigitte und Dr. Johannes Moderegger möchte ich mich, für ihre kontinuierliche Großzügigkeit bedanken, ohne die dieses Projekt nicht verwirklicht worden wäre und bei meine Schwiegereltern Waltraut und Heiner Schlüter für ihre vielen Hilfen, den Alltag neben der Arbeit an der Dissertation zu organisieren.
Dafür, dass ich Sie ausführlich interviewen durfte, bedanke ich mich bei Familie Brandi-Geismar, Barbara Buffa, Michael Georgi, F. C. Gundlach, Gerd Hartung, Karl-Ludwig und Ilse Haenchen und Karin Stilke.
Allen nicht namentlich genannten, aber am Zustandekommen dieser Dissertation beteiligten Institutionen und deren freundlichen und hilfsbereiten Mitarbeitern sei hier meine Dankbarkeit übermittelt.
Für Ihre Gesprächsbereitschaft und Ihre vielfältigen Anregungen möchte ich mich bei Malies Behm, Dr. Andreas Bienert, Professor F. C. Gundlach, Dr. Maike Haupt, Dr. Lars Olof Larsson, Torsten Nicolaisen, Dr. Claudia Gabriele Philipp, Dr. Adelheid Rasche, Karin Stilke, Holger Tiedemann, Regina Wäsche, Eduard Wätjen, Annette Weißner und Maike Wiechmann bedanken.

Meinen Korrektoren sei hier noch einmal ganz besonders gedankt! In alphabetischer Folge waren das: Annette Frösch, Achim Mäueler, Anja Moderegger, Brigitte Moderegger, Christine Onnen, Heiner Schlüter, Regina Wäsche und Sabine Wünsch.
Am Schluß der Danksagung, aber nicht zuletzt, möchte ich mich bei meinen beiden Gutachtern Prof. Dr. Lars Olof Larsson und Prof. Dr. Adrian von Buttlar dafür bedanken, daß Sie sich die Zeit genommen haben, meine Arbeit zu lesen und zu beurteilen.

Vielen herzlichen Dank!

Vorwort zur Dissertation

Als gelernter Fotograf und Kunsthistoriker richtete ich während meines Studiums mein Augenmerk besonders auf alle Anwendungsbereiche der Fotografie sowohl die künstlerischen, als auch die gewerblichen. Die historische Modefotografie, die immer wieder mit einigen großen Ausstellungen der deutschen Öffentlichkeit präsentiert wurde, zeigte bei näherer Betrachtung viele offene Fragen, die mich neugierig machten. Als Kind, dessen Eltern im zweiten Weltkrieg aus Königsberg und Reichenberg flüchteten, wuchs ich im Deutschland des ausklingenden Wirtschaftswunders und der ersten Ölkrisen mit dem Mythos von der Stunde Null auf. Aufgrund der Geschichte meiner Familie war mir in meinen Studien immer die Frage nach der Zeitspanne von 1933 bis 1955 besonders wichtig. Am Beginn der Forschungen zu dieser Dissertation war ich davon ausgegangen, dass es nach dem Krieg einen Neuanfang in der deutschen Modefotografie gegeben hat. Dementsprechend lautete der Arbeitstitel zunächst "Deutsche Modefotografie der Fünfziger Jahre". Doch schon nach wenigen biographischen Forschungen wurde klar, daß die Nachkriegszeit in Deutschland keinen Neuanfang, sondern die Fortführung einer Entwicklung darstellte - einer Entwicklung, die ihren Ausgangspunkt in den Zwanziger Jahren des 20. Jahrhunderts genommen hatte.

Johannes Christoph Moderegger im April 1998

Titel der Dissertation:
Modefotografie im Focus des Dritten Reiches
Produktionstechnische, gestalterische und stilistische Aspekte der Modefotografie [1] in Deutschland von 1929 bis 1955

"Über die geschönte Seite der Wirklichkeit dieses zutiefst verbrecherischen Regimes zu schreiben darf und muß nicht dazu führen, die Akteure nachträglich zu rehabilitieren, die Opfer zu verhöhnen und die Millionen Mitläufer und Angepaßten von jeder (ohnehin nur individuell zurechenbaren) Schuld frei zu sprechen. Ebensowenig soll hier Wasser auf die Mühlen der Alten und Neuen Rechten gelenkt werden."
Peter Reichel 1991[2]

1. Einführung

"Was ich nicht weiß, macht mich nicht schwarz."
Norbert Leonard[3]

Die folgende Arbeit stellt den Versuch dar, die Entwicklung der Modefotografie in Deutschland bis an den Beginn des Zeitalters der Flugreisen und des damit verbundenen Internationalismus, nachzuzeichnen.

Seit dem Ende des ersten Weltkrieges wuchsen in Deutschland bis 1923 das soziale Elend und die Arbeitslosigkeit täglich. Die Grundlage für den Wiederaufschwung legte 1923 die Währungsreform mit der Einführung der Rentenmark. Noch am Ende der Zwanziger Jahre litten viele Bürger unter den gesellschaftlichen und wirtschaftlichen Veränderungen und der großen Arbeitslosigkeit. Doch gab es vor allem in den Metropolen Deutschlands eine immer breiter werdende Schicht, die das Leben wieder genoss und Geld für Luxusartikel ausgeben konnte. Diese Gesellschaftsschicht leistete es sich, nach der Mode gekleidet zu sein.

Hunderte von Zeitungen und Zeitschriften des deutschen Reichsgebietes veröffentlichten regelmäßig Modefotografien, um damit ihren Lesern die deutschen und die internationalen Moden zu präsentieren. Der Raum, den die Modefotografie in den deutschen Zeitschriften einnahm, wurde immer größer und die Modefotografien wurden anspruchsvoller. Eine besondere Herausforderung für die Modefotografen[4] war es, dass die Magazine in den Vierziger Jahren anfingen, farbige Modefotografien zu drucken.

Wenn man bei der Betrachtung des Phänomens Modefotografie die Jahre von 1933 bis 1945 einschließt, muss man die Frage nach dem staatlichen Einfluss stellen. Ob es einen staatlichen Einfluss auf die Modeofotografie gegeben hat, und wie dieser Einfluss ausgesehen haben könnte, ist noch nicht geklärt worden. Unter anderen, soll diese Frage in der anschließenden Forschungsarbeit einer Lösung näher gebracht werden.

Die Wahl der Zeitspanne von 1929 bis 1955 ergab sich vornehmlich daraus, daß bei den Modefotografen ein 1929 einsetzender Generationswechsel stattgefunden hatte. Der Generationswechsel ging mit einem allmählichen Stilwandel einher. Die Fotografen, die zwischen 1929 und 1936 in das Berufsleben eingetreten waren, bestimmten die Modefotografie in Deutschland bis 1955 und darüber hinaus. Innerhalb des Bearbeitungszeitraumes mußten sich die Deutschen in vier verschiedenen politischen Systemen zurechtfinden. Den für sie ersten demokratischen Jahren in der Weimarer Republik folgte 1933 die nationalsozialistische Diktatur, die 1945 von der Herrschaft der alliierten Besatzungsmächte abgelöst wurde. Offiziell ging die Besatzungszeit am 5. Mai 1955, mit dem Inkrafttreten der Pariser Verträge zuende, die zwei deutschen Staaten die formale Souveränität zusicherten. Im Zeitschriftenwesen und der Modefotografie war die Besatzungszeit schon etwa ab dem Sommer 1947 vorbei, als nach und nach alle Besatzungsmächte Lizenzen für die Herausgabe unabhängiger Frauenzeitschriften vergeben hatten[5].

1.1. Definition und Überblick des Arbeitsfeldes

Dieser Arbeit liegt ein eng gefasster Modefotografiebegriff zugrunde. Es werden nur die Aufnahmen als Modefotografien angesprochen, die für die Veröffentlichung in Zeitungen, Zeitschriften, Katalogen oder in Werbebroschüren produziert wurden, um den Wandel der Kleidermode zu präsentieren. Hier geht es nicht darum, nach dem jeweils aktuellen, modischen Aspekt in Modefotografien zu suchen oder Fotografien "posthum" zu Modefotografien zu erklären, nur weil auf ihnen Menschen und Kleider zu sehen sind. Es geht um

Bekleidungspräsentation mit und ohne Ambiente und um die damit verbundenen Organisationen, das Handwerk und die Fotoproduktion.

> *"Nur durch den Preis und die Bezeichung (der Kleidung Erg. d. Verf.) in der Bildunterschrift wird das Porträt einer bekleideten Person zur Modefotografie."* [6]

Diese Definition der Modefotografie vertrat der Modefotograf David Bailey 1985. Blickt man heute in Modezeitschriften und Lifestylemagazine, so trifft seine Aussage uneingeschränkt zu. Man sieht Porträts von öffentlich bekannten Personen, deren Bekleidungsstile vorgestellt werden, zu Stars erhobene Models, die chamäleongleich ihre Hüllen wechseln und Aufnahmen, die dem Familienfotoalbum entsprungen zu sein scheinen.

Heute kann jede Fotografie, die einen Menschen zeigt, unter den Voraussetzungen als Modefotografie veröffentlicht werden, daß Label, Preis oder die Bildunterschrift die Aufmerksamkeit auf die Bekleidung lenken. Diese Variationsbreite gab es jedoch nicht immer, schon gar nicht in der alltäglichen Modefotografie Deutschlands. Erst seit den späten Zwanziger Jahren, als Künstler wie Man Ray und der Avantgarde nahestehende Fotografen wie z. B. Erwin Blumenfeld oder Otto Umber (Umbo) zur Kamera griffen und Modefotos schufen, wurden die Grenzen der Modefotografie erweitert und um neuartige Bildauffassungen bereichert. Solche Experimente wurden regelmäßig in den verschiedenen nationalen >Vogue<-Ausgaben veröffentlicht, in Deutschland jedoch nur selten, und dann in relativ modefernen Publikationen wie >Das Magazin<.[7]

Bisher wurden in den meisten Veröffentlichungen zur Modefotografie lediglich glanzvolle Einzelfotos gewürdigt. In dieser Arbeit geht es im Gegensatz dazu darum, einen repräsentativen Ausschnitt aus der breiten Masse der veröffentlichten Modebilder zu untersuchen und vorzustellen. Das schließt die alltäglichen Modebilder der Dreißiger, Vierziger und frühen Fünfziger Jahre ein. Modefotografien die nicht vorgaben etwas anderes als Fotografien von modischer Kleidung zu sein und die ohne großen künstlerischen Anspruch produziert wurden. Aufgabe dieser Fotografie war es, den Leser über den Wandel der Mode zu informieren und gleichzeitig für die auf dem Foto dargebotene Mode zu werben.

In der Dissertation soll die Frage eines nationalsozialistischen Einflusses auf die Mode, aber vor allem auf die Modefotografie geklärt werden, dazu wird auf die Modelenkung im "Dritten Reich" eingegangen[8]. Daneben beleuchtet die Arbeit die verschiedenen produktionstechnischen Aspekte der Modefotografie. So werden zunächst die praktischen Aufnahmebedingungen erläutert und dann verschiedene Modefotografien zeigende Magazine und Frauenzeitschriften vorgestellt. Wegen ihrer Bedeutung für den Produktionsprozess wird außerdem die Geschichte der Fotomodelle dargestellt.[9] Stilistische Untersuchungen am modefotografischen Werk ausgewählter Fotografen aus den Dreißiger bis Fünfziger Jahren zeigen sowohl deren Einbindung in den internationalen Kontext als auch ihre individuellen Stilmerkmale.

Im Anhang werden die Biographien einiger Fotografen und Fotomodelle vorgelegt sowie deren Studioanschriften. Auf die drucktechnische Wiedergabe der Werkverzeichnisse wird verzichtet, da sie den Rahmen dieser Dissertation sprengen würde[10]. Der Abbildungsteil unterstützt die inhaltlichen Aussagen und macht bisher nur in den Dreißiger bis Fünfziger Jahren veröffentlichte Modefotografien wieder zugänglich.

1.2. Der Stand der Forschung zur Geschichte der Modefotografie

Beschäftigt man sich mit der einschlägigen Literatur zum Thema Modefotografie, so fällt auf, dass die Modefotografien aus Deutschland nur selten erwähnt werden.[11] Das trifft besonders auf die derzeitigen Standardwerke, wie >The History of Fashion Photography<[12] (1979) von Nancy Hall-Duncan zu. Ihr Hauptverdienst war es, durch ihr Buch und einer damit verbundenen Wanderausstellung, die Modefotografie einem breiten Publikum als Kunst erschlossen zu haben.[13] Da die Ausstellung für das amerikanische Publikum konzipiert war, ist es verständlich, dass Hall-Duncan ihre Bilder überwiegend aus amerikanischen Publikationen requirierte. In der Publikation werden Glanzlichter und Spitzenprodukte des überwiegend amerikanischen Zeitschriftenmarktes gezeigt. Von insgesamt 176 im Buch veröffentlichten Fotos kommen 111 aus amerikanischen Frauenzeitschriften, 20 aus französischen und die restlichen 45 Fotos aus Magazinen anderer Länder, jedoch keines aus einem deutschen Magazin. Mit 92 Fotos führt der amerikanische Verleger Conde Nast mit seiner Zeitschrift >Vogue< das Feld an. Die gezeigten Bilder stammen von Fotografen, die überwiegend für den nordamerikanischen Markt arbeiteten. Nur selten veröffentlichten diese Fotografen auch in Deutschland. Der Titel von Hall-Duncans Buch ist insofern irreführend, als der in ihm erhobene Anspruch, die internationale Geschichte der Modefotografie darzustellen, nicht erfüllt wird.[14]

In der aus London stammenden Publikation >Shots of Style<, die 1985 von dem Fotohistoriker Martin Harrison herausgegeben und von dem Modefotografen David Bailey zusammengestellt[15] wurde, finden sich als Bildquellen ebenfalls nur eine begrenzte Auswahl an Magazinen, allen voran, wie auch bei Hall-Duncan: >Harper's Bazaar< und >Vogue<.[16] Die beiden Magazine erschienen jeweils in einer amerikanischen, englischen, französischen und italienischen Ausgabe.[17] Diese Regionalausgaben waren und sind keine bloßen Übersetzungen sondern eigenständige Produktionen. Sie sind, sowohl im Textteil, als auch in den Abbildungen, dem jeweiligen Landesstil und Lesernaturell angepaßt.

Auch in einem weiteren Werk von Martin Harrison aus dem Jahr 1991 >Appearances. Fashion Photography since 1945<, ist das nicht anders, auch hier wurden keine deutschen Magazine als Bildquellen genutzt.[18]

Nur in dem Wiener Ausstellungskatalog >Modefotografie von 1900 bis heute<, 1990 in Wien veröffentlicht, erscheinen neben den amerikanischen, englischen, französischen und italienischen Magazinen auch deutschsprachige Zeitschriften als Bildquellen und damit auch die Namen ihrer Stammfotografen, wobei ihr Anteil aber immer noch auffallend gering blieb.[19]

Auf internationaler Ebene, aber vor allem von Amerika und England ausgehend, gibt es also schon seit gut zwanzig Jahren eine Tradition in der kunst- und kulturhistorischen Betrachtung der Modefotografie. Doch auch auf nationaler Ebene gab und gibt es ein Engagement für die Modefotografie, das über die Rezeption in Tagesveröffentlichungen hinausgeht. Die Ausstellung >Berlin en vogue, Berliner Mode in der Fotografie<, zeigte das Modeschaffen, also Mode und besonders die Modefotografie der Metropole Berlin,[20] von französischem Bildmaterial der 1890er Jahre ausgehend, über die seit 1904 mehr originären Berliner Modefotos bis in die Neunziger Jahre des 20. Jahrhunderts wurde hier ein Bogen geschlagen.[21]

In der von dem Modefotografen F. C. Gundlach[22] 1995 für das Institut für Auslandsbeziehungen konzipierten Ausstellung >Bildermode- Modebilder. Deutsche Modephotographien von 1945 - 1995< wurde der Versuch gemacht, die deutsche Modefotografie vorzustellen und durch die Wahl der Abbildungen zu zeigen, was spezifisch deutsche Modefotografie sein könnte. Gerade das Postulat einer deutschen Modefotografie im Untertitel der Ausstellung führte zu einer Vielzahl von Kommentaren. Die Mehrheit der deutschen Kritiker diskutierte die Frage nach der Suche eines Nationalcharakters in den Modefotos. Zwar teile ich das Unbehagen der Kritiker an jeder Deutschtümelei, doch verfolge ich mit dieser Dissertation die These, dass man in der Produktion einer begrenzten Region spezifische, charakteristische Eigenarten erkennen kann, die nur sehr wenig mit Nationalitäten, aber viel mit den soziokulturellen Gegebenheiten und der politischen Situation zu tun haben.

Außer in vereinzelten Monografien, die meist erst nach dem Tod des Fotografen erschienen und in wenigen Aufsätzen, ist ernsthaft über die deutsche Modefotografie der Zeit von 1933 bis 1955 nachgeforscht worden. Wie aber kommt es zu den im Vergleich mit dem Ausland erheblichen Defiziten in der Aufarbeitung der deutschen Fotogeschichte, besonders der Fotografie im Bereich der angewandten Kunst - hier der Modefotografie - von Seiten der Kunst- und Kulturgeschichtswissenschaft? In einer Diskussion zur Situation der Fotografie in Hamburg, die vom "Arbeitskreis Photographie" in Hamburg am 14.08.1996 in den Deichtorhallen initiiert wurde, äußerte sich Uwe Schneede, der Direktor der Hamburger Kunsthalle, dahingehend, dass die Arroganz deutscher Kunsthistoriker[23] der letzten Generationen dazu geführt habe, dass die Erforschung der deutschen Fotografie der Dreißiger und Vierziger Jahre noch in den Anfängen stecke. Eine andere These zu der Frage, warum die Fotografie nach 1945 nur sehr wenig Beachtung in deutschen Museen erfuhr, wirft der Kritiker Ulf Erdmann Ziegler auf: *"Weil die Fotografie kein Lieblingshaßobjekt der Nazis war, fiel die Aufforstung der fotografischen Museumsbestände nach 1945 weitgehend aus."*[24]

Neben diesen Tendenzen dürfte auch die schier unübersehbare Fülle der modefotografischen Produktion und der Mangel an spezialisierten Historikern einer Erforschung der Modefotografie entgegengestanden haben.

1.3. Kleiderfotografie, Modefotografie und Kunst

Fotografie ist heute als ein Werkzeug anerkannt, das sich wie ein Meißel oder Pinsel von kundiger Hand kunstschöpfend einsetzen lässt. Die Bezeichnung "Werkzeug" fasst der Autor hier etwas weiter. Bei der "Fotografie" handelt es sich ja genau genommen um den Einsatz verschiedener Werkzeuge und Fertigkeiten. Das entscheidende Gerät am Anfang des Prozesses ist der Fotoapparat, der oft als "Maschine" beschimpft worden ist. Vilém Flusser bezeichnet den Fotoapparat als eine "Black Box", die zwar vom Fotografen beherrscht, aber nie in ihrer Gänze durchschaut und ausgelotet werden kann[25]. Die Realität läuft wie ein Fluss durch die "Black Box" und der Bediener filtert durch das Betätigen des Auslösers seine Interpretation der Wirklichkeit als das Bild heraus. Man kann die Vorgänge von der Idee zum Bild, also die Belichtung, Entwicklung und das Printen durchaus zusammenziehen und als Einheit betrachten. Die Malerei und die Bildhauerei sind wir auch gewohnt, als Einheit zu sehen, obwohl auch hier die verschiedensten Werkzeuge und Fertigkeiten zum Einsatz kommen. Wie bei Malerei oder Bildhauerei ist das Produkt - bei der Malerei ein Bild, bei der Bildhauerei eine Skulptur oder Plastik, beim Fotografieren ein Foto - nicht automatisch Kunst. Bildhauerei kann genauso Kopien erzeugen, wie Fotografie bloße Reproduktionen[26].

Trotz dieser Gemeinsamkeiten mit den allgemein anerkannten Künsten wird in der Literatur immer wieder die Frage aufgeworfen, ob Fotografie Kunst sein kann. Nach Horst Wackerbarth soll diese Diskussion spätestens mit dem Ende der Achtziger Jahre als abgeschlossen angesehen werden: "Die Diskussion, ob Photographie Kunst sei, ist fast so alt wie die Photographie selbst. In den 80er Jahren erreichte die Debatte »Kunst als Photographie, Photographie als Kunst« noch einmal einen letzten Höhepunkt und kann heute für beendet erklärt werden. Die Aussage des Malers Markus Lüpertz, »Photographie ist keine Kunst weil zwischen Individuum und Werk der mechanische Apparat steht«, klingt heute närrisch und antiquiert. Sie weist auf die Angst der Malerei vor der Photographie hin (...)".[27]

Dass Fotografie Kunst sein kann, ist aus heutiger Sicht eindeutig. Wie steht es aber mit der angewandten Kunst und speziell der Modefotografie? Modefotografie kann auch Kunst sein, doch man kann schwerlich behaupten, jede Modefotografie sei Kunst. Wann ist Modefotografie denn Kunst, bzw. wann kann sie denn als Kunst bezeichnet werden? Modefotografie wurde in der Literatur verschiedentlich dadurch geadelt, dass sie als die bessere Dokumentarfotografie bezeichnet wurde. Sie würde uns heute am deutlichsten zeigen, wie Menschen damals gelebt und gefühlt hätten, da sie direkt dem Zeitgeist entsprungen sei[28].

Um die Begrifflichkeit zu differenzieren, führt der Autor für die Diskussion der oben aufgeworfenen Fragen die Bezeichnung "Kleiderfotografie" als Hilfskonstrukt ein. "Kleiderfotografie" sei definiert als Fotografie, die Abbilder von Kleidern zu schaffen hat. Auf diesen Abbildern sollen der Schnitt, der Stoff, die Form der Bekleidung und wie sie den Menschen kleidet, sichtbar werden.[29] Neben diesen mehr sachlichen Informationen transportiert die Kleiderfotografie immer, ob nun beabsichtigt oder nicht, noch eine andere Information, nämlich die der Mode des Kleidungsstückes. Doch genügt es für ein Kleiderfoto durchaus, wenn die Mode nur in der Bekleidung sichtbar wird und das Bild sehr schematisch bleibt. Diese Form der Kleiderfotografie ist sehr unaufwendig, sehr preiswert und sehr häufig (siehe Abb. 1.3./1.). Zwar unterliegt diese Art der Kleiderfotografie einem gewissen Wandel, so dass sich das Schema im Laufe der Zeit ein wenig änderte, doch ist es sehr konservativ und über den gesamten Bearbeitungszeitraum gleichförmig. Die Kreativität des Fotografen ist durch die oben aufgelisteten Parameter definiert und wird durch die zwingende Funktionalität eingeenget. Schon 1939 beklagte Artur Gläser in der Zeitschrift Photographik, die seit 1933 von der deutschen Kodak herausgegeben wurde, diese Form der Kleiderfotografie: *"(...) es wird auf das*

möglichst Deutliche und Beispielhafte die eigentliche Betonung gelegt. Schnitt und Sitz eines Kleides, die verschiedenen Stoffe und ihre Verarbeitung, die Art des Tragens - das und manches (...) Bei diesem Bestreben gleitet die Modephotographie immer wieder in die Bezirke der mehr sachlichen Werkaufnahme."[30]
Die Zahl dieser Kleiderfotos ist unendlich groß und macht den Hauptanteil aller je veröffentlichten Modefotografien aus. Kleiderfotografie ist in erster Linie ein Gewerbe. Kleiderfotos werden gemacht, um Bekleidung zu zeigen und zu verkaufen, deshalb tritt hier die dienende Funktion der Fotografie ganz besonders deutlich hervor[31]. Die Kleiderfotos sind nicht der Kunst zuzuordnen, sondern dem Handwerk[32].

Bei manchen Kleiderfotografien fällt die Einordnung dann anders aus. Um bei den Umdeutungen zu bleiben, werden diese Kleiderfotos vom Autor "Modefotos"genannt. In Abgrenzung zu den Kleiderfotos haben die Modefotos in erster Linie die Funktion Werbung für eine bestimmte Bekleidung zu sein und die damit verbundene modische Information zu transportieren. Im Gegensatz zu der Kleiderfotografie ist diese Information jedoch nicht nur auf die Bekleidungstücke reduziert. Das Modefoto bildet ein konstruiertes Ganzes, in dem Mode, Form und Inhalt einander entsprechen. Dieses Foto darf man meiner Meinung nach durchaus als Kunst bezeichnen. Natürlich können Fotos aus beiden oben genannten Bereichen als Kunst bezeichnet werden, unser gegenwärtig sehr weiter Kunstbegriff erlaubt das. Aber sie unterscheiden sich in einem wesentlichen Punkt von der künstlerischen Fotografie: sie sind mit einer anderen Intention geschaffen worden. Die künstlerische Fotografie wurde unter anderem mit der Intention geschaffen, sie verkaufen zu können. Die angewandte Fotografie wurde in erster Linie dafür geschaffen, das abgebildete Produkt zu verkaufen.

2. Eine kleine Geschichte der mitteleuropäischen Modeabbildungen bis in die Zwanziger Jahre des 20. Jahrhunderts

"(...) diese Anwendung der Photographie dürfte wohl eine Zukunft haben."
1864[33]

Die Geschichte der veröffentlichten Modebilder begann in Westeuropa im 17. Jahrhundert[34]. Die Fotografie trat erst in den Fünfziger Jahren des 19. Jahrhunderts mit dem "Kleiderporträt" zu den anderen Formen der Modeabbildungen[35]. Die Kleiderporträts waren Fotografien, die ursprünglich als Porträt aufgenommen, und dann in sekundärer Nutzung unter Aspekten der Mode betrachtet wurden (siehe Abb. 2./1.)[36]. Auch bei den von Nancy Hall-Duncan als Beispiel für früheste Modefotografie angeführten Alben der Countess de Castiglione kann noch nicht von Modefotografie gesprochen werden, denn die Absicht des Fotografen war es in erster Linie, Porträts der Countess zu erstellen.[37]

Die eigentliche Modefotografie entwickelte sich aus der gestochenen, anschließend kolorierten Kleiderfotografie des ausgehenden 19. Jahrhunderts und aus der Werbefotografie der Zwanziger Jahre (siehe Abb. 2./ 2.).[38] In den Dreißiger Jahren wurde die moderne Modefotografie, wie wir sie heute noch kennen, üblich.[39] Nach und nach eroberte die Fotografie viele Domänen der Grafik, der Malerei und der Zeichnung für sich.

Zu allen Zeiten war es, so wie auch heute noch, ein bewußtes oder unbewußtes Bedürfnis fast aller Menschen, sich so zu kleiden wie es in der Gruppe, der sie sich zugehörig fühlten, üblich war.[40] Die Menschen finden es besser *"ein Narr in der Mode zu sein als ein Narr außer der Mode sein"*.[41] Ende des 18. Jahrhunderts gab es eine immer breiter werdende zahlungsfähige Bevölkerungsschicht, nämlich das erstarkte Bürgertum, die das Bedürfnis nach angemessenem Putz hatte. Um dieses Modebedürfnis zu unterstützen, kamen noch vor 1800 Modejournale auf den Markt. Dies geschah zunächst in Frankreich. Sie waren die Vorläufer der heutigen Modezeitschriften.[42] Nur der finanzstarke Adel und das internationale Großbürgertum konnte sich schon vor 1800 darüber auf dem laufenden halten, was gerade en vogue war. Die seit 1672 in Paris erscheinende Zeitung >Mercure Galant< informierte in unregelmäßigen Abständen über aktuelle Modetrends und illustrierte sie durch Modegravüren. Außerdem erschienen seit den 1770er Jahren kleinformatige Modealmanache in kostbarer Ausstattung mit Text und Gravüren in Form eines Jahreskalenders. Daneben gab es auch Serien von Einzelgravüren, die über längere Zeiträume hinweg am Ende des 18. Jahrhunderts verlegt wurden. Zum Beispiel die zwischen 1778 und 1787 vertriebene >Gallerie des Modes et Costumes Française< ,die bis auf 420 farbige Kupferstiche anwuchs. Diese sehr aufwendigen Veröffentlichungen wurden mit dem Aufkommen der ersten Modejournale eingestellt.

1785 erschien in Paris das erste moderne Modejournal, das >Cabinet des Modes<. Aber auch in anderen Ländern entdeckte man dieses Marktsegment rasch für sich. So folgten England, Italien und Deutschland mit ihren Veröffentlichungen dicht auf. Das >Journal des Luxus und der Moden<, 1786 von Friedrich Justin Bertuch in Weimar gegründet, deckte die gleichen Sparten ab, wie sie auch heute noch in Frauen- und Modemagazinen üblich sind. Neben der Mode wurde über hauswirtschaftliche Fragen, über Innendekoration, technische Innovationen, Reisen, aktuelle Nachrichten und Gesellschaftsklatsch berichtet. Im Gegensatz zu heute war das Format jedoch noch recht klein. Es entsprach etwa dem gegenwärtigen Taschenbuch also ca. 20 x 12 cm. Die Modeabbildungen bestanden aus Kupferstichen, die in der >Allgemeinen Moden-Zeitung<[43] von 1806 aus Leipzig zum Teil handkoloriert waren.

In der zweiten Hälfte des 19. Jahrhunderts explodierten die Vielfalt und die Spezialisierungen der Modepresse, und man entwickelte die heute noch üblichen Zeitschriftenformate. Die Hefte waren ca. 35 x 25 cm groß und die Auflagen gingen rapide in die Höhe. So steigerte der 1855 in Berlin gegründete >Bazar< seine Auflage im Jahr 1872 auf 140.000 Exemplare und war damit schon ein echtes Massenblatt. Auch Modezeitschriften für ein Spezialpublikum fanden genügend Abnehmer, so z.B. die Zeitschrift für junge Damen, das >Magasin des Desmoiselles< (Paris 1848-1896), und für das zahlungskräftigste Publikum gab es das >Journal des Dames et des Modes<.[44] Alle Abbildungen waren Grafiken in unterschiedlichster Qualität. Bis etwa 1820 wurden überwiegend einzelne

Frauen, aber auch Paare und Gruppen, stehend und schreitend gezeigt, die sich in der Natur oder auf der Rennbahn dem Müßiggang hingaben. Szenen mit Interieurs oder den für die Porträtfotografie des 19. Jahrhunderts typischen Balustraden und Säulen kamen um 1850 in Mode. Doch auch dann blieb der Hintergrund in den meisten Fällen weiß und nur ein kleines Stück des Standbodens wurde farblich oder graphisch abgesetzt. Diese Darstellungsform - Mensch auf einem Bodenstreifen vor dem Nichts stehend - ist seit dem Mittelalter in Europa verbreitet und stellt eine Grundform der Menschendarstellung dar.[45] Die Perspektive war immer leicht untersichtig (siehe Abb. 2./ 3.).

Die Vorbilder der Modegrafik fanden sich in den zeitgenössischen, repräsentativen Porträts.[46] Ab 1840 wurde die Ausgestaltung der Hintergründe der Modegrafik immer aufwendiger. Vergleicht man diese Modegrafiken mit im gleichen Zeitraum erstellten Daguerrotypien, so entdeckt man einige Ähnlichkeiten, die von wechselseitigen Beziehungen zu künden scheinen.[47] Etwa das Arrangement dreier Frauen auf einem deutschen Modekupfer von 1851 das unter Nutzung von Fotografien entstanden zu sein scheint (siehe Abb. 2./ 4.). Dafür spricht die große Genauigkeit in der Darstellung des Interieurs, die vorher in der Modegrafik unüblich war. Häufig ist der Bildhintergrund ein erklärender Kommentar zu der gezeigten Mode. So wird Reisekleidung auf einem Bahnsteig gezeigt, Abendkleidung in einem Musiksalon und Nachmittagskleider an der Rennbahn.

2.1. Modegrafik und Modezeichnung in Zeitschriften[48]

Um das Umfeld der Modefotografie in den Magazinen einschätzen zu können, ist es notwendig einen kurzen Blick auf die Modegrafik zu werfen.

Bis in das 20. Jahrhundert hinein waren die Modegrafiken überwiegend Kupferstiche, die eher der heute nur noch in der technischen Zeichnung geläufigen Präzision folgten. Etwa seit den Zwanziger Jahren des 20. Jahrhunderts, parallel mit der Entwicklung der Autotypie, begann sich die Modegrafik zu wandeln. Mit dem Einzug der Fotografie in die Magazine wurde die Linienführung zusehends leichter und näherte sich immer mehr den skizzenhaften Modezeichnungen der Entwurfszeichnungen, mit denen die Modeschöpfer ihre Ideen fixierten.

Bis heute ist die Modezeichnung nicht ganz von der Modefotografie verdrängt worden. So findet man in Modejournalen immer wieder Modezeichnungen an prominenter Stelle. 1996 brachte die französische >Vogue< ein ganzes Heft nur mit Modezeichnungen.[49] Daß die Modezeichnung auch heute noch eine, allerdings nur sehr begrenzte Verbreitung findet, liegt sowohl daran, dass die Modeschöpfer neue Mode mit dem "Stift" kreieren und so der Modezeichnung eine besondere Authentizität innewohnt, als auch dass es immer wieder große Begabungen auf diesem zeichnerischen Gebiet gibt.

Die Modezeichnung hatte früher, neben dem technischen Vorteil der Druckbarkeit, auch den, dass man mit ihr Neuerungen der Mode überspitzen und damit besonders gut zeigen konnte. Der Vorteil der Drukkbarkeit ist mit dem Fortschreiten der Technik noch am Ende des 19. Jahrhunderts verschwunden und ihr zweiter Vorteil, die Möglichkeit der Überspitzung wurde auch als ihr Nachteil angesehen. So sind in der Zeichnung zum Beispiel alle Modelle fließend und elegant, alles sitzt gut und umhüllt den Körper tadellos. Wie das Kleid wirklich geschnitten ist und wie es sich tatsächlich trägt, zeigt das Foto überzeugender. Das "so ist es" wird dem Foto fraglos geglaubt. Die Interpretation - das Relative - ist in ihr nicht so offensichtlich wie in der Zeichnung.[50]

Ursprünglich war es eine wesentliche Aufgabe der Modezeichnung, den Schnitt eines Kleides zu zeigen. Mit der breiten Einführung der Fotografie verlor die Modezeichnung ihren Zwang zur Genauigkeit und entfernte sich immer mehr davon, bloßer Diener des Schnittes zu sein. In der Zeit von 1933 bis 1955 zeigte sich diese Befreiung sehr deutlich. "Besonders Hartung verstand es, beinahe karrikierend die aktuellen Trends humorvoll wiederzugeben."[51]

Vergleicht man europäsische Modezeichnungen des Zeitraumes von 1935 bis 1945, dann sieht man, daß die deutschen Modezeichner etwas naturalistischer und natürlicher skizzierten, als die französischen. Eine der Ursachen dafür war, dass neben dem im Dritten Reich weiterhin gültigen Ideal der eleganten Frau, aufgrund propagandistischer Vorgaben außerdem ein Stil gefördert und gewünscht wurde, der sehr natürlich und sportlich war.[52] Zeichner, die diesen sportlichen Stil vertraten, waren die Zeichnerinnen Kürschner und Jungfermann, die beide überwiegend für >Die Mode< zeichneten.[53] Mit Virtuosität und sehr vielfältig zeichneten Walter Voigt und Gerd Hartung (siehe Abb. 2.1./ 1. - 4.). Voigt arbeitete zunächst für >die neue linie< aus dem Otto Beyer-Verlag Leipzig und später für >Die Dame<. >Die Dame< erschien bis 1933 im Hause Ullstein, das nach dem Zwangsverkauf Deutscher Verlag hieß. Hartung, der sich nicht auf einen Verlag festlegen wollte, zeichnete für >Die Dame< und für >Die Mode<, die im Otto Beyer-Verlag Leipzig erschien, ihre Redaktion aber in Berlin hatte. Neben seiner Arbeit für Zeitschriften war er von der "Manufaktur des Deutschen Modeinstitutes e.V." Berlin unter der Leitung von Maria May angestellt, um Teile der Exportkollektion des Arbeitskreises "Berliner Modelle G.m.b.H." im Herbst - Winter 1940/41 zu zeichnen. Dieses geht aus einem Schreiben vom 14.06.1940 des Reichsministers für Erziehung Federle an den Oberstudiendirektor Weyl von der Textil- und Modeschule der Reichshauptstadt Berlin hervor. Weyl kritisierte jedoch die Zeichnungen von Gerd Hartung, Anneliese Bronsch, Gräfin Wedel und der Zeichnerin Hilde van Gülick, die ihn außerordentlich enttäuscht hatten; *"Die verschiedenen Blätter sind im Darstellungsstil sehr ähnlich. Sie versuchen alle, die primitive Skizzenhaftigkeit guter französischer Vorbilder nur mit äusserlichen Mitteln nachzumachen.(...) Wenn aber nur die Äusserlichkeit der ruppigen Skizze nachgeäfft wird, ohne dass ein anatomischer Körper in den dargestellten Figuren steckt, und ohne dass die charakteristische Linie mit der Skizze herausgebracht wird, dann ist dies eine schwer zu verurteilende Sünde. Eine besondere Gefahr liegt darin, dass unsere Jugend sowohl, als auch unsere Modeverlage in der vom Deutschen Modeinstitut herausgebrachten Mappe mehr oder weniger eine richtungsweisende Veröffentlichung sehen."*[54]

Diese Kritik ist recht unsachlich und polemisch, da besonders Hartung die menschliche Anatomie durch ausgiebige Studien an lebenden Menschen bei seinen Theaterskizzen sicher beherrschte.Außerdem war es zu der Zeit eine Sitte, in der Modezeichnung durch einen flüchtigen Strich etwas wegzulassen, um Leichtigkeit zu suggerieren. Die Stimme dieses Staatsbeamten aus dem Jahr 1940 zeigt den Geist, der auch in anderen Institutionen des nationalsozialistischen Staates herrschte.[55]

Hartung und Voigt waren nach dem Krieg bis weit in die Sechziger Jahre hinein sehr erfolgreich mit ihren Modezeichnungen und veröffentlichten unter anderem in der Frauenzeitschrift >Film und Frau<.[56] Schon die Folgegeneration der Modezeichner hatte kaum noch Chancen, als Modezeichner ausreichend Geld zu verdienen und mit ihren Zeichnungen ein großes Publikum zu erreichen. So war der später in Amerika als Modefotograf sehr erfolgreiche Rico Puhlmann nach Meinung Gerd Hartungs in den Fünfziger Jahren ein großes zeichnerisches Talent. Doch schon während seiner Ausbildung zum Modezeichner an der Hochschule der Künste in Berlin, als Schüler von Hartung, orientierte er sich zur Fotografie hin, um nicht arbeitslos zu werden, denn Mitte der Fünfziger Jahre verlor die Modezeichnung weiter an Bedeutung. Sie wurde vom vermeintlich größeren Realismus der Fotografie verdrängt.[57]

2.2. Erste Modefotografie

1857 wurden Modefotografien erstmalig in Zeitschriften gedruckt. Das in Paris für drei Jahre erscheinende >Le Stéréoscope, journal des modes stéréoscopiques<[58] zeigte eingeklebte Stereofotografien[59] mit Modedarstellungen. Die Betrachtung einer Stereofotografie ist sehr aufwendig, denn man benötigt ein spezielles Betrachtungsgerät, um den Anschein der Dreidimensionalität zu erzielen. Für den Betrachter ist die Stereofotografie nicht besonders befriedigend, weil die Abbildungen sehr klein sein müssen, damit man sie durch das Betrachtungsgerät ansehen kann. Diese Unhandlichkeit war sicher eine Ursache für die nur relativ kurze Lebensdauer der Zeitschrift. Hall-Duncan wies auch noch auf Modefotografien hin, die seit ca. 1860 vereinzelt, aber stärker seit 1870 in den Redaktionen der Modemagazine als Vorlagen für die Erstellung von Modegrafiken benutzt wurden. Diese Fotografien spricht sie zum Teil als echte Modefotografien an, nämlich immer dann, wenn sie nur zum Zweck der redaktionellen Modevorlage aufgenommen worden waren (siehe Abb. 2./ 2.).[60]

Erst nachdem 1881 das Autotypiedruckverfahren erfunden worden war, das es erlaubte Fotografien relativ preiswert zu drucken, wuchs der Bedarf an fotografierter Mode.[61] Diese neue Drucktechnik erlaubte nach ihrer Verfeinerung ab 1886 die qualitativ befriedigende und rentable Vervielfältigung einer halbtonigen Abbildung im Hochdruck. Damit waren die Voraussetzungen für den rationellen, bei Großauflagen unerlässlichen Rotationsdruck von Fotoabbildungen geschaffen. Es dauerte einige Jahre bis sich die Mode- und Geschmacks-Journale darauf einstellten, Fotografien zu drucken. Erst um 1900 begann zunächst in Paris der Boom der Modefotografie.

Die, wie ihr Titel schon sagt, sich überwiegend mit praktischen Anleitungen zum Selbstschneidern und Handarbeiten beschäftigende Zeitschrift >La Mode Pratique<[62] begann 1891 als erste Illustrierte, fotografische Abbildungen neben der Grafik zu veröffentlichen. Die Modebilder dieser ersten Jahre bemühten sich noch sehr darum, wie eine Grafik auszusehen und verbargen ihre fotografische Herstellung. Den Durchbruch erzielte die Modefotografie ab 1901 in dem gehobenen Magazin >Les Modes<. Auf besonders hochwertigem Papier gedruckt, brachte es großformatige, zum Teil sogar ganzseitige und auch kolorierte Modefotografien.[63] In Deutschland war es zuerst das im Verlag August Scherl Berlin erscheinende illustrierte Nachrichtenmagazin, die >Woche<, das seit seiner Gründung 1899 regelmäßig unter dem Titel "Was die Mode bringt" drei bis acht Modefotografien zeigte. Diese Aufnahmen stammten zunächst nur aus Pariser Ateliers. Das erste professionelle Modefoto in dem Hausfrauenblatt >Dies Blatt gehört der Hausfrau< aus dem Ullstein-Verlag erschien am 09.09.1905.[64] Eine französiche Modefotografie zeigte ein auf einer Balustrade sitzendes Modell in einem herbstlichen Straßenkleid.[65] >Die Dame< war ebenfalls aus dem Ullstein-Verlag in Berlin[66] und war die Beilage zur >Modenwelt<.[67] Anfänglich war sie inhaltlich an >La Mode Pratique< angelehnt und brachte ab 1908 in der Mehrzahl deutsche und seltener französische Modefotos. Das Schwergewicht der Modedarstellung lag in >Die Dame< bis in die Dreißiger Jahre hinein bei den Modezeichnungen.

Die frühen Modefotografien kamen überwiegend aus großen Porträtateliers, die die Modebilder häufig als Nebenprodukte erzeugten.[68] Um 1900 herum etablierte sich die Modefotografie dann derartig, dass die Modebilder keine Nebenprodukte mehr waren, sondern eigenständig neben der Poträtfotografie standen. Trotzdem war die Produktion von Porträt- und Modefotografien oft in einem Betrieb kombiniert. Diese Verbindung war sinnvoll, da Modefotografien sehr häufig Zwitter aus dem Schauspielerporträt und der Modefotografie waren. Doch auch heute ist diese Berufsfelderkombination nicht selten, da für beide Arbeitsfelder ähnliche Begabungen nützlich sind. Besonders in den Dreißiger Jahren, als die Honorare der Modefotografen noch nicht so hoch wie heute waren, war diese Atelieraufteilung verbreitet. Reine Modefotografen sind und waren in Deutschland immer die Ausnahme. In der Frühzeit der Modefotografie, im frühen 20. Jahrhundert, war es fast unmöglich von der Modefotografie allein zu leben, denn sie war nicht sehr lukrativ. Die >Elegante Welt<, eines der Luxusmagazine, zahlte um 1934 zwar schon zwischen 30,- und 50,- RM für jedes veröffentlichte Modefoto, doch waren die Publikationsmöglichkeiten für Modefotos gemessen an der Zahl der Produzenten gering.[69]

Neben der Modefotografie aus Porträtateliers vermutete Kaufhold, sicher richtig, dass die großen Verlage schon eigene Fotografen zu Modeaufnahmen schickten oder Modefotos in hauseigenen Ateliers produzierten. So beschäftigte zumindest der Ullstein-Verlag schon um 1900 eigene Fotografen für Modefotos.[70] In den Jahren bis 1943 gab es bei der >Dame< immer eine Fotografin, die Modefotos, aber überwiegend Modestilleben, also Kleider ohne Model, unter der Bezeichnung "Atelier der Dame" veröffentlichte.[71] Ateliers der ersten Generation in Deutschland, die sehr viele Modefotos produzierten, waren seit etwa 1885 die Berliner Ateliers Theodor Prümm und Zander & Labisch[72] sowie seit ca. 1900 Becker & Maass, Ernst Schneider, Rudolf und Minya Dührkoop, Nicola Perscheid, und das Atelier Willinger.[73] In Wien sind vor 1900 die Ateliers von Carl Pietzner und Wilhelm Perlmutter und seit 1907 d'Ora, später d'-Ora/Benda zu nennen.[74] Der Kanon der Abbildungen entsprach den französischen Vorbildern, die auch weiterhin in deutschen Magazinen gezeigt wurden. Modefotos aus englischen, italienischen oder amerikanischen Ateliers wurden nur sehr selten übernommen. Doch waren die amerikanischen Zeitschriften >Vogue<, >Vanity Fair< und >Harper's Bazaar< auch in Berlin präsent. Am häufigsten wurde die Mode im Atelier vor einem gemalten Hintergrund abgelichtet, meist ohne Requisiten, doch gelegentlich mit einer Säule zum Anlehnen oder kleinen Tischen und ähnlichem als Stütze, um einen ruhigen Stand zu gewährleisten, aber auch als dekorative Elemente. Auf den Abbildungen nicht sichtbar waren Stahlgerüste, zum Zweck der Stabilisierung des zu fotografierenden Menschen, die noch bis weit in die Dreißiger Jahre hinein Verwendung fanden.[75] Das Licht war überwiegen sanft und duftig, wie es in der gleichzeitigen Kunstfotografie präferiert wurde. Gegen Ende der ersten Dekade des 20. Jahrhunderts wurden die Darstellungen insofern realistischer, als jetzt tatsächliche Räume zur Bühne der Modepräsentation wurden und man außerdem angefangen hatte, Modeaufnahmen unter freiem Himmel zu arrangieren, wofür in Berlin besonders das Atelier Willinger bekannt war[76]. Bei diesen frühen Modefotografien standen die Bildhintergründe meist in einem inhaltlichen Zusammenhang mit der Mode, besonders wenn die Mode in "Echträumen"[77] präsentiert wurde. So wurde Mode zum Beispiel im Theater in den Pausen vorgeführt oder auf der Pferderennbahn, wo dann auch Modefotografien gemacht wurden. Modeaufnahmen vor weißem Hintergrund, bei denen der Übergang von der Wand zum Fußboden fotografisch verschleiert war, wurden in Deutschland ab ca. 1912 von Ernst Schneider angefertigt (siehe Abb. 2.2./ 1.).[78] Diese Reduzierung der Kulisse hatte beim Betrachter eine größere Konzentration auf die Pose und den Schnitt der Kleidung zur Folge. Die bevorzugte Perspektive blieb die leichte Untersicht, wie sie ja schon durch die Modekupfer eingeführt worden war. Das führte zu einer leichten Überhöhung der dargestellten Damen und ließ sie außerdem schlanker und ihre Kleider fließender wirken. Die Qualität der Aufnahmen in der Masse war sehr hoch. Dennoch findet man hier großköpfige Modeabbildungen, die durch die Wahl einer zu kurzen Brennweite und falscher, zu hoch angesetzter Perspektive, mißglückt sind (siehe Abb. 2.2/ 2.).[79] In der Regel wurde die ganze Figur dargestellt. Wenn Frisuren oder Hüte gezeigt werden sollten, beschränkte man sich jedoch auf den Kopf. Modefotos, die Halbfiguren zeigten, gab es nur sehr selten.

Während und nach dem Ersten Weltkrieg kam es zu einem allmählichen Generationswechsel bei den Modefotografen. Die folgenden Lichtbildner beherrschten den deutschen Modefotografiemarkt in den Zwanziger Jahren.[80] Einige der Namen sind schon aus der ersten Periode der Modefotografie bekannt und zeugen von dem Erfolg dieser Ateliers. Die meisten stießen aber im Laufe der ersten und zweiten Dekade des 20. Jahrhunderts zur Modefotografie: Becker & Maass, Alexander Binder, Gertrude Hesse (Duisburg), König-Rhode, Elli Marcus, Marion (Anny Fuchs), Ernst Sandau, Karl Schenker, Ernst Schneider, Bruno Winterfeld, Zander & Labisch, und Yva.[81] Von Wien aus waren Kitty Hoffmann und das Atelier Edith Glogau tätig und weiterhin beschickte bis in die frühen Dreißiger Jahre hinein das Atelier d'Ora - Benda, ab 1927 geteilt in d'Ora Paris und d'Ora/Benda Wien, die deutschsprachigen Magazine sehr erfolgreich mit Modefotos.[82] Anfang der Zwanziger Jahre beherrschten sehr kontrastreiche Modefotografien mit geometrischen Art-Deco Hintergründen die Modeseiten der Zeitschriften. Die Hintergründe waren manchmal so unvorteilhaft, dass ein dunkles Kleidungsstück davor verschwand. Häufig wurden die Konturen durch Einsatz weichzeichnender Objektive oder Objektivvorsätze verwischt.[83] Auch die Edeldruckverfahren, wie sie die Kunstfotografie der Jahrhundertwende etabliert hatte, fanden noch am Ende der Zwanziger Jahre Gebrauch in der Modefotografie.[84] Hall-Duncan machte deutlich, dass die amerikanische Modefotografie der fotografischen Avantgarde etwa 20 Jahre hinterherhinkte.[85] Das traf generell auch auf die Mehrzahl der deutschen Modefotos zu. Doch waren bei einigen Fotografen schon in den Zwanziger Jahren Einflüsse des "Neuen Sehens" zu erkennen.[86]

Im Überblick zeichnen sich zwei Zeitabschnitte ab. Der erste beginnt gegen 1850 und endet ca. 1910. Er umschließt die Entdeckung der Fotografie als Diener der Modepresse und die langsame Entwicklung der eigentlichen Modefotografie. Der zweite Zeitabschnitt, von ungefähr 1910 bis in die Mitte der Zwanziger Jahre, beinhaltet die Etablierung der Modefotografie auf allen Ebenen der Modepresse und den Ausbau ihrer Eigenständigkeit. Doch die graphischen Modedarstellungen, die bis ca. 1915 in verschiedenen Stichtechniken und seit ca. 1910 als Modezeichnungen ausgeführt wurden, nahmen in den deutschen Modezeitschriften immer noch einen sehr großen Raum ein. So waren die Heft-Titel noch bis in die Spätvierziger zu 95 Prozent gezeichnet oder gemalt, und wenn man den Seitenumfang vergleicht, so schnitt die Modegrafik erheblich besser ab als die Modefotografie. Es ist auch interessant, dass so manches Modeheft ohne Modefotografie, doch keines ohne Modezeichnung oder Modegrafik ausgekommen ist. Hier wird, neben der Vermeidung höherer Druckkosten, auch die konservative Grundeinstellung des deutschen Marktes sichtbar. In der französischen und amerikanischen Modepresse hatte die Modefotografie schon früher mehr Gewicht gegenüber der Modegrafik, was sicher auch auf die allgemein höhere Bewertung der Fotografie in diesen Kulturkreisen zurückzuführen ist.

2.3. Zusammenfassung

Eine zusammenhängende, umfassende Geschichte der Modeabbildungen ist noch nicht geschrieben worden. So konnten die vorangegangen Seiten nur einen groben Überblick über den Wandel der Modedarstellungen geben. In erster Linie sollte die historische Kontinuität der Erscheinungstypen der späteren Modefotografie deutlich gemacht werden. Den häufig in Modezeitschriften gezeigten schematischen Bildaufbau, der eine Frau zeigt, die vor einem neutralen oder weißen Hintergrund auf schmalem Bodenbrett steht, gab es in der Darstellung des Menschen schon im Mittelalter, in der Modedarstellung seit 1701 und es gibt ihn noch 1998. Die Modefotografie ist ein Kind des späten 19. Jahrhunderts. Der Übergang von der Modegrafik zur Modefotografie ist sowohl in der Entwicklung des Herstellungsprozesses, als auch ikonographisch sehr fließend und ohne große Brüche verlaufen.

Nach diesem weit in die Geschichte zurückweisenden Einstieg, der die Modefotografie genealogisch einbetten soll, wird in den anschließenden Kapiteln die Modefotografie einer Epoche der jüngeren Vergangenheit Deutschlands vorgestellt: des Dritten Reichs.

Die folgenden Kapitel stellen den Versuch dar, einige Aspekte des Phänomens Modefotografie von 1933 bis ca. 1955 möglichst umfassend aufzuzeigen. Von Informationen zu den technischen Aspekten der Modefotografie, über die Geschichte der Fotomodelle, die Untersuchung der staatlichen Mode- und Fotografielenkung, über die Beschreibung einiger Frauen- und Modezeitschriften, bis zu den Stilen und Entwicklungen der Modefotografen sollen Schlaglichter auf die Modefotografie geworfen werden.

Es folgt ein Einblick in die mit der Modefotografie verbundene fotografische Technik.

3. Modefotografie und fotografische Technik

"Zwei Bezirke der Fotografie veranlassen die Relationen und Möglichkeiten; die Persönlichkeit des Fotografen und die technischen Möglichkeiten, die sogenannten Toleranzen! Die persönliche Auffassung überlagert von Anfang bis zum Resultat den Arbeitsgang. Die technischen Möglichkeiten erweisen sich durch Wahl des Vorbildes, durch Beleuchtung, Belichtung und Entwicklung usw. Was allein in der Folge aus einem festgelegten Negativ gemacht werden kann, ist so vielfältig, daß die Toleranzen nicht leicht beschrieben werden können."
Willi Baumeister 1947[87]

In der Zeit zwischen 1920 und 1960 unterlag die Fotografie einigen entscheidenden Veränderungen: Angefangen bei den ersten panchromatischen Schwarzweißfilmen um 1930 bis zu den ersten einfachen Farbfilmen 1936. Die Leica Kleinbildkamera wurde auf dem Markt eingeführt und die Mittelformatkameras verdrängten die großen Atelierkameras. Neben das Tageslicht und das Kunstlicht trat in den späten Fünfziger Jahren das Blitzlicht, um hier nur einige der gravierendsten Veränderungen zu nennen.

Im folgenden Abschnitt wird deshalb auf die verschiedenen sich wandelnden technischen Bereiche eingegangen, die Einfluss auf die Modefotografie nahmen. Ein allgemein gehaltener Einstieg befasst sich mit den für Modefotografen notwendigen fotografischen Fachkenntnissen. Ausgehend von Beobachtungen an Abzügen werden des weiteren Aspekte der Kamerakunde, der verwendeten Filme, der Retusche, der Aufnahmeorte und der genutzten Lichtquellen dargestellt.

Der nächste Abschnitt ist in drei Bereiche untergliedert. In dem ersten Teil, der Kapitel eins und zwei umfasst, wird ausgehend vom fotografischen Prozess auf die handwerklich technischen Fertigkeiten eingegangen. Im zweiten Bereich, den Kapiteln drei und vier, wird auf die auch zum Fertigungsprozess gehörenden, jedoch weniger handwerklichen Voraussetzungen der Produktion hingewiesen. Im dritten Abschnitt werden einige unternehmerische Details in Bezug auf das Fotoatelier und die Arbeitsbedingungen besonders während des Krieges, besprochen. Abschließend wird im Resümee eine Bewertung der handwerklichen Fertigkeiten einiger Modefotografen versucht.

3.1. Vom Umgang mit dem Material - Das fotografische Auge haben

"Idee und Technik müssen einander durchbluten und verwachsen zu ursprünglicher Einheit."
Artur Gläser 1937[88]

In der darstellenden Kunst gibt es verschiedene Materialien mit denen sich Künstler kreativ ausdrücken.

Der Bildhauer formt ein plastisches Material oder arbeitet seine Formen aus Holz und anderem Werkstoff heraus. Der Maler mischt Pigmente und Bindemittel zu Farbe und führt diese durch seine Hand zur Darstellung.[89]

Die Werkzeuge des Fotografen sind die Objektive, die Kamera und das Licht. Sein Material sind die Silbersalze des Filmes und der Fotopapiere. Typische Materialien des Modefotografen sind darüber hinaus Kleider, Stoffgewebe, Kulissen und die Fotomodelle. Voraussetzung für die Meisterschaft des Modefotografen ist eine möglichst umfassende Kenntnis dieser Materialien.

Die fotografische Kunst besteht in erster Linie darin, "das Auge zu haben". Das bedeutet, den Weg des Lichtes zu sehen, zu nutzen und zu lenken. Doch ein Modefotograf kann zumindest zeitweise auch ohne umfassende Materialkenntnisse erfolgreich sein.

Das genaue Wissen über Objektive, Kameras und Aufnahmematerialien ist in gewissem Rahmen durchaus zu vernachlässigen. Dennoch muß der Fotograf ihre Wirkung kennen, wenn er in seiner Arbeit nicht vom Zufall beherrscht werden möchte. So fand der erfolgreiche Modefotograf Karl-Ludwig Haenchen den Weg zur Fotografie über sein gutes Auge und nicht über sein technisches Interesse an der Fotografie. In einem Interview mit dem Autor schilderte er 1995, wie er Fotograf wurde.[90] *"(...) ich war damals Student oder Sportlehrer oder irgend so etwas. Da sagte ich Ihr*: "Bring mir doch mal mit, was ihr da so macht." Da kam sie an mit Fotos und da hab ich gesagt: "Das kann ich besser". *(die mit ihm befreundete Fotografin Leni Calé, die bei Yva angestellt war. Anm. d. Verfassers.) Und dann haben wir das so gemacht: sie hatte Privatkunden mit Aufträgen und dann fotografierte sie. Und dann sagte ich: "Nun will ich das mal so legen, wie ich mir das vorstelle und dann schicken wir das dem Kunden". Der Kunde hat immer meine Sachen genommen."*[91] *"(...) Leni Calé, sie war später bei mir im Atelier. Durch diese Geschichte kam ich ganz schnell zur Modefotografie ohne jemals was gelernt zu haben. Ich habe auch die ersten Fotogeschichten gar nicht selbst eingestellt, sondern das machte dann jemand anderes. Ich habe dann nur erst mit der großen Kamera auf den Ballen gedrückt."*[92] Eine Haupteigenschaft der Fotografen ist in der Erzählung Haenchens offensichtlich geworden: die angeborene und erworbene Fähigkeit das fertige Bild noch vor dessen Erstellung im Kopf zu sehen. Diese nennt man "das fotografische Auge haben".[93]

Die Bedienung der Technik war lange Zeit recht aufwendig und dadurch von der eigentlichen Kreativarbeit ablenkend.[94] Für die Kamerabedienung und alles Technische waren die Assistenten, damals Operateure genannt, zuständig. Auch heute noch ist es durchaus üblich, dass der Fotograf nur den Auslöser betätigt und sich darauf beschränkt, Regie zu führen.[95]

3.1.1. Beobachtungen am Vintageprint[96]

Gemessen an der Menge der produzierten Modefotografien ist die Zahl der erhaltenen fotografischen Abzüge sehr gering.[97] Weil es sich bei fast allen Modefotografien um Zwischenprodukte[98] gehandelt hat, ist der Umgang mit ihnen nicht immer pfleglich gewesen, so daß sehr viele schon kurz nach ihrer Veröffentlichung vernichtet wurden. Der Anteil der Abzüge, die nicht als Druckvorlage gedient haben, wird sehr gering gewesen sein.

Die Untersuchung der Abzüge vermittelt jedoch einige Erkenntnisse, die man nicht erhält, wenn man nur die gedruckten Bilder auswertet. Man erkennt die genutzte Abzugstechnik und sieht die Sorgfalt, die auf den Abzug verwendet wurde. Außerdem kann man Aussagen zu der genutzten Negativ- und Kameratechnik machen. Einige weitere interessante Informationen zu der Geschichte des Abzuges und der Anschrift des Fotografen können auch Aufkleber und Stempel auf der Rückseite der Abzüge vermitteln.

Bei den im Bearbeitungszeitraum verwendeten Fotopapieren handelt es sich durchweg um Entwicklungspapiere. Sie sind in verschiedenster Ausprägung schon seit 1851 im Gebrauch.[99] Sie gehören zu den haltbarsten Abzügen, und was für die Modefotografie viel wichtiger war, sie ließen sich schnell und in großer Menge verarbeiten.[100] Die Edeldrucktechniken[101] und die Auskopierpapiere[102] waren sehr viel zeitaufwendiger und fanden in der Modefotografie nur in Ausnahmesituationen Verwendung. Dem Autor ist kein modefotografischer Edeldruck aus der Zeit vor 1980 bekannt.[103] Die Eigenschaft der Modefotos als Zwischenprodukte erzeugte eine andere Ästhetik. Es ging bei den modefotografischen Abzügen nicht um ein repräsentatives Äußeres, wie es ein Schmuckabzug, der beispielsweise für eine Ausstellung erstellt wurde, erforderte, sondern um ihre gute Druckfähigkeit.[104] Die Größe der von den Modefotografen für den deutschen Markt erstellten Abzüge unterlag im Laufe der Zeit einem Wandel. Bis 1944 wurden sie trotz kriegsbedingter Materialknappheit immer größer.[105] Bis etwa 1933 waren die fotografischen Abzüge maximal 15 cm breit und ihre Höhe variierte von 19 bis zu 22 cm. Bis 1940 waren die Abzüge dann meist 18 x 24 cm groß. Zwischen 1940 und 1943 pendelten die Abzugsgrößen zwischen 18 x 24 cm und 24 x 30 cm. Einige sehr wenige Fotos waren auch noch größer.[106]

Diese verschiedenen Formate lassen sich unterschiedlich erklären. Zum einen durch die Abzugstechnik, die abhängig von der Negativgröße ist, und zum anderen durch die gelegentliche Notwendigkeit einer Retusche.

Bis 1940 wurden alle Modefotos mit einer Großbildkamera gemacht. Dadurch wurden Negative produziert, die zwischen 9 x 13cm und 18 x 24 cm groß waren. Die größeren Negative wurden als Kontaktkopien[107] umgesetzt, die kleineren wurden mit Hilfe eines Vergrößerungsgerätes kopiert. Ab 1940 etablierte sich dann bei vielen Fotografen die Verwendung der Mittelformatkamera, deren Negative jedoch zu klein für hochwertig druckfähige Kontaktkopien waren, so daß sie immer vergrößert werden mußten. Das große Negativ bot die Möglichkeit direkt auf dem Negativ zu retuschieren. Wollte man bei den kleinen Negativen eine im Druck unsichtbare Manipulation vornehmen, so war man auf das Positv angewiesen.[108]

Nach 1945 wurden die Abzüge aus Materialmangel wieder kleiner, sie variierten zwischen den Formaten 18 x 24 cm und 24 x 30 cm, um dann in den frühen Fünfzigern wieder die 24 x 30 cm Marke zu erreichen und bald zu überschreiten. Sogar das große Format von 30 x 40 cm wurde in den späten Fünfzigern üblich.

Über Papierhersteller, die von Seiten der Modefotografen bevorzugt wurden, läßt sich leider nur wenig sagen, da nicht alle Fotopapierherstellern ihre Fotopapiere durch Wasserzeichen kenntlich machten und somit als Werbeträger nutzten. So kann der Hersteller nur selten ermittelt werden. Lediglich die Agfa signierte einige ihrer Fotopapiere (siehe Abb. 3.1.1./ 1.).[109] Andere zeitgenössische Hersteller, wie Argenta, Kodak[110], Labaphot, Leonar[111], Mimosa oder Perutz werden auch benutzt worden sein. Für das Jahr 1954 sprach Stenger von elf Fotopapierfabriken.[112] Wenn man von der Vielfalt der möglichen Papieroberflächen, -stärken und -tonungen weiß, verwundert die Einförmigkeit der Modefotografien. Diese Einförmigkeit ist ein Indiz dafür, daß die Abzüge Zwischenprodukte waren und keine ästhetischen Einzelstücke. 95 Prozent der Abzüge sind papierstark, weiß und hochglänzend kopiert. Nur ein kleiner Rest ist in einem der drei Parameter Stärke, Färbung und Oberfläche, abweichend und zwar meist in der Papieroberfläche. Wenn von vornherein klar war, dass viel am Bild retuschiert werden sollte, wurde eine matte Papieroberfläche auf stärkerem Papier gewählt oder der Abzug wurde auf Arbeitskarton aufgezogen, damit er besser zu handhaben war.[113]

In der für den Druck bestimmten Modefotografie hat man es aber immer nur mit ungetonten Abzügen realtiv unterschiedlicher Qualität zu tun, die guten bis sehr gute Abzüge überwiegen jedoch. Besonders die Abzüge französicher Modefotografien sind von hoher Qualität. Sie zeigen auch einen etwas anderen Umgang mit dem Produkt "Papierbild" als die deutschen Modefotografen. So zeichnet sich das Studio Dorvyne durch den hohen Aufwand aus, den es mit seinen Abzügen trieb. Neben dem sehr feinen Korn[114] und der sehr sauberen Dunkelkammerarbeit, die ein sehr breites Spektrum an Zwischentönen des Negativs sichtbar machte, sind beinahe alle Modefotografien auf Karton aufgezogen.[115] Diese Präsentation des Abzuges ist ein Anzeichen für die andere Bewertung der Modefotografie in Frankreich, wo neben dem hochwertigen Druck in Zeitschriften wie >Vogue< und >Jardin des Modes< auch der Abzug eine Bedeutung in der Modepräsentation gehabt haben muß (siehe Abb. 3.1.1./ 2.).

Die deutschen Modefotografien sind bis auf wenige Ausnahmen etwas grobkörniger und ärmer an Grauwerten, was auf die Verwendung kleinerer Negative zurückzuführen ist. Der Bedarf an hochwertigen Modefotografien war in Deutschland nicht so groß.[116] Dass die deutschen Modefotografen sehr wohl ebenso hochwertig produzieren konnten, wie in unserem Beispiel das Studio Dorvyne, zeigt sich an der Modestrecke Sonja Georgis aus dem zweiten Aprilheft von >Die Dame< aus dem Jahr 1937 (siehe Abb. 3.1.1./ 3.-5.).

Ein Beispiel für eine schlechte Positivtechnik sind einige Abzüge von Hubertus Flöter[117] aus den frühen Fünfziger Jahren für die >Film und Frau<. Sie zeichnen sich durch ihre schlechte Verarbeitung aus. So sind etliche von ihnen von einer dicken Salzkruste überzogen, die davon zeugt, dass die Schlusswässerung nur sehr kurz oder gar nicht durchgeführt wurde, so dass die Barythabzüge fixierergetränkt getrocknet wurden.[118] Auch dieses scheint ein Hinweis der zu Recht starken Ausrichtung der Modefotografen auf den Druck zu sein. Rein praktisch gedacht konnte es durchaus Zeitverschwendung sein, die Abzüge stundenlang zu wässern, da sie nach der Drucklegung sowieso wertlos und meist vernichtet wurden.[119]

Mit dem vorläufigen Ende der Schwarzweiß-Aera in den Siebziger Jahren, als fast nur noch vom farbigen Diapositv gedruckt wurde, waren die Modefotos so klein wie nie zuvor.[120] Das gebräuchlichste Format war 6 x 6 cm.[121]

Die Rückseiten der Abzüge zeigen häufig Stempel, die Auskunft über den Urheber der Fotografie und seine Anschrift geben. Gelegentlich finden sich auch andere Stempel, nämlich von Bildagenturen, Zeitschriften oder auch Modeschöpfern, die damit ihre Verwertungsrechte deutlich machten und heute Auskunft über die Geschichte des Abzuges geben können.

Einige Ateliers, so z.B. Yva oder das Atelier Binder signierten ihre Abzüge durch auf der Bildseite einkopierte, die Handschrift zeigende Namenszüge. Dass Modefotos direkt von Hand signiert oder beschrieben wurden, war unüblich, ab und zu findet man aber mit Bleistift ausgeführte Notizen auf der Bildrückseite.

3.1.2. Die Fotoapparate

Modefotografie war im 19. Jahrhundert und auch noch in den ersten Jahrzehnten des 20. Jahrhunderts zu 85 Prozent Atelierfotografie. Dabei musste die Kamera so gut wie nicht bewegt werden. War sie einmal aufgestellt, wurde nur ab und zu der Hintegrund gewechselt, aber die Kamerahöhe, die entscheidend für die Aufnahmeperspektive ist, wurde sehr selten verändert.[122]

Die auf dem internationalen Markt unangefochtenen Luxusmagazine >Vogue< und >Harper's Bazar< forderten bis weit in die Dreißiger Jahre hinein von ihren Fotografen, daß sie nur Abzüge von Negativen die 8 x 10" oder größer waren lieferten, um einen sehr hochwertigen Druck zu ermöglichen.[123] Die Arbeit mit diesen großformatigen Kameras war aber nicht nur für die sich wandelnde Modefotografie der Dreißiger Jahre sehr umständlich. *Karl-Ludwig Haenchen: "Ja, die Belichtung. An einer Belichtung mit Probebelichtung, mit allem. Da mußten wir jedesmal diese Apparatgeschichte machen. Sich auf die Zehenspitzen stellen, in die Kamera gucken. Sie mußten einstellen. Sie mußten belichten. Sie mußten blitzen. Sie mußten Kassetten wechseln. Da machte ich am Tag manchmal zweitausend Belichtungen."*[124]

Neben der umständlichen Bedienung benötigten die Fotografen aufgrund der großen Negative und der langen Kameraauszüge sehr viel Licht, so dass Belichtungszeiten von ein bis zwei Sekunden keine Seltenheit waren.

Die Arbeit mit der Großbildkamera entsprach der gelassenen Eleganz der Mode und dem aristokratischen Flair, mit dem sich >Vogue< und >Harper's Bazar< bis ca. 1933 umgeben hatten. Aus mehreren Gründen endete die Vorherrschaft der Großbildkamera dann 1933 in einer Koexistenz mit den unterschiedlichen Kleinbildkameras, angefangen bei den 9 x 12 cm Wechselplattenkameras, über die 6 x 6 cm Rolleiflex, bis hin zur 24 x 36 mm Leica und Contax.[125]

Schon in den Zwanziger Jahren kündigte sich mit der Werbung für modische Sportkleidung und dem zu mehr Aktivität gewandelten Frauenbild besonders in den Tanzfotografien ein neues Körperbewußtsein an. Seit der ehemalige Sportfotograf Martin Munkacsi 1933 für den >Harper's Bazar< ein laufendes Fotomodell aufgenommen hatte, fingen auch andere Fotomodelle an, sich vor der Kamera zu bewegen.[126] Damit war das Tabu, eine Mittelformatkamera in der Modefotografie zu benutzten, gebrochen.[127]

Wollte man Bewegung scharf abbilden, so forderte dies kurze Belichtungszeiten. Außerdem musste der Fotograf, um das Modell wirklich immer im richtigen Licht zeigen zu können, auch beweglich sein. Dafür waren kleine Kameras, wie die Rolleiflex oder die Leica notwendig. *Joh.Ch. Moderegger: "Die Rolleiflex, wann haben Sie die zum ersten Mal benutzt? Karl-Ludwig Haenchen: 1936, sowie sie rauskam. Und dann hatte ich im Laufe der Zeit, abgesehen von den großen Kameras, drei Hasselblatts, mit Automatik. Eine ging ja immer kaputt. Die Hasselblatt hatte eben den Vorteil, man konnte Kassetten wechseln und Optiken, bei der Rolleiflex konnten Sie gar nichts wechseln. Später konnte man dann noch mit der Extrakassette Probeaufnahmen machen. Vor allem als später die Farbe aufkam. Die Farbe hatte ich auch bis zum Schluß."*[128]

Mit dem Trend zu mehr Bewegung und Natürlichkeit ging eine Aufwertung der Außenaufnahmen einher, und auch hier waren kleinere Kameras aufgrund der größeren Beweglichkeit, die sie erlaubten, von Vorteil. Sonja Georgi sagte dazu in einem Interview 1940: "Die zweiäugige Rolleiflex hat für mich den Vorteil, dass sie mir volle Bewegungsfreiheit gibt und gestattet, schnell hintereinander zu arbeiten."[129]

Auch die deutschen Gesellschafts- und Modemagazine der Dreißiger und Vierziger Jahre wie >Die Dame< und >Die Mode< druckten Modefotos, die aus Mittelformat oder sogar aus Kleinbildkameras stammten.[130] Dafür sprechen die Seitenverhältnisse der gedruckten Farbaufnahmen aus den Vierzigern in >Die Dame< und >Die Mode<, die dem Verhältnis der Kleinbildkamera entsprechen und das verhältnismäßig grobe Korn dieser Bilder.

Die in >die neue linie< und >Die Dame< veröffentlichten Reportagen von Regina Relang aus Portugal und Spanien von 1936 waren mit ihrer Leica gemacht und daher also auf 36 mm Film.[131] *Joh. Ch. Moderegger: "Und hat die Sonja Georgi und auch die Ilse Flöter, haben die auch mit der Kleinbildkamera, also mit dieser Rolleiflex gearbeitet ?- Karin Stilke: Ich glaube ja, aber das kann ich Ihnen nicht genau sagen.- Joh.Ch. Moderegger: Bei Außenaufnahmen war das sehr wahrscheinlich.- Karin Stilke:Ja, ja, Rolleiflex klingt mir auch noch sehr im Ohr. Ja, sie hatten niemals so große Dinger, es waren immer so kleine Kameras. Also im Atelier, zu allererst, da waren ja noch so Dinger wo man so Platten reinsteckte, dass weiß ich noch, bei der Yva. Und da guckte man in die Kamera und das Bild war verkehrt. Die standen fest, diese Dinger, da zuerst, aber das war nachher ja eben nicht mehr. Da war das mit so beweglichen, leichten Kameras, niemals mit so einem schweren Geschütz."*{132}

Ein Grund dafür, dass die deutschen Modezeitschriften auch Kleinbildabzüge als Druckvorlagen akzeptierten, war die weite Verbreitung der Rolleiflex und ähnlicher Spiegelreflexkameras, so wie die der Leica und anderer 36mm Kameras.{133} Auch die Seitenverhältnisse einiger farbig gedruckter{134} Modefotografien sprechen dafür, dass noch vor dem Kriegsende in Deutschland Kleinbildkameras für Modeaufnahmen zum Einsatz kamen.{135}

Bis 1943 teilten sich Großbildkameras, die zweiäugigen 6 x 6 cm Kameras und die Kleinbildkameras den Markt. Die Hasselblad 500 C wurde dann von 1958 bis in die Gegenwart hinein zu der bevorzugtesten Kamera der Modefotografen.

Die Großformatkameras werden auch bis heute eingesetzt, vor allem wenn es um große und größte Vergrößerungen, z.B. für Plakate geht. 1954 hatten die großen Negative oder Diapositve jedoch noch einen anderen Vorteil, der heute in Vergessenheit geraten ist, sie ließen sich sehr gut retuschieren{136}. *"Mode und Porträt-Lichtbildner wünschen Retusche auf dem Negativ und hervorragende Strukturwiedergabe - vor allem bei Farbaufnahmen, die als Druckvorlage dienen. Bedeutende Zeitschriftenverlage haben deshalb vielfach schon in ihren Autorenverträgen das Großformat zur Bedingung gemacht. Für den Hand- wie für den Atelierbetrieb wird daher in größtem Umfang die technisch vollendete Großformatkamera herangezogen."*{137}

3.1.3. Die Filme

Noch bis in die Zwanziger Jahre des 20. Jahrhunderts hinein machte es den Fotografen Schwierigkeiten, in den Grauabstufungen tonwertrichtige Abbilder der farbigen Realität zu erzeugen. Die Fotomaterialien waren noch nicht für das ganze sichtbare Lichtspektrum sensibilisiert. So waren die Filme aufgrund der besonderen Materialeigenschaften der Silberhalogenide überwiegend für Blau empfindlich. Erst seit den späten Zwanziger Jahren konnten die Fotografen ohne spezielle Vorkehrungen wie Farbfilter oder farbige Schminke fotografieren. Voraussetzung waren die seit etwa 1920 erhältlichen panchromatischen Filmplatten, die rot-, gelb- und grünempfindlich waren.{138}

Über bevorzugte Filmmarken einzelner Fotogerafen kann fast nichts gesagt werden, denn modefotografisches Negativmaterial aus den Dreißiger und Vierziger Jahren ist ausgesprochen selten und schwer zugänglich. Die Archive der Modefotografen Karl-Ludwig Haenchen, Sonja Georgi, Charlotte Rohrbach und Lilli Niebuhr sind verbrannt, die der Fotografen Imre von Santho und Norbert Leonard verschollen.{139} Lediglich die Archive Hubs und Ilse Flöters und Regina Relang sind im Münchner Stadtmuseum gerettet und warten dort auf eine ausführlichen Bestandsaufnahme. Ähnlich ist die Situation in Ländern, die wenige bis keine baulichen Kriegsschäden erlitten haben. Der Status der Modefotografie als einem höchst aktuellen Gewerbe führte dazu, dass nur wenig Material archiviert wurde.{140} Wenn etwas archiviert wurde, dann nur die Abzüge in Verlagen und Agenturen, die die Bilder weiter verwerten wollten.

Es ist anzunehmen, dass die Modefotografen die verschiedenen Eigenschaften der Filmemulsionen unterschiedlicher Hersteller sehr gezielt einsetzten, so dass sie in jeder Aufnahmesituation das beste Ergebnis erzielen konnten.{141} Die mit technischen Angaben versehenen Bildunterschriften in Fotofachzeitschriften bestätigen diese Annahme zu mindest für Hubs Flöter, Sonja Georgi und Imre von Santho. Für Veröffentlichungen in der Zeitschrift >Gebrauchsfotografie< nutzten sie das Filmmaterial von Agfa und für in >Photographik< gezeigte Modefotos das von Kodak.{142}

Die kontinuierliche Nutzung eines bestimmten Filmes hatte auf der anderen Seite den Vorteil, dass der Fotograf dessen Materialeigenschaften bestens einzuschätzen wusste und so in der Lage war, über lange Zeiträume hinweg gleichbleibend gute Qualität zu liefern. Damit es für den Fotografen bei der Benutzung der gleichen Emulsion keine Begrenzung im Format gab, boten die großen Filmhersteller ihre Filme in verschiedenen genormaten Maßen an. Zum Beispiel Agfa verkaufte seine Filmplatten seit 1925 in den genormten Maßen von 24 x 30 cm bis 4,5 x 6,5 cm und außerdem noch als Rollfilme in den Formaten von 12,5 x 10 cm bis herunter zu 3,5 x 5,5 cm.{143}

1912 erhielt die Firma Agfa ein Patent für ein Verfahren zur Herstellung farbiger Fotografien. Richtig durchzusetzen begann sich die Farbe erst in den späten Dreißiger Jahren. Es waren die amerikanischen Berufsmusiker Leo Godowsky und Leopold D. Mannes, die 1935 für die Eastman Kodak Company den ersten echten Farbfilm namens Kodakchrome entwickelten. Agfa brachte seinen eigenen Farbdiafilm, den Agfacolor Farbfilm, der auf einer etwas anderen Technologie beruhte, 1936 heraus.{144}

Der große Amateurmarkt war schon seit 1933 auf das neue chromogene Farbmaterial vorbereitet worden.{145} Fotografie sollte Volkskunst werden und weil farbige Kinofilme auf dem gleichen Material gedreht werden konnten, musste sich der Filmhersteller auf das 36mm Material konzentrieren. Der Agfacolorfilm wurde 1936/37 zunächst ausschließlich als Kleinbildfilm gehandelt. Größere Filmformate wurden erst nach dem Krieg produziert. Rolf Sachsse sieht diese Konzentration auf die farbigen Kinofilme und farbige Kleinbildfotografie im *"Kontext einer Herrscherstruktur, die gerade die visuelle Propaganda durch Film und Photo zu einem wesentlichen Element der eigenen Machtausübung erkoren hatte, so dass die Popularisierung der Farbphotographie ideologische Bedeutung von einiger Tragweite"* gewann.{146}

Die Farbfotografie wurde für kommunikativer als die Schwarzweiß-Fotografie befunden.{147} So wurde 1939, um die Einführung des neuen Farbnegativfilmes möglichst erfolgreich zu gestalten, im >Zeitschriften-Dienst< auf fast zwei Seiten lang und breit vorgegeben, wie und über was berichtet werden sollte.{148}

Hatte es vorher schon verschiedene Farbverfahren gegeben, so war jetzt erstmalig ein relativ einfach zu verarbeitendes und auch für Amateure erschwingliches Farbverfahren auf dem Markt.{149} Die Profifotografen Frankreichs und der USA fotografierten schon seit dem Ende der Zwanziger Jahre vor allem für die Werbung, farbig. Das in den USA am weitesten verbreitete Farbverfahren war der seit 1919 ausgeübte Carbrodruck. Auch die Profi-Fotografen Deutschlands bedienten sich verschiedener Pigmentverfahren. Das in Deutschland gebräuchlichste Verfahren war das Duxochrom-Verfahren von 1929. Auch nach Erscheinen der ersten Farbdiafilme Kodakchrome 1935 und Agfacolor 1936, konnte das Verfahren seine Position halten, denn die Agfa-Diafilme waren anfangs nur als Kleinbildfilme erhältlich.{150}

Einige in den späten Dreißiger und frühen Vierziger Jahren veröffentlichte Farbaufnahmen verraten ihre Entstehung über ein Kleinbilddia durch ihre starke Körnung (siehe Abb. 3.1.3./ 1.) und ihre seitlichen Längenverhältnisse.{151} Deren relativ schlechte Abbildungsqualität durch das grobe Korn, war neben der Materialknappheit{152} in Deutschland ein weiterer Grund dafür, dass die Kombination Bermpohlkamera und Duxochrom-Verfahren{153} bis in die Fünfziger Jahre hinein das von Berufsfotografen bevorzugte Verfahren zur Erstellung einer Farbfotografie lieferte.{154}

Dass die Modefotografen erst langsam lernten, die neuen Kameras und Filme anzuwenden, zeigt ein Modefoto Norbert Leonards von 1941 besonders deutlich: Ein Modell steht in einem Innenhof und scheint nach links aus dem Bild herausschreiten zu wollen. Im Hintergrund rechts von ihr ist die Skulptur eines Ganimed auf einem Sockel. Ein stark angeschnittener Baum riegelt die Komposition nach rechts hin ab. Das folkloristische rote Kleid von Hauser Memmingen entfaltet eine gewisse Leuchtkraft. Trotzdem fehlen dem Bild Brillianz und Deutlichkeit in der Komposition. Diese Komposition bleibt trotz der dynamisierenden Bossenstreifen auf der Wand im Hintergrund sehr statisch. Sie wäre lebendiger, wenn der Baum rechts und ein Stück des Vordergrundes abgeschnitten würden. So betrachtet wirkt das Foto gewollt komisch (siehe Abb. 3.1.3./ 2.).

Dieses Foto ist ein Zeugnis davon, welche Schwierigkeiten die bis dato nur schwarzweiß arbeitenden Fotografen mit den neuen Aufnahmetechniken hatten. Wie oben beschrieben, muss es sich bei dem Foto um eine Kleinbildaufnahme handeln, wahrscheinlich aus einer Leica. Die Leica als Sucherkamera zeigt im Sucher ein anderes Bild, als es das Objektiv aufzeichnet. Es ist kleiner und etwas seitlich verschoben. Die Vermutung liegt nahe, dass Leonard dieses nicht bedachte, so dass er eigentlich einen anderen und größeren Ausschnitt fotografierte als er im Sucher sah. Nach der Belichtung wurde der Farbfilm bei Agfa entwikkelt und nicht wie die Schwarzweißfilme vom Fotografen selbst. Ein Schwarzweißnegativ hätte die Möglichkeit geboten, den Ausschnitt beim Abzug wieder zu verkleinern, um die Bildwirkung zu erhöhen. Im Gegensatz zur Schwarzweißfotografie konnten die kleinen Farbdias nicht nachträglich optimiert werden. Das Negativ wurde im Entwickler direkt in ein Positiv verwandelt.

3.2. Die Retusche

Retusche diente dazu Unzulänglichkeiten der Fotografie, sowohl in technischer als auch in darstellerischer Hinsicht, auszugleichen.

Retusche bedeutete, dass es um Verschönern, Verjüngen, Anhübschen und das Make up ging.[155] Der Begriff "Retusche" wird heute eher abfällig benutzt, denn er steht für die Atelierfotografie der Jahrhundertwende. Durch Retusche wurden Falten und Narben aus den Gesichtern der Porträtierten gewischt. Dabei wurde die Physiognomie geglättet. Auch die Taillen wurden geschmälert.[156]

Retusche steht für verstaubte Künstlichkeit und für eine Fotografie, die sich wie die Malerei gebärdet. Besonders für den Betrachter des 20. Jahrhunderts ist der Anblick eines retuschierten Porträts sehr fremd. Die Haut sieht unnatürlich strukturlos aus. Mitunter ist sie auch leicht wellig, wenn die Spur des Retuscheinstrumentes in der Emulsion im Bild sichtbar ist, wie auf dem Titelfoto von Karl-Ludwig Haenchen auf der Zeitschrift >Hella<, an den Wangenknochen von Anna Damann (siehe Abb.3.2./ 1.). Für ihn bildet die Retusche einen Gegensatz zu dem originär Fotografischen, der scheinbar unverfälschten Realität. Retusche war aber in erster Linie eine hochspezialisierte Technik der Bildbearbeitung.

Für denjenigen, der sich mit der Fotografie und der Modefotografie unter besonderer Berücksichtigung des Originals beschäftigt, ist es notwendig, sich mit den verschiedenen Retuschetechniken auszukennen, um den Zustand und eventuell auch die Herkunft einer Fotografie bestimmen zu können.

Retusche hatte mehrere Funktionen. Ich spreche hier in der Vergangenheit, denn heutzutage ist die mechanische Retusche, um die es hier geht, schon beinahe vollständig durch die digitale Bildver- und -bearbeitung verdrängt worden. Alle im folgenden genannten Veränderungen lassen sich heutzutage ohne mechanische Eingriffe schonend für das Negativ oder Positiv erzielen. Das geschieht auf digitalem Wege. Seit ca. 1985 gibt es Großrechner und Scanner, die es erlauben, Bilder auf elektronischem Wege zu verändern. Vorher waren die verschiedenen mechanischen Retuschen der einzige Weg, um ein Foto auch nach der Belichtung - im Negativ oder Positiv - inhaltlich zu verändern.

Noch 1957 wurde das Buch von Dr. Otto Croy >Retusche von heute<, das auf das Jahr 1937 zurück geht, neu aufgelegt. Hier wurde neben der Positivretusche noch ausführlichst auf die Negativretusche eingegangen, die besonders von Modefotografen geschätzt wurde.[157]

3.2.1. Retusche während der Aufnahme

Folgt man dem Ablauf der Erstellung einer Fotografie, so hat man mehrere Möglichkeiten des Retuschierens. Das "make up", das heutzutage in der Berufsfotografie und im Alltag als Selbstverständlichkeit angesehen wird, fiel in fotografischem Zusammenhang bis in die Sechziger Jahre unter den Begriff Retusche. Auch der Einsatz von Effektfiltern oder Weichzeichnern wurde als "optische Retusche" und "Retusche während der Aufnahme" bezeichnet.[158]

3.2.2. Negativretusche

Die Negativretusche, die bezogen auf die Sichtbarkeit im fertigen Abzug die unauffälligste Retusche ist, wurde überwiegend bei Negativformaten größer als 6 x 6 cm benutzt.[159] Mit feinen Pinseln und Spezialwerkzeugen wurde auf und in der Emulsion, die der Träger der Bildinformation ist, mit unterschiedlichen Malmitteln gemalt, gezeichnet und gekratzt. Das Negativ wurde an einigen Stellen verstärkt und an anderen partiell abgeschwächt (siehe Abb. 3.2.2./ 1.).[160]

Die Negativretusche ist vor allem die Retusche des 19. Jahrhunderts. In dieser Zeit wurden die Positive überwiegend durch Kontaktkopien hergestellt und das Vergrößern eines Negativs im Vergrößerungsapparat war noch die Ausnahme. So waren die Negative in der Regel mindestens 6 x 9 cm groß und erlaubten eine

Bearbeitung ohne aufwendige Lupenkonstruktionen.[161] Mit der massenhaften Verbreitung der Mittelformat- und Kleinbildfotografie nach dem Zweiten Weltkrieg wurde die Negativretusche unökonomisch und fand daher nur noch in Ausnahmefällen Verwendung. Auch unwiderrufliche Veränderungen des Negativs durch diese Technik kamen in der zweiten Hälfte des 20. Jahrhunderts, als unter Fotografen das Negativ als höchstes Gut angesehen wurde, in Verruf.[162] Vor- und gleichzeitig auch Nachteil der Negativretusche ist die Veränderung des Negativs. Der Nachteil ist, dass das Negativ unwiderruflich verändert und der Gefahr der Zerstörung ausgesetzt wird. Der Vorteil der Negativretusche ist, dass die gewünschte Veränderung nur einmal vorgenommen werden muss und damit jeder Abzug bereits bearbeitet ist.

Modefotografien wurden beinahe ausschließlich, wie oben beschrieben, für die drucktechnische Reproduktion hergestellt. Für den Druck wurde jedoch eine andere Qualität der Retusche benötigt als für ein Schmuckbild.[163] In der Modefotografie wurde die Negativretusche besonders zu den Zeiten der Korsetts eingesetzt, um die Taillen der Vorführdamen noch weiter zu schmälern. Daneben wurde bei einzelnen Aufnahmen, besonders für spezielle Werbezwecke, bis weit in die Dreißiger Jahre hinein die Gesichtsphysiognomie geglättet (siehe Abb. 3.2.2./ 1.).
Der gleiche Effekt war auch in den Fünfziger Jahren wieder sehr wichtig, wenn es galt, den "New Look" Christian Diors fotografisch überzeugend umzusetzen. Durch Übermalen des Abzuges mit der Positivretusche wurden die Taillen der Fotomodelle zu Wespentaillen.

3.2.3. Die Positivretusche

Die dritte Möglichkeit der Retusche ist die Positivretusche. Hier wird sowohl mit den beschriebenen, als auch mit anderen Mitteln und Techniken gearbeitet.

Die unauffälligere Variante der Positvretusche fand ihre Anwendung, wenn das angestrebte Produkt ein Schmuckabzug war. Die Hauptträger dieser Retuscheform waren Fotografien, überwiegend Porträts, die für Alben, Aufsteller oder die Wandpräsentation hergestellt wurden. Die Retusche beschränkte sich meist darauf, Fussel oder Staubkörner, die bei der Belichtung in der Dunkelkammer auf dem Positiv sichtbar wurden, auszuflecken und unsichtbar zu machen. Manchmal wurden mit ihrer Hilfe Unebenheiten der Haut geglättet oder den Augen der porträtierten Fotomodelle wurde auf den Fotos durch weiße Punkte "Leben" eingesprüht.[164] Croy beschrieb in einem Aufsatz von 1953 außerdem, wie man mit Hilfe der Retusche Nasen, Haare, Augen, Segelohren, ja die ganze Physiognomie ändern und beschönigen konnte.[165]
Die Negativ- und die Positivretuschen in Hinsicht auf einen Schmuckabzug wurden überwiegend beim Fotografen im Atelier von ihm selbst oder von angestellten Fachleuten ausgeführt.[166] Eine besonders eindrucksvolle Retusche, die zeigt, wie kreativ diese Technik eingesetzt wurde, beschrieb der Fotograf Heinz Hajek-Halke 1982 in einem Brief an Fritz Kempe: *"Er (Karl Schenker - Anm. d. Verf.) hatte von einer angesehenen "Dame" der Gesellschaft Akt-Aufnahmen gemacht - "... dass um Gottes Willen mein Mann nichts davon erfährt!"... - Er schickte ihr die Aufnahmen ins Haus / aber bekleidet mit einem der kostbarsten Pelze/ auf dem man jedes Haar zählen konnte - Ich habe selber derartige Retusche von ihm gesehen ... und ging in die Knie."*[167]
Das weitaus größte Einsatzgebiet der Retusche war die Druckvorlagenherstellung. Hier wurden Korrekturen an den Fotografien vorgenommen, um sie druckfähig zu machen. Damit einzelne Bereiche einer Fotografie nicht absackten und damit im Druck pechschwarz, also ohne Zeichnung waren, wurden sie mit Hilfe von Spritzretusche aufgehellt. Die Retusche in der Druckerei war dazu da, die Tonwerte richtig zu steuern und Fehler des Fotografen zu mildern. Hat man heutzutage eine Fotografie in der Hand, die eine sehr auffällige, unschöne und helle Sprühfläche aufweist, so ist diese ein Indiz dafür, dass das Foto als Druckvorlage gedient hat. Die Druckereiretusche orientierte sich nicht an der Ästhetik des Abzuges, sondern an der des fertigen Druckbildes. Diese Retusche wurde sowohl von Druckereiangestellten als auch von Freiberuflern ausgeführt. Am preiswertesten war es für den Fotografen, wenn er es beherrschte, so zu fotografieren, dass der Tonwertumfang der Fotografie ohne Retusche druckfähig war. Die Untersuchungen an Modefotografien aus den Jahren 1936 bis 1943 zeigen, dass der Einsatz von Retusche jeglicher

Art die absolute Ausnahme war. In Prozenten ausgedrückt dürfte die Zahl der retuschierten Modefotografien bei etwa 5 Prozent gelegen haben, wie meine Untersuchungen an Vintagematerial ergeben haben. Nur Fotografien, die besonders auffällig und groß gedruckt werden sollten, zeigen fast immer mehr oder weniger starke Retuschen (siehe Abb. 3.2.3./ 1. und 2.).[168] Manchmal ist diese Retusche so umfassend, dass die Fotografie darunter kaum noch zu erkennen ist. Diese überdeckende Retusche war jedoch unökonomisch und wurde nur selten eingesetzt. Ein spätes und besonders eindrucksvolles Beispiel für diese Retusche stammt von Hubs und Ilse Flöter aus dem Jahr 1949 (siehe Abb. 3.2.3.).[169]

In der Modefotografie nach 1955 ist kaum noch eine großflächige Retusche zu finden. Durch die breite Anwendung der Farbfotografie ab den späten Sechziger Jahren verschwand die manuelle Retusche fast vollständig aus der Modefotografie.

3.3. Die Location[170]

"Bräute bei Schneetreiben im Park"
Ilse Haenchen 1997[171]

Oben wurden die verschiedenen technischen Voraussetzungen zur Erstellung einer Modefotografie, wie die Filme, die Kameras und die Fotopapiere sowie der handwerkliche Umgang mit diesen besprochen. Im Folgenden soll auf weitere handwerkliche Voraussetzungen der Modefotografieproduktion eingegangen werden. Zunächst soll ein Blick auf die verschiedenen möglichen Aufnahmeorte, die sogenannten Locations, geworfen werden.

Die Entscheidung für einen Aufnahmeort war von verschiedenen Faktoren abhänging. Jeder Modefotograf hatte Vorlieben für bestimmte Standorte. Zusätzlich gab es Vorgaben von Auftraggebern, das konnten Redakteure, Bekleidungshersteller oder Werbefachleute sein. Darüber hinaus sind einige Kleidungsstücke fast ausschließlich an bestimmte Orte gebunden. So gefällt der Badeanzug besonders gut am Strand und das Abendkleid wirkt besonders harmonisch in einem Festsaal und natürlich gehört der Regenmantel auf eine regennasse Straße. Die Wahl des Standortes ist abhängig vom Zeitgeist und der historischen Situation. Daneben muß man immer im Gedächtnis behalten, dass die Modefotografie ein Geschäft ist, in dem kühl gerechnet wurde und wird. Dass für eine Aufnahme mehrere Tage zur Verfügung standen, und dass temporäre Studioeinbauten von Innenarchitekten geplant wurden, waren große Ausnahmen, die sich >Vogue< und >Harper's Bazar< in den Zwanzigern und frühen Dreißigern leisteten.[172] In Deutschland waren die Zeitschriften auf ein breiteres Publikum ausgerichtet und die Werbeetats waren niedriger als in den USA, so dass sich die Magazine überwiegend durch den Verkauf finanzieren mußten und weniger durch Anzeigen.[173] So waren die Honorare für die Modefotografen in Deutschland im Vergleich zu Amerika relativ niedrig. Für die deutschen Modefotografen war es also wichtig, preiswert zu fotografieren, damit es sich finanziell auch lohnte.

Denkt man an die Unbeständigkeit des Wetters in unseren Breiten, so ist es auf den ersten Blick nicht verwunderlich, dass Modefotografie vor 1948 überwiegend Fotografie in geschlossenen Räumen war. Denn die Modefotografie, die außerhalb "on location" fotografiert wurde, war immer mehr oder weniger abhängig vom Wetter.[174] Auf den zweiten Blick ist die starke Betonung der Studiofotografie verwunderlich, denn die Außenproduktionen waren mit geringerem finanziellem Aufwand zu bewerkstelligen und weitaus rentabler. Zwar wurden schon ab 1910 Modefotos im Freien inszeniert, doch blieben diese lange Zeit die Ausnahme.[175] Die Auswertung des untersuchten Materials ergab für den Zeitraum von 1930 bis 1943 einen Anteil der Außenaufnahmen von unter zehn Prozent. Dieser Trend herrschte zur gleichen Zeit auch in Frankreich, England und Amerika vor. Die Außenaufnahmen bekamen dort allerdings früher mehr Gewicht und nahmen einen etwas größeren Raum ein.[176]

In den Dreißiger Jahren nahm die Zahl der Außenaufnahmen zu. In der frühen Nachkriegszeit, besonders in der Periode von 1947 bis 1955 verschob sich das Verhältnis in der deutschen Modepresse sogar zeitweise so sehr, dass weniger als 50 Prozent der Modeaufnahmen im Atelier aufgenommen wurden.

3.3.1. Im Atelier

Der räumliche Aufwand zur Erstellung eines Modefotos war im Grunde gering. Um ein Fotomodell zu positionieren brauchte man nicht mehr als 20m2. Eine der üblichsten und sehr verbreiteten Kompositionen des Bearbeitungszeitraumes zeigt das Fotomodell in beliebiger Kleidung vor einer weißen, rauh verputzten Wand. Bei ganzfigurigen Aufnahmen ist ab und zu die Fußbodenleiste oder ein Parkettboden zu erkennen, in der Regel ist die Standfläche aber weiß gehalten (siehe Abb. 3.3.1./ 1.). Diese einfache Ausstattung macht den geringen räumlichen Aufwand für Modefotografie besonders deutlich, wenige Quadratmeter genügten: *Karl-Ludwig Haenchen: "Mein erstes Atelier war das Durchgangszimmer in einer Wohnung in der Motzstraße, wo lauter Leute wohnten. In der Wohnung wohnten, weiß nicht, acht Personen? - Ilse Haenchen: Aber damals noch keine Dunkelkammer. - Karl-Ludwig Haenchen: Ja doch, eine Dunkelkammer hatten wir da, ein ehemaliges Mädchenklosett. Eine weiße Wand als Hintergrund. Und wenn einer durch das Durchgangszimmer durchlaufen wollte, war das eine andere Geschichte. Draußen hatte ich einen Schaukasten gemacht mit ein paar schönen Fotos, aber die wurden gleich gestohlen."*[177] Dem späteren Fotografen Karl-Ludwig Haenchen genügte also 1935 das Durchgangszimmer einer Mietwohnung als Studio.[178] Dieses Zimmer in der Motzstraße hatte schon 1913 dem aus der Schweiz stammenden Fotografen Alexander Binder als erstes Atelier gedient.[179] Binder bezog dann in den Zwanzigern große Studioräume am Kurfürstendamm, die 1938 von Haenchen übernommen wurden. Das Atelier Binder wurde 1938 von der nationalsozialistischen Gewerbeaufsicht geschlossen, da die Inhaber und die leitende Fotografin Liesel von Stengel Juden waren.[180]

1939 führte Karl-Ludwig Haenchen einen fotografischen Betrieb mit drei verschiedenen Ateliers.[181] Sein Hauptatelier war in der Bayerischen Straße,[182] daneben hatte er ein Porträtatelier für Laufkundschaft in der Friedrichstraße und das ehemalige Fotoatelier Binder am Kurfürstendamm 205, welches sich in den Zwanziger Jahren rühmte, das größte Fotoatelier Europas zu sein.[183] Das Atelier in der Bayerischen Straße hatte einen Dachgarten. *"Karl-Ludwig Haenchen: (...) Ich hatte einen Dachgarten im Atelier an der Bayerischen Straße. Praktisch, privat hatte der ein Haus auf dem Dach mit Dachgarten, wo vorher der Gärtner war. Da haben wir auf den Dächern fotografiert."* Die bei Modefotografen beliebten Dachterassen oder Dachgärten erlaubten es, Freiluftaufnahmen ohne großen Aufwand zu verwirklichen. Doch der Aufnahmeort "Dach" wurde in der Regel so verschleiert, dass man ihn auf dem Foto nicht erkennt. So ist mir keine der von Haenchen erwähnten Fotografien bekannt.[184] Ein Paradebeispiel für die Inszenierung eines Aufnahmeortes ist das bekannte Bademodenfoto von George Hoyningen-Huene mit den Fotomodellen Horst P. Horst und Lee Miller. Es sieht nach einer Aufnahme an herrlich weitem Meeresufer aus, wurde aber auf der Dachterrasse seines New Yorker Studios fotografiert.[185]

Das Dach als erkennbarer Bildhintergrund in der deutschen Modefotografie wurde erstmalig im Herbst 1941 von Norbert Leonard in Szene gesetzt. Auf sich gegenüberliegenden Seiten des Magazins >Die Mode< wurden zwei Modeaufnahmen von fast gleichem Kamerastandort aus gezeigt. Eine der Aufnahmen wurde jedoch seitenverkehrt abgezogen, so dass sich beim Blättern einen "Spiegeleffekt" ergibt und die befremdende Wirkung der Dachlandschaft zusätzlich verstärkt wird (siehe Abb. 3.3.1./ 1.).[186]

Das Fotoatelier auf dem Dach stand in der Tradition der Fotoateliers des 19. Jahrhunderts. Das Dach bot den großen Vorteil des freien Lichteinfalls über den ganzen Tag.[187] Solange die Fotografen vom Tageslicht abhängig waren, nahm man die Nachteile des Dachateliers, nämlich die starke Aufheizung im Sommer und seine starke Abkühlung im Winter, in Kauf.

Mit der Leistungszunahme der elektrischen Lichtquellen in den Dreißiger Jahren änderten sich die Anforderungen an die Ateliers. Der Tageslichteinfall wurde weitestgehend überflüssig und war damit nicht mehr entscheidend. Neben der guten Lage des Ateliers, war eine hohe Zimmerdecke, um große Scheinwerfer aufstellen zu können, sehr wichtig (siehe Abb. 3.3.1./ 2.).[188] Das Atelier der Fotografien Sonja Georgi wurde 1940 in der Zeitschrift >Gebrauchsfotografie< so beschrieben: *"Man muß gesehen haben, wie sie in ihrem Atelier am Kurfürstendamm in Berlin arbeitet. Der Raum, in dem nun schon so viele Modefotos entstanden sind, ist beileibe nicht übermäßig groß. Ein heller Hintergrund, eine größere Anzahl*

Lampen, eine Säule, ein vielseititg verwendbarer Holzkasten, dazu einige wenige unentbehrliche Requisiten - das ist alles."[189]
Das einfache, quadratische Atelier des Modefotografen Khan von Ludwig[190] aus dem Jahr 1955 markiert den Endpunkt dieser Entwicklung zu kleinen Ateliers: Es war ein weißer Kubus ohne Fenster und an zwei Wänden verwischte eine Hohlkehle den Übergang von Fußboden zu Wand.[191] So war es optimal als Projektionsfläche für die Ideen des Fotografen geeignet. Diese Studioform ist immer noch die üblichste. Sie ist der architekturgewordene Ausdruck des erfolgreichsten und am weitesten verbreiteten Typus von Modefotografien, bei dem ein Fotomodell in einem weißen Raum steht.

3.3.2. Modefotografie in geschlossenen Räumen

Modefotografie fand nicht nur in den Ateliers der Fotografen statt. Sehr häufig dienten die Schauräume der Modehäuser und angrenzende Zimmer den Modefotografen als Studio. Vorwiegend in den frühen Fünfzigern sorgte das Prozedere der Modenschauen für die sehr willkürlich gewählten Locations. Nach den Schauen bekamen die Fotografen nur wenige Minuten Zeit, die Kleider zu fotografieren.[192] Manches besonders schöne Stück durfte nicht aus dem Haus, also blieb nur das Fenster des Vorführraumes als Lichtquelle und der Vorführraum als Aufnahmeort. Besonders Regina Relang gelang es, aus dieser Situation heraus sehr beeindruckende Kompositionen zu schaffen (siehe Abb. 3.3.2./ 1.- 2.).[193] Auch die vielen Modefotografien von den Straßen der Stadt Paris aus den Fünfzigern finden hierin eine Erklärung. Denn häufig war es nur möglich schnell auf die Straße zu huschen, einige Posen bei Tageslicht aufzunehmen, und dann mußten die Kleider schon zurück. Diese Eile führte neben der "Mode auf der Straße"[194] zu Modeaufnahmen in Treppenhäusern und Fluren.[195] Eine andere Erklärung ist die schlechte wirtschaftliche Situation unmittelbar nach dem Krieg, so dass Pariser Mietstudios in den Jahren bis 1954 von deutschen Fotografen nur selten in Anspruch genommen werden konnten.[196]

Dass die Mode z.B. im Theater oder an anderen denkbaren Orten präsentiert wurde, kam, wie man an den wenigen Veröffentlichungen dieser Variante in Deutschland sieht, nur sehr langsam in Gang (siehe Abb. 3.3.2./ 4.). Wer das Studio verließ und seine Kamera anderswo aufbaute, wurde bis zum Ende der Dreißiger Jahre eher belächelt als bewundert.{197}

3.3.3. Modefotografie unter freiem Himmel

Einen Einblick in die Problematik der Außenaufnahmen und in die Arbeitsweise der Modefotografen gab >Die Mode< ihren Lesern im Aprilheft 1941 (siehe Abb. 3.3.3./ 1.),

"DAS GEHÖRT AUCH ZUM MODEFOTO

Der Leser ist gewöhnt, die Schönheit und Glätte des Modefotos als Selbstverständlichkeit hinzunehmen. Die Mädchen lächeln, die Pose ist mehr oder weniger natürlich, das Modell sitzt, das Gesicht erscheint schön gezeichnet. Unser Fotograf hat während seiner Modeaufnahmen draußen einige Schnappschüsse gemacht, die zeigen, dass Fotografieren von Mode, zumal wenn es im Freien geschieht, doch nicht ganz so leicht zu bewerkstelligen ist, wie die Bilder in der Zeitschrift den Anschein erwecken.

Was muß man mitnehmen? Spiegel, Kamm, Schminke und Puder, Stecknadeln. Diese Dinge seien nur als das Notwendigste genannt. Hat man die schönste Stelle für die Aufnahme gefunden, dann gilt es, auch einen geeigneten Platz zum Umziehen für die Mannequins ausfindig zu machen, manchmal muß der primitivste genügen. Schnell muß die Arbeit gehen, sonst ist der endliche und so notwendige Sonnenschein wieder weg. Daher ist das sorgfältig und speziell zum Fotografieren geschminkte Gesicht beim Umziehen mit einem Schleier zu schützen. Dieser Schutz gilt aber zugleich auch den teuren Modellen.

Nicht jede Frisur paßt zu jedem Kleid. Eine moderne Abendfrisur ist schnell mit einem Zopf gesteckt. Eine Figur, die sich für Modeaufnahmen eignet, muß besonders schlank sein. Daher spielt das Abstecken der zu weiten Kleidungstücke eine nicht unwichtige Rolle. Wäscheklammern und Stecknadeln dienen als Hilfsmittel."[198]

Wie oben angedeutet, bedingen bestimmte Kleidungstücke bestimmte Aufnahmeorte. Diese Orte folgten einem begrenzten, sich in chronologischem Wandel befindlichen Kanon. Diesen Wandel möchte der Autor am Beispiel der Präsentation von Bademode verfolgen und diskutieren.

Die Bademode unterlag in der Weimarer Republik besonderer Aufmerksamkeit der staatlichen Sittenwächter.[199] Die Gefahr, dass sie ins unsittliche abglitt war hoch, denn für die Bademodenwerbung wurden schöne, nur leicht bekeidete Frauenkörper abgelichtet.[200] Von einer nur leichten Bekleidung lebte aber die Erotik der pikanten Fotografie.[201] Die Folge war, dass in der Weimarer Republik vorgeschrieben wurde, wie viele Quadratzentimeter Haut ein in der Öffentlichkeit getragener Badeanzug für Damen unbedeckt lassen durfte, außerdem wurde ein Zwickel im Schritt vorgeschrieben. Das führte dazu, dass die nationalsozialistische Polemik die Weimarer Gesetzgeber als "Zwickelregime" verspottete.[202] Weiterhin war der Umgang mit der Nacktheit in der Weimarer Zeit sehr liberal. Auf speziell ausgewiesenen Freigeländen durfte ein befreites Körpergefühl ausgelebt werden und in speziellen Nudistenzeitschriften wurde in Wort und Bild darüber berichtet.[203] Die Nationalsozialisten tolerierten Nacktheit dann, wenn sie im Dienst eines heldischen Körperkultes stand. Im Foto wie im Film war die bildliche Erotik verpönt. Besonders in der Plastik des Dritten Reiches herrschte der heroische nackte Körper vor.[204] Das herausragendstes Beispiel für die fotografische Umsetzung dieses herorischen Ideals sind die Aufnahmen, die Willy Zielke 1936 für den Vorspann des Olympia-Buches von Leni Riefenstahl fotografierte. In ihnen wurden Motive sportlicher Aktfotografie, wie sie schon seit Anfang der Zwanziger Jahre aus der FKK-Bewegung bekannt waren, mit den Posen und der Ästhetik antiker Plastiken verbunden (siehe Abb. 3.3.3./ 2. und 3.).[205]

Bis etwa 1936 war es üblich, Bademode im Studio vor dunklem Hintergrund zu fotografieren. Die stehende Figur des Modells wurde unterhalb des Knies abgeschnitten. Sehr beliebt war es, dem Modell etwas in die Hand zu geben, das auf sportliche Aktivität hinwies, gern auch in Anlehnung an klassische Sportarten oder gar Dianendarstellungen (siehe Abb. 3.3.3./ 4. und 5.). Modelle wurden mit Bögen und Speeren ausstaffiert, aber auch Bälle, Reifen und Seile kamen zum Einsatz, um der Pose einen Sinn zu geben und einen Hauch von Bewegung zu vermitteln (siehe Abb. 3.3.3./ 6.). Ein heiteres Lächeln des Modells wurde eingesetzt, damit keine erotische Spannung entstand. *"Die libidinösen Energien sollen nicht mehr auf die Geschlechterliebe gerichtet sein; die nazistische Sexualpolitik versucht, die erotische Spannung aus dem Geschlechterverhältnis zu tilgen, um Energien für kriegerische Zwecke einzubinden."*[206] Aus dem gleichen Grund wurden die Posen der zeitgenössischen Aktfotografie vermieden, und auch auf Flirtposen wurde im Zusammenhang mit Bademode fast immer verzichtet.[207]

Eine Fotografie von Yva aus den frühen Dreißiger Jahren setzt sich jedoch von diesem Typus ab (siehe Abb. 3.3.3./ 7.). Ein blondes Modell stützt ihren rechten Arm lässig auf eine Studiokiste.[208] Ihr linker Arm ist in einem Winkel von 45° angewinkelt angehoben. Ihr Kopf ist ins Dreiviertelprofil gedreht. Sie blickt mit einem unklaren Gesichtsausdruck nach rechts aus dem Bild. Der sanft modellierte Körper des Modells ist dem Betrachter fast frontal zugewandt. Die Körperachse verläuft von links unten nach rechts oben in einer leichten Diagonale. Der Blick des Modells setzt diese Richtung fort. Nach rechts hin wird das Bild durch eine schwarze Wand abgeriegelt, die jedoch ein wenig zurückgesetzt steht, so dass der Blick des Modells ungehindert in die Dunkelheit gehen kann. Ein Spot von oben links bescheint den Kopf und die linke Brust bis hinunter zur linken Hüfte, sowie ein um den Nacken gelegtes Haarband. Es gehört nicht zum Badeanzug. Es ist ein von der linken Hand gelöstes und um den Hals gelegtes Haarband. Das erklärt die Pose des linken Armes sinnvoll. Ein zweiter Spot beleuchtet die Wand im Hintergrund von einem Punkt ausgehend, so dass ein sich nach oben hin verlierender Lichtfluß entsteht, vor dem sich die Silhouette des Modells klar abzeichnet. Die linke Körperhälfte wird von einem sehr grellen Licht angestrahlt. Dieses Licht hat den Effekt, dass die Taille des Modells schmaler wirkt: und die rechte Körperhälfte in tiefem Dunkel liegt, so dass auch auf dieser Seite die Körperlinie betont wird.

Dieses "Rembrandt-Licht"[209] erzeugt eine intime Atmosphäre, die von dem uneindeutigen Blick und der Geste des linken Armes unterstüzt wird. Das Sinkenlassen des Haarbandes, überhaupt das Nesteln am Haar, kann als Flirtsignal interpretiert werden.[210] Dadurch strahlt das Bild einen gewissen Sexappeal aus.[211]

Das Markenzeichen der Firma "Venus", auf dem linken Oberschenkel des Modells sichtbar, ist der hellste Ort im Bild, dadurch wird der Blick des Betrachters unweigerlich darauf aufmerksam gemacht. Diese starke Fixierung auf das Markenemblem kennzeichnet die Aufnahme eindeutig als Werbeaufnahme, und so findet auch der Sexappeal eine ganz eindeutige Erklärung. Er dient dazu, den Blick des Betrachters festzuhalten und in das Bild zu ziehen. Diese Lichtregie Yvas lenkt so die Aufmerksamkeit sehr geschickt auf das Markenzeichen.

Das so verwendete Studiolicht basierte zum Teil auf der Glamourfotografie der Zwanziger Jahre, in der mit Hilfe von Weichzeichnern eine strahlende Aura erzeugt wurde (vgl. Abb 3.3.3./ 4.). Anfang der Dreißiger stand das meist eingesetzte Studiolicht der "Neuen Sachlichkeit" näher und war dementsprechend höchst brilliant.[212]} Die Figuren wurden sehr plastisch modelliert und damit sowohl die Stoffstruktur, als auch der Schnitt der Mode herausgearbeitet.[213]

Mitte der Dreißiger Jahre herrschte in Deutschland überall Aufbruchstimmung. Noch sah man nicht, wohin Hitler das deutsche Volk lenken würde und die beginnenden Repressalien gegen die Minderheiten wurden anscheinend nur von diesen selbst wahrgenommen. Die vielen Arbeitslosen waren wieder im Straßenbau und in der Rüstungsindustrie beschäftigt, und so gab es für fast alle wieder ein arbeitsfreies Wochenende und echte Freizeit. Man fuhr wieder vermehrt hinaus, um zu baden und das Leben unter freiem Himmel zu genießen. Die oben beschriebene, im Atelier fotografierte Bademodefotografie mit ihrer steifen Künstlichkeit, entsprach jetzt nicht mehr dem allgemeinen Lebensgefühl.[214]

Seit 1931 zeichnete sich dann in den Zeitschriften der Trend ab, Badmode am Ort des Ereignisses zu fotografieren, nämlich am Wasser. Die erste dem Autor bekannte Fotografie dieser Art stammt von dem unbekannten Fotografen Kiesel.[215] Veröffentlicht in >die neue linie< Heft 9, vom Mai 1931 wird Bademode auf einem Steg gezeigt (siehe Abb. 3.3.3./ 9.). Diese Verbindung von Bademode und Badesteg wurde auch in den Folgejahren immer wieder gern gewählt. Sie bot den Vorteil eines ruhigen Bildhintergrundes gegen den weiten Horizont ohne die Gefahr, dass andere Badegäste durch das Bild liefen.[216]

Auf der Suche nach geeigneten Aufnahmeorten wurden auch Parks und stadtnahe Wälder nicht ausgelassen. Zwei Aufnahmen Imre von Santhos aus dem Jahr 1936 präsentieren "Weekend" Bademoden von Jantzen in einer Parkumgebung. Die Modelle Curd Jürgens und Edith Aschenbroich strahlen Entspannung und Lebensfreude aus, das spätnachmittagliche Licht sorgt für gute Plastizität und hebt die Figuren von dem unruhigen Hintergrund ab (siehe Abb. 3.3.3./ 10 und 11).

Diese Form der Bademodenpräsentation konnte sich jedoch nicht durchsetzen. Erst eine Bademodenreise für die Firma Porolastic mit der Fotografin Ruth Eppler[217] und den Fotomodellen Karin Stilke und Edith Aschenbroich nach Ragusa, damals noch Jugoslawien, im Sommer 1937, wies den auch heute noch gängigen Weg (siehe Abb. 3.3.3./ 12 bis 14).[218] Karin Stilke gab in einem Interview einen sehr lebendigen Bericht dieser Fotoreise: *"Und dann habe ich sehr viel mit Imre von Santho gearbeitet und der hatte eine sehr nette, Ruth hieß sie, Assistentin. Ruth Eppler und die hat auch sehr viele Fotos gemacht. Und da haben wir zum allerersten Mal diese Fotos gemacht, da sind wir nach Dubrovnik, (...) da war diese Freundin, die spätere Edith Aschenbroich und ich und die Ruth. Wir fuhren nach Dubrovnik und haben dann in einem schrecklichen Hotel direkt an der Mauer, Ragusa hieß das ja damals noch, direkt an der Mauer gewohnt. Und, also es war herrlich. Ein fürchterliches Hotel, wenn wir da rausguckten, dann gingen die Leute da auf der Mauer spazieren. Und wir haben immer gesagt, die denken sicher hier ist ein Puff, weil wir da immer raus guckten. Wir haben so viel Spaß gehabt. Und dann sind wir später von Dubrovnik ein bißchen weiter in irgend einen Badeort{219} und da haben wir dann in einem sehr schönen Hotel gewohnt, das es damals gab, nicht zu vergleichen mit den heutigen, aber damals eben sehr schön und da haben wir noch weitere Fotos gemacht. Und ich weiß noch, da waren einmal so fürchterlich viele Mücken und da war ich von oben bis unten zerstochen, hatte also lauter kleine rote Fleckchen und mußte da fürchterlich überschminkt werden, um da diese Fotos zu machen."*[220]

Die von Karin Stilke beschriebene Situation spiegelte sich in den Aufnahmen wieder. Die Fotografien wirken sehr lebendig und natürlich, sie strahlen die Frische eines Urlaubstages aus.

Durch die in den nächsten Jahren von Deutschland ausgehende Zuspitzung der politischen Lage in Europa, sollten Modereisen ins Ausland bis in die späten

Fünfziger Jahre die absoluten Ausnahmen bleiben. Lediglich Erich Balg nahm für eine Bilderstrecke vom Februar 1939 für lange Zeit das letzte Mal die guten Aufnahmebedingungen des südeuropäischen Auslandes in Anspruch.[221] Die dabei entstandene sehr humorvolle und ideenreiche Bilderfolge ist von den Bedingungen ähnlich angelegt wie die oben beschriebene Modereise nach Ragusa. Erich Balg ließ seine beiden Fotomodelle genauso an der Felsenküste posieren, wie Ruth Eppler (siehe Abb. 3.3.3./ 15 und 16).

Die Nord- und Ostseeküste waren neben Studioproduktionen übliche Aufnahmeorte für Bademode. Man sah jedoch nie passiv in der Sonne badende Frauen, sondern immer nur Frauen in Bewegung. Nach 1939 wurden die aktiven, fröhlichen Bademodefotos selten, was wahrscheinlich mit der Lage in Deutschland seit Kriegsbeginn zusammenhing.

Ein Propagandafilm für das BDM-Werk "Glaube und Schönheit" wurde 1940 von der Zensur so beschnitten, dass alle Szenen, in denen sich Mädchen "beim Sonnenbaden, Reiten und Tanzen ergingen," herausfielen. Den Frontsoldaten sollte der Anblick solchen Müßigganges nicht zugemutet werden.[222]

Zu den Eigenartigkeiten der deutschen Bademodenfotografie gehört eine Serie von drei Bildern, die Norbert Leonard im Frühjahr 1941 für >Die Mode< gemacht hat (siehe Abb. 3.3.3./ 17 und 18): Ein Modell sitzt im Profil auf einer Strohmatte auf dem Boden. Ihre Beine sind angezogen, die verschränkten Arme darauf abgelegt. Ihre Füße hat sie an die Wand gestellt, sie blickt geradeaus, also über ihre Arme, Beine und Füße hinweg genau auf die Wand. Der Schnitt des Badeanzuges ist nur schwer zu erkennen, lediglich die Struktur des Stoffes wird sehr plastisch wiedergegeben. Es fällt schwer, diese Fotografien einzuordnen, sie stehen völlig ohne Vorbilder da, fanden allerdings auch keine Nachfolger.

Ab August 1941 findet man in den deutschen Frauen- und Modezeitschriften keine Bademodefotos mehr. Das bis 1945 letzte publizierte Foto einer Frau im Badeanzug war ein fröhliches Porträt. Quasi "en negligé" steht die Schauspielerin Maria Bard in ihrem Gemüsegarten und besprengt ihre Bohnen mit einem großen Gartenschlauch (siehe Abb. 3.3.3./ 19.).[223]

Nach Kriegsende wurden sowohl Vorkriegsfotografien für Werbezwecke genutzt, wie die Aufnahmen Lilli Niebuhrs aus dem >Film und Frau< Heft 20 von 1949 zeigen, als auch neue, an den Kriegsstil anknüpfende Fotos, produziert. (siehe Abb. 3.3.3./ 8.). Das Foto eines Badeanzuges der Firma Heinzelmann, 1952 von F.C. Gundlach[224] fotografiert, zeigt eine etwas andere Perspektive. Der Betrachterstandpunkt liegt hier etwas höher, so dass die Froschperspektive gemäßigt ist. Die Bildkomposition der Fotografie aus dem Jahr 1952 steht jedoch in der Tradition Yvas und Lilli Niebuhrs. Das Neue dieser Fotografie zeigt sich in einem angeschnittenen Arm, der Wahl und dem Einsatz des Hintergrundes. Die erst auf den zweiten Blick erkennbare Sprunganlage einer Badeanstalt wurde dynamisierend eingesetzt.

Auch an andere Traditionslinien wurde angeknüpft. So wurde 1949 im Heft 23 der >Film und Frau< eine Bademodegeschichte am Nordseestrand von Ernst Knoth, der sein Atelier auf Sylt hatte, veröffentlicht. Die Bademode blieb dabei jedoch im Hintergrund, denn es galt, von einer Schönheitskonkurrenz der CCC-Film Berlin zu berichten, die wegen der Suche von Nachwuchsschauspielerinnen ausgetragen wurde. Eine echte Modereise führte 1950 wieder ins Ausland. Diesmal reiste Erich Balg mit drei Fotomodellen nach Südfrankreich, wo er Bademode von Rochas inszenierte. Zur Auflockerung der Serie "beschäftigte" er auch wieder einen Esel (siehe Abb. 3.3.3./ 20.).[225]

Eine in der Nachkriegsmodefotografie ähnlich singulär dastehende Bildstrecke, wie die drei Badeanzugfotos von Norbert Leonard in der Kriegsmodefotografie, wurde unter dem Titel "Der Fischer und die Mädchen" 1949 in Heft 21 der Zeitschrift >Film und Frau< veröffentlicht (siehe Abb. 3.3.3./ 21.- 22.). Bei näherer Betrachtung der Bildstrecke entdeckt man, dass der Aufnahmeort wohl ein Baggersee in der Nähe Stuttgarts gewesen sein muß.[226] Dem Leser wird jedoch durch die geschickte Bildauswahl der Eindruck vermittelt, dass er hier eine Modefotoproduktion von der Meeresküste vor Augen hat. Das Foto eines Fischers aus Nizza, auch von Hubs Flöter aufgenommen, diente dazu, die Leserinnen in die Irre zu führen. Erstens wurde mit seiner Hilfe die binnenländische Herkunft der Modefotos verschleiert. Zweitens wurde ein Hinweis auf den Aufnahmenort des Fischerbildes, die französische Mittelmeerküste, wegretuschiert. Man hatte aus dem Schriftzug "Nice", der den Bug eines Ruderbootes zierte, ein "Nixe" gemacht. Zusätzlich bekam der Fischer den Namen Lars. In der Bildunterschrift neben dem Fischer heißt es: *"Lars schaut zu. Auch Lars, den alten Fischer, fesselt das anmutige Bild. Freilich, er zählt für die Mädchen nicht mit, - aber wer weiß was in ihm vorgeht?"*

Die beiden Modelle, die Schauspielerin Rita Engelhardt und das Fotomodell Hannelore Dörge, posieren sehr ungezwungen und natürlich vor dem Fotografen, der in einer Bildunterschrift genannt wird. Bei der mit neun Fotografien sehr langen Bildstrecke handelt es sich um eine freie Arbeit, also ohne Auftraggeber aus der Wirtschaft oder dem Verlag. Die Triebfeder für solche Arbeiten war, Bilder zu produzieren, die sich verkaufen ließen. Die Bildunterschriften tragen dem insofern Rechnung, als dass keine Angaben zu den Herstellern der Kleidung gemacht werden und sich die Beschreibung der Kleidung darauf beschränkt, die Modelle als "landfeine Südseeinsulanerinnen" zu titulieren.

In mehrfacher Hinsicht ist das Aufmacherbild besonders auffällig. Zum einen ist der tiefe Einblick ins Dekolleté von Rita Engelhardt sehr außergewöhnlich. So viel Freizügigkeit gab es in der biederen Nachkriegszeit selten. Dies gilt besonders für die Zeitschrift >Film und Frau<.[227] Zum anderen ist die Perspektive der Aufnahme sehr ungewöhnlich, wie auch der verantwortliche Redakteur feststellte: *"Verwirrende Perspektive. Dies Bild scheint aus der Luft fotografiert ..."*.[228] Dass Fotomodelle von oben fotografiert wurden, war die Ausnahme. Hier werden wieder Elemente des "Neuen Sehens" sichtbar und Hubs Flöter bediente sich ihrer sehr gekonnt.[229] Der Schlüssel zu der gestalterischen Freiheit in der Bildauffassung liegt darin, dass es sich bei der Bildstrecke um einen Zwitter zwischen Porträtreportage und Modefotografie handelte. So verschmolzen die Posen der Modefotografie mit den Augenblicksfotos einer Reportage. Der Baggersee als Location der Modefotografie blieb dann, wie auch die dynamische Perspektive des Einstiegsbildes, ein Einzelfall.

3.4. Die Lichtquellen

"Nicht warten auf irgendwelches zufälliges Licht"
Karl Ludwig Haenchen 1997[230]

Für das Erstellen eines Modefotos ist neben der Auswahl der Location das dort vorhandene bzw. dort eingesetzte Licht von erheblicher Bedeutung (siehe Abb. 3.4./ 1.- 6.). Theoretisch standen den Modefotografen schon in den Dreißiger Jahren die drei auch heute noch gebräuchlichen und mehr oder weniger regelbaren Lichtquellen zur Verfügung: das Tageslicht[231], das Dauerlicht[232] und das Blitzlicht. In der Anwendung durch Modefotografen wurde das Blitzlicht aber erst in den späten Fünfzigern interessant. Diese drei Arten des fotografischen Mittels Licht sollen nun kurz vorgestellt werden.

3.4.1. Das Tageslicht

"Während der Zeit meiner ersten Modereportagen (ca.1939) war es ein ungeschriebenes Gesetz, auf Sonne zu warten."[233] Diese Maxime galt in Deutschland bis ca. 1945. Besonders wichtig für die monochrome Modefotografie der Dreißiger bis Fünfziger Jahre in Deutschland war immer zuerst die Erkennbarkeit des Kleides und seines Schnittes und die Druckbarkeit des in der Fotografie sichtbaren Kontrastumfanges. Nach dem Krieg gab es für den Fotografen on location dann immer die Wahl zwischen dem reichlichen, harten, gerichteten und direkten Sonnenlicht und dem gleichmäßigen, weichen, durch eine Wolkendecke gestreuten Tageslicht (siehe Abb. 3.4.1./ 1.).[234] *""Ach, ich fotografiere am liebsten bei gestreutem Licht." Sie liebte es nicht, wenn also harte Lichteinfälle auf den Kleidern waren. Mit Recht, weil man ja dann manchmal die Schnitte (nicht erkennen konnte. Erg.d. Verf.), die damals noch zu sehen sein mussten, heute ist ja in einer Modereportage das Kleid nicht mehr wichtig"*[235] Charlotte Rohrbach bevorzugte den bedeckten Himmel, der das Licht zwar schwächte, aber auch sehr gleichmäßig verteilte. Für die Arbeit am Modefoto war dieses diffuse Licht bestens geeignet, denn der Fotograf musste nicht gegen die harten Schlagschatten des gerichteten Sonnenlichtes ankämpfen (siehe Abb. 3.4.1./ 2.). Das im Gegensatz dazu stärker modellierende und die Oberflächenstrukturen brillianter herauszeichnende direkte Sonnenlicht war jedoch auf eine bestimmte Weise gnadenlos. Unreine Haut des Modelles oder der Schatten eines Hutes im Gesicht, konnten bei direktem Licht das

Foto unbrauchbar machen. Mußte man mit der Großbildkamera arbeiten und brauchte viel Licht, dann war die direkte Sonne häufig gerade ausreichend. Um einer zu extremen Schattenbildung entgegenzu-wirken, wurde diese mit Hilfe eines Spiegels oder einer weißen Pappe aufgehellt. Auch die noch junge Farbfotografie erforderte Sonnenlicht, um die im Vergleich mit dem Schwarzweißfilmmaterial geringere Empfindlichkeit der neuen Farbfilme auszugleichen.

Die Kunst unter freiem Himmel zu fotografieren bestand darin, das Tageslicht so einzuschätzen, dass man genug Licht hatte, um ohne zu verwackeln zu fotografieren und so später in der Dunkelkammer möglichst wenig am Negativ oder Positiv manipulieren zu müssen. Für den Fotografen, der dieses beherrschte, war die Außenaufnahme die preiswerteste Modefotoproduktion. Ein weiterer möglicher Vorteil der Außenaufnahme ist der geringe technische und personelle Aufwand. Es fielen keine Stromkosten an, und war das Licht ausreichend gestreut, so wurde kein Assistent benötigt, um eventuell vorhandene Schatten aufzuhellen. So kamen besonders die Modefotografen allein aus, die überwiegend im Freien arbeiteten. Das waren in den Jahren bis 1955 Hubs und Ilse Flöter, Regina Relang und Charlotte Rohrbach.

3.4.2. Das "Kunstlicht"{236}

> *"... kommen Sie mal rüber nach Berlin in die Regensburger Straße. Ich knalle Ihnen gern mit allen Lichtschikanen 6000 zugelassene Watt vor den Latz. Falls Sie ein Mannequin sind, lachen Sie nicht so dämlich, die Leute wollen in der Zeitung für ihre 50 Pfennige mal was anderes sehen."*
>
> *Norbert Leonard 1952*{237}

Das Kunstlicht ermöglichte den Fotografen, je nach ihrem Können, alle natürlichen Lichtsituationen im Studio zu simulieren, aber auch neue, nie gesehene Lichtkompositionen zu schaffen. Die Lichtquellen waren starke elektrische Scheinwerfer, wie sie auch bei Filmaufnahmen Verwendung fanden, die mit Fresnellinsen{238} und/oder verschiedenen Klappen versehen, zur Beleuchtung benutzt wurden. In der Modefotografie war es bis in die Zwanziger Jahre hinein ausreichend, das Kleid und seine mehr oder weniger prominente Trägerin möglichst gleichmäßig zu beleuchten, so dass Schnitt, Material und Person gut zu erkennen waren, eine ausgeklügelte Lichtregie kam in der Alltagsmodefotografie selten zur Anwendung.

In den Dreißigern begannen sich die Sehgewohnheiten dahingehend zu änderen, *"dass an Stelle des Oberlichtes im alten Glasatelier das natürlicher wirkende Seitenlicht trat."*{239} Die häufigste Quelle dieses Seitenlichtes sieht man in Santhos Modestrecke von 1937, nämlich das große, nach oben hin der Dachkrümmung folgende Fenster.

Doch die Scheinwerfer waren, selbst im Tageslichtstudio, ein unablässiges Hilfsmittel, wenn es galt, starke Schatten aufzuhellen oder Akzente zu setzen. *Ilse Haenchen: "Ja, aber dann die starke Hintergrundbeleuchtung, die immer gebraucht wurde, um die Schatten wegzuhalten, die ja entstanden vom Vorder- und Seitenlicht. Da wurde der Hintergrund immer sehr stark, da war eigentlich immer ein 5000er auf dem Hintergrund."*{240} Zu Beginn der Entwicklung der Scheinwerfer gab es in den frühen Dreißigern Geräte mit 500 Watt Leistung. Bis in die späten Fünfziger Jahre kam es zu einer Erhöhung der Wattzahlen bis in die Tausende. Das bedeutete eine weitaus größere Lichtausbeute. Es folgten in den Sechziger Jahren die Elektronenblitze, die auch heute noch vorherrschend sind. Diese Entwicklung zeichnete sich in der Modefotografie von 1930 bis 1960 sehr deutlich ab. So fotografierte z.B. Karl-Ludwig Haenchen erst mit: "Glühlampen. Tageslicht habe ich am Anfang gar nicht gemacht, später möglichst oft. Aber meistens immer mit indirekter Blitzunterstützung."{241} *Ilse Haenchen: "(...) zwischen dem Blitz und diesen einfachen Kunstlichtsachen lagen ja dann die Atelierbeleuchtungen mit den stärkeren Scheinwerfern 3000er, 1000er und die Spotlights."*{242} Optimal für die Modefotografie waren die Dauerlichtlampen der Dreißiger und Vierziger aber nicht. Sie waren sperrig, grell und verbreiteten aufgrund ihrer hohen Leistung eine große Hitze im Atelier. *Karin Stilke: "Die waren sehr grell. Die großen Scheinwerfer standen auf richtigen großen Beinen und die wurden dann oben so ein bißchen gedreht und so, mit der Hand, sehr grell, sehr grell."*{243} *"Als ich für Hoyningen-Huene arbeitete, mußte ich mich an so ein Stativ stellen, ganz steif und unbewegt. Früher mußte man ja noch richtig still halten. Es dauerte ja immer eine Weile, bis das Bild belichtet war."*{244}

Karl-Ludwig Haenchen:" (...) vor allem bei den Starfotos, diese sogenannte Kunstlicht Scheinwerferbeleuchtung wie sie auch im Film war. Die hatte verschiedene Macken. Einmal sind fast alle Schauspieler lichtempfindlich gewesen. Also diese Knipserei mit dem Balgen, weil das Bildmaterial damals nicht so lichtempfindlich war wie heute."[245]

3.4.3. Das Blitzlicht[246]

Das Blitzlicht wurde für Modefotografen in Deutschland erst in den späten Fünfziger Jahren erschwinglich und üblich. Zwar wurde Blitzlicht schon im 19. Jahrhundert für Porträts und im Fotojournalismus eingesetzt[247], doch: *"In der ganzen Vorkriegszeit wurden Blitze gar nicht angefasst. Also vor den Endfünzigern wurden nur Pressefotos geblitzt."*[248]

Der Lichtblitz, der nur den Bruchteil einer Sekunde dauert, hat gegenüber dem Dauerlicht den Nachteil, dass der Fotograf den bildentscheidenden Augenblick nicht sieht, weil alles überstrahlt wird. Außerdem wird das Modell kurzzeitig geblendet, denn die Augen haben keine ausreichende Zeit, zu adaptieren. Aus Kostengründen wurde mit den ersten Blitzmodefotografien in Deutschland erst in den Sechziger Jahren begonnen. Die ersten in Deutschland erhältlichen Blitzanlagen waren schwer zu bedienen und sehr kostspielig.[249] *Karl - Ludwig Haenchen: "Und dann fingen wir an mit den indirekten Blitzen und draußen blitzen. Und dann hatte ich zwei indirekte Blitze, mit denen konnte ich überall hin reisen und habe fast alles an Titeln und Farbe mit diesen beiden Blitzen gemacht.*

Joh. Ch. Moderegger: Das waren diese Schüsseln, in die sie hinein geblitzt haben?

Ilse Haenchen: Ja, ja, die wurden dann geteilt und zusammengeschraubt, vieles mußte ja als Fluggepäck möglich sein. Das war in den Sechziger Jahren."[250]

Neben der Nutzung der Blitze auf Stativen, schnallte sich Karl-Ludwig Haenchen in den Fünfziger Jahren für die indirekte Blitzaufhellung einen Reflektor vor den Bauch, in den er hineinblitzte.[251] Dass die Arbeit mit den Blitzanlagen zunächst auch Schwierigkeiten machte weil die Aufladezeiten relativ lang waren[252], änderte jedoch nichts an ihrer rasanten Verbreitung seit den Sechzigern, denn: *Karl-Ludwig Haenchen: "(...) wie man nachher auch die bestehenden Hintergründe, Innenräume eben als Hintergrund mit rein nahm, ohne großartige Atelieraufbauten zu machen. Wo man praktisch überall fotografieren konnte und dass es nur Sekunden brauchte bis man es aufbaute. Das war schon eine ganz feine Sache. Nicht warten auf irgendwelches zufälliges Licht oder Lampen anschließen oder so."*[253]

Das Blitzlicht in Deutschland begann sich aber erst in der Mitte der Sechziger wesentlich auf die Gestaltung der Modefotografie auszuwirken, als das "Einfrieren" der Bewegung in der Modephotographie zur Mode wurde und die Modelle in ihren Bewegungen erstarrten.[254]

3.5. Der Modefotograf und sein Betrieb

Unter der Überschrift "Modefotografie und Fotografische Technik" wurde ausführlich auf den Wandel der mit der Modefotografie verbundenen Techniken eingegangen. Vom Bedienungsaufwand der Großbildkamera bis hin zu der Retusche am fertigen Abzug wurden die verschiedenen Arbeitsschritte und ihre Durchführung vorgestellt.

Auch wenn diese Tätigkeiten zum Teil unter freiem Himmel stattfanden, wie zum Beispiel die Bademodefotografie, so liefen natürlich alle Fäden unter dem Dach des Ateliers zusammen. Das Atelier war der sichtbare Ausdruck des modefotografischen Unternehmertums, es war für den Kunden der Beweis, dass der Fotograf geschäftsfähig war.[255]

Der Begriff "Atelier" bezeichnet alle Räumlichkeiten des fotografischen Betriebes.[256] Das können sein: der Empfang oder das Wartezimmer, das Büro, der Ankleide- und Schminkraum, der Aufnahmeraum, die Dunkelkammer und das Retuschier-Zimmer. Jeder der oben beschriebenen Arbeitsschritte konnte eines eigenen Raumes bedürfen, und diese Räume waren bei vielen Modefotografen tatsächlich zu finden. Sie arbeiteten in großen bis sehr großen Wohnungen[257], meist im "Fotografenviertel" Berlins, in denen sie auch lebten. Das Geviert Kurfürstendamm im Norden, Martin Luther Straße im Osten, Berliner Straße im Süden und Brandenburgische Straße im Westen beherbergte etwa fünfzig in Berlin ansässige Fotografen, von denen sich gut dreißig schwerpunktmäßig mit der

Modefotografie befassten. Diese Ballung hing damit zusammen, dass in dieser Region viele Modehäuser ihren Sitz hatten und auch die Konfektionäre mit ihren Geschäften rund um den Hausvogteiplatz nur in einem Kilometer Luftlinie Entfernung lagen.[258] Besonders wichtig war auch die relative Nähe zu den Redaktionen der Frauen- und Modezeitschriften, wie >Die Dame< in der Kochstraße, >die neue linie< in der Markgrafenstraße, >Die Mode< in der Schützenstraße, die >Elegante Welt< in der Markgrafenstraße und der >Silberspiegel< in der Zimmerstraße. Diese räumliche Nähe zum Ort des Geschehens muss von Vorteil gewesen sein, den in dem vom Verfasser verfolgten Zeitraum waren weniger als zehn Prozent der Modefotografen außerhalb des Berliner Zentrums ansässig.[259]

Nur jeweils ein Fotoatelier mit sehr vereinzelten Veröffentlichungen in einer der oben aufgelisteten Zeitschriften befand sich in München (Anton Sahm[260]), Frankfurt am Main (Emy Limpert), Duisburg (Gertrud Hesse), Hannover (Aenne Heise) und Leipzig (Anneliese Tovote). Selbst aus Wien kamen nur wenige Veröffentlichungen. Die waren von Kitty Hoffmann, Edith Glogau und ab ca. 1941 von dem Freiherrn von Gundenberg, der vorher in Berlin ansässig gewesen war. Die einzigen größeren Ballungsräume von Modefotografen in Europa neben Berlin waren Paris und Mailand. Den weltweiten Spitzenplatz nahm schon damals New York ein.[261]

Unter den Begriff "Atelier" fielen auch die mitunter sehr zahlreichen Angestellten. So beschäftigen Yva[262], Alexander Binder[263], Sonja Georgi[264] und Karl Ludwig Haenchen[265], die gemessen an ihren Produktionen[266], zu den größten Betrieben gezählt werden müssen, mindestens einen Agenten, einen Studioleiter, eine Sekretärin und einen Buchhalter. Neben dem fotografischen Fachpersonal, das aus verschiedenen Operateuren[267], Assistenten, Laboranten, Negativ- und Positivretuscheuren bestehen konnte, kam das Küchen- und Reinigungs-personal hinzu. Gelegentlich gehörte auch ein Chauffeur dazu.[268] Andere Fotografen, wie Charlotte Rohrbach, Regina Relang, Norbert Leonard und das Ehepaar Flöter arbeiteten weitgehend allein.[269] Zum Beispiel beschäftigte Norbert Leonard in seinem Atelier in der Regensburgerstraße nur bei Bedarf einen Assistenten.[270] Genauso arbeiteten Charlotte Rohrbach, Hubs Flöter und Regina Relang überwiegend allein.

Nach dem Krieg knüpften einige Fotografen wieder an die Tradition des Großateliers mit vielen Angestellten an. Karl-Ludwig Haenchen führte zunächst seinen großen Betrieb weiter und auch als er nach Hamburg übersiedelte, arbeitete er weiterhin mit einigen Angestellten zusammen. In den Sechziger Jahren hatte sich der höchst produktive Modefotograf F.C. Gundlach so weit etabliertet, dass er einen festen Stab von sieben Mitarbeitern beschäftigte, der sich aus zwei Assistenten, einem Studiomanager, einer Stylistin, einer Visagistin, einer Laborantin und einer Sekretärin zusammensetzte, dazu kamen wechselnde unbezahlte Praktikanten. Doch der Trend führte weg von den vielen Angestellten hin zu Ein- oder Zwei-Personen-Betrieben. Sehr personalintensive Arbeitsbereiche, wie das Labor und die Retusche, verschwanden aus den Ateliers. In den Sechzigern nahm die Zahl der Großlabore zu und die Retusche fiel ganz weg. So konnte die personelle Ausstattung der fotografischen Betriebe kleiner werden.[271]

3.5.1. Der Betrieb der Fotografin Lilli Niebuhr 1936 bis 1943. Ein fragmentarisches Beispiel

Wie oben berichtet, sind fast alle Archive der Modefotografen verschollen oder wurden zerstört. Ein großer Glücksfall ist es daher, dass zwei Geschäftsbücher, das "Hauptbuch" und das Buch "Ausgehende Rechnungen" der Fotografin Lilli Niebuhr aus der Zeit zwischen 1935 und 1943 erhalten und zugänglich sind.[272] Diese Bücher liefern Fakten zu einzelnen Geschäftsbereichen, die unter Einbeziehung der tatsächlichen Zahlen anschaulicher werden. Dem hier vorgestellten Lebenslauf Lilli Niebuhrs folgt deshalb ein Bericht, der unter Auswertung der zwei Geschäftsbücher verfaßt wurde.

3.5.1.1. Der Werdegang Lilli Niebuhrs

Lilli Homfeldt, die als Tochter des früh verstorbenen Kaufmanns Heinrich Homfeld 1907 in Husum geboren wurde, erhielt vom 01.04.1925 bis zum 30.09.1927 eine Ausbildung als Fotografin bei dem

Fotografenmeister Franz Rompel in Hamburg.[273] Danach arbeitete sie als Volontärin mit relativ kurzen Anstellungen in verschiedenen namhaften Ateliers des deutschen Reichsgebietes. Vom 01.11. - 24.12.1927 volontierte sie in der Hamburger Dependance des renommierten Ateliers "Dührkoop-Kamera-Bildnisse", dessen Inhaberin Minya Dührkoop (Hamburg*1873 - †1929) war. Im Briefkopf des Geschäftspapieres wurde als Hauptanschrift das Berliner Atelier am Kurfürstendamm 235, Berlin W 50 angeführt. Im Frühjahr 1928 machte sie von März bis Mai ein Praktikum in der Luftbildabteilung der Badisch-Pfälzischen Luft Hansa A.-G.[274]

Ende 1928 verließ Lilli Niebuhr mit ihrem Mann, dem Grafiker Otto Niebuhr, Hamburg und zog nach Berlin. Hier arbeitete sie vier Monate im Atelier Binder als Retuscheurin und im Labor. Im April 1929 verließ sie es mit den besten Zeugnissen und wurde bald darauf von dem Geschäftsmann Bruno Winterfeld als Operateurin angestellt.

Die Anfänge des Ateliers Bruno Winterfeld liegen im Dunkel. Sein Name tauchte erstmalig 1929 im Oktoberheft von >die neuen linie< auf. Winterfeld war kein gelernter Fotograf und führte anfangs nur ein kleines Atelier. Er handelte viel mehr mit Modefotos, indem er ganze Produktionen organisierte.[275] Vom Fotografieren der Bilder durch einen Operateur, bis zum Entwickeln der Filme und der Retusche wurde alles von anderen Personen ausgeführt.[276] Der Stil, der unter seinem Namen veröffentlichten Modefotos, entspricht dem Lilli Niebuhrs, so dass zu vermuten ist, dass Lilli Niebuhr von Anfang an, also seit August 1929, die kreative fotografische Kraft des Ateliers Bruno Winterfeld gewesen ist (siehe Abb. 3.5.1.1./ 1. und 2.).

Lilli Niebuhr entwickelte ihre ersten Filme und Abzüge als Angestellte bei Bruno Winterfeld noch im Badezimmer der Geschäftsäume in der Bambergerstraße 4. 1934 wurde dann von Bruno Winterfeld eine repräsentativere und zentral gelegene Atelierwohnung in der Meinekestraße 12 angemietet.[277] Nach sechsjähriger Gesellenzeit hatte Lilli Niebuhr im März 1933 die Meisterprüfung vor der Handwerkskammer in Hamburg abgelegt. Dieses war zu beider Vorteil, denn Winterfeld benötigte Niebuhrs Meistertitel, damit er sein Ateliergeschäft weiterführen durfte, anderenfalls hätte eine Schließung gedroht.[278] Ab Januar 1935 wurden alle Atelierbetriebe auf die handwerkliche Qualifikation ihrer Betreiber hin untersucht und mussten den "Großen Befähigungsnachweis" liefern. Mit der schwammigen Formulierung des "Befähigungsnachweises" war der Willkür Tür und Tor geöffnet worden, um jüdische Fotografen aus dem Markt drängen zu können.[279]

Im August 1934, als die neuen Räume in der Meinekestraße 12 bezogen waren, erschien auf den Abzügen, im gleichen Schriftzug wie der Bruno Winterfelds, die Kennzeichnung: "L. Niebuhr im Hause Winterfeld".[280]

1936 konnte Lilli Niebuhr mit 10.000,- RM Startkapital, das sie von verschiedenen Kreditinstituten geliehen hatte, den Betrieb des jüdischen Geschäftsmannes Bruno Winterfeld übernehmen, als dieser in Folge der Zunahme antisemitischer Übergriffe in Deutschland nach Amerika auswanderte. Aus den Unterlagen geht nicht hervor, wieviel Reichsmark sie an Bruno Winterfeld bezahlte.

3.5.1.2. Ein Blick in die Geschäftsbücher der Firma "Photographik Niebuhr"

Die Aufzeichnungen im Hauptbuch des Betriebes "Photographik Niebuhr" begannen im Oktober des Jahres 1935 und endeten im November 1943. Das Buch "Ausgehende Rechnungen" deckt die Periode von Oktober 1938 bis Dezember 1943 ab.[281]

Im "Hauptbuch" von Lilli Niebuhr sind die Stände aller Konten aufgelistet, sowohl die Privat-, als auch die Geschäftskonten. Leider fehlt eine deutliche Ordnung, so dass viele Einträge unklar bleiben.[282]

Neben Hinweisen auf die Material- und Wohnkosten erlaubt das Geschäftsbuch einige Aussagen zum Betrieb Lilli Niebuhrs. So geht aus den Unterlagen hervor, dass sie ihre Atelierwohnung zur Miete bewohnte[283], dass sie, wie fast alle Modefotografen, ein Telefon hatte, und dass ihre monatlichen Stromkosten ca. 500,- RM betrugen.[284] Von 1936 bis mindestens 1943 besaß sie ein eigenes Auto, welches sie vor dem Finanzamt als Abschreibungsobjekt geltend machen konnte, da sie den Wagen nutzte, um zu Außenaufnahmen zu fahren. Auch die Modefotografen Sonja Georgi[285] und Karl-Ludwig Haenchen[286] besaßen eigene Autos, die gelegentlich auch als Staffage für Modeserien benutzt wurden. Von Lilli Niebuhr ist bisher keine derartige Aufnahme bekannt, nur auf wenigen Fotografien ihrer Urlaubsreisen ist ein Auto zu sehen, ein Kabriolett unbekannter Bauart.[287]

Aus dem Hauptbuch ist weiterhin ersichtlich, dass sie von spätestens Januar 1937 bis Dezember 1939 mehrere Angestellte hatte, für die sie insgesamt monatlich ca. 950,- RM Lohn auszahlte.[288] Im Oktober 1939 sanken die Lohnkosten auf 500,- RM. Im Dezember 1939 zahlte sie dann noch einmal den etwas größeren Betrag von 630,- RM. Seit dem ersten Kriegsjahr 1940 wurden bis 1943 monatlich durchschnittlich nur noch 250,- RM an Lohnkosten bezahlt. Leider ist aus den Unterlagen nicht ersichtlich, auf wie viele Angestellte sich die Löhne von durchschnittlich 950,- RM verteilten. Mit Hilfe einiger Vergleichslöhne erlauben die obigen Angaben aber doch folgende Aussagen. Das monatliche Gehalt für den Fotografen Enno Kind, der von 1937-1939 für die Zeitschrift >Die junge Dame< arbeitete, betrug 1937 monatlich 700,-RM, und er konnte darüber hinaus auch noch Fotografien in Zeitschriften anderer Verlage veröffentlichen.[289] Aus einem Schreiben des Propagandaministeriums vom Juli 1942 geht hervor, dass der Dienststellenleiter und Stellvertreter des Reichsbeauftragten für Mode monatlich 800,- RM verdiente, die Sekretärin des Reichsbeauftragten für Mode monatlich 600,- RM und eine Assistentin 222,18 RM.[290]

Lilli Niebuhrs Nichte Dorit Brandi-Effenberg berichtete, dass Lilli Niebuhr ihren Betrieb überwiegend mit Lehrlingen organisiert hatte. Legt man das oben erwähnte Assistentinnengehalt zugrunde, dann reichte das Geld für mindestens drei Lehrlinge. Mit den monatlich durchschnittlichen 950,- RM werden deren Löhne abgedeckt worden sein. Weiterhin wird Lilli Niebuhr mindestens einen fest angestellten Laboranten gehabt haben.[291] Dass sie bis 1939 mehr als einen Angestellten hatte, ist gemessen an ihrer Produktivität- sehr wahrscheinlich.

Für die Zeit von Januar 1939 bis Dezmeber 1943 gibt es Einträge der Honorare, die an Fotomodelle gezahlt wurden.[292] Leider ist hier nicht ersichtlich, wieviele Fotomodelle wieviel Honorar bekamen. Karin Stilke berichtet, dass Fotomodelle in bar bezahlt wurden und dafür bis in die Fünfziger Jahre hinein keine Steuern zahlen mussten. Sie wurden nach Karin Stilke 1938 entweder pro Bild oder pro Kleidungswechsel mit 5,- RM bezahlt.[293] Karl-Ludwig Haenchen nannte hingegen für die frühen Dreißiger eine Summe von 7,50 RM für einen ganzen Tag.[294] Die monatlichen Einträge in das Konto "Modellgelder" schwankten zwischen 776,17 RM im Juni 1939 und 13,20 RM im September 1943. Daraus ist in Verbindung mit den Angaben von Karin Stilke zu kalkulieren, dass Lilli Niebuhr 1939 pro Monat mindestens 155 Modefotos machte, das hieße pro Arbeitstag ca. 6.

Die schrumpfenden Summen auf allen dem Verfasser bekannten Konten, seit 1938, besonders unter der Rubrik "Photographik Konto", sind ein Zeichen für die rapide Verschlechterung der Lage auf dem Modesektor in Deutschland und Berlin unter der andauernden Herrschaft der Nationalsozialisten.[295] Die Einträge halbierten sich von 85.840,31 RM 1936 auf 42.197,32 RM 1943, vor Steuern und anderen Abgaben.[296] Auf die Ursachen dieser Verhältnisse und ihrer Konsequenzen für die Modefotografen wird im folgenden ausführlicher eingegangen.

Leider liegen dem Autor nur die Zahlen des Betriebes Lilli Niebuhrs und diese auch nur unvollständig vor, so dass die getroffenen Aussagen allgemeiner Art und mit gewisser Vorsicht zu behandeln sind. In den Geschäftszahlen scheinen sich aber doch einige Ereignisse abzuzeichnen, die Konsequenzen für die Modefotografen haben konnten.

Das erste Ereignis war, das 1938 in seiner ganzen Strenge angewandte Berufsverbot für jüdisch gläubige Menschen. War es für sie vorher noch möglich gewesen, Bilder über Umwege zu veröffentlichen, so gab es jetzt keine Schlupflöcher mehr. Sie erhielten totales Berufsverbot und wurden aus allen Geschäften gedrängt.[297] Für die arischen Modefotografen bedeutete dieses, dass zwei der stärksten Mitbewerber nicht weiter produzieren konnten, Yva und das Atelier Binder.[298] Vielleicht erklärt sich so die leichte Umsatzsteigerung Lilli Niebuhrs in der Jahresbilanz 1938.

Das zweite einschneidende Ereignis war der Kriegsbeginn im September 1939. Im ersten Kriegsjahr 1940 erreichte das Einkommen Niebuhrs seinen absoluten Tiefststand mit 33106,80 RM. Auch die Eintragungen in das Rechnungsbuch sprechen hier eine deutliche Sprache. Von Oktober 1939 bis Oktober 1940 war das monatliche Einkommen knapp halb so hoch, wie in den Jahren davor, es betrug durchschnittlich nur noch ca. 2000,- RM im Gegensatz zu durchschnittlich ca. 5500,- RM für die dreizehn Monate davor.

Das dritte Ereignis war die Druckeinstellung fast aller Modezeitschriften im Frühjahr 1943 und der damit quasi nicht mehr vorhandene Bedarf für redaktionelle Modefotos. Warum sich dieses Ereignis nur relativ gering auf den Jahresumsatz Niebuhrs auswirkte, wird im nächsten Abschnitt erläutert.{299}

Mit großer Selbstverständlichkeit wurde bisher von dem "Modefotografen" gesprochen, doch wie Karl-Ludwig Haenchen{300} sagte, und wie es das Buch "Ausgehende Rechnungen" Lilli Niebuhrs weiter unten zeigt, war die Modefotografie nur ein mehr oder weniger großer Teil des Geschäftes. Richtiger wäre es, vom Porträt- und Modefotografen{301}, vom Film- und Modefotografen{302}, vom Reportage- und Modefotografen{303}, oder vom Architektur- und Modefotografen{304} zu sprechen. Dieses waren nämlich die Schwerpunktkombinationen der untersuchten Fotografen. Reine Modefotografen gab es vor 1955 nicht.{305} Die Schwerpunktkombination Porträt- und Modefotografie fand sich im Grunde bei allen Modefotografen, jedoch variierten die Anteile der verschiedenen Fotografen an der Produktion und die gesellschaftliche Herkunft und Stellung ihrer Kunden. Besonders die Modefotografen Sonja Georgi{306} und Karl-Ludwig Haenchen und auch der in den frühen Fünfziger Jahren dazustoßende F.C. Gundlach waren schwerpunktmäßig Star- und Modefotografen.{307} So bezeichnet sich Karl-Ludwig Haenchen eher als Starfotograf, denn als Modefotograf.{308} Modefotografie war für ihn ein Nebengeschäft, auch wenn die Starfotografie für den Film im Dritten Reich anfangs weniger lukrativ als die Modefotografie war, da sie festen Honorarsätzen unterlag.{309}

Aus dem Buch "Ausgehende Rechnungen" von Lilli Niebuhr läßt sich ihre Schwerpunktverteilung herausarbeiten. In ihm sind alle ausgehenden Forderungen für die Periode von Oktober 1938 bis Dezember 1943 aufgeführt. Neben dem Datum des Eintrages stehen der Name des Kunden, eine laufende Nummer und die Honorarforderung. Die Einträge dreier Jahre liegen in Tabellen für die Jahre 1939 und 1941/42 vor. Aus den Daten des Rechnungsbuches geht nicht genau hervor, wieviel Niebuhr für ein einfaches Modefoto abrechnete und wieviel für die Produktion eines ganzen Kataloges.{310}

Mit Hilfe der Gläubigernamen ließen sich die Einträge in vier Kategorien einteilen:

"Mode" hiermit sind alle Modefotografien für Auftraggeber aus der Textilwirtschaft abgedeckt,

"Verlag", dieses sind die redaktionellen Modefotoaufträge,

"Porträt" steht für private Bildnisaufträge und

"Werbung", das waren in erster Linie grafische Aufträge, die an ihren Mann gingen und von ihm ausgeführt wurden. Die Einträge "Werbung" wurden deshalb bei der weiteren Untersuchung ausgelassen. Beim Lesen der Honorarforderungen muß man bedenken, dass im Porträtbereich Mehrfachnennungen einzelner Auftraggeber nicht berücksichtigt wurden, so dass nicht jeder Eintrag einem Auftrag entspricht. Die Einträge die unter 10,- RM lagen, standen für Versandkosten und ähnliches und werden deshalb bei den folgenden Untersuchungen nicht beachtet.{311}

Lilli Niebuhr reagierte auf das relativ langsame Wegsacken des Marktes für wirtschaftliche Modefotos und in der Folge auch für die redaktionellen Modefotos derart, dass sie ihren Schwerpunkt langsam zur Porträtfotografie verlagerte. Um Kontakt mit der Laufkundschaft aufzunehmen, mietete sie einen Schaukasten auf dem Trottoir des Kurfürstendammes, in dem sie ihre Porträtfotografien präsentierte (siehe Abb. 3.5.1.2./ 1.).

Vergleicht man die Einträge in den Tabellen A, B und C, so sieht man diese Entwicklung an den Aufzeichungen. 1939 machte Lilli Niebuhr bei insgesamt 427 Einträgen nur 37 Porträteinträge. Dem gegenüber standen 380 modefotografische Einträge, die sich auf 220 Einträge aus der Wirtschaft und 160 aus dem Verlagsbereich verteilten.

1942, als die Zeitschriften noch erschienen, sahen die Zahlen so aus (auch hier alle Einträge über 10,- RM): Die Gesamtzahl der Einträge belief sich auf 347. Davon entfielen auf die Bereiche Mode 37, Verlag 89 und Porträt 208. Vor allem die Vervierfachung der Einträge aus dem Portärtbereich fällt auf. Sie zeigt, dass Niebuhr es verstand, sich innerhalb kurzer Zeit auf die neuen Bedingungen einzustellen. Wie aus der erzielten Summe im Portärtbereich ersichtlich ist, nahm sie durch die 220 Bewegungen schon mehr ein, als in den zwei anderen Bereichen. Doch zeigen die Maximaleinträge, dass sie, um im Porträtbereich das gleiche

Geld zu verdienen wie in dem Bereich Mode, es etwa dreimal so vieler Kundenkontakte bedurfte.

Noch weiter polarisiert zeigt sich das Jahr 1943. Bei einer um ca. hundert Einträge niedrigeren Gesamtzahl von 251 Einträgen findet man in den Feldern Mode nur noch 26, bei den Verlagen nur noch 39 und im Porträtbereich dafür aber 184 Einträge. Auch hier bestätigt sich, dass die Porträtfotografie, gemessen an der Zahl der Kundenkontakte, unökonomischer war, als die Modefotografie.

Es wäre interessant zu erfahren, was für Aktionen sich hinter den Maximaleinträgen der verschiedenen Sparten verbargen. Hier muss man sich mit Vermutungen begnügen, die jedoch ihre Bestätigung in der Anzahl und der Art der Veröffentlichungen Niebuhrs in den untersuchten Zeitschriften finden. So handelte es sich bei den Maximaleinträgen des Bereichs Mode von 1942 und 1943 um Honorarforderungen an die Firma "Forma" Fabrik Doertenbach in Köln. Das war eine große Bekleidungsfirma, deren Angebotspalette vom Strickkleid über Wäsche bis zu Bademoden reichte. Bis 1939 fanden sich bei Lilli Niebuhr nur Honorarforderungen von maximal 800,- RM an die Firma "Forma". Bis 1938 fotografierte das Atelier Binder die Bademode für die Firma "Forma". Wie es scheint, verteilte die Frima "Forma" ihre Aufträge bis 1942 an verschiedene Fotografen.[312] 1942 und 1943 hat die Frima "Forma" dann wahrscheinlich ihre Jahreskollektion komplett von Lilli Niebuhr fotografieren lassen, denn die Beträge von 4716,- RM im Juni 1942 und 5711,20 RM im Juli 1943 waren sehr hoch.[313]

Aus der Kombination von dem Buch "Ausgehende Rechnungen" und dem fotografischen Oeuvre Niebuhrs wird ihre Spezialisierung auf die Modefotografie im Studio mit den Schwerpunkten Strickwaren und Wäsche deutlich.[314] Außenaufnahmen nahmen bei ihr nur einen geringen Anteil ein.[315]

Die Höchsteinträge und das sehr breite obere Mittelfeld im Porträtbereich machen deutlich, dass Lilli Niebuhr zwar keine Starfotografin war, aber doch vornehmlich die damalige Oberschicht bediente. Sehr viele adelige Damen und Herren aus dem gesamten Reichsgebiet, aber auch Admiräle, Majore und Stabsärzte der Wehrmacht, ließen sich von ihr porträtieren.[316] In den Jahren 1942 und 1943 gibt es 294 Einträge zu Frauen und nur 129 zu Männern. Hier zeigt sich die Abwesenheit der Männer aus dem Alltag in doppelter Hinsicht, einmal wegen der geringeren Zahl der Einträge und zum anderen wegen des großen Bedarfes der Frauen an Porträts, um diese ihren männlichen Familienangehörigen an die Front zu schicken.[317]

An den Einträgen der Sparte "Verlag" des Jahres 1943 zeigt sich die Einstellung des Drucks der meisten Frauenzeitschriften im Januar des gleichen Jahres. Die Gesamteinträge von 1943 liegen mit 46 weit unter den 188 Einträgen von 1939. Im Vergleich zum Vorjahr hat sich das Einkommen in diesem Bereich mehr als halbiert. Auch der Kriegsbeginn zeichnet sich hier besonders klar ab, denn für die Monate September und Oktober 1939 gibt es keine Verlagseinkünfte.

Bezogen auf Lilli Niebuhr kann man sagen, dass die Höchstsummen des Jahres 1943 bei den Verlagsforderungen weit unter denen für die Wirtschaft lagen. Die meisten Einträge lagen im Bereich zwischen 40,- und 500,- RM. Sie arbeitete überwiegend für den Otto Beyer Verlag, Leipzig. Für den Zeitraum von Oktober 1938 bis Dezember 1943 gibt es 583 Einträge, dabei wurden insgesamt 51.069,- RM eingefordert. Ihre Forderung an Verlage für den gleichen Zeitraum beliefen sich auf 57.376,- RM. Daraus wird ersichtlich, wie häufig sie mit dem Otto Beyer Verlag zusammenarbeitete. Andere Verlage oder Zeitschriften anderer Verlage für die sie arbeitete, waren geordnet nach der Menge der Einträge: >Unsere Kleidung< (30), >Korsett & Wäsche< (16), >NS-Frauenwarte< (12), Volk & Arbeit (10), >Deutsche Frauenkultur im Deutschen Frauenwerk< (6), >Der Handschuh< (6), Verlag A. Scherl, Berlin (4), Verlag Arthur Heber & Co, Berlin (3) und W. Vobach & Co (3). Weitere Verlage sind jeweils nur mit einem Eintrag vertreten, darunter sind ein italienischer, ein östereichischer, ein schwedischer und ein tschechischer Verlag.

In der Auswahl der Verlage für die sie arbeitete und in Kombination mit den tatsächlichen Veröffentlichungen, zeigt sich ein ähnliches Bild des Betriebes Lilli Niebuhr, wie schon im Porträtbereich. Sie lieferte ihre Bilder an Verlage und Zeitschriften, die überwiegend ein mittelständisches bis kleinbürgerliches Publikum ansprachen. Selbst in der für deutsche Verhältnisse fotografisch avantgardistischen Spitzenveröffentlichung auf dem Feld der Modefotografie der Vierziger Jahre >Die Mode< aus ihrem Stammhaus, dem Verlag Otto Beyer Leipzig, ist sie nur in drei Heften vertreten.

Tabelle A.1939	alle Einträge	Mode	Verlag	Porträt
Ges. Anz. Eintr.	547	297	188	53
max. 10 RM	120	77	28	16
Gesamt < 10 RM	427	220	160	37
max. 20 RM	55	29	16	8
max. 40 RM	100	42	41	15
max. 60 RM	67	28	33	6
max. 100 RM	65	26	32	6
max. 500 RM	122	77	37	2
max. 1000 RM	17	15		
über 1000 RM	4	3	1	
max. Eintrag	2.730,00 RM	2.730,00 RM	1.110, 50 RM	150,00 RM
Summe	58.631,12 RM	41.593,45 RM	13.172,34 RM	1586,33 RM

Tabelle B.1942	Kategorie	Mode	Verlag	Porträt
Ges. Anz. Eintr.	380	47	99	221
max. 10 RM	33	10	10	13
Gesamt < 10 RM	347	37	89	208
max. 20 RM		4	6	27
max. 40 RM				51
max. 60 RM		6	28	37
max. 100 RM		8	22	45
max. 500 RM		16	32	26<200 RM
max. 1000 RM		2	1	11<300 RM
über 1000 RM	1	1		1 <400 RM
max. Eintrag	4.716,00 RM	4.716,00 RM	612,00 RM	375 RM
Summe	36.805,87 RM	11.021,53 RM	9.244,50 RM	15.239,84 RM

Tabelle C.1943	Kategorie	Mode	Verlag	Porträt
Anzahl Eintr.	278	27	46	203
max. 10 RM		1	7	19
Gesamt < 10 RM	251	26	39	184
max. 20 RM		2	5	25
max. 40 RM				33
max. 60 RM		10	14	40
max. 100 RM		4	7	48
max. 500 RM		8	12	28 <200 RM
max. 1000 RM		1	1	17< 300 RM
über 1000 RM		1		3< 400 RM
max. Eintrag		5.711,00 RM	2.852,00 RM	358,00 RM
Summe	27.257,53 RM	8883,65 RM	3944,89 RM	13.505,79 RM

3.5.2. Das Unternehmen "Photographik Niebuhr"

Aus den obigen Untersuchungen und den Informationen der Nichte Dorit Brandi Effenberg ergibt sich ein sehr homogenes Bild der Firma "Photographik Niebuhr".

Lilli Niebuhr hatte 1936, als sie ihren eigenen Meisterbetrieb gründete, wie das ehemalige Atelier Bruno Winterfeld den Schwerpunkt ihres Schaffens im Bereich Modefotografie. Als sie im Dezember 1943 das von Luftangriffen bedrohte Berlin mit ihrem Mann verließ, um sich in seiner Heimat, in Klein Hesebeck in der Lüneburger Heide, in Sicherheit zu bringen, war sie Porträtfotografin.[318] Auf dem Gebiet der Modefotografie hatte sie verschiedene Stammkunden, besonders aus der Wäsche- und der Strickwarenbranche. Abendmode oder Pelze fotografierte sie nur sehr selten. Ihr mengenmäßig größtes Arbeitsfeld war die Tageskleidung, von der Strumpfhose bis hin zum Wintermantel. Sie fotografierte sehr viel für die Werbung, besonders für die Wäsche verschiedener Hersteller. Sie lieferte ihren mittelständischen Kunden solides fotografisches Handwerk, hatte aber, wie die Einträge in das Buch "Ausgehende Rechnungen" zeigten, keine auffälligen Kontakte zu Modeschöpfern und Konfektionären Berlins. Nur mit dem Modehaus Johannes Horn aus München arbeitete sie über längere Zeit zusammen.

Gemessen an den oben aufgeführten Gehältern fanden sie und ihr Mann ein gutes Auskommen. Bis 1939 konnten sie sich regelmäßig im Sommer einen Monat Urlaub leisten, den sie, zeitweise campend, meist in den Bergen verbrachten. Lilli Niebuhr fotografierte bei diesen Reisen überwiegend Landschaften und nur sehr selten Menschen. Es finden sich auch ein paar Selbstauslöserfotos, die sie mit ihrem Mann zeigen. Gemeinsam erarbeiteten sie sich 1942 einen Gewinn von 28.597,37RM.[319]

In einem Schreiben an das Finanzamt wurde Otto Niebuhr als der Geschäftsinhaber bezeichnet.[320] Wie aus den Büchern ersichtlich ist erwirtschaftete sie mit ihrer Arbeit den Großteil der Einkünfte. Dass Otto Niebuhr der Firmeninhaber war, war Ausdruck der patriarchalen Strukturen, die in den Dreißiger Jahren in Deutschland durch die Nationalsozialisten wieder besonders manifestiert wurden.[321] Lilli Niebuhr war damit das Gegenstück zu den selbstbewußten Fotografie-Unternehmerinnen der Zwanziger Jahre, wie zum Beispiel Hedda Walther oder deren Tochter Sonja Georgi.[322]

Die Firma "Photographik Niebuhr" war ein mittelständisches Unternehmen, das von seiner Führung und seinem Stil her ganz in einer als handwerklich zu bezeichnenden Tradition stand. Mit wenigen Angestellten wurde die Hauptarbeitsleistung von der Meisterin und ihrem Mann bestritten. Sie lieferten ihren Kunden gleichbleibend hohe Qualität, wobei ihr Stil nur eine geringe Variationsbreite zeigte. Traugott Schalcher, Redakteur der von der Kodak Aktiengesellschaft herausgegebenen Zeitschrift >Photographik< drückte das so aus: *"Die beiden Arten des künstlerischen Sehens treten bezeichnenderweise auch in der Photographie zutage, nämlich die objektive und die subjektive Sehweise. (...) Der andere, der mehr objektiv Sehende, verschwindet hinter seinem Schaffen;*

seine Persönlichkeit wird nicht sichtbar oder höchstens in objektiver Weise als Fachmann, der die Regie der technischen Mittel nach Art der gerade vorliegenden Aufgabe lenkt. (...) Werbung wird zum Kundendienst und das Werbephoto zum Kundendienstphoto."{323}

Ihren Einkommensschwerpunkt bildete in Friedenszeiten die Modewerbung und damit wurde der Betrieb auch seinem Namenszusatz "Photographik" gerecht. *"Die Photographie, der es um nichts weiter als um eine möglichst exakte Erfassung und Wiedergabe eines Naturvorbildes geht, erfüllt ihren Zweck bereits durch die sichere Beherrschung der optischmechanischen Mittel. Die Photographik hingegen mit ihrem betonten Akzente auf der zweiten Worthälfte verfolgt immer ein ganz bewußtes gestalterisches Prinzip, für dessen Erfüllung der rein technische Prozeß nur die notwendige Voraussetzung bildet."*{324}
Auf das Ausbleiben der Aufträge für Modefotografie reagierte Lilli Niebuhr sehr geschäftstüchtig mit der vermehrten Hinwendung zur Protrātfotografie, vor allem von Frauen. Diese Bildnisproduktion erfuhr ideologische Unterstüzung in der Fachpresse, denn das Frauenporträt *"(...) hat seine Aufgabe in der seelischen Verbindung zwischen Front und Heimat zu erfüllen, eine große und schöne Aufgabe, und es liegt mit am Fotografen, diese Verbindung fest und untrennbar zu gestalten."*{325}

3.6. Der Modefotograf und die Technik - Zusammenfassung

Neben den Fotografen aus handwerklicher Tradition gab es auch Fotografen, die wie Karl - Ludwig Haenchen{326} oder Sonja Georgi{327} auf eine eher unkonventionelle Art und Weise zu Modefotografen wurden. Sie führten ihre Geschäfte in der Regel sehr unternehmerisch: Da sie offiziell nicht ausbilden durften, arbeiteten sie mit vielen Angestellten. Deren Arbeit bestand manchmal sogar darin, im Stil ihres Arbeitgebers zu fotografieren, wie das Beispiel Edith Epplers, die Assistentin von Imre von Santho war, zeigte.

Die handwerkliche Ausbildung für Fotografen war seit Beginn des Jahrhunderts sehr gut. Zum einen wurde in speziellen Schulen unterrichtet, zum anderen bildeten Meisterbetriebe aus.{328} Das führte dazu, dass seit 1925 eine Fotografengeneration heranwuchs, die sämtliche mit der Fotografie zusammenhängende Arbeiten selbständig ausführen konnte. Die Fotografen bedienten ihre Kameras selbst, entwickelten Filme und Abzüge von eigener Hand und retuschierten ihre Fotos.

Auch die Fotografen Hubs Flöter und Charlotte Rohrbach hatten sehr fundierte Ausbildungen genossen. Dennoch ist es auffällig, dass von beiden fast nur Außenaufnahmen existieren.{329} Sicher lag dies an ihrer persönlichen Vorliebe für die Fotografie on location. So fotografierten Hubs Flöter und Charlotte Rohrbach in der Nachkriegszeit zu 90 Prozent im Freien oder mit dem vorhandenen Licht. Kunst- oder Blitzlicht kam bei ihnen so gut wie nie zum Einsatz. Sie arbeiteten also mit minimalem technischen Aufwand. Die anderen Fotografen zeigten sich in der Wahl ihrer Mittel flexibler. Sie folgten den zeitgemäßen Vorgaben und Moden und waren in allen Situationen gleichermaßen einfallsreich. Sie waren offen für den technischen Fortschritt und nutzten in den Dreißiger und Vierziger Jahren die starken Dauerlichtlampen. In den Fünfzigern kamen die neuen Elektronenblitze hinzu. Neue Kameras und neue Objektive, die ungewohnte Perspektiven erlaubten, wurden gleichermaßen von ihnen adaptiert. Auch wenn diesen Neuerungen gelegentlich die gestalterische Raffinesse zum Opfer fiel. *Karl-Ludwig Haenchen: "Dabei waren auch zwei Blitze. Das Beste wären drei Blitze gewesen, das haben wir auch ausprobiert, aber drei Blitze zu koppeln, äh, das gab schon zeitliche Schwierigkeiten beim Aufbau, Gepäckschwierigkeiten, es gab Ladeschwierigkeiten, ich habe mich dann auf zwei Blitze beschränkt und habe gesagt, ob da nun ein Streiflicht da ist oder nicht da ist, wer sieht das schon, Hauptsache ist der Ausdruck, nicht?"*{330}

Eine späte Modefotografie Lilli Niebuhrs von 1954{331} zeigt, dass sie sich mit der neuen Blitzaufhellung auseinandersetzte. Die Anwendung der neuen Technik gelang ihr allerdings nicht so gut, das Modell ist im Verhältnis zu seiner Umgebung zu hell abgebildet (siehe Abb. 3.6./ 1.). Das stark gerichtete Licht direkt von vorn läßt das Gesicht des Modells unplastisch wirken. Dieses Foto war einerseits eine Ausnahme in Lilli Niebuhrs Schaffen und anderseits eine seltene Veröffentlichung für eine Frauenzeitschrift. Denn in der Regel veröffentlichten diese immer technisch perfekte Modefotos.

Allen behandelten Fotografen des Beobachtungszeitraumes kann in Verbindung mit der Offenheit für neue Techniken und Materialien ein großes technisches Können bescheinigt werden.[332] Bis zur Mitte des Zweiten Weltkrieges stand die technische Ausstattung der deutschen Fotografen auf internationalem Niveau, um dann bei den meisten für die Dauer von zehn Jahren stehenzubleiben und erst in der Mitte der Fünfziger Jahre wieder das Vorkriegsniveau zu erreichen.

Wie an den Ausführungen oben deutlich geworden ist, war die technische Produktion von Modefotografien vor 1945 fast immer das Ergebnis der Zusammenarbeit vieler spezialisierter Handwerker. Die Kreativarbeit wurde dagegen überwiegend von den Fotografen geleistet, wobei auch die Laboranten und Retuscheure die Wirkung einer Fotografie ganz erheblich bestimmen konnten. Doch waren die Hierarchien klar festgelegt, so dass der Fotograf die Ausführung bestimmte und somit eindeutig als der kreative Urheber der Fotografie bezeichnet werden kann. Aber kann er das wirklich? Was ist mit den Fotoobjekten, den Fotomodellen, die ja eigentlich Objekte waren?

Sie wurden bislang meist nur am Rande erwähnt. Doch wie hoch waren ihre Anteile am Zustandekommen und am Erfolg einer Modefotografie? Wer waren diese Frauen und was machte sie zu bewunderten Idealgeschöpfen? Wie wurden sie von den Fotografen und ihren Zeitgenossen eingeschätzt und wie beurteilten sie sich selber?

Diese Fragen und auch andere, die die Fotomodelle betreffen, sollen im nächsten Kapitel einer Antwort näher gebracht werden.

4. Modelenkung durch den Staat

Während die Fotomodelle nur den für Privatpersonen üblichen Lenkungsbestrebungen und Kontrollen unterlagen -als Berufsgruppe waren sie staatlich nicht organisiert, wurde das Modeschaffen, die Modeindustrie im allgemeinen und die Modefotografen im speziellen, durch eine Fülle von Maßnahmen unter die staatliche Kontrolle genommen. Den daran beteiligten Institutionen und Personen soll die Aufmerksamkeit in den beiden folgenden Abschnitten gelten.

4. 1. Die Gleichschaltung der Modefotografen im natinonalsozialistischen Staat

Noch bevor die Gleichschaltung aller Fotografen auf gesetzlicher Basis durch das Schriftleitergesetz vom 05.10.1933 beginnen konnte, wurden bereits im Juni 1933 die bestehenden Berufsverbände der Pressefotografen im "Reichsverband Deutscher Bildberichterstatter e.V." (RDB) zusammengefasst.

Zur Hervorhebung "deutscher" Bildberichte wurde vom RDB ein Signet eingeführt. Es findet sich auf der Rückseite einiger Fotografien von Hubs Flöter und von Peter Ludwig.

Ein runder Stempel zeigt in seiner Mitte einen stilisierten Mann im Profil, der auf seiner flachen Hand eine Balgenkamera hält und durch diese nach links hindurchschaut. Hinter seinem Kopf befindet sich das ebenfalls stark stilisierte übergroße Bild eines Adlerkopfes, das wie das des Fotografen im Profil ausgerichtet ist. Die bildliche Darstellung wird durch den Schriftzug:"FÖRDERT DEUTSCHE ARBEIT" umrandet. Von unten her wird das Bild mit dem relativ klein geschriebenen Schriftzug "MITGLIED IM R.D.B."umlaufen. Das Signet war eingeführt worden, um bei der Wahl zwischen gleichwertigen Fotos, dem "deutschen" den Vorrang geben zu können.[333] Dieser Stempel war nicht nur in der Zeit zu finden, in der es noch ausländische und "jüdische" Fotografien gab, sondern war zum Beispiel auf der Rückseite eines Abzuges von Peter Ludwig von 1941zu finden. Vielleicht wollte der damals noch recht junge Fotograf, er wurde am 27.03.1916 in Mainz geboren, kenntlich machen, dass er den Beitrittsbestimmungen des RDB entsprach.

Nur wer arischer Abstammung und deutscher Staatsbürger, außerdem die bürgerlichen Ehrenrechte hatte, über 21 Jahre alt, geschäftsfähig mit abgeschlossener Fachausbildung war und die Eignung mitbrachte, die "die Aufgabe der geistigen Einwirkung auf die Öffentlichkeit" forderte, der durfte Mitglied werden.[334] Somit war das Signet gleichzeitig Ausdruck der "richtigen" Gesinnung und ein Zeichen für die Erbringung der oben genannten Bestimmungen.

Eine Folge des Schriftleitergesetzes vom Oktober 1933, das die nationalsozialistische Gleichschaltung der Presse einleitete, war die theoretische Gleichstellung der Bildjournalisten mit den schreibenden Redakteuren.[335] Im Nazideutschland hießen die Fotoreporter "Bildberichterstatter". Diese Gleichstellung stellte eine große Aufwertung dieser Berufsgruppe dar, denn vorher wurden die Bildjournalisten von Staat und Redaktionen in ihrer Arbeit eher wenig gewürdigt und ernst genommen.[336] Bis zum 1. Juni 1936 wurde für 488 Bildberichterstatter die Eintragung in die Schriftleiterliste des "Reichsverbandes der Deutschen Presse" (RDP) bestätigt, wobei allein 286 Fotografen in Berlin und seiner näheren Umgebung lebten.[337] Von diesen 286 Fotografen waren 16 im Bereich der Modefotografie tätig.[338] Wer keinen Eintrag erhielt, durfte seine Bilder nicht in Zeitschriften veröffentlichen und konnte, sofern er auf die Veröffentlichung seiner Fotografien in Zeitschriften angewiesen war, nicht mehr als Fotograf arbeiten. Viele jüdische Fotografen aus Berlin emigrierten rechtzeitig, so zum Beispiel die sehr erfolgreichen Modefotografen Martin Munkacsi und Helmut Newton, andere kamen in Konzentrationslager. Die volle Härte der oben beschriebenen Regelung griff erst ab 1938 in alle Sparten der Fotografie ein. Die Modefotografie gehörte zu den letzten "arisierten" Spezialgebieten der Fotografie. Die Folge war, dass Fotografen und Ateliers, die noch bis 1938 veröffentlichen konnten, wie Yva, Sandau und das Atelier Binder, jetzt endgültig aufgeben mußten. Wer, wie die eben genannten, in den folgenden Jahren keine der seltenen Chancen erhielt, außer Landes zu gehen, kam in eines der vielen Konzentrationslager.[339] Die Fotografen, die ihre Fotografien nicht veröffentlichen durften, also die meisten Porträtfotografen, fielen unter die Regelungen zur "Arisierung"[340] von Handwerk und Industrie.[341]

Der Eintrag in die Schriftleiterliste und die Ausstellung des Schriftleiterausweises erfolgte nur, wenn der Fotograf den staatlichen Richtlinien entsprach. Oberste Priorität hatte die "rassische"[342] Zugehörigkeit.[343] Der Fotograf Herbert List, der sich wie alle seine Berufsgenossen um den Eintrag in die Liste der Bildberichter bemühte, wurde vom Leiter des Reichsverbandes der Deutschen Presse (RDP), Heiner Kurzbein, abgelehnt, weil er *"der Neueintragung eines Vierteljuden im sechsten Kriegsjahr nicht näherträte."*[344]

Norbert Leonard, der einen jüdischen Vater und eine christliche Mutter hatte, war ein "Halbjude".[345] Er konnte davon ausgehen, keinen Schriftleiterausweis zu bekommen. Deshalb ließ er den Namen seiner Großmutter väterlicherseits bei einem kooperativen, namentlich jedoch unbekannten Pastor in das Geburtsregister eintragen, um so einen gefälschten arischen Lebenslauf vorweisen zu können. *"Als Nachkomme einer jüdischen Großmutter wurde er wegen einer gefälschten Geburtsurkunde ins Zuchthaus gesteckt (...). Die falsche Geburtsurkunde seiner Großmutter hatte ihm ein protestantischer Pastor ausgestellt mit solch deutscher Gründlichkeit, dass er sich Notizen über alle von ihm ausgestellten falschen Dokumente gemacht hatte. Dank seiner Genauigkeit kamen dann Dutzende Menschen vor Gericht und ins Zuchthaus, unter ihnen auch unser Norbert."*[346]

Die letzten Veröffentlichungen Leonards vor Kriegsende waren 16 Modefotografien in >Die Mode<, Heft 12, Dezember 1941. Norbert Leonard kam im Winter 1941/1942 in ein Konzentrationslager und wurde bald, da er eine Ausbildung als Reprofotograf erhalten hatte, in die Fälscherwerkstatt des KZ-Sachsenhausen überstellt.

Mit den Bestimmungen zum Eintritt in die Reichsschrifttumskammer war die weltanschauliche Linie der Nationalsozialisten in der Nachrichtengebung sichergestellt, und man konnte weitgehend auf eine nach außen auftretende Zensur verzichten.[347] *"Der Schriftleiter hatte die politische Linie des NS-Staates bei der Gestaltung des geistigen Inhalts in den im Reichsgebiet herausgegebenen Zeitungen und Zeitschriften durch Wort, Nachricht oder Bild zu vertreten."*[348] Dass aber doch eine Zensur der Modefotografien und Modezeichnungen durch das Propagandamiisterium stattgefunden hatte, davon berichtete Gerd Hartung: *"Dann gab es einen Beauftragten für die Presse. Wir mußten im späteren Verlauf der Jahre und früheren Beginn des Krieges dann jeden Beitrag im Propaganda-Ministerium vorlegen und bekamen einen Stempel zur Freigabe. Und dieser Herr, [war] Herr Regierungsrat Dr. Lehmann(...)."*[349]

Eine direkte ideologische Lenkung geschah durch die regelmäßigen, obligatorischen Treffen der Bildberichterstatter Berlins im "Haus der Presse". Bei diesen Treffen wurden überwiegend fachspezifische Themen besprochen, und es gab auch thematisch allgemein gefasste Veranstaltungen.[350] Die an die Chefredakteure ausgegebenen Richtlinien wirkten sich nur indirekt auf die im >Zeitschriften-Dienst< tätigen Modefotografen aus. Es ist nicht bekannt, ob die Fotografen, die nur den Status eines Redakteurs hatten, überhaupt von der Existenz des >Zeitschriften-Dienstes< wussten.[351] So wurde den Moderedaktionen in der Ausgabe 186./55. des >Zeitschriften-Dienstes< vom 27.11.1942 unter der Nummer 7968 verordnet: *"Die Modenschau, die am 22.11. unter der Leitung des Reichsbeauftragten für die Mode, Professor Benno von Arent, in der Kameradschaft der deutschen Künstler, Berlin veranstaltet wurde, (...) weder in Worten noch im Bild (...),"* zu erwähnen.[352]

Die vom Reichsverband der deutschen Presse ausgegebenen Schriftleiterausweise mussten jedes Jahr mit einer Aufklebemarke und einem Stempel verlängert werden. Es scheint, als wären diese Ausweise ab 1937 ausgegeben worden, denn die Ausweise von Charlotte Rohrbach[353] und Lilli Niebuhr haben jeweils acht Felder für die Jahre von 1937 bis 1944. In beiden Ausweisen blieb das Feld für das Jahr 1944 leer. Wie lange Charlotte Rohrbach noch bis in den Krieg hinein arbeitete ist nicht bekannt. Lilli Niebuhr arbeite bis zum Dezember 1943.[354]

Die Lenkung aller Fotografen geschah durch die Organisation der Reichsschrifttumskammer und ihrer Auswahlkriterien sowie die regelmäßigen Versammlungen der Fotografen. Außerdem wirkten sich die Bildzensur, die durch das Propagandaministerium erfolgte, und die Verordnungen des >Zeitschriften-Dienstes< auf ihre Arbeit aus.

Da die Modefotografen nie in einer die Fotografie betreffenden Verordnung erfasst wurden, müssen die verschiedenen relevanten staatlichen und wirtschaftlichen Institutionen zur Modelenkung des Dritten Reiches daraufhin untersucht werden. Nur so kann es gelingen, die Position, die die Modefotografie im Geflecht der nationalsozialistischen Propaganda hatte, zu erkunden und zu beurteilen.

4. 2. Staatliche und wirtschaftliche Organisationen der Modelenkung von 1933 bis 1945

Seit jeher wurde von Herrschern und Regierungen versucht, die Bevölkerung durch Kleider- und Modeverordnungen zu lenken und so das Individuum zu beeinflussen. Auch die Nationalsozialisten billigten der Mode eine politische Bedeutung zu, doch waren die ideologischen Ziele in Bezug auf das propagierte Modebild uneindeutig und wechselte, genau wie das angestrebte Frauenbild, zwischen nationalen und internationalen Tendenzen.

Auf der einen Seite träumte Hitler von einer "Straße der Mode" in Berlin, an der Pariser und Berliner Modehäuser in Konkurrenz miteinander wetteifern sollten. Dafür ließ er sich vorsorglich Pläne von Albert Speer anfertigen.[355] Auf der anderen Seite standen die Parteiideologen, die in der >NS-Frauenwarte<, einem Sprachrohr der "Bewegung", 1936 einen historisch untermauerten Nationalstil forderten: *"sich nicht mehr nach dem Westen, also Paris zu orientieren, sondern die Mode an historischen, nordischen Grundformen auszurichten.(...) Die gewählten Formen sollen dem heutigen Lebensgefühl und den Lebensbedürfnissen breiter Frauenkreise Rechnung tragen. Sie sollen aber nicht nur zeitgemäß, sondern vor allem auch art - und wesensgemäß sein. Modische Übertriebenheiten und fremdländische Einflüsse sollen vermieden werden. Alle Formen sollen deutscher, nordischer Eigenart entsprechen. Der nordische Leistungstyp, nicht der westliche Darbietungstyp soll in Zukunft die deutsche Kleidergestaltung beeinflussen und beherrschen. (...) Zur Schulung des Formensinns und zum besseren Verstehen und Erkennen der Formen wird auf die Entwicklung deutscher Kleidformen aus den einfachen Grundformen aufmerksam gemacht. (...) die nordische Grundform - auch heute noch abwandlungsfähig und zeitgemäß sein kann."*[356]

Mit Hilfe ur- und frühgeschichtlicher Sammlungen sollten *"wertvolle Hinweise auf den unvergänglichen Reichtum des alten deutschen Kulturgutes (...) gegeben werden."*[357]

Im Folgenden wird auf die staatliche Modelenkung und ihren Apparat eingegangen, um anschließend den Versuch zu machen, darin die Modefotografie zu positionieren.

4.2.1. Die "Arisierung" der Modewirtschaft{358}

Eindeutig und klar war das Streben, die deutsche Industrie zu "arisieren" und dann eine "arische" Mode zu schaffen.[359] Für die einzelnen Wirtschaftszweige wurden zu diesem Zweck vom Reichswirtschaftsministerium verschiedene Verbände errichtet.

Der "Reichsverband der deutschen Bekleidungsindustrie", mit dem Geschäftsführer Diplom Kaufmann Otto Jung[360], war zuständig für die Arisierung der Textil- und Modebranche und gründete 1933 speziell dafür die "Arbeitsgemeinschaft deutsch/arischer Fabrikanten der Bekleidungsindustrie, e.V. Berlin" (ADEFA).[361] Gemessen an den Beitrittszahlen zur ADEFA bis 1936 war die Arbeitsgemeinschaft nicht sonderlich "erfolgreich". Doch mit dem Beginn des Inkrafttretens der Vierjahrespläne ab 1936, war die ADEFA die treibende Kraft der Judenvertreibung aus der Textilwirtschaft. Unterstützt wurde sie dabei von den Ideologen der NSDAP, die sich der alten antijüdischen Ressentiments bedienten. Sie suggerierten, die Konfektion wäre zu neunzig Prozent in "jüdischen Händen" und schürten so die Angst vor Überfremdung. Doch war die "Arisierung" der Modebranche besonders schwierig, da es in diesem Bereich ausgesprochen viele, freundschaftliche Verbindungen zwischen Juden und Nichtjuden gab.[362]

Die ADEFA war in erster Linie dazu geschaffen worden, die Bekleidungsindustrie, der nationalsozialistischen Rassenlehre entsprechend, staatlich zu lenken. Daneben wurden von ihr 1934, 1936, 1937 und 1939 Modenschauen mit "arischer Mode" organisiert, die aber keine besonderen Verkaufserfolge nach sich zogen.[363] Daneben gab es noch einige kleinere Verbände mit ähnlichen Zielen, die alle unter dem Einfluß der ADEFA standen.

Um sich den veränderten politischen und wirtschaftlichen Verhältnissen anzupassen, wurde das

"Deutsche Modeamt" in Konkurenz zu dem vergleichsweise liberalen Reichsverband der "Deutschen Modeindustrie", der in seinem Aufbau die alten unrassistischen Strukturen der Modeindustrie wiederspiegelte, errichtet.

4.2.2. Das Deutsche Modeamt und das Deutsche Mode - Institut e.V.

Schon im Jahr der Machtübernahme 1933 wurde das "Deutsche Modeamt" gegründet, um möglichst rasch eine gemeinsame Ausrichtung der Modewirtschaft zu erreichen und dafür im "neuen" Staat eine Lobby zu schaffen. Unter die Aufsicht von Magda Goebbels gestellt, hatte es zur Aufgabe "(...) alle künstlerischen, mode-schöpfenden, wirtschaftlichen (...) Kräfte (...) zu gemeinschaftlicher Arbeit für Kleid- und Wohnkultur zuammenzufassen."{364}

Wann dieser allgemeinen Aufgabenstellung die ersten konkreten Erlasse und Verordnungen folgten, bleibt unklar. Im Bericht Hela Strehls stellt sich die Situation folgendermaßen dar. Nach ihr war Magda Goebbels nur einen Tag lang die Patronatin des Deutschen Modeamtes, denn Joseph Goebbels habe ihr jede Modebeteiligung verboten.{365} Zu ihrer Aufgabe als Frau des Propagandaministers sagte Magda Goebbels in einem wahrscheinlich bisher unveröffentlichten Interview: *"(...) ich halte es für meine Pflicht, so schön auszusehen, wie ich kann. Ich will auch in dieser Beziehung auf die deutschen Frauen wirken. Sie sollen möglichst schön und elegant sein. Man hat mir die oberste Leitung eines deutschen Modeamtes übertragen und in dieser Eigenschaft will ich durch mein Beispiel die deutsche Frau zu einem wahren Typ der Rasse machen. Die Männer sind sehr männlich in Deutschland und daher müssen die Frauen so weiblich sein, wie nur irgend möglich. Die deutsche Frau der Zukunft soll schick sein und klug. Der Gretchentyp ist endlich überwunden."*{366}

Magda Goebbels, die sich gern damenhaft kleidete, lieh sich wiederholt französische Modellkleider aus dem Schrank Hela Strehls aus. Damit entsprach sie zwar den Gepflogenheiten bei den Tischgesellschaften Adolf Hitlers, war aber nicht mit den Idealen der Partei konform.{367}

Nach Gretel Wagner ging aus dem Deutschen Modeamt später das Deutsche Mode - Institut (im Folgenden: DMI) hervor. Aufgrund eines Schreibens von Herbert Tengelmann aus der Wirtschaftsgruppe Textilindustrie vom 16.03.1936, kann die Gründung des Deutschen Mode - Institutes e.V. und parallel dazu der Deutschen Mode Dienst G.m.b.H. spätestens auf das Jahr 1935 datiert werden.

"Nachstehend geben wir ihnen die wichtigsten Punkte aus dem Gesellschafter-Vertrag der Mode-Dienst G.m.b.H bekannt: Der Gegenstand des Unternehmens ist die Förderung aller nationalwirtschaftlichen Belange und modepolitischen Aufgaben bei der Schaffung und Gestaltung der Mode. Zu diesem Zweck übernimmt die Gesellschaft auch die entgeltliche Ausführung von Aufträgen modisch interessierter Unternehmungen, Kreise und Stellen der Wirtschaft und des öffentlichen Lebens zur Durchführung modischer Arbeiten z.B. die Organisation, Durchführung und Beaufsichtigung von Werbeaktionen jeder Art von Modeschauen, den Entwurf und die Zusammenstellung von Kollektionen für die Herstellung modischer Erzeugnisse und ähnlicher Aufgaben.

Das Geschäftsjahr ist das Kalenderjahr. Das erste Geschäftsjahr beginnt mit der Eintragung der Gesellschaft im Handelsregister und endet am 31. Dezember 1935. (...)

Erstmalig werden zur Führung der Geschäfte drei Geschäftsführer bestellt, und zwar:

1. Frau Hela Strehl, Berlin

2. Herr Diplomkaufmann Otto Jung, Berlin

3. Herr Dr. Wilhelm Hellman, Berlin. (...)

c. Die Mitglieder des Aufsichtsrates erhalten für ihre Tätigkeit keine Entschädigung. Das Unternehmen soll Gewinn nicht erzielen. Eine Ausschüttung evtl. erzielter Überschüsse an die Gesellschafter findet nicht statt. (...)."{368}

Mögliche Gewinne sollten wieder in Unternehmungen des Mode-Dienstes und Mode-Instituts zurükkfließen.{369} Die Gleichzeitigkeit der Gründungen geht aus einem früheren Schreiben von Tengelmann hervor. Dort skizziert er das Verhältnis des Mode-Institutes e.V. zur Mode-Dienst G.m.b.H.: *"Bzgl. des Aufgabenkreises ist das Mode-Institut Ideenträgerin. Es soll mitarbeiten bei der Festlegung einer Mode-Politik. In Ergänzungen zu den Bestrebungen und Zielen des Mode-Instiuts hat sich die Mode-Dienst G.m.b.H.*

die praktische Bearbeitung der Mode zur Aufgabe gemacht. Die saubere Trennung zwischen Mode-Institut und Mode-Dienst G.m.b.H. war notwendig, um das Mode-Institut von jeglicher gewerblichen und Interessenten-Tätigkeit freizuhalten und andererseits durch die Mode-Dienst G.m.b.H. als Institution gewerblichen Charakters die Möglichkeiten der praktischen Zusammenarbeit mit allen Mode-Interessierten zu haben." Eigentlich sollten die Geschäftsführer kein Gehalt bekommen, es hieß: *"(...) lediglich ist an Frau Strehl eine Aufwandsentschädigung von RM 10.000,- pro Jahr zu zahlen."*[370] Hela Strehl bekam ihr Gehalt allerdings erst, nachdem sie schon gekündigt hatte.[371]

Die Verbindung des DMI zum Ministerium für Volksaufklärung und Propaganda bestand über den Beirat zum DMI. In Beirat saßen neben Vertretern der Industrie und anderer Ministerien auch ein Staatsrat des Ministeriums für Volksaufklärung und Propaganda. Beiratsmitglieder waren Herbert Tengelmann, als Vertreter der Textilindustrie, Oberregierungsrat Voigt, als Vertreter des Reichswirtschaftministeriums und Staatsrat Carstensen, Direktor des Propagandastabes im Reichsministerium für Volkaufklärung und Propaganda. Ein Vertreter des Reichs- und Preußischen Ministeriums für Wissenschaft, Erziehung und Volksbildung, der Diplomingenieur Federle wurde erst etwas später hinzugezogen und zum Vorsitzenden des Fachschulausschusses ernannt.[372]

Finanziert wurde das DMI aus Mitteln der Wirtschaft. In der Mitgliederliste wurden für das Geschäftsjahr 1937/1938 verschiedene Wirtschaftsorganisationen, die Filmindustrie, Einzelfirmen und kleine Verbände, das Handwerk und die Presse, vertreten durch Ullstein, Berliner Tageblatt, Vobach & Co, Otto Beyer und die Textil-Woche, aufgeführt.[373]

Zur ersten Geschäftsführerin wurde Hela Strehl berufen, die über weitgreifende Kenntnisse und internationale Kontakte auf dem Gebiet der Mode verfügte.[374] Doch schon nach dem ersten Geschäftsjahr wurde scharfe Kritik an ihrer Arbeit geübt. Ein Brief der Wirtschaftsgruppe Textilindustrie vom 11. Juni 1936 zeigt dabei indirekt auf, wie Hela Strehl für das DMI gearbeitet hat. So schrieb Franz Pöschmann, dessen Funktion unbekannt ist, empört über die seiner Meinung nach sehr unzureichende Arbeit des DMI und das falsche Verhalten von Frau Strehl: *"Es genügt nicht, wenn die Leiterin ab und zu die Schriftleiterinnen zum Kaffee lädt und ihnen bessere Salärierung verspricht. Eingehende Rücksprache über die Industrien und deren zu propagierende Produkte, Lieferungen von entsprechenden Mustern an die Presse u.s.f. müsste durchgeführt werden! Zu was sollen derartige Interviews (Silberspiegel vom 17. März) oder die diversen Photos von Frau St. in den Zeitungen dienen? Sie sind geeignet, die Bestrebungen des D.M.I. lächerlich zu machen.*

Die Beeinflussung der Pressereferenten vor einer Modeschau über das was zu berichten ist, darf deren freien Willen nicht beengen. Es ist also falsch und den Vorschriften für eine wahrheitsgemässe Berichterstattung zuwider, wie es geschah vor dem Moderennen. Deshalb die zum Teil erzwungenen Kritiken, die den Tatsachen nicht entsprachen (...)."[375]

Hela Strehl hat in erster Linie den Kontakt zur Presse gepflegt, um über deren Medien auf die Geschmacksbildung der Leserinnen zu wirken. Ihre Einflussnahme geschah direkt über die Redakteurinnen, die sie zum Teil persönlich aus ihrer Zeit beim >Silberspiegel< kannte, wo sie als Nachfolgerin von Elsa Herzog[376] von ca. 1932 bis 1935 Chefredakteurin des Moderessorts war und indirekt durch die Beeinflussung der Pressereferenten der Firmen, die zu Modenschauen einluden (siehe Abb. 4.2.2.).[377] Ihr Versprechen, den Redakteurinnen besserere Bezahlung zukommen zu lassen, mag darauf zurückzuführen sein, dass es nationalsozialistische Bestrebungen gab, die Löhne der Redakteurinnen zu vereinheitlichen und zu erhöhen. Es kann aber auch als ein Mittel der Anbiederung interpretiert werden. Spezielle Weisungen hat Hela Strehl sicher durch den Beirat des DMI erhalten. Ihre Aufgabenstellung hatte sie schriftlich in der progammatischen Satzung des DMI und Mode-Dienstes aus dem Jahr 1935 niedergelegt.[378] In Ausschnitten heißt es dort:

"zu 2.) (...) Die Presse wiederum, deren fachkundiger Schriftleiternachwuchs auf dem Gebiet der Mode sehr dünn gesät ist, ermöglicht durch Fachvorträge im Haus der Presse durch einen regen Gedankenaustausch (...) eine systematische Schulung im Fachsinne, eine Erziehung zur Erkenntnis der grossen Zusammenhänge über den Redaktionsrahmen hinaus, der sonst den Schriftleiterinnen gar nicht zugänglich ist. (...) Ausserdem bestehen ausgezeichnete direkte Verbindungen von Fach- und Zeitungsverlagen zum

Mode-Institut, mit denen ein wechselseitiger Interessenaustausch bereits seit einigen Monaten gepflogen wird, kraft dessen jederzeit eine Einsatzbereitschaft zu speziellen Aktionen vorliegt.

Die Mode-Dienst G.m.b.H. vertritt die wirtschaftl. (...) Ergänzung zu den Belangen des Mode-Instituts.(...)

Ihre Vermittler-Tätigkeit ist im weitesten Sinne und ideell wie praktisch aufzufassen. Sie entspricht dem Bestreben, eine grundsätzliche Verständigung oder Verständigungsfreudigkeit der modebearbeitenden Kräfte untereinander zu schaffen. Frankreichs vorbildliches Gesamtgefüge, das das Fundament dieser Weltmodezentrale ist, soll darin Beispiel sein. Innerhalb dieser grundsätzlichen Idee soll die praktische durch Vermittlung und Förderung junger oder fähiger Kräfte von Zeichnern, Fotografen, Entwurfskünstlern usw. Ausdruck finden.

gez. Hela Strehl."[379]

Aufgabe des DMI war es, Ideenschmiede für die Textil- und Modeindustrie zu sein und geschmacksbildend auf die Konsumenten zu wirken. Dieses geschah neben der Organisation von Großveranstaltungen, wie Modetees und Moderennen[380] auch durch die Herausgabe richtungsweisender Hefte, die die Farbzusammenstellungen für die Mode bekannt gaben.[381] Hela Strehl blieb bis Ende 1937 die Geschäftsführerin des DMI, dann verließ sie diese Position nach Querelen mit Otto Jung, der im Beirat des DMI saß und einen engeren privaten Kontakt zu ihr wollte.[382] Ihre persönliche Stellung und Rolle im Machtgefüge zwischen Wirtschaft, Staat und Öffentlichkeit ist nicht ganz eindeutig zu ermitteln. Als Geschäftsführerin des DMI war sie von der Textilindustrie engagiert, die ihre Kosten übernahm. Die drei oben genannten Ministerien, Wirtschafts-, Propaganda- und Bildungsministerium, beaufsichtigten ihre Arbeit. Hela Strehl pflegte in den Jahren von ca. 1934 bis 1938 enge Kontakte zur Familie Goebbels und es ist gut möglich, dass sie bei einem der Besuche auch über die Inhalte ihrer Arbeit als Geschäftsführerin des DMI sprachen.

Hela Strehls Auftreten in der Öffentlichkeit erregte soviel Aufsehen, dass man sie im In- und Ausland als "Reichsbeauftragte der Mode" ansah.[383] Sie selbst berichtete in ihrer Autobiographie, dass sie vermeiden wollte, als Reichsbeauftragte für die Mode zu gelten, doch auch in Paris wurde sie im Juli 1937 als solche angesehen.[384]

Im Hinblick auf die Modefotografie ist besonders der enge Kontakt des DMI zur Modepresse und die Förderung junger Fotografen interessant. Hier findet sich eine Erklärung für den Generationswechsel bei den Modefotografen, der in etwa zeitgleich mit der Arbeitsaufnahme des DMI zu beobachten ist. Darüber hinaus ist durch die Einflußnahme des DMI auf die Moderedaktionen, von Mitte der Dreißiger Jahre an damit zu rechnen, dass nur die Modefotografen beschäftigt wurden, die der durch das DMI vermittelten staatlich vorgegebenen Linie folgten.

Für die sich seit dem Ersten Weltkrieg in permanenter Krise befindliche deutsche Textil- und Modeindustrie, die bis 1933 zu etwa fünfzig Prozent in jüdischer Hand war, war die "Arisierung" durch die ADEFA und die anderen beteiligten Staatsorgane ein schwerer Schlag.[385] Langsam versiegte der Devisenfluss, der aus der bis 1938 sehr erfolgreichen Berliner Konfektion regelmäßig in die Staatskassen geflossen war. Bis Dezember 1938 war die Arisierung der Modewirtschaft in so weit abgeschlossen, dass alle "Volljuden" und große Teile der "Halbjuden" aus der Wirtschaft verdrängt worden waren. Bis 1938 waren alle jüdischen Konfektionsbetriebe aufgelöst oder zumindest in "arischer Hand".[386] Trotz der Anweisung, die Juden nur sukzessive zu verdrängen, um die wirtschaftliche Funktion aufrechtzuerhalten, waren in der Folge stetig sinkende Exportzahlen zu beklagen. Der Modeexport hatte die Dringlichkeitsstufe zwei und rangierte gleich nach der Elektroindustrie. Die Devisen, die der Modeexport einbrachte, waren kriegswichtig. Im Austausch für deutsche Mode wurde zum Beispiel Stahl in Schweden eingekauft.[387]

"Gewiss ist einstweilen Krieg und schärfster Krieg; ihm dienen jetzt in erster Linie unsere Bereitschaft, unser kraftvoller Einsatz und unsere stolzen Opfer. Trotzdem muss es unsere konstruktive Aufgabe sein, bei Massnahmen auf lange Sicht jetzt schon an das strukturelle Bild einer neuen politischen und ökonomischen Ordnung im europäischen Raume zu denken und auch hierfür rechtzeitig Talent und wirtschaftliche Kraft zu reservieren."[388]

Um dem Ausbluten der Modewirtschaft, durch den Verlust auch noch der letzten verbliebenen Facharbeiter etwas entgegenzusetzen, wurde dem DMI 1937 die

Manufaktur des Deutschen Mode - Institutes angeschlossen und auf Seiten der Berliner Modellhäuser etwas später im Jahr 1940 die Berliner Modelle G.m.b.H gegründet.

4.2.3. Die Manufaktur des Deutschen Mode - Institutes

Da besonders ab 1936/37 die schrumpfenden Einnahmen als Folge der "Arisierung" ein Handeln erforderten, wurde die Manufaktur des Deutschen Mode - Institutes ins Leben gerufen.

Am 26. Mai 1937 wandte sich die Malerin und Zeichnerin Maria May in einer Denkschrift an das DMI, in der sie "die Misere der deutschen Modeausbildung", nämlich die Praxisferne der Modeschulen und die Kunstferne der Modeindustrie, schilderte.[389] Um das zu ändern forderte sie eine in Berlin zu errichtende Reichs- Mode-Akademie. Am Beispiel der Arbeitsweise der Pariser Modehäuser, die sich ihren eigenen Nachwuchs heranzogen und deshalb die Kunst mit der Industrie verbanden, entwarf sie ein Schulungs- und Schulmodell, in dem sie die französischen Prinzipien anwandte. In den Statuten zu der Ausbildung wurden zwar Modezeichner erwähnt, die für publizistische Zwecke ausgebildet werden sollten, ebenso Grafiker, jedoch die Modefotografie wurde nicht einmal genannt. Maria Mays Konzept stieß auf positive Resonanz im DMI. In einem Schreiben vom 29. Juni 1937 hieß es dazu: *"(...) Die beiliegende Denkschrift ist das Ergebnis vielmonatlicher Prüfungen und zeigt meiner Ansicht nach den richtigen Weg für die künftige Dach-Schule, in der Künstler und Praktiker in der Tat so ausgebildet werden könnnen, dass wir auf unsere modisch-sklavische Abhängigkeit von Paris verzichten können."*[390]

Die "Akademie" wurde nicht gegründet. Doch wurde Maria May, die schon als Textildesignerin[391] tätig war, zur Leiterin der Manufaktur des Deutschen Mode-Institutes ernannt. In Heft 2 der Zeitschrift >Die Mode< vom Februar 1941 stellte sie die Manufaktur vor und erklärte die offiziellen Ursachen ihrer Gründung.

"Vor allem aber war es die modische Abhängigkeit von Paris, die jede eigene Leistung entweder lahmlegte oder zwang, wieder den Weg über Paris zu gehen, um anerkannt zu werden. (...)

Die "Manufaktur" entstand aus dem Wunsche der Industrie, innerhalb des Deutschen Mode-Institutes eine Forschungsstätte zu haben mit der Aufgabe den künstlerischen Stoffdruck zu pflegen, einen Mustermarkt aufzubauen und den Entwerfernachwuchs auszubilden."[392]

Ein Zeitungsartikel von 1943 gibt einen Einblick in ihre Arbeit:

"Schäferszene" und "Vogelmotiv in Kinderbuchart"

Maria May, die Schöpferin der deutschen Modestoffe - Bild eines Frauenberufes.

Deutschlands Modeschaffen wird nicht mehr von Paris beeinflußt. Und doch sieht man seit einigen Jahren neue deutsche Stoffe, die in ihrer Schönheit denen von Paris ebenbürtig sind. Sie haben den gleichen Stil, die gleiche Grazie, die gleiche abgerundete Schönheit, ohne dass sie etwa nachgemacht "pariserisch" wirkten. (...)

Ihre sechzig Mitarbeiter sind auf sie eingearbeitet, und die von ihr ausgegebenen Richtlinien - im Augenblick beispielsweise "Japan" und "Java" - werden richtig verstanden und zeichnerisch und farblich in ihrem Sinn ausgearbeitet.

(...) sie beeinflußt geschmacklich die Stoffmuster der ganzen Wirtschaftsgruppe der Textilindustrie. Die Manufaktur ist sozusagen ein Mustermarkt für Stoffe."[393]

Ob die Richtlinien tatsächlich von ihr herausgegeben worden sind oder ob sie aus dem Propagandaministerium kamen, läst sich nicht nachprüfen. Es ist interessant, dass ausgerechnet der Stil des ebenfalls faschistischen Japans als Vorbild genommen wurde.

Das Hauptziel der Manufaktur und des Mode-Institutes war es: *"Schöpfer und Wegbereiter eines neuen Modestils (zu) werden, der dem deutschen Volke gemäß ist. Groß - Deutschland wird Kultur- und Modemittelpunkt Europas. Die Grundlagen zu schaffen und die schöpferischen Kräfte über den Krieg hinaus in ihrer Leistungsfähigkeit zu erhalten, ist eine wichtige politische Aufgabe aller beteiligten Kreise, die schon jetzt in Angriff genommen wird. Ein erster sichtbarer Erfolg ist in der gemeinsamen Arbeit der "Berli-*

ner Modelle G.m.b.H." und der "Manufaktur des Deutschen Mode-Instituts "zu sehen."[394]

Maria May empfand sich, nachdem auch die Modeschaffenden in die Reichskammer der bildenden Künste aufgenommen und somit offiziell als Künstler anerkannt worden waren, als Mitschöpfende an dem zukünftigen arischen Idealstaat. Sie stellte sich auf eine Ebene mit dem Architekten Albert Speer und dem Bildhauer Arno Breker.[395]

4.2.4. Die Berliner Modelle G.m.b.H

"Und von diesem Sammelpunkt (gemeint ist die Berliner Modelle G.m.b.H., Anm. d. Verf.) origineller Modeschöpfungen aus soll allmählich in geistiger Zusammenarbeit mit deutschen Entwurfskünstlern und Graphikern eine gesunde und von fremden Einflüssen losgelöste allgemeine modische Ausrichtung der gesamten Bekleidungskunst und einer echten Kleidkultur ihren Anfang nehmen. Das Gesetz des guten Geschmacks, die Sauberkeit deutscher Arbeit und die Synthese von Schönheit und Zweckmässigkeit triumphieren nun wieder über krankhafte Extravaganzen und über den dekadenten »Schick«. Die »Berliner Modelle G.m.b.H,« ist nun dazu ausersehen, durch Vorbild und Leistung die neue Modeparole des 20. Jahrhunderts und in allen kultivierten Völkern des Festlandes mit werbender Kraft einen modepolitischen Stil - vielseitig und vielfältig, zeit- und artgemäss - anzukündigen, der sich zu orientieren hat an den grossen Umrissen eines neuen Zeitalters und aus dem kunstreichen Geist einer revolutionären Zeit."[396]

Obwohl ab Juni 1940 Paris zum "Großdeutschen Reich" gehörte, sollte in Berlin das Modezentrum manifestiert werden. Es sollte sogar ausgebaut werden, um den "nordisch, arischen" Führungsanspruch auch im Bereich Mode zu untermauern. Zusätzlich zum DMI und dessen Manufaktur wurde 1940, vom Wirtschafts- und Propagandaministerium angeregt, die Berliner Modelle G.m.b.H. gegründet. Sie war ein Zusammenschluss mehrerer Modehäuser, Textilunternehmen[397] und anderer beteiligter Sparten, an der anscheinend auch einige Fotografen assoziiert waren.[398]

Ziel der Berliner Modelle G.m.b.H. war es, der Berliner Mode den Namen zu verschaffen, der ihr aufgund ihrer Leistungen zustand. Die G.m.b.H sollte betonen, dass die Mode auch im Krieg ein wichtiger kultureller Faktor war. So sollte dem Modeschaffen als künstlerische und schöpferische Arbeit breite Anerkennung verschafft werden.[399] In der >Die Dame< hieß es 1941, die »modeschöpferischen« Kräfte Berlins hätten sich zu einer Arbeitsgemeinschaft Berliner Modelle G.m.b.H. zusammengetan, mit dem Ziel, "die Zusammenfassung und Erhöhung der Stoßkraft des deutschen Modeschaffens" zu ereichen.[400]

Die Modelle G.m.b.H. war eine "Spitzenmodevereinigung" die von der Regierung alle Unterstützung bekam, die sie benötigte. Ihre Mitglieder konnten Stoffe aus Paris ordern. Sie wurde vom DMI gefördert und arbeitete mit der Manufaktur des DMI zusammen. Alle Mitarbeiter wurden vom Wehrdienst freigestellt.[401] Die Berliner Modelle G.m.b.H. arbeitete fast ausschließlich für den Export. Nur einige wenige deutsche Filmgrößen und einige Damen der Gesellschaft durften sich auch nach 1941 von Mitgliedern der Berliner Modelle G.m.b.H. einkleiden lassen.{402} Die Berliner Modelle G.m.b.H. bestand mindestens bis 1944.[403]

Die Stellung der Fotografen in der Berliner Modelle G.m.b.H. war in Bezug auf ihre Freistellung von Wehrdienst nicht so priviligiert wie die der anderen Mitglieder. Obgleich der Fotograf Karl-Ludwig Haenchen überwiegend für den Modeexport arbeitete, sollte er eingezogen werden. Er wurde nur durch eine Anstellung, die ihm Helmut James Graf Moltke[404] nach der Besetzung Frankreichs in der Auslandsabwehr des Oberkommandos der Wehrmacht in Paris vermittelt hatte, UK (unabkömmlich) gestellt.[405]

Nachdem Hela Strehl ca. 1938 das Deutsche Mode Institut als aktive Geschäftsführerin verlassen hatte, fehlte der Modelenkung eine adäquate Koordinierungsperson. Doch war es für die Modesachbearbeitung im Propagandaministerium

"neben der kulturellen die große politische Bedeutung, die der Mode als europäischem Faktor zukommt, massgebend. Dieses politische Gewicht der Mode trat besonders im Augenblick des Sieges über Frankreich in den Vordergrund, indem Deutschland jetzt die Möglichkeit erhielt, die bisher führende Position Frankreichs auf dem Gebiet der Mode zu übernehmen."[406]

Um auf dem Gebiet der Modeschöpfung die Nachfolge von Paris anzutreten, sei es, laut Oberregierungsrat Carstensen[407] vom Propagandaministerium, nicht ausreichend, diesen Anspruch lediglich geltend zu machen, sondern dazu bedürfte es führender Leistungen. Deshalb setzte er sich dafür ein, die Stelle eines Reichsbeauftragten für die Mode einzurichten.{408}

4.2.5. Benno von Arent, der "Reichsbeauftragte für die Mode"

Das Propagandaministerium war durch den >Zeitschriften-Dienst<{409}, die anderen Presselenkungsorgane und indirekt durch das Deutsche Mode Institut mit dem Modeschaffen verbunden. Dennoch bestand Anlass zur Sorge, dass der Einfluß des Propagandaministeriums durch die Deutsche Arbeits Front (DAF) empfindlich geschwächt werden könnte.[410] Man bemühte sich deshalb spätestens seit Oktober 1941, die Modeangelegenheiten unangefochten bestimmen zu können. Nach einem Gespräch mit Benno von Arent schrieb Joseph Goebbels am 12.11.1941 in sein Tagebuch: *"Es besteht die Möglichkeit, dass wir in der Frage der Mode nach dem Kriege einen gewissen Kompetenzkonflikt mit der Arbeitsfront bekommen. Ich werde dem nach Möglichkeit auszuweichen versuchen. Die Arbeitsfront soll sich um die Modegestaltung der breiten Massen bekümmern; die Höherentwicklung der Mode an sich ist Sache des Ministeriums, das im allgemeinen für die Kultur-, Stil- und Geschmacksentwicklung verantwortlich ist, d.h. unseres Amtes. Es müssen hier Spitzenleistungen vollbracht werden, die in einer Massenorganisation überhaupt nicht unterzubringen sind. Ich beauftrage deshalb Professor von Arent, die Gründung der Mode-Werbe-Akademie, deren Plan er mir schon vor Wochen vorgelegt hatte, nun beschleunigt in die Wege zu leiten. In der Bearbeitung dieser Materie darf uns auch der Krieg nicht aufhalten, denn nach Beendigung des Krieges müssen wir nicht nur mit einem fertigen Programm, sondern schon mit einigen Leistungen aufwarten können. Von Arent hat einen sehr klaren Einblick in die sich hier auftuenden Probleme, und ich bin überzeugt, dass es ihm gelingen wird, der ganzen Arbeit ein einheitliches und klares, geschmacklich einwandfreies und nationalsozialistisches Gesicht zu geben."*[411]

Bis das Amt des Reichsbeauftragten tatsächlich eingeführt werden konnte, verging trotz der hohen Meinung, die Goebbels von von Arent hatte, aber noch ein halbes Jahr.[412]

Es fällt auf, dass bei den Überlegungen zum Amt des Reichsbeauftragten für die Mode das Deutsche-Mode-Institut als möglicher Konkurrent überhaupt nicht erwähnt wurde, so als hätte es seine Funktion als Ideengeber, Koordinator und Lenker der Modebranche verloren. Tatsächlich hieß es in einem geheimen Schreiben der Wirtschaftsgruppe Textilindustrie vom 7.11.1941, *"dass das Deutsche-Mode-Institut als Zentralstelle der modischen Führung in Deutschland aufgelöst (...) werden solle."*[413] Aus verschiedenen Schreiben der Wirtschaftsgruppe Textilindustrie geht eindeutig hervor, dass das Deutsche-Mode-Institut bis mindestens 1943 auf dem Papier existierte.[414]

Der neue Richtungsgeber der deutschen Mode sollte Professor Benno von Arent werden (siehe Abb. 4.2.5.). *"Er ist ein unentwegter und fanatischer Kämpfer für unsere Sache. Wenn alle Künstler so dächten wie er, so stünde es besser um die deutsche Kunst."*[415] Er sollte das Amt und den Titel des "Reichsbeauftragten für die Mode" erhalten. SS-Oberführer, Professor Benno von Arent, war Bühnenbildner.[416] Hitler, der als ein großer Kenner von Bühnenkonstruktionen bezeichnet wurde, ernannte ihn spätestens 1936 zum "Reichsbühnenbildner".[417]

Seine Aufgaben als Reichsbühnenbildner waren sehr vielseitig. Im September 1937 stellte von Arent einige hundert Papp-Pylonen an der Ost-West-Achse Berlins auf, um eine Triumphallee für den Staatsbesuch Mussolinis in Berlin zu schaffen.[418] 1939 wurde er von Adolf Hitler dazu beauftragt, neue Diplomatenuniformen und neue Orden zu entwerfen, was ihm den Spitznamen "Blechschmied des Reiches" eintrug.[419] Zu von Arents weiteren Aufgaben gehörte es, bis mindestens 1940, Führerreden beeindruckend und medienwirksam zu inszenieren. Er positionierte die Tribüne, beleuchtete die Szene effektvoll und plazierte etwaige "Requisiten".[420] 1941 war er Leiter der Kameradschaft der Künstler in Berlin.[421]

Als Reichsbühnenbildner war er ein direkter Untergebener von Ministerialdirektor Gutterer aus dem Propagandaministerium, der maßgeblich an der Einrichtung der neuen Dienststelle, "Reichsbeauftragter für die Mode" beteiligt war. Beide hatten ein sehr gutes Verhältnis zueinander.{422} Wie es scheint hatte von Arent sich um diese neue Stelle bemüht, denn als Reichsbühnenbildner, der repräsentative Staatsbesuche inszenierte, gab es für ihn nicht mehr viel zu tun. *"Man empfing weniger Gäste und stiller."*{423} Mit der Position des Modebeauftragten wollte von Arent sich außerdem eine gute Stellung für die Zeit nach dem Krieg sichern.

Nachdem Dr. Keller, der Geschäftsführer der Berliner Modelle G.m.b.H., hinzugezogen worden war, wurde Benno von Arent am 28. Mai 1942 zum "Reichsbeauftragten für Mode" ernannt. Zunächst sollte die Ernennung für die Dauer des Krieges intern bleiben und nicht veröffentlicht werden.{424} Dieser halboffizielle Status Benno von Arents wurde nicht lange beibehalten. Ihm wurden zwei Angestellte und ein Jahresetat von 100.000,- RM zugeteilt. Wie schon Hela Strehl, sollte er kein Gehalt bekommen, sondern ehrenamtlich arbeiten. Dabei stand ihm eine Unkostenerstattung zu, die monatlich auf maximal 2000,- RM begrenzt war.{425} *"Dem neuen Amt oblag die gesamte politische und künstlerische Steuerung und Ausrichtung des deutschen Modeschaffens.*{426} *Die Aufgabe dieser Abteilung sollte hauptsächlich die Beratung und Unterstützung unseres Hauses (des Propagandaministeriums, Anm. d. Verf.) bei modepropagandistischen Veranstaltungen, der Herausgabe von Drucksachen und Prospekten sein."*{427}

Von Arent, der ursprünglich das Konzept für eine "Reichs-Mode-Werbeakademie"{428} geliefert hatte, übertrug seine Ideen auf das neue Amt. Er regte an, einen "Deutschen Modering" zu gründen, um nicht vom Reichsrechnungshof abhängig zu bleiben und an Gelder der Industrie zu kommen. Mitglieder sollten alle die werden, die am deutschen Modeschaffen interessiert seien. Dazu gehörten alle Modeschaffenden von Rang, die verschiedenen Ministerien, die DAF, das Handwerk usw. Diese Liste der potentiellen Mitglieder erinnert sehr an die des Deutschen Mode Institutes. Es scheint so, als wollte von Arent Hela Strehls DMI beerben. Die Mitglieder sollten, gestaffelt nach ihrem Verdienst, beitragspflichtig sein. Dieser "Modering" sollte gegründet werden, um die oben genannten Ziele schon jetzt im Krieg verwirklichen zu können. Er wollte Abgänger von Modeschulen durch Stipendien{429} finanzieren, damit deren Kreativkräfte erhalten blieben, Modells anstellen und extra schulen, eine eigene Zeitschrift herausgeben und die Modefotografen subventionieren.{430}

"Die wenigen guten Modefotografen, die wir in Berlin haben, sind arbeitsmässig sehr überlastet und arbeiten (nach eingehender, eigener Feststellung) unter den primitivsten Verhältnissen. Hier muss ich auch Geldmittel haben, um eingreifen zu können."{431}

Es gab eine einzige Stipendiatin des Reichsbeauftragten für die Mode. Ruth Krauß war die *"nach wie vor (...) einzige Deutsche"*, die die Modefachschule der Haute Couture in Paris besuchte und als Mitarbeiterin des Referates in allen Fragen der Textilgestaltung und der kleiderkultürlichen Entwicklung in Frankreich tätig war. Ihr Honorar wurde ihr auch nach der Abberufung des Reichsbeauftragten für die Mode, regelmäßig vom Rechnungshof des Propagandaministeriums überwiesen. Bis Oktober 1944 erhielt sie jährlich ca. 1800,- RM in französischen Franc. In Zeiten knapper Devisen, eine hohe Summe, die aber deutlich macht, wie wichtig es dem Propagandaministerium war, an dem französischen Modewissen teilzuhaben.{432}

Von Arent sah weiterhin vor, repräsentative Modeschauen durchzuführen.{433} Aus finanziellen Gründen sollte bis zur Errichtung des Moderinges zunächst *"(...) nur die Herausgabe einer Zeitschrift (...)"* genehmigt werden.{434} Sein Etat ließ ihm auch ohne Zuschüsse des Moderings einen kleinen finanziellen Spielraum für weitere Aktivitäten. Er richtete zwei Modeschauen aus und lud die Berliner Modeschöpfer, Moderedakteure, Modegraphiker und Modefotografen zu Abendveranstalltungen ein, auf denen er programmatische Reden hielt und damit Kontakte zu den Modeschaffenden herstellte und vertiefte.{435} Außerdem gab er Arbeitsessen in kleiner Runde und er bereiste andere Modezentren Deutschlands und Österreichs. Er abonnierte internationale Modezeitschriften, vor allem französische, bestellte darüber hinaus über Ruth Krauß Fachliteratur in Paris und orderte aus Wien von dem Kunsthistoriker Dr. Gröber eine Modekartei mit 4600 Bildkarten.{436} Weiterhin plante er, Schulungsräume im Gebäude der ehemaligen Reimannschule zu mieten, um

"(...) hier die Mannequin-Schule, Ateliers für unsere Fotografen und Entwurfsräume für Modegraphiker, für Mode-Entwurf, Mode-Zubehör usw. nicht als Schule, sondern als künstlerisches Ausführungsorgan

des Reichsbeauftragten für die Mode, zu errichten."[437]

Die Arbeit des Reichsbeauftragten für die Mode wurde noch im Oktober 1942 durch verschiedene begleitende Presseanweisungen des Propagandaministeriums im Zeitschriften-Dienst auf breiter Ebene unterstützt. So wurden die Redaktionen angewiesen, über die: *"Trotz des Krieges ständige und stetige Aufwärtsentwicklung des Modeschaffens in Deutschland, das die Grundlage für den europäischen Führungsanspruch der deutschen Mode bilden soll"*[438], zu berichten. Die Redaktionen sollten: *"Die breiten Schichten des Volkes für die Mode (...) interessieren, um die vielfach noch vorhandene Abneigung, ja sogar Feindlichkeit gegen die Mode (...) beseitigen zu helfen. Vor allem Stellungnahme gegen die Ansicht, dass Mode jetzt im Krieg überflüssig sei"*, erwartet wurde .[439]

Doch nur gut einen Monat später wurde in einer Verfügung, die vor dem 7. Dezember 1942 ergangen sein muß, der Textilindustrie ihr Status als Schlüsselindustrie aberkannt. Dieses versetzte die Wehrmacht und die Rüstungsindustrie in die Lage, die bis dahin noch in der Textilwirtschaft verbliebenen Arbeitskräfte zu rekrutieren was zur Folge hatte, dass das Modeschaffen weitestgehend zum Erliegen kam.

Leopold Gutterer und Benno von Arent versuchten noch vergeblich, das Ende des Amtes durch eine Information an Adolf Hitler abzuwenden.[440] Ohne dass die Arbeit des Reichsbeauftragten für die Mode richtig greifen konnte und nur ein Jahr nach von Arents Berufung, wurde das Amt auf Weisung des Reichsministers vom 28. Januar 1943 zum 30. Juni 1943 für die Dauer des Krieges stillgelegt.[441] Nach der Einstellung der Zahlungen an seine Mitarbeiter brachte von Arent noch erfolgreich seinen Geschäftsführer Heinz Duphorn bei der Ufa unter, wobei dessen Gehalt weiter vom Propagandaministerium bezahlt wurde.

Resümierend kann zur Arbeit Benno von Arents festgestellt werden, dass er von den Modeschaffenden nur wenig akzeptiert wurde. *"Klar lud man Herrn v. Arent zur Modenschau. Vorsichtshalber umgab er sich mit einem weiblichen Stab, den er für kompetent hielt, mit Filmschauspielerinnen. Das Modefach nahm die Gruppe nicht für fachkompetent, aber man lud ein."*[442]

In den folgenden Jahren hatte Benno von Arent einen guten und sehr persönlichen Kontakt zu Joseph Goebbels und Adolf Hitler, der dazu führte, dass von Arent nicht an die Front geschickt wurde. Im März 1944 arbeitete von Arent im Kulturamt der SS und nahm darüber hinaus von Hitler Aufträge für die Ausstattung einiger Theaterstücke für die Zeit nach dem Krieg entgegen.[443] Bei Joseph Goebbels fiel von Arent im Herbst 1944 in Ungnade. Er charakterisierte von Arent folgendermaßen: *"Schließlich und endlich können wir ja auch im Kriege keinen Staat machen, mit einem Mann, der im Frieden zu erklären pflegte: "Ich bin kein Künstler, sondern Soldat!" und im Kriege zu erklären pflegt: "Ich bin kein Soldat, sondern Künstler!"*[444] Über den weiteren Lebenslauf Benno von Arents ist dem Autor nichts bekannt.

4.3. Zusammenfassung

Wie viele andere Bereiche der nationalsozialistischen Staatsorganisation, war die Modelenkung von Kompetenzstreitigkeiten geprägt.[445] Ab Sommer 1940 lag die Oberaufsicht über die Textilindustrie bei den "Modewarten des Reichsinnungsverbandes", also beim Reichswirtsschaftsministerium, und bis 1941 bezeichnete sich Robert Ley, der Herrscher der "Deutschen Arbeits Front"[446] (DAF), als den "Modebeauftragten des Führers".[447] Es gab also zusammen mit dem Propagandaministerium gleich vier Organisationen, die sich für die Belange der Mode zuständig fühlten: Die Deutsche Arbeits Front, das Wirtschaftsministerium, das Propagandaministerium und das Erziehungsministerium.

Spätestens ab 1935 war ein sehr engmaschiges Netz geknüpft worden, um die Modewirtschaft in nationalsozialistische Bahnen zu zwingen. Die Modelenkung und die damit verbunde Lenkung der Modefotografie beschritten verschiedene Wege. Durch Organisationen aus mehr ideologischer Anschauung, wie das Deutsche Modeamt, das Deutsche Mode Institut und den Reichsbeauftragten für die Mode, wurde versucht, den französischen Einfluss auf den öffentlichen Geschmack und die innere Ausrichtung nach der französischen Haute Couture zu unterbinden. Praktisch sollten, zum Teil nach dem Vorbild der französischen "Chambre Syndicale de la Haute Couture"[448], wirtschaftlich ausgerichtete Verbände eine leistungsfähige deutsche Haute Couture schaffen. Auf der ideologischen, wie auch auf der materiellen Ebene sollten dadurch die Schäden, die die "Arisierung" und der Krieg verursacht hatten, begrenzt werden, um die einstmals sehr gute Position der deutschen Modewirtschaft auf dem Weltmarkt wieder herzustellen.[449]

Die oben aufgeführten Ämter wirkten auf die große Zahl der Modefotografen eher indirekt. Nur die Modefotografen, die speziell für die Berliner Modelle G.m.b.H. und den Modeexport arbeiteten, waren direkt betroffen. Eine alle Modefotografen direkt betreffende Einflussnahme des Staates war allerdings die Zulassung oder Nichtzulassung zum Reichsverband der Deutschen Presse und die einer Zulassung nachfolgenden regelmäßigen Bildberichtertreffen.

Der Haupteinfluss auf die Modefotografie wurde durch die Auswahl der Fotografen geübt. Die arisierten Modehäuser durften keine Fotoaufträge mehr an Modefotografen jüdischer Herkunft geben und Fotografen jüdischer Herkunft durften nicht mehr veröffentlichen oder veröffentlicht werden. Das war die Vernichtung ihrer Existenz. Aus der verbleibenden Gruppe der Modefotografen wurde vom Propagandaministerium eine Handvoll Fotografen bestimmt, um die Berliner und Wiener Mode zu fotografieren, die für den Export vorgesehen war. Karl-Ludwig Haenchen nannte in diesem Zusammenhang die Fotografen Regina Relang, Sonja Georgi und sich selbst, als die vom Propagandaministerium bevorzugten Modefotografen.[450] Gemessen an der Zahl der Veröffentlichungen in den für den deutschen Markt und den Export produzierten Magazinen, können einige weitere Fotografen dazu gezählt werden. So Hubs und Ilse Flöter, Imre von Santho und zeitweise auch Norbert Leonard. Lilli Niebuhr und Gertrud Hesse waren hingegen die bevorzugten Fotografen für die nur im deutschen Reichsgebiet vertriebenen Modezeitschriften. Sie belieferten über Jahre die >NS-Frauenwarte< und andere Blätter mit ihren Modefotografien.

Zu direkter Einflussnahme auf die Modefotografen und ihre Arbeit dienten persönliche Kontakte. Schlüsselfiguren waren hier, neben Hela Strehl und Benno von Arent, die Moderedakteurinnen Petra Fiedler und Anneliese Hafkesbrink. Sie werden später noch eimal Erwähnung finden.

Hela Strehl unterhielt sowohl zu den Modefotografen, als auch zur Reichskanzlei, dem Propagandaministerium sowie zeitweise auch zu Joseph Goebbels enge Verbindung. Um diese persönliche Beziehung besser beurteilen zu können, ist eine nähere Untersuchung der vorhandenen Quellen notwendig. Nach Hela Strehls Rücktritt oder Abberufung begann der Reichsbeauftragte für die Mode, Benno von Arent, der vom Propagandaministerium dafür eingesetzt und bezahlt wurde, die Modelenkung zu koordinieren.

In den ersten Kapiteln dieser Arbeit wurden zunächst die technischen Voraussetzungen der Modefotografie und anschließend die Mittel der nationalsozialistischen Modebeeinflussung herausgearbeitet. In den nächsten Kapiteln soll auf die tatsächliche Situation in der Modefotografie des Dritten Reiches eingegangen werden. Drei Schwerpunktthemen sollen helfen, die Modefotografie in der nationalsozialistischen Gesellschaft zu positionieren. Zunächst werden die Fotomodelle und ihre Biographien vorgestellt, mit dem Ziel, ihren Anteil an der Modefotografie aufzudecken und das Frauenbild des Dritten Reiches vorzustellen.

5. Frauen in fremden Kleidern[451]

"Zum Beispiel wird es dringend notwendig sein, (...) einen Stab erstklassiger Vorführdamen zu erziehen und auch zu halten - sie sind schließlich die Repräsentantinnen der deutschen Frau im In- und Ausland, diese gesondert anzustellen und auch zu bezahlen. Sie werden dringend benötigt, einerseits für die Vorführungen, andererseits als Fotomodelle usw. und müssen neben ihrer beruflichen Tätigkeit unbedingt in Umgangsformen, Sprachen Modekultur, Schönheitspflege, Gymnastik usw. usw. geschult werden, um einigermassen hohen Ansprüchen, die an sie gestellt werden, zu genügen."

Benno von Arent[452]

Das folgende Kapitel untergliedert sich in fünf Teile. Die Geschichte der Fotomodelle und die ihrer Würdigung in der neueren Literatur bilden den Ausgangspunkt. Es folgt die Herausarbeitung der für die Modefotografie notwendigen Eigenschaften des Fotomodells. Die Wirkung der Modefotografie wird in Beziehung zu der zwischen dem Fotografen und seinem Modell ablaufenden Kommunikation gesetzt. Daneben wird auf den kreativen Anteil der Fotomodelle an der Modefotografie hingewiesen. Anschließend werden einige Fotomodelle aus dem Zeitraum von 1936 bis 1956 vorgestellt. Hier wird unter anderen der Werdegang der Fotomodelle Karin Stilke und Elfi Wildfeuer aufgezeigt. Den Abschluss bildet eine kurze Betrachtung des Frauenbildes im Dritten Reich.

5.1. Eine kleine Forschungsgeschichte

Den Frauenzeitschriften gebührt die Ehre, als einzige über lange Zeit hinweg den Fotomodellen ihre Aufmerksamkeit geschenkt zu haben.[453] Vor allem die strahlenden Seiten des Modellebens, ein hohes Einkommen und glamouröse Hochzeiten, waren immer wieder ein beliebtes Thema auch für die Klatschseiten der Tagespresse. Die Schattenseiten des Modellgeschäftes, die Magersucht, der Drogenkonsum, das Absinken in die Vergessenheit und ähnliche entmystifizierende Themen wurden erst ab ca. 1980 ein Thema für die Medien.[454]

Die erste reich bebilderte Monografie über eines der bekanntesten Fotomodelle, Lisa Fonssagrives-Penn, erschien im Herbst 1996. Die Modeaufnahmen mit Lisa Fonssagrives-Penn, die eine gebürtige Schwedin war, erschienen ab 1936 überwiegend in den amerikanischen Magazinen >Vogue< und >Harper's Bazar<.[455] Im Frühjahr des Jahres 1996 kam das umfangreiche Werk >Model. Das häßliche Geschäft der schönen Frauen<, von Michael Gross auf den Markt.[456] Erstmalig lagen mit diesen zwei Büchern fundierte Forschungen zu den Fotomodellen der jüngeren Vergangenheit und ihrer Geschichte vor. Gross konzentrierte sich dabei vor allem auf die Geschichte der amerikanischen Fotomodelle und Modellagenturen.

Die Hauptursache für die jahrzehntelange Missachtung der Fotomodelle durch die kulturwissenschaftliche Literatur ist sicher eine Folge ihrer nebenrangigen Rolle im Modegeschäft. Sie dienen als Repräsentantinnen der Bekleidung und als Vermittlerinnen des jeweiligen modischen Gefühls. Ihre eigene Persönlichkeit steht dabei meist im Hintergrund. Das führt, bis in die Gegenwart, mit wenigen Ausnahmen, fast unausweichlich zur Namenlosigkeit.[457]

Schon die Vorläuferinnen der Fotomodelle, die Vorführdamen der großen und kleinen Modehäuser des 19. Jahrhunderts, waren gesellschaftlich anonyme Wesen. Wie Dienstboten wurden sie nur mit ihren Vornamen angesprochen.[458] Von Poiret (Frankreich *1879-†1944) wird berichtet, dass er seine Modelle teilweise sogar verdinglichte und sie nur als bewegliche Modepuppen ansah. Als die englische Journalistin Allison Settle auf einer Londonreise ein Mannequin Poirets ansprach, warf er ein: *"Madame, sprechen Sie nicht mit ihnen. Sie sind nicht anwesend!"*[459]

Doch die Anonymität hatte auch ihren Nutzen, der mit einem bestimmten Werbekonzept zusammenhing. Mit den Fotomodellen verfolgte die Werbung schon in den Zwanzigern zwei Strategien: Die eine zählte auf die Wirkung der schönen Unbekannten, denn: *"Durch die Konzentration auf die Mädchen werden Produkte zweitrangig und austauschbar."*[460] Wenn das Fotomodell populärer ist als das zu bewerbende Produkt, wurde die Aufmerksamkeit des Publikums von ihm geschluckt. Im Extremfall wurde dann das beworbene Produkt übersehen. Das Marketing hat dafür den Ausdruck "Kannibalismus" geprägt.

Die andere Werbestrategie nutzte gerade die Bekanntheit eines Fotomodells. Die amerikanische Werbetexterin Helen Roser bemerkte dazu: *"Ein im Prinzip überflüssiges Produkt kann man nur erfolgreich mit Menschen propagieren, die in der Öffentlichkeit als reich und damit erfolgreich gelten".*[461] Das bedeutet, dass es ein Vorteil für die Werbewirksamkeit eines Produktes war, wenn es durch ein Fotomodell mit einer öffentlich bekannten Identität beworben wurde. In diesem Sinne war es für die Fotomodelle wichtig, sich auf repräsentativen Veranstaltungen zu zeigen, damit über sie berichtet wurde.

"Und wie lebt es sich überhaupt (in Hamburg, Ergänzung d. Verf.)?"

"Na, es ist so ziemlich alles da, was früher Berlin war. Ich meine Vorkriegsberlin."(...)

"Wer war denn alles da?"

"Na, viel Gesellschaft, viel Presse - Hilde Krahl, Anny Ondra, Dinah, Grace-Fritsch (immer noch süß), die schöne Frau Pabst aus Oldenburg, die Richthofens, die Pommer-Esches vom Golf-Club, Wilkens, die junge Frau Stilke, die elegante Frau Kupferberg, Reemtsmas, na kurz, tout Hamburg."[462]

So entstand zum Beispiel die "Marke" Karin Stilke und in der Nachkriegszeit Elfi Wildfeuer, Susanne Erichsen und Gabi van Cleef.[463]

5.2. Vom "manichino" zum Fotomodell

In der Literatur wird allgemein die Meinung vertreten, dass die Vorläuferinnen der Fotomodelle von heute die Mannequins seien, die im deutschsprachigen Raum auch als Vorführdamen bezeichnet wurden. Vorführdamen waren immer eng mit ihren Arbeitgebern, den Mode- und Kaufhäusern, verbunden, denn die Vorführmodelle der jeweiligen Kollektionen wurden auf sie zugeschnitten. Die "Erfindungsgeschichten" der Mannequins sind sagenhaft und vielfältig.

Das erste Mannequin war, nach Anita Hunter, eine künstliche Frauengestalt, die der Mönch Bartolomeo Baccio (Fra Bartolomeo *1472-†1517) um 1503 aus Holz, Tuch und Wolle formte, um an ihr den Faltenwurf für ein Marienbildnis zu studieren. Sein Halbvetter Tonio, der Hofschneider war, sah das Mannequin und erkannte den möglichen Nutzen für seine Zunft. Er nannte seine Erfindung "manichino", was im 16. Jahrhundert angeblich der gebräuchliche Ausdruck für "Kleiderständer" wurde.

Eine andere Theorie besagt, dass Rose Bertin, die Putzmacherin Marie-Antoinettes, um 1770 das "Mannequin" erfand.[464] Kluges Etymologisches Lexikon von 1943 erklärte das Mannequin von der bildenden Kunst her. Außerdem heißt es dort, dass die Bezeichnung "Mannequin" ihren Ausgangspunkt von dem Neuniederländischen "maneken", "Männchen" genommen habe, das für das französische Wort "mannequin" die Wurzel war. "Maneken" bezeichnete demnach ursprünglich die Gliederpuppe der bildenden Künstler.[465]

Gross schildert eine weitere an die vorherige Herkunftsmöglichkeit der Mannequins anknüpfende spezifizierende These: *"Bei den ersten dokumentierten Beispielen von Models, die Mode anpreisen, handelte es sich um Holzpuppen in handgenähten Miniaturversionen von Kleidern, die im 17. Jahrhundert an reiche Kunden in den europäischen Hauptstädten geschickt wurden."*[466]

1852 heiratete Marie Vernet, die zunächst Verkäuferin in einem Pariser Modegeschäft war, den Kaufmann und Modeschöpfer Charles Frederick Worth (* 1825 - † 1895). Worth hatte als erster die Idee, nicht nur Kleider auf Bestellung passend für seine Kundinnen herzustellen, sondern er entwarf eine vollständige Kollektion von Modellen für alle Gelegenheiten und Tageszeiten. Für ihn führte Marie Vernet ab ca. 1858 vor Kundinnen Mode in seinem Salon vor und war damit das erste Mannequin. Er engagierte, *"von seiner Frau inspiriert"*[467], erstmalig auch andere Frauen, um seine Mode zu zeigen, und erfand damit die Modenschau.[468] Worths Idee machte schnell Schule. Bald hatten alle Modehäuser und Kaufhäuser, die selbst Kleidung produzierten, ihre eigenen Mannequins. Der Laufsteg, wie er heute zu jeder Modenschau gehört, wurde erstmalig 1914 bei einer großen Handelsaustellung in Chicago verwendet.[469]

5.3. Der Beruf Fotomodell - ein Anforderungsprofil

Zwar wurden die Berufe Fotomodell und Mannequin häufig in einem Atemzug genannt und liefen auch in der Fachliteratur noch bis in die Sechziger hinein unter der Bezeichnung Mannequin, aber schon in den Dreißigern bestanden die Fotomodelle auf ihrer eigenständigen Berufsbezeichnung.[470] Die Anforderungen, die Modehäuser an ihre Mannequins richteten, waren speziell auf die eigenen Bedürfnisse des jeweiligen Hauses zugeschnitten.[471] Für das Mannequin war es zunächst wichtig, dass es eine bestimmte Konfektionsgröße hatte und diese beibehielt.

Eine weitere Anforderung bestand darin, sich elegant und fließend bewegen zu können, so dass die Kundinnen im Geschäft den Fall des Stoffes und den Schnitt während einer Bewegung genau sehen konnten.

Die dritte Anforderung war, dass sich das Mannequin in das jeweilige Kleid hineinversetzen konnte, um sich zu dem Kleid passend zu bewegen. Sie benötigten das, was man modisches Gefühl nennt. Und viertens sollte es die Identität des Modehauses widerspiegeln.

Die Zweidimensionalität der Modefotografie forderte von den Modeträgerinnen andere Qualitäten. Für den Modezeichner und Kupferstecher, die ja wie der Fotograf auch ein zweidimensionales Produkt lieferten, war es in erster Linie wichtig, das Kleid in all seinen Details auszubreiten, abzuzeichnen und möglichst exakt auf die Kupferplatte oder das Papier zu übertragen. Alles andere Beiwerk, zu dem auch der Körper gehörte, konnte der Künstler hinzudichten, wozu er das Modell nicht unbedingt benötigte.[472]

Für die vorteilhafte Darstellung einer Person auf einer Fotografie war es Voraussetzung, dass diese von ihrer Wirkung in der Zweidimensionalität wußte und sich mit den Anforderungen der Einansichtigkeit auskannte. Weitere wünschenswerte Fähigkeiten waren es, neben dem modischen Gefühl, dem Zeitgeist entsprechend posieren zu können. Damit sollte außerdem ein wenig schauspielerisches Talent verbunden sein.[473] Einen Teil dieser Anforderungen erfüllten neben einigen Mannequins auch Künstlermodelle, Tänzerinnen, Theater- und besonders Filmschauspielerinnen. Darüber hinaus hatten vor allem die Filmschauspielerinnen den Vorteil, in der überregionalen Öffentlichkeit bekannt zu sein und dadurch ihr positives Image werbewirksam auf die jeweilige Bekleidung übertragen zu können.[474]

Die "Fotogenität" konnte der Fotograf am ehesten bei den Filmschauspielerinnen erwarten. *"Fotogen ist schlechtes Griechisch und heißt eigentlich "lichterzeugend". Gemeint ist, dass ein fotogener Mensch sich gut fotografieren läßt. Fotografen mit einem phantasiebegabten Auge können tatsächlich erkennen, ob eine Frau fotogen ist oder nicht, obwohl viele nicht erklären können warum. Tatsächlich kann man die Voraussetzung nicht in eine Formel pressen. Wichtig sind z.B. ein bestimmter Knochenbau des Gesichtes, der es möglich macht, mit Licht darin zu malen."*[475] Fotogenität ist eine Eigenschaft, die sowohl angeboren, als auch zumindest teilweise erworben werden kann. Sie ist die "vorteilhafte" Abbildbarkeit einer Person in der fotografischen Zweidimensionalität. Zum Beispiel ließen sich Gesichter mit hohen Wangenknochen immer sehr gut abbilden, denn sie geben dem Gesicht eine markante Form. Außerdem war auch schon in den Dreißigern eine schlanke Gestalt gewünscht. Selbst subtilste perspektivische Verkürzungen bewirken eine optische Gewichtzunahme der abgebildeten Person.[476] Das bedeutet in Hinsicht auf die Fotogenität, dass das Modell eigentlich sehr dürr war und keine klassische Schönheit sein musste, um erfolgreich zu werden.[477] Ähnlich verhält es sich mit dem darzustellenden Alter. Soll ein Fotomodell Mode für dreißigjährige vorführen, dann darf es höchstens zweiundzwanzig Jahre alt sein, da die Kamera veralternd wirkt. Folglich begannen Modelle ihre Karrieren in den Fünfzigern im Alter zwischen siebzehn und neunzehn und endeten mit ca. 30 Jahren.[478] 1948 war die Mehrzahl der Fotomodelle durchschnittlich drei bis zehn Jahre als Modell tätig, dieser Durchschnitt hat sich bis 1980 gehalten.[479] Aufgrund der Beobachtung an den Modefotografien der Dreißiger Jahre ist eine Übertragung der Ergebnisse in die Zeit vor dem Zweiten Weltkrieg legitim.

Eine weitere, ähnlich schwer zu erklärende Eigenschaft, die eng mit der Fotogenität verknüpft ist, ist die Ausstrahlung. *"Denn es zählt, (...) welche Ausstrahlung auf dem Plakat, im Modejournal, im Prospekt oder Werbefilm für den Konsumenten und Betrachter sichtbar und vor allem spürbar ist. Das kann man zu Hause einfach und vor allem lange bevor es ernst wird üben."*[480]

Besonders gefragt waren die Modelle, die neben den oben genannten Eigenschaften zusätzlich noch das speziellste aller Fotomodellverhalten ihr Eigen nennen konnten: Das ist eine Segmentierung der Bewegung, ein Innehalten im Bewegungsfluss, das für den Betrachter den Eindruck einer Bewegung veranschaulicht aber dem Fotografen genügend Zeit lässt, das Bild zu belichten.[481] Eine vergleichbare Fähigkeit war auch schon früher populär und wurde ab 1850 fotografisch in den “Tableaux Vivants”, den lebenden Bildern, und den “stage statues”, den lebenden Skulpturen, eingesetzt.[482] Eine Modefotografie des Fotografen Walter von Gudenberg aus Wien, vom Mai 1942 aus >Die Mode< scheint diese Tradition aufzunehmen. In einem halbrunden Raum sind zwei Fotomodelle wie zwei Skulpturen hineinmontiert worden. Eine Plastik im Hintergrund unterstreicht den Eindruck der Künstlichkeit (siehe Abb. 5.3./ 1.).

Zusammenfassend lässt sich feststellen, dass die Modefotomodelle sich spätestens seit den Zwanziger Jahren aus den Reihen der Mannequins, Künstlermodelle und Schauspielerinnen rekrutierten.[483]

Im Laufe der späten Zwanziger Jahre kristallisierten sich die speziellen Anforderungen heraus, die die Modefotografie an die Fotomodelle stellte. Ein gutes Fotomodell musste mit seinem Körperbau dem Zeitgeschmack entsprechen, was seit etwa 1910 bedeutete, schlank und grazil zu sein.[484] Es sollte ein modisches Gefühl und schauspielerisches Talent[485] haben, Ausstrahlung und Fotogenität zu seinen Eigenschaften zählen und nach Möglichkeit “die Kunst der unvollendeten Bewegung” beherrschen.[486]

Es ist nicht möglich eindeutige Aussagen darüber zu machen, wann es in Deutschland die ersten echten Fotomodelle gab und wer sie waren. Ihre Namen wurden bei den Veröffentlichungen nicht genannt, deshalb bleiben sie für den Betracher fast ausnahmslos ohne persönliche Identität. Die ersten Fotomodelle Amerikas kamen überwiegend aus den Kreisen der Debütantinnen, in Frankreich waren es Damen des verarmten Adels oder der Oberschicht, die zum Teil nur aus Freude daran, ihr Bild gedruckt zu sehen als Fotomodell arbeiteten.[487] Es gab auch Frauen, die modellten, weil sie auf den sehr geringen Verdienst angewiesen waren.[488] Sie wurden von den Fotografen auf der Straße entdeckt oder kamen aus anderen Bereichen der Modebranche dazu.[489] Wie schwierig die Arbeit gerade mit den Damen der gehobenene Gesellschaftsschichten war, beschrieb der Fotograf Horst P. Horst: *"Es war in Amerika. Ihren Namen habe ich vergessen. Sie kam zum verabredeten Termin ins Atelier. Kaum stand sie vor der Kamera, als sie mir bereits Vorschläge machte, wie ich das Licht zu setzen hatte. Ich machte eine Aufnahme und verließ dann ohne Kommentar das Atelier. Als ich nach zwanzig Minuten zurückkam, hatte sie die Situation begriffen. Es wurde noch eine gelungene Sitzung!"*[490]
Die Launen der Fotomodelle, die aus den oberen gesellschaftlichen Schichten kamen waren nicht nur anstrengend, sondern sie schränkten die künstlerische Freiheit der Fotografen ein. F.C. Gundlach berichtete, dass gerade die modefotografische Arbeit mit Schauspielern immer sehr kompliziert war, weil es für Schauspieler besonders wichtig ist, zu agieren und immer in Bewegung zu bleiben, denn ihre Wirkung auf der Bühne oder im Film beruht zum Teil auf der Bewegung.[491] Beim Einsatz von Damen der Gesellschaft und Schauspielerinnen als Fotomodelle kam es über die beschriebenen Probleme hinaus auch noch zu einer nicht immer förderlichen Vermengung der Interessen zwischen Auftraggeber und Modell. Auf der einen Seite stand die Frau, die in erster Linie gut porträtiert werden wollte, um dadurch noch bekannter zu werden. Ihr Interesse an den speziellen Anforderungen der Modefotografie konnte sehr gering sein, genauso ihre tatsächlichen Modellfähigkeiten. Auf der anderen Seite stand der Auftraggeber aus der Modebranche, der sowohl mit dem Namen der Darstellerin, aber eben auch mit deren darstellerischen Fähigkeiten für seine Ware werben wollte. Wenn der Bekanntheitsgrad des Modehauses und der Darstellerin nicht ausgewogen waren, drohte über die oben beschriebenen Erschwernisse hinaus das Risiko des Kannibalisierungseffektes.

Um diesen Gefahren zu entgehen, musste ein neues Medium für die Modewerbung gefunden werden. Eine Figur, die ganz speziell auf die geschilderten Anforderungen der Fotografie zugeschnitten war. Eine Möglichkeit war es, den Modellen die fotografisch notwendigen Fertigkeiten zu vermitteln. Wie weit man allerdings lernen konnte, ein Fotomodell zu werden, darüber gingen die Meinungen auseinander. *"Sowas kann man nicht lernen (...). Entweder ist man ein Model, oder man ist keines."*[492] Wenn man eines ist, dann *"fühlt man alles, was zu diesem Beruf gehört instinktiv oder man lernt es nie."*[493] Die Grundfertigkeiten des Modellns wurden und werden denjenigen, die als Fotomodell arbeiten wollen, in Modell-Agenturen und Modellschulen vermittelt.[494] Doch auf Grund der Schwierigkeit, das Modelln zu lernen, war der üblichste Weg in den Beruf die “Entdeckung” durch ein geschultes Auge. Dieses “auf der Straße angesprochen werden” geschah tatsächlich recht häufig und viele Modellkarrieren begannen so.[495] Aus den Zwanzigern bis in die Vierziger Jahre ist dem Autor noch keine Modellschule bekannt, aber es ist möglich, dass es in der deutschen Modehauptstadt Berlin, vielleicht im Rahmen einer Tanzschule, die Möglichkeit gegeben hatte, das Modeln zu erlernen. Karin Stilke berichtete allerdings: *"(...) kein Mensch lehrte einem irgend etwas, das machte man wie man,(wollte Anm. d. V.). Das einzige was es immer hieß, die Hüften mußten schmal sein, man mußte immer so herumdrehen, immer dass die Hüften so und so. Es war immer sehr wichtig, dass die schmal erschienen. Aber - nein, da stellte man sich hin wie man wollte, absolut, da hat einem niemand irgendwas gesagt. Mag sein, dass anderen irgendwas gesagt worden ist."*[496]

5.3.1. Das Fotomodell und sein Ruf in der Öffentlichkeit

Das Entdecktwerden und der darauf folgende schnelle Aufstieg mancher Fotomodelle war auch schon in den Dreißiger Jahren für viele junge Frauen eine große Hoffnung. Doch Mannequins und Fotomodelle hatten in der Öffentlichkeit keinen guten Ruf. *"Der Beruf des Mannequins galt damals (um 1910 in Paris) noch als unseriös. Die meisten Mannequins wurden von Männern ausgehalten."*[497]

Ein Beispiel von 1930 für diese sexualisierte Sicht auf Fotomodelle findet sich in dem Zeitschriftenroman >Ich geh aus und du bleibst da<. In ihm wurde die Geschichte zweier Mannequins erzählt, die als lesbisches Paar lebten.[498] Noch bis weit in die Sechziger Jahre hinein wurden die Fotomodelle in Deutschland von der breiten Öffentlichkeit als unseriös und halbseiden angesehen. *"Die eigentliche ganze Modellgeschichte kam erst nach dem Kriege auf. Und die wurden alle unter dem Stichwort “Damenangebote” geführt und in den Arbeitsämtern nicht vermittelt. Denn das war von den Bürokraten vollkommen mißverstanden worden. Und dann kam ja auch die Geschichte mit den Hostessen, die ja auch zweideutig waren. Und damals war die Idee in den Bürostuben der Arbeitsämter die, dass ein Model gleichzeitig dem Fotografen oder anderen Leuten zur Verfügung stand. Und das hat sich dann allerdings rasch geändert, in den Fünfziger Jahren oder Anfang der Sechziger, ich weiß es nicht. Dann wurden sogar in den Arbeitsämtern Vermittlungsstellen für Modells eingeführt. Aber das war erst da. Zu allererst war das mit einem gewissen Hautgout behaftet."*[499]

Deshalb war die Modellvermittlung verboten und fiel unter die Bestimmungen gegen den Mädchenhandel. Nur die Arbeitsämter vermittelten die Fotomodelle über sogenannte Künstlerkarteien.[500] Eine andere Episode zeigt eine ähnliche Denkweise, wie sie auch in den deutschen Arbeitsämtern der Nachkriegszeit vorherrschend war: Eines der erfolgreichsten Fotomodelle der Nachkriegszeit, Wilhelmina, die eine Traumkarriere in den USA und Europa gemacht hatte und später ihre eigene Modellagentur eröffnete, berichtete wie ihr Vater reagierte, als sie ihm sagte, dass sie Fotomodell werden wollte: *"Ich verbiete dir, Fotomodell zu werden - von dort ist es doch nur noch ein Schritt bis auf den Strich."*[501]

Der zweifelhafte Ruf, der den Mannequins und Fotomodellen anhaftete, war keine Erscheinung des 20. Jahrhunderts. Svetlana Alpers erwähnte, dass schon die Frauen, die im 17. Jahrhundert in Holland den Malern als Modelle dienten, für Prostituierte gehalten wurden und es zum Teil auch waren.[502] Die Arbeit einer Frau, sich in der Öffentlichkeit, und sei es auch nur die recht begrenzte Öffentlichkeit eines Künstlerateliers, als Modell zu präsentieren, widersprach der geltenden Moral.[503]

Nach Meinung des Autors wird in der langen Tradition der “Verruchtheit” der Modelle ein Phänomen sichtbar, das wenig mit den möglichen und gelegentlich stattfindenden sexuellen Ausschweifungen zwischen Fotograf und Modell zu tun hatte.[504] Vielmehr war sie mit den jeweils gültigen Moralvorstellungen verknüpft, die festlegten, was für eine Frau schicklich war und was nicht.[505] Das bedeutete, dass der Modellberuf wahrscheinlich als unmoralisch angesehen wurde, weil auf den Modefotografien Frauen in sexuellen Partnerwerbungsposen dargestellt wurden. Dieses führte bei einigen Betrachtern zu dem Schluss, dass Frauen, die sich so abbilden ließen, unmoralisch sein mussten.[506]

5.4. Modefotografie als Ergebnis der Kommunikation[507]

Modefotografie ist ein Mittel der Kommunikation. Sie findet zu verschiedenen Zeiten und auf verschiedenen Ebenen statt. In der Zeitspanne des Fotografierens, also vor und während der Aufnahme, findet face to face Kommunikation zwischen Modell und Fotograf statt. Bei der Betrachtung des gedruckten Modefotos findet keine Kommunikation im klassischen Sinne statt. Doch treten Betrachter und Bild in einen stummen Dialog, in dem der Betrachter Fragen an das Foto stellt und die Antworten aus diesem herausliest.[508]

Aufgabe jeder Modefotografie ist es, die Aufmerksamkeit des Betrachters zu wecken und seine Aufmerksamkeit am und im Bild zu halten. Dann kann sie ihre weiteren Aufgaben erfüllen, nämlich sowohl über die gezeigte Bekleidung, als auch über eine bestimmte Mode zu informieren und für sie zu werben. Egal ob der Auftraggeber ein Modeproduzent oder ein Redakteur ist, immer ist die Werbung mit der Modefotografie verknüpft. Allerdings gibt es graduelle Unterschiede. Entweder wirbt die Fotografie für die gezeigte Bekleidung oder sie wirbt um die Gunst des Lesers, der das Heft, in dem er sie betrachtet hat, wieder kaufen soll. Die Zielgruppen der Modefotografie der Dreißiger und Vierziger Jahre waren in erster Linie Frauen verschiedenster sozialer und gesellschaftlicher Schichten.{509} Im Zusammenhang mit der Vorstellung einiger Frauenzeitschriften wird die Bestimmung dieser Zielgruppen noch erfolgen.

Auf die Kommunikationsaspekte im Zusammenhang der Modefotografie soll ausführlicher eingegangen werden, da sie wesentlich für das Verständnis der Modefotografie und ihrer Wirkung sind. Beim Fotografieren von Mode gab es in den Dreißiger und Vierziger Jahren in Deutschland vor allem zwei unterschiedliche Formen der direkten Kommunikation. Zum einen die Kommunikation zwischen männlichem Modefotograf und weiblichem Modell und zum anderen die zwischen weiblicher Modefotografin und weiblichem Modell.[510]

Geht man davon aus, dass ein Mann ein weibliches Fotomodell fotografierte, dann fand zwischen beiden auch eine mehr oder weniger bewusst ablaufende Kommunikation der sexuellen Werbung statt (siehe Abb. 5.4./ 1.). Der Fotograf Hubs Flöter äußerte sich zu diesem Thema mehrfach: *"Flöter:(...) die Erotik wiederum ist für mich das Hauptmotiv meiner Themen. Sie kommt vor der Mode selbst.*

Welt: Hat Ihr Fotomodell - eben als Modell - seinen individuellen Typ als Frau der Mode unterzuordnen?

Flöter: Bei meiner Modefotografie - ich selbst nenne sie feuilletonistisch- ist das Fotomodell als Frau Mittelpunkt der Arbeit. Ich stelle sie vor einen Hintergrund, der ebenso dekorativ wie anpassungsfähig sein muß. Erst jetzt kommt die Mode. Sie ist nie Selbstzweck."[511]

"Denn trotz genauer Planung, trotz Technik: die Modefotografie ist abhängig von den Menschen, von der Ausstrahlung des Fotomodells und von der Kontaktfähigkeit des Fotografen. Nur in der subtilen, knisternden Atmospähre künstlerischer Übereinstimmung kann Außergewöhnliches entstehen, in der Spannung zielstrebiger Zusammenarbeit, wie sie Antonioni in seinem Film "Blow up" so meisterhaft darstellte."[512]

Die den Menschen betreffende Verhaltensforschung arbeitete bestimmte verbale und nonverbale Kommunikationsformen heraus, die in der "Partnerwerbung" als Signale zur Kontaktaufnahme eingesetzt werden. *"D. B. Givens ist der Meinung, das Werbeverhalten sei in gewisser Hinsicht biologisch determiniert. Im Tierreich lassen sich eine Vielzahl von Annäherungsstrategien an das andere Geschlecht beobachten. Bei vielen Tieren und auch beim Menschen hat sich daher ein Repertoire von "Signalen" entwickelt, das die sexuelle Annäherung zu erleichtern vermag."*[513] Diese Signale und Gesten findet man mehr oder weniger oft in den Posen der Fotomodelle (siehe Abb.5.4./ 2.).[514] Deshalb könnte es theoretisch möglich sein an der Pose des Fotomodells zu erkennen, ob der Fotograf männlichen oder weiblichen Geschlechtes war. ""*Manche von ihnen (hier sind Fotomodelle gemeint, Anm. d. Verf.) kommen erst aus sich heraus, sagt die Relang, wenn jemand Fremder mit bei den Aufnahmen ist, dem das Mannequin zu imponieren sucht. "Die einen haben lieber Herrengesellschaft, die anderen werden munter, wenn Frauen dabei sind.""*[515]

Doch in der Praxis gestaltet sich die Geschlechtsermittlung[516] des Fotografen allein durch die Betrachtung des Fotos als schwierig. Bei der Untersuchung des Bildmaterials war zu erkennen, dass auch weibliche Fotografen bei Fotomodellen Gebärden des Flirtverhaltens provozierten.

Max Imdahl vertrat 1988 die Ansicht, dass eine Pose{517} keine Gebärde sei. Eine Gebärde vollziehe man selbst, um sich selbst oder einen Teil davon auszudrücken. Die Pose hingegen ist künstlich: *"(...) sie ist eine falsche, eigentlich unwirkliche Ausnahmesituation, sie ist Selbstmanipulation oder Manipulation durch einen anderen. (...) sie entpersönlicht, sie entindividualisiert denjenigen der sie vollzieht."*{518}

Jedes Modefoto ist das Ergebnis und ein Teil des Dialoges zwischen Fotomodell und Fotograf.{519} Dieser Dialog findet auf zwei Ebenen statt. Die erste, bewusstere Ebene ist die verbale Ebene, die zweite ist die nonverbale, körpersprachliche, die auch viele unbewusste Elemente in sich birgt.{520} In der Regel gibt der Fotograf verbale Anordnungen, auf die das Fotomodell nicht verbal, sondern durch Beibehaltung oder Veränderung ihrer Körperhaltung antwortet.{521} Der Autor vertritt die Ansicht, dass ihre sich daraus ergebende Haltung jedoch nicht nur Pose, sondern auch eine Gebärde im Sinne Max Imdahls ist.

Verfolgt man den Gedanken, dass sich in den Posen der Modelle weiblich konnotiertes Flirtverhalten ausdrückte, weiter, dann stellt sich die Frage nach der Wirkungsweise der Modefotografien auf die weibliche Leserschaft der Zeitschriften. Hier bieten sich folgende zwei, stark vereinfacht wiedergegebene, Denkmodelle an:

1. Die Leserin betrachtet das Bild, sieht die Flirtpose, erkennt das Modell als begehrenswert an und denkt: "Wenn ich das gleiche Kleid anzöge, wäre ich so begehrenswert, wie das Modell." Hierfür ist ausschlaggebend wichtig, dass die Modeaufnahme von einem Mann aufgenommen wird, damit die Leserin erfährt, wie Männer Frauen sehen wollen.

2. Die Leserin reagiert auf das Flirtverhalten, sie fühlt sich durch das in der Pose enthaltene Kontaktangebot des Fotomodelles "angeflirtet" und überträgt dieses Kontaktangebot auf das Kleid, das dann genauso begehrenswert wird, wie das Fotomodell.

5.5. Versuch, die Anteile von Modell und Fotograf an der Pose zu ermitteln

"(...) ich nehme eine "posierende" Haltung ein, schaffe mir auf der Stelle einen anderen Körper, verwandle mich bereits im voraus zum Bild."

Roland Barthes 1986 {522}

Auch der Fotograf braucht etwas schauspielerisches Geschick, um dem Modell vorführen zu können wie er sich eine Pose wünscht. Ein Meister auf dem Gebiet der Frauenimitation war Norbert Leonard. Er war in der Zeit von 1942 bis 1945 im KZ Sachsenhausen inhaftiert. Dort arbeitete er als Druckvorlagenhersteller im Geldfälscherkommando "Bernhard". Das Fälscherkommando war so geheim, dass selbst der Lagerkommandant nicht wusste, woran das Kommando "Bernhard" arbeitete. Die Häftlinge wurden unter strengster Isolation gehalten. Zur Unterhaltung und um sich damit auch die Gelegenheit zu verschaffen, im Büro ihrer Bewacher heimlich Auslandsnachrichten zu hören, veranstalteten die Häftlinge des Kommandos regelmäßige Kabarettabende. Aus dieser Zeit gibt es eine sehr aufschlussreiche Charakterisierung einiger Fähigkeiten Norbert Leonards: *"Groen ergänzte auf einmalige Art und Weise den ungewöhnlich einfallsreichen Berliner Norbert. Das war der geschickteste und witzigste Häftling unter allen Angehörigen des Sonderkommandos. Er war Fotograf.*

Er war eine unerschöpfliche Quelle von Einfällen. Er stellte die Kabarettprogramme zusammen, schrieb Prologe oder improvisierte nur so aus dem Stegreif. Er dachte sich Pantomimen aus, schrieb kurze Auftritte mit lustigen Verwicklungen und witzigen Dialogen. Er war Dramaturg, Regisseur und Hauptdarsteller bzw. "Hauptdarstellerin" abendfüllender Programme.

Die weiblichen Rollen spielte er einfach vollendet. Wenn er eine Frau darstellte, bewegte er sich so aufreizend und sprach mit so feiner Stimme, dass einer der SS-Männer, der unser Kabarett zum ersten Mal sah, nicht begreifen konnte, wo in den Blocks 18 und 19 eine Frau herkam. Norbert sagte, dass er sich deshalb so bemühe, gut zu spielen, weil er auf der teuersten Bühne der Welt auftrete. Damit hatte er bestimmt recht. Anstelle gewöhnlicher Paletten wurde die ge-

räumige Bühne von Brettern gebildet, die auf Kisten mit Dutzenden Millionen englischer Pfund lagen. (...)

Die Basis der Unterhaltungsteile bildeten immer die Auftritte Norberts, der allerdings ausnahmslos einen Partner bei sich hatte, meistens Levi Groen.

Wir hatten einige solch starker Persönlichkeiten unter uns. Mag sein, dass sie sich im stillen mit ihrem Schicksal abgefunden hatten und zu Fatalisten geworden waren. Aber eben dadurch behielten sie ihren heiteren Sinn, den sie sich von niemandem und durch nichts nehmen ließen. Und gerade sie waren es, die am meisten zur Aufrechterhaltung unseres Lebensmutes beitrugen."[522.1]

In Leonards Fähigkeit Frauen zu imitieren, zeigte sich neben seinem schauspielerischen Talent seine gute Beobachtungsgabe, sein modisches Verständnis und sein Einfühlungsvermögen. Alles Eigenschaften, die ihn auch zu einem guten Modell gemacht hätten und die für ihn als Fotografen sehr nützlich waren. Seltsamerweise zeichnen sich aber gerade seine Modefotografien durch zum Teil sehr ausgefallene und zum Teil auch unverständliche Posen aus.[523]

Der Part des Fotografen war es, die technischen Voraussetzungen zu schaffen, eine passende Umgebung und Atmosphäre zu erzeugen und das Fotomodell zu einer, der jeweiligen Bekleidung angemessenen Bewegung, zu motivieren. Die verbale und die nonverbale Ebene der Kommunikation zwischen Modell und Fotograf lässt sich kaum rekonstruieren. Einzig die Pose, die das sichtbare Ergebnis sowohl der verbalen als auch der körpersprachlichen Verständigung zwischen Fotograf und Modell ist, bleibt dem Betrachter erhalten. In dem fertigen Modefoto sieht man nur den in der Körpersprache fixierten Kommunikationsanteil des Fotomodells.

Der Part des Modells war es, sich in die Bildvorstellung des Fotografen einzufühlen und dieser zu entsprechen. Es musste der modischen Information durch sein Gesicht und dessen Darstellungsvermögen, durch seinen Körper und dessen Beweglichkeit, also durch den äußeren Ausdruck seiner Individualität, eine Form geben. Diese "Form" bezeichnet man als Pose. In der Eigenständigkeit des Modells, bei der Wahl und Erfindung der Pose drückte sich seine individuelle Kreativität aus. Die Persönlichkeit des Modells durfte aber nicht zum Ausdruck kommen. Es sollte mit jedem Kleiderwechsel eine neue Identität verkörpern.[524] *Joh. Ch. Moderegger: "Wie entstand die konkrete Pose ? Haben Sie die vorgemacht, oder kam die aus dem Modell?*

Karl-Ludwig Haenchen: Teils, teils.

Ilse Haenchen: Ich habe das Gefühl, dass der Fotograf früher mehr Anweisungen gab als heute. Heute läßt der Fotograf vor allen Dingen das Modell erst mal agieren.

Karl-Ludwig Haenchen: Und die Modells haben eine von der Anderen das abgeguckt und machen das dann.

Ilse Haenchen: Sie wurden früher schon mehr vom Fotografen dirigiert.

Karl-Ludwig Haenchen: Ja, früher wurden sie viel mehr dirigiert, gar keine Frage.

Joh. Ch. Moderegger: Damit sie in Ihre Bildvorstellung hineinpaßten?

Karl-Ludwig Haenchen: Nein, nicht nur das. Die wußten ja gar nicht was sie machen sollten.

Ilse Haenchen: Und auch die Kleider sollten ja exakt zu sehen sein. Also eine Abendrobe zum Beispiel. Da wurde sehr viel von der Assistenz dekoriert. Hauptsache die blieb erst mal stehen, unbeweglich, ohne sich zu rühren und dann wurde gesteckt, hier und da. Also, das machte schon, die machten viel, viel weniger als heute die Mädels.

Karl-Ludwig Haenchen: Die Modells, die konnten früher eigentlich nicht mehr machen, als den Arm in die Tasche stecken."[525]

Die Aussage des Fotomodells Karin Stilke zu diesem Thema unterstreicht die Unbeweglichkeit der früheren Modefotografie. In Bezug auf den Anteil des Modells an der Entwicklung der Posen widerspricht sie Haenchen jedoch: *Karin Stilke: "(...) da wir ja auch so steif stehen mußten, weil die Fotoapparate das gar nicht mitmachten, nicht, es gab gar nicht dieses Schnellfotografieren. Aber natürlich mußte man schon eine anständige Bewegung entwickeln und graziös sein oder was, das ist schon richtig. Ja, mit der Relang habe ich auch 'ne Menge gearbeitet. (...)*

Joh. Ch. Moderegger: Und der Fotograf hat auch nichts gesagt?

Karin Stilke: Nein, der hat höchstens gesagt: "Halten Sie den Kopf höher" wenn die Beleuchtung irgendwie war oder: "Gehen Sie mehr zur Seite", mehr im Allgemeinen nicht.

Joh. Ch. Moderegger: Und wo hatten sie dann Ihre Posen her?

Karin Stilke: Alle von sich selber."[526]

Die Diskrepanz in der Zuschreibung der Posenerfindung erklärt vielleicht auch einen Qualitätsunterschied der Fotomodelle. *"Die Sonja sagte immer: "Bei Dir ist das ganz einfach, da brauche ich gar nichts zu sagen. Du stellst Dich einfach hin und sofort kann ich fotografieren. Bei der - der Name fällt mir jetzt nicht ein - die hat zwar in schönes Gesicht, aber das dauert Stunden, bis alles fertig und gut ist."*[527]

Auch am Bildmaterial ließ sich der oben in den Interviews beschriebene Wandel beobachten. Im Laufe der späten Dreißiger Jahre nahm die Variationsbreite der eingenommenen Posen zu. Zu Anfang der Dreißiger Jahre waren die Posen fast ausnahmslos so, wie im Benimmbuch vorgeschrieben.

"Wie stehe ich? Natürlich und ungekünstelt, den einen Fuß leicht etwas vorgesetzt, so dass das Gewicht des Körpers auf dem anderen Fuße ruht. (...) Vermeide alle auffallenden Bewegungen mit den Armen und fahre mit ihnen nicht in der Luft herum."[528]

So standen die Fotomodelle fast immer dem Betrachter frontal zugewandt in leichtem Kontrapost und hielten die Arme dicht am Körper. Am Anfang der Vierziger Jahre gab es mehrere verschiedene mögliche Posen.[529] Breite Beinstellungen, ein Knick in der Körperachse, sogar fast liegende Posen der Fotomodelle waren in der Modefotografie möglich, und auch die Arme der Fotomodelle durften Bewegung und Aktionsbereitschaft zeigen (siehe Abb.5.5./ 1. und 2.).

Zusammenfassend kann festgestellt werden, dass sich die jeweiligen kreativen Anteile von Fotograf und Modell an der Erfindung der Pose nicht genau bestimmen lassen. Sicher ist jedoch, dass beide die Pose gemeinsam erarbeiteten, und es so auch von beider Geschick und Zusammenspiel abhing, wie das Ergebnis aussah. Sieht man sich die Modefotografien der Dreißiger bis Fünfziger Jahre in Bezug auf die Fähigkeit der Fotomodelle gut auszusehen an, so stellt man fest, dass es einige Modelle gab, die immer "eine gute Figur" machten, egal ob sie von begabten oder weniger begabten Modefotografen in Szene gesetzt wurden.[530]

5.6. Fotomodelle in Deutschland zwischen 1936 und 1958

"Es gib nicht so viele beglückende Modelle."
Werner Suhr 1940[531]

Um die bisher geschilderten Eigenschaften der Fotomodelle und ihren Werdegang zu konkretisieren und bildlich zu machen, werden im Folgenden zwei erfolgreiche Fotomodelle vorgestellt. Diese zwei heben sich aus der Guppe der Starfotomodelle heraus, da sie jeweils für eine bestimmte Periode typisch waren.[532] Karin Stilke als Fotomodell für die Zeit von den späten Dreißigern bis in die Vierziger Jahre und Elfi Wildfeuer für die Zeitspanne von den Vierzigern bis in die späten Fünfziger Jahre.

Oben wurde schon angedeutet, dass die ersten Fotomodelle überwiegend Mannequins und Schauspielerinnen waren. Doch neben den oben geschilderten Nachteilen dieser beiden Berufsguppen in Bezug auf die Modefotografie, gab es außerdem noch organisatorische und finanzielle Probleme mit ihnen. Schauspielerinnen waren teuer, und wenn sie sehr populär waren, hatten sie nur wenig Zeit. Die Mannequins hatten in der Regel bindende Verträge mit Modehäusern, so dass sie nur selten für Modefotografen verfügbar waren.[533]

Obwohl in Berlin seit 1910 viele Modefotografien produziert wurden, gab es noch keine Modellagenturen.[534] Modellagenturen kamen in Europa erst ab 1958 auf. Die erste Agentur wurde von dem amerikanischen Fotomodell Dorian Leigh geleitet. Sie arbeitete von Paris aus.[535] Auch Deutschland wurde mit der Zunahme des transatlantischen Luftverkehrs in den späten Fünfziger Jahren von dort aus mit internationalen Fotomodellen bedient. Erst ab 1968 wurden in Deutschland Modellagenturen zugelassen. *"In Deutschland fällt bis heute das Vermitteln von Mädchen unter das Gesetz des Mädchenhandels. Christa Fiedler, ehemaliges Star-Modell, hat es verstanden, als erste Agentin das Gesetz zu umgehen. Sie unterhält seit einem Jahr in Frankfurt eine Filiale ihrer Pariser Modell-Agentur. In Paris konkurrieren die großen Agenturen Dorian-Leigh, Paris Planning und andere mit den Modell-Agenturen der Schweiz, Englands und Amerikas."*[536]

In den Dreißigern bis in die späten Vierziger Jahre blieb das Modellgeschäft auf das Gebiet innerhalb der deutschen Reichsgrenzen beschränkt, mit Schwerpunkt Berlin. Nur da, wo hochwertige Textilindustrie traditionell angesiedelt war, gab es auch einige Mannequins.[537] Das galt besonders für Wien.[538] Meist war es jedoch so, dass der Fotograf sein Fotomodell mitbrachte.[539] Bis weit in die Fünfziger hinein war es für die Fotografen selbstverständlich, sich ihre Fotomodelle anders zu suchen, nämlich sie selbst zu entdekken.

5.6.1. Karin Lahl[540]

> *"Karin Dame der Gesellschaft und gute Hausfrau, seit Jahren beliebtes Fotomodell. Hobbies: Golf, Autofahren, Skilaufen, Reisen. Trinkt nicht, raucht nicht, schläft viel."*[541]

Weil gute Fotomodelle so selten waren, hielten die Fotografen und Ateliermitarbeiter immer Ausschau nach neuen Talenten. So wurde auch Karin Stilke im Sommer des Jahres 1936 von einer Assistentin der Fotografin Yva angesprochen und zu Probeaufnahmen eingeladen (siehe Abb. 5.6.1./ 1.).[542] Karin Stilke passte gut in das "Suchraster" des Ateliers Yva.

"Laut Frau Röttgers (die im Atelier Yvas als Pressevertreterin angestellt war Anm. d. Verf.) waren viele der Fotomodelle, welche für Yva arbeiteten "Mädchen aus gutem Hause". Sie erhielten als Lohn für ihre Arbeit zunächst nur einen Abzug der entstandenen Bilder. Es machte ihnen Spaß für die bekannte Fotografin Yva zu arbeiten."[543]

Karin Stilke war die Tochter eines Bremer Gummiwarenfabrikanten und lebte bei Verwandten in Berlin, wo sie nach dem Abitur eine Ausbildung zur Dolmetscherin erhielt. Als Fotomodell "entdeckt" zu werden, war für sie eigentlich nichts Neues mehr. Bei einem mehrmonatigen Amerika-Aufenthalt im Frühjahr 1936 war sie von dem Modefotografen Martin Munkacsi für den >Harper's Bazaar< fotografiert worden (siehe Abb. 5.6.1./ 2.). Aufgrund ihrer Begabung und ihres guten Aussehens machte sie als Fotomodell schnell Karriere. Alle namhaften Fotografen Berlins arbeiteten mit ihr.[544] Sie entwickelte jedoch bald ihre Vorlieben und konnte, da sie auf den Verdienst nicht angewiesen war, auch ein wenig selbst bestimmen mit wem sie arbeitete.[545] Als sie 1936 anfing zu modelln war es erst seit zwei Jahren üblich, dass Fotomodelle für ihre Arbeit bezahlt wurden.[546] *"Ab 1934 erhielten alle Fotomodelle ein festes Honorar. Yva konnte sich nur schwer mit dieser Änderung abfinden."*[547] Karin Stilke berichtete, dass sie entweder pro Bild oder pro Kleiderwechsel bezahlt wurde, das hing von dem Fotografen ab. Sie bekam immer direkt nach der Sitzung das Geld bar ausbezahlt und musste es nicht versteuern.[548] Andere Fotografen zahlten in den frühen Dreißigern pauschal für den ganzen Tag 7,50 RM.[549] Da alle Fotografen das Problem der Modellbeschaffung hatten, gaben sie die Anschriften der Fotomodelle untereinander weiter.[550] So kam es, dass Karin Stilke auch Modefotos mit George Hoyningen-Huene machte, als dieser in den späten Dreißigern für den >Harper's Bazar< in Berlin arbeitete.[551]

Karin Stilke zeichnete sich dadurch aus, dass sie alle oben aufgelisteten Eigenschaften eines Supermodells in sich vereinigte. Selbst die Kunst der unvollendeten Bewegung beherrschte sie. Bei der Durchsicht der vielen Modefotos, die von ihr in fast allen Frauenzeitschriften der Dreißiger bis Fünfziger Jahre veröffentlicht worden waren, beeindruckt besonders ihre Wandlungsfähigkeit. Sie konnte sich so gut in die verschiedensten, ihr zugedachten Rollen hineinfinden, dass es manchmal kaum zu erkennen ist, ob man immer das gleiche Modell vor Augen hat (siehe Abb. 5.6.1./ 3. - 8.). Sie wurde in jedem damals nur denkbaren Kleidungsstück fotografiert, in Bademode genauso wie im Abendkleid. In ihren frühen Jahren, von 1936 bis 1939, arbeitete sie überwiegend mit Imre von Santho. Von 1939 bis 1943 hauptsächlich mit Ilse Flöter und Sonja Georgi, die nach dem Krieg ihre bevorzugte Fotografin blieb. In ihrer Freizeit nahm Karin Stilke am gesellschaftlichen Leben Berlins teil. Zu ihren engeren Freunden zählten Edith Aschenbroich, die Fotomodell war und Curd Jürgens, der gelegentlich als Fotomodell arbeitete (siehe Abb. 3.3.3./ 11.). Auch Marlene Dietrich war eine ihrer Bekannten (siehe Abb. 4.5.1./ 9.). Zeitweise arbeitete Karin Stilke so häufig als Fotomodell, dass sie von ihrem Verdienst hätte leben können, wenn sie darauf angewiesen gewesen wäre. Sie wurde nicht nur für Mode fotografiert, sondern auch schon in den Dreißigern für Werbung abgelichtet.[552] Was aber besonders für den Erfolg spricht, den sie als Typ hatte, sind die Werbezeichnungen, bei denen sich die Grafiker an ihr als Vorbild orientierten (siehe Abb. 5.6.1./10.).

Karin Stilkes großer Erfolg lässt sich nicht nur durch ihre großen Modellqualitäten erklären. Sie passte genau zu dem uneindeutigen, weiter unten näher zu erläuternden Frauenbild ihrer Zeit. Ihr Haar war gewellt, und ihre Augen waren hell, sie war sportlich und konnte wie eine Dame aussehen. Für die luxuriösen Magazine war sie bestens geeignet. Das zeigt sich an ihrer hohen Präsenz im >Silberspiegel<, der >Dame< und der >Mode<. Für die biedere >NS-Frauenwarte< war sie zu elegant und großstädtisch. In den 120 untersuchten Heften der Frauenwarte wurde sie nur auf einem Modefoto gezeigt.[553] Ihre Eleganz wird am deutlichsten auf einer Seite über Schürzen der Zeitschrift >Modenwelt< von 1941 aus dem Deutschen Verlag (ehemals Ullstein) sichtbar (siehe Abb.5.6.1./ 11.).[554] Drei Frauen werden bei Hausarbeiten, die Schürzen erfordern, gezeigt. Karin Stilke ist beim Wäsche aufhängen auf dem Foto in der Mitte abgebildet. Trotz der Alltäglichkeit der Handlung bewahrt sie ihre Eleganz, die von ihrer geschulten Körperhaltung und ihrem freundlich, konzentrierten Gesichtsausdruck herrührt. Sie war das deutsche Topmodell der Dreißiger und Vierziger Jahre, eine der letzten Damen und zugleich sportlich frisch und mädchenhaft.

5.6.2. Elfi Wildfeuer[555]

"Der typische Kleiderständer. Sie kann alles tragen, vom Badeanzug bis zum Abendkleid, von der Wäsche bis zum Pelz"

Hubs Flöter 1950[556]

Efie Wildfeuer war ein anderer Typ als Karin Stilke. Sie hatte dunkles Haar und wirkte dadurch etwas südländisch. Ihr apartes Gesicht erkannte man immer, egal wie sie gekleidet war. *"Ja, da war die Elfi Wildfeuer. (...), eine der interessantesten Frauen, die ich kennengelernt habe. Sie war nicht hübsch, oder nicht schön, aber sie hat Farben an sich gehabt. Ohne geschminkt zu sein. Also sie war voll Charme und Beweglichkeit, und wenn man mit ihr eine halbe Stund gesprochen hat, hat g'sagt, die is aber eigentlich hübsch!"*[557]
Ihre besondere Note war neben dem aparten Aussehen, ihr bezaubernder Charme. Im klassischen Sinne war sie keine Schönheit (siehe Abb. 5.6.2./ 1.).[558]

Auch sie begann zur Zeit des Dritten Reiches als Mannequin und arbeitete seit mindestens August 1941 gelegentlich als Fotomodell.[559] Sie war gebürtige Salzburgerin und hatte in Wien an der Höheren Staatslehranstalt für gewerbliche Frauenberufe eine Modeausbildung absolviert. Daneben war sie als Modezeichnerin tätig und schloss später eine Schneiderausbildung mit dem Gesellenbrief ab.[560] Sie arbeitete für das Wiener Modenhaus Höchsmann unter anderem als Mannequin und lief auf Auslandsmodenschauen für das "Haus der Mode". Ihre Kollegin, das Mannequin und Fotomodell Ulla Denk (siehe Abb. 5.6.2./2.), die nach dem Zweiten Weltkrieg von Österreich aus eine große Karriere als Fotomodell gemacht hatte, berichtete in einem Interview mit Gloria Sultano von einer Modenschau, die 1943 oder 1944 stattfand: *"(...) wir sind nach Deutschland hinaus, nach Berlin und haben vorgeführt für die Frau Göring, für die Frau Goebbels im Eden-Hotel. (...) Und da durfte ich nicht vorführen! Ich hab zwar meine Gage bekommen, durfte aber nicht vorführen. Und meine Freundin, meine Kollegin, die Elfi Wildfeuer, die lebt in Salzburg, auch nicht, weil wir zu artfremd ausgesehen haben. Also, sie haben nur wollen blonde, blauäugige Mannequins."*[561]

Elfi Wildfeuer wurde nach dem Krieg eines der meistfotografierten deutschen Fotomodelle. Sie war nicht nur häufig auf den Titeln der >Film und Frau< zu sehen. Die >Schwäbische Illustrierte Presse< widmete ihr und ihren Kolleginnen Susi Stelzer und Hannelore Dörge[562] im November 1949 eine Titelgeschichte (siehe Abb.5.6.2./ 2).[563] Das Modell auf dem Titelblatt war Elfi Wildfeuer. Ein knappes halbes Jahr später war sie auf dem Titel des >Spiegel< zu sehen, und außerdem gab es einen dreiseitigen Text über sie und Hubs Flöter (sieheAbb. 5.6.2./ 3.). Der rühmte sich, sie entdeckt zu haben, und arbeitete für viele Jahre als einziger mit ihr.[564] Bis ca. 1955 durfte laut Vertrag kein anderer Fotograf mit ihr arbeiten. *"Elfi Wildfeuer war das erste deutsche "Starmannequin". Sogar die Pariser Modeschöpfer Christian Dior und Jacques Fath waren begeistert von ihr. Und das lange vor dem deutschen "Mädchenwunder". Flöter hatte die gra-*

zile Österreicherin mit der lustigen Nase und dem olivfarbenen Teint 1942 bei einer Modevorführung in Wien entdeckt ..."[565]

Tatsächlich arbeitete Elfi Wildfeuer schon seit 1939 als Fotomodell.[566] Zuerst für den Fotografen Walter von Gudenberg, der sowohl in Wien, als auch in Berlin ein Atelier hatte, und im gleichen Jahr für Rolf W. Nehrdich Berlin (siehe Abb.5 6.2./ 4. und 5.).[567]

Es gab natürlich noch einige andere Fotomodelle in Berlin und auch in Wien. Leider sind ihre Namen bis auf wenige Ausnahmen nicht mehr zu ermitteln, so dass nur die beiden oben beschriebenen Modelle allein vorgestellt werden konnten.[568] Nach dem Krieg änderte sich die Lage in der Berichterstattung über Fotomodelle. Zeitschriften wie >Constanze< und >Film und Frau< berichteten regelmäßig über ihre Modelle. So gab es zu jedem >Film und Frau<-Titelfoto einen kleinen, mindestens vierzeiligen Text über die abgebildete Frau.

6. Das Frauenbild im Dritten Reich und in der Modefotografie

> *Die Frau hat die Aufgabe, schön zu sein und Kinder zur Welt zu bringen. Das ist gar nicht so roh und unmodern, wie sich das anhört. Die Vogelfrau putzt sich für den Mann und brütet für ihn die Eier aus. Dafür sorgt der Mann für Nahrung. Sonst steht er auf der Wacht und wehrt den Feind ab."*
>
> *Joseph Goebbels 1933*[569]

Besonders zwei Aspekte des nationalsozialistischen Frauenbildes sind im Zusammenhang mit der Modefotografie interessant. Der eine Aspekt bezieht sich in erster Linie auf die Frauen hinter der Kamera, die Modefotografinnen, der andere bezieht sich auf die Frauen vor der Kamera, die Fotomodelle. Es geht um das Bild der Frau und ihre Rolle in der Gesellschaft, speziell in Bezug auf ihre "Berufung" und ihre Berufstätigkeit und auf die Idealbilder und Schönheitsideale der nationalsozialistischen Rassenideologie und ihre tatsächliche Präsenz in der Modefotografie.[570]

6.1. Modefotografinnen im Dritten Reich

> *"So rückt der Liebhaberphotograph in die ersten Reihen: der, der die Photographie lieb hat; der das, was er macht, aus Liebe zur Sache macht, zunächst ohne Rücksicht auf Kunden, Wettbewerbe, Preise, Preis und Geld. Unter diesen Leibhabern sind es die Liebhaberinnen, die ihre männlichen Kollegen oft überflügeln - oft, nicht immer."*[571]

In der Zeitspanne von 1933 bis 1943 gab es in Deutschland in etwa gleich viele auf Modefotografie spezialisierte Frauen, wie Männer. Unter Umständen überwog sogar der Frauenanteil.[572] Dieses Geschlechterverhältnis überrascht besonders aus heutiger Sicht, da der Frauenanteil unter den Modefotografen heute sehr niedrig ist. In einem Zeitungsartikel von 1979 heisst es: *"Regina Relang, die einzige Frau, die sich in der harten internationalen Szene der Modefotografie hält, (...)."*[573] Neben Regina Relang, Sonja Georgi und Charlotte Rohrbach gab es in der Nachkriegszeit in Deutschland mehrere Modefotografinnen, die heute zum Teil fast ganz vergessen sind, so zum Beispiel Hannelore Freese, Ursula Knipping, Thilde Krämer, Karin Kraus, Barbara Lüdecke und die Beauty-Fotografin Dorothea von der Osten.[574]

Die einzige Modefotografin, die ähnlich erfolgreich wie Regina Relang ist, ist die ca. 1933 geborene Charlotte March, die seit ca. 1956, unter anderem für >twen< und die >Brigitte<, fotografiert.[575]

Im ersten Drittel des Zwanzigsten Jahrhunderts war es nicht aussergewöhnlich, wenn Frauen den Beruf der Fotografin ergriffen. Im Gegenteil, er wurde als besonders geeignet für Frauen angesehen. Darum wurden viele gute Ausbildungsmöglichkeiten angeboten. So war die auch heute in Fotografenkreisen nochhoch angesehene Letteschule in Berlin eine speziell für Frauen eingerichtete überbetriebliche Ausbildungsstätte.[576] Dass die Fotografie auch noch nach acht Jahren Nationalsozialismus als "Frauenberuf" anerkannt war, zeigt ein Artikel Artur Gläsers vom April 1941 aus der Zeitschrift >Photographik<: *"Zu den Berufen, die in wachsendem Maß gerade auch von Frauen ergriffen werden, zählt der des Photographen nicht an letzter Stelle. In den Ateliers haben sich für bestimmte Arbeiten weibliche Kräfte als besonders geeignet erwiesen. Und an vielen Plätzen ist die selbständige Photographin im Dienst verzweigter Industrien erfolgreich tätig, namentlich heute im Kriege. Über diese mehr handwerklichen Bezirke hinaus aber stellen immer mehr Frauen auch als eigentliche Lichtbildner ihre schöpferische Begabung eindrucksvoll unter Beweis. Hier äußern sich dieselben formenden Kräfte, die die Frau auf dem Gebiet der Künste und des Kunsthandwerks zu vollendeter Leistung gesteigert hat. Und es grenzen sich bereits die Fächer ab, die der fraulichen Eigenart besonders günstig zu liegen scheinen. Man denke an die Modephotographie, hier stehen Frauen anerkannt in den führenden Reihen. Von der liebevollen Wiedergabe modischer Kleinigkeiten bis zur sachgerechten Werkaufnahme textiler Erzeugnisse und all der andern Dinge für den Gebrauch der Frau ist nur ein Schritt. Auch der Beruf des Bildberichters wird von vielen Frauen mit Eifer und Geschick ausgeübt. Meist wendet sie sich kulturellen Themen zu: von Reise und Theater bis zu jenen, die das künstlerische und soziale Schaffen der Frau zeigen. Bei aller Gestaltung bleibt das ausgesprochen frauliche Sehen und Deuten entscheidend. Das gilt auch für das Bildnisfach. Es ist wohl kein Zufall, dass die be-*

sten Kinderaufnahmen von Frauen gemacht worden sind. Diese flüchtigen Hinweise mögen andeuten, wie wichtig es ist, bei der Leitung und Förderung des weiblichen Nachwuchses auf die persönliche Begabung zu achten. (...)"[577] Auffällig ist, dass Gläser besonders den Erfolg der Frauen im Arbeitsfeld der Modefotografie erwähnt, wie auch in den anderen aufgeführten Tätigkeitsfeldern die staatliche Definition von Fraulichkeit durchschimmerten.

"Darüber hinaus aber kommt eine ausgesprochene Begabung für das Porträt - vielleicht sogar für das Frauenbildnis im engeren - zum Ausdruck. Auf diesem Gebiet scheinen Neigung und Vermögen glüklichen Ausgleich zu finden."[578]

Auch als Fotografinnen sollten sie sich auf die Welt der Frau konzentrieren. Die Frauenwelt war von staatlicher Seite aus genau definiert.[579] So gab es neben der Tätigkeit als Mutter und Hausfrau auch noch andere, als "weiblich" apostrophierte, Berufe. Überwiegend waren das Berufe, die ähnliche Tätigkeitsfelder abdeckten wie die der Mutterrolle, wie Erziehung, Pflege und Reinigung.[580] Sichtet man daraufhin die Magazine, dann erkennt man, dass die Berichte wie z. B. über Mütterschulen, Altenheime und Sängerknaben immer von Frauen fotografiert wurden.[581]

Die von Gläser speziell für Frauen postulierte Berufsfelddefinition der Modefotografie in Kombination mit dem Frauenbildnis und der Kinderfotografie, lässt sich in den Veröffentlichungen mehrerer Fotografinnen nachweisen, so bei Elisabeth von Heddenhausen, Hedda Walther und Sonja Georgi. In diesem Zusammenhang ist ein in der >Dame< 1938 veröffentlichtes Foto von Hedda Walther sehr aufschlussreich (siehe Abb. 6.1./ 1.a.). Es zeigt ihre Tochter, Sonja Georgi, die ebenfalls Fotografin war, ihren dreijährigen Sohn Michael (*Berlin 1935) im Arm haltend und in die Kamera lachend.[582] Das Bild ist als Frontispiz abgedruckt, also an sehr prominenter Stelle im Heft. Die Bildunterschrift lautet: "Die Fotografin Sonja Georgi mit ihrem Sohn Michael. Aufgenommen von ihrer Mutter Hedda Walther".[583] Mit diesem Foto wird deutlich, dass Frauen Mütter und gleichzeitig sehr erfolgreich im Beruf sein konnten. Dieses Foto war vor allem gegen jene gerichtet, die bis 1939 mit viel Erfolg dafür plädiert hatten, die Frauen aus dem Berufsleben zu verdrängen.[584]

Hedda Walter, Sonja Georgi, Regina Relang, Ingeborg Hoppe und Ilse Flöter fanden durch kurze Aufsätze durchaus Anerkennung in einer kleineren Fachöffentlichkeit und in Frauenzeitschriften.[585] Durch den Kennzeichnungszwang der Fotografien, den die Nationalsozialisten 1933 eingeführt hatten, um die Präsenz der nichtdeutschen Fotografen auf dem Markt überwachen und reglementieren zu können, waren dem interessierten Leser zumindest die Namen einiger Fotografinnen bekannt. Doch in der Praxis der Namennennung gab es einige Unstimmigkeiten, die dazu führten, dass einige Frauen als Bildschöpferinnen im Verborgenen blieben. So wurden zum Beispiel die Fotografien von Ilse Flöter anfangs häufig unter dem Namen ihres Mannes Hubs Flöter veröffentlicht und kurz bevor es den Lesern als unangenehm aufgefallen wäre, dass ein "wehrfähiger" Mann (Hubs Flöter) nicht an der Front diente, wurden ihre Fotografien fortan mit der Signatur Hubs und Ilse Flöter veröffentlicht. Auch wenn die Fotografien eindeutig von ihr aufgenommen waren. Das führte dazu, dass sie nicht einmal von ihren Zeitgenossen als eigenständige Fotografin angesehen wurde.[586] Dass ihr Name bei ihren Fotografien erschien, ist erst nach dem Krieg bei ihren wenigen Veröffentlichungen für die >Film und Frau< zu finden.[587] Ähnlich war es bei Regina Relang, deren Name meist mit "Relang" angegeben wurde und so keinem Geschlecht zuzuordnen war. Das gilt auch für Lilli Niebuhr. Ihr Vorname erschien erst nach dem Krieg im Urhebervermerk. Der Geschäftsinhaber des Betriebes "Photographik Niebuhr" war ihr Mann. Aus heutiger Sicht unverständlich, denn sie war ja die Fotografin und fotografisch kreative Kraft.

Die Gründe, die bei den genannten Fototgrafinnennamen zu der "Geschlechtsverhüllung" geführt hatten, mögen verschiedene gewesen sein. Auf jeden Fall verschleierten sie vor den Lesern den grossen Frauenanteil unter den Modefotografen. Dabei gab es im nationalsozialistischen Frauenbild, neben dem eher passiv gestalteten Bild der Mutter[588] und Hausfrau, auch noch den mehr aktiven Frauentyp der Kameradin.[589] Wehrhaftigkeit, Gehorsam, und Elitebewusstsein bildeten die Elemente des auf angeblich germanischen Traditionen beruhenden Frauenbildes.[590] Ergänzend zum Mutterbild wurde die heroisch an der Seite ihres Mannes, aber auch ohne Mann und allein kämpfende, selbstbewusste, starke und tatkräftige Frau entworfen.

Sie erfüllte im Sinne einer geistigen Mutterschaft ihre Pflicht gegenüber der Volksgemeinschaft.[591] In dieses Raster passen neben den oben genannten Fotografinnen auch Hela Strehl, die Leiterin des Deutschen Mode Institutes, und Maria May, die Leiterin der Manufaktur des Deutschen Mode - Institutes. Als Beispiele anderer, sehr "männlicher" Berufe seien hier die Flugkapitänin Hanna Reitsch und die Regisseurin Leni Riefenstahl aufgeführt.[592]

Dafür, dass der Beruf der Fotografin weiterhin als Frauenberuf anerkannt wurde, sorgte auch >Die Dame<. Im ersten Heft des Jahres 1942 stellte sie auf den Seiten 24 und 25 von Modekünstlern entworfene Berufsbekleidung für Frauen vor (siehe Abb. 6.1./ 2.).{593} Die gezeigten "Berufe" waren: Sekretärin, Haustochter, Fotografin, Studentin, Telefonistin und Laborantin.[594] Die Berufe spiegeln einige bis in heutige Zeit tradierte Klischees typischer Frauenberufe wieder. Doch der Beruf der Fotografin fällt etwas aus dem Zusammenhang, denn er ist der einzige, der auch unternehmerisch und von Männern unabhängig, ausgeübt werden konnte, also durchaus emanzipatorisch war.

6.2. Das Frauenbild in der Modepresse des Dritten Reiches

Die Figur der Fotomodelle war schon gegen Anfang der Zwanziger Jahre immer schlanker und sportlicher geworden und orientierte sich in den folgenden Jahren an den vielfach in Zeitschriften gezeigten Körpern durchtrainierter Ausdrucks-Tänzerinnen.[595] Das 1937 von Paul Schultze-Naumburg in seinem Buch Nordische Schönheit beschriebene Ideal beschrieb den Körperbau dieser Tänzerinnen. Die ideale Frau sollte demnach relativ kleine Brüste ohne hervorstehende Brustwarzen, einen flachen Bauch, eine schmale Taillie, ein relativ schmales Becken und lange Beine haben.[596]

Da es sich in den Modezeitschriften überwiegend um Schwarzweiss-Abbildungen handelte, kann man viele phänotypische Parameter nur erahnen. Doch auch die wenigen Farb-Fotografien zeigen ein ausgewogenes Bild. Helle und dunkle Typen sind gleichermassen vertreten. Die Augen liegen meist im Schatten, so dass ihre Helligkeit nicht ermittelt werden kann, doch die Haartöne lassen sich erschließen. Es zeigt sich, dass gleichermassen hell- und dunkelhaarige Modelle fotografiert wurden. Die wenigen Farbaufnahmen deuten an, dass es in den späten Dreißiger und frühen Vierziger Jahren modern war, die Haare rot zu färben.[597]

Das normalerweise mit dem Nationalsozialismus verbundene Ideal der blonden, blauäugigen Nordländerin sucht man beim Durchblättern der Modeseiten jedoch fast vergeblich (siehe Abb. 6.2./ 1.).[598] Fotomodelle mit blondem Haar und hellen Augen wurden nur sehr selten fotografiert.[599] Auch aus der gehobenen Modepresse kennt der Autor keine Modefotografie, die diesem Typus entsprach, es sei denn es handelte sich um eine Reportage über die Einrichtung "Glaube und Schönheit" oder ähnliche Reportagen aus der Heimat. "Glaube und Schönheit" war eine Aktivität des Bundes Deutscher Mädchen (BDM). Hier wurden junge "arische" Frauen, mit "guter" Abstammung, die blond und blauäugig waren, im nationalsozialistischen Geist und in Haus-, Handarbeit und Tanz erzogen, um der zukünftigen männlichen Elite als Ehefrauen und Kameradinnen dienen zu können.[600] Nur eine Modeaufnahme aus der >NS-Frauenwarte<[601] von Lilli Niebuhr zeigt ein blond bezopftes BDM-Mädchen, Typ "Gretchen"(siehe Abb. 6.2./ 2.).[602] Es sitzt auf einer Gartenbank im Studio und lächelt für eine Paspelbluse werbend nach rechts ins Bild hinein. Auf sie trifft die 1992 von Wilson und Roesdahl gebrauchte Definiton des deutschen Ideals als "blond, blauäugig und untadelig" zu.[603]

Wie oben beschrieben, wurden bei den Fotomodellen fast alle Haarfarben gezeigt, allerdings niemals glattes, langes schwarzes Haar. Vergleicht man die deutschen Modefotografien mit den zeitgleich auf internationaler Bühne veröffentlichten, so fällt auf, dass der Typ des Fotomodelles überall der Gleiche war. Gewelltes, mittelblondes Haar herrschte vor, doch langes schwarzes Haar gab es weder in amerikanischen, noch in anderen europäischen Modefotografien. Die Haarmode und damit verbunden auch der Frauentyp folgte in den Dreißigern wie es scheint also weniger den nationalsozialistischen Vorgaben, als viel mehr einer internationalen Mode. Auch die inoffizielle Meinung des Propagandaministeriums war hier liberaler, als es das öffentlich propagierte ländlich, nordische Ideal vermuten liess: *"Es ist Unsinn, die deutsche Frau auf einen Typ - etwa den Gretchentyp - festlegen zu wollen. Das Gesamtbild der deutschen Frau ist so vielseitig, dass es unmöglich ist, für sie nur eine Moderichtung festzulegen."*{604}

Dass auch 1940 der "Gretchentyp" nicht immer sehr eng gefasst wurde, zeigt eine über vier Seiten laufende Dokumentation aus dem >Silberspiegel<, die Gretchen, Goethes Bühnengestalt in der Schauspielkunst der Gegenwart vorstellte (siehe Abb. 6.2./ 3. und 4.).{605}

Im äusseren Erscheinungsbild, der in der Modefotografie gezeigten Frauen, spiegelten sich weniger das offiziel propagierte Schönheitsideal, als viel mehr die persönlichen Vorlieben einiger Fotografen wieder. Ein starker Gegensatz fällt hier besonders zwischen Norbert Leonard und Lilli Niebuhr auf: Er bevorzugte dunkelhaarige Fotomodelle, und in ihren Fotos überwogen hellblonde Fotomodelle.

Die Modefotografie der Zwanziger Jahre hatte den Typ der "Neuen Frau" gezeigt, jene selbstbewusste, sportliche Grossstadtfrau mit einer Zigarette in der Hand, die ihr Geld selbst verdiente und das gehobene Nachtleben Berlins belebte.{606} Yva fotografierte diesen damenhaften Typ der "Neuen Frau", jung, aber nicht knabenhaft, mit weiblich gewelltem Bubikopf, aus den gesellschaftlich arrivierten Kreisen.{607} Diese "Neue Frau" verschwand in den frühen Dreißigern. Das Rauchen als Symbol der Emanzipation und der Verruchtheit, war nicht mehr schick und wurde nur noch selten gezeigt. Die Nationalsozialisten verboten Kosmetik, Alkohol und Zigaretten für Frauen. Diese sollten viel mehr stark, gesund, natürlich, leicht gebräunt und weiblich sein. Die Farbe im Gesicht einer Frau sollte vom Sport, nicht von der Kosmetik herrühren.{608} So wurde die "Neue Frau" vom Stadtmädchen aus gutem Hause verdrängt, das weniger Wert auf endlose abendliche Vergnügungen legte, sondern dem es viel wichtiger war, morgens frisch und adrett zur Tennisstunde zu erscheinen. Einige damenhafte Fotomodelle konnten auch in den Dreißiger Jahren weiterarbeiten (siehe Abb. 6.2./ 5.).

Die Bildung eines neuen Frauentypes in der Modefotografie vollzog sich jedoch nicht nur in Deutschland. Auch in Amerika verkörperten die Fotomodelle seit 1933 einen weniger damenhaften, dafür um so sportlicheren und natürlicheren Typus, wie zum Beispiel Lisa Fonssagrives-Penn (siehe Abb. 6.2./ 6.).{609}

Der nationalsozialistische Einfluss auf das Frauenbild zeigte sich neben dem tatsächlichen Wandel der Mode und ihrer Darstellung auch in der Verunsicherung, die die Nationalsozialisten durch ihre divergierenden Auffassungen von bevorzugtem Frauentyp und der favorisierten Mode bei den Frauen verursachten. Hela Strehl beschäftigte sich bespielsweise vor ihrem ersten Besuch in der Reichskanzlei intensiv mit der Frage, wie sie sich korrekt anziehen solle. Die Moderedakteurin der >Dame<, ihre gute Freundin, Petra Haenchen-Fiedler, gab ihr folgenden Rat: *"Trag' Dame. Lass' Dich nicht irremachen."*{610} Auch Hitlers Vorliebe galt schlanken, gut angezogenen und geschminkten Frauen (siehe Abb. 6.2./ 7.).{611} 1979 schrieb Hela Strehl rückblickend dazu: *"Die Optik der Frau wird jeweils von Politik betroffen. Sie soll, sie darf oder sie darf nicht.*

Als die Nationalsozialisten an die Macht kamen, durfte sie, sollte sie nicht. Frau Scholz-Klink, die Frauenführerin, hatte sich für sich selbst eine Art gehobene Schwesterntracht zurechtgelegt. Für spätere Auslandspräsentation setzte sie eine eigene Erfindung, eine Kombination von Schwesternhaube und Kappe auf. Die Herren vom Protokoll setzten sie gern neben die Leiterin des Deutschen Modeinstitutes, die Hüte von Patou und Madam Agnès trug und hatten so während der faden Reden ihren persönlichen Spass an diesem weiblichen Kontrast. Frau Scholz-Klink plädierte in ihren Büchern für die Deutsche Frau mit breitem Gebärbecken. (...) Die Dame war außer Kurs."{612}

Die Parteiführung schmückten sich gern mit damenhaften Frauen. Aufnahmen offizieller und halboffizieller Empfänge zeigten dieses sehr deutlich. Auch die in "Karinhall", dem Hause Göhrings veranstalteten Modenschauen wiesen darauf hin. Als Folge dieser Vorlieben wurden bis zum Kriegsbeginn auch in Modezeitschriften Bilder von Damen in langen Abendkleidern geduldet. Die von Hela Strehl beschriebene Diskrepanzen blieben in etwas gewandelter Form bis zur Einstellung der Modezeitschriften bestehen. *"Das Problem des weiblichen Doppelcharakters, nämlich, dass man zum einen das einsatzbereite BDM-Mädel benötigte, zum anderen aber auch traditionelle Anforderungen an "weibliche Anmut" stellte, spiegelt sich in zahlreichen Diskussionen wider."*{613}

Ab 1939 waren die langen Abendkleider nur noch auf für den Export bestimmten Modenschauen und Abbildungen zu sehen, denn für das deutsche Volk hiess die Devise jetzt: Stoff sparen. Doch bis zu diesem Zeitpunkt, als sich die Wende des Krieges ankündigte, etwa im Dezember 1941, mit Beginn der russischen Gegenoffensive, blieben die Modelle freudig sportlich und ein wenig elegant. Schon vorher, als fast alle Männer im Krieg waren, um den Rüstungsnachschub aufrecht erhalten zu können, mussten Frauen den Grossteil der "Männerarbeit" in den Fabriken übernehmen. Jede Frau, die keine andere kriegswichtige Arbeit nachweisen konnte, musste in die Rüstungsindustrie.[614] Barbara Buffa erinnerte sich: *"Ach, und während meiner Schulzeit war ich nicht in den großen Ferien, sondern war dreimal in der Munitionsfabrik, für sechs Wochen, insgesamt dreimal sechs Wochen. Keiner durfte Urlaub machen, sondern wir mußten ja den Krieg gewinnen. "Räder rollen für den Sieg." Ja, das war anstrengend. Im Sommer war unter dem Glas fünfzig Grad Hitze in diesen Räumen. Dieser Gestank da drin und dann so Akkordarbeit machen, (...)."*[615]

Diese Frauenarbeit beeinflusste auch die Modefotografie. Überraschend ist dieser Einfluss, weil die Modefotografie normalerweise den Alltag aus ihren Inszenierungen ausklammerte und statt dessen ein festliches Ambiente oder zumindest festliche Beleuchtung wählte, also nur nichtalltägliches zum Hintergrund ihrer Modevorführung nahm. Im Januar 1941 wurde in >Die Mode< eine Bilderstrecke von Norbert Leonard unter der Überschrift Arbeitskleidung der Betriebstätigen Frauen, veröffentlicht. Fotomodelle in Overall, Latzhose und Wollsweater posierten in einer grossen Fabrikhalle und auf dem Fabrikgelände (siehe Abb. 6.2./ 8. und 9.).[616] Auffällig ist bei diesen Aufnahmen nicht nur das bizarre Ambiente, sondern auch, dass die Modelle Männerkleidung trugen und sehr maskuline Posen einnahmen.[617] Sie standen breitbeinig da und trugen ihre Hosen sehr souverän und lässig.[618] Von der noch vor wenigen Jahren propagierten damenhaften Eleganz waren sie weit entfernt. Sie verkörperten vielmehr das 1942 von Edith Rosenbrock formulierte und wahrscheinlich in Zusammenarbeit mir Ernst Herbert Lehmann herausgearbeitete Frauenbild, welches sich durchgängig besonders in >Die Mode< zeigte. *"Beide, Modebild und Modephoto, sollen einen Frauentyp zeigen, der mitten aus des Gegenwart gegriffen ist. Weder die mondäne Halbweltsdame noch die kleinbürgerliche Frau soll der Leserin vor Augen geführt werden, sondern wirklichkeitsnahe Abbilder unserer jungen, gesunden, sportlich gestählten und schönheitsfrohen Frauengeneration, wie wir sie heute überall in Haus und Beruf finden. Das Modebild in der Zeitschrift soll vom Schaffen einer neuen deutschen Mode künden und dem Lebenswillen einer neuen deutschen Frauengeneration Ausdruck geben."*[619]

6.3. Zusammenfassung

Es gab kein einheitliches Frauenbild im Dritten Reich. Zwei Hauptleitbilder existierten halboffiziell nebeneinander. Auf der Seite der Mächtigen und Reichen wurden vor und nach 1933 der Frauentyp der "Dame" bevorzugt. Auch wenn Maria Jochum 1946 unter dem Eindruck des Kriegsendes davon sprach, dass "die Dame" schon um die Jahrhundertwende ausgestorben sei, gab es sie noch bis mindestens 1945.[620] Anfangs wurde vor allem vom >Schwarzen Corps< und der SA gegen alles was elegant und damenhaft war gepöbelt und polemisiert.[621] Doch diese unqualifizierte Kritik wurde wegen ihrer wirtschaftsschädigenden Wirkung bald wieder fallengelassen. Die damenhaften Frauen konnten weiterhin den von ihnen angestrebten internationalen Chic leben.[622] Für das Volk wurde ein anderes Frauenbild gezeichnet, das man als kleinbürgerlich und ländlich bezeichnen kann. Die blonde, braungebrannte Arierin, heldenhafte Mutter vieler Kinder war zwar das offiziell angestrebte Fernziel,[623] doch die Eingrenzung auf den "Gretchentyp" schien auch den Verantwortlichen im Propagandaministerium zu eng für die deutsche Frau zu sein. Aber das Vorbild des "Gretchens", mit dem gebräunten Teint und ihren blonden Zöpfen, zeigte Wirkung, wie die vielen Inserate für Bräunungscremes und Blondierpasten in den Zeitschriften beweisen.[624]

Im grossen Rahmen betrachtet sind in den vorherigen Kapiteln die Produktionsmittel und Herstellungsbedingungen der Modefotografie beschrieben und erläutert worden. Die noch ausstehenden Gliederungspunkte, die Publikationsorte und die Stile der Modefotografie, werden in den nächsten Kapiteln abgehandelt.

7. Frauen- und Modezeitschriften im Dritten Reich, ihre Modefotografen und ihr Umgang mit der Modefotografie

Auf die Geschichte der Modepresse wurde schon zu Beginn der Arbeit in dem Kapitel über die Modeabbildungen ausführlich eingegangen. Darauf aufbauend sollen hier die Frauen- und Modezeitschriften im Dritten Reich untersucht werden. Zunächst gilt es zu klären, welche Zeitschriftentitel auf dem Markt erhältlich waren und wie diese in Bezug auf die Modefotografie einzuordnen sind. Dieser Einteilung folgt die Vorstellung verschiedener Titel. Um bei der Bestimmung des Individualstils eines Fotografen nicht den Stil des Heftes, für das er gearbeitet hat, zu beschreiben, sondern seinen eigenen Stil, ist es wichtig, zu definieren für welchen Stil oder welche Zielgruppe das jeweilige Modeheft stand. Ein weiterer wesentlicher Punkt ist die Frage in wie weit sich die einzelnen Moderedaktionen dem herrschenden nationalsozialistischen Zeitgeist anpaßten oder versuchten, ihren eigenen unabhängigen Weg zu gehen.

7.1. Der Markt für den Verkauf von Modefotografien

In den späten Zwanziger Jahren war Berlin das Mekka vieler nationaler und internationaler Fotografen.[625] 1931 gab es in Berlin 47 Tageszeitungen, 33 Stadtteiltageszeitungen, rund 50 Wochenzeitungen, neun Illustrierte und fünf illustrierte Wochenendbeilagen großer Tageszeitungen, die alle fotografische Abbildungen druckten.[626] In allen genannten Zeitungen und Illustrierten-Zeitschriften wurden gelegentlich Modefotografien veröffentlicht.

Die Redaktionen vieler Magazine, die ihren Erscheinungsort in anderen Städten Deutschlands hatten, arbeiteten in Berlin. Außerdem hatten viele nationale und internationale Bildagenturen Niederlassungen in Berlin. Berlin war die unangefochtene Pressehauptstadt Deutschlands.[627]

Diese Aufzählung umfaßt nur Zeitschriften mit allgemeinerem Inhalt. Um einen Eindruck von der Vielfalt der Titel zu vermitteln, die sich spezieller an Frauen richteten und regelmäßig über Mode berichteten, soll hier eine fast vollständige Auflistung erfolgen. Sie wurde aus einer 199 Titel umfassenden Liste herausgesucht, die am 05.04.1940 in der Adjudantur Adolf Hitlers erstellt worden war und alle diejenigen Zeitschriften beinhaltete, die Hitler vorgelegt wurden.[628] Adressiert war sie an Ernst Herbert Lehmann vom Reichsministerium für Volksbildung und Propaganda.[629] Seine Dienststelle war mit der Überwachung der illustrierten Presse beauftragt. Er konzentrierte sich besonders auf die Modeveröffentlichungen. Die in der Adjudanturliste fehlenden Familien-, Frauen- oder Modetitel wurden vom Autor in Klammern hinzugefügt.

Liste der Illustrierten, Frauen- und Modezeitschriften, Stand April 1940 (in alphab. Folge)

■ wöchentlich erschienen:
>Berliner Hausfrau< ... 0,35 RM
>Berliner Hausfrau mit Versicherung< ... 0,45 RM
>Daheim< ... 0,35 RM
>Familien Illustrierte< ... 0,10 RM
>Filmwoche< ... 0,30 RM
>Hella B.< ... 0,20 RM
>Illustrierter Filmkurier< ... 0,10 RM
>Junge Dame< ... 0,25 RM
(>Rundblick mit Versicherung<) ... 0,20 RM
(>Völkische Frauenzeitung<) {630}

■ vierzehntägig erschienen:
>Blatt der Hausfrau< ... 0,65 RM
>Dame< ... 1,00 RM
>Deutsches Familienblatt< (ab Mai 1941 monatlich)
>Das Buch für Alle< {631} ... 0,40 RM
>Deutsche Frauenzeitung< ... 0,30 RM
>Deutsch Modenzeitung< ... 0,45 RM
>Elegante Welt< ... 1,00 RM
>Familienmagazin< ... 0,10 RM
>Mode und Heim< ... 0,50 RM
>NS-Frauenwarte< ... 0,27 RM
>Silberspiegel< ... 1,00 RM
>Wir Mädel< ... 0,40 RM

■ monatlich erschienen:
>Beyers Mode für Alle< ... 0,50 RM
>Bunte Mode< ... 0,75 RM
(>Der Konfektionär<)
(>Deutsche Landfrau<) {632}
>Deutsche Mädel< ... 0,20 RM
>Deutsche Rundschau< ... 1,00 RM
>Europäische Revue< ... 1,50 RM
>Der Deutsche Film< ... 0,50 RM
>Frauenfleiss< ... 0,45 RM
(>Frauenkultur im Deutschen Frauenwerk<) ... 0,90 RM
(>Gartenlaube<)
>Handarbeit und Wäsche< ... 0,70 RM
(>Handschuh<) {633}
>Herrenjournal< ... 1,00 RM
(>Korsett und Wäsche<) {634}
(>Mode<) ab Januar 1941 ... 1,00 RM
>Modenschau< ... 0,70 RM
>neue linie< ... 1,00 RM
>Neue Modenwelt< ... 0,80 RM
>Neue Moden< ... 0,75 RM
>Neue Modenzeitung< ... 0,80 RM
>Wiener Magazin< ... 1,00 RM
>Wienerin< ... 0,90 RM

Diese einundvierzig Titel zählende Liste beinhaltet nur einen Ausschnitt der Zeitschriften, die Modefotografien veröffentlichten. In Sperlings Zeitschriften- und Zeitungsadressbuch von 1939 wurden 123 Zeitschriften als reine Modeblätter bezeichnet.{635}

Neben dem deutschen Markt für Modefotos gab es auch noch weitere Veröffentlichungsmöglichkeiten auf internationaler Ebene. Sie konnten mit Hilfe einer der vielen in Berlin vertretenen Bildagenturen durchgeführt werden.{636} Abnehmer für deutsche Modefotografie war die Presse der Modeimportländer Deutschlands. Diese Länder waren Bulgarien, Dänemark, Holland, Italien, Rumänien, Schweden, Schweiz, Spanien, Tschechoslowakei und Ungarn.{637} Mit dem Fortschreiten des Krieges verlor der Modefotoexport, durch das Verschwinden der Märkte für deutsche Mode, seine bis dato relativ geringe Bedeutung bald ganz.{638}

Ob französische, amerikanische oder englische Magazine Modefotografien aus Deutschland druckten, muß noch untersucht werden. Es dürfte sich aber nur um einen geringen Prozentsatz gehandelt haben, denn zwischen den einzelnen Ländern herrschte auf dem Gebiet der Modezeitschriften große Konkurrenz. Die deutschen Publikationen waren zum Teil in Frankreich und vereinzelt auch in Amerika erhältlich.{639} Gut funktionierte der Zeitschriftentransfer allerdings vor allem nach Deutschland hinein. Französische und amerikanische Magazine waren in Berlin bis 1939 problemlos am Kiosk zu kaufen (siehe Abb. 7.1./1.).{640} Vor allem im Frühjahr und im Herbst, wenn die Zeit der großen Modenschauen im In- und Ausland war, wurde in den deutschen Zeitschriften ausländisches Modebildmaterial präsentiert.

7.2. Die Bedeutung der Modefotografie in den Zeitschriften

Die oben aufgelisteten Zeitungen und Zeitschriften lassen sich nach folgenden Kriterien ordnen: Wieviele Modeseiten wurden veröffentlicht und welche Bedeutung hatten Modefotografie und Modegrafik in der Berichterstattung.

Im weiteren Verlauf dieses Kapitels werden verschiedene Zeitschriften vorgestellt, wobei mit jenen begonnen wird, die pro Heft nur wenige Modefotografien zeigten. Parallel zur Vorstellung einzelner Hefte wird auf die Funktion der Modepresse, ihre Produktionsweise und andere in Bezug auf die Modefotografie interessante Aspekte eingegangen.

Bei der Untersuchung ergaben sich vier unterschiedlich große Gruppen:

1. Tageszeitungen und Illustrierte

2. Verbands-, Familien- und Frauenzeitschriften mit und ohne Versicherungsmitgliedschaft, "Anderes und Mode"

3. Frauen- und Modezeitschriften, "Mode und Anderes"

4. Modezeitschriften und Modefachzeitschriften, "Nur Mode"

Die vier Gruppen wurden folgendermaßen gebildet: Die Titel, die die Modefotografie annähernd gleich gewichteten, wurden in einer Gruppe zusammengefaßt.

Die vielen Tageszeitungen und Illustrierten zeigten nur relativ wenige Modefotografien. Bei der Recherche zu dieser Arbeit wurde deshalb das Augenmerk in erster Linie auf die Modefotografie in modespezifischen Zeitschriften gelenkt. Eine genaue Definition der Gattung "Zeitschrift" zu geben ist fast unmöglich: *"Es ist nur eine Konsequenz der außerordentlichen Verschiedenheit der tatsächlichen Erscheinungen (der Zeitschriften- Erg. d. Verf.), dass eine allumfassende und dabei doch scharf abgrenzende Begiffsbestimmung der Zeitschrift nie zu finden ist. Man kann die Zeitung aus der Gattung der periodischen, Presse herausheben, nicht aber die Zeitschrift."*{641}

Möchte man die unter dem Begriff "Zeitschrift" zusammengefaßten Objekte aber trotzdem genauer bezeichnen, so kann man sich auf Ernst Herbert Lehmanns{642} Definition von 1936 berufen: *"Eine Zeitschrift ist ein regelmäßig erscheinendes Druckwerk, das mit der Absicht der unbegrenzten Dauer, begründet in seinem überwiegenden Teil nicht an die Geschehnisse das Tages gebunden ist oder nur die neuesten Ereignisse eines Fachgebietes berücksichtigt. Die Einzelstücke sind inhaltlich und drucktechnisch mannigfaltig, doch zeigen sie -ebenso wie ihre fortlaufende Reihe- eine durch geschlossene geistige Führung bewirkte innere und äußere Einheitlichkeit. Zeitschriften dienen meistens nur begrenzten Aufgabengebieten, die Weite ihrer Öffentlichkeit ist daher verschiedenartig. Sie entsprechen in ihrer Gestaltung den*

Bedürfnissen eines oft weit verstreuten Leserkreises und sind deshalb nur lose an ihren Standort gebunden."[643] Lehmann war Nationalsozialist. Er war studierter und promovierter Kunst- und Zeitungswissenschaftler und habilitierte sich als erster Zeitungswissenschaftler im Okotober 1935 in Heidelberg. Im Januar 1936 bekam er als erster ordentlicher Professor für Zeitschriftenforschung einen Lehrstuhl an dem Institut für Zeitungswissenschaft in Berlin. Seine Lehrtätigkeit betrachtete er jedoch als "Nebentätigkeit", denn hauptberuflich war er Beamter im Reichsministerium für Volksaufklärung und Propaganda. Dort war er unter anderem für die Lizensierung und Freigabe der Zeitschriften zuständig.[644]

7.2.1. "Anderes und Mode" - Verbands-, Familien- und Frauenzeitschriften mit und ohne Versicherung

Es war bereits in den Dreißigern bekannt, dass das Interesse der Leserinnen für die Zeitschriften vor allem durch die Modeberichterstattung erweckt wurde. Der Wandel der Mode sorgte außerdem für stetige Nachfrage nach Zeitschriften.[645] So warb die 1933 eingestellte sozialdemokratische Frauenzeitung, >Frauenwelt< schon 1924 damit, dass sie in jedem Heft vier Modeseiten garantiere.[646]

Wie kam es zu dieser hohen Attraktivität der Modepräsentation in Zeitschriften? Barbara Buffa, die von 1956 bis 1983 Modechefin der Frauenzeitschrift >Brigitte< war, sah eine der Aufgaben der Modepräsentation in Zeitschriften darin, dass sie durch Bild und Text geschmacksbildend wirkt. Die tiefere Aufgabe der Modezeitschrift sei es aber, der Leserin durch die gelungene Identifikation mit der abgebildeten Mode das Erfolgserlebnis zu vermitteln, sich richtig angezogen zu wissen. Dieses bot den Leserinnen einen Zugewinn an Selbstsicherheit und um diese zu erlangen, mußte die Leserin in der Mode ständig auf dem aktuellen Stand sein.[647]

Was "Mode" in Zeitschriften und anderen Presseorganen des Dritten Reiches bedeutete, war 1935 in den Richtlinien für redaktionelle Hinweise in Tageszeitungen, Zeitschriften und Korrespondenzen genau festgelegt worden. Die Richtlinien waren in Zusammenarbeit des Werberates der deutschen Wirtschaft, der Reichspressekammer und dem Reichsverband der deutschen Presse festgelegt und herausgegeben worden.[648]

Dort hieß es im zweiten Teil zu Berichten über Veranstaltungen aus den Bereichen Sport, Mode, Theater und Film zum Unterpunkt:

"B. 7. Mode

Der Begriff Mode umfaßt in diesem Zusammenhang alles, was mittelbar oder unmittelbar zur Bekleidung gehört. Auch bei der Modeberichterstattung gilt der Grundsatz, dass irgendwelche Reklame mit der Berichterstattung keinesfalls verbunden werden darf. Preissangaben und Nennungen von Herstellerfirmen sind im Textteil verboten. Für solche Eigenwerbung ist der Anzeigenteil da. Lediglich bei Beschreibungen und Abbildungen von Modellen, die als künstlerische Neuschöpfungen angesehen werden können, ist die Nennung der Urheberschaft bzw. der Name der Modellfirma, die die Urheberrechte besitzt, gerechtfertigt. Der Name darf jedoch in keiner Weise, weder typographisch noch durch lobende werbende Zusätze, hervorgehoben werden.

Bei Veröffentlichung von Schnittmustermodellen ist die Nennung der Kenn-Nummern und Marke erlaubt. Solche Veröffentlichungen im Textteil dürfen aber nicht als Anzeigenwirken, auch darf damit keinerlei Eigenwerbung für die Schnittmusterfirma verbunden werden.

Berichte über Modeschauen sollen nicht nur mitteilen, was es saisonmäßig Neues gibt, sondern auch dazu Stellung nehmen.

(...)

Bei der Bezeichnung des Materials (Stoffe, Kunstseide, Häkel- und Strickgarne usw.) dürfen Herstellerfirmen nicht genannt werden und Marken nur dann, wenn zur Unterscheidung eine andere Bezeichnung unmöglich ist.

(...)

Bei modischen Berichten über Wäsche, Trikotagen, Handtaschen usw. ist besonders sorgfältig zu verfahren. Es ist selbstverständlich, dass im Text- oder Bildteil nicht behandelt werden darf, was sinngemäß in den Werbeteil gehört. Neuerungen dürfen im Textteil wohl besprochen und im Bild gezeigt werden, aber ohne Angabe der Herstellerfirma, die auch in der Bildunterschrift nicht genannt werden darf.

Um eine Verquickung von Modeberichterstattung und Firmenwerbung zu unterbinden, ist es verboten, solche Bilder, die eine Firma für eigene Werbezwecke herstellen ließ und verwendet, an Schriftleitungen weiterzugeben."[649]

Es ist interessant, dass von den Moderedakteuren eine klare Stellungnahme zu den von ihnen beobachteten Veränderungen der Mode gefordert wurde. Es wurde also keine neutrale Berichterstattung gewünscht, sondern eine, die propagandistischen Vorgaben gerecht wurde. Auch die Modeberichterstattung unterlag also der staatlichen Lenkung.

Wer gegen die oben genannten Richtlinien verstieß, dem drohten Strafen von der "Veröffentlichung der Schandtat", über ein Bußgeld bis hin zum Berufsverbot.[650]

Der Gesetzgeber unterschied bei der Einordung aller Zeitschriften danach, ob sie sich überwiegend durch den Verkauf der Hefte finanzierten, wie dieses die Verbandszeitschriften taten, oder ob sie überwiegend von den Anzeigenkunden lebten. Verbandszeitschriften durften nur einen kleinen Prozentsatz durch Anzeigenkunden hinzuverdienen, sonst wäre ihnen die Gemeinnützigkeit aberkannt worden.

Die >Frauenwelt< war eine Verbandszeitschrift, wie es sie in den Dreißigern in großer Anzahl gab. Das "Paradestück" dieser weltanschaulich gebundenen Frauen- und Familienzeitschriften war die >NS-Frauenwarte<. Auf sie soll später noch genauer eingegangen werden.

Neben den Verbandszeitschriften politischer und religiöser Gruppierungen gab es Zeitschriften, die ihren Abonnentinnen eine Kranken,- Lebens- und Unfallversicherung oder eine Rente anboten. Frauen, die als Hausfrau und Mutter arbeiteten, hatten dadurch die Chance, sich eine gewisse soziale Absicherung außerhalb der Familie zu schaffen. Die Mode diente in diesen Heften mehr oder weniger als schmückendes Beiwerk, das darin bestand, Mode zum Selbstanfertigen zu präsentieren. Der Anteil der Modezeichnungen überwog den an Modefotografien bei weitem. Selbst als es bei den großen Blättern schon so war, dass die Modezeichnung an Bedeutung verloren hatte, wurde in den Illustriertenverbandszeitschriften und denen, die Versicherungen anboten, aus Gründen der Sparsamkeit auf Modefotografien verzichtet. Wenn Modefotografien gezeigt wurden, dann waren das die Darstellungen biederer, solider und zweckmäßiger Kleidungsstücke. Die Leserschaft dieser eben beschriebenen Periodika kam fast ausschließlich aus der Arbeiterschaft und dem kleinbürgerlichen Millieu.

Die Verbands- und Familienzeitschriften bezogen ihre Modeseiten und Modeabbildungen häufig komplett von einem der großen Verlage, wie dem Deutschen Verlag, Berlin (ehemals Ullstein[651]), dem Otto Beyer Verlag in Leipzig oder dem Universal Verlag W. Vobach & Co, der auch in Leipzig ansäßig war. Diese Verlage gaben natürlich auch Zeitschriften für die oben genannte Zielgruppen heraus, wie beispielsweise der Verlag W. Vobach & Co >Das Buch für Alle<.

7.2.1.1. >Das Buch für Alle<

Die Familienzeitschrift >Das Buch für Alle<, ihr gesamter Titel lautete seit Juni 1941: >Das Buch für Alle, vereinigt mit Deutsches Frauenblatt und Sport und Gesundheit<[652], bot seinen Leserinnen und Lesern eine "Unfall- und Sterbegeldversicherung für Abonnent und Mitversicherten"[653]. Es war aber auch ohne Mitgliedschaft zu beziehen (siehe Abb. 7.2.1.1./ 1.).

1935, anläßlich des siebzigjährigen Bestehens von >Das Buch für Alle< schrieb der Chefredakteur Curt Waldenburger (*1903-†1976) im Editorial: *"Mit dem "Buch für Alle" sollten die Leser einen Blick in die weite Welt tun und sich zugleich bewußt werden, welche hohen Werte ihnen in Volk und Heimat geschenkt waren. (...) Dieser deutschen Familie zu dienen, das war das Ziel, (...) dass das "Buch für Alle" stets seine Leser fördern und bereichern und ihnen helfen und raten wollte.*"[654] Auf durchschnittlich vierzig Seiten[655] zeigte Waldenburger, der ab 1948 die Zeitschrift >Film und Frau< leitete, die für Familienzeitschriften übliche Mischung von Rubriken und Inhalten:[656] Fortsetzungsromane, Kurzgeschichten, Reiseerzählungen und dem politischen Geschehen angepaßte Propagandaberichte von der Heimat- oder Kriegsfront in Verbindung mit Durchhalteparolen. Aufrufe Rohstoffe zu sparen und Spendenaufforderungen für das Winterhilfswerk füllten die Seiten. Die staatliche Propaganda nahm in den Jahren bis 1939 an Umfang so weit zu, dass sie in den Monaten nach Kriegsbeginn, also ab September 1939 in den Heften von Nummer 20 bis 24 gut 50 Prozent des Heftinhaltes ausmachte. Der Propagandaanteil der Hefte blieb danach im Vergleich zu anderen Zeitschriften weiterhin sehr hoch und schwankte um die 30 Prozent.[657] Aus dem Einerlei der Hefte sollten die unregelmäßigen Berichte über Kunst und die alljährliche "Große deutsche Kunstausstellung" herausstechen.[658]

Den zwei Modeseiten, die meist mit Zeichnungen von Förster oder Prochnow illustriert waren, gingen fünf Werbeseiten voraus.[659] Das Neue an dem fünfzehnseitigen "Buch" war, dass sein Titelblatt überwiegend Fotos und nur sehr selten Zeichnungen zeigte. Das Heft 7 des inhaltlich mit dem >Buch für Alle< identischen >Deutschen Familienblatt< von 1938 zeigte ein Farbfoto auf dem zwei Kindern mit ihrem Hund auf einer Wiese sitzend abgebildet sind (siehe Abb. 7.2.1.1./ 2.). Eingebunden in ein Layout, das entfernt an graphische Versuche des Bauhauses der Zwanziger Jahre erinnerte, den Titelschriftzug in abgeschwächter Fraktur oder in deutscher Schrift auf weißen Grund, wurden Fotografien im Heimatstil gezeigt, seltener Schauspielerporträts. Sachsses Theorie von dem Rückzug der Fotografen in die Idylle trifft hier voll zu.[660] Im Jahr 1942 wurde nur eine Modedoppelseite mit Modefotografien veröffentlicht. Zehn Aufnahmen, die aus Berlin (Rolf W. Nehrdich), Leipzig (Vobach-Atelier und Hackstein) und Wien (Kitty Hoffmann) kamen, zeigten Strickwaren für die Heimat und die Front (siehe Abb. 7.2.1.1./ 3.). Die Fotografien ähneln sich aufgrund ihrer Schlichtheit. Sie sind ohne Verzierung. Durchweg hartes Licht, das besonders geeignet ist, die Struktur von Handstrickkleidung sichtbar zu machen, sorgt für große Schärfe. Alle Figuren sind wie im Lehrbuch, mit Kopf- und Hauptlicht, von einer Seite ausgeleuchtet.[661]

Bereits in den Jahren vor dem Krieg gab es im >Buch für Alle< nur wenig Modefotos. Diese Modefotos wurden überwiegend von den Berliner Modefotografen Lilli Niebuhr und Karl-Ludwig Haenchen geliefert und entsprachen in ihrer Qualität den einfachsten gestalterischen Anforderungen an ein Modefoto (vgl. Abb. 6.2./ 2.).

7.2.1.2. >NS-Frauenwarte, die einzige parteiamtliche Frauenzeitschrift<

Die >NS-Frauenwarte<[662] erschien als einzige Zeitschrift im Verlag der "NS-Frauen-Warte".[663] Sie war das Organ der NS-Frauenschaft und ihrer Vorsitzenden der "Frauenführerin" Gertrud Scholtz-Klink (siehe Abb. 7.2.1.2./ 1.).[664] Den Anliegen der Organisation entsprach auch der Inhalt. "Diese Zeitschrift brachte die speziell für Frauen bestimmte Propaganda sozusagen in Reinkultur."[665] Was das bedeutete, wurde 1940 im Handbuch der Zeitungswissenschaft unter der Überschrift "Frauenzeitschrift" von Annaliese Zander-Mika folgendermaßen zusammengefaßt: *"Eine ganz neue Form der Frauenzeitschrift hat die nat. soz. Erhebung 1933 gebracht. Das Ziel war damals und ist es fortan, die Frau als Mutter anzusprechen. Kein sozialer Unterschied, keine bildungsmäßige Schichtung konnte dabei von Belang sein. Man suchte und fand eine Form, die wirklich das Blatt der Frau wurde. Seitdem wurden besonders jene Fragen in den Mittelpunkt gestellt, die jede Frau angehen. Erst die neueste Zeit hat die Frauenzeitschrift in den Dienst des völkischen Gedankens gestellt und so die Möglichkeit geschaffen, die gesamte Frauenwelt aller Bevölkerungsschichten anzusprechen. Nach wie vor anerkennen und verteidigen Blätter wie "Frauen-Kultur", "NS-Frauenwarte", "Völkische Frauenzeitung", "Die deutsche Landfrau", "Die Frau am Werk" u.a. die Notwendigkeit der Frauenberufsarbeit, aber die Frau als Mutter steht im Mittelpunkt des Interesses."*[666]

Zwischen 1934 und 1939 steigerte die >NS-Frauenwarte< ihre Auflage von ca. 300.000 gedruckten Exemplaren auf 1.500.000 Exemplare. Damit wurde sie zu einem Massenblatt. Die Leserinnen der >NS-Frauenwarte< waren sowohl Abonnentinnen, als auch Kundinnen, die das Heft am Kiosk für den, wie man im Vergleich mit der Liste oben sehen kann, sehr günstigen Preis von 0, 27 RM kauften.

Die >NS-Frauenwarte< hatte bis 1941 durchschnittlich 33 Seiten. Sie erfuhr in ökonomischer Hinsicht eine Sonderbehandlung. So mußte ihr Erscheinen erst ab April 1942 von vierzehntägigem auf einen nur noch dreiwöchigen Rhythmus herabgesetzt werden. Aus den großen Stillegungsaktionen im Januar 1943 und dem Ende des "werbenden Zeitschriftenhandels auf Kriegsdauer"[667], der am 19. September 1944 ausgerufen wurde, ging sie im Vergleich zu anderen Zeitschriften jeweils nur gekürzt hervor und konnte weiterhin erscheinen. Allerdings wurden im Jahr 1944 nur noch zwei Hefte herausgegeben.

Die Hefte der >NS-Frauenwarte< waren immer gleich aufgebaut: Die ersten Seiten brachten ideologische Belehrungen. Das waren Reden der Frauenführerin, Aufrufe Adolf Hitlers und ähnliches. Häufig war das ganze Heft einem Thema unterstellt, etwa der Gesundheit, der Heimat oder der Ernährung. Nach den thematisch zusammengefaßten Artikeln am Anfang, folgte der obligatorische Fortsetzungsroman, dann die Modeseiten sowie Haushalts- und Küchentips. Die letzten Seiten brachten neben den Fortsetzungen der vorn begonnenen Texte reichlich Anzeigenwerbung. Hier wurde alles, was für Haushalt und Schönheit denkbar war, angeboten. Mit Ausnahme von Parfum oder Lippenstift, das in der >NS-Frauenwarte< nie beworben wurde. Bräunungscremes und Haartönungen zu bewerben, war allerdings selbst in dem Hauptideologieträger erlaubt. Eine Ausgabe der >NS-Frauenwarte<, die sich thematisch ausschließlich der Mode widmete, gab es nicht. Es gehörten aber immer zwei bis acht Modeseiten, die überwiegend mit Modezeichnungen illustriert waren, zum Serviceteil des Heftes.

In den Jahren 1936 bis 1940 wurden durchschnittlich zwei Modefotografien pro Heft gezeigt. Die Veröffentlichung von Modefotografien steigerte sich in den Jahren von 1941 bis 1943 auf ungefähr 4 Modefotos pro Heft. Im Jahr 1943 gab es nur ein Heft, in dem überaupt keine Mode gezeigt wurde.[668] Die Mode, die in der >NS-Frauenwarte< veröffentlicht wurde, sollte alle Frauen mit Ausnahme derer, die der städtischen Oberschicht angehörten, ansprechen.[669] *"Die gewählten Formen sollen dem heutigen Lebensgefühl und den Lebensbedürfnissen breiter Frauenkreise Rechnung tragen.(...) Modische Übertreibungen und fremdvölkische Einflüsse sollen vermieden werden. Alle Formen sollen deutscher, nordischer Eigenart entsprechen. Der nordische Leitungstyp, nicht der westliche Darbietungstyp soll in Zukunft die deutsche Kleidgestaltung beeinflussen und beherrschen."*[670] Im Juni 1936 formulierte Agnes Gerlach hiermit das Motto der Modeauffassung für die >NS-Frauenwarte<. Eine einzige Ausnahme dieser Vorgabe war die modische Abbildung eines italienischen Hosenanzuges für Frauen in Heft 1 des Jahres 1938, das im Juli erschien. Das schräg von unten aufgenommene Foto der ganzen Person stammt von Erich Balg.[671] Sonst folgte Gertrud Villforth, die von spätestens 1938 bis zum letzten Heft 1944 Sachbearbeiterin des Mode- und hauswirtschaftlichen Teils war, immer den Vorgaben des >Zeitschriften-Dienstes<. Dessen Devise lautete seit September 1939 "Aus alt mach neu".[672] Darüber hinaus wurde immer wieder darauf hingewiesen, dass die Frauen nicht der internationalen Modelinie, die eine Verlängerung der Röcke vorsah, folgen sollten. Dahinter verbarg sich der Gedanke dass dieses zu viel Stoff verbrauchen würde.[673]

Wie gering der Stellenwert der Mode in den Heften für die Redaktion war, wird daran deutlich, wie selten der Mode mehr Raum als üblich gegeben wurde. In der Einleitung einer Modebeilage der >NS-Frauenwarte< aus dem Septemberheft 1941 hieß es: *"Wenn wir jetzt nach zweijähriger Pause unseren Leserinnen wieder einen Modebericht bringen, so aus dem Grunde, damit sie sich selbst davon überzeugen können, welche Fortschritte das deutsche Modeschaffen auch während des Krieges erreicht hat."*[674]

Dass der letzte größere Modebericht im September 1941 schon zwei Jahre zurücklag, zeigt, dass der Mode in der >NS- Frauenwarte< über die Serviceseiten hinaus relativ wenig Aufmerksamkeit zu Teil wurde.

Die meisten veröffentlichten Modefotografien waren von Lilli Niebuhr, mit großem Abstand gefolgt von Karl-Ludwig Haenchen, Sonja Georgi, Gertrud Hesse (nur Modestills) und Hubs und Ilse Flöter.

Es folgt eine Aufstellung darüber, welche Fotografen in wievielen Heften der 121 untersuchten >NS-Frauenwarten< ihre Modefotos veröffentlichten:

Lilli Niebuhr (70), Karl-Ludwig Haenchen (35), Sonja Georgi (20), Gertrud Hesse (13, davon 11 x Modestills), Hubs und Ilse Flöter (11), Dr. Weller (10, davon 6 x Modestils), Becker & Maaß (8), Anneliese Tovote (8), Erwin Balg (6, davon 3 x Modestills), Rolf W. Nehrdich (4), Imre von Santho (4), Ewald Hoinkis (3), Quick-Bildagentur (3).

Nur in einem Heft vertreten waren: das Atelier Binder (nicht im redaktionellen Teil, sondern mit Elbeo-Strumpfwerbung) so wie Hans Dietrich und Kitty Hoffmann aus Wien und Aenne Heise aus Hannover.

Aus Berlin veröffentlichten außerdem noch: Fritz Kempe, Reinhardt und Bruno Winterfeld.[675]

Eine Auszählung der Modefotos ergibt, dass Lilli Niebuhr mit 171 Fotos die meisten Veröffentlichungen hatte. Es folgten Karl-Ludwig Haenchen mit 74 Bildern, Sonja Georgi mit 36 und Hubs und Ilse Flöter mit 24. Hinsichtlich der durchschnittlichen Veröffentlichung der Modefotos pro Heft war es wiederum Lilli Niebuhr, die die Liste anführte. Sie veröffentlichte pro Heft, in dem sie vertreten war 2,44 Fotos, gefolgt von den Flöters mit 2,18 Bildern pro Heft, Karl-Ludwig Haenchen mit 2,11 und Sonja Georgi mit 1,8 Bildern pro Heft.

Dank des erhaltenen Rechnungsbuches von Lilli Niebuhr ist bekannt, dass sie dem Frauenwarten-Verlag für die Veröffentlichung eines Modefotos ca. 11,10 RM berechnen konnte.[676] Im Vergleich zum Honorar der >Eleganten Welt<, das um 1936 schon zwischen 30,- und 50,- RM pro Bild lag, war das relativ wenig. Das erklärt zum Teil warum die in dieser Kategorie gezeigten Modefotos recht einfach und unkompliziert gehalten wurden.[677]

Dass Modefotografen wie heute üblich nach ihrer Auflagenhöhe bezahlt wurden, hatte sich in den Dreißiger und Vierziger Jahren noch nicht durchgesetzt, doch war es zumindest für die Reportagefotografen in der Diskussion.[678] Bei einer Auflage von 1,5 Millionen gedruckten Exemplaren hätte Lilli Niebuhr besser an ihren Veröffentlichungen verdienen können. Nach den Abbildungen zu urteilen, werden die anderen Verbandszeitschriften ähnlich niedrige Honorare bezahlt haben. Da die Fotografen ihre Fotografien nicht nur in einem Heft veröffentlichten, sondern es durch die Zusammenarbeit mit den Verlagen möglich war, dass eine Fotografie in mehreren Verbandszeitschriften veröffentlicht wurde, konnte ein Bild unter Umständen mehrfach honoriert werden.

7.2.1.3. >Frauenkultur im Deutschen Frauenwerk<, die "Frauenwarte" der Beamtenfrau

Im Erscheinungsbild der >NS-Frauenwarte< recht ähnlich, jedoch auf eine andere Zielgruppe ausgerichtet, war die Verbandszeitung der Deutschen Frauenkultur im Deutschen Frauenwerk (siehe Abb. 7.2.1.3./1.).[679] Ab 1933 wurden alle Frauenverbände unter einem Dachverband, der NS-Frauenschaft, zusammengefaßt. Sie konnten aber je nach ihrer ideologischen Ausrichtung weiter arbeiten.[680] Der Verein "Das deutsche Frauenwerk" wandte sich überwiegend an die Frauen der bürgerlichen, intellektuellen Mittelschicht. Die Verbandszeitschrift erschien monatlich mit wechselnden Titelzügen. Die verschiedenen Titel sind heute nicht mehr nachzuvollziehen, da die Ausgaben der Verbandszeitung nicht vollständig erhalten sind. Sicher nachweisbar sind die beiden Titel >Frauenkultur im Deutschen Frauenwerk< und >Frauenwerk<. Diese erschienen wiederum zeitweilig in zwei Heften pro Ausgabe. Die eine Ausgabe kostete -,90 RM und beinhaltete jeden Monat eine zusätzliche Modebeilage mit Fotos und Schnittmustern, sowie alle zwei Monate einen Arbeitsbogen. Die andere Ausgabe kostete -,50 RM und brachte nur das Heft ohne Beilagen. Der Preis der Ausgabe A war ziemlich hoch, wenn man bedenkt, dass auch die Luxusmagazine 1,- Mark kosteten. Die >Frauenkultur im Deutschen Frauenwerk< war die kleine, etwas liberalere Schwester der >NS-Frauenwarte<. Auch sie konnte bis in den Herbst 1944 erscheinen, doch sie erreichte nur eine Auflage von etwa 24.000 gedruckten Exemplaren.[681] Ihr Inhalt wurde erst nach Kriegsbeginn, wie dann bei allen anderen deutschen Frauenzeitschriften auch, offen für die nationalsozialistische Propaganda genutzt.[682]

Die Zeitschrift des Deutschen Frauenwerkes zeichnete sich durch ihre hohe Qualität im Erscheinungsbild und in ihrem Inhalt aus. Auf hochwertigem Papier gedruckt, wie es auch >Die Dame< benutzte, war der Einband aus mattem Karton und zeigte keine Zeichnungen oder Fotografien, sondern Schriftzüge und eine Inhaltsangabe. Für jedes Heft gab es eine farblich variierende Titelgraphik. Im Inneren des Heftes wurden dagegen Text und Bild gepflegt. Der Akzent lag hier -im Gegensatz zur stärker bebilderten und untergliederten >NS-Frauenwarte<- eindeutig auf den sehr umfangreichen und zum Teil sehr literarischen Textbeiträgen. Sie wurden häufig von mit ganzem Namen genannten promovierten Frauen verfaßt. Besondere Themenschwerpunkte waren: Komponistinnen, Forscherinnen und allen voran Schriftstellerinnen. Auffällig ist, dass es keine Haushalts- oder Küchentips gab. Die Handarbeit dagegen fand breite Beachtung, besonders das Weben und das Basteln mit Kindern.

Die Zeitschrift wurde von Frauen für Frauen gemacht, sogar alle Modefotografien wurden von Fotografinnen aufgenommen. Der Modeteil wurde in Zusammenarbeit mit der Modeabteilung des Otto Beyer Verlages in Leipzig erstellt, bei dem das Heft auch herausgegeben wurde. Verantwortlich für den kunstgewerblichen Teil war Agnes Gerlach, die gelegentlich auch für die >NS-Frauenwarte< schrieb. Die Bildzahl schwankte, wie bei der >NS-Frauenwarte<, zwischen 5 und 15 Modefotografien pro Heft. Der Kreis der gezeigten Modefotografinnen war von 1934 bis 1942 konstant und dem der >NS-Frauenwarte< sehr ähnlich: Gertrud Hesse aus Duisburg, Aenne Heise aus Hannover und Lilli Niebuhr aus Berlin lieferten 90 Prozent aller Modefotografien. Daneben wurden wenige sehr amateurhafte Modefotografien unbekannter Fotografinnen veröffentlicht. Im Vergleich mit der >NS-Frauenwarte< ist festzustellen, dass abgesehen von den Beiträgen der Amateurfotografinnen in beiden Zeitschriften der gleiche Qualitätsstandard in der Modefotografie herrschte. Es wurden einfache Bildkompositionen bevorzugt, bei denen nur wenig Ambiente für ein Mindestmaß an Stimmung sorgte.

7.2.2. "Mode und Anderes" - Frauen- und Modezeitschriften

Die Gruppe dieser Zeitschriften war gemessen an den Auflagenhöhen die größte. Bei den Inhalten der Zeitschriften in dieser Gruppe standen Mode und Bekleidung zwar nicht immer im Vordergrund, dennoch waren sie ein wesentlicher und umfangreicher Bestandteil dieser Hefte. Hier sollen folgende Titel vorgestellt werden: die >Deutsche Modenzeitung<, als Magazin für den etwas kleineren Geldbeutel, die >Elegante Welt<, >die neue linie<, der >Silberspiegel< und >Die Dame< für das zahlungskräftige Großstadtpublikum und den Export. Diese aufwendigeren Magazine richteten sich an ein Publikum mit gehobenen Ansprüchen. Sie veröffentlichten viele Modefotos.

7.2.2.1. >Deutsche Modenzeitung vereinigt mit Beyer's Modenblatt Frau Volk Welt<

Die >Deutsche Modenzeitung< erschien seit 1890 im Otto Beyer Verlag Leipzig. 1939 hatte sie eine Drukkauflage von knapp 300.000 Exemplaren. Sie wurde auf qualitativ schlechtem Papier gedruckt (siehe Abb. 7.2.2.1./ 1.). Angesichts des recht dünnen Heftchens, im Schnitt war die Modenzeitung 17 Seiten stark, war der Preis von -,85 RM hoch. Der Heftaufbau war den anfangs beschriebenen Verbandszeitschriften sehr ähnlich.

Ab September 1939 waren die ersten zwei Seiten mit Propaganda besetzt. Es folgte eine Seite mit vermischten Inhalten, auf der über Themen wie Haustiere, Möbel oder "Pflichtjahrmädel" berichtet wurde.[683] Weiter ging es mit ein bis zwei Fortsetzungsromanen, die zwei Seiten einnahmen. Es folgten Haushalts- und Küchentips. Jetzt erst schloß sich der in seiner Ausdehnung variable Modeteil an. Hier wurde den Leserinnen auf durchschnittlich acht Seiten eine Modemischung für alle Altersstufen gezeigt, gelegentlich sogar für Männer, was die Nähe der Modezeitschriften zu den Familienzeitschriften deutlich macht.

Dabei überwog der Anteil der Modezeichnungen den Anteil der Modefotografie bei weitem. Es gab sogar Hefte ganz ohne Modefotografie. Die Fotografien stammten, da es sich um ein Produkt des Otto Beyer Verlages handelte, überwiegend von Lilli Niebuhr. Sie entsprachen deren Standard, was eine hohe technische Qualität und sehr konventionelle Kompositionen bedeutete.

Der Titel >Deutsche Modenzeitung< scheint für den heutigen Leser wiedersprüchlich, denn es handelt sich um keine reine Modezeitung. In ihr fanden sich nach mehreren Titelzusammenlegungen die Inhalte verschiedener Zeitschriftentypen, nämlich der Familien-, der Frauen- und der Modezeitschriften. Daher entsprach die >Deutsche Modenzeitung< mehr dem Typus einer illustrierten Zeitschrift.

Die in den oben vorgestellten Magazinen veröffentlichten Modefotos waren alle ohne speziellen inhaltlichen Auftrag produziert worden. Es wurde zwar vorher festgelegt, ob Mäntel, Kostüme oder Abendkleider fotografiert werden sollten, aber die Fotografen orientierten sich nicht an übergeordneten Themen.

Eine der Hauptanforderungen an diese Modefotos war es, möglichst in jedes Heft zu passen, unabhängig davon, welcher Verband oder welcher Verlag es veröffentlichen wollte. Diese Vorgabe förderte eine sehr große Einheitlichkeit der Modefotografien auf dieser Produktionsebene. So können beispielsweise die Fotografien von Yva, Karl-Ludwig Haenchen und Lilli Niebuhr für diesen Kundenkreis stilistisch kaum voneinander unterschieden werden, dagegen sollte die redaktionelle Modefotografie zu einem bestimmten Inhalt passen und dem Stil der Redaktion entsprechen.

Vor allem für die Redaktionen der Luxuszeitschriften, die "einer gesellschaftlichen Elite ein Bild ihres eigenen mondänen Daseins"[684] entwerfen wollten, war es wichtig, auch in den Abbildungen einen eigenen Charakter zu zeigen. Diese Erkenntnis setzte sich während der Dreißiger Jahre durch und fand ihren Ausdruck in einem neuen Layout und einer neuen Form der Modefotografie in den Luxusmagazinen.

In deren Sparte gab es in den Dreißiger Jahren auf dem deutschen Zeitschriftenmarkt vier konkurrierende Zeitschriften, die in Berlin produziert wurden: die >Elegante Welt<, den >Silberspiegel<, >die neue linie< und >Die Dame<. 1941 kam eine fünfte Zeitschrift, >Die Mode<, hinzu. Die vier zuerst genannten Zeitschriften gehören zu der Kategorie "Mode und anderes". >Die Mode< gehört in die Kategorie "Nur Mode". Deshalb wird sie im nächsten Kapitel vorgestellt, obwohl sie sehr viele Gemeinsamkeiten mit den im weiteren Verlauf dieses Kapitels vorgestellten Magazinen hatte.

Die Luxusmagazine richteten sich an beide Geschlechter. Die Modeberichterstattung war dabei nur eine Rubrik unter vielen. Der Umfang, in dem über Mode berichtet wurde, war saisonabhängig, doch lag er weit über dem der oben vorgestellten Kategorien.

7.2.2.2. >Sport im Bild< und >Die Elite< - Magazine der goldenen Zwanziger Jahre

>Sport im Bild. Das Blatt der Guten Gesellschaft< war ein überwiegend am Adel und dem Leben der höheren Gesellschaftsschichten orientiertes Magazin für 1,50 RM (siehe Abb. 7.2.2.2./ 1.). Es zeigte im Vergleich zu der >Eleganten Welt< und >Die Dame< sehr viele Fotografien. In seinem inhaltlichen Aufbau und dem Layout folgte >Sport im Bild< der Zeitschrift >Die Deutsche Elite<[685], einer inhaltlich gänzlich auf den Adel ausgerichteten Illustrierten. >Die Deutsche Elite< wurde 1927 für den damals extrem hohen Preis von 3,- RM gehandelt (siehe Abb. 7.2.2.2./ 2.).

Im ersten Teil der beiden Zeitschriften wurde jeweils über Aktivitäten der Zielgruppe aus Adel, Industrie und Politik berichtet. Im >Sport im Bild< gab es als Tribut an den Titel auf den ersten Seiten vermehrt Berichte über Reitturniere, den Urlaub im Seebad oder die Skireise nach Berchtesgaden. Die >Elite< berichtete am Heftende über sportliche Ereignisse aus der Welt des Polos oder des internationalen Tontaubenschießens. Dann folgten einige Seiten mit Architekturabbildungen von Schlössern oder Villen, die in Fotografie und Zeichnung beschrieben wurden. Im ersten Heftdrittel war außerdem immer Platz für Berichte aus dem Ausland. Schwerpunkte bildeten Berichte über das Leben des ausländischen Hochadels oder anderer wichtiger Persönlichkeiten, zum Beispiel Diplomaten oder Gesandte. Es wurden auch exotische Reiseziele gezeigt.[686] Nach diesem ersten, stark mit Illustrationen durchsetzten Teil, gab es einen längeren Text, eine Reportage oder einen Fortsetzungsroman, der sich in >Sport im Bild< ohne eine einzige Illustration oder Fotografie über acht Seiten erstrecken konnte.[687] Die Seiten der >Elite< waren dagegen durchgängig bebildert.

Die >Elite< wurde bunt und schwarzweiß mit mehreren Seiten zum Ausklappen auf hochwertigem Kunstdruckpapier gedruckt. Aufwendige Vierfarbdrucke wurden zum Teil mit Gold umrahmt und mit einer schützenden Deckseite aus Pergamin versehen. Die Inhalte der in verschiedenen Techniken ausgeführten Farbbilder kamen aus dem mondänen und kulturellen Leben der Stadt. Sie zeigten Berliner Bühnenbilder, kostbaren Nippes oder Modezeichnungen, die sich wie Gemälde präsentierten (siehe Abb. 7.2.2.2./ 3. und 4.). Die Fotografien wurden in ein bis zwei Druckgängen mit verschiedenen Farbtönen gedruckt, so dass sie einen farblichen Akzent und besondere Tiefe erhielten (siehe Abb. 7.2.2.2./ 5. und 6.). Alle Fotografien wurden mit einer Schraffur oder einer feinen, das Foto schwarz umlaufenden Linie, gerahmt.

Mode wurde in der >Elite< überwiegend durch aufwendige Zeichnungen illustriert. In >Sport im Bild< hingegen fast ausschließlich fotografisch. Auch in >Sport im Bild< waren alle abgedruckten Fotografien mit einem Rahmen versehen, der ihnen Bildcharakter verlieh, sie deutlich vom Text abgrenzte, und sie somit aus der Seite heraushob. Die Fotografien wurden nie ganzseitig gedruckt, sie nahmen maximal dreiviertel einer Seite ein. Bei >Sport im Bild< waren fast nur der Titel, etwas Werbung und einige Illustrationen farbig gedruckt, wobei das Papier nicht durchgängig Kunstdruckqualität hatte. In der >Elite< wurden dagegen schon 1927 fast ganzseitig colorierte Schwarzweißaufnahmen gezeigt.

Die letzten Heftseiten dienten dazu, möglichst viele Werbeanzeigen zu verteilen. Von der redaktionellen Seite her wurden hier die im vorderen Teil angefangenen Texte beendet und ab und zu mit einem Foto oder einer anderen Abbildung aufgelockert. Obwohl die beiden Zeitschriften vom Konzept her sehr ähnlichen waren, hatten sie verschiedene Zielgruppen. Die >Elite< richtete sich vermehrt an die höheren Einkommensguppen, >Sport im Bild< dagegen auch an die etwas weniger wohlhabende Bevölkerungsschichten. Hier sind die beworbenen Produkte ein guter Indikator für die jeweilige Zielgruppe, an die sich die Zeitschrift richtet.

Die kommerziellen Magazine wurden so ausgerichtet, dass sie durch ihre Inhalte eine auf spezielle Produkte ansprechende Leserschaft anzielten. Die Inhalte korrespondierten mehr oder weniger mit denen im Heft geschalteten Anzeigen. Es gab bei >Sport im Bild< zum Beispiel regelmäßig Hefte, in denen im redaktionellen Teil über interessante Reiseziele berichtet wurde und dementsprechend im Anzeigenteil überwiegend Reiseveranstallter und Hotels inserierten.

Die in den unspezifischen Heften von >Sport im Bild< beworbenen Produkte waren fast durchweg den Luxusgütern zuzurechnen. Zum Beispiel wurde Werbung für die Automarken Mercedes, Horch und Chrysler gemacht, und es wurde Parfumwerbung von Elisabeth Arden, Anzeigen für Kupferberg-Sekt, Werbung für Schweizer Uhren und hochwertige Tabakwaren gedruckt.

7.2.2.3. >Der Silberspiegel<

>Der Silberspiegel< entstand 1934 nach einem Relaunch[688] der illustrierten Sportzeitschrift >Sport im Bild< für die gehobene, konservative Gesellschaft (siehe Abb. 7.2.2.3./ 1.). Dieser Titel >Sport im Bild< war bereits 40 Jahre alt, als das Blatt umbenannt und in Layout und Inhalt komplett umgestaltet und erneuert wurde. Im Untertitel des >Silberspiegels< wurde die Jahrgangszählung von >Sport im Bild< übernommen und dieser auch noch mehrere Jahre als Vorgänger genannt.

Der >Silberspiegel< erschien vierzehntägig für 1,- RM im Verlag August Scherl GmbH, Berlin. Der Preis war gesenkt worden und richtete sich nach den anderen Luxusmagazinen, die auch alle 1,- RM kosteten. Ob die Umgestaltung des >Sport im Bild< zum >Silberspiegel< aus finanziellen Gründen notwendig geworden war oder ob man damit der veränderten politische Situation und den Vorgaben der nationalsozialistischen Machthaber nachkam, ist nicht eindeutig zu klären. Am wahrscheinlichsten ist, dass die Folgen der nationalsozialistischen Machtergreifung 1933 ausschlaggebend für die Neugestaltung des >Sport im Bild< gewesen ist.[689]

Der August Scherl-Verlag gehörte seit 1914 zum Hugenberg-Konzern. Dieser Großkonzern, der sich nicht nur im Verlagswesen engagierte, hielt die größte Medienkonzentration in Deutschland.[690] Der aus der Schwerindustrie kommende Vorstandsvorsitzende Alfred Hugenberg war seit 1919 die Führungsfigur der Deutschnationalen Volkspartei (DNVP). Seine politische Linie war konservativ bis reaktionär. Er beeinflußte die öffentliche Meinung unter anderem mit Filmen - bis 1933 gehörte die Ufa zum Hugenbergkonzern - und den illustrierten Zeitschriften >Die Woche< und >Die Gartenlaube<. Auch verschiedene Tageszeitungen gehörten zu seiner Verlagsgruppe.[691] Nach Bernd Weise wurde schon im Sommer 1933 neben der Ufa auch der Scherl-Verlag der nationalsozialistischen Kontrollgesellschaft "Cautio-Auffanggesellschaft" einverleibt. Davor war bereits im April 1933 der sich in jüdischem Besitz befindliche Mosse-Verlag der "Cautio" unterstellt worden und im Frühjahr 1934 folgte der Ullstein-Verlag.[692]

Wie es scheint, hatte schon vor 1933 die "Arisierung" des Scherl-Verlages begonnen, denn spätestens

1932 wurde die jüdische Moderedakteurin Elsa Herzog von ihrem Posten abberufen. Hela Strehl berichtete von weiteren Arisierungen, die sich jedoch zeitlich nicht genau einordnen ließen und wahrscheinlich schon vor dem Sommer 1932 einsetzten.

Das Konzept von >Sport im Bild< und >Silberspiegel< scheint es gewesen zu sein, ein Magazin zu machen, das sich in erster Linie an ein Lesepublikum aus dem "aufstiegsorientierten" Milieu richtete.[693] Diese verhältnismäßig große und vor allem in den Großstädten in großer Zahl vertretene Bevölkerungsschicht bemühte sich besonders darum,

"den beruflichen und sozialen Aufstieg zu schaffen und entsprechendes Ansehen zu genießen. Dieses ist das oberste Lebensziel der Angehörigen dieses Milieus. Der korrespondierende Lebensstil ist an den stilistischen Vorgaben gehobener Schichten orientiert und in erster Linie auf Demonstration von Prestige ausgerichtet. Meist mittlere bis hohe Einkommen ermöglichen einen statusbezogenen Konsumstil."[694]

Sollte das ehemalige >Sport im Bild< seinen Lesern eine Orientierungshilfe in Bezug auf den anzustrebenden Lebensstil geben, dann mußte, um der neuen politischen und weltanschaulichen Situation gerecht werden zu können, der Inhalt vom >Silberspiegel< eine andere Ausrichtung bekommen. Deshalb zeigte der >Silberspiegel< nicht mehr die restaurative Tendenz mit Blick auf den internationalen Hochadel, sondern folgte in der Berichterstattung den nationalsozialistischen Parteiführern und ihren Idealen. *"Der ganze Ton der Zeitschrift ist von jetzt an verändert. Die einzelnen Fragen und Probleme sieht der "Silberspiegel" jetzt einseitig, der weite internationale Blick fehlt dem Blatte jetzt. Entsprechend dem nationalsozialistischen Programm bringt er nun alles vom deutschen Standpunkt aus gesehen und eine allgemeine Unduldsamkeit gegenüber anderen Völkern und fremden Sitten ist spürbar. An die Stelle der "eleganten Dame" treten jetzt Bilder vom BDM."*[695]

Die Gesellschaftsschichten über die berichtet wurde, hatten sich verändert. Es waren nicht mehr die Feste und Veranstaltungen der Adeligen, die die Seiten füllten, sondern Ereignisse um herausragende bürgerliche Personen, wie zum Beispiel die Pilotin Hanna Reitsch oder der Regisseur des Filmes "Die weiße Hölle des Pizz Palü", Arno Frank.[696] Darüber hinaus gab es auch Artikel über Adolf Hitler und die Spitzenfunktionäre der National Sozialistischen Deutschen Arbeiter Partei (NSDAP).

Nach wie vor wurden sehr viele Fotografien gezeigt, was sicher daran lag, dass der Scherl-Verlag über eine eigene Bildagentur "Scherls-Bilderdienst" verfügte. Diese Bildagentur lieferte 1932 ca. 3300 Bilder an eigene Zeitungen und Zeitschriften und etwa 31.000 Abzüge an andere Kunden.[697] Im >Silberspiegel< wurde ein neues Layout und ein veränderter Umgang mit der Fotografie gezeigt: Die Rahmung der Fotos wurde weggelassen und nur wenn sich Fotos überlappten, wurde das vermeindlich oben liegende mit einem weißen Rahmen, der nur die Überlappung betraf, versehen. In der Wahl des Covers wurde eine Anknüpfung an >Die Deutsche Elite< sichtbar. Die Titelseite der >Elite< war mit einem metallisch schimmernden Goldton als Grundfläche gedruckt worden und der Titel des >Silberspiegels< wurde in Anlehnung daran metallisch silbern gedruckt. Das Cover des >Silberspiegels< zeigte Illustrationen oder Fotografien, die vor dem silbernen Hintergrund freigestellt wurden, so dass immer große silberne Flächen sichtbar blieben.

Zu den neuen Inhalten und dem neuen Layout wurde außerdem ein neues Konzept im Aufbau der Zeitschrift gezeigt. Die verschiedenen Rubriken, Weltanschauung und Politik, Mode, Sport, Reisen, Architektur, Vermischtes und Belleristik wurden für fast jede Ausgabe beibehalten, doch wurden sie unterschiedlich zusammengestellt. Die Hefte folgten jetzt öfter einem übergeordneten Thema, das häufig auf dem Titel mit einem Stichwort und/oder der Titelgrafik angekündigt wurde. Dieses Thema bestimmte dann die Abfolge der Rubriken im Heft dahingehend, dass die anderen Rubriken weiter hinten plaziert wurden und so die Rubrik des Titelthemas das ganze Heft zu bestimmen schien.

Im Laufe der ersten drei Jahrgänge wurde die in >Sport im Bild< noch sehr deutlich angesprochene männliche Leserschaft immer mehr vernachlässigt.[698] Zeigte der erste Jahrgang auch regelmäßig Männermode, so wurden die Inhalte im Laufe des zweiten und dritten Jahrganges immer frauenspezifischer. In diesem Zusammenhang wandelte sich auch die Modeberichterstattung und bekam allmählich ein immer stärkeres Gewicht.

Wahrscheinlich im Frühjahr 1932 übernahm Hela Strehl die Leitung der Moderedaktion von >Sport im

Bild<.[699] In ihrer unveröffentlichten Autobiographie von 1983, >Karriere! Karriere??< berichtete sie, wie die Arbeit einer Moderedakteurin in den frühen Dreißigern aussah und welche Fähigkeiten von einer Moderedakteurin erwartet wurden. Besonders wichtig war es, die neuen Modetrends früh aufzuspüren und zu erkennen und aus diesen den für die eigene Leserschaft tragbaren Stil herauszufiltern. Direkt nach der Unterzeichung ihres Vertrages im Scherl-Verlag, reiste Strehl nach Paris. Um mit den dortigen Redaktionspartnern bekannt zu werden gab Hela Strehl bei ihrem Arbeitsantritt zusammen mit ihrer Vorgängerin Elsa Herzog einen Lunch im Grandhotel Claridge am Champs Élysées.[700] In Paris wurde regelmäßg mit dem Fotografen Egidio Scaioni, einem in Paris ansässigen italienischen Modefotografen, dem Zeichner, Modefotografen und Künstler Man Ray sowie der Modefotografin Renate Green und den Schriftstellerinnen Helen Grund und Claire Goll zusammen gearbeitet. Nach sechswöchiger Vorbereitungszeit erschien ihr erstes sehr erfolgreiches >Sport im Bild< Modeheft.[701] Viermal im Jahr, jedesmal wenn eine neue Kollektion gezeigt wurde, reiste Hela Strehl nach Paris, um die Modeberichte und andere Inhalte für die laufenden Hefte und außerdem alljährlich Material für zwei Mode-Sonderhefte zu organisieren.[702] Die Aufgabe der Moderakteurinnen bestand bis etwa 1935 darin, regelmäßig Modenschauen zu besuchen und die neuen Trends aufzuspüren.

Die Modechefin hatte also die Aufgabe, sowohl die Modelinie, als auch die Modepräsentation zu bestimmen. Sie hatte auszuwählen, was gezeigt wurde und was nicht. Hela Strehl schilderte die anfangs schwierige Zusammenarbeit mit dem fest beim >Silberspiegel< engagierten Modefotografen Imre von Santho, mit dem sie später gut befreundet war: *"Imre v. Santho, Ungar- hält viel von Handküssen. "Glaubt nicht an die Realität von Entscheidungen bei Frauen-" "Laune einer Frau!" Irrt: Fotos, die er zweimal vorlegen lässt, weise ich zurück: "Bitte keine -doubles- !" "Hat sie das gemerkt? Ich dachte, sie habe bloss aus schlechter Laune abgelehnt."*[703]

Häufig wurden die Modefotografien nicht von den Redaktionen in Auftrag gegeben, sondern die Bekleidungsproduzenten stellten sie den Redaktionen zur Verfügung. Die >Elegante Welt< arbeitete beispielsweise so, dass sie nur angebotenes Bildmaterial veröffentlichte und keine Modefotografien in Auftrag gab.[704]

Modefotografie wurde bis ungefähr 1930 fast ausschließlich als Einzelbild aufgefaßt und deshalb sehr bildmäßig aufgenommen. Diese Form der Modefotografie fand sich in allen Magazinen. Die Modefotografie für die Familienzeitschrift unterschied sich fast nur in der dargestellten Mode von der für ein Luxusmagazin. Auch das Layout der Bilder auf den Seiten ähnelte sich sehr. Einzelbilder verschiedenster Fotografen wurden hier wie dort aneinandergereiht und mehr oder weniger locker auf die Seiten verteilt. Ein redaktionelles Konzept wurde fast nur in der Auswahl der Mode sichtbar.

Unter der Leitung Hela Strehls geschah der Wandel vom Einzelbild zur "redaktionellen Modefotografie" in der Modeberichterstattung des >Silberspiegel<. Angesichts eines sich ständig verengenden Zeitschriftenmarktes war es für die Redaktionen notwendig geworden, auf allen Gebieten ein eigenes Profil zu entwickeln, um eine Marktnische für sich zu erobern und diese zu halten. Dieser Zwang führte dazu, dass aus zwei sich parallel entwickelnden fotografischen Darstellungsweisen die "redaktionelle Modefotografie" entstand.

Die Fotografin Yva inszenierte in den späten Zwanziger Jahren häufig kleine Fotoromane für den intellektuell unterhaltenden >Uhu< aus dem Hause Ullstein. Der Fotoroman war eine mit wenig Text versehene Bildergeschichte, die im Gegensatz zum Film mit unbewegten Bildern erzählt wurde. Als Darstellerinnen benutzte Yva unter anderem ihre Fotomodelle. Außerdem spielten die Bildunterschriften gelegentlich auf modische Aspekte an.[705] Doch fehlte diesen Veröffentlichungen der für eine kommerzielle Nutzung in großen Modezeitschrifen nötige Ernst, deshalb blieb ihr Einfluß beschränkt.[706] Parallel dazu war in den späten Zwanziger Jahren die Fotoreportage aus der Verschmelzung gestellter Illustrationen mit sensationellen Einzelfotografien entstanden. Sie setzte sich ab 1928 zuerst in den illustrierten Zeitungen >Berliner Illustrirte<[707] und >Münchner Illustrierte< durch.[708] Die Fotoreportage zeichnete sich besonders dadurch aus, dass der Fotograf ein von ihm als wichtig eingestuftes Ereignis fotografisch begleitete. Für ihn war es besonders wichtig, entscheidende Momente eines

Handlungsablaufes vorauszuspüren, um zur richtigen Zeit am passenden Aufnahmeort zu sein.[709]

"Redaktionelle Modefotografie" bedeutete, dass die Redaktion dem Fotografen den Auftrag gab, Mode in einer ganz bestimmten, vorher festgelegten Situation zu inszenieren. Eine dieser frühen Reportagen ist von Sonja Georgi. Die Inszenierung Junge und Mädchen verabreden sich zum Besuch im Kino veröffentlichte sie noch unter ihrem Mädchennamen, Sonja Walther, im Februar 1936 (siehe Abb. 7.2.2.3./ 2.). Zwei junge Frauen werden bei dem Besuch eines Kinos mit der Kamera begleitet, wobei die Bilder durch eine kontinuierlich ablaufende Handlung verknüpft sind, so dass die Fotos eine kleine Geschichte erzählen.[710] *"Als Redaktion ist man ständig auf der Suche nach interessantem. Hintergrund- Staffage für Mannequins und Modelle. Möglichkeiten, rar, nicht mühelos zu erreichen.*

Ein verwegener Plan: Die Hindenburg - gerade durch eine beabsichtigte Reise in die Staaten, international im Gespräch - ist Sensation. Sie für unseren Zweck als "background" zu gewinnen, nicht ohne Mühe, nicht ohne Verbindungen - es gelingt.

Wir haben fabelhafte Fotos "im Kasten".
Erstklassige Fluggarderobe, davor postiert.
Das künstlerische Atelier, der Druck,
für Publikation in Vorbereitung.
Sensationsmeldung, die eine Welt erschüttert:
Die Hindenburg, in Lake Hurst, vor der Landung,
Abgebrannt!
Helium, unbrennbarer Betriebsstoff,
war uns von den Amerikanern vorenthalten-
daher wurde leichtbrennbarer Treibstoff benutzt.

Die Hindenburg!
Stolz, sie über dem Kölner Dom
in gravitätischer Ruhe schweben zu sehen.
Überall bejubelt, im Reich.
Nun-verbrannt, am Boden.

Unsere Fotos!
Nicht zeigbar. Wäre bösartige Blasphemie.
Ende unserer Zeitung.

Was nun?
Leere Seiten.
Halbe Vorbereitungszeit schon "over".
Wir haben natürlich eine Lösung gefunden.
Nolens-Volens."[711]

Die von Hela Strehl beschriebene Episode aus dem Jahr 1937 zeigt, wenn auch mit dem bitteren Beigeschmack einer Katastrophe, dass reportagenhaft narrative Modefotografie im Gegensatz zur herkömmlichen Modeabbildung einen über die Modepräsentation weit hinausgehenden Unterhaltungswert haben konnte.

Besonders die Redaktion der >Die Dame< machte sich nach Gerd Hartung über diese Art der Modefotografie lustig: *"Und sonst machte er eben für den Silberspiegel die Serien "Mode im Museum, Mode im ..." Ich weiß nicht, überall. Und >Die Dame< sagte dann immer ein bißchen abschätzend: "Und nächstens werden sie sicher Mode beim Zahnarzt präsentiert bekommen."* [712]

Doch auch >Die Dame< hatte schon 1934 eine narrative Modefotoserie gebracht, sie blieb jedoch ein Einzelfall (siehe Abb. 7.2.2.3./ 3.). >Die Dame< präsentierte die Mode entweder als Einzelbild oder als Aneinanderreihung von Einzelbildern ohne erzählerische Verknüpfung. Auch die Modefotos der Modereportage Regina Relangs von 1936, die sie in den Straßencafes der Seinemetropole machte und nach Berlin schickte, wurden nur durch das gemeinsame Ambiente verknüpft. Ein durchgehender Handlungsstrang ist bei ihnen nicht auszumachen, vielmehr wirken sie wie die vielen verschiedenen Aspekte eines Augenblicks im Café (siehe Abb. 7.2.2.3./ 4.).[713]

Die Redakteure des >Silberspiegel<, die für das Layout hauptsächlich verantwortlich waren, machten Versuche, die Modefotografie in einem neuen Layout zu präsentieren.[714] Dabei zeigte sich ein stark humoristisches Element, das den jugendlichen Charakter des >Silberpiegel< betonte (siehe Abb. 7.2.2.3./ 5.-7.).

Der >Silberspiegel< war der Regierung der Nationalsozialisten gegenüber sehr loyal, das hatte die schon vor 1933 durchgeführte "Arisierung" bewiesen. Hela Strehl berichtete zwar von keiner direkten Zensur, doch war sie sich ihrer politischen Zuordnung genau bewußt: *"Für Scherl bringe ich wenig nach Hause: Trousseau-Berichte entfallen. Vieles Gesehene, Gehörte, ist zu riskant zu schreiben."*[715] Dieser Satz macht deutlich, dass die erste Zensur bereits im

Kopf des Redakteurs stattfand, bevor sie von offizieller Seite ausgeübt wurde.

Unter anderem führte die aus diesem Bewußtsein entstandene parteikonforme Berichterstattung dazu, dass Hela Strehl zur Geschäftsführerin des Deutschen-Mode-Institutes berufen wurde. In der Modepräsentation folgte der >Silberspiegel< den staatlichen Vorgaben über Rocklängen. Vor 1935, zu der Zeit als Hela Strehl hauptberuflich für den Scherl-Verlag arbeitete, hatte die französische Mode mehr Gewicht. Ab 1938 lag die Betonung auf der heimischen Modeproduktion. Das in der Modefotografie des >Silberspiegel< sichtbare Frauenbild folgte überwiegend dem sportlichen Modeideal. Diese Mode richtete sich, verbunden mit den innovativen Präsentationsformen der Modereportage und dem kollagenhaften Layout, an eine jüngere Leserschaft.

Bei allen Luxusmagazinen endete 1939 die Veröffentlichung der französichen und sehr seltenen amerikanischen Importfotografien zum Thema Mode. Die Ausnahme bildete hier die Beschäftigungspolitik der Modefotografen. Trotz der Vorgabe vom Reichsverband der Pressefotografen, möglichst nur Fotografien aus deutscher Hand zu zeigen, blieb der Ungar Imre von Santho bis zur Einstellung des Heftes im März 1943 der Hauptmodefotograf des >Silberspiegel<. Allerdings wurde hierin weniger ein Akt der Loyalität sichtbar, als viel mehr die Folge freundschaftlicher Beziehungen von Imre von Santhos zu Magda Goebbels.[716]

Neben Imre von Santho war auch Sonja Georgi häufig mit ihren Fotografien vertreten. Von ihr stammten einige der frühen Modereportagen. Egidio Scaioni, der schon für >Sport im Bild< gearbeitet hatte, lieferte elegante Einzelfotografien der Pariser Haute Couture. Man Ray, der für >Sport im Bild< modische Porträts von Damen der internationalen Gesellschaft fotografiert hatte und dessen Fotografien mehr dem "Sehgenuß", als der Modeberichterstattung dienten, wurden im >Silberspiegel< nicht mehr gezeigt.

Der Kreis der Fotografen, deren Modefotografien im >Silberspiegel< gezeigt wurden, war relativ klein und bestand aus neun Kernfotografen. Neben den drei oben genannten gehörten George Saad, er stammte aus Paris, Ewald Hoinkis, er lieferte die ersten farbigen Modefotografien und veröffentlichte nur bis 1939 im >Silberspiegel<, Karl-Ludwig Haenchen, der hier angesichts seiner großen Produktionsmenge mit relativ wenigen Fotografien vertreten war, Heinz von Perkhammer, Rolf Mahrenholz und Emy Limpert. Sie war als einzige Modefotografin nicht in Berlin, sondern in Frankfurt ansässig.

Aus den verschiedenen Unterlagen und dem Impressum geht nicht genau hervor, bis wann Hela Strehl beim >Silberspiegel< verantwortlich für die Modeberichte war. Aus der Datierung der von ihr beschriebenen Luftschiffmodefotos ergibt sich, dass sie wahrscheinlich im April 1937 aus dem Deutschen-Mode-Institut ausschied und dann entweder ohne im Impressum genannt zu werden für den >Silberspiegel< arbeitete oder, dass sie parallel zu ihrer Arbeit beim Deutschen-Mode-Institut weiter als Redakteurin arbeitete. Der >Silberspiegel< erschien bis zum Heft 3 im März 1943 mit nur wenig geringerem Umfang. Vor dem Krieg war er durchschnittlich 50 Seiten stark, später rund 44.

7.2.2.4. >Die Dame< - das Vorzeigeblatt des Dritten Reiches

Das damals bekannteste deutsche Luxumagazin war >Die Dame< (siehe Abb. 7.2.2.4./ 1.). Sie kam aus dem Ullstein-Verlag und war die umgeformte Weiterführung der >Illustrierte Frauen Zeitung<, die Ullstein 1912 erworben hatte. Die >Illustrierte Frauen Zeitung< wurde 1873 gegründet und richtete sich an Leserinnen, die aus der mittleren Einkommensschicht stammten.

Unter Ullstein wurde die ursprünglich nur als Beilage zur >Illustrierten Frauen Zeitung< gedachte >Die Dame< immer aufwendiger und schließlich zu einem eigenständigen Heft, das 1919 bereits 1,50 RM kostete. Elsa Herzog, die von ca. 1919 bis 1925 Chefredakteurin bei >Die Dame< war, sorgte durch ihre Arbeit dafür, dass >Die Dame> zu einem eleganten und bekannten Luxusmagazin wurde. Ihr Nachfolger war Kurt Korff, der vorher Chefredakteur der ersten illustrierten Zeitung moderner Prägung, der >Berliner Illustrierten< war. Er schaffte es, dass >Die Dame< auch im Ausland ein hohes Ansehen erwarb.[717] *"Um die Mitte der Zwanziger Jahre war >Die Dame< das beste Journal seiner Art auf dem Weltmarkt. Sie profitierte von den scheinbar goldenen Zwanzigern - doch* *in einem gewissen Ausmaß hatte sie auch Teil an der Herstellung der Zwanziger und ihrer Legende.*

Die Befriedigung des verwöhnten Geschmacks wurde dabei auf Gebiete ausgedehnt, die ehedem nur als Vehikel für Mode und Kochrezepte galten: den Lesestoff etwa. Schnitzlers "Traumnovelle" wurde auf diesem Glanzpapier zuerst gedruckt, von Baum und Brecht bis zu Zweig und Zuckmayer reicht die Liste der Autoren."[718] Die Zielgruppe der Dame war die gehobene Gesellschaft, bestehend aus intellektueller Oberschicht und dem gesamten Bildungsbürgertum. Im Vergleich zu >Sport im Bild<, dem sie ähnlicher war als dem >Silberspiegel<, war sie liberaler und demokratischer ausgerichtet. Vor 1933 hatte sie den gleichen Heftpreis wie >Sport im Bild< und kostete 1,50 RM. Dann senkte sie den Preis, aber nicht ihren Umfang, über den Zwischenschritt von 1,20 RM 1933, bis auf 1,- RM 1934. Diesen Preis behielt sie auch bei, als sie durch die 1941 staatlich verordnete Papierknappheit ihren Umfang auf 44 Seiten beschränken mußte.

Der Nachfolger von Kurt Korff, der im Lauf des Jahres 1933 emigrieren mußte, wurde nach dem Zwangsverkauf des Ullstein Verlages an die "Cautio" zunächt Carl Schnebel, der aber nur bis etwa 1936 Chefredakteur war.[719] Schnebel wurde von Ludwig Emanuel Reindl abgelöst. Er war von den im Verlagshaus verbliebenen ehemaligen Ullsteinmitarbeitern als Chefredakteur bestellt worden und führte >Die Dame< bis zu ihrem Ende im März 1943. Er bemühte sich, der von Kurt Korff vorgegebenen inhaltlichen Linie zu folgen, um *"im Frieden und im Krieg die Schönheit, Größe und Kraft deutscher Kulturleistung zu vermitteln".*[720] Dabei mußte er einige Zugeständisse an die neuen Machthaber machen. Es war ihm verboten, über Schmuck zu berichten, denn das sei zu luxuriös und nur etwas für reiche "Damen". Seine letzten Worte an die Leserinnen >Der Dame< im Märzheft 1943, die seit 1941 nicht mehr vierzehntägig, sondern nur noch eimal im Monat erschien, waren:

"Mit dem vorliegenden Heft nimmt DIE DAME Abschied von ihren Lesern. Die Kriegswirtschaft erfordert stärkste Konzentration aller Kräfte. Diese Zusammenfassung macht es notwendig, dass unsere Zeitschrift mit dem heutigen Tage bis auf weiteres ihr Erscheinen einstellt, um Menschen und Material für andere kriegswichtige Zwecke freizumachen."[721]

In den ersten Jahren der >Die Dame< waren sehr wenige Modefotografien veröffentlicht worden. Auf einer Einzel- oder einer Doppelseite wurden zwischen drei und acht Modefotografien gezeigt.[722] Der für Modezeichnungen zur Verfügung stehende Raum war dagegen in der Regel mindestens doppelt so groß. Erst in den letzten >Die Dame< Heften hatte sich das Seitenverhältnis zu Gunsten der Fotografie verschoben. Die Betonung der Modezeichnung wurde bereits in der Gestaltung der Heftumschläge deutlich. Von den ca. 780 >Die Dame< Heften, die zwischen 1912 und 1943 erschienen, zeigten nur etwa 20 einen Titel mit einer Fotografie. Auch wenn das Heft eindeutig von seinen Fotografien lebte - dem gemalten oder gezeichneten Bild gehörte die Sympathie des Heftes. Das gemalte Umschlagbild sorgte in der Glanzzeit der Fotografie für einen Hauch von Sentimentalität.[723]

Auch bei >Die Dame< wurde in den Dreißigern die Modepräsentation etwas aufgefrischt, doch sehr viel gemächlicher als beim >Silberspiegel<. Die oben im Zusammenhang mit >Sport im Bild< schon erwähnten Rahmen um die Fotos, waren bei >Die Dame< nur bis 1932 üblich. Danach erschienen die Fotografien im Layout der Seite immer ungerahmt. Die Anzahl der auf einer Seite vereinigten Fotografen sank rapide, so dass schon 1930 die Präsentation nur eines Fotografen pro Seite üblich war. Die Modefotos nahmen kontinuierlich an Größe zu, was zur Folge hatte, dass 1943 nur noch ein kleiner weißer Steg der Seite sichtbar geblieben war. Ganzseitige Modefotos, wie es sie seit 1935 vereinzelt als Frontispiez in >Die Elegante Welt< gegeben hat und wie sie seit den Fünfziger Jahren allgemein üblich sind, gab es bei >Die Dame< nur einmal im Dezember 1939 (siehe Abb. 7.2.2.4./ 2.).[724]

Die Namen der Fotografen unter den Reportagebildern werden auch heute noch zu den Großen ihres Faches gezählt. So zeigte zum Beispiel ein Heft aus dem Jahr 1933 Einzelfotos und Reportagen der Fotografen Jean Moral, Martin Munkacsi, Alfred Eisenstaedt und Harald Lechenperg.[725] Dementsprechend international waren die an >Die Dame< mitarbeitenden Modefotografen. Seit den Dreißiger Jahren waren ca. 40 % der Modefotografien überwiegend von französichen, aber auch einigen amerikanischen und englischen Modefotografen. Aus Frankreich wurden die Bildredaktionen beliefert von: Anzon, Pierre Boucher, Brassai,

Luigi Diaz, Studio Dorvyne, Agneta Fischer[726], Fernand Fonssagrives, Horst P. Horst, Joffé, Kollar, Lassare, Willy Maywald, Jean Moral, Arik Nepo, George Saad und Tronchet. Aus Italien von: E. M. Mondiale, Rom und aus den USA von George Platt-Lynes und aus England von Ramon Battles, Hutten und Cecil Beaton.[727] Die deutschen Fotografen dieser Periode waren Sonja Georgi, Eilsabeth von Heddenhausen, Ewald Hoinkis, Emy Limpert, Rolf Mahrenholz, Madelene Möckel, Regina Relang, Renata Riederer, Anton Sahm, Imre von Santho und Hedda Walther und Dr. Paul Wolff.

Im Jahr 1939 erschienen zwei Hefte, die fast ausschließlich französische Modefotografien des Studios Dorvyne zeigten.[728]

Mit Kriegsbeginn im September 1939 wurden nur noch Modefotografien "Reichsdeutscher" Modefotografen in >Die Dame< veröffentlicht. Selbst von dem in Deutschland lebenden Ungarn Imre von Santho, der vorher in >Die Dame< veröffentlicht hatte und weiterhin in allen anderen Luxusmagazinen veröffentlichte, wurden keine Modefotografien mehr gezeigt. >Die Dame< folgte ab September 1939 allen Bestimmungen der Reichspressekammer bis hin zu dem Gebot, nur Bilder von deutschen Fotografen zu veröffentlichen.

In der Zeit unter Kurt Korff war Johanna Thal die verantwortliche Moderedakteurin.[729] Ihr Name wurde nicht im Impressum genannt. Ab Januar 1934 tauchte Dr. Heddy Hadank als ein neuer Name für die Leitung der Moderedaktion auf.

Von dem Maiheft des Jahres 1934 an, also direkt nach dem Verkauf des Verlages an die Auffanggesellschaft Cautio, wurde Petra Fiedler die verantwortliche Moderdakteurin.[730] Sie war die Tochter des Architekten Peter Behrens und kannte die Redaktion seit mindestens 1930, denn von diesem Zeitpunkt an wurden auch Modezeichnungen von ihr in >Die Dame< gedruckt.[731]

Petra Fiedler war eng mit Hela Strehl befreundet. Anfangs waren sie zwar als Moderedakteurinnen bei verschiedenen Zeitschriften Konkurrentinnen, doch das tat ihrer Freundschaft keinen Abbruch. Sie verkehrten in ähnlichen Kreisen und auch Petra Fiedler gehörte zeitweise zur weiblichen Staffage bei Abendgesellschaften in der Reichskanzlei.[732]

Im August oder September 1940 heiratete Petra Fiedler den Modefotografen Karl-Ludwig Haenchen, der seit 1938 viele Fotos in >Die Dame< veröffentlichte.[733] Laut Gerd Hartung heiratete sie ihn, damit er weiterhin für >Die Dame< als Modefotograf arbeitete und nicht zur >Eleganten Welt< ging, die ihm das Angebot gemacht hatte, dort als künstlerischer Leiter (art director) zu arbeiten.[734] Als Hochzeitsgeschenk bekam Karl-Ludwig Haenchen sein erstes Titelfoto bei >Die Dame< (siehe Abb. 7.2.2.4./ 3.). Es zeigte das Porträt der Schauspielerin Herta Feiler.

Die Mittelachse des zum leichten Dreiviertelporträt gedrehten Kopfes bildet fast genau eine Diagonale zwischen der linken oberen Heftecke und der rechten unteren. Nur das Gesicht Herta Feilers, umrahmt von granatrotem Haar und einer Perlenkette, leuchtete aus dem Dunkel des Hintergrundes. Sie blickt versonnen nach rechts. An der Struktur der Haut erkennt man, dass es sich um eine echte Farbfotografie handelt, denn sie ist nicht retuschiert worden. Das unterstreicht den eigentümlichen surrealistischen Charakter des Bildes und läßt das Oval des Gesichtes noch mehr hervorspringen, von dem der Betrachter glaubt, jede Pore erkennen zu können.[735]

Die Verbindung zwischen Modefotograf und Moderedakteurin war schon früher sehr fruchtbar für die Modefotografie gewesen. So wertete eine Fotoserie Karl-Ludwig Haenchens im dritten Augustheft des Jahres 1939 die Modefotografie optisch durch die Einbindung in eine Serie von drei sehr groß abgedruckten Fotografien unter dem Titel "Im Atelier" auf (siehe Abb. 7.2.2.4./ 3. und 4.).

Auf der ersten Fotografie blickt man von leicht erhöhter Warte in das Atelier des Berliner Malers Arthur Wittig, während dieser dabei ist, die Schauspielerin Hedda Björnson zu porträtieren. Er hat seine Ölpalette in der Hand und ist im Begriff, die Rötelzeichnung farbig zu fassen.

Auf den beiden folgenden, sich gegenüber stehenden Seiten sieht man zunächst den Fotografen Karl-Ludwig Haenchen wie er dabei ist, in seinem Studio mit einer Großbildkamera eine "Bildnisstudie" der Schauspielerin Carola Höhn zu fertigen. Hier ist der Kamerastandpunkt etwa in Brusthöhe.

Den Abschluß dieser Serie bildet ein Arbeitsporträt der Bildhauerin Barabara von Kalckreuth, während der Arbeit am Bozetto zu einer Ganzfigur der

Schauspielerin Dorothea Wieck, die ihr Modell steht.[736] In den Bildunterschriften dieser redaktionellen Serie wurden außerdem die Modehäuser der Festkleider, die von den Schauspielerinnen getragenen wurden, genannt.[737]

Ab September 1939 war Karl-Ludwig Haenchen, der Fotograf, der die meisten Modeseiten in >Die Dame< hatte. Er veröffentlichte hier schon, wie auch Regina Relang, seit 1936.[738] Fotografen, die selten aber regelmäßig Modefotografien in >Die Dame< veröffentlichten, waren Sonja Georgi, Hedda Walther und René Fosshag. Fotografen, die nur in einem >Die Dame< Heft veröffentlichten, waren Ewald Hoinkis, Lilli Niebuhr und Dr. Paul Wolff und die Agentur Dillan.

In >Silberspiegel<, >Die Elegante Welt< und in >Die Dame< wurden modefotografische Stillleben aus verlagseigenen Fotoateliers veröffentlicht. Sie wurden mit “Studio S.”, “E.W.” oder “Atelier der Dame” gekennzeichnet. Bei >Die Dame< war Elisabeth von Heddenhausen als Fotografin angestellt. Sie fotografierte überwiegend modische Stilleben und auch die ersten Modefototitel von >Die Dame< waren von ihr fotografiert worden (siehe Abb. 7.2.2.4./ 5.). Sie arbeitete nur sehr selten mit Fotomodellen, da ihr diese Art der Fotografie nicht so gut lag. Man sieht, dass einige ihrer Fotos mit Modells sehr gestelzt und gekünstelt wirken. Dennoch zeigten ihre Bilder einmal sogar einen für die Modeberichterstattung in >Die Dame< ungewöhnlichen Humor. Unter dem Titel “Spuk in der Redaktion” kletterten zwei in sportlich elegante Kostüme gekleidete Fotomodelle an und auf riesenhaften Zeitschriftenseiten herum und posierten so, dass sie trotz der grotesken Situation eine damenhafte Eleganz ausstrahlten (siehe Abb. 7.2.2.4./ 6.).[739]

7.2.2.5. >Die Elegante Welt< - für jede Frau und jeden Mann

>Die Elegante Welt<[740] wurde 1912 gegründet und erschien bis 1936 im Verlag Dr. Selle-Eysler AG. Später wurde sie an den Verlag Erich Zander verkauft (siehe Abb. 7.2.2.5./ 1.). Bis 1933 wurde Erich Zander im Impressum als Chefredakteur aufgeführt, dann wurde es Hubert Miketta, der die Position so lange behielt, bis 1943 >Die Elegante Welt< eingestellt wurde. Hubert Miketta war gleichzeitig Chefredakteur von >Das Magazin<, das ebenfalls bei Erich Zander erschien.[741] Bevor er >Die Elegante Welt< und >Das Magazin< leitete, war er Herausgeber und Chefredakteur der Zeitschrift >Revue des Monats<, die aber nur bis 1931 erschien. Die >Revue des Monats< war ein Heft, dass über Filme und die Filmwelt berichtete. Die Erfahrungen, die Hubert Miketta auf diesem Gebiet gemacht hatte, waren für ihn als Chefredakteur von >Die Elegante Welt< sehr nützlich. Inhaltlich war >Die Elegante Welt< weniger sportlich als der >Silberspiegel< und weniger künstlerisch und literarisch als >Die Dame<. Dafür berichtete sie mehr über die schillernde Welt des Films und der unterhaltenden Musik, als die beiden anderen Illustrierten. >Die Elegante Welt< lehnte sich in ihrer Aufmachung sehr an >Die Dame< an, erreichte aber nicht deren Niveau.

Die Zielgruppe der >Die Elegante Welt< bildete die finanziell gut abgesicherte Mittelschicht und hier speziell die, die durch Angestelltenarbeit in Handwerk, Industrie oder Verwaltung zu Wohlstand gekommen waren. Hier sprechen die Werbeanzeigen wieder eine deutlichte Sprache. Neben Wella für das Haar, Marylan-Kosmetik und Elektrola Schallplatten wurde auch für Tee der Marke Teekanne geworben.

Da Hubert Miketta und sein Stellvertreter Ernst Pogge seit 1941 eingezogen waren, führte Edith Hamann die Redaktion. Bis 1936 war Ola Alsen-Schulze für die Modeseiten zuständig. Ihre Nachfolgerin wurde Dorrit Holland, die bis zur Einstellung des Magazines verantwortlich für die Mode in >Die Elegante Welt< blieb.[742]

In >Die Elegante Welt< wurden seit 1934 fotografische Titelbilder gezeigt. Dafür wurden aber keine Modefotografien, sondern die Porträts von bekannten Schauspielern verwendet. Das Farbfoto von Lilli Niebuhr für das Weihnachtsheft (Heft 25) von 1935 zeigte einen reich geschmückten Weihnachtsbaum und ein darunter sitzendes Kind. Im Heftinnern wurde dann als Frontispiz ein Schwarzweißfoto aus der gleichen Serie mit einer elegant gekleideten Mutter gezeigt. Dieses Foto war sehr modisch aufgefaßt.[743]

Im Gegensatz zu den oben beschriebenen Luxusmagazinen gab es bei >Die Elegante Welt< auch Hefte, die keine Modefotografien zeigten, wogegen Modezeichnungen immer veröffentlicht wurden. In den Heften, die Modefotos zeigten, wurde jedoch kein klarer Stil in der Modefotografie sichtbar. >Die Elegante Welt< veröffentlichte Bilder von sehr vielen verschiedenen Fotografen. In den Jahren von 1933 bis 1935 stellte das Atelier Winterfeld die Masse der Modefotografien. Das Atelier veröffentlichte in 20 Heften während eines Zeitraumes, in dem etwa 72 Hefte erschienen, ca. 130 Modefotos. Die Nachfolgerin Winterfelds, Lilli Niebuhr, versuchte daran anzuknüpfen. Doch wurden von ihr in einer gleich langen Periode von 1935 bis 1937 in 9 Heften nur 46 Modefotografien veröffentlicht.[744]

Ausländische Fotografen, die zwischen 1933 und 1939 Modefotos in >Die Elegante Welt< veröffentlichten, waren in alphabetischer Folge, zunächst aus Frankreich Luigi Diaz, Studio Dorvyne, Hapé, Kollar, Studio Lenné, Willy Maywald, Harry O. Meerson, Madame d'Ora, Monneret, Rubin de Rays, Georges Saad, Egidio Scaioni und die französische Agentur Scoop; aus Amerika veröffentlichten Louise Dahle-Wolfe und Ray Jones, außerdem der Fotodienst von Metro Goldwin Mayer und aus England Harlip, Palmer und Rockwell.

In den zwei Zeitblöcken von 1933 bis 1935 und von 1936 bis 1943 veröffentlichten folgende, im deutschen Reichsgebiet bzw. in Österreich ansässige Modefotografen und Bildagenturen, in einem oder mehreren Heften von >Die Elegante Welt< ihre Modefotos[745], von 1933 bis 1935: Becker & Maaß, Atelier Binder, Studio Binz, Borchmann, Otta Dyar, Studio Franz, Studio Gaza, Goetze-Janson, Freiherr von Gudenberg, Haacke-Meyer, Karl-Ludwig Haenchen, Hemke-Winterer, Ewald Hoinkis, König-Rohde, Ruth Kurth, Urs Lang-Kurz, Paulus Leeser, Lipnitzky, Malina, Elli Marcus, Marion, Lilli Niebuhr, Heinz von Perckhammer, Imre von Santho, Karl Schenker, Ernst Schneider, Rudolph Schneider, Vogel-Sandau, Dr. Peter Weller, Brüder Willinger, Dr. Paul Wolff, Yva und Zander & Labisch.

Von 1936 bis 1943: Werner Balg, Becker & Maaß, Atelier Binder, André de Dienes [746], Dietrich & Co, Willy Eggarter, Sonja Georgi, Karl-Ludwig Haenchen, Ewald Hoinkis, Hrand, Lilli Niebuhr, d´ Ora Wien, Inge Petersen, Imre von Santho, Ernst Schneider, Renata Riederer, Dr. Peter Weller und das arisierte Atelier von Yva unter der Bezeichnung Pressefoto Yva.[747]

In den zehn Jahren von 1933 bis 1943 veröffentlichten mindestens 44 Modefotografen aus dem gesamten Reichsgebiet und ca. 20 ausländische Modefotografen ihre Modefotografien in >Die Elegante Welt<. Auffällig ist, dass hier Modefotografen aus dem gesamten Reichsgebiet veröffentlichten und nicht nur aus Berlin, wie in den vorher genannten Luxusmagazinen.[748] Die Liste der Fotografen nennt Stars der internationalen und der deutschen Modefotografie, wie zum Beispiel: Madame d'Ora, Egidio Scaion, Louise Dahl-Wolfe, Yva, Elli Marcus und Sonja Georgi. Es erscheinen auch vollkommen unbekannte und singuläre Namen auf der Liste, so zum Beispiel Hrand und Lipnitzky.

Positiv an der Präsentation möglichst vieler verschiedener Modefotografen in >Die Elegante Welt< war, dass dadurch viele junge, unbekannte Fotografen ihre ersten großen Veröffentlichungen bekamen und davon ausgehend auf dem Markt Fuß fassen konnten. Wie es sich auch schon in der sehr großen Vielfalt der Fotografen andeutet, entwickelte >Die Elegante Welt< kein klares Profil in der Modefotografie.

Die Bildredaktion arbeitete, wie bereits oben erwähnt, nur mit Modefotografien, die auf dem Markt angeboten wurden. Das bedeutete, dass die Redaktion bei der Zusammenstellung der Modeberichte einer ähnlichen Methode folgte, wie es die Bildredaktionen der Illustrierten vor der Entwicklung der Fotoreportage bis ca. 1929 häufig getan hatten: *"Die Bildredakteure hatten große Schränke mit vielen Fächern, in denen sie bemerkenswerte Bilder sammelten, bis genug zusammen waren um daraus einen Bildbericht zu machen."*[749] Als wichtige Quelle diente den Redakteuren der >Die Elegante Welt< die Bildagentur des Herausgebers Erich Zander, der Anteilseigner an der Agentur Zander & Labisch war. Es gab in der >Die Elegante Welt< also keine redaktionelle Modefotografie. Nur wenn eine als fertige Bildfolge konzipierte Bildstrecke auf dem Markt angeboten wurde, waren gleichmäßig komponierte Bildstrecken im Heft zu sehen. Die fast unübersehbare Fülle verschiedener Modefotografen mit ihren verschiedenen Stilen und die Zusammenstellung der Modeberichte aus diesem unhomogenen Material führte dazu, dass sich keine zeitgemäße Linie entwickeln konnte, sondern der Stil der Modepräsentation, der in der Zeit von 1910 bis 1935 allgemein üblich war, bis 1943 weitergeführt wurde.

Die Präsentationsform der Modefotos war über die Jahre hinweg nicht besonders einfallsreich. Die Modefotografien wurden nebeneinander und sich nicht überschneidend layoutet. Nach 1940 lieferten nur noch eine Handvoll Berliner Fotografen Bildstrecken für >Die Elegante Welt<, so dass es unweigerlich zu einer Einschränkung der verschiedenen, im Heft vereinten, Stile kam. Dadurch wirkten die Hefte harmonischer. Sonja Georgi, Imre von Santho und ab und zu Karl-Ludwig Haenchen waren die Fotografen, die jetzt die Modeseiten von >Die Elegante Welt< füllten.

7.2.2.6. >die neue linie< - das Lexikon unter den Luxusmagazinen

Der Otto Beyer Verlag war der Herausgeber einer großen Zahl von Frauenzeitungen und wurde deshalb auch als Frauenzeitschriftenverlag bezeichnet (siehe Abb. 7.2.2.6./ 1.). Das Magazin >die neue linie<[750], dessen Redaktion von Berlin aus arbeitete und seit 1929 monatlich im Otto Beyer Verlag in Leipzig erschien, war das Luxusmagazin, das sich am deutlichsten und ausgewogensten an beide Geschlechter wandte.[751]

Die Sicht der >die neue linie< auf die Welt war, im Vergleich zu allen hier behandelten Magazinen, die aufgeklärteste und die erklärendste. Den Leserinnen und Lesern wurden aktuelle geschichtliche, architektonische und psychologische Erkenntnisse, daneben ein Lyrikpreis, Kostüm- und Ordenskunde, Modezeichnung und Modefotografie, alles immer passend zur Jahreszeit und in gut lesbarer Form, dargeboten. >die neue linie< war das Magazin für den weniger schöngeistig, als vielmehr wissenschaftlich orientierten Bildungsbürger, der vernünftig und solide, aber nicht übermäßig luxuriös einkaufte.[752]

Der Name der Zeitschrift >die neue linie< war Programm. Man engagierte erstklassige Graphiker für die Gestaltung von Heft und Cover und orientierte sich besonders am Stil des Bauhauses. Der Bauhauslehrer Laszlo Moholy-Nagy gestaltete vier Cover für >die neue linie<. Das erste für das Heft 1 des ersten Jahrgangs im September 1929 und das letzte vor der Machtergreifung für das Heft 5 des vierten Jahrgangs im Januar 1933. Auch nach der Machtergreifung waren ehemalige Bauhäusler maßgelblich an der Heftgestaltung beteiligt.[753]

Dem gesamten Heft war ein unsichtbares Raster unterlegt.[754] Die Seiten waren großzügig und klar in sich gegliedert. Selbst 1943, als das Papier rationiert und besonders kostbar war, gab es aufgrund des Rasters viele freie Flächen, die dazu dienten, das Auge des Lesers ausruhen zu lassen, damit die anderen Abbildungen besser wirken konnten (siehe Abb. 7.2.2.6./ 2.).[755]

In den Heften war das Verhältnis der abgebildeten Illustrationen und Fotografien ausgeglichen. Vor der Einstellung 1943 waren die Abbildungen überwiegend im Kupfertiefdruck ausgeführt, der es gestattete, auch auf schlechtestem Papier Halbtonvorlagen ästhetisch hochwertig abzubilden.[756] Hier wird deutlich, dass man bei >die neue linie< immer darum bemüht war, höchste Qualität zu liefern.

Chefredakteur von >die neue linie< war bis 1943 Bruno E. Werner. Bis 1941 war Hedwig Stock für die Mode verantwortlich und ab 1941 Anneliese Haffkesbrink, die gleichzeitig die Chefredakteurin von >Die Mode< war, die auch im Otto Beyer Verlag Leipzig erschien.

Mode wurde in der optisch und inhaltlich gut strukturierten >die neue linie< immer an zwei Orten gezeigt. Die erste 10 bis 16 Seiten lange Modestrecke hatte ihren Platz nach der Heftmitte und begann auf den Seiten 39 bis 45. Die fotografische Modepräsentation in diesem Block war aus Modefotos von zwei bis fünf verschiedenen Fotografen zusammengestellt und meist zwei bis drei Seiten lang. Die Modefotografie und die Modezeichnung bekamen die gleiche Seitenzahl zugewiesen. Jeweils zwei bis drei Seiten Modefotografie folgten auf zwei bis drei Seiten Modezeichnung oder umgekehrt.

Der zweite Ort für Modefotografie in >die neue linie< waren etwa 20 Seiten vor dem Heftende, wo sich zwei Innenspalten gegenüberstanden und im Schnitt sechs Modefotografien von bis zu fünf verschiedenen Fotografen gezeigt wurden. Die Modefotografen, die in >die neue linie< veröffentlichten, werden anschließen nach ihren Herkunftsländern und nach Zeitblökken sortiert, aufgelistet.

Die erste Zeitspanne beginnt 1929 in den Zwanziger Jahren und endet 1936 mit den Olympischen Sommerspielen in Berlin und Kiel. Die Jahre bis 1936 dienten den Nationalsozialisten dazu, ihre Macht auf alle Bereiche des öffentlichen und privaten Lebens auszuweiten. Im Jahr 1936, wurde mit Inkrafttreten des zweiten Vierjahresplanes die Wirtschaft ganz auf Hitlers Expansionswünsche und damit auf den Krieg hin ausgerichtet.[757] Ab 1937 kann man also davon ausgehen, dass der Anteil der ausländischen Fotografen aus finanziellen und ideologischen Gründen abnahm und die Fotografen, die veröffentlichten, überwiegend der Parteilinie folgten.

Es wurden von 1929 bis 1936 Modefotografien folgender in Deutschland ansässiger Fotografen in >die neue linie< veröffentlicht: Erich Balg, Becker & Maaß, Behm, Emilie Bieber, Atelier Binder, Mario Bucovich, Feder, N. & C. Hess, Gerturd Hesse, Ewald Hoinkis, Studio Iris, Lotte Jacobi, Kiesel, König-Rhode, Erna Lendvai-Dircksen, Rolf Mahrenholz, Elli Marcus, Marion, Studio Noel, Ernst Sandau, Ernst Schneider, Cläre Sonderhoff, Ernst Wasow, Atelier Willinger, Atelier Winterfeld, Dr. Paul Wolff, Yva und Zuber.

Fotografen aus Frankreich waren Balaz, Pierre Boucher, Luigi Diaz, Kollar, Madam d'Ora, Harry O. Meerson Egidio Scaioni und E.M. Sougez aus Nizza. Aus Österreich lieferten Studio Brandl, Edith Glogau, Freiherr von Gudenberg und Kitty Hoffmann Modefotografien. Aus Ungarn wurden vom Atelier Balogh Modefotografien aus Budapest geliefert.

Aus England und den USA kamen Fotografien von Blake, Cecil Beaton, E.O. Hoppé, Harlip, Robertson und über die Agentur Keystone Fotografien ohne weitere Angaben.[758]

Aus Spanien wurden Modefotos von Ramon Battles aus Barcelona veröffentlicht.

Von 1937 bis 1943 veröffentlichten aus Deutschland, Erich Balg, Atelier Binder, Studio Binz, André de Dienes, Dietrich & Co, Erich Engel, Hubs Flöter, Studio Franz, Sonja Georgi, Karl-Ludwig Haenchen, Gerturd Hesse, Urs Lang-Kurz, Norbert Leonard, Edtih Limpert, Studio Meerkämper, Madelene Moeckel, Rolf W. Nehrdich, Lilli Niebuhr, Anton Sahm, Ernst Sandau, Imre von Santho, Annelies Tovote, Dr. Peter Weller und Pressefoto Yva.

Aus Frankreich die Fotografen Anzon, Brassai, Chevalier, Luigi Diaz, Studio Dorvyne, Agneta Fischer, Joffé, Juliette, Kollar, Lasserre, Willy Maywald, Monneret, Arik Nepo, De Rubio, George Saad, Maurice Tabard und Tronchet.

Außerdem veröffentlichte >die neue linie< noch Fotografien von Kitty Hoffmann aus Wien und der Paramount-Bildagentur aus den USA.

Das Modebildmaterial aus >die neue linie<, von dem zwischen 1929 und 1943 71 Hefte mit Modefotografien erschienen waren, stammte von ca. 89 verschiedenen Fotografen.[759] Viele dieser Fotografennamen erschienen nur in einem bis fünf Heften, andere wie Atelier Binder (22 Hefte), Yva (19 Hefte), Egidio Scaioni (18), Atelier Winterfeld (14), Hubs Flöter (14), Karl-Ludwig Haenchen (14), Luigi Diaz (11), Imre von Santho (9), Anzon (9), Sonja Georgi (6) oder Willy Maywald (6) waren in bis zu 22 Heften vertreten.

Es waren etliche Fotografen unter den oben aufgelisteten dabei, für die Modefotografie nur ein Nebengebiet war, wie zum Beispiel für Mario Bucovich und André de Dienes, die in erster Linie glamouröse Aktfotos machten oder Erna Lendvai-Dircksen, die "völkische" Porträts von der Landbevölkerung, besonders Nordeuropas, machte und Urs Lang-Kurz, die Werbefotografin in Stuttgart war.[760] Durch diese und andere nicht extra aufgeführte Fotografen wurde die Modepräsentation aufgelockert und erhielt neue Impulse.

Trotz der Fülle verschiedenster Sichtweisen auf die Mode wirkte die Modepräsentation in >die neue linie< im Gegensatz zur >Die Elegante Welt< sehr homogen. Der Hauptgrund dafür war, dass die Fotografien mit Hilfe verschiedener Mittel des Layouts optisch verklammert wurden und dadurch in sich einheitlicher wirkten.[761] Ein anderer Grund für die überzeugende Bebilderung der Modeberichterstattung in >die neue linie< war die größere Erfahrung, die in dem auf Frauen- und Modezeitschriften spezialisierten Otto Beyer Verlag mit der Präsentation und der Auswahl von Modefotografien vorhanden war. Im Verlag Erich Zander erschien dagegen >Die Elegante Welt< als einzige Frauenzeitschrift neben sechs anderen Zeitschriften.[762]

Im Vergleich zu allen hier behandelten Zeitschriften bot>die neue linie< ihren Lesern die größte modische Vielfalt. Das wurde unter anderem dadurch erzielt, dass die Fotos auch von ausländischen Fotografen stammten und die veröffentlichen Fotos in der Art ihrer Gestaltung eine bemerkenswert große Bandbreite hatten. Hier wird der "lexikalische Charakter" von >die neue linie< sichtbar, in dem man sich bemühte, möglichst viel Facetten der Mode und der Modefotografie zu zeigen. Die Fotografie in dieser Zeitschrift stellte eine Mischung aus beauftragter, redaktioneller und durch den Markt gelieferte Modefotografien dar.

Die Mode spielte in den oben behandelten Luxusmagazinen neben den anderen Themen eine mehr oder weniger wichtige Rolle. Den höchsten Stellenwert hatte sie bei den bis hierher behandelten Zeitschriften in der >Die Dame<. An zweiter Stelle steht >Der Silberspiegel<, gefolgt von >Sport im Bild< und >Die Elegante Welt<. In >die neue linie< hatte die Mode den geringsten Stellenwert.

Die folgende Gruppe zeichnet sich dadurch aus, dass Mode in diesen Zeitschriften die unangefochtene Hauptrolle spielte.

7.2.3. "Nur Mode" - Modezeitschriften und Modefachzeitschriften

Hier wird eine Zeitschriftengruppe, die 1940 123 Titel zählte, zusammengefaßt. Zu ihr gehörten reine Modeblätter. Das waren Fachzeitschrifen, wie die >Textilwirtschaft< oder >Der Konfektionär<, die ein spezielles Publikum ansprachen. Die Masse dieser Zeitschriften war an alle Frauen gerichtet, die sich für Mode interessierten und deren Budget normal bis niedrig war, so dass sie sich jede oder alle zwei Wochen ein Heft für -, 30 bis -,70 RM leisten oder einmal im Monat 1,- RM für ein "Hochglanzmagazin" ausgeben konnten. Bei den Inhalten standen Mode und Bekleidung im Vordergrund. Unterschiedlich war nur der Spezialisierungsgrad. Es gab Hefte, die sich vermehrt mit der Wäschemode beschäftigten, wie der in Berlin verlegte Titel >Korsett und Wäsche<, und Hefte, die sich mit allen Erscheinungen der Bekleidungsmode auseinandersetzten, wie die >Modenwelt< oder die >Die Mode<.

7.2.3.1. >Modenwelt vereinigt mit Ultra-Modenalbum<

In der >Modenwelt< lag der inhaltliche Schwerpunkt eindeutig bei Mode und Textilien (siehe Abb. 7.2.3.1./1.). Es gab weder Kochrezepte noch einen Fortsetzungsroman. Dafür wurde Mode für alle Tageszeiten, Lokalitäten und Altersstufen ausführlich und überwiegend in gezeichneter Form vorgestellt. Die >Modenwelt< wurde, wie >Die Dame<, vom Deutschen Verlag in Berlin herausgegeben. Die >Modenwelt< erschien monatlich in einer Auflage von über 100.000 gedruckten Exemplaren und richtete sich an eine Leserschaft, die sich besonders für Mode interessierte. Für das im Juni 1941 erschienene 24 Seiten umfassende Heft, mußte die Leserin -, 80 RM bezahlen. Dafür bekam sie ein farbiges Titelfoto und im Schnitt zwanzig Seiten Mode.[763] In der >Modenwelt< wurde entweder "bezahlbare" Mode oder aber Kleidung zum Selbermachen für alle Generationen gezeigt, und auf die dazu notwendigen auch im Deutschen Verlag zu beziehenden Schnittmuster verwiesen.

In der >Modenwelt< wurden sehr viel mehr Modezeichnungen als Modefotografien veröffentlicht. Bei den Modefotos überwogen die einfachen Bildschöpfungen, die auch in den Verbandszeitschriften gezeigt wurden. Die >Modenwelt< stand in ihrem Niveau zur Modefotografie zwischen den Verbandszeitschriften und den Luxusmagazinen. Im Gegensatz zu den Verbandszeitschriften wurden in der >Modenwelt< regelmäßig redaktionelle Modefotos gezeigt, die von der Redaktion der >Die Dame< produziert worden waren und dann von der >Modenwelt< übernommen wurden. Die Fotografen, die an der >Modenwelt< bis 1943 mitarbeiteten, waren: Hubs und Ilse Flöter, die überwiegend Modestills lieferten, Karl-Ludwig Haenchen, als der Hauptfotograf mit überwiegend redaktionellen Modeaufnahmen, Regina Relang, mit einem ähnlichen Spektrum wie Haenchen, aber weniger Veröffentlichungen und die hauseigene Fotografin Elisabeth von Heddenhausen, die Kinderbilder, Modestillleben und einige redaktionelle Modefotos beisteuerte.[764]

7.2.3.2. >Die Mode< - der Versuch eine nationalsozialistische >Vogue< zu schaffen

>Die Mode< erschien monatlich im Otto Beyer-Verlag Leipzig (siehe Abb. 7.2.3.2./ 1.).[765] Das erste >Die Mode< Heft kam im Januar 1941 heraus und kostete 1,50 RM. Damit war es zu seiner Zeit das teuerste Mode- und Luxusmagazin auf dem deutschsprachigen Markt. Auf der Titelseite wurde darauf verwiesen, dass >Die Mode< aus den beiden deutschsprachigen Modemetropolen Berlin und Wien berichtete. Sie zeigte die “Monatliche Auslese besten Modeschaffens” und kam ganz ohne Reportagen aus. Sogar auf einen Roman wurde verzichtet. Das Heft zeigte ausschließlich Mode und Werbung. Damit war >Die Mode< dem Konzept der >Vogue< am ähnlichsten, die sich ganz auf die Modeberichterstattung konzentrierte und eines der wenigen Magazine war, das neben Mode in großem Stil über Schmuck berichtete. Die >Vogue< war vollkommen auf Werbekunden aus der Luxusgüterindustrie ausgerichtet. So wurde, obwohl dieses seit 1934 in Deutschland laut den Richtlinien für Redaktionen verboten worden war, nur in >Die Mode< über Schmuck berichtet.[766]

>Die Mode< richtete sich, wie es der redaktionelle Inhalt und die Werbung zeigten, als einzige deutsche Luxuszeitschrift ausschließlich an Frauen. Auch im Impressum tauchten nur Frauennamen auf. Dennoch war sie keine Zeitschrift, die nur von Frauen gemacht wurde, wie die >Frauenkultur im Deutschen Frauenwerk<. In >Die Mode< erschienen auch Artikel von männlichen Autoren, deren Inhalte und Sprachgebrauch ihren patriarchalischen Ursprung häufig deutlich erkennen ließen. Vor allem ein unbekannte Autor, der mit M.W. unterschrieb, ist in diesem Zusammenhang besonders zu erwähnen: *“Die Männer stehen unter den Waffen und nach dem Sieg kommen sie heim (...) Welche Frau träumt nicht von dieser Stunde, die sie so schön, so neu, so anziehend finden soll wie noch nie (...) Auch darum also: Mode auch im Kriege!”*[767] Die Chefredakteurin von >Die Mode< war Anneliese Hafkesbrink. Die Redaktion war in der Schützenstraße 5 in Berlin untergebracht. Im gleichen Haus hatte auch die Redaktion von >die neue linie< ihren Sitz.

In dem sehr klaren und großzügigen Layout von >Die Mode< ist die gleiche gestaltende Hand wie bei >die neue linie< zu erkennen. Oft wurden auch gleiche Schrifttypen benutzt. Lag der Gestaltung von >die neue linie< eher ein zwei Spalten vorsehendes Raster zugrunde, so war bei >Die Mode< eine Spalte vorherrschend. >Die Mode< war das erste Luxusmodemagazin in Deutschland, das Fotografien ganzseitig druckte. Überhaupt ist es das modernste der hier verglichenen Magazine, vor allem im Umgang mit der Fotografie. Regelmäßig wurden farbige Modefotografien gezeigt. Teilweise wurden auch schwarzweiße Aufnahmen in leichtem Braunton gedruckt. Colorierte schwarzweiße Aufnahmen, wie sie bei >Die Dame< sogar das Cover zierten, gab es bei >Die Mode< nicht.

Die Fotografie nahm gegenüber der Modezeichnung sehr viel Raum ein. Im Schnitt gab es ca. 16 Seiten Modezeichnung und 45 Seiten Modefotografie, die sowohl Modestills als auch Mode am Fotomodell zeigte. Modefotos waren dem Heft vorbehalten. Die Cover waren immer gezeichnet oder gemalt aber nie fotografiert.

Ernst Herbert Lehmann und >Die Mode<

Zwar erschien >Die Mode< im Otto Beyer Verlag. Doch im Grunde war sie eine Schöpfung des bereits erwähnten Zeitschriftenforschers und Beauftragten für das Zeitschriftenwesen im Propagandaministerium Ernst Herbert Lehmann unter Zusammenarbeit mit der Moderedakteurin aus dem Otto Beyer Verlag Anneliese Hafkesbrink. *“Der hat nur versucht, der wollte eine dann vom Dritten Reich beeinflußte Konkurrenzzeitschrift zur >Dame<, zur >Eleganten Welt< und dem >Silberspiegel<, (...) aufziehen. Und hat dann(...) Frau Hafkesbrink geehelicht offenbar und hat >Die Mode< ins Leben gerufen. Und die kam im Verlag Otto Beyer heraus. Der sowieso eine Modezeitschrift gerne außer seiner >neuen linie< noch in das Verlagsprogramm aufnehmen wollte.”*[768]

>Die Mode< startete zu einem strategisch günstigen Zeitpunkt. Nur fünf Monate nach dem Erscheinen des ersten Heftes fand im Mai 1941 die erste große Zusammenlegungs- und Einstellungsaktion statt. Sie diente zur Ersparnis von Material und zur Freistellung wehrfähige Männer für die Wehrmacht. Dieser ersten Stilllegungsaktion fielen insgesamt 550 Zeitungen und Zeitschriften zum Opfer und alle Zeitschriften wurden in ihrem Umfang auf den Stand, den sie im November 1940 hatten, eingefroren. Schon am 1. Sep-

tember 1939 war der Umfang aller periodisch erscheinenden Druckerzeugnisse genau reglementiert worden. So durften die Zeitungen des kleineren Formates (ca. 35 x 25 cm) 12 Seiten, Zeitungen im großen Format (ca. 47 x 31 cm) 10 Seiten, Wochenzeitungen 16 und illustrierte Zeitungen 28 Seiten nicht überschreiten.{769} Die Richtwerte für Magazine waren nicht zu ermitteln. Im Verlauf der zweiten Stilllegungsaktion vom Februar bis April 1943 wurden weitere 950 Zeitungen und Zeitschriften geschlossen, darunter alle oben genannten Magazine, außer den Verbandszeitschriften. Dass die Luxusmagazine nicht schon der ersten Stilllegungsaktion zum Opfer gefallen waren, lag an ihrer Bedeutung für den Export, denn: *"Die deutschen Mode-Zeitschriften repräsentieren in der breiten Öffentlichkeit unser Modeschaffen und fördern somit eine Entwicklung, die letztlich der Verbreitung deutscher Kultur in der Welt dient."*{770} Wer in dieser Zeit eine neue Zeitschrift starten und dafür Papierzuteilungen bekommen wollte, mußte schon gute Beziehungen zu Rolf Rienhardt haben, dem die Druckpapierbewirtschaftung unterstand. Rienhardt unterstand dem Reichsleiter für die Presse und gehörte zum Kreis um Joseph Goebbels. Ernst Herbert Lehmann muß als Untergebener von Joseph Goebbels im Propagandaministerium gute Kontakte zu Rolf Rienhardt gehabt haben, durch die er es schaffte, Papierzuteilungen für >Die Mode< erhalten.{771}

Auch wenn Anneliese Hafkesbrink im Impressum weiterhin unter ihrem Mächennamen geführt wurde, und so der arglosen Leserin die direkte inhaltliche Verbindung der Zeitschrift zum Propagandaministerium verborgen blieb, die Beziehung von >Die Mode< zu dem Hochschulprofessor Ernst Herbert Lehmann wurde in >Die Mode< trotzdem sichtbar. Die immer wiederkehrenden Artikel, die programmatische Modethemen in nationalsozialistischer Weise aufgriffen, wurden zum Teil von ihm selbst verfaßt und mit E.H.L. unterschrieben. Für das Juliheft 1941 schrieb er eine sich über eineinhalb Seiten erstreckende "Betrachtung über Modezeitschriften".{772} Im Oktober erschien sein Text "Die Mode und die deutsche Sprache".{773} In seinem ersten Artikel hatte er den Leserinnen von >Die Mode< gesagt, wie wichtig die Mode und die Modezeitschriften gerade im Krieg seien. Außerdem gab er eine Erklärung dafür, warum jetzt nur noch so wenige Abendkleider gezeigt wurden: *"Wenn beispielsweise in diesen Kriegsmonaten in den deutschen Modeblättern nicht mehr so viele Abenkleider gezeigt werden wie in Friedenszeiten, so deshalb, weil jeder deutschen Frau infolge der vorsorglichen Rationalisierungsmaßnahmen nur eine begrenzte Stoffmenge zu steht und weil die deutsche Frau Abendveranstaltungen früheren Stils während des Krieges als geschmacklos empfindet."*{774}

Daneben berichtete er über "Hetzartikel" gegen Deutschland in der amerikanischen Modepresse. Noch konnten die Berliner, die über ausreichendes Vermögen und genügend Devisen verfügten, die amerikanischen Magazine >Vogue< und >Harper's Bazar< beziehen.{775} Doch die breite Leserschaft hatte es nach Lehmann *"bereits erkannt, dass diese im Kriege selbstverständlich fehlenden Blätter (die ausländische Modepresse - Erg. d. Verf.) durchaus entbehrlich sind, da die deutschen Modezeitschriften in ihrer Vielfalt schöne und alle Wünsche befriedigende Modelle zeigen."*{776}

>Die Mode< richtete sich vor allem an jene Frauen, die im Nationalsozialismus etwas Neues suchten und ihn als einen Aufbruch verstanden. Das Titelbild des August/Septemberheftes 1942 machte nun auch den arglosesten Leserinnen klar, wer im Hintergrund von >Die Mode< stand: Auf einem weiten Platz stehen drei in die Tiefe gestaffelte Mannequins und präsentieren herbstliche Kostüme. Der Platz wird links von der neuen Reichskanzlei und im Hintergrund vom Ministerium für Propaganda und Volksbildung begrenzt. Nach rechts deutet nur ein Schatten auf die weitere Platzbebauung hin (siehe Abb. 7.2.3.2./2.).

>Die Mode< stellte den Versuch dar, die nationalsozialistischen Ideale von "Einfachheit, Kameradschaft, Gläubigkeit und Bereitschaft" in die Modeberichterstattung zu übertragen.{777} Dass dieser Versuch nicht von allen Seiten als gelungen betrachtet wurde, macht folgendes Zitat vom Dezember 1942 deutlich: *"Herr Professor von Arent übte scharfe Kritik an der Zeitschrift "Die Mode" aus. Er brachte vor allem zum Ausdruck, dass diese Zeitschrift dadurch, dass sie draußen überall als das Blatt des Ministeriums angesehen wird, wegen ihrer schlechten Qualität eine Gefahr für das Ministerium bedeute.(...) Herr Staatssekretär Gutterer stimmte der Kritik des Herrn von Arent bei, brachte zum Ausdruck, dass auch der Herr Mi-*

nister mit dieser Zeitschrift mehr als unzufrieden sei, (...)."[778] Vor dieser Kritik hatte von Arent in einem Schreiben vom 17.8.1942 die Absicht geäußert, mehrere Modezeitschriften zu schließen und dann aus dem frei gewordenen Papierkontingent eine eigene Zeitschrift herauszubringen. Nachdem ihm dieses nicht genehmigt wurde, bemühte er sich darum, >Die Mode< zu übernehmen.[779] Im Dezember 1942 wurde die Modeindustrie nicht mehr als kriegswichtig eingestuft und damit verloren alle werbenden Modezeitschriften ihre Existenzberechtigung. Außerdem wurde von Arents Amt im Juni 1943 für die Dauer des Krieges stillgelegt, so dass ihm auch diese Schaltstelle zur Ausführung seiner Pläne wegfiel.

Warum >Die Mode< kein Gefallen bei Joseph Goebbels und Benno von Arent fand, kann nur vermutet werden. Wahrscheinlich war es nicht die Tatsache, dass in >Die Mode< über Schmuck berichtet wurde, obwohl dieses seit 1934 verboten war, sondern im Gegenteil, der offensichtliche Mangel an Pomp und Prunk in dem Heft, das sich darum bemühte, dem nationalsozialistischen Prinzipes der Einfacheit und der Klarheit zu folgen. Benno von Arent und Joseph Goebbels wünschten sich >Die Mode< wahrscheinlich luxuriöser und repräsentativer.[780]

7.2.3.3. >Die Mode< und ihre Modefotografen

>Die Mode< bemühte sich auf allen Gebieten, einen neuen deutschen Stil zu schaffen und zu verwirklichen. Im Heft 4 vom April 1941 wurde die Definition "des guten Modebildes" gegeben. Unter einem farbigen Modefoto von Norbert Leonard (siehe Abb. 7.2.3.3./ 1.) war zu lesen: "*Das gute Modebild hat ebenso den Zweck darin Ausdruck des Zeitgeschmakkes zu sein, als in seinem Inhalt eine neue modische Idee zu zeigen. Es kann in Komposition und Farbgebung, wenn bewußte Gestaltung zu Grunde liegt, sogar mehr über die allgemeine Moderichtung aussagen als lediglich der modische Gegenstand. Aber auch der Typ der Frau gibt im Modefoto Aufschluß über zeitverhaftete Werte der modischen Entwicklung. Für diese beiden Bilder haben keine Berufsmodelle der Modefotografie gestanden. Junge Mädchen, die sich noch in der Ausbildung befinden: eine Laborantin, eine Modeschriftleiterin und eine Schauspielerin haben sich für die Zeitschrift fotografieren lassen. Wir ließen sie in den Modellhäusern selbst aussuchen, was sie tragen wollten. Dass sie Modelle von dieser Einfacheit gewählt haben, wo ihnen Gelegenheit gegeben war, einmal die Rolle einer eleganten Dame zu spielen, bestätigt den Willen der jungen weiblichen Generation unserer Zeit, die selbstbewußt ihren Stil sucht, und nichts als sie selbst sein will.*"[781] Zunächst werden hier alle an dem Heft >Die Mode< beteiligten Modefotografen mit der Zahl ihrer Veröffentlichungen genannt:[782]

Studio Binz, Callice, Hubs und Ilse Flöter (23), Max Göllner (2), Karl-Ludwig Haenchen (1), Norbert Leonard (11), Emy Limpert (4), Peter Ludwig (11), Lilli Niebuhr (3), A. Mann & Co, Rex Foto, Renata Riederer (2), Illa Schröder (7), Dr. W. Strache und Dr. Ralph Weizäcker, Ruth Wilhelmi und aus Wien Lucca Chmel (2), A. Mann & Co, Freiherr von Gudenberg (9) und Kitty Hoffmann.

Fotografen, die lediglich Stills für >Die Mode< fotografierten, waren Rolf W. Nehrdich, König-Rohde (3), Gertrud Hesse (2), Enno Kind (2), Urs Lang-Kurz und Madensky aus Wien (3).[783]

Die Hauptfotografen von >Die Mode< waren Hubs und Ilse Flöter sowie Norbert Leonard. Hubs und Ilse Flöter veröffentlichten in 23 Heften ca. 740 Fotografien und waren damit in allen >Die Mode< Heften vertreten. Die Zahl von 23 erschienenen Heften über einen Zeitraum von zwei einviertel Jahren bei monatlichem Erscheinen kam dadurch zu stande, dass es vier Hefte gab, die jeweils zwei Monate abdeckten.[784] Norbert Leonard, der nur in etwas weniger als der Hälfte aller >Die Mode< Hefte veröffentlichte, brachte es auf 320 Modefotografien. Das bedeutet, dass er relativ gesehen mehr Fotos veröffentlichte als Hubs und Ilse Flöter, denn er war in allen elf Heften von >Die Mode< bis zu seiner Verhaftung, die ungefähr im Dezember 1941 stattgefunden haben muß, vertreten.

Norbert Leonard und Hubs und Ilse Flöter bestimmten durch ihre große Präsenz den Heftstil am stärksten. So gab es viele Freiluftmodeaufnahmen, sowohl mit Fotomodellen als auch - und das war sehr außergewöhnlich - Modestilleben, die unter freiem Himmel produziert wurden. Studioaufnahmen waren relativ selten. Modereportagen wurden kaum gezeigt und es gab keine narrative Modefotografie. Dieser eigene Weg zeigte sich auch in der Wahl der Fotomodelle. Sie waren meist nur minimal geschminkt und häufig wurde, besonders von Norbert Leonard, mit Amateurmodellen gearbeitetet. Neue und für die Modefotografie ungewöhnliche Aufnahmeorte und Posen wurden vor allem von Norbert Leonard zur Heftgestaltung beigesteuert. Seine Modefotografie ist häufig unelegant und wirkt eher hölzern und ungehobelt (vgl. Abb. 3.3./ 1.). Einfühlsamere und sensiblere Modefotografien kamen vor allem von Ilse Flöter. Ihre Fotos zeichneten sich inhaltlich durch die Feinheit der Posen und den verinnerlichten Ausdruck der Modelle sowie technisch, durch den besonderen gestalterischen Einsatz des Tageslichtes aus (siehe Abb. 7.2.3.3./ 2.).

Alle anderen Fotografen hatten, nicht nur an der Zahl ihrer Veröffentlichungen gemessen, eine geringere Bedeutung für >Die Mode<. So veröffentlichte Peter Ludwig[785] in elf Heften 77 Fotos, Illa Schröder in sieben Heften 54 Fotos und Freiherr von Gudenberg aus Wien in 9 Heften 42 Fotografien.

7.2.3.4. Die Modefotografie in >Die Mode<

Alle in >Die Mode< und in den anderen Zeitschriften veröffentlichten Modefotos lassen sich in fünf Gruppen unterteilen:

1. Die erste Gruppe von Modefotografien zeigt das Modell als Ganzfigur. In dieser Gruppe findet man die repräsentativsten und aufwendigsten Modefotografien. Große Abendkleider und Festgarderobe überwiegen hier genauso wie die Freiluftaufnahmen.

2. Die zweite Gruppe von Modefotografien zeigte Dreiviertelporträts, wobei es drei Anschnittszonen gab. Die erste Zone lag etwa auf der Hälfte der Oberschenkel, die zweite kurz unterhalb der Knie und die dritte über dem Knöchel. Dieses ist die größte Gruppe. Hier findet man vor allem Tageskleider, Kostüme, Kombinationen und Mäntel.[786]

3. Die dritte Gruppe von Modefotografien zeigte nur Brustporträts. Der fotografische Anschnitt ist hier meist auf Höhe des Hüftknochens zu finden. In dieser relativ kleinen Gruppe sind fast nur Aufnahmen von Strickpullovern, weniger von Blusen.

4. Die vierte Gruppe von Modefotografien zeigte Porträts. In dieser Gruppe wurden während des Bearbeitungszeitraum fast ausschließlich Hüte gezeigt: "Alles ist Hut".[787]

5. In der fünften Gruppe faßt der Autor alle Modestills zusammen. Das sind die Modefotografien, die Bekleidung und Accessoires an Modepuppen oder anderswo drapiert, präsentierten.

Diese Gruppen zeigen außerdem eine Untergliederung in Bezug auf den Schwierigkeitsgrad ihrer fotografischen Herstellung.

Die technisch aufwendigste Aufnahme ist die Ganzfigur im Studio. Um eine ganze Gestalt auszuleuchten, benötigte man viel Licht. Das bedeutete, dass große Scheinwerfer vorhanden sein mußten, die sich nicht jeder Fotograf leisten konnte. Dazu kam noch die benötigte Fertigkeit im Umgang mit dem Kunstlicht und der damit verbundenen Schwierigkeit, eine ganze Figur auszuleuchten.

Bis zu den Fotografien der Gruppe vier nimmt der Aufnahmeaufwand besonders von der technischen Seite her ab, denn der benötigte Raum wurde immer kleiner und die Anforderungen an die benötigte Lichtmenge war geringer.

Die Fotografien der Gruppe vier, die Darstellung des Kopfes mit Hut, stellte ähnlich hohe Anforderungen an den Fotografen und sein Modell, wie die Modefotografien der ersten Gruppe. In keiner der oben geschilderten Modefotografien wurde der Gesichtsausdruck des Modells so zentral abgebildet und hatte damit solche Wichtigkeit. Der Kopf wurde in Relation zum Körper immer kleiner abgebildet. In dieser Gruppe mußte gerade am Kopf alles stimmen, denn die durch den Ausschnitt erzeugte Nähe setzte eine makellose Gesichtshaut des Fotomodells und eine perfekte Lichtführung des Fotografen voraus. Außerdem mußte das Fotomodell in der Lage sein, eine angemessene Mimik zu zeigen.[788]

Die fünfte Gruppe, das Modestill, verlangte ganz andere Fertigkeiten vom Fotografen als das Modefoto mit einem Modell. Die "Objekte" bewegen sich nicht selbständig, das heißt, sie bedürfen der kreativen Gestaltung durch den Fotografen. Der optische Erfolg des Modestills ist allein von dem Können des Fotografen abhängig. Zwischenmenschliche Kommunikation, wie sie bei der Herstellung eines Modefotos mit einem Modell sonst eine wichtige Rolle spielt, ist hier unwichtig. Modefotografen, die das Fotografieren von

Modestills und Fotomodellen gleichermaßen beherrschten, waren eher selten.

Die folgende Tabelle zeigt die modefotografischen Schwerpunkte der Fotografen in der Zeitschrift >Die Mode< für den Zeitraum von Januar 1941 bis April 1943.

Tabelle D.
Die Schwerpunkte der Fotografen in >Die Mode<

Hubs und Ilse Flöter: total 741 Fotos,
davon Ganzfigur: 78/10,5%, Zweidrittelfigur: 334/45%, Halbfigur: 79/10,6%, Modeporträt(nur Kopf): 132/17,8% und Modestill: 118/15,9%

Norbert Leonard: total 320 Fotos,
Ganzfigur: 51/15,9%, Zweidrittelfigur: 85/26,6%, Halbfigur: 20/6,25%, Modeporträt: 31/9,7, Modestill: 133/41,6%

Freiherr. v. Gudenberg: total 42 Fotos,
Ganzfigur: 27/64,3%, Zweidrittelfigur: 5/11,9%, Halbfigur: 6/14,3%, Modeporträt: 1/2,4%, Modestill: 3/7,1%

Peter Ludwig: total 77 Fotos,
Ganzfigur: 10/13%, Zweidrittelfigur: 33/43%, Halbfigur: 8/10,4%, Modeporträt: 18/23,4%, Modestill: 8/10,4%

Illa Schröder: total 54 Fotos,
Ganzfigur: 6/11,1% , Zweidrittelfigur: 41/76%, Halbfigur: 1/1,8%, Modeporträt: 5/9,2%, Modestill: 1/1,8%

Alle Fotografen zusammen: 1234 Fotos, davon Ganzfigur: 172/13,4%, Zweidrittelfigur: 498/ 40,3%, Halbfigur: 104/8,4%, Modeporträt: 187/15,1%, Modestill: 268/21,7%

Der hohe Prozentsatz der Modeporträtfotografien bei fast allen Fotografen erklärt sich dadurch, dass in den Jahren ab 1941 die Stoffe rationiert waren, so dass sich Mode fast nur noch in Hutkreationen ausdrücken konnte.

Die oben geschilderte Abfolge von Ganzfigur, Zweidrittelfigur, Halbfigur, Porträt und Modestilleben macht eine Rangfolge sichtbar. Diese Rangfolge ermöglicht es, die Bedeutung der einzelnen Fotografen nach der Häufigkeit der Veröffentlichungen und nach dem Schwierigkeitsgrad der gelieferten Fotografien zu beurteilen. Ab 1939 gibt es eine kleine Gruppe von Fotografen, die in >Die Mode< und anderen Magazinen überwiegend Ganzkörpermodefotos veröffentlichten. Hierzu gehörten Hubs und Ilse Flöter, Sonja Georgi, Karl-Ludwig Haenchen, Lilli Niebuhr und Imre von Santho.

Besonders viele Hutmodefotos machte Karl-Ludwig Haenchen. Er war sehr geübt und vertraut mit den Feinheiten der Modeporträts, da er viele Starporträts, vor allem für die TOBIS-Filmgesellschaft fotografierte.[789] Unterschiede machte Haenchen allerdings in der Wahl des Lichtes. Während er bei seinen Modefotografien ein sehr klares und plastisch zeichnendes Licht bevorzugte, (siehe Abb.7.2.3.3./ 3.) sind seine Starfotos mit einem Hauch von Glamour überzogen, der bei dem Betracher fast automatisch Assoziationen an die Filmwelt erzeugte (siehe Abb. 7.2.3.3./ 4.). Der typische Glamourschimmer wurde durch minimale Weichzeichnung bei der Aufnahme erzeugt.[790]

In der nachfolgenden Tabelle E. werden die Modefotografien der Zeitschriften >Die Mode< und >NS-Frauenwarte< aus den Kategorien "nur Mode" und "Anderes und Mode" miteinander verglichen, um deutlich zu machen, wie sich die Magazine in den verschiedenen Kategorien inhaltlich unterschieden.

Tabelle E.
Die Anteile der verschiedenen Bildausschnitte in >Die Mode< und der >NS-Frauenwarte<

>Die Mode<, Heft 1/41 bis 3/43
Anzahl der Fotos total: 1234
Ganzfigur: 172/13,4%, Zweidrittelfigur: 498/40,3%, Halbfigur: 104/8,4%, Modeporträt: 187/15,1%, Modestill: 268/ 21,7%

>NS-Frauenwarte< Heft 1/33 bis 12/44
Anzahl der Fotos total: 402
Ganzfigur: 77/19%, Zweidrittelfigur: 298/74,1%,
Halbfigur: 18/4,5%, Modeporträt: 5/1,2%, Modestill: 4/1%

Der Vergleich der Prozentzahlen der fünf aufgeführten Gruppen in Bezug auf die Zeitschriften in unterschiedlichen Kategorien macht deutlich, dass es Fotos gab, die den Luxusmagazinen vorbehalten waren. Das ist besonders auffällig bei den Modestills und den Modeporträts. Modestills zeigten fast nur Accsessoires, wie Gürtel, Taschen oder Handschuhe, die Modeporträts ausschließlich Hutmode. Das oben beschriebene modische Beiwerk wurde den Leserinnen der >NS-Frauenwarte< nur im Ensemble, also an der Zweidrittel- oder der Ganzfigur gezeigt. Das erklärt den höheren und wegen seines großen fotografischen Aufwandes nicht unbedingt zu erwartenden Anteil der Ganzkörperaufnahmen in der >NS-Frauenwarte<.

7.3. Zusammenfassung

Die deutschen Frauen- und Modezeitschriften waren von der staatlichen Propaganda beeinflußt. Neben dem Radio waren die Printmedien die wirksamsten Indoktrinationsinstrumente. Die Frauen- und Modezeitschriften wurden genutzt, um die Masse der Frauen zu erreichen, denn sie lasen häufiger die illustrierten Frauenzeitungen als die Tageszeitungen. Auch die ausländischen Frauenzeitschriften folgten dieser Erkenntnis, der Not des aufgezwungenen Krieges gehorchend. Frauenzeitschriften in England riefen genauso zur Rohstoffersparniss und zur Mithilfe an der Heimatfront auf wie die amerikanischen. Die Propaganda blieb in diesen Magazinen allerdings meist auf diese Aufrufe beschränkt.[791]

Die Beeinflussung der Leserinnen war in Deutschland jeweils auf die Zielgruppe der einzelnen Zeitschriften zugeschnitten. Zum Teil geschah sie ganz offensichtlich, besonders in den Massenblättern wie >Das Blatt der Hausfrau< oder der >NS-Frauenwarte<. Hier waren die ersten Seiten der Hefte für die auf ihr Publikum zugeschnittene Propaganda reserviert.

In den Luxusmagazinen war die nationalsozialistische Propaganda teilweise so gut versteckt, dass der Redaktion von >Die Dame< mehrfach guter "Maulwurf-Journalismus" bescheinigt wurde.[792] Dabei war gerade die Moderedakteurin von >Die Dame<, Petra Fiedler, dem Reichsbeauftragten für die Mode, Benno von Arendt, so positiv aufgefallen, dass er mit ihr zusammen >Die Mode< nach seinen Vorstellungen nationalsozialistisch umgestalten wollte.[793]

Selbst in >Die Mode<, die in sehr enger Verbindung zum Propagandaminsterium enstanden war, versteckte sich die Propaganda so gut, dass sie zusammen mit >Die Dame< 1997 in dem Aufsatz "Nazi "Chic"? German Politics and Women's Fashions, 1915-1945" von Irene Guenther als "non-Nazi women's magazines" bezeichnet wurden.[794] Doch eben weil die Propaganda in den Luxusmagazinen so geschickt verpackt und gut versteckt wurde, war sie hier besonders wirkungsvoll, denn *"eine subtil durchkomponierte, Vertrauen ansaugende Meinung oder Ware (...) langfristig im Bewußtsein der Menschen eine größere Macht (gewinnt - Umstellung d. Verf.), als eine noch so forciert druchgepeitschte Parole."*[795]

Die Untersuchung der Magazine aus der Zeit von 1929 bis 1945 zeigte einige Veränderungen in der Modepräsentation und der Behandlung von Modefotografien im Layout. Der Prozentsatz der Modefotografien nahm in den Heften zu und die Fotografien wurden ab den frühen Dreißigern weniger als Bilder mit Rahmen aufgefaßt, sondern direkt in das Layout eingebettet.[796] Diese Entwicklung erreichte ihren Höhepunkt, als im Aprilheft 1941 bei >Die Mode<, erstmalig in deutschen Luxusmagazinen, Modefotos auf zwei sich gegenüberliegenden Seiten ganzseitig, ohne dass auch nur ein schmaler weißer Streifen unbedruckten Papieres stehen blieb, gedruckt wurden (siehe Abb. Norbert Leonard 3.1.3./ 2.).

Die anderen sichtbaren Entwicklungen bezogen sich direkt auf die Gestaltung der Modefotos in Bezug auf ihre Form und deren Inhalt. Die formalen Veränderungen sollen im nächsten Kapitel bearbeitet werden, hier sei noch einmal auf die Entstehung der redaktionellen und der narrativen Modefotografie in der Mitte der Dreißiger Jahre hingewiesen. Die redaktionelle Modefotografie entwickelte sich seitdem weiter. *Karl-Ludwig Haenchen: "Während es später sich dann so allmählich wandelte. Da hatten die großen Verlage, nicht nur die Verlage, sondern die einzelnen Zeitschriften, ganze Teams und planten auch für Monate im voraus, und machten dann den Kontakt mit Mannequins und Firmen und diesen Sachen. Der Fotograf wurde nur engagiert, wie ein Mannequin."*[797] Den Höhepunkt dieser Entwicklung stellte die generalstabsmäßige Planung einiger redaktioneller Modefotokampagnen in den Sechziger Jahren durch Barbara Buffa für die >Brigitte< dar. Hier wurde eine "Zeitschriften-Konfektion" geschaffen und initiiert, die ein halbes Jahr im voraus geplant und zum Zeitpunkt der Veröffentlichung der jeweiligen neuen >Brigitte< in den großen Warenhäusern Deutschlands und der Schweiz vorgestellt wurde und zu kaufen war.[798]

Die oben beschriebenen Magazine behielten in der Modefotografie ihre relativ gut differenzierbaren

Heftstile bei, um sich für ihre Zielgruppen deutlich voneinander abzugrenzen. Die Heftstile waren sehr abhängig vom Engagement der jeweiligen Moderedakteurin und hingen eng mit der Auswahl der Mode und der Fotografen zusammen. Zusammengefaßt kann man im Überblick vier Heftstile unterscheiden:

Der Stil der Verbands-, Familien- und Frauenzeitschriften sowie der meisten reinen Modezeitschriften ist in erster Linie durch seine Schlichtheit und Sachlichkeit geprägt. Die Hauptprotagonistinnen dieses Stiles waren Yva, die diesen maßgeblich bestimmte, und ihre weniger innovative Nachfolgerin Lilli Niebuhr. Der Modefotostil dieser Gruppe blieb während des gesamten Bearbeitungszeitraumes konstant und kam noch bis weit in die Fünfziger Jahre hinein zum Tragen.

Dadurch, dass nach dem Kriegsbeginn im September 1939 nur noch deutsche und österreichische Fotografen gezeigt wurden, änderte sich der Stil bei den folgenden Zeitschriften nur wenig. Man versuchte weiterhin, die internationalen Trends mitzumachen, so dass die deutsche Modefotografie der zeitgleichen französischen, englischen oder amerikanischen Modefotografie weitestgehend entsprach.

Der Stil, der im >Silberspiegel< veröffentlichten Modefotos ist sehr redaktionell und narrativ, was sich in einem besonders großen Anteil an Modefotografie “on location” ausdrückte. Auch die im Studio fotografierten Modefotos zeigten durchweg eine große Leichtigkeit und Anflüge von Humor. Prägender Fotograf des >Silberspiegel< war ab 1939 Imre von Santho.

Der Stil der Zeitschrift >Die Dame< blieb trotz der Anfeindungen nach 1933 weiterhin damenhaft und sehr elegant. Die Modefotografien, die hier gezeigt wurden, hatten bis 1939 das höchste Niveau und folgten den internationalen Standards.

Neben Karl-Ludwig Haenchen war es ab 1940 Regina Relang, die die meisten Modefotografien in >Die Dame< veröffentlichte. Ab 1939 zeigte sie keine frischen und bewegten Modereportagen mehr, sondern sie fotografierte in den folgenden Jahren vor allem ihre Hutaufnahmen so, wie es die ab 1939 nicht mehr in >Die Dame< vertretenen französischen Fotografen getan hatten. Karl-Ludwig Haenchen wurde der Hauptfotograf in >Die Dame< und vor allem durch seine Fotos bekam die Modeberichterstattung einen melancholischen Ernst.

In dem Erscheinen der erst 1941 gestarteten Zeitschrift >Die Mode< drückte sich der Wunsch aus, in der Modeberichterstattung und der Modefotografie einen “deutschen Stil” zu kreieren. Die Modefotografien in >Die Mode< waren relativ natürlich und vermieden aufwendige Kunstlichtarrangements im Studio. Die Fotografien waren nicht besonders elegant und orientierten sich nur in sofern an den internationalen Modefototrends, als dass sie versuchten anders zu sein. Die Hefte erhielten ihren modefotografischen Charakter fast ausschließlich durch die Bilder der Fotografen Hubs und Ilse Flöter und Norbert Leonard.[799]

Im folgenden Kapitel werden die Modefotografien des Berabeitungszeitraumes auf gemeinsame Stilelemente hin untersucht. Es sollen mögliche Individualstile der oben aufgezählten Hauptrepräsentanten der Modefotografie in deutschen Zeitschriften herausgearbeitet werden. Diese waren Yva, Lilli Niebuhr, Imre von Santho, Regina Relang, Sonja Georgi, Karl-Ludwig Haenchen, Hubs und Ilse Flöter und Norbet Leonard. In diesem Zusammenhang wird ein Exkurs zu den spezifischen Herausforderungen der Farbmodefotografie führen.

8. Die Stile der Modefotografie

Jeder Stil ist in erster Linie ein begriffliches Konstrukt, das der Gruppierung unterschiedlichster Erscheinungen der Kultur dient. Der Autor ist sich bewußt, daß der Begriff "Stil" eine Konsistenz und Klarheit erwarten läßt, die in einer reinen Form nur sehr selten vorkommt. Doch da es in diesem Kapitel darum geht, eine für den Bearbeitungszeitraum grundlegende Ordnung der Modefotografien zu erabeiten, ist die Verwendung dieser Konstrukte notwendig.

In diesem Kapitel soll, aufbauend auf den Ergebnissen der vorherigen Kapitel, der Frage der Stilentwicklung nachgegangen werden. Vorgestellt werden die sich am auffälligsten abzeichnenden Stilrichtungen und wenn möglich werden die Individualstile einiger Modefotografen abgegrenzt. Abschließend wird ein Bogen über den Bearbeitungszeitraum und darüber hinaus geschlagen und auf die These einer "deutschen Modefotografie" eingegangen.

8.1. Methodische Vorarbeiten zur Stilbestimmung

8.1.1. Die Gliederung des Bearbeitungszeitraumes nach den Schaffensperioden der Fotografen

Zunächst werden die sich während des Bearbeitungszeitraumes wechselnden Fotografen genannt. Anschließend wird auf einige themenspezifische Probleme bei der Individualstilbestimmung in der Modefotografie Deutschlands hingewiesen.

Der Bearbeitungszeitraum läßt sich in Bezug auf die beteiligten Fotografen in drei sich überschneidende Perioden gliedern:

Die erste Periode begann in den Zwanziger Jahren und fand ihr Ende zwischen 1934 und 1935. Fotografen oder Ateliers wie Becker & Maaß, Manassé, Karl Schenker und Ernst Schneider verschwanden aus Altersgründen.{800}

Andere wie Ernst Sandau, die Brüder Willinger, und Bruno Winterfeld mußten aufhören zu arbeiten oder emigrierten, weil sie jüdisch waren.{801} Fotografen der späten Zwanziger Jahre, die zum Teil noch bis weit in die Vierziger Jahre hinein veröffentlichten, waren Yva, Gertrud Hesse, Ewald Hoinkis, Marion und Imre von Santho.

Die zweite Periode dauerte von 1934 bis zum September 1939. Seit 1934 und in den darauf folgenden Jahren fand ein unter anderem durch die uneingeschränkte Herrschaft der NSDAP bedingter Generationswechsel bei den Modefotografen statt.{802}

Der Kriegsbeginn im September 1939 stellte einen großen Einschnitt für die Modefotografie dar. Ein großer Teil der deutschen Modefotografen mußte in den Wehrdienst. Deutsche Fotografen, die im Ausland waren, wie zum Beispiel Regina Relang, mußten jetzt zurückkehren. Willy Maywald hatte keine Möglichkeit nach Deutschland zurückzukehren und mußte im Ausland bleiben.{803}

In den Zeitschriften wurden ab September 1939 keine ausländischen Modefotografien mehr gezeigt. Eine Ausnahme waren Aufnahmen des Fotomodells Lisa Fossangrives, die ihr Mann um 1936 von ihr gemacht hatte. Diese Fotografien wurden als "Archivbilder" gekennzeichnet. So umging man die Nennung des ausländischen Fotografen, denn die ideologische Vorgabe war es, Devisen zu sparen und "deutsch" zu kaufen.{804}

Die dritte Periode ist in mehrfacher Hinsicht interessant, denn nur noch eine Handvoll Fotografen bestimmte die stilistische Richtung und beherrschte den Markt für Modefotografie in Deutschland. In dieser Periode erschienen nur wenige neue Namen, das waren Ilse Flöter (1940 >die neue linie<) Peter Ludwig (März 1942, >Die Mode<) und Illa Schröder (Juli 1942, >Die Mode<). Diese Periode dauerte bis zur Einstellung der werbenden Zeitschriftenpresse im Frühjahr 1943. Ihren Nachklang fand diese dritte Periode in den Fünfziger Jahren, von 1952 bis 1956 als die erste Nachkriegsgeneration von Modefotografen auf den Mark drängte. Wichtige und relativ neue Namen dieser Periode waren Friedrich Aschenbroich, Franz Christian Gundlach, Walter E. Lautenbacher, Kahn von Ludwig, Rolf Lutz, Joe Niczky, Rico Puhlmann und Herbert Tobias.

8.1.2. Die Stilmerkmale der Modefotografie

Was ist Stil in der Modefotografie? Welche Stilmerkmale finden sich bei allen Modefotografien und machen sie somit vergleichbar?

Allen Modefotografien ist gemeinsam, dass sie Bekleidung zeigen. Es gibt zwei große Gruppen: Die Modefotografien, auf denen die Mode an einer Person präsentiert wird und die Modefotografien ohne Person, die Modestills. Im folgenden wird sich der Autor auf das Modefoto mit Person beschränken, denn es macht die international am besten vergleichbare Gruppe aus, da Modestilleben während des Bearbeitungszeitraumes nicht importiert wurden, so dass sie nur in Form ausländischer Veröffentlichungen auf dem deutschen Zeitschriftenmarkt präsent waren. Ausländische Zeitschriften waren seit September 1939 nur noch sehr eingeschränkt zu erhalten.

Das einzelne Modefoto läßt sich in verschiedene zeitbedingte Stilkomponenten aufspalten. Ein großer Teil dieser Stilmerkmale ist in dem Kapitel über die technischen Voraussetzungen und die Bestimmung des Frauenbildes ausführlicher behandelt worden. Hier sollen jedoch noch einmal die wandlungsfähigen und damit stilbildenden, bildbestimmenden Teile aufgelistet werden, damit noch einmal hervorgehoben wird, worauf bei einer Stiluntersuchung zu achten ist.

So können

1. das oder die Bekleidungsstück(e),
2. der Typ eines Fotomodells und seine Posen,
3. die Aufnahmetechnik, das Fotomaterial und das Licht,
4. der Aufnahmeort und die Requisiten für einen Stil charakteristisch sein.

Stil läßt sich in der Modefotografie aus den spezifischen Kombinationen dieser vier sehr unterschiedlichen Aspekte herauslesen.

8.1.3. Spezifische Probleme bei der Stilbestimmung und besonders der Individualstilbestimmung in der Modefotografie

Will man den persönlichen Stil einer Modefotografin oder eines Modefotografen herausarbeiten, so steht man vor folgenden Problemen.

1. Durch Kriegseinwirkung und die in den nachfolgenden Jahren im Vergleich zu anderen künstlerischen Fachrichtungen geringe Wertschätzung der Modefotografie durch Modefotografen und Kunsthistoriker sind beinahe alle Modefotoarchive aus der Zeit vor 1945 zerstört. Dadurch gibt es von keinem der in der Folge zu untersuchenden Fotografen Werkverzeichnisse oder die Möglichkeit das Oeuvre geschlossen zu überblicken. Man hat es immer mit mehr oder weniger großen Fragmenten zu tun.

2. Nur wenige der in Sammlungen vorhandenden Abzüge sind durch Signatur oder Stempel gekennzeichnet und somit einem Fotografen gesichert zuzuschreiben.

3. Aufgrund der relativ niedrigen Zahl der sich in Sammlungen befindlichen Originalabzüge von Modefotografien dienten die Abbildungen in Zeitschriften als Hauptbildquellen. Das hatte zur Folge, dass der Fotografenstil aus dem Zeitschriftenstil herausgefiltert werden mußte, wobei eine zusätzlich Problematik darin lag, dass die Fotografen, die in mehreren verschiedenen Zeitschriften veröffent-lichten, sich den jeweils verschiendenen Heftcharkteristiken anpaßten.[805]

4. Die Urhebervermerke in den Zeitschriften waren bis 1938 häufig en bloc aufgelistet, so dass sie sich nicht immer eindeutig zuordnen lassen.

5. Eine versteckte Fehlerquelle bei der Bestimmung eines Individualstiles bestand in der Tatsache, dass sich unter einheitlichen Signaturen mehrere verschiedene Fotografenpersönlichkeiten verbergen konnten. So gab es einige sehr erfolgreiche Ateliers, die nur mit angestellten Fotografen arbeiteten, so seit 1929 das Atelier Alexander Binder oder das Atelier Bruno Winterfeld.[806] Außerdem führten einige Fotografen große Ateliers und beschäftigten dort auch andere Fotografen, so Imre von Santho, Sonja Georgi und Karl-Ludwig Haenchen.[807] In diesem Zusammenhang muß das Fotografenehepaar Hubs und Ilse Flöter genannt werden. Bei ihnen führt die zeitweilige Doppelsignatur zu erheblicher Verunsicherung bei dem Versuch, die Oevres zu trennen und die Einzelbilder zuzuschreiben.[808]

Aus den oben geschilderten Schwierigkeiten ergibt sich, dass es bei der Stilbestimmung von Modefotografien sinnvoll ist, zunächst Gruppen zu bestimmen und sich mit diesem Raster an mögliche individuelle Stilmerkmale, heranzutasten.

8.2. Die Stile der Modefotografie in Deutschland von 1930 bis 1943

> *"Blättern wir ...(in den Seiten des Buches- Erg. des Autors). Um das einzig Negative vorwegzunehmen: was auffällt, ist der fast völlige Mangel an Humor."*
>
> *Peter Panter*{809}

Bei den im folgenden vorgestellten Stilgruppen handelt es sich um Einteilungsversuche, die dazu dienen, die große Anzahl der Modefotografien zu gliedern. Sie sollen helfen, bestimmte parallel auftauchende Gestaltungselemente und modische Strömungen des Bearbeitungszeitraumes erkennbar zu machen und die Fotografen einzurodnen. Die Einteilung erfolgte nach rein kunsthistorischen Fragestellungen, sowie nach politischen und fotografenspezifischen Gesichtspunkten.

8.2.1. Die Neue Sachlichkeit

> *"Es gibt jedoch Zeugnisse, wo die minuziöse Genauigkeit sich steigern kann bis zu einer fast schmerzenden Schärfe. Die Zurückhaltung weicht hier einer größeren Unmittelbarkeit, (...)" Klaus-Jürgen Sembach*{810}

Im Mai 1923 verschickte Gustav Friedrich Hartlaub, Direktor der Mannheimer Kunsthalle, ein Rundschreiben um Gemälde für eine Ausstellung zusammen zusuchen. Eine Ausstellung, "... der man etwa den Titel geben könnte >Neue Sachlichkeit<, ..." Er beschrieb die gruppenbildenden Merkmale und bat in dem Brief, die "(...) Künstler zu benennen, (...) die in den letzten Jahren weder impressionistisch aufgelöst, noch expressionistisch abstrakt, weder rein sinnenhaft äußerlich, noch rein konstruktiv innerlich" gemalt hätten.{811}

Seit 1899 hatte der Fotograf und Lehrer an der "Kunstgewerbeschule Ernst Ewald", Karl Blossfeldt (*1865-†1932), eigene, sehr formal und sachlich aufgefaßte Pflanzenfotografien für Unterrichtszwecke genutzt. Seit 1925 sorgte der Galerist Karl Nierendorf für eine breitere Streuung der Fotografien Blossfeldts. In diesen überwogen zunächst noch Elemente des Jugendstils und auch die pflanzlichen Motive deuteten auf diese Herkunft. In seinen Fotografien aus den frühen Jahren des 20. Jahrhunderts durchdrang das sachlich formalistische Element immer stärker die dekorativen Tendenzen des Jugendstils, und die als Unterrichtsmaterial gedachten Fotografien wurden zu eigenständigen Werken.{812} Ein anderer Fotograf, dessen Werk seit 1922 neusachliche Elemente zeigte, waren die Pflanzen und Landschaftsaufnahmen von Alfred Renger Patzsch.{813} Auf die Gebrauchsfotografie wurde sie, darauf wies Margit von Platow 1931 hin, zuerst von Werbegrafikern übertragen, weil sich das klare, plastisch zeichnende Licht besonders für Werbezwecke eignete.{814} Es zeigte das beworbene Produkt deutlich und scheinbar objektiv, was beim Betrachter Vertrauen in den dargestellten Gegenstand auslöste.{815}

In der Malerei wurden seit Anfang der Zwanziger Jahre extrem plastisch wirkende Porträts von Christian Schad und Otto Dix gemalt, auf denen man meint, selbst die den Dargestellten umströmende Luft wahrzunehmen.{816} Alles auf diesen magisch wirkenden Bildern Dargestelllte ist durch bestechende Schärfe gekennzeichnet, wodurch sich teilweise Trompe-l'-oeil Effekte ergeben. Die Landschaftsmalerei der Neuen Sachlichkeit und die Stilleben von Georg Scholz und Alexander Kanoldt wirken durch ihre matte Oberflächenauffassung außerdem sehr "trocken".{817} Das kristallklare Licht, die Plastizität und die exakte Oberflächenauffassung, die auf diesen Gemälden gegeben ist, wurde in den Jahren zwischen 1932 und 1935, nachdem sie schon in den Zwanziger Jahren Eingang in die Sachfotografie gefunden hatten, in der Modefotografie sichtbar.

Bis ungefähr 1932 war in der deutschen Modefotografie ausschließlich bei weichem, leicht diffusem, kunstfotografischem Licht fotografiert worden. Dieses Licht wirkte atmosphärisch dicht, und verband die dargestellte Person mit ihrer Umgebung und verlieh den Fotografien Glamour (siehe Abb. 8.2.1./ 1.).{818} Außerdem war es üblich, die Fotomodelle direkt vor eine Wand zu stellen oder in eine Kulisse einzubinden, so dass Fotomodell und Hintergrund zu einer zweidimensionalen Scheibe zu verschmelzen schienen. Diese Bestrebung wurde häufig durch einen asymmetrischen Rahmen im Layout der Seitengestaltung zusätzlich unterstützt. So als wäre das Fotomodell Teil einer flachen Schmuckform (siehe Abb. 8.2.1./ 2.).[819] Im Laufe des Jahres 1934 wurden die Modefotografien wieder plastischer und die Fotomodelle rückten immer mehr von der Atelierrückwand ab.[820] Geichzeitig wanderte die Aufnahmeperspektive der überwiegend ganzfigurigen Modefotos langsam weiter nach unten, so dass die Modelle länger und ihre Köpfe graziler wirkten.

Im Vorangegangenen wurde angedeutet, dass die neusachlichen Stilelemente in Deutschland zunächst in der Sachfotografie auftauchten und erst danach auf die Modefotografie übertragen worden waren. Eine für diese Stilübertragung in Deutschland maßgebliche Fotografin war Yva. Yva gehörte in den späten Zwanziger Jahren zur fotografischen Avantgarde Berlins. Zeitweise veröffentlichte sie zusammen mit Heinz Hajek-Halke Mehrfachbelichtungen, die futuristischen Stilelemente enthielten.[821] Ihre noch relativ seltenen kommerziellen Fotografien aus dieser Zeit folgten dem weichen, glamourösen Stil, den sie in der Bildnis-, Akt-, Modefotografie und bei Stilleben benutzte. Die Fotografie der bestrumpften Frauenbeine von 1927/28, veröffentlicht in >Das Deutsche Lichtbild< zeigt dieses deutlich.[822] Gerade die Seiden- und später Nylon-Strumpffotografie war während der Dreißiger und Vierziger Jahre immer wieder ein Experimentierfeld für Modefotografen. In diesem Motiv wurde das gestalterische und das technische Können des Fotografen besonders offensichtlich. Zusätzlich begegneten sich in der Strumpffotografie die werbende Sachaufnahme und das Modefoto (siehe Abb. 8.2.1./ 3 - 10.).[823] Yva vollzog den Wandel vom Diffusen zum Klaren zwischen 1929 und 1931 zuerst bei ihren Sachaufnahmen für die Werbung.

8.2.1.1. Der Stil der Neuen Sachlichkeit in der Modefotografie und seine Hauptprotagonisten

Seit etwa 1931 zeigten Yvas Modeaufnahmen von Strickpullovern und Badeanzügen das klare Licht in Verbindung mit durchweg konturenscharfer Abbildung und sehr sachgerecht herausge-arbeiteten Oberflächen. Yva behielt den klaren Stil bis 1938, als sie ihr Studio schließen mußte, da sie als Jüdin nicht mehr kommerziell fotografieren durfte, bei.

Dieser nüchterne und sehr exakte Aufnahmestil wurde charakteristisch für Mode- und Verbandszeitschriften, denn seine Deutlichkeit war geeignet, das Tuch, den Sitz und den Schnitt eines Kleidungsstücke zu zeigen. Er wurde immer dann eingesetzt, wenn die Bedeutung des Modefotos als Vorlage zum Nacharbeiten groß war. Durch Licht und Schatten zeichnete sich zum Beispiel an Strickpullovern das Strickmuster sehr deutlich und für strickwillige Kundinnen gut nachvollziehbar ab.

Nicht nur das Licht war kennzeichnend für diesen Stil. Um den durch die gut sichtbare Oberflächentextur hervorgerufenen Eindruck der Dreidimensionalität auf die Figur, also das Fotomodell, zu übertragen, wurde der Aufnahmeraum besonders sichtbar gemacht. Hierzu dienten die Studiorequisiten, vor allem verschiedene Kisten und Balustraden und der Einsatz des Schattenspieles auf der Studiorückwand. Die Hintergrundgestaltung unter Nutzung des Schattens wurde vereinzelt in den späten Zwanzigern eingesetzt. Sie diente zu dieser Zeit weniger dazu, der Fotografie Dreidimensionalität zu verleihen, sondern dazu eine besondere Atmosphäre zu schaffen. Das wird deutlich durch den beliebtesten "Schattengeber": verschiedene Palmen und Gummibäume.

Die Funktion des Schattens, Tiefe zu suggerieren und zu zeigen, dass das Modell frei im Raum stand, wurde besonders bei der Verwendung grafischer Schattengeber deutlich. Diese wurden der Mode inhaltlich oder grafisch angepaßt. So fotografierte Lilli Niebuhr 1936 für "Forma"[824] eine leichte Sommerbluse vor dem Schatten eines leicht bewachsenen Bambusgitters (siehe Abb. 8.2.1.1./ 1.). Etwa zur gleichen Zeit fotografierte Yva ein schwarzes Samtabendkleid mit durchbrochenem Rückenteil vor einem dieses Motiv annähernd wiederholenden Hintergrund (siehe Abb. 8.2.1.1./ 2.). Je nachdem, in welchem Winkel die Lichtquelle den Schatten auf den Hintergrund warf, ließ sich der Eindruck der Raumtiefe variieren und dadurch zusätzlich Dynamik erzeugen.

Ähnliche Funktionen übten die aus der Bauhaustradition stammenden halbkreisförmigen, rechteckigen oder mit schiefen Ebenen konstruierten Kisten aus. Sie dienten neben der Sichtbarmachung der Dreidimensionalität und der Dynamisierung des Raumes dazu, dem Modell Halt zu geben und es in einen Zusammenhang mit der Umgebung zu bringen.

Alle Fotografen, die in der Sparte Mode- und Frauenzeitschriften veröffentlichten, fotografierten in diesem Stil. Ganz besonders charakteristisch wurde er für Lilli Niebuhr, die ihre Modefotografien bis in die Fünfziger Jahre hinein ausschließlich in diesem Stil fotografierte. Ein weiterer Nachfolger Yvas in diesem Stil war Karl-Ludwig Haenchen. Er fotografierte im Gegensatz zu Lilli Niebuhr allerdings nur einen Teil seiner Modeaufnahmen in dieser Art und Weise.

Die Benutzung neusachlicher Stilelemente, besonders des klaren, scharfzeichnenden Lichtes, setzte sich ab 1931 bis 1933 bei allen deutschen Modefotografen durch. Es ist festzustellen, dass sich die Stilelemente der Neuen Sachlichkeit in den folgenden Jahren verselbständigten, so dass ebenso bei anderen Stilen das klare scharfe Licht sichtbar wurde. So ist der Neoklassizismus, der die Modefotografie von 1934 bis 1945 prägte, ohne dieses Licht nicht denkbar.[825]

8.2.1.2. Die Bewertung der Neuen Sachlichkeit in der Fototheorie des Dritten Reiches

Spätestens nach der Mannheimer-Ausstellung 1925 war die "Neue Sachlichkeit" in aller Munde und wurde zu einem viel diskutierten Schlagwort. In die fototheoretische Diskussion hielt er mit etwa vier jähriger Verzögerung Einzug. Einer der ersten, der ihn in Verbindung mit Fotografien brachte, war Kurt Tucholsky, der unter dem Pseudonym Peter Panter 1930 das Vorwort des sich langsam etablierenden Jahrbuches, >Das Deutsche Lichtbild< schrieb.

>Das Deutsche Lichtbild< zeigte jährlich einen repräsentativen Querschnitt des Fotoschaffens überwiegend aus Deutschland, vereinzelte aus anderen eurpäischen Ländern. Es zeichnete sich durch seine hervorragende Druckqualität aus und wurde in Fotografenkreisen weltweit hoch geachtet. *"Eine wunderbare Leistung in jeder Beziehung, von der man sicher wieder in der gesamten photographierenden Welt mit größter Hochachtung sprechen wird. Mit aufrichtiger Freude sieht man hier Leistungen aus allen Anwendungsgebieten der Photographie zusammengetragen. Und nun erst die Reproduktion und der Druck. Dafür ist kein Wort des Lobes zu hoch."*[826] Das erste >Das Deutsche Lichtbild< war 1927 in Berlin erschienen. Seine Herausgeber, Robert und Bruno Schultz bemühten sich bei der Auswahl der Fotografen und der Aufsätze in den Jahren bis 1934 um eine politisch ausgewogene Gestaltung. So wurden neben konservativen Autoren wie Heinrich Kühn und Erna Lendvai-Dircksen politisch links angesiedelte Autoren wie Raoul Hausmann oder Kurt Tucholsky beauftragt Artikel zu schreiben.[827]

1934 erschien ein programatisches, zehnseitiges Vorwort Adolf Hitlers. In diesem Vorwort wurde die Fotografie nicht erwähnt, sondern er legte seine pseudowissenschaftliche Rassenlehre in Bezug auf die Kunst und die Kultur dar. Dem folgte im Nachwort ein Treuegelöbnis des jetzt alleinigen Herausgebers Bruno Schultz zu Adolf Hitler.[828] Von diesem Jahr an war die Ausgewogenheit zunächst nur in den Textbeiträgen beeinträchtigt, denn auch in >Das Deutsche Lichtbild< von 1938 wurden noch Fotografien jüdischer Fotografen veröffentlicht.

Anfangs standen das konservative und das linke politischen Lager der Neuen Sachlichkeit gleichermaßen ablehnend oder zumindest skeptisch gegenüber. 1930 hieß es dazu von Peter Panter: *"Ganz allmählich setzte sich etwas anderes durch; die Photographie kehrte scheinbar zu ihren ersten Anfängen zurück, zu jener Zeit, wo unvollkommene Apparate und tastende Entwicklungsversuche eine Wiedergabe von Gewändern, von Fleischtönen und von Licht ergaben, wie man sie zu erreichen erst jetzt wieder in der Lage ist - der Kreis schloß sich, und hier begann etwas völlig Neues.*

Die Karikatur dieses Neuen heißt "neue Sachlichkeit" - ein Ding, das insofern keinen ganz richtigen Namen trägt, als es weder neu noch sachlich ist. In ihm ist bei seinen ehrlichen Vertretern jenes "Indianerstaunen über die Zivilisation"; wie Karl Kraus das genannt hat; in ihren unechten Vertretern viel Kokettrie, Modelaune, Spielerei - und in allen die Ziellosigkeit dieser Epoche, die nicht mehr ganz mechanisch ist und noch nicht wieder fromm. Sie parodiert beides.

Das ist in diesem Buch zu sehen."[829]

Panters Kritik ist nicht ganz eindeutig, doch er spottete über die nicht neue Neue Sachlichkeit und einige ihrer nicht genau spezifizierten Ausprägungen. Ein Jahr später hieß es an gleicher Stelle sehr deutlich aus der Feder der Fotografin Erna Lendvai-Dircksen[830] zur Fotografie der Neuen Sachlichkeit: "... , *wenn eine dieser seligpreisenden Ankündigungen sich "neue Sachlichkeit" benennt (...) Eine Welt fremder Stilmischungen, übergößerter Ausschnitte, künstlicher Primitivität, aber auch seltsamer Lockung bizarrer, raffinierter Formeleganz als überfeinerter Geste spürbarer Dekadenz. Auch hier Vorliebe für das Gegenständliche (...). Bevorzugt werden Schärfe und Härte der Optik und Druckpapiere im Gegensatz zur Natur. (...) Die Anregungen sind internationalen Ursprungs und falsch signiert.*"[831] Weiter äußerte sie sich zu der von ihr gewünschten Auffassung der Fotografie: "*(...) und darum auch nicht die harte, klare, geheimnislose Blendung der neuen Richtung zeigt, weder in Licht, Komposition noch sonstigen Mitteln der Darstellung. Sie reißt nicht heraus, sondern läßt den Zusammenhang ahnen, sie dient nicht Zwecken, sondern stellt Ergriffenheit dar, die gleichzeitig begreift.*"[832]

Der weichere, impressionistische Stil in dem sie fotografierte, hatte seinen Ursprung in der Kunstfofotgrafie der Jahrhundertwende und erlebte in den späten Dreißigern eine Renaissance auf dem Gebiet der Porträtfotografie. Ein weiterer Verfechter des malerisch, impressionistischen Stiles war Heinrich Kühn, der 1933 eine sich über mehrere Jahre in >Das Deutsche Lichtbild< hinziehende Diskussion auslöste.[833]

Der neusachliche Stil entsprach mehr dem Zeitgefühl, als der impressionistisch, weiche Stil. So fand die Neue Sachlichkeit in den folgenden Jahren sehr weite Verbreitung und wurde darüber hinaus als typisch nationalsozialistisch angesehen.[834] Elf Jahre nach Lendvai-Dircksens Artikel wurde die Neue Sachlichkeit nur noch positiv bewertet. In einem Artikel des >Fotofreund Jahrbuches< von 1942 hieß es in einem Aufsatz von Hanns Neumann, Bild oder Illustration?

"*Es ist aufschlußreich, in diesem Zusammenhang einmal in älteren fotografischen Bildbänden zu blättern, wobei man durchaus nicht weiter als etwa ein bis anderthalb Jahrzehnte zurückgreifen braucht. Diese Bilder zeigen deutlich die undisziplinierte liberalistische Lebensauffassung jener Zeit. (...) So entstanden auch jene "Kompositionen", Ausgeburten der "absoluten Fotografie", die ihren Antipoden in der "neuen Sachlichkeit" fanden. (...) Nicht die anständig saubere Negativtechnik und beherrschte Positivmittel, sondern unwahre Nebensächlichkeiten waren die Parole.*

Wie sieht es nun mit dem Bildschaffen unserer Tage, mit dem deutschen Lichtbilde im zweitern Kriegsjahre aus? Vergleicht man nur einmal die Bilder des vorliegenden Jahrbuches mit den oben geschilderten Erzeugnissen einer versunkenen Epoche, so wird eines sofort auffällig, das ist der unbedingte Wille zu Ehrlichkeit, der klare, zeitgebundene Stil, der aus allen diesen Bildern spricht. Sie atmen den lebendigen, bejahenden Geist nationalsozialistischer Weltan-schauung und nordischer Unbedingtheit."[835]

In diesem Jahrbuch wurden von knapp einhundert abgebildeten Fotografien nur zwei Modefotografien des eher unbedeutenden Modefotografen Rolf W. Nehrdich veröffentlicht. Diese knüpften in ihrem Stil fast nahtlos an die frühen Modefotografien Yvas im Stil der Neuen Sachlichkeit aus den Jahren 1936/1937 an (siehe Abb. 6.2./ 5.).

8.2.2. Der Neoklassizismus internationaler Ausprägung[836]

> *"Gleich arischen Göttinnen, aber doch so elegant und heutig, als hätten sie gerade den Golfschläger aus der Hand gelegt, so blicken uns diese Frauen und Mädchen aus den Bildnissen George Hoyningen-Huenes entgegen."*
>
> *H.K. Frenzel*[837]

Die für die vom Klassizismus beeinflußte Architektur und Skulptur der ersten Hälfte des Zwanzigsten Jahrhunderts angewandte Bezeichnung Neoklassizismus, wurde bereits 1928 von dem Kunsthistoriker H. K. Frenzel auf die Modefotografien von George Hoyningen-Huene bezogen.[838] George Hoyningen-Huene bediente sich als erster Modefotograf der Abgüsse antiker Plastiken und nachgebauter griechischer Säulen als Kulissen für seine Modefotografien und tauchte seine Inszenierungen in eine eigene Version des neusachlichen Lichtes.

Die Entwicklung seiner Interpretation des neusachlichen Lichtes läßt sich sehr gut an seinem Œvre verfolgen. Bei Bademodeaufnahmen von 1928 benutzte er das harte, schräg einfallenden Sonnenlicht des frühen Morgens oder späten Abends, vor einem wolkenlosen, blauen Himmel. Diese Situation simulierte er ab ungefähr 1931 im Studio und benutzte die erzeugte Lichtstimmung für seine Modefotos (siehe Abb. 8.2.2./ 1. + 2.). Zwei Komponenten mußten für die glaubwürdige Übertragung dieser Lichtsituation nachgestellt werden:

Ein die Figur plastisch zeichnendes klares Licht mit harten Schlagschatten und ein sanfter Lichtverlauf von dunkelgrau am oberen Bildrand bis zu weiß an einer imaginären Horizontlinie.{839}

Von 1931 an wurde nur im Studio oder innerhalb eines Gebäudes im Stil des Neoklassizismus fotografiert. Die Außenaufnahmen, die noch später untersucht werden, waren zwar von ihm beeinflußt, waren aber im obigen Sinne genausowenig neoklassizistisch, wie Hoyningen-Huenes Bademodefotos. Sie waren von ihm im Stil der Neuen Sachlichkeit fotografiert worden.

In dem Streiflicht der "Blauen Stunde" waren seit Anfang des Jahrhunderts griechische Tempel und andere Stätten der Antike fotografiert worden. So erwuchs diesem Licht aus der Kombination von Hoynignen-Huenes Modefotografien und den Fotografien der antiken Tempelruinen ein Zeichencharakter, der für den Neoklassizismus stand.

In den deutschen Luxusmagazinen fand man die Stilelemente des Neoklassizismus in den Fotografien aus vier verschiedenen Pariser Ateliers.{840} Das waren das Studio der Gebrüder Meerson, das Studio Dorvyne, George Saad und Studio Anzon. Besonders das Studio Dorvyne verstand es, die Kompositionen Hoyningen-Huenes zu kopieren, doch sind die Aufnahmen des Studio Dorvyne oberflächlicher und einfacher gestaltet, als die sehr individuell ausgearbeiteten Modefotografien Hoyningen-Huenes und seines kongenialen Schülers Horst P. Horst.{841} Der internationale neoklassizistische Stil, geprägt von den Fotogafen George Hoyningen Huene und Horst P. Horst drückte die Sehnsucht der Oberschicht nach Dauer und antiker Größe in der sich immer schneller verändernden Welt des frühen Zwanzigsten Jahrhunderts aus. Er mit einem klassisch humanistischen Bildungsideal verbunden, dass seine Vorbilder in der griechischen und römischen Antike suchte.

George Hoyningen-Huenes Stil war über seine Veröffentlichungen für die >Vogue< hinaus, seit 1932 in Deutschland bekannt. In dem selben Jahr erschien in Berlin, ein Buch über ihn, Hoyningen-Huené. Meisterbildnisse. Frauen Mode Sport Künstler.{842} Seit 1931 arbeitete er mehrmals als Modefotograf in Berlin und 1939 wurde in der Zeitschrift >Photographik< ein sehr lobender, reich bebilderter Artikel über ihn veröffentlicht.{843}

In der deutschen Modefotografie waren es besonders Imre von Santho und Sonja Georgi die verschiedentlich in direkter Anlehnung an den internationalen Neoklassizismus Modefotos produzierten (Vgl. Abb. 3.1.1./ 3.-5. u.a.).{844}

Die beiden oben beschriebenen Stile waren international verbreitet. Die modefotografischen Gestaltungselemente der Neuen Sachlichkeit wurden überwiegend funktional eingesetzt, das hatte zur Folge, dass die Aufnahmen sehr einförmig waren, so dass es teilweise unmöglich ist, anhand des Bildes den Fotografen zu erkennen.

8.2.2.1. Der Neoklassizismus deutscher Ausprägung

Die Unterschiede zwischen dem in Deutschland fotografisch umgesetzten und dem internationalen Neoklassizismus waren vielfältig: Sie lagen in der Raumauffassung, den Posen und dem Umgang mit den Requisiten.

Die deutschen Kompositionen wirken enger. Ihnen fehlte die Großzügigkeit des weiten Raumes, wie sie in den New Yorker und Pariser Fotografien zu sehen war. Die Ursachen hierfür lagen in den flächenmäßig kleineren Fotostudios in Deutschland und in der Bildgestaltung durch den Fotografen. Hinzu kommt das relativ kleine Abbildungsformat in den deutschen Zeitschriften.{845} Die Fotografien wurden links und rechts stark beschnitten, so dass mehr als nur ein schmales Hochformat auf einer Seite untergebracht werden konnte.{846}

In Deutschland wurden im Vergleich zu Frankreich, den USA und England weniger Studiorequisiten in die Modefotografien integriert. So fehlen etwa die bei Fotografien von Hoyningen-Huene, Horst und dem Studio Dorvyne verwendeten Abgüsse antiker Skulpturen fast ganz. Daneben wirken die in Deutschland als Säulen verwendeten Kulissen häufig sehr leicht, fragil und mehr als "Rohr" denn als Säule. Es gibt eine Aufnahme von Imre von Santho, um 1934 entstanden, in der ein metallisch schimmerndes

"Rohr" im Bildhintergrund nur im Vergleich mit anderen Abbildungen als gestürzte Säule verstanden werden kann (siehe Abb. 8.2.2.1./ 1. und 2.). Dieses und ähnliche "Rohre" finden ihre Entsprechungen in der Modefotografie des französischen Neoklassizismus und in der Formensprache des Bauhauses.[847]

Auch bei anderen Fotografen waren "Säulen sehr beliebt". So bezeichnet Ilse Haenchen treffend den Nerv des deutschen Neoklassizismus.[848] So gibt es von Yva, Ewald Hoinkis, Lilli Niebuhr, Karl-Ludwig Haenchen und Regina Relang neoklassizistische Kompositionen mit Säulen oder den entsprechenden Zeichen für Säule.

Meist wurden lange Kleider in neoklassizistischer Manier fotografiert. Die Sorgfalt, die auf den Fall des Kleides und den Faltenwurf verwandt wurde, reduzierte die Beweglichkeit der Fotomodelle auf ein Minimum.[849] Dieses begünstigte die passiven und statischen Posen und machte es häufig notwendig, dass sich das Fotomodell abstützte. So hatten die Säulen fast immer auch die Funktion, dem Modell Halt zu geben. Unabhängig davon, ob die Fotomodelle frei standen oder sich anlehnten, hielten sie immer mindestens einen Arm dicht am Körper. Häufig waren beide Arme eng am Körper positioniert, so dass die Umrißlinie der Figur in Verbindung mit den langen, fließenden Kleidern sehr klar und einfach war (siehe Abb. 8.2.2.1./ 3.).

Annie Richardson stellte 1990 heraus, dass die am häufigsten in Verbindung mit der nationalsozialistischen Aktskulptur gestellten Forderungen der Kunstkritiker die nach "Geschlossenheit" und nach "Klarheit" waren.[850] In der deutschen Modefotografie kann diese Forderung als erfüllt angesehen werden.

Ein weiteres Stilelement, das meist in Verbindung mit dem deutschen Neoklassizismus auftauchte, war die Froschperspektive. Sie war ein wesentliches Element des "Neuen Sehens".[851] Die starke Untersicht, durch einen sehr tiefen Kamerastandpunkt hervorgerufen, bewirkt eine im Verhältnis zur Körpergröße relative Verkleinerung des Kopfes und eine Verkürzung des Oberkörpers, wodurch der Eindruck entsteht, dass die Beine länger und schlanker sind.

Fast nur Außenaufnahmen wurden in dieser extremen optischen Verkürzung fotografiert (siehe Abb. 8.2.2.1./ 4.). Nur von Imre von Santho gibt es einige Innenaufnahmen dieser Art (siehe Abb. 8.2.2.1./ 5.).

Beim Neoklassizismus wurde die Kamera nicht seitlich gekippt, so dass die Körperachsen der Fotomodelle immer senkrecht waren.

Eine Fotografie Norbert Leonards von 1941, veröffentlicht in >Die Mode<, setzte einen ironischen Schlußpunkt unter die Rezeption der klassischen Antike in der deutschen Modefotografie. Er stellte den Abguss einer antiken Büste auf das Pflaster eines Hofes und fotografierte vor diesem Hintergrund einen ebenfalls auf dem Boden stehenden, der Mode der Vierziger Jahre entsprechenden Plateauschuh (siehe Abb. 8.2.2.1./ 6.).

Die in den Luxusmagazinen veröffentlichten Modefotografien zeigten überwiegende neoklassizistische Stilelemente. Diese Modefotografien lassen sich in mehrere Gruppen, die teilweise nur für kurze Zeit in den Magazinen auftauchten, unterteilen. Der Neoklassizismus deutscher Prägung war in der oben beschriebenen Manier von 1934 bis 1941 in den deutschen Zeitschriften präsent.

Die zwei nächsten vorgestellten Stile, der "dynamische, oder Kraft-durch-Freude Stil" und der "gemüt- oder seelenvolle Stil" können als eine Umsetzung der von Alfred Rosenberg 1934 für die Zukunft verkündeten "zwei Züge, die vor allem unserer kommenden Kunst ihr Gepräge geben werden: Heroismus und Tragik" in der Modefotografie gesehen werden.[852] Die Bezeichnungen "dynamische oder Kraft-durch-Freude Stil" und der "gemüt- oder seelenvolle Stil" stammen unter Verwendung von Schlagworten des Dritten Reiches, vom Autor und stellen den Versuch dar, die jeweils verschiedenen Gestaltungselemente treffend zusammenzufassen.

8.2.3. Der "dynamische oder Kraft-durch-Freude Stil"[853]

Die einzeln oder in Kombination auftretenden Stilelemente des "dynamischen, oder Kraft-durch-Freude Stils" waren:

1. Ein sehr extremes Lachen oder Grinsen der Fotomodelle, das den Mund breitzog, die Zähne zeigte und in seiner Übersteigerung auf den heutigen Betrachter, leicht psychopatologisch wirkt (siehe Abb. 8.2.3./ 1.).

2. Ein weit ausgreifendes Gehen oder Schreiten mit riesigen, undamenhaften Schritten. Das Fotomodell konnte sich dabei parallel zur Bildeben und auf den Betrachter zu bewegen. Da diese Aufnahmen häufig aus extremer Froschperspektive gemacht wurden, erschienen die Modelle als auf einem schmalen Bodenstreifen stehend, freigestellt vor dem Himmel, der häufig kleine Wölkchen zeigte. Diese Freistellung erzeugte eine Isolierung der Fotomodelle, so dass sie scheinbar aus dem Nichts kommend, wieder ins Nichts liefen.

Die Untersicht die den Betrachter das Bild so sehen läßt, als würde dieser zu dem Bild aufsehen, bewirkt eine Heroisierung des dargestellten. Im Sinne der Modewerbung war dies eine einfache Methode, das Produkt aufzuwerten. Die Kombination aus bewölktem Himmel und Untersicht weckte Assoziationen an die Fotografien der Sportler der Olympischen Spiele von Willy Zielke. Die Untersicht weckte den Anschein, dass die Fotomodelle, und die sich mit diesen identifizierenden Betrachterinnen, Heldinnen seien (siehe Abb. 8.2.3./ 2. und 3.).

3. Eine bei der Aufnahme gekippt gehaltene Kamera, die sowohl eine starke Untersicht erzeugte, als auch dazu führte, dass die Körperachsen der Fotomodelle diagonal in den Himmel zeigten (siehe Abb. 8.2.3./ 4.).

Bildaufbau, Perspektive, Hintergrundgestaltung und Dynamik finden Entsprechungen in dem 1936 in Berlin erschienen Buch Leni Riefenstahls Schönheit im Olympischen Kampf (siehe Abb. 8.2.3./ 5. und 6.). In der Skulptur findet dieser Stil eine Entsprechung in den Sportplastiken Eberhard Enckes und Hugo Lederers von 1936.{854} Den Berliner Bürgern am gegenwärtigsten dürfte Lederers Läufergruppe gewesen sein, die 1936 an der Heerstraße in Berlin Charlottenburg aufgestellt worden war (siehe Abb. 8.2.3./ 7. und 8.).

Karl-Ludwig Haenchen übertrug einige der überwiegend auf Außenaufnahmen beschränkten Stilelemente des "dynamischen oder Kraft-durch-Freude Stils" in seine Studiofotografie. Er nutzte die Fotografie oder das gemalte Bild eines leicht bewölkten Himmels als Hintergrund. Um stärker den Eindruck einer Außenaufnahme vorzutäuschen, benutzte er auch ein Holzgatter.[855] Das übliche schnelle Gehen nahm er in seine Studiokompositionen aus technischen Gründen nicht auf, denn die relativ langen Belichtungszeiten bei Innenaufnahmen mit Dauerkunstlicht hätten keine scharfe Abbildung der Bewegung erlaubt (siehe Abb. 8.2.3./ 9.). Von einer Heroisierung ist bei diesen Studioaufnahmen nichts mehr zu erkennen.

Weitere Fotografien, die eine starke in eine Richtung lenkende Dynamik aufwiesen, waren vor Holzstößen posierende Fotomodelle, die Karl-Ludwig Haenchen 1941 aufnahm, und einige der Fotografien von Sonja Georgi mit Reisemode von 1939 (siehe Abb. 8.2.3./ 10. und 11.). Die Dynamik der Aufnahmen paßte in der Regel zu der fotografierten Mode. Eine Werbekampagne für den Kürschner Hans Bisegger 1939 von Hubs Flöter fotografiert, durchbrach diese Regel. Pelze derart sportlich und mit dem Ausdruck großer Freude zu fotografieren, war sehr ungewöhnlich, richtete sich die Werbung für Pelze doch eher an ein finanzkräftiges, eher gesetztes Publikum (siehe Abb. 8.2.3./ 12.).

Zwar wurden schon seit 1933 rennende Fotomodelle fotografiert, erstmalig publiziert im >Harper's Bazaar<[856], doch scheint es plausibler, dass der "dynamische oder Kraft-durch-Freude Stils" in Deutschland entstand, da man nicht davon ausgehen kann, dass diese Fotografie in Deutschland bekannt war (siehe Abb. 8.2.3./ 13.).

Als Auslöser für diesen Stil können die Olympischen Spiele 1936 in Berlin und das Inkrafttreten des zweiten Vierjahresplanes (1936), mit der Umstellung auf eine Kriegswirtschaft gesehen werden. Der Stil sollte die weibliche Bevölkerung dynamisieren und in eingschränkter Weise auch heroisieren.

Mitte 1941 verschwand der "dynamische oder Kraft-durch-Freude Stil" fast vollständig aus der Modefotografie. So blieb er auf die Jahre von 1936 bis 1941 beschränkt. Er verschwand, weil die gezeigte übergroße Freude nicht mehr in die Zeit paßte. Der Krieg forderte seit dem Angriff Deutschlands auf die Sowjetunion im Juli 1941 immer mehr Menschenleben. Die durch die steigenden Verluste veränderte Gemütslage eines Teiles der Bevölkerung machte die Betonung anderer Stilelemente notwendig.

8.2.4. Der "gemüt- oder seelenvolle Stil"

8.2.4.1. Der "gemüt- oder seelenvolle Stil" in der Kunst- und Fototheorie

> *"Unsere Kraft liegt in einer Eigenschaft und Erlebnisfähigkeit der Seele, die man, im mißkreditierten Sinn, deutsches Gemüt genannt hat."*
>
> *Erna Lendvai-Dircksen 1931*[857]

"Die Einwirkung übergeordneter seelischer Kräfte" sei für die Ausbildung eines Stiles zuständig, schrieb Eduard Gaertner 1942 in >Die Mode<. Er bezog sich damit auf Paul Schultze-Naumburgs pseudowissenschaftlich und deshalb sehr kritisch zu bewertende Betrachtung der Kunstgeschichte unter rassischen Gesichtspunkten.[858]

Die Bestrebungen in der Fotografie, einen deutschen Stil nachzuweisen oder zu entwickeln, blieben sehr diffus. Formal übernahm man die Neuerungen der fotografischen Moderne, das "Neue Sehen" und die "Neue Sachlichkeit" für sich. Das eigentlich Deutsche meinte man im Ausdruck zu finden, der voller "Gemüt" sein sollte.

"Für das Wort "Gemüt" gibt es keine Übersetzung: das eine oder andere hier gezeigte Lichtbild wird jenseits unserer Grenzen mißverstanden oder gar nicht verstanden werden; aber das war kein Grund, Bilder voller Gemüt, also typisch deutsche Bilder, nicht zu bringen, ebenso wie ich keine Ursache hatte, Bilder fortzulassen, die außerhalb Deutschlands da und dort Mißfallen erregen könnten."[859]

Was "Gemüt" bedeutete war auch in den Jahren nach 1934, als der oben zitierte Aufsatz in >Das Deutsche Lichtbild< erschienen war, nicht eindeutig zu fassen.

1934 machte Bruno E. Werner, der Chefredakteur von >die neue linie< unter der Frage: "Was ist deutsch in der Kunst?" einen in ähnliche Richtung weisenden Versuch. Der deutsche Künstler sei, weit mehr als in anderen Völkern "ein Ende und ein Beginn". In seinen Werken fänden sich viele Spuren von der "Schwere der künstlerischen Auseinandersetzung", denn das deutsche Volk sei "aller fertigen Gestalt gegenüber mißtrauisch". Charakteristisch für das deutsche Wesen sei, dass an die Stelle des Wortes "Sein" immer das Wort "Werden" gesetzt würde.[860]

Zusammengefaßt ergibt sich daraus, dass deutsche Kunst daran zu erkennen wäre, dass sie unfertig und humorlos, aber voller "Gemüt"sei. Die Bildbeispiele, die zur Untermauerung der oben aufgestellten These von der deutschen Kunst gegeben wurden, waren danach ausgesucht worden, dass sie "Pathos" zeigten, also den leidenschaftlich bewegten Ausdruck und feierliche Ergriffenheit. Dieses entsprach der Definition des Wortes "Gemüt". "Gemüt" wurde 1940 im Sprach-Brockhaus als "Innerlichkeit der Seele" bezeichnet.[861]

Der "gemüt- oder seelenvolle Stil" ist ein spezielle Ausprägung des in Deutschland praktizierten Neoklassizismus und wird durch seine Posen gekennzeichnet. Mit dem Beginn des Krieges, vor allem nachdem die ersten Verluste zu beklagen waren, wurde eine bis dato unberücksichtigte Variante des Neoklassizismus in den Vordergrund gerückt.

Der "gemüt- oder seelenvolle Stil" fand seine Anwendung seit Anfang 1934 in der Präsentation von Trauerkleidung, wurde aber mit dem Fortschreiten des Krieges auch zur Vorstellung anderer Bekleidungstypen, vor allem von Hüten, eingesetzt.

Im Krieg waren alle Güter des täglichen Gebrauchs rationiert und wurden mit Hilfe von Bezugsscheinen verwaltet. Neue Bekleidung gab es nur gegen Bezugsschein und Bezahlung:

"Den Bezugsschein bekamen sie ja nur einmal im Jahr und dann, wenn sie in "Stolzer Trauer" waren, wie es hieß, wenn sie ein Familienmitglied im Krieg verloren hatten. Dann gab es ein Trauerkleid."[862]

Der "gemüt- oder seelenvolle Stil" zielte inhaltlich direkt auf die für Frauen propagierte Opferbereitschaft, die man unter anderem einsetzte, um die Frauen auf die entbehrungsreiche Zeit des Krieges vorzubereiten.[863] Richardson schilderte die Schwierigkeiten der nationalsozialistischen Propaganda, diese Opferbereitschaft bei jungen Mädchen hervorzurufen. Man kam überein, dass es am effektivsten sei, auf die ganze Person einzuwirken. Dies bedeutete, dass man versteckt darauf hinwirkte den Geist und den Körper zu trainieren und in Bezug auf Kleidung, Einrichtung und Haushalt bestimmten Vorgaben zu folgen.[864] Die Modefotografie eignete sich hervorragend dazu, diese ganzheitlichen Bestrebungen zu übermitteln, denn ihre Aufgabe war es von jeher gewesen, die Geschmacks- und Körperbildung zu beeinflussen. Im "dynamischen oder Kraft durch Freude Stil" und im "gemüt- oder seelenvollen Stil" drückte sich darüber hinaus die Einflußnahme der Modefotografie auf Gefühlszustände und Geisteshaltungen aus.

8.2.4.2. Der "gemüt- oder seelenvolle Stil", drei Beispiele in der Modefotografie

> *"Wie Maria in der Pietà, sind sie zu füllende Gefäße und kennen ihr Schicksal."*
> *Annie Richardson*[865]

Der "gemüt- oder Seelenvolle Stil" begann sich breits im Frühjahr 1938 abzuzeichnen. Unter dem Titel "Pailletten" zeigte >Die Dame< unter anderem ein Abendkleid aus goldenen Pailletten von Strube. Dafür war das Fotomodell Karin Stilke von Imre von Santho fotografiert worden (siehe Abb. 8.2.4.2/ 1.).[866]

Das Fotomodell steht vor einem weißen Hintergrund, die Hauptlichtquelle ist oben links, so dass ihr Kopf und Oberkörper einen Schatten rechts hinten auf die Wand wirft. Ihre Körperachse ist leicht gedreht, so werden ihre Beine fast im Profil, ihr Oberkörper aber annähernd frontal gezeigt. Ihre Arme hält sie so angewinkelt, dass sich ihre Hände auf Brusthöhe vor dem Oberkörper treffen. Die Hände sind leicht versetzt und berühren sich nur an ihren Außenkanten. Karin Stilkes Blick ist über den Betrachter, aus dem Bild heraus, in einen fikitven Himmel gerichtet.

Das beschriebene Modefoto hat einen sakralen Charakter und erinnert an Bauplastiken aus der Mitte des 13. Jahrhunderts. Mögliche Vorbilder für die Körperhaltung und den Ausdruck dürften hier vor allem die Allegorie der Synagoge des Straßburger Münsters oder die Figuren des Westchores des Naumburger Domes gewesen sein.[867] Diese waren seit den frühen Dreißiger Jahren immer wieder in nationalistischem Zusammenhang als "Glanzstücke deutscher" Skulptur zitiert worden.[868] 1977 schrieb der ehemalige Leiter des Sonderstabes "Bildende Kunst" im Amt Rosenberg, Robert Scholz in einem Versuch, die offizielle Kunst des Dritten Reiches zu rechtfertigen und zu entpolitisieren, dass sich die Bildhauer im Dritten Reich am Anfang einer neuen Klassik gefühlt hätten. Ihre Vorbilder hätten sie primär in der Kunst der Stauferzeit, in den Skulpturen des Naumburger Domes sowie des Straßburger Münsters und weniger in der Antike Griechenlands und Roms gesehen.[869] Der in der Modefotografie sichtbare Rückbezug auf die mittelalterliche Skulptur stellt diese Fotografie in den gleichen ideologischen Zusammenhang wie die zeitgleiche Skulptur. In der Orientierung der Modefotografen an der mittelalterlichen Plastik wird daneben ebenfalls die Suche nach einem eigenen Stil in der Modefotografie deutlich. Doch Rückbezüge auf die Sakralkunst des Mittelalters waren nicht auf die deutsche Modefotografie beschränkt, sondern auch in französischen Fotografien sichtbar.

Modefotografie und christliche Ikonographie

Eine Modefotografie des französischen Fotografen George Saad, aus Paris, die im Februar 1939 in >die neue linie< veröffentlicht wurde, weckt Assoziationen an den Gestus der leidenden Frauen unter dem Kreuz und an die Marienkrönung (siehe Abb. 8.2.4.2./ 2.).[870] Ein Fotomodell steht bekleidet mit einer schwarzen Bluse und langem hellgrauen Seidenrock vor einem Drahtsessel auf einem Podest. Ihr Körper ist in einer leicht gotisierenden S-Form geschwungen, den Kopf hält sie zur linken Seite geneigt, der Blick ist zum Boden gerichtet. Ihre Hände hält sie wie zum Gebet gefaltet vor der Brust. Der Gesichtsausdruck ist ernst und würdevoll aber nicht leidend.

Die Deutlichkeit mit der hier der christliche Gestus zitiert wurde, war einmalig in einer deutschen Frauenzeitung des Dritten Reiches. Betende Hände wurden von Fotomodellen in Deutschland nur angedeutet. Eine sehr deutliche Marienrezeption stammte von Imre von Santho.

Im März 1942 wurde ein sitzendes Fotomodell in einem Trauerkleid gezeigt. Wieder ist der Körper gedreht, so dass man das Becken und die Oberschenkel im Profil sieht, der Oberkörper aber fast frontal dargestellt wird. Der Kopf ist leicht nach rechts gebeugt, der Blick ist steil nach unten rechts gerichtet. Die Hände sind gefaltet, wobei sich die Handflächen nicht berühren. Die Hände sind angespannt, und im Gesicht ist deutlich von Trauer gezeichnet (siehe Abb. 8.2.4.2./ 3.).

Bis auf die gebetsähnlichen Hände wurden die anderen Elemente dieser und ähnlicher Marienposen vielfach in die Modefotografie übertragen. Das gesenkte Haupt und der nach innen gerichtete Blick in Verbindung mit einem schmerzhaften Gesichtsausdruck waren die am häufigsten zitierten Gesten. In den Jahren nach 1941 zeigten fast alle Modefotos diesen ernsten Ausdruck. Lachende oder lächelnde Fotomodelle, die vor 1941 die Regel waren, wurden ab Dezember 1941 zur Ausnahme.

Dass Zitate christlicher Ikonographie in der Modefotografie des Dritten Reiches auftauchen, scheint zunächst in mehrfacher Hinsicht erstaunlich.

Vom christlichen Standpunkt aus betrachtet war es sehr gewagt, in der weltlichen und kommerziellen Modefotografie ein Fotomodell als Maria posieren zu lassen, denn das stellte eine grobe Säkularisierung dar.

Vom nationalsozialistischen Standpunkt aus war diese Bezugnahme nicht so ungewöhnlich, denn der Nationalsozialismus sollte die neue Religion, werden und deshalb übernahm er diese christliche Ausdrucksform, dämpfte den christlichen Gestus und wertete ihn um.{871}

Geht man von der Wirkung dieser Übertragung des Marienkultes auf die Modefotografie aus, dann wird klar, warum dieser Typus so häufig in der Modefotografie angewandt wurde. Durch die Indentifikation der Leserin mit Maria wurde das alltägliche, ganz private Leiden aufgewertet und transzendiert.{872} Diese Aufwertung fand in größerem Umfang und wesentlich dezenter durch die an einen den ganzen Körper umfangenden Heiligenschein erinnernde Lichtführung statt. Seit ca. 1939 wurde häufig der im internationalen Neoklassizismus von oben dunkel nach unten hell verlaufend gestaltete Hintergrund in dramatischer Weise umgeformt. Auf einen dunklen Hintergrund wurde mit Hilfe eines oder mehrerer Scheinwerfer ein runder oder langovaler Lichtkegel geworfen, der die abgebildeten Fotomodelle wie eine Mandorla umfing. Der vor allem aus der Starfotografie bekannte Glamour, der Glanz und Heiligung durch Weichzeichnereffekte direkt um den Kopf und die Haare erzeugt hatte, fand hier seine neusachliche Umsetzung. Zu bemerken ist noch, dass sich in den Modefotografien Karl-Ludwig Haenchens die Fotomodelle fast immer ganz im Lichtkegel befanden (siehe Abb. 8.2.4.2./ 4.), während das Pariser Studio Dorvyne diesen Lichtkegel mehr als punktuelle Hintergrundbeleuchtung auffaßte, die vom Fotomodell druchbrochen werden konnte (siehe Abb. 8.2.4.2./ 5.).

8.2.6. Die weibliche Aktskulptur und die Modefotografie im Dritten Reich

Fotografie und Skulptur waren schon im 19. Jahrhundert eine enge, sich gegenseitig befruchtende Verbindung eingegangen.{873} Auf die gezielte Verknüpfung von Kunst und Medien im Dritten Reich hatte zuerst Berthold Hinz 1979 hingewiesen.{874} Dass das Thema der fotografischen Interpretation einer Skulptur für die Berufsfotografen immer wichtiger wurde, zeigt der lange und mit acht Abbildungen versehene Artikel in der Zeitschrift >Gebrauchsfotografie. Das Atelier des Fotografen< Bildbericht über eine Plastik, mit Text und Fotos von Wolf Strache.{875} Strache demonstrierte an einer Skulptur{876} von Joss Röwer, welche unterschiedlichen Wirkungen durch die Variation von Lichtsetzung und Perspektivwahl zu erreichen sind (siehe Abb. 8.2.6./ 1.).{877}

Auf der Arbeit von Berthold Hinz aufbauend, untersuchte Silke Wenk 1991 Fragestellungen des nationalsozialistischen Frauenbildes in Bezug auf die Wechselwirkungen von Fotografie und Skulptur.{878} Wenk konzentrierte ihre Aufmerksamkeit auf die öffentliche Darstellung der nackten Frau in den Skulpturen und deren fotografische Interpretation und Rezeption in der Aktfotografie. Sie machte darauf aufmerksam, dass im NS- Medienverbund immer wieder versucht wurde, “Körper und Skulpturen bildlich bzw. medial einander anzugleichen.”{879}

Dass die Modefotografie und die Skulptur im Dritten Reich in Beziehungen gestanden habe, zeigen die folgenden Untersuchungen der in beiden Medien benutzten Idealtypen und Posen.

8.2.6.1. Modefotografie und die weibliche Aktskulptur

Um diese Wechselbeziehungen und den gemeinsamem ideologischen Hintergrund deutlich zu machen, eignet sich besonders der Vergleich weiblicher Aktplastiken von Fritz Klimsch aus der Zeit von 1934 bis

1944 mit der neoklassizistischen Modefotografie deutscher Prägung.[880]

So entsprach Klimsch in seinen Frauenbildnissen genau den von Joseph Goebbels propagierten Schönheitsidealen. Einige seiner Skulpturen standen im Propagandaministerium, und weitere wurden von diesem in Auftrag gegeben.[881] Klimschs Skulpturen weisen eine besonders hohe öffentliche Präsenz in Form von Abbildungen auf Postkarten und in Frauen- und Modezeitschriften auf.[882] In den Posen und Inhalten seiner Skulpturen folgte er dem jeweils aktuellen Stil und arbeitete seine Skulpturen so, dass sie den Auftraggebern aus der obersten Parteiführung gefielen.[883]

Vor allem Klimschs weibliche Aktskulpturen In Wind und Sonne, (Bronze, vor 1936) und Erato (Marmor, vor 1936), die im Propagandaministerium aufgestellt waren, weisen auf Wechselwirkungen mit der Mode-fotografie hin.[884] Die Figurauffassung und die Posen wirken aneinander angeglichen. Wie weit aber tatsächliche Anleihen des einen Genres beim anderen gemacht wurden, läßt sich nicht ermitteln. Von Klimsch und anderen Bildhauern des Dritten Reiches ist nur bekannt, dass sie sich bei der Wahl der Haartracht ihrer Skulpturen stark an der damals gegenwärtigen Mode orientierten und nicht auf antike oder mittelalterliche Vorbilder zurückgriffen (siehe Abb. 8.2.6.1./ 1.).[885]

Besonders große inhaltliche und formale Übereinstimmungen zwischen Modefotografie und Skulptur gab es im "gemüt- oder seelenvollen Stil". So findet sich auf sehr vielen Skulpturen der gleiche Gesichtsausdruck schmerzvoller Innerlichkeit, wie er bereits für die Modefotografie des "gemüt- oder seelenvollen Stils" Anwendung fand.[886]

K.L. Tank gebrauchte dafür 1942 den Ausdruck "Schicksalsernst".[887] Und so wirken die Posen der Frauen in der Modefotografie ab 1939 und in der Aktskulptur gleichermaßen entindividualisiert, schicksalsergeben, ernst und distanziert hingebungsvoll.[888]

Bei vielen weiblichen Aktdarstellungen sowohl in der Skulptur, als auch in der Malerei des Dritten Reiches lassen sich entblößende Tendenzen erkennen.[889] Daszeigt sich in folgender häufig gezeigten Pose: Ein über den Kopf erhobener Arm, der die weiblichen Brüste besonders plastisch hervortreten läßt (siehe Abb. 8.2.6./ 2.). In der Modefotografie läßt sich die pornografisierende Tendenz nur sehr selten finden, selbst dass man sie überhaupt findet ist ungewöhnlich, denn die Modefotografie der Dreißiger Jahre stellte sich als sehr prüde und fast ohne Sexappeal dar.

In der Modefotografie ist die Wirkung der oben beschriebenen Pose weniger entblößend (siehe Abb. 8.2.6.1./ 3.). Sie wurde vor allem in der Bademodefotografie und in der Mieder-Werbung eingesetzt, da es darauf ankam, die Figur des Fotomodells zu zeigen und dessen Oberkörper zu straffen. Nur wenige Modefotografien waren in der gezeigten Körpersprache oder aufgrund durchsichtiger Kleidung entblößend (siehe Abb. 3.3.2./3. sowie 8.2.6.1./ 4. und 5.).

Die Wechselwirkungen zwischen Modefotografie und Malerei waren den oben beschriebenen sehr ähnlich, doch hatte die Skluptur als Impulsgeber wegen ihrer weiteren Verbreitung und höheren Bewertung im Dritten Reich mehr Gewicht. Hervorzuheben sind in dieser Funktion die Werke der Künstler Arno Breker, Joseph Thorak und Fritz Klimsch. Ihre Werke erreichten nach Silke Wenk die größte Präsenz in der Öffentlichkeit.[890]

Fotografie und Skulptur arbeiteten beide monochrom. Ihre Hersteller konzentrierten sich deshalb auf die Wirkung des Lichtes, die Farbe spielte bei der Herstellung nur eine sehr untergeordnete Rolle.[891] Darum waren sich Fotografie und Skulptur in den Dreißiger, Vierziger Jahren, als die Fotografie noch zu 99 Prozent schwarzweiß war, näher.

Selbst die frühen Farbfotografien, die ja der Malerei näher gestanden haben müßten als der Skulptur, wiesen keine Parallelen zu der Farbauffassung der zeitgenössischen deutschen Malerei auf. Sie orientierten sich vielmehr an der Porträtmalerei der Renaissance und des 17. Jahrhunderts in den Niederlanden (siehe Abb. 8.2.6.1./ 6. und 7.).

8.2.6.2. Die Wirkungsbereiche von Aktskulptur und Modefotografie

"(...) Der Künstler (kann - Umstellung des Verf.) nicht bloß Bildner sein, sondern ist immer auch Erzieher, und die Kunst bildet und erzieht zugleich."[892] Die Bedeutung von Fotografie und Skulptur als Übermittler des von den Nationalsozialisten propagierten Schönheitsideals war gleichermaßen hoch. Die Ziel-

gruppen, wie auch ihre Wirkungs-schwerpunkte, wichen jedoch voneinander ab.
Die Modefotografie sprach Frauen aller Bevölkerungsschichten an und eignete sich deshalb hervorragend zur Beeinflussung des Massengeschmacks. Die Skulptur wurde mit Hilfe der Fotografie sehr weit verbreitet, richtete sich aber tendenziell mehr an die Gruppe der besser gebildeten, kunstinteressierten Frauen, die kleiner war als die der modeinteressierten.

Der Wirkungsbereich der Aktskulptur war primär der private Mensch, egal ob Frau oder Mann. Sie stellte die idealistische Kunstform dar, an der man sich innerlich - in Überienstimmung mit den Idealen des Staates - ausrichtete.[893] Zu der Wirkung einer Abbildung der "Maja" von Fritz Klimsch in einer Berliner Tageszeitung, die 1939 an die Front geschickt worden war, berichtete K.L. Tank 1942: *"diese Frauengestalt war uns Sinnbild all der wartenden zuversichtlich-ernsten deutschen Frauen daheim. Ein magischer Zauber ging von der ... Wiedergabe aus. Das Bild prägte sich ein. ... Täglich stand es uns mit dieser gleichen eindringlichen Gewalt vor unseren Augen, ein Sinnbild des Krieges, obgleich nicht das Männlich-Kämpferische, sondern das Bewahrend-Frauliche den Schicksalsernst der Zeit und die deutsche Siegeszuversicht wiedergab."*[894]

Die Modefotografie richtete sich mehr an das Bild der Frau in der Öffentlichkeit und ihre Erscheinung in der Gemeinschaft. Sie bot das reale Vorbild aus Fleisch und Blut und ermöglichte der Frau, durch kleinere, äußere, modische Veränderungen an ihrer Bekleidung, ihr Bild in der Öffentlichkeit zu gestalten. *"Wir brauchen heute Menschen, die das vom Gesetz des Krieges diktierte Leben meistern - wir brauchen daher eine Mode, die den Frauen Lebensfreude spendet und ihre gute Laune auf die Umwelt überträgt. Wir erleben Nöte, die ein Kampf mit sich bringt, in dem es um den Bestand der Nation - um das Leben jedes einzelnen geht. Aber wir bezwingen die Schwere des Kampfes nur, wenn unser Leben in dieser Härte auch den Ausgleich zur Freude behält. Dann können uns auch die Schwierigkeiten nicht unterkriegen, die "kriegsbedingt" - nein, besser: "siegbedingt" sind."*[895]

8.2.7. Surrealismus und Phantasie in deutschen Modefotografien[896]

Der Surrealismus, der in der internationalen Modefotografie einen breiten Raum einnahm, blieb in Deutschland unauffällig.[897] Der >Silberspiegel<, >Die Dame< und >Die Mode< brachten zwar einige surreale Inszenierungen (siehe Abb. 5.3./ 1., 7,2.2.3./ 5. und 7.2.2.4./ 6.) und auch die in der Studiofotografie genutzten übergroßen weißen Holzbausteine in Quader- und Halbkreisformen sorgten für verfremdende Effekte, doch war ihre Wirkung mehr vordergründig graphisch, als dass sie tiefgründige, surreale Stimmungen provozierte.[898]

Welch formal enge Grenzen den Modefotografen in Deutschland gesetzt waren, macht der Mangel an verfremdenden Experimenten deutlich. Es gab keine Negativsolarisationen, wie sie häufig von Man Ray eingesetzt wurden, ebensowenig Negativ/Positiv-Fotografien oder Fotografien die durch Spiegeleffekte die Realität brachen (Abb. 8.2.7./1.).

Lediglich zwei Fotografen konnten immer wieder phantasievolle Inszenierungen auf dem Mark bringen, Imre von Santho und Norbert Leonard. So zeigte Imre von Santho einige Doppelbelichtungen, die in ihrer Ausstrahlung surreal und leicht bedrohlich wirkten (Abb. 8.2.7./ 2. und 3.), oder er zeigte ein Fotomodell, das zwei Schaufensterpuppen im Arm hielt (siehe Abb. 8.2.7./ 4.). Er durchbrach außerdem die glatte, von allen Arbeitsspuren gereinigte Realität der Modefotografie, indem er seine Werkstatt und die Arbeit der Fotomodelle thematisierte (Abb. 8.2.7./ 5.).[899] Ein großes Tageslichtfenster, Scheinwerfer, Stromkabel, Leitern, Podeste, schräge Wände und auch undekorierte Teile des Atelierraumes werden gezeigt.[900] In Verbindung mit dem Titel der Strecke "Pause im Atelier" erkennt man seine Absicht, die Arbeitsatmosphäre eines Ateliers wiederzugeben. Es bleibt offen, ob es sich um eine ausgeklügelte Inszenierung handelt oder um die Kombination von Augenblicksfotografien, die im Laufe des Fotografenalltages entstanden sind. Auf jeden Fall erscheint auch die Kleidung als gut ins Bild gerückt und in der Bildunterschrift werden die Modeschöpfer genannt.

Auf dem ersten Foto, dem Aufmacher der Bildstrecke, steht ein Fotomodell auf dem Sims des großen Atelierfensters und scheint nach draußen zu blicken.

Dass es durch die zur besseren Lichtstreuung weiß gestrichenen Scheiben nichts sehen kann, bleibt für den flüchtigen Betrachter unerkannt, sorgt aber bei längerer Betrachtung für Irritation. Ungewöhnlich ist, dass beinahe alle Lichtquellen dieser Aufnahmen im Bild zu sehen sind. Um das helle Tageslicht von hinten, also das Gegenlicht auszugleichen, benutzte Santho drei Scheinwerfer. Der Hauptscheinwerfer für den Oberkörper und den Hinterkopf mit Hut, steht links im Bild. Er hat einen recht kurzen Tubus mit großem Durchmesser und verbreitet ein weiches Licht, das gerade eben ausreicht, um das Kostüm zu erhellen. Im Bereich des Oberkörpers und des linken Armes "versäuft" das Foto, so dass fast nichts mehr vom Muster des Kostüms und der Stoffstruktur zu erkennen ist. Dafür ist die Silhouette in diesem Bereich um so schöner herausgearbeitet. Für die Beleuchtung des Gesichtes der Frau ist die Kombination aus weich fließendem Tageslicht und gerichteter Lampenaufhellung jedoch richtig bemessen. Die bestrumpften Beine bekommen durch den kleineren Spot von vorn rechts ein besonderes Glanzlicht. Ein dritter, im Foto unsichtbarer Scheinwerfer, ist von oben rechts auf den Rock gerichtet. Die Lichtregie macht sichtbar, dass neben gestalterischen Aspekten in erster Linie der richtige Grauwert des Inkarnates der Maßstab war und erst in zweiter Linie die richtige Abbildung des Kostüms.{901}

Die Tendenz, dass Imre von Santho mehr Augenmerk auf die Schönheit der Bildkomposition als auf die korrekte Wiedergabe des Schnittes des Kleides legte, wurde in allen seinen Fotografien sichtbar. Seine Fotografien waren oft sehr graphisch und linear, er beherrschte von allen Fotografen das zweidimensionale Sehen am besten, was sich auf seine Schulung als Modezeichner zurückführen läßt (vgl. das Frontispiz).{902}

Der andere Modefotograf, der sich durch phantasivolle Inszenierungen, ungewohnte Perspektiven und surrealistische Tendenzen auszeichnete, war Norbert Leonard. Er arbeitete seit Januar 1941 für >Die Mode<.

Eine von Gerd Hartung als Debütfoto Leonarads bezeichnete Architekturfotografie aus dem Augustheft 1941 zeigte die Spiegelung der Neuen Reichskanzlei in dem Schaufenster eines Modenhauses (siehe Abb. 8.2.7./ 6.).{903} Die Neue Reichskanzlei, erbaut von Albert Speer und im Januar 1939 nach angeblich nur neun monatigen Bauzeit fertiggestellt, war das meist beachtete nationalsozialistische Gebäude Berlins.{904}

Die Redaktion von >Die Mode< nutzte das Foto programmatisch, um damit ihre Verbundenheit mit der Staatsführung auszudrücken und plazierte es als Frontispiz.{905}

Erst in der Nachkriegszeit gewann der Surrealismus in Deutschland an Bedeutung, blieb aber weiterhin nebensächlicher als in der internationalen Modepresse. Es war vor allen anderen Norbert Leonard, der nach vier Jahren Konzentrationslager und einem daran anschließenden zweijährigen Italienaufenthalt, 1947 wieder in die Modefotografie einstieg und hier besonders ideenreich war (siehe Abb. 8.2.7./ 7.).{906} Imre von Santho, von dem man auch surrealistische Inszenierungen hätte erwarten können, hatte 1945 in Budapest den Freitod gewählt.{907}

8.2.8. Der "Reportagestil"

Zwei weitere, sehr weit verbreitete Stilrichtungen in der deutschen Modefotografie waren der sich inhaltlich abzeichnende "Reportage-stil" und der formal aufzufassende "malerisch-impressionistische Stil".

Der "Reportagestil" wurde breits im Zusammenhang mit der Bademodefotografie und in dem Kapitel über die Modereportage besprochen. Er zeichnet sich in erster Linie durch die inhaltliche Verknüpfung der Fotografien, die "on location" gemacht wurden, aus. Seine geringe Verbreitung in den Jahren bis 1945 hatte ihre Ursache in der wegen der Devisenrationierung sehr eingeschränkten Reisemöglichkeit der Fotografen. In der Nachkriegszeit wurde er nach der weitgehenden Öffnung der Grenzen zu einem der erfolgreichsten Stile und ist es bis heute geblieben. Die Pionierin dieses Stiles in Deutschland, Regina Relang, gehörte bis zu ihrem Tod 1989 zu den erfolgreichsten Fotografinnen dieser journalistischen Richtung, sie fotografierte nur sehr wenig für Werbung und Industrie (siehe Abb. 8.2.8./ 1.).{908}

8.2.9. Der "malerisch- impressionistischen Stil"

Der "malerisch-impressionistische Stil" stand dem "neusachlichen Stil" formal gegenüber und spielte in der deutschen Modefotografie bis 1945 eine untergeordnete Rolle, gewann aber in der Nachkriegszeit in Deutschland große Bedeutung. Er wurde vor allem von Hubs und Ilse Flöter vertreten, daneben wurde er gelegentlich neben anderen Stilen von Hedda Walther, Sonja Geogri, Imre von Santho und Norbert Leonard angewendet.

Es bereitete lange Zeit Schwierigkeiten, die Fotografien der beiden Hauptverter dieses Stils, die Arbeiten von Ilse und Hubs Flöter, voneinander zu trennen und dem jeweiligen Oeuvre zuzuordnen. Ilse Flöters Fotografien wurden überwiegend unter dem Namen ihres Mannes Hubs Flöter oder unter ihrer beider Namen Hubs und Ilse Flöter veröffentlicht. Erst nach 1948, ein Jahr vor ihrem Verschwinden, wurden ihre Fotografien regelmäßig mit Ilse Flöter gekennzeichnet.[909] *Joh.Ch. Moderegger: "Wenn es hieß: Hubs und Ilse Flöter, wer verbarg sich denn dahinter? - Karin Stilke: Sowohl als auch, und das lief eigentlich zuerst alles unter Hubs, sie machte die meisten Aufnahmen, dann lief alles unter Hubs und nachdem sie dann verschollen war, lief es natürlich nur unter Hubs, da hat natürlich nur er die Fotos gemacht, aber sie war die Bessere, bei weitem."*[910]

Ilse Flöter (geb. Reyer) war nach einer Fotografenlehre im Atelier Binder, wo sie Hubs Flöter kennengelernt hatte, von 1938 bis 1948 als Modefotografin für den Otto Beyer Verlag, Leipzig aktiv. Ihren Schaffensschwerpunkt hatte sie in den Jahren 1941 bis 1943, als sie fast ausschließlich für >Die Mode< fotografierte. Sie war, wie ihr Mann, in Fachkreisen hochangesehen: *"Dann kam der Krieg und Hubs Flöter wurde eingezogen. Aber seine Aufnahmen erschienen weiter, ihr Stil und ihre Qualität blieben die gleichen, schienen sich sogar zu steigern. Vor einem halben Jahr stand dann eines Tages unter diesen schönen Bildern "Fotos: Ilse Flöter", das war des Rätsels Lösung. Hubs Flöter hatte sich mit seiner Mitarbeiterin und Stellvertreterin verheiratet und damit den Fortbestand des Ateliers Flöter sichergestellt."*[911]

"Worin deren Besonderheit besteht und wodurch sie den besten deutschen und ausländischen Modefotografien ebenbürtig sind? Handwerkliches Können, künstlerischer Blick und Geschmack sind für den Modefotografen selbstvertändlich. Selten aber ist das Wissen darum, dass Mode nichts Absolutes, nichts Losgelöstes ist, sondern zum Menschen gehört und Ausdruck des Wesens sein sollte. Das scheint Ilse Flöter instinktiv gespürt zu haben, und deshalb kam sie zum Mode-Porträt."[912]

Die formale, malerisch- impressionistische Sehweise stimmte sehr häufig mit dem inhaltlichen "gemüt- und seelenvollen Stil" überein, vor allem im Werk Ilse Flöters, die ihre Fotomodelle so gut wie nie lachend ablichtete, sondern mit "statuarischem Ernst" (siehe Abb. 8.2.9./ 1.).[913] Die modefotografischen Arbeiten ihres Mannes aus der Zeit vor seiner Einberufung zeichneten sich dagegen durch die Bewegtheit der Fotomodelle und ihr häufig überzogen wirkendes Lachen aus (siehe Abb. 8.2.9./ 2.). Außerdem gibt es von ihm fast keine Innenaufnahmen.[914] Er war einer der Hauptvertreter des "dynamischen oder Kraft-durch-Freude Stils" und behielt diesen am längsten bei. Seit 1939 zunächst an der Westfront, dann ab 1940 an der Ostfront eingesetzt, hatte er nur wenig Zeit, Mode zu fotografieren.[915] Darum machte er überwiegend Einzelaufnahmen, die vor allem in der Zeitschrift >Hella<, die zunächst vierzehntägig und ab 1942 dreiwöchentlich im Otto Beyer Verlag Leipzig erschien. >Hella< sprach das gleiche Publikum an, wie die an anderer Stelle ausführlicher beschriebene >Modenwelt< aus dem Deutschen Verlag.

Die Innenaufnahmen, die mit Flöter gekennzeichnet waren, waren fast immer von Ilse Flöter fotografiert worden, und wenn Fotomodelle einen ernsten Gesichtsausdruck zeigten, dann waren auch diese Aufnahmen von ihr. Häufig wählte sie einen Bildaufbau, der bei Hutmodeaufnahmen über dem Kopf des Fotomodells eine große freie Fläche ließ (siehe Abb. 8.2.9./ 1.) und sie bezog in ihre Kompositionen gern das Schattenspiel von Zweigen ein. Im direkten Gegensatz zur Neuen Sachlichkeit fotografierte sie ihre Fotomodelle in ein weich zeichnendes, diffuses Licht getaucht (siehe Abb. 8.2.9./ 3.).

8.3. Alle Stile des Bearbeitungszeitraumes

Zusammengefaßt gab es in der Modefotografie zwischen 1928 und 1955 folgende Stilrichtungen:

Zwei stärker die technische Ausführung und die Auffassung des Lichtes als den Inhalt der Modefotografien betreffende Stilrichtungen: die neusachliche und die malerisch-impressionistische Auffassung.

- Varianten des neusachlichen Stiles: der ab 1934 auftretende Neoklassizismus, der sich weiter aufspaltete in einen Neoklassizismus, der sich hellenistischer, romanischer oder gotischer Versatzstücke bediente.

- Varianten der malerisch-impressionistischen Richtung, der bis 1934 weit verbreitete kunstfotografische Stil, sowie der weiche expressionistisch-kubistische Stil und ab 1932 der journalistische Stil.

Stärker die Inhalte der Modefotografien betreffende Richtungen:

- die damenhafte, die sportliche, die erzählerische, die phantasievolle und die surrealistische Richtung.

In dieser Gruppe enthalten, zwei von 1936 bis 1943 auftretende vor allem politisch aufzufassende Richtungen:

den "dynamischen- oder Kraft-durch-Freude Stil" und den

"gemüt- oder seelenvollen Stil".

8.4. Zusammenfassung

"Professor von Arent hat über dies Thema interessante Ideen vorzubringen. Er sieht ganz richtig in der Mode nicht eine dirigierbare Staatsangelegenheit, sondern eine Geschmacks- und Stilfrage, der man möglichst weite eigene Entwicklungsfähigkeit zubilligen muß. Greift man in eine solche Entwicklung mit roher Hand ein, so kann man von der Bildung eines echten Zeitgeschmacks kaum noch reden."

Joseph Goebbels 1941[916]

In der "deutschen" Fotografie sollten sich Idee und Technik "durchbluten" und zu einer "ursprünglichen Einheit" verwachsen.{917} Doch das wichtigste für deutsche Fotografen sei nicht ihr fotografisches Können, sondern"das gläubige Werken mit frohem Herzen und der unbedingte Wille zur Ehrlichkeit".[918] Trotz dieser Überbewertung der Gesinnung bewegte sich die in Deutschland praktizierte Modefotografie zwischen 1933 und 1944 auf internationalem Niveau. Selbst in den Jahren weitgehendster Isolation ab 1939 entwickelte sich kein eigener, die gesamte Modefotografie beeinflussender Stil, sondern die Modefotografie orientierte sich an den internationalen Entwicklungen. Doch läßt sich in der deutschen Modefotografie eine Übergewichtung der Neuen Sachlichkeit beobachten. Die in der außerdeutschen Modefotografie stärker betonte impressionistische Richtung erfreute sich im Gegensatz dazu in der deutschen Modefotografie nur geringer Beliebtheit.

Versucht man zu ermitteln, was "ehrliche und gemütvolle" Fotografie war und wo sich der übergeordnete "Ausdruck der Seele" in der Modefotografie fand, so sind es vor allem die Fotografien Karl-Ludwig Haenchens, Sonja Georgis, Hubs und Ilse Flöters und Imre von Santhos, die stilistische Gemeinsamkeiten zeigten und sich dem Zeitgeist angepaßt hatten. Erst prägten sie den deutschen Neoklassizismus, ließen ab 1936 die mitreißende Dynamik der Olympischen Spiele in Form des "dynamischen oder Kraft-durch-Freude Stiles" in die Modefotogarfie eindringen und erlaubten der "Lebensschwere" der Kriegsjahre in der Opferhaltung der Fotomodelle im "gemüt- oder seelenvollen Stil", sichtbar zu werden.

Die in Deutschland arbeitenden Fotografen zeigten eine national-sozialistische Sicht, die aber nicht mit ihrer persönlichen Meinung übereinstimmen mußte. So erfüllte zum Beispiel Norbert Leonhard die meisten der für deutsche Modefotografie geforderten Kriterien wie Einfachheit, Geschlossenheit und die Darstellung möglichst ungeschminkter und natürlicher Fotomodelle in seinen Modefotos. Er wurde aber 1941 als "falscher Arier" enttarnt, denn er war ein "Vierteljude" und das dürfte der sehr parteilinientreuen Redaktion von >Die Mode< einen gehörigen Schrecken eingejagt haben.

Ob man in dem Stilwandel primär die Einwirkung des Propagandaministeriums oder die Intuition und das Erspühren des Zeitgeistes durch die Modefotografen sieht, ist relativ unerheblich. Entscheidend ist vielmehr die Feststellung, dass die Modefotografie maßgeblich daran beteiligt war, die Frauen auf den Krieg einzustimmen und nach dem Kriegsbeginn die von ihnen geforderte Haltung zu erzeugen.

9. Farbige Modefotografie

"Die Farbe kam ja erst so richtig nach dem Krieg und vorher war sie ja noch der Zeichnung vorbehalten."
Gerd Hartung {919}

Die Fotografie war seit ihrer Erfindung in den 1820er Jahren schwarz-weiß, besser gesagt monochrom, denn eigentlich changieren die Schwarzweißabzüge in allen möglichen Braun-, Blau- und Grüntönen.{920}

Nun sollte man annehmen, daß gerade die Modeabbildungen schon besonders früh farbig wurden, denn Mode wird und wurde immer sehr stark über die Farbe transportiert. Doch der Druck einer farbigen Fotografie war sehr aufwendig und teuer. So mußte auf stärkerem Papier gedruckt werden, damit es den vier verschiedenfarbigen Druckläufen standhielt.

Als der Vierfarbdruck für Zeitschriften unumgänglich wurde, um weiterhin als aktuell zu gelten, sah man die Unzulänglichkeiten des Transportes der Farbinformation über den Film und den Druck.{921}

"Ganz anders aber steht es mit der Farbenphotographie. Hier sind meist Dinge im Spiel, die wir ständig um uns sehen; die wir meist auf ihre Wirkung mit der Natur selbst vergleichen können, oder von denen wir doch zum Teil sehr fest geprägte Erinnerungsbilder besitzen. Hier wird jede kleinste Unstimmigkeit als störender Fehler empfunden; ein schlechtes Schwarzweißbild erregt bei weitem nicht eine so betonte Ablehnung wie ein mißlungenes Farbbild; (...) Einem Farbphoto kommt also nur dann wirklich ein höherer Wert zu, wenn es in jeder Weise als gelungen angesehen werden kann."{922}

Doch noch bis in die Achtziger Jahre des 20. Jahrhunderts hinein war es ein besonders großes Problem, die Fraben korrekt wiederzugeben.

"Ja, und dann wurde gedruckt. Dann kam der erste Andruck und da war die Farbe meistens total verschoben, muß man sagen. Also manchmal war's so schlimm, daß ich in die Druckerei gefahren bin und habe gesagt: "Also so geht es nicht. Also das hier, da ist zu viel Grün drin." Und dann kommt da ein anderes Gelb hin, oder das oder jenes. (...) Ja, und dann kam der erste Andruck, der zweite und der dritte. Und der Dritte, na ja, der saß dann so einigermaßen. Aber heute ist das viel besser, weil die ja elektronisch das alles abtasten. Das war damals ja nicht. Vor 15 Jahren war das alles nicht. Da mußte man viel Erfahrung mit dem Vierfarbdruck haben. Ja, das war immer noch eine Angstpartie."{923}

Das hatte zur Folge, daß die Modefotografie in Deutschland nur sehr langsam farbig wurde. Noch 1955 waren mindestens 95% der redaktionellen Modefotografien monochrom. Das sicherte der Modezeichnung, noch einige Jahre ihre Existenz in den Zeitschriften, denn ihr kam die Aufgabe zu, die Farbinformation zu überliefern (siehe Abb. 9./ 1.).

Wollte man vor 1937 eine farbige Modefotografie veröffentlichen, so war die einfachste Methode die Kolorierung.{924} Ein besonders gutes Beispiel für kolorierte Schwarzweiß-Modefotografien ist die Innenaufnahme Elfie Wildfeuers, des Freiherren von Gudenberg aus Wien von 1943 (siehe Abb. 9./ 2.). Elfie Wildfeuer steht in einem hellblau getünchten Raum und präsentiert ein dunkelviolettes Seiden- oder Viskosekleid. Die Färbung ist so subtil und dezent, daß man erst nach mehrmaligem Hinsehen erkennt, daß es sich um eine willkürliche Färbung der Fotografie handelt. Die Fotografie ist aus der Spätzeit des Kolorierens und in ihrer Farbigkeit täuschend ähnlich an echtfarbige Modefotografien angeglichen (siehe Abb. 9./ 3.).

9.1. Farbige Modefotografie, die Herausforderung

Die Zahl der farbigen Modefotografien, die zwischen 1930 und 1955 in deutschen Zeitschriften veröffentlicht wurden, war -gemessen an der Zahl der gezeigten Modefotografien- verschwindend gering. "Erwin Blumenfeld, George Hoyningen-Huène und George Platt-Lynes überboten sich geradezu in rauschenden Farbausstattungen ihrer Modeaufnahmen" für die Zeitschriften des Verlegers Condé Nast, während in Deutschland die meisten farbigen Modeofografien erst im Druck entstanden waren.{925} Hier handelte es sich um drucktechnisch eingefärbte Schwarzweißfotografien. Echte Farbfotografien waren sehr selten. Praktiziert wurde die Farbfotografie von allen bekannteren Modefotografen. Es schien zum guten Ton zu gehören, wenigstens eine farbige Veröffentlichung im Jahr zu haben.

Bis 1955 nutzten fast alle Modefotografen die Schwarzweißästhetik, die auf graphischen Effekten aufbaute und dies selbst dann, wenn sie farbig fotografierten. Eine der ersten echtfarbigen Modeaufnahmen von Karl-Ludwig Haenchen, die im Juli 1942 den Umschlag von >Die Dame< schmückte, zeigt die mit dieser Übertragung verbundene Problematik (siehe Abb. 9.1./ 1.). Die Haare des Modells lassen sich nicht von dem Schatten, den sie auf die Wand warfen, trennen und bildeten mit diesem eine schwarze Masse.{926} Hier wird ein Problem der frühen Farbfilme deutlich. Sie waren in ihrer Empfindlichkeit so träge, daß die Fotografen sehr viel Licht brauchten, um ein akezptables, nicht verwackeltes Foto zu erhalten. Das starke Licht warf aber auch starke Schatten und der Kontrastumfang der Aufnahmen wurde so groß, daß der Film und der Druck ihn nicht mehr umsetzen konnte.{927}

Der Titel des >Die Dame< Heftes vom September 1939, von Elisabeth Heddenhausen fotografiert, war ein unter diesem Aspekt gelungenes Farbfoto (siehe Abb. 9.1./ 2.). Ein Fotomodell saß auf dem Studiofußboden und hatte vor sich einen prall gefüllten Korb mit Früchten stehen, ein Herbtstilleben.{928} Dieser sehr auffällige >Die Dame< Titel zierte ausgerechnet das mit viel propagandistischen Texten versehene "erste Kriegsheft", was sicher kein Zufall war, sondern dazu diente, möglichst viele Hefte zu verkaufen, um die darin enthaltenen Botschaften weiter zu verbreiten.{929}

Neben dem häufig unpassend harten Licht, war fast allen frühen Modefarbaufnahmen Deutschlands gemeinsam, daß sie klare Farben oder einfache Formen, vor unruhigen, stark strukturierten Hinter-gründen zeigten. Die deutschen Modefotografen arbeiteten weniger mit Farbflächen, sondern suchten nach wie vor Kontraste, wie sie in der Schwarzweißfotografie notwendig waren (siehe Abb. 9.1./ 3. und 4.).

Regina Relang, war in Bezug auf die Farbfotografie die experi-mentierfreudigste unter den Modefotografen des Bearbeitungs-zeitraumes. Sie näherte sich der Farbfotografie sehr spielerisch und erzielte die interessantesten Ergebnisse. Ihr erstes in >Die Dame< veröffentlichtes Farbfoto war auf dem Titel des Aprilheftes von 1942 (siehe Abb. 9.1./ 5.). Vor diagonalen orangerosafarbenen Streifen, die von links oben nach rechts unten verlaufen, steht ein Modell im Profil. Ihren Kopf dreht sie etwas nach hinten, so daß sie zum Hintergrund in die obere rechte Heftecke blickt. Die Hände hat sie erhoben, um ihre Handschuhe zu präsentieren.

Von seiner Fernwirkung her dürfte es einer der erfolgreichsten >Die Dame< Titel gewesen sein. Aus der Nähe betrachtet übertönen jedoch die die Fernwirkung ausmachenden Hintergrundstreifen den ebenfalls stark gemusterten Stoff von Kopfputz und Jacke.{930} Im Heftinneren wurde das Spiel mit den Streifen noch weiter geführt. Rote, grüne und blaue Blockstreifen kamen im Hintergrund zum Einsatz, um weitere stark gemusterte Kostüme vorzustellen. Farbig paßten Hintergrund und Stoffdruck gut zusammen, doch die Musterkombinationen waren sehr gewagt (siehe Abb. 9.1./ 6.). Das Auge des Betrachters wird zwischen der Macht der Streifen und der Kleinteiligkeit der Stoffe hin und her gerissen. Im gleichen Heft wurde eine Farbaufnahme Relangs gezeigt, die in >Die Dame< falsch plaziert wirkt und wahrscheinlich nur im Heft gezeigt wurde, weil sie "so schön bunt" ist und deutlich machte, daß es sich bei ihr um eine Echtfarbenaufnahme handelt (siehe Abb. 9.1./ 7.). Die Aufnahme zeigt ein rothaariges Fotomodell mit weißem Kittel als Laborantin ausgewiesen, die Reagenzgläser gefüllt mit farbigen Flüssigkeiten untersucht.

Norbert Leonard machte die "modernsten" Farbmodeaufnahmen, sie würden auch in einem gegenwärtigen Magazin bestehen können. Er fotografierte in Wollpullover und Schottenkaroröcke gekleidete Amateurmodelle bei diffusem Licht vor weißem Hintergrund. Im Schwarzweißfoto wären die einfarbigen Wollpullover vor dem weißen Hintergrund ohne Reiz gewesen. Im Farbfoto entfalten sie ihre Leuchtkraft und machen das Foto zu einer der ersten richtigen Farbmodefotografien Deutschlands (siehe Abb. 9.1./ 8.).{931} Diese Aufnahme blieb bis in die Mitte der Fünfziger Jahre hinein eine Ausnahme in seinem farbfotografischen Werk und der deutschen Modefotografie überhaupt (siehe Abb. 9.1./ 9. und 10.).

Erst 1955 trat in der deutschen Modefotografie ein sichtbarer Wandel im Umgang mit der Farbe ein. Die nächste Fotografengeneration brachte, in dem sie sich an der amerikanischen Modefotografie orientierte, neue Impulse und konnte ihre Ideen genau so materialgerecht in farbige, wie in schwarzweiße Modefotografien umsetzen (siehe Abb. 9.1./ 11.).

9.2. Technische Probleme mit der Farbe

Um die Schwierigkeiten, die die Modefotografen seit den späten Dreißiger Jahren mit der Farbfotografie hatten, besser verstehen zu können, folgen einige Erläuterungen zur Technik der Farbfotografie. Wegen des Mangels zeitgenössischer Berichte aus der modefotografischen Praxis, greift der Autor in die Sechziger Jahre vor, als sich die Farbfotografie in der deutschen Modefotografie weitgehend durchgesetzt hatte.

Die Farbfotografie bedeutete für die Fotografen keine Erleichterung, das Gegenteil war der Fall. Bot das Schwarzweißverfahren - wie oben eräutert - vielfältige Eingriffs- und Steuerungsmöglichkeiten in allen Phasen der Produktion, so sind die frühen und auch die heutigen Farbverfahren im Vergleich dazu während der Aufnahme und danach ausgesprochen unflexibel und unveränderlich. Das fängt bei der sehr geringen Belichtungstoleranz an und hört bei der beinahe unmöglichen Retusche auf. Der Vierfarbdruck arbeitete bis vor wenigen Jahren beinahe ausnahmslos über Diapositive, also transparente Farbaufnahmen, auf welchen eine Korrektur durch Retusche fast unmöglich ist.

Diafilme müssen im Vergleich zu Farbnegativ- und Schwarzweißnegativfilmen sehr exakt belichtet werden. Hat der Schwarzweißfilm eine Belichtungstoleranz von +/- zwei Blenden (das heißt man kann ihn zwei Werte Über- oder Unterbelichten), der Farbnegativfilm eine Belichtungsbreite von +/- einer Blende, so kann der Farbdiafilm nicht mal 1/3 Blende Über- oder Unterbelichtung ertragen. Ein Spielraum von vier Blendenwerten beim Schwarzweißfilm steht einem Spielraum von knapp 2/3 Blenden beim Diafilm gegenüber. Bei einer exakt ermittelten Belichtungszeit von einer 60tel Sekunde und Blende acht, kann der Schwarzweißfotograf bei unveränderter Belichtungszeit wählen, ob er mit der Blende 3,5; 5,6; 8; 11 oder 16 fotografiert, er wird in jedem Fall ein erkennbares Bild aus der Dunkelkammer herausbringen. Nicht mit der gleichen Qualität über den gesamten Helligkeitsbereich, jedoch so ausreichend, daß ein etwaiger Auftrag nicht wiederholt werden müßte. Bei der Benutzung des Diafilmes kann der Fotograf nur zwischen den Blenden 5,6 2/3, 8 und 8 1/3 wählen.{932}

In der praktischen Anwendung der Filme bedeutet dies, daß es beim Schwarzfilm nicht so sehr darauf ankommt, ob die Belichtungszeit genau ermittelt wurde. Bei der Diabelichtung bedeutete eine ungenau ermittelte Belichtungszeit den Totalausfall des Bildes. Belichtet man einen Diafilm über, so "frißt" er in den Lichtern aus. Das heißt, da wo helle Partien im Motiv waren, erscheint auf dem Film nur noch eine transparente beziehungsweise "weiße" Fläche. Belichtet man den Diafilm unter, so bekommt das ganze Bild einen Grauschleier und einen Farbstich. Ein anderer Effekt ungenauer Belichtung, der nur in der Farbfotografie, dort jedoch besonders gravierend ist, ist die Farbverschiebung, die sich aus einer Fehlbelichtung ergibt.{933}

Die menschliche Farbwahrnehmung ist ein Zusammenspiel aus den tatsächlich vorhandenen Farbverhältnissen und unserem Lokalfarbenwissen.{934} So haben wir alle die Vorstellung, daß ein weißer Fensterrahmen immer weiß aussieht. Tatsächlich jedoch verändert sich seine Erscheinung aufgrund der Reflektionseigenschaften seiner Oberfläche. Mal spiegelt sich ein blauer Himmel in ihm, dann sieht der Rahmen hellblau aus oder das Grün des Baumes vor dem Fenster "färbt" ihn grün. Der Abendhimmel läßt ihn rosa reflektieren. Neutral weiß können wir ihn eigentlich nur sehen, wenn der Himmel gleichmäßig von einer weißen Wolkenschicht bedeckt ist, denn dann ist das Licht "neutral".{935} Das diffuse Licht unter einer geschlossenen Wolkendecke mindert einerseits die Schattenbildung und verringert dadurch den Kontrastumfang, was die Umsetzung in ein gedrucktes Bild erleichtert. Andererseits hindert die geschlossene Wolkendecke das Licht des wie auch immer gefärbten Himmels daran, über alles einen farbigen Schleier zu legen, der in der Farbfotografie einen durchgehenden Farbstich gäbe.

Dieses für den Laien erst in der Fotografie sichtbare Lichtphänomen berührt beide Farbverfahren. Es wirkt sich aber besonders auf die Diapositiv-Verfahren ungünstig aus, denn im Negativ-Positiv-Verfahren bleibt die Möglichkeit, das Bild durch den Einsatz der Farbfilterung in der Dunkelkammer zu korrigieren.

Die tatsächlichen Lichtverhältnisse passen sich in den seltensten Fällen den Anforderungen von Auftrag und Veröffentlichungstermin an. So sind der Fotograf und sein Team dazu gezwungen, beinahe alle Lichtsituationen zu nutzen.{936} Die Folge ist, daß als Serie zu druckende homogene Bildstrecken, durch wechselndes Licht bedingt, unterschiedliche Beleuchtung und veschiedene Farbstiche aufweisen können, wie sie selbst bei den vier fast gleichzeitig unter Studiobedingungen entstandenen Innenaufnahmen Sonja Georgis von 1939 zu erkennen sind (Vgl. Abb. 9.1./3.).{937}

10. Kontinuität statt Neubeginn?

Die Stunde Null ist ein Mythos der Nachkriegszeit, von den Menschen geschaffen, um sich selbst eine Chance für den Neubeginn zu geben. Das Leben fing nicht noch einmal von vorn an, sondern es ging weiter. In den Frauenzeitschriften und in der Modefotografie setzte man da wieder ein, wo man 1943 oder 1944 aufgehört hatte.

10.1. Modefotograf und Parteimitglied

"Verbrechen zu verüben oder an ihnen teilzunehmen, wäre es auch nur durch Duldung, ist Schuld. Und Fahrlässigkeit ist ebenfalls Schuld (...) Aber politischer Irrtum - in allen Schattierungen - samt dem echten Fehlschluß gehört weder vor Gerichte noch vor Spruchkammern. Irren ist menschlich."

Eugen Kogon{938}

Bei einer kunsthistorischen Untersuchung, die den Zeitraum des nationalsozialistischen Totalitarismus in Deutschland einschließt, stellt sich unweigerlich die Frage, wie die behandelten Individuen zu dem nationalsozialistischen Staat und seinen Organisationen gestanden haben. Da die meisten der untersuchten Persönlichkeiten schon verstorben sind, können sie nicht mehr dazu befragt werden, wie sie diese Zeit empfunden haben und wie sie ihre eigene Rolle in diesem alles durchdringenden System in der Rückschau einschätzen. So ist man darauf angewiesen, nach Fakten zu suchen.

Ein für uns besonders aussagekräftiges Kriterium scheint die Mitgliedschaft in der NSDAP gewesen zu sein. Doch was für einen Aussagewert hat diese Tatsache wirklich?

Da nur von zwei der Fotografen bekannt ist, dass sie Parteimitglieder waren oder der Partei nahe standen, soll untersucht werden, ob ihnen dieses irgendwelche Vorteile brachte oder ob diese parteiliche Organisation unerheblich für sie war.

Otto Niebuhr, der Mann Lilli Niebuhrs war Mitglied der NSDAP. Lilli Niebuhr äußerte in den Achtziger Jahre in vielen Gesprächen mit ihrer Großnichte, dass sie und ihr Mann in den ersten Jahren der Hitler-Herrschaft hinter der nationalsozialistischen Bewegung gestanden hätten, aber gegen Ende des Krieges ihren Irrtum erkannten und bereuten.{939} Für sie brachte die Mitgliedschaft in der Partei mehrere Vorteile, die sich in ihrem Auftragsbuch niederschlugen. So hing es sicher nicht nur mit ihrem Stil zusammen, dass ihre Modefotografien überwiegend in den parteinahen und parteieigenen Publikationen veröffentlicht wurden.{940} Außerdem arbeitete sie 1943 für den "Bund Deutscher Mädchen". Dass es sich um größere Aufträge gehandelt hatte, zeigten die eingeforderten Summen, die sich für das Jahr 1943 auf 1962,- RM beliefen.{941}

Der andere Fotograf, von dem die Parteimitgliedschaft bekannt ist, war Hubs Flöter.{942} Für ihn brachte die Parteimitgliedschaft den Vorteil, an dem Film Das Stahltier mitwirken zu dürfen. Die Dreharbeiten begannen im Herbst 1934. Flöter traf seinen ehemaligen Lehrer Willy Zielke, den Regisseur des Filmes.{943} Nachdem Flöter wegen einer Verwundung 1942 von der Ostfront zurückgekehrt war, ermöglichte ihm die Parteimitgliedschaft die Anstellung als Cheffotograf der Ufa, die er von 1943 bis 1944 innehatte.{944}

Kann man von den Bildern eines Fotografen der Parteitmitglied war erwarten, dass sie den staatlich propagierten Idealen in Bezug auf die Mode und das Frauenbild besonders folgten?

Nein, die Stiluntersuchungen haben ergeben, dass sich alle Fotografen - ob Parteimitglied oder nicht - eher mehr als weniger den gängigen Stilen angepaßt hatten. Große Eigenständigkeit bewahrten lediglich Norbert Leonard und Regina Relang.

10.2. >Film und Frau<{945}

Die letzte erscheinende Frauenzeitschrift vor Ende des Krieges war die >NS-Frauenwarte<, von ihr erschienen im Jahr 1944 noch vier Ausgaben, die letzte im Dezember. Voller Porpaganda- und Hetzartikel gegen Russland, England und das "Weltjudentum" wurde trotz der zugespitzten Lage noch eine halbe Seite mit Modezeichnungen von Edith Nestler gebracht. Das Titelfoto zeigte zwei ältere Frauen bei der Arbeit in einem Rüstungsbetrieb von Ursula Ostwald.{946}

Genau ein Jahr später erschienen ab Dezember 1945 in der US-Besatzungszone erstmalig die Wochenzeitschrift >Sie< und vierzehntägig die >Frauenwelt<. In beiden erschienen auch Modefotografien, die jedoch zum größten Teil von amerikanischen und englischen Fotografen stammten. Erst nachdem die Entnazi-fizierungsmaßnahmen abgeschlossen waren, erschienen ab 1946 wieder vermehrt Fotografien deutscher Modefotografen.[947] Eine der ersten Fotografinnen, die Modeaufnahmen in dem umfangreichen Modeteil der Zeitung >Sie< veröffentlichte, war Charlotte Rohrbach.[948]

Als eine der ersten rein deutschen Frauenzeitschriften nach der Besatzungszeit wurde im November 1948 die Frauenzeitschrift >Film und Frau< lizensiert und gegründet. Chefredakteur war Curt Waldenburger, der bis 1944 die gleiche Funktion bei den Familienzeitschriften >Mein Blatt< (die Druckauflage im vierten Quartal 1938 betrug 736.722 Exemplare) und >Das Buch für Alle< (zur gleichen Zeit mit einer Druckauflage von 138.810 Exemplaren) inne gehabt hatte.[949] Von den deutschen Luxusmagazinen hatte nur >Die Elegante Welt< den Sprung in die Nachkriegszeit geschafft. >Der Silberspiegel<, >Die Dame< und >Die Mode< wurden nach ihrer Einstellung 1943 nicht wieder aufgelegt. Die >Film und Frau< richtete ihrer Aufmerksamkeit auf die ehemalige Leserschaft dieser Luxusmagazine, was ab Heft 27, 1950 äußerlich durch den Golddruck sichtbar wurde, der an die Tradition der goldenen Hefttitel von >Die Deutsche Elite< anschloß (siehe Abb. 10./ 1. und 2.). Das Layout war in den ersten Ausgaben wenig innovativ und lehnte sich anfangs sehr an das von >Das Buch für Alle< an, stellte also eine Rückschritt in die frühen Dreißiger Jahre dar (siehe Abb. 10./ 3.). Bis 1960 gab es keine ganzseitigen Modefotografien. Die größten Abbildungen waren auf dem Vorder- und dem Rücktitel. Sie zeigten in den ersten Jahren überwiegend in- und ausländische Filmstars und zunehmend auch Fotomodelle.

Die wichtigsten deutschsprachigen Modefotografen, die Curt Waldenburger für die >Film und Frau< bis 1955 engagierte, waren: Friedrich Aschenbroich[950], Hubs und Ilse Flöter, Sonja Georgi, Franz Christian Gundlach, Karl-Ludwig Haenchen, Walter E. Lautenbacher (1953)[951], Rolf W. Nehrdich, Joe Niczky (1949), Rico Puhlmann (1958), Regina Relang, Charlotte Rohrbach (1948) und Herbert Tobias (1956). Diese Fotografen hatten ihre Ateliers in Deutschland während Willy Maywald in Paris, das Studio Grein (1950) und Kitty Hoffmann in Wien, sowie Rolf Lutz (1949) in Zürich. Rolf Lutz fotografierte überwiegend Strickmode im Stil der neuen Sachlichkeit, seine Fotografien ähnelten sehr stark denen von Yva und Lilli Niebuhr aus dem Jahr 1937. Seine letzten Veröffentlichungen in der >Film und Frau< hatte er 1955 (siehe Abb. 10./ 4.).

Waren es vor 1950 überwiegend die amerikanischen Filmgesell-schaften und Bilderdienste gewesen, die den deutschen Zeitschriften Bildmaterial zum Teil kostenlos, zur Verfügung gestellt hatten, so wurde der Anteil der ausländischen Modefotografien nach 1950 immer geringer. Der Anteil der französischen Fotografen war von Anfang an kleiner, denn Willy Maywald berichtete regelmäßig aus Paris (siehe Abb. 10./ 5.) und ab 1951 schickte die >Film und Frau< ihre eigenen Fotografen nach Frankreich sowie nach Italien.[952]

Im Vergleich zur Vorkriegs- und Kriegszeit war der Anteil der Außenaufnahmen sehr hoch. Wie durch die Kontinuität der Namen nicht anders zu erwarten, fanden alle formalen Stile der Dreißiger und Vierziger Jahre ihre Fortführung in den Fünfzigern. Der romanisch-gotische Neoklassizismus und der "dynamische- oder Kraft-durch-Freude Stil" waren verschwunden. Die extreme Fröhlichkeit des "dynamischen- oder Kraft-durch-Freude Stils" war nicht mehr zu sehen. An seine Stelle trat eine druchgängige Freundlichkeit auf den Gesichtern der Fotomodelle. Der "gemüt- oder seelenvolle Stil" aber tauchte noch bei allen Fotografen bis weit in die Fünfziger Jahre hinein auf. Nur langsam hoben die Modelle auch bei ernstem Gesichtsausdruck den Kopf.

Trotz der alles überlagernden steifen Künstlichkeit der Posen fand der Humor vor allem in den Fotografien Friedrich Aschenbroichs, Norbert Leonards und Regina Relangs Eingang in die deutsche Modefotografie. Durch Hubs Flöter wurde der Sexappeal auch in der >Film und Frau< sichtbar (Vgl. Abb. 5.4./ 2.).

Die Fotografin, die das Frauenbild der frühen Nachkriegsjahre am nachhaltigsten geprägt hat, war Charlotte Rohrbach (siehe Abb. 10./ 6). Besonders ihre Modefotografien zeigten *"in Posen erstarrte, wie dekorative Statuen oder repräsentative Bildnisse fotografierte, makellos schöne Frauen in luxuriösen, die weiblichen Formen betonenden Kleidern."*[953]

Charlotte Rohrbach war bis 1946 nicht als Modefotografin tätig gewesen. Ihre fotografischen Schwerpunkte waren seit 1923 die Dokumentation des Flugzeugbaus in den Rohrbach-Flugzeugwerken{954} und seit 1928 vor allem Künstlerporträts und die fotografische Interpretation der Skulpturen Arno Brekers, Joseph Thoraks und anderer Bildhauer (siehe Abb. 10./7. und 8.).{955}

11. Resümee

Zu Beginn des Bearbeitungszeitraumes (1929 bis 1955) war es die Hauptaufgabe der Modefotografie mit ihren Bildern Schneider-vorlagen herzustellen. In den frühen Dreißiger Jahren fand bedingt durch die große Verbreitung konfektionierter Kleidung ein Funktionswandel statt, bei dem die Schneidervolage an Bedeutung verlor und stattdessen die modische Information in den Vordergrund trat. Dabei entstanden Modefotografien, wie sie heute noch ähnlich produziert werden. Kennzeichnend für diese Fotos ist, dass sie dem Betrachter das zeitgemäße Schönheitsideal und Lebensgefühl vermitteln.

In diesem Zusammenhang gewannen die Frauen, die mit der Mode fotografiert wurden, an Bedeutung und es kam zu der Herausbildung des Berufes "Fotomodell". Zwei der ersten deutschen Topmodels waren Karin Stilke und Elfi Wildfeuer. Sie waren über viele Jahre hinweg im In- und Ausland erfolgreich, wobei Karin Stilke stellvertretend für die Zeit von 1935 bis 1946 und Elfi Wilfeuer für die Jahre von 1947 bis 1958 steht.

Die in Deutschland wichtigsten Modefotografen im Zeitraum von 1929 bis 1955 waren Yva, Karl-Ludwig Haenchen, Hubs und Ilse Flöter, Sonja Georgi, Imre von Santho, Norbert Leonard und Regina Relang. Sie gaben durch die stilistische Eigenständigkeit ihrer Arbeiten anderen Fotografen Impulse und bestimmten die deutsche Modefotografie über lange Zeit.

Karl-Ludwig Haenchen, Lilli Niebuhr, Sonja Georgi und Hubs Flöter waren gemessen an der Summe ihrer Veröffentlichungen die erfolgreichsten Modefotografen der Jahre von 1935 bis 1943.

Zu betonen ist der große Frauenanteil unter den selbständigen und den angestellten Modefotografen. Seit Mitte der Zwanziger Jahre war das Geschlechterverhältnis ausgewogen. Mit Kriegsbeginn gab es mehr Modefotografinnen als Modefotografen. Erst in den späten Fünfzigern änderte sich dieses Verhältnis zu Gunsten eines höheren Anteils von Männern.

Vom Selbstverständnis her empfanden sich die meisten Modefotografen mehr als Künstler denn als Handwerker. Parallel dazu fand an mehreren Stellen eine allgemeine Aufwertung der Modefotografie statt: die Zahl der veröffentlichten Modefotografien nahm bis 1942 stetig zu. Seit 1941 wurden sie gelegentlich sogar ganzseiteig abgedruckt. Ab etwa 1935 verdrängte die Modefotografie die Modezeichnung bis sie 1955 nahezu vollständig aus den Modepublikationen verschwand.

Die Abzugsgrößen der Modefotografien nahm in den Jahren von 1925 bis 1943 stetig zu. Die Abzüge wuchsen von einer durchschnittlichen Größe von 15 x 22 cm bis zu 24 x 30 cm an.

In den Vierziger Jahren wurden mit steigender Tendenz echtfarbige Modefotografien in deutschen Magazinen veröffentlicht. Die Modefotografen verarbeiteten das Farbfilmmaterial auf die gleiche Art wie das monochrome Filmmaterial. Dabei legten sie die gestalterischen Schwerpunkte auf die Oberflächenstrukturen und Farb- und Lichtkontraste. Teilweise führte das zu technischer Überforderung des Farbmaterials. Erst in den Sechziger Jahren waren mehr als fünfzig Prozent der Modefotos in deutschen Zeitschriften farbig.

Bereits in den Dreißiger Jahren gab es Bestrebungen, die Modefotografie als Kunst zu etablieren. Ausstellungen mit Modefotografien, wie es sie heute in musealem Rahmen gibt, gab es im Dritten Reich jedoch nicht.

Die deutsche Modefotografie folgte bis 1943 überwiegend den international gültigen neusachlichen und neoklassizistischen Stilrichtungen der Modefotografie. Die surrealistischen Tendenzen wurden nur in sehr abgeschwächter Form von deutschen Modefotografen umgesetzt.

Zwei fotografische Stile wurden in Deutschland betont. In den Jahren von 1938 bis 1940 war das der sportliche Stil, der auch international seit 1933 in seiner Bedeutung zunahm. Diesen Stil nennt der Autor, vor allem in Bezug auf seine propagandistischen Funktion, den "dynamischen oder Kraft-durch-Freude Stil". Er herrschte vor allen in den deutschen Modezeitschriften >Der Silberspiegel< und >die neue linie< vor.

Der andere, in seiner Ausprägung für den Bearbeitungszeitraum, typische Stil war der ebenfalls vom Autor sogenannte "gemüt- oder seelenvolle Stil". Er fand seine größte Verbreitung von 1939 bis 1943. Dieser an die christliche Ikonographie anlehnende Stil wurde bis 1939 auch von französischen Fotografen in

Modeaufnahmen für deren Publikationen in deutschen Zeitschriften übernommen.

Mit Kriegsbeginn verschwanden die ausländischen Modefotos und Modezeitschriften vom deutschen Markt. Bis Kriegsende konnte die deutsche Modefotografie unter Beibehaltung der stilistischen Sonderwege ihr hohes Niveau halten. Die deutschen Stilvarianten wurden dabei betont und weiterentwikkelt. Obwohl die Personen, die in der Modefotografie, sowohl im Dritten Reich, als auch in der Nachkriegszeit tätig waren, in vielen Fällen die Gleichen waren, stellte das Kriegsende einen stilistisch sichtbaren Bruch dar, der sich in erster Linie in der Abkehr von der Neuen Sachlichkeit und dem Neoklassizismus und der Hinwendung zu einem malerisch-impressionistischen Stil mit der Betonung der Außenaufnahmen ausdrückte. In Frankreich und den USA wurden dagegen bis in die Fünfziger Jahre hinein weiterhin viele neusachliche, neoklassizistische und surrealistische Modefotografien geschaffen.

Wie die anderen Künste und gestaltenden Gewerbe, war die Modefotografie eng in die nationalsozialistische Propaganda eingebunden. Als Massenkultur richtete sie sich überwiegend an die weibliche Bevölkerung. Die deutschen Frauen- und Modezeitschriften waren alle Instrumente der staatlichen Propaganda. Große Bedeutung kam dabei den Zeitschriften >Die Dame<, >Die Mode<, >Der Silberspiegel< und der >NS-Frauenwarte< zu.

Die Modefotografie wurde hauptsächlich als Zugpferd genutzt, um die weibliche Leserschaft an die Zeitschriften zu binden. In den Zeitschriften fand eine propagandistische Beeinflussung der Leser durch Text- und Bildbeiträge statt. In diesem Zusammenhang war es die Hauptaufgabe der Modefotografie, das von der Staatsführung gewünschte Frauenbild zu vermitteln. Die Modefotografie versuchte, die gesamte Persönlichkeit des Betrachters zu beeinflussen. Angefangen bei der Körperfigur und der Körperhaltung, über die Bekleidung, bis hin zu der psychischen Grundeinstellung wurde zielgerichtet gelenkt.

Die an der Zeitschriften- und Modefotoproduktion maßgeblich beteiligten Personen waren eng an die Staatsführung gebunden und wurden überwiegend mündlich instruiert. Die Auswahl der Modefotografen durch die Redaktionen fand sehr sorgfältig statt und folgte den staatlichen Richtlinien.

Neben den Moderedaktionen trat das Propagandaministerium als Auftraggeber für Modefotografien auf. Durch gelegentliche Privilegien, wie Filmvorführungen im Propagandaministerium oder Einladungen zu privaten und offiziellen Veranstaltungen der Staatsführung, wurden die bevorzugten Modefotografen und Modefunktionäre zusätzlich an den Staat und seine Ideologie gebunden.

12. 1. Endnoten

{1} Fotografie mit "F" oder mit "Ph" - lange war das eine Glaubensfrage, die zu emotionalen Auseinandersetzungen zwischen Personen und Institutionen führte. Andere umgingen den Streit und die Parteinahme und bezeichneten die Technik der Bilderzeugung mit Hilfe von Linsen und Silbersalzen als "Lichtbildnerei". Es wäre sicher ein sehr interessantes und gelegentlich auch amüsantes Unterfangen, dieses kleinbabylonische Wirrwarr, durch Veröffentlichungen und Institutionen, zu verfolgen. In der hier folgenden Arbeit soll auf diese Wortklauberei aber nicht eingegangen werden, der Autor folgt der neuen Übereinkunft der Sprachwissenschaftler, die bestimmten, daß Fotografie künftig mit "F" geschrieben, die Hauptvariante sein soll. Vgl. Günter Drosdowski (Hrsg.), >Duden<, Mannheim Leipzig Wien Zürich 1996 (21, Auflage), S.288.

{2} Vgl. Peter Reichel, >Der schöne Schein des Dritten Reiches<. Frankfurt a.M. 19932, S.8.

{3} Der Fotograf Norbert Leonard im Gespräch mit Gerd Hartung ca. 1950 in Bezug auf die nahe Vergangenheit. Zitiert nach einem Interview mit Gerd Hartung 8/1997, S.14.

{4} Um die Lesbarkeit des Textes zu erleichtern, wird der Autor generell die männliche Berufsbezeichnung verwenden. Nur dann, wenn Frauen und nicht beide Geschlechter angesprochen werden, wird die weibliche Form benutzt.

{5} Vgl. Sylvia Lott, >Die Frauenzeitschriften von Hans Huffzky und John Jahr. Zur Geschichte der deutschen Frauenzeitschriften zwischen 1933 und 1970.< Berlin 1985, S.354f.

{6} "A fashion photograph only becomes one, when captions and prices are put on or under the picture. Before this happens it is a portrait of someone wearing a dress." Vgl. David Bailey, >Shots of Style<, Foreword. London 1985, S.9, (Übersetzung vom Autor).Vgl. zu den Bildunterschriften Roland Barthes, >Die Sprache der Mode<. Frankfurt 1985, hier bes. S.13 u. 22ff.

{7} Vgl. Das Selbstporträt der Fotografin Yva, in >Das Magazin< Heft 24, August 1926, S.773. >Das Magazin< (das Gegenstück zum >UHU<, aus dem Ullsteinverlag) aus dem Verlag Erich Zander, vormals Verlag Dr. Eysler & Co, Berlin, war ein monatlich im Din A 5 - Format erscheinendes ca. hundert Seiten starkes Heft, das aus dem kulturellen Leben berichtete und schon sehr früh einen hohen Anteil an guten fotografischen Abbildungen hatte. Es zeigte von der Kunstfotografie über die Modefotografie bis zur Aktfotografie das ganze Spektrum dieses Mediums. Politisch ursprünglich der mittleren Linken zugeordnet, wurde der Inhalt in den Vierziger Jahren konservativer und staatsnäher.

{8} "Drittes Reich" ist eine abkürzende Bezeichnung für Deutschland unter dem Nationalsozialismus. Ursprünglich ein Begriff der Geschichtstheologie des Joachim von Floris aus dem 12. Jahrhundert, wurde er nach einem 1923 erschienenen Buch von Möller van den Bruck als politisches Schlagwort aufgenommen. Gemeint war eine dritte deutsche Reichsmacht nach dem mittelalterlichen (1.) Reich der deutschen Kaiser und dem (2.) Deutschen Reich von 1871. Die Bezeichnung wurde kurz vor Beginn des Zweiten Weltkrieges von offizieller Seite verboten. In der Froschung der Nachkriegszeit hat die Bezeichnung "Drittes Reich" wieder eine große Verbreitung für das nationalsozialistische Deutschland von Januar 1933 bis Mai 1945 gefunden.

{9} Auch wenn im heutigen Sprachgebrauch der Begriff "Fotomodell" oder "Modell" fast automatisch mit den speziellen Modellen der Modebranche assoziiert wird, sei hier darauf hingewiesen, daß es auch Fotomodelle für andere Branchen gibt, wie z.B. die Werbung oder die Aktfotografie. Wenn im folgenden vom Fotomodellen oder Modellen geschrieben wird, so sind, wenn nicht speziell bezeichnet, die der Modebranche gemeint.

{10} Der Dissertation liegt die Inventarisation von knapp 1000 Zeitschriften und Magazinen sowie ca. 1600 Einzelprints der Zeitspanne von 1915 bis 1964 zugrunde.

{11} Eingrenzung: Der Begriff "deutsch" soll im folgenden weniger national, als vielmehr regional verstanden werden. Es geht also primär um den deutschsprachigen Markt, das Hauptverbreitungsgebiet der deutschsprachigen Mode- und Frauenmagazine. Sekundär ist die Nationalität der Fotografen, doch in erster Linie sollen die Fotografen Beachtung finden, die in diesem und für dieses Verbreitungsgebiet gearbeitet haben.

{12} Vgl. Nancy Hall-Duncan, >The History of Fashion Photography.< New York 1979.

{13} Der Publikation ging eine von ihr für das International Museum of Photography at the George Eastman House in Rochester/New York inszenierte Wanderausstellung (Juni 1977 bis September 1978) durch amerikanische Museen voraus.

{14} Ein ähnliches Phänomen beschreibt Irene V. Guenther in Bezug auf die Modegeschichtsschreibung. Dort wurde der Focus der Modehistoriker nur auf Paris gerichtet. Vgl. Irene V. Guenther, >Nazi "Chic"? German Politics and Women's Fashions, 1915-1945<. In: Valerie Steele (Hrsg.), >Fashion Theory. The Journal of Dress, Body & Culture<. 1. Jahrgang, Band 1, New York, 1997, S.33.

{15} Vgl. Victoria and Albert Museum (Hrsg.), >Shots of Style. Great Fashion Photographs chosen by David Bailey<. Introduction by Martin Harrison. London 1985, Ausstellung vom 09.10.1985 bis 19.01.1986. David Bailey (*1938 London) war noch bis weit in die 1980er hinein ein sehr erfogreicher englischer Modefotograf. Sein Lebensstil diente dem Regisseur Michelangelo Antonioni als Vorbild für seinen Kultfilm Blow-up von 1966. Vgl. Michael Gross, >Model<, Wien München 1996 S.209.

{16} Bei Harrison/Bailey jedoch überwiegend aus den englischen Ausgaben. Vgl. speziell zur >Vogue< auch: Conde Nast (Hrsg.), >Vogue Geschichte der Mode - Photographie<. London 1979. Mit Texten von Alexander Liberman und Polly Devlin.

{17} Nur die >Vogue< erschien mit Unterbrechungen auch in einer deutschen Version. 1928/29 versuchte Conde Nast, der Verleger der >Vogue<, die in ihren anderssprachigen Ausgaben in Deutschland erhältlich war, durch eine deutsche Ausgabe auflagenstärker auf dem deutschsprachigen Markt präsent zu sein. Doch die heimische Konkurrenz war zu groß. Erst seit 1979 hat eine deutsche Variante der >Vogue< einen regelmäßigen Platz im hiesigen Zeitschriftenhandel.

{18} Vgl. Martin Harrison,> Appearences. Fashion Photography since 1945<. London 1991.

{19} Vgl. Ingrid Brugger (Hrsg.); >Modefotografie von 1900 bis heute<. Katalog zu der Ausstellung im Kunstforum Länderbank, Wien 1990.

{20} Vgl. F.C.Gundlach und Uli Richter (Hrsg.), >Berlin en vogue. Berliner Mode in der Photographie<, Tübingen Berlin 1993.

{21} Vgl. Enno Kaufhold, >Fixierte Eleganz<. In: Anm.oben, S.16ff.

{22} Eine Kurzbiographie des Modefotografen F.C. Gundlachs vgl. in Klaus Honnef (Hrsg.), >F.C.Gundlach. Modewelten-Photographien 1950 bis heute<. Bonn 1985, S.267.

{23} Ihr Umgang mit der Fotografie kann bis auf wenige Ausnahmen auf die Formel gebracht werden: Fotografie ist keine Kunst und daher kein Forschungsgegenstand.

{24} Vgl. Ulf Erdmann Ziegler, Die Angst zu stürzen. In: >Vernissage< 6/1996, "Kunst und Macht. Das Europa der Diktatoren 1930 bis 1945." Ausstellung Deutsches Museum Berlin 11.06.-30.08.1996., Heidelberg 1996, S.39. Eine ähnliche Entwicklung beobachteten Bohrmann und Schneider 1975 im Zusammenhang mit der von den Nationalsozialisten stark geförderten Zeitungs- und Zeitschriftenforschung. Diese Wissenschaft hatte große Probleme sich nach dem Zweiten Weltkrieg wieder zu etablieren. Vgl. Hans Bohrmann und Peter Schneider, >Zeitschriftenforschung. Ein wissenschaftlicher Versuch<. Berlin 1975, S.8.

{25} Vgl. Vilém Flusser, >Für eine Philosophie der Fotografie<. Göttingen 19926 S.26.

{26} "(...) ob Foto und Film als Ganzes, oder Malerei und Bildhauerei als Ganzes, oder die gesamte Architektur und schließlich auch alle Musik in die Sphäre der Kunst gehören." Vgl. Karl Teige , >Foto und Kunst - Antwort an Max Bill< (1948). In Wolfgang Kemp (Hrsg.), >Theorie der Fotografie II 1912-1945<, München Paris London 1979, S.263.

{27} Vgl. Horst Wackerbarth, >Die Ikonen des 21. Jahrhunderts. Photographie, Kunst und Neue Medien<. In: Norbert Bolz und Ulrich Rüff (Hrsg.), >Das große stille Bild<. München 1996, S.192-197.

{28} Vgl. Klaus Honnef, Paradox par excellence. In: Ingrid Brugger (Hrsg.), >Modefotografie von 1900 bis heute<. Wien 1990, S.7-11.

{29} Hierfür müßte das Kleidungsstück nicht mal von einem Menschen getragen werden, eine Puppe würde diesen Zweck auch erfüllen. Doch ist der Mensch als Träger von Kleidung erstens glaubwürdiger, weil realer und zweitens kostengünstiger. Nicht zuletzt deshalb, weil er sich selber an- und ausziehen kann.

{30} Vgl. Artur Gläser, "Photographie und Mode. Zu den Bildern von Sonja Georgi". In: Kodak Deutschland (Hrsg.), >Photographik< Heft 25, Oktober 1939, S.4.

{31} Kaufhold ordnet der Modefotografie und der Fotografie generell eine dienende Funktion zu. "Die Modefotografie tritt als veranschaulichendes Mittel zwischen das Kleidungsstück und den Interessenten, also zwischen den Modeproduzenten und -konsumenten." Vgl. Enno Kaufhold: "Fixierte Eleganz. Photographie der Berliner Mode". In: F.C. Gundlach und Uli Richter (Hrsg.):> Berlin en vogue<. Berlin 1993, S.13. Gérard Lagneau fragte schon 1965: "Was ist Werbefotografie? Ihre Eigenart verdankt sie zweifellos den Intentionen, von denen sie ins Leben gerufen wird: Sie existiert einzig, um zum Kauf dessen zu bewegen, was sie repräsentiert, d.h. zum Kauf von etwas anderem als sie selbst ist. Vgl. Gérard Lagneau, "Optische Tricks und Gaukelspiel". In: Pierre Bourdieu u.a. (Hrsg.), >Eine illegitime Kunst Die sozialen Gebrauchsweisen der Photographie<, Frankfurt a. M. 19831, S.164.

{32} "Handwerk" bezeichnet hier einen hohen technischen Standard und andere Bildinhalte, als sie von der Kunstfotografie gewählt wurden.

{33} Vgl. >Photographische Mitteilungen< 1. Jahrgang 1864, S.61, zitiert nach: Ulrich Pohlmann, "Harmonie zwischen Kunst und Industrie. Zur Geschichte der ersten Photoausstellungen (1839-1868)". In: Bodo von Dewitz, Reinhard Matz (Hrsg.) >Silber und Salz<. Köln 1989, S.510.

{34} Öffentliche "Modeabbildungen" gab es in gewisser Weise schon sehr viel früher. So wurden Gewändefiguren und Altarbilder zur Zeit ihrer Entstehung höchstwahrscheinlich auch unter modischen Aspekten betrachtet. Auch Einblattholzschnitte und andere frühe Grafik, zeugten zum Teil von der zeitgenössischen Mode und wurden sicher ebenso unter diesen Gesichtspunkten angeschaut. Doch der wohl lange Zeit gewichtigste Modetransfer geschah über die Anschauung anderer Menschen. Besonders Händler, Fernreisende und Söldner waren Übermittler der Trends anderer Regionen. Vgl. dazu: Harald Brost, >Geschichte macht Kleider, Kleider machen Geschichte<. In >die waage 2< Band 24 1985, bes. S.46-50.

{35} Vgl. Nancy Hall-Duncan, >The History of Fashion Photography<. New York 1979 S.15.

{36} Vgl. Elisabeth Meissirel-Duguay, >Élegantes. Modes d'avant-hier 1850-1866 à travers la photographie la gravure<. Gaston Lachurie, (Hrsg.), Paris 1987.

{37} Vgl. Enno Kaufhold: "Fixierte Eleganz. Photographien der Berliner Mode". In: F.C. Gundlach und Uli Richter (Hrsg.), >Berlin en vogue<. Berlin 1993, S.14f.

{38} In der Zeit vor der breiten Endnoten der Autotypie um 1900 mußten Fotografien, wenn sie in großer Auflagen gedruckt werden sollten, in Stahl oder Holz gestochen bzw. geschnitten werden. Vgl. Walter Koschatzky, >Die Kunst der Photographie<. Wien 1989, S.128-140.

{39} Wie Anm. oben S.17-21.

{40} Vgl. Harald Brost, Kunst und Mode. Stuttgart, Berlin, Köln, Mainz 1984 und Carlo Michael Sommer und Thomas Wind, >Mode, die Hüllen des Ich<. Weinheim und Basel 1988, S.1-55.

{41} Immanuel Kant zitiert nach Klaus Honnef, "Geschichte(n) in Zwischentönen". In: Institut für Auslandsbeziehungen (Hrsg.), >Bildermode - Modebilder<. Stuttgart 1995, S.10.

{42} Vgl. zu den folgenden Ausführungen: Gabriele Koller, "Zur Geschichte des Modejournals". In: Kunstgewerbesammlung der Stadt Bielefeld/Stiftung Huelsmann, (Hrsg.) >Streit der Moden. Modejournale von 1780 bis 1930<. Bielefeld 1996, S.5-11.

{43} Der Titel der Zeitschrift lautet vollständig: >Allgemeine Moden-Zeitung, Zeitschrift für die gebildete Welt, begleitet von dem Bildermagazin für die elegante Welt<,

{44} Erste Auflage Paris, 1803: 830 Exemplare, Neuauflage in gleicher Aufmachung 1912: 1025 Exemplare. Wie Anm. oben, S.9.

{45} Vgl. z.B. die vor 1383 gemalten Tafelbilder des Grabower Altars des Meister Bertram in der Hamburger Kunsthalle.

{46} "Ikonographisch lassen sich deutliche Parallelen zur zeitgenössischen konservativ-akademischen Porträtmalerei Frankreichs feststellen, der, im Umfang gegen 1910 zurückgehend, zum Beispiel in "Les Modes" regelmäßig Artikel gewidmet sind. Der "repräsentative Stil" mit seinen Posen entspricht dabei einer Porträtauffassung, wie sie in der Fotografie seit der Mitte des 19. Jahrhunderts beobachtet werden kann. Diese Muster sind wiederum an oft ganzfiguriger Bildnismalerei des 18. Jahrhunderts orientiert, bei der auch die Landschaftshintergründe, zum Teil mit Architekturelementen und Vorhangdraperien in Erscheinung treten. Die Wertschätzung dieser Porträts, die manchmal auch in Abbildungen in den Modejournalen gezeigt werden, läßt sich an dem Umstand ablesen, daß unter anderem Reproduktionen nach Damenporträts von Sir Joshua Reynolds, zum Beispiel "Jane, Countess of Harrington" "Anne, Duchess of Cumberland" oder "Vicomtesse Anne Townshend", als kostenlose Jahresgabe an die Abonnenten von "Les Modes" abgegeben wurden." Vgl. Claudia Horbas, >Frühe Modefotografie Pariser Ateliers<. Berlin 1994, S.10.

{47} Ob diese Ähnlichkeiten von gemeinsamen Vorbildern herrühren oder tatsächlich Ausdruck gegenseitiger Beeinflussung sind, wäre interessant zu erforschen, kann in diesem Rahmen aber nicht geleistet werden.

{48} Der Umstand, daß im folgenden Abschnitt Modegrafik und -zeichnung aus Zeitschriften untersucht wird, ist deshalb von Bedeutung, weil es auch Modezeichnungen gab (und gibt), die nie veröffentlicht wurden, sondern reine Entwurfszeichnungen waren. Sie werden in dieser Arbeit nicht berücksichtigt.

{49} Vgl. >Vogue<, Heft 7, Paris, Juli 1996.

{50} Es ist ein weit verbreiteter Glaube der Rezipienten von Fotografie, daß das was auf dem Foto zu sehen ist, tatsächlich so stattgefunden hat. Das Wissen von der Relativität des fotografischen Wahrheitsgehaltes setzte sich erst langsam durch. Heute ist es beinahe jedem bekannt, daß auch eine Fotografie eine Interpretation der Realität darstellt und also subjektiv und manipulativ ist. Und trotzdem wird der Fotografie im allgemeinen mehr geglaubt als einer Zeichnung. Zu dem "Es ist so gewesen" vgl. Roland Barthes, >Die helle Kammer<. Frankfurt am Main 19862, S.89. und zu dem vermeintlichen Dokumentarcharakter der Fotografie vgl. Jörg Boström (Hrsg.),> Dokument und Erfindung. Fotografien aus der Bundesrepublik Deutschland 1945 bis heute<, Berlin 1989 und Klaus Honnef, "Das subjektive Moment in der Dokumentar-Fotografie. Materialien und Gedanken zu einer neuen Ansicht über Fotografie". In >Kunstforum< Band 41, 5/1980, S.210. "Wenn die Zeichnung wie eine Photographie gemacht ist, dann glaubt der Leser, daß es sich um eine Photographie handelt. Man gibt ihr ein photographisches Aussehen, weil das der Information mehr Seriosität verleiht." (Zeichner, France-Soir.)" Vgl. Luc Boltanski, "Die Rhetorik des Bildes". In: Pierre Bourdieu u.a. (Hrsg.), >Eine illegitime Kunst. Die sozialen Gebrauchsweisen der Photographie<, Frankfurt a. M. 19831 S.154.

{51} Telefoninterview mit Barbara Buffa, die von den Fünfziger bis in die Achtziger Jahre hinein die Modecheffin der Frauen- und Modezeitschrift >Brigittte< war, am 24.04.1997.

{52} Vgl. Interview mit Gerd Hartung 7/1997, S.31.

{53} Die Vornamen der Zeichnerinnen sind nicht bekannt.

{54} Vgl. Bundesarchiv, Berlin Document Center, >Modeschulen in Deutschland, München, Hamburg, Berlin. Aktenzeichen R 4901 9756, Betrifft Deutsches Modeinstitut e.V. April 1937 bis Juni 1941<. Daß sich besonders Beamte aus der mittleren Verwaltungsebene als Hüter der nationalsozialistischen Ideologie verstanden, entspricht auch der Beobachtung in der Filmindustrie durch John. E. Davidson. Vgl. ders., "Film im Nationalsozialismus". Unveröffentlichter Vortrag, gehalten im Kennedyhaus Kiel, am 13.05.1997.

{55} Vgl. Interview mit Gerd Hartung 1997, S.24ff.

{56} So hatte Hartung noch 1962 im Heft 22 der >Film und Frau<, eine Seite (S.148) elegante Herrenmode von Pierre Cardin gezeichnet. Dazu meinte F.C. Gundlach in einem Telephonat am 25.04.1997: "Hartung war eine Institution im Berliner Modezirkus. Er war absolut kontinuierlich in seiner Arbeit und fleißig wie eine Biene." Weitere Modezeichner der >Film und Frau< waren u.a. Liesel Döring und Alice Bronsch, spätere Gräfin Wedel. Dazu sagte Barbara Buffa in einem Telephoninterview am 24.04.1997:"Bronsch zeichnete besonders die großen Themen. Liesel Döring zeichnete vor allem Kindermode. Sie war mit der Bild- und Moderedakteurin Frau Waldenburger, der Ehefrau des Chefredakteurs Kurt Waldenbuger eng befreudet. Zusammen hatten sie auf der Kunst- und Gewerbeschule, Reimannschule gelernt. Frau Waldenburger holte Liesel Döring dann zu >Film und Frau<."

{57} "Rico Puhlmann (* 25.06.1934 - † 17.07.1996 Er verunglückte bei dem Absturz eines TWA-Jumbos vor Manhatten Anm. d. Verf.), der abgestürzt ist mit der Maschine in Amerika. Und der in Amerika lebte. Der war ein wunderbarer Modezeichner." Vgl. Interview mit Gerd Hartung 1997, S.32.

{58} Vgl. Enno Kaufhold: "Fixierte Eleganz. Photographien der Berliner Mode." In: F.C. Gundlach und Uli Richter (Hrsg.): >Berlin en vogue<. Berlin 1993, S.14, Anm. 4.

{59} Vgl. Glossar, Stichwort '"Stereofotografie".

{60} Vgl. Nancy Hall-Duncan, >The History of Fashion Photography<. New York 1979, S.26.

{61} Georg Meisenbach entwickelte 1881 in Leipzig aus der Aquatinta in Verbindung mit einem Negativ-Verfahren einen Rasterhochdruck. Am 09.05.1882 erhielt er dafür das Patent. Vgl. Walter Koschatzky, >Die Kunst der Photographie<. Salzburg Wien 1989, S.134.

{62} Vgl. Claudia Horbas,"Frühe Modefotografie Pariser Ateliers". In: Staatliche Museen zu Berlin Preußischer Kulturbesitz, Kunstbibliothek (Hrsg.), >Museumspädagogik Besucherdienst<. Berlin 1994, S.5.

{63} "The original photograph forms only a framework for the finished "fashion study, (...)." Vgl. Nancy Hall-Duncan, >The History of Fashion Photography<. New York 1979, S.19f. und S.22.

{64} Aus >Dies Blatt gehört der Hausfrau< wurde ab 1923 >Ullsteins Blatt der Hausfrau<, dann ca. 1926 >Das Blatt der Hausfrau< und ab Heft 10/1952 wurde es zur >Brigitte<, die heute im Verlag Gruner+ Jahr erscheint.

{65} Vgl. Sylvia Lott- Almstadt, >Brigitte 1886 - 1986. Die ersten hundert Jahre. Chronik einer Frauenzeitschrift<. Hamburg 1986, S.74f.

{66} Vor 1912 hieß sie >Illustrierte Frauenzeitung<.

{67} Ab Heft 7. im 39. Jahrgang. Nach dem Erwerb der >Modenwelt< 1912 führte Ullstein die Jahrgangszählung weiter. Ab 1912 hieß sie >Die Dame<. Vgl. Sylvia Lott- Almstadt, > Brigitte 1886 - 1986. Die ersten hundert Jahre. Chronik einer Frauenzeitschrift<. Hamburg 1986, S.207.

{68} Vgl. Enno Kaufhold, "Die Internationalisierung der Modephotographie. Eine kultur-historische Betrachtung". In: Institut für Auslandsbeziehungen (Hrsg.), >Bildermode - Modebilder<. Berlin 1995. S.14-17.

{69} Vgl. Interview mit Karl-Ludwig und Ilse Haenchen 11/1995,S.1f.

{70} Auch für den Bearbeitungszeitraum läßt sich mit Sicherheit die Existenz eines eigenen Ateliers des Ullstein/Deutschen Verlages nachweisen. Vgl. Enno Kaufhold, "Die Internationalisierung der Modephotographie. Eine kulturhistorische Betrachtung". In: Institut für Auslandsbeziehungen (Hrsg.), >Bildermode - Modebilder<. Berlin 1995. S.17.

{71} In den Jahren vor 1943 war das Elisabeth von Heddenhausen. Vgl. Interview mit Karl-Ludwig und Ilse Haenchen 11/1995,S.34.

{72} Der Ingenieur Zander, der auch ein guter Pressefotograf war, gründete 1895 mit dem Kaufmann Siegmund Labisch die Firma Zander & Labisch, die eigene Fotos produzierte und auch als Bildagentur fungierte. Vgl. Peter de Mendelssohn, >Zeitungsstadt Berlin<. Berlin 19822, S.149.

{73} Vgl. F.C. Gundlach und Uli Richter (Hrsg.):> Berlin en vogue<. Berlin 1993, S.356-358.

{74} Vgl. Gerda Buxbaum, >Mode aus Wien 1815 - 1938<. S.394 - 396.

{75} In einem Telefoninterview mit Karin Stilke vom 05.09.1996 sagte diese: "Als ich für Hoynigen Hüne arbeitete, mußte ich mich an so ein Stativ stellen, ganz steif und unbewegt. Früher mußte man ja noch richtig still halten, es dauerte ja immer eine Weile, bis das Bild belichtet war." Der Aufnahmezeitpunkt dieser Aufnahme läßt sich leider nicht genau eingrenzen. Karen Stilke sagte am 06.12.1997 dazu:"Die frühen Modeaufnahmen bei Yva wurden noch mit einer versteckten Stütze gemacht. Da hieß es dann 2-3 Sekunden luftanhalten. lächeln, Brust raus. Zeig den Knopf, die Tasche etc.! Man verkrampfte sich natürlich dabei, und so waren dann auch die Fotos." Diese Aufnahmen wurden ca. 1936 in Yvas Atelier in der Schlüterstraße gemacht. Haenchen erwähnte, daß ihm Sonja Georgi so einen Stahltständer für den Kopf der Porträtkunden gezeigt hatte. Vgl. Interview mit Karl-Ludwig und Ilse Haenchen 11/1995, S.6.

{76} Vgl. Claudia Horbas, "Frühe Modefotografie Pariser Ateliers." Staatl. Museen zu Berlin, Preuß. Kulturbes. (Hrsg.),>Museumspädagogik Besucherdienst<. Berlin 1994, S.19. In Frankreich produzierte Ed. Cordonnier schon ab ca. 1901 die ersten arrangierten Freiluftmodefotos. Die Brüder Seeberger dagegen fanden ab 1909 ihre Modefotos auf der Rennbahn, indem sie Schnappschüsse feiner Damen machten und diese hinterher um Erlaubnis zur Veröffentlichung baten. Vgl. Nancy Hall-Duncan, >The History of Fashion Photography<. New York 1979, S.26-30.

{77} Die Ortsangabe "Echtraum" steht hier im Gegensatz zu Aufnahmen, die in einem Fotoatelier,das ja auch ein echter Raum ist, inszeniert worden sind.

{78} Ernst Schneider fotografierte wahrscheinlich nur im Studio.

{79} Vgl. Erika Thiel, >Geschichte des Kostüms<. Berlin 1980, 19877, Abb. 698 und 700, S.386 von 1910.

{80} Diese Namensliste erhebt keinesfalls den Anspruch auf Vollständigkeit. Ihr liegt die Recherche in einzelnen Jahrgängen folgender Zeitschriften zugrunde: >Die Dame<, >die neue linie<, >Die Mode<, >Der Silberspiegel<, >Die Elegante Welt<, >NS-Frauenwarte< und in diversen Einzelheften.

{81} Vgl. auch die Atelierliste im Anhang der Publikation von F.C. gundlach und Uli Richter (Hrsg.),>Berlin en vogue<, Berlin 199, S.356 - 358.

{82} Vgl. Sabine Schnakenberg, "Arthur Benda (1885-1969) und Madame d'-Ora (1881-1963)". In: >Fotogeschichte< 16. Jahrgang, Heft 61, 1996, S.72.

{83} 1927 brachte die Firma Rodenstock auf Anregung des Kunstfotografen Heinrich Kühn (1866 - 1944) das Imagon auf den Markt. Es machte eine präzise, stufenlose Steuerung der Weichzeichnung möglich. Vgl. Dieter Martin, Spaziergang durch die Geschichte der Fotografie, Hamburg 1996, S.101, vgl. außerdem im Glossar den Eintrag zum Sitchwort ' "Weichzeichner".

{84} Edeldruckverfahren bieten dem Fotografen weitere, erhebliche Gestaltungsmöglichkeiten und verschleiern die Präzision der Fotografie, Vgl. Museum für Kunst und Gewerbe Hamburg (Hrsg.), >Kunstphotographie um 1900<. Hamburg 1989, S.56-60.

{85} Vgl. Nancy Hall-Duncan, >The History of Fashion Photography.< New York 1979, S.43.

{86} Vgl. die Abbildungen in: Museum für Kunst und Gewerbe Hamburg (Hrsg.), >Photographische Perspektiven aus den Zwanziger Jahren<. Hamburg 1994.

{87} Vgl. Willi Baumeister, "Ein Maler über die Möglichkeiten der Fotografie", In: Marta Hoepffner, >Ausdruck und Gestaltung. Bilderbuch einer Fotografin<. Stuttgart 1947, S.9.

{88} Vgl. Artur Gläser, "Kunst aber kommt von Können!" In: Kodak Aktiengesellschaft Berlin (Hrsg.), >Photographik< Heft 14 1937, S.18.

{89} Die Idee dieser Gegenüberstellung der drei Künste wurde 1947 mit etwas anderen Vorzeichen durchgeführt. Die Fotografin Marta Hoepffner wurde gleichwertig neben den Bildhauer Hermann Geibel und den Maler Willi Baumeister gestellt, die beide einen Kommentar zum Werk Hoepffners gaben. Vgl. Marta Hoepffner, >Ausdruck und Gestaltung. Bilderbuch einer Fotografin<. Stuttgart 1947, S.9.

{90} In einem TV-Interview des Bayerischen Rundfunks vom 18.09.1997 (Sendetermin) mit dem Fotografen Herb Ritts erzählte dieser, daß er keine Ausbildung als Fotograf hatte, sondern über Fotos von einem Freund (Richard Gere) zur Fotografie kam. Er arbeitete vorher als Möbelverkäufer und bildete sich dann selber zum Fotografen aus. Heute gehört er zu den bestbezahlten und begehrtesten Porträt-, Akt- und Modefotografen.

{91} Vgl. Interview mit Karl-Ludwig und Ilse Haenchen 11/1995, S.2f.

{92} Wie Anm. oben.

{93} Karl-Ludwig Haenchen: "Ja, aber da sind Leute reingekommen, von denen sollen Starfotos gemacht werden oder so was. Und da haben wir gesagt: "Um Gottes Willen diese Zicke!" Und hinterher, im Bild war das wunderbar. Also dies Metier zu beherrschen, optisch, daß Sie so von Anfang an sehen, Sie sehen es schon in der Kamera. Wenn Sie es bei Licht sehen, sieht es schon wieder anders aus, als wenn Sie es plastisch sehen. Alle diese Dinge, bei all diesen Dingen haben sie natürlich mit der Zeit eine Menge Erfahrungen." Vgl. Interview mit Karl-Ludwig und Ilse Haenchen 11/1995, S.19.

{94} Ilse Haenchen: "Und bei den Porträt-Aufnahmen mit den großen Kameras noch. Nicht, da beschäftigtest du dich nur mit dem Sujet. Und hinter dem schwarzen Tuch und mit der Kamera und dem Scharfstellen, das machten alles die Assistenten. - Karl-Ludwig Haenchen: Ich kriegte dann das Ding (den Auslöser, Anm. des Verfassers) in die Hand und machte dann den richtigen Moment. Später, bei der Hasselblatt oder so, da war das dann nicht mehr so. Da konnte man das ja alles selber erledigen." Vgl. Interview mit Karl-Ludwig und Ilse Haenchen 11/1995, S.40.

{95} Der sehr erfolgreiche englische Modefotograf Cecil Beaton schilderte 1951 zu Beginn seiner Karriere sehr ausgeprägte Technikferne Auf die Frage, welche Blendenöffnung er benutzte antwortete er: "Ach ich weiß nicht. Ich fasse einfach hin und drehe an diesem kleinen Messingding." Vgl. Cecil Beaton Photomoden und Modephotos, In: Wilfried Wiegand (Hrsg.), >Die Wahrheit der Photographie Klassische Bekenntnisse zu einer neuen Kunst.< Frankfurt a. M. 1981, S.228. Zu Aufnahmen von F.C. Gundlach hieß es 1956 im Heft 14, S.22 der Zeitschrift >Film und Frau<:"Nachdem zwei Assistenten die Aufnahme technisch vorbereitet haben, tritt der Meister persönlich hinter die Kamera und wartet auf die entscheidende Intuition."

{96} Vgl. Glossar, Stichwort ' "Vintage".

{97} Nimmt man an, daß im Jahr 1939 in Berlin monatlich mind. 400 Modefotos produziert wurden, um in einer Zeitschrift publiziert zu werden, so waren das aufs Jahr gerechnet mindestens 4800 Fotos. Von den meisten Motiven wurden mehrere Abzüge erstellt, um diese über Agenturen im In- und Ausland über die Erstpublikation hinaus weiter vermarkten zu können. Hinzu kamen noch die Modefotografien für den Handel, so daß man eine Jahresproduktion an Modefotografien aus Berlin, von jeweils ca. 10.000 Fotos für den Zeitraum von 1936 bis 1941 annehmen kann.

{98} Sie waren in dem Sinne Zwischenprodukte, daß sie nicht produziert wurden, um als Schmuckfotografien zu wirken. Die Abzüge der Modefotos waren Halbfabrikate, denn sie dienten zur Herstellung der Druckvorlagen für den Zeitschriftendruck.

{99} 1851 wurde das "Nasse Kollodiumverfahren" auf Glas von Frederick Scott Archer erfunden und begann die Daguerrotypien zu verdrängen. Salzpapiere und das Negativ/Positiv-Verfahren wurden schon seit ca. 1840 von William Henry Fox Talbot genutzt. Vgl. Hubertus von Amelunxen, >Die aufgehobene Zeit. Die Erfindung der Fotografie durch Wiliam Henry Fox Talbot<. Berlin 1989, S.27-40 u. 147.

{100} Die Leistungsfähigkeit der Entwicklungspapiere wird darin deutlich, daß schon seit 1894 in Deutschland mit Schnellkopiermaschinen im "Kilometerdruck" überwiegend Postkarten in Großserien hergestellt wurden. Vgl. Erich Stenger, >Photo-Papier. Eine geschichtliche Betrachtung. Die bildmässige photographische Kopie. Ihre Geschichte<S. Leonar-Werke Aktiengesellschaft Hamburg-Wandsbek (Hrsg.) Hamburg1955, S.21f.

{101} Die Edeldrucktechniken, vor allem von den "Kunstfotografen" um 1900 eingesetzt, erlebten im Bereich der Porträtfotografie in den Dreißigern eine kleine Renaissance. Vgl. Dr. Ernst Magin Hamburg, "Der Gummidruck". In: Bruno Schultz (Hrsg.),>Das Deutsche Lichtbild. Jahresschau 1938< 11. Jahrgang Berlin 1937 S.163 - 176 "Es sind Anzeichen vorhanden, daß ein Interesse für den Gummidruck wieder erwacht. Man hatte ihn fast vergessen und am Ende geglaubt, etwas besseres gefunden zu haben und ihn entbehren zu können". Vgl. dazu auch Frank Heidtmann,>Kunstphotographische Edeldruckverfahren heute<. Berlin 1978.

{102} Auskopierpapiere erlebten ihre große Blüte im letzten Drittel des 19. Jahrhunderts. Vgl. James M. Reilly, >Care and Identification of 19th - Century Photographic Prints<. Rochester USA 1986.

{103} So läßt zum Beispiel Irving Penn (*1917) von einigen Motiven Platindrucke für den Sammlermarkt erstellen. Vgl. >Sotheby`s New York, Auktion 02.10.1996<, Lott Nr. 366 Woman with roses.

{104} Vgl. hierzu besonders das Kapitel 3.2. Die Retusche.

{105} Die folgenden Größenangaben in diesem Kapitel sind gerundet.

{106} Ilse Haenchen: "Angebotene Fotos in der Presse waren aber sehr großformatig vergrößert, immer 24 x 30 cm. - Karl-Ludwig Haenchen: 18 x 24 oder 24 x 30 cm wurden vorgelegt.- Ilse Haenchen: Nachher war alles 24 x 30, auch die Filmsachen." Vgl. Interview mit Karl-Ludwig und Ilse Haenchen 11/1995, S.11. - Von den ca. 2500 Abzügen des Münchner Konvolutes waren nur ca. 200 im Format ca. 24 cm x 30 cm groß.

{107} Vgl. Glossar, Stichwort ' "Kontaktkopie".

{108} Interessant wäre es, zu untersuchen, ob sich der gewachsenen Abzugsgröße auch eine verbesserte Druckvorlagenherstellung wiederspiegelt, die dann für das Jahr 1940 postuliert werden müßte.

{109} Agfa kennzeichnet das Agfa-Brovira Fotopapier schon seit ca. 1918. Es wurde jedoch relativ selten in der Modefotografie benutzt, da es zu hart kopierte. (Mündliche Mitteilung des Sammlungsverwalters der Photographischen Sammlung im Museum für Kunst und Gewerbe Hamburg, Harald Dubau 1997). Vgl. Interview mit Karl-Ludwig und Ilse Haenchen 11/1995, S.46. Karl-Ludwig Haenchen arbeitete zeitweise eng mit der Firma AGFA zusammen:"Ilse Haenchen: Du hattest Material gehortet im Krieg. Auch ausgelagert durch die Auswärtige Amt Ausweise. - Karl-Ludwig Haenchen: AGFA hatte mir schon das Material für nach dem Krieg geborgt. Das war ein Teil der Anforderungen, die ich an die Industrie gab, mir das Material für die Sachen zu machen. Die hatten Porträt-Papiere und dann brachte einer, ein Mann der auch UK-gestellt worden ist, der hatte das geliefert."

{110} Die Niederlassungen der Kodak-AG in Deutschland wurden im Herbst 1941, mit dem Kriegseintritt Amerikas zu Feindvermögen und deshalb geschlossen. Vgl. Karl Steinorth, >Vor 60 Jahren. Mode- und Porträtaufnahmen aus der Zeitschrift Photographik<. Unveröffentlichtes Manuskript, Stuttgart 1997, S.1.

{111} Seit 1895 auf dem Markt ging "Leonar" erst in den Fünfziger Jahren dazu über seine Papiere durch Wasserzeichen zu kennzeichnen. Vgl. Prof. Dr. Erich Stenger, >Photo-Papier. Eine geschichtliche Betrachtung. Die bildmässige photographische Kopie. Ihre Geschichte<. S.25. Herausgegeben von der Leonar-Werke Aktiengesellschaft Hamburg-Wandsbek anlässlich ihres 60 jährigen Bestehens, im Jahr 1955, mit 52 Seiten und 6 Abbildungen.

{112} Es gab 1955 pro Fotopapier-Hersteller ca. 34 verschiedene Papiersorten, die nach Oberfläche, Farbe und Dicke sortiert, in 10 verschiedenen Formaten lieferbar waren. Wie Anm. oben.

{113} Vgl. H. vom Berg, "Druckwiedergabe und Papierwahl", In: Kodak Aktiengesellschaft (Hrsg.)>Photographik<, Heft 8 Berlin 1935, S.1 und Otto Croy, "Materialdarstellung und Papierstruktur". In: Kodak Aktiengesellschaft (Hrsg.) >Photographik<, Heft 11 Berlin 1936, S.1.

{114} Vgl. Glossar, Stichwort ' "Korn".

{115} Bei Porträtfotos war diese Form der Präsentation sehr weit verbreitet, in der Modefotografie war sie eine große Seltenheit.

{116} Der Anspruch, den deutsche Zeitschriftenverlage an die Druckvorlagen stellten, war niedriger, als der von >Vogue< und >Harper's Bazar<. Neben den besonders druckspezifischen Parametern, wie Papierqualität, Anzahl der Druckgänge und Rasterdichte, war die Qualität der Druckvorlage von entscheidender Bedeutung für die Brillianz des Abddruckes. Auch das Negativformat wirkte sich auf die Feinheit der Grauwerte des gedruckten Bildes aus.

{117} Die Wahrscheinlichkeit, daß er die Abzüge selber gemacht hat sind relativ groß, da aus dieser Zeit keine Mitarbeiter bekannt sind und aus dem Interview mit seinem Sohn Renatus von 1994 hervorging, daß er besonders die wichtigen Abzüge selber gemacht hat. Vgl. Fotomuseum im Münchner Stadtmuseum (Hrsg.) "Interview mit Elfie Wildfeuer und Renatus Flöter, geführt von Barbara Golz". Unveröffentliches Transskript, München, Oktober 1994, S.21.

{118} Die Abzüge benötigen eine ausreichende Schlußwässerung, damit sie nicht so schnell von der Säure des Fixierers zerfressen werden. Ohne Wässerung überdauern sie unbeschadet nur wenige Tage oder Wochen.

{119} Da es sich überwiegend um Abzüge der frühen Fünfziger Jahre handelt, ist auch eine biographische Ursache möglich. Seit 1949 war seine Frau Ilse Flöter verschwunden, und er mußte sich auf die neue Situation einstellen. Vielleicht war es so, daß er sich wieder in der Dunkelkammer einarbeiten mußte, die vorher eventuell in den Aufgabenbereich von Ilse Flöter gefallen war.

{120} Die Kleinbilddias hatten ein Format von 24 x 36 mm.

{121} "(...) Später war ich der erste in Deutschland der sich sagte:" Das ist viel zu umständlich. Wenn man nachher den Abzug macht, sieht man nicht, ist das mit der großen Kamera gemacht, oder mit der kleinen". Und da habe ich angefangen mit der Rolleiflex. Ich bin der erste gewesen mit der Rolleiflex in Deutschland. In Frankreich war es ein Mann, der hieß Roger Schall. Ich entsinne mich, daß ein Mann wie Hubs Flöter, als ich ihn mal in Wien bei Aufnahmen traf, er noch 9 x 12 fotografierte und von mir ein Bild machte mit 9 x 12. Da arbeitete ich schon lange mit der Kleinbildkamera 6 x 6." Vgl. Interview mit Karl-Ludwig und Ilse Haenchen 11/1995, S.3. Zu Roger Schall vgl. Martin Harrison, >Shots of Style<. Victoria and Albert Museum (Hrsg.) London 1985, Abb. 1 und 2 auf S.32. hier besonders die Abb. "Roger Schall fotografiert Elfie Wildfeuer im Schnee mit Rolleiflex und Blitz 1939".

{122} Vgl. Nancy Hall-Duncan, >The history of fashion photography<. New York 1979, S.230. Egidio Scaioni fotografierte auf 8"x10" Negativmaterial, das entspricht 20,32 x 25,4 cm Größe. Vgl. Glossar, Stichwort ' "Fachkamera".

{123} Vgl. Nancy Hall-Duncan, >The History of fashion photography<, New York 1989, S.130.

{124} Vgl. Interview mit Karl-Ludwig und Ilse Haenchen 11/1995, S.53.

{125} "(...) nur ein Nicht-Fachphotograph, dafür aber Nur-Techniker konnte so unbeschwert von der Traditon sein, um sein Konstruktionsgenie in so winzigen Formen denken zu lassen. Niemals würde ein Zunftphotograph auch nur gewagt haben, seine Gedanken um die Spähren eines so mikroskopischen Denkens herumzuführen - (...)" Vgl. >Dr. Paul Wolff, Meine Erfahrungen mit der LEICA Ein historischer Querschnitt aus fast 10 Jahren Leica-Photographie<, Frankfurt a.M. 19343, S.33. Vgl. Glossar, Stichwort ' "Kleinbildkamera".

{126} Vgl. Martin Harrison, "Lisa Fonssagrives-Penn". In: David Seidner, >Lisa Fonssagrives<. München Paris London 1996, S.36f.

{127} Vgl. Glossar, Stichwort '"Mittelformatkamera". Vgl. auch F.C. Gundlach und Ingeborg Koch, Vom New Look zum Petticoat. Berlin 1984, S.13.

{128} Vgl. Interview mit Karl-Ludwig und Ilse Haenchen 11/1995, S.2 und Enno Kaufhold, Fixierte Eleganz. In: F.C.Gundlach und Uli Richter (Hrsg.), Berlin en vogue. Tübingen Berlin 1993 S.40.

{129} Vgl. Friedrich Bohne, Sonja Georgi. In: >Gebrauchsfotografie. Das Atelier des Fotografen<, 47. Jahrgang, Heft 3, März 1940, S.38.

{130} Zu den vermutlich ersten Modefotografen, die mit einer Leica fotografierten zählte Annemarie Tröger die Fotografin Ilse Bing.Letztere fotografierte seit 1932 Mode für den >Harper's Bazar< in New York. Vgl. Annemarie Tröger, "Zwischen Kunst und Zeitungsmark"t, in: Diethart Krebs, Walter Uka (Hrsg.), >Die Gleichschaltung der Bilder<. Berlin 1983, S.96. Martin Harrison vertritt die Auffassung, daß es Jean Moral war, der als erster Modefotos mit der Leica aufnahm. Vgl. dazu Martin Harrison, >Shots of Style<. Victoria and Albert Museum (Hrsg.) London 1985, Abb. S.32 Jean Moral mit seiner Contax bei einer Modeaufnahme 1937. Vgl. außerdem: Rudolf Knapmann, "Tageslicht - Wiederentdeckt". In: >PhotoMagazin< Heft 7, München 1950, S.13.

{131} Vgl. Interview mit Regina Relang von 1984 In: Uwe Westphal, >Berliner Konfektion und Mode 1836-1839<. Berlin 19922, S.229. Abb. z.B. in: >die neue linie< 1936 VIII. Jahrgang, Heft 5 Frontispiz aus der preisgekrönten Reportage Land zwischen Felsen und Meer über die portugiesischen Fischer. >Die Dame< 1936, 63. Jahrgang, zweites Juliheft, Nr. 15 aus Spanien.

{132} Vgl. Interview mit Karin Stilke 10/1996, S.34.

{133} Joh. Ch. Moderegger: "Wann haben sie angefangen Kleinbild zu fotografieren? - Karl-Ludwig Haenchen: Ich fing gleich mit der Rolleiflex an. - Ilse Haenchen: Du fingst doch, hast doch vorübergehend ganz kurz mit der Contax mal was gemacht, oder war das vor dem Krieg ? - Karl-Ludwig Haenchen: Ja, aber mit der Contax ganz kurz nur. Ich hab's mal probiert, habe ich Serien gemacht, die hatten aber mit Mode nichts zu tun." Vgl. Interview mit Karl-Ludwig und ILse Haenchen 1995 S.11.

{134} Dabei muß bedacht werden, daß die Bildausschnitte nicht mit dem Negativformat übereinstimmen müssen, denn die erste Ausschnittwahl geschieht in der Dunkelkammer. Dann kann das Positiv beschnitten werden, und der Layouter paßt das Format seinen Vorstellungen an.

{135} "Zu Ihrer Frage bezüglich der Farbfotos in den Vierziger Jahren: Mein Mann fotografierte damals Agfa-Color mit der Leica, die Verlage erhielten die Dias. In den Sechziger und Siebziger Jahren testeten wir vor den Fotoaktionen Ektachrome Diafilme 6 x 6 (Kodak) auf die gewünschte Farbwiedergabe." Vgl. Brief von Ilse Haenchen am 30.11.1997 an den Autor.

{136} Vgl. Kapitel 3, Punkt 3.2. Die Retusche.

{137} "Großformatkamera" bedeutet, daß hier ein Negativ von mindestens 9 x 12 cm Größe ist. Vgl. Joachim Giebelhausen, "Die alten Kupferstecher". In: Grossbild - Technik und Linhof (Hrsg.), >Grossbild - Technik. Magazin für moderne Grossformat-Fotografie<, Heft 1, München 1954, S.5.

{138} "Mit Beginn des Jahres 1920 haben wir unsere vorzügliche panchromatische "Agfa"-Platte auf den Markt gebracht. Die (...) ist außerordentlich stark rot-, gelb-und grünempfindlich." Vgl. Dr. M. Andresen, >Agfa Photo-Handbuch<. Berlin ohne Jahr, aber durch eine Widmung in oder vor das Jahr 1925 datiert, S.62ff. Vgl. zur Farbensensibilität der Schwarzweißfotografie: Dr. h.c. A. Hübel und Dr. Ing. M. Zippermayr, Laboratorium des Kartographischen, früher Militärgeographischen Institutes und Physikalischen Institutes der Hochschule für Bodenkultur Wien, "Die Farbe in der Bildnisphotographie". In: Robert & Bruno Schultz (Hrsg.),>Das Deutsche Lichtbild. Jahresschau 1930<, Berlin, 3. Jahrgang 1930, Textseite 3-8.

{139} "Karl-Ludwig Haenchen: Alles weggeschmissen. - Ilse Haenchen: Das konnte man ja auch gar nicht, bei so einer Umstellung, alles hier aufzulösen und sich doch nicht? Da machte man sich frei von allem. Auch mit dem Gedanken: Wen interessiert das nacher?" Der Fotograf Karl-Ludwig Haenchen hat sein Archiv am Ende seiner Laufbahn in den Siebzigern selber vernichtet, denn niemand erwartete damals, daß es dafür jemals wieder Interessenten geben würde. Vgl. Interview mit Karl-Ludwig und Ilse Haenchen 11/1997, S.54.

{140} Vgl. Martin Harrison, "Lisa Fonssagrives-Penn",. In: David Seidner (Hrsg.), >Lisa Fonssagrives<. München Paris London 1996, S.30.

{141} Vgl. Leni Riefenstahl, >Memoiren<. Hamburg 1987, S.259 Zu den Vorarbeiten am Olympiafilm 1936 schrieb sie: "Außerdem wollten wir ausprobieren, mit welchem Filmmaterial die beste Bildqualität zu erzielen war. Zu diesem Zweck machten wir ein ungewöhnliches Experiment. In Frage kamen Kodak, Agfa und das damals noch fast unbekannte Perutz-Material, wohlgemerkt schwarz-weiß. 1936 gab es noch keinen guten Farbfilm. Wir wählten drei verschiedene Motive: Gesichter und Personen, Architektur und Landschaften mit viel Grün. Das Resultat war verblüffend. Die Porträtaufnahmen wirkten mit Kodak am besten, weil es die meisten Zwischentöne aufwies, Bauten und Architektur kamen auf Agfa am plastischsten heraus, und die große Überraschung war das Perutz-Material, das bei Aufnahmen mit viel Grün im Motiv eine auffallende Leuchtkraft besaß. Also entschlossen wir uns, mit allen drei Materialien zu drehen, jeder Kameramann konnte das Material wählen, das er am geeignetsten für seine Motive hielt."

Der Vergleich des Filmmaterials für bewegte Bilder mit dem für stille Bilder stellt keinen Wiederspruch dar, denn die Emulsionen (die augegossenen Silberhalogenidkristalle) waren die gleichen. Vgl. A. von Harnier, "Schönheit im olympischen Kampf", In: Kodak Aktiengesellschaft Berlin (Hrsg.) >Photographik< Heft 20, 1938, S.15.

{142} In der >Gebrauchsfotografie< veröffentlichte Sonja Georgi im 47. Jahrgang, Heft 3, März 1940, S.30-45. Hubs Flöter im 40. Jahrgang, Heft 2, 1933, Abb. 5 und zu Imre von Santho, 43. Jahrgang, Heft 3, März 1939, Abb. S.51. Außerdem vgl. in der Zeitschrift >Photographik< die Artikel zu Imre von Santho, 3. Jahrgang, Heft 12, Juli 1936, zu Sonja Georgi, 7. Jahrgang, Heft 25, Oktober 1939 und zu Hubs Flöter, 7. Jahrgang, Heft 26, Januar 1940.

{143} Vgl. Dr. M. Andresen, >Agfa Photo-Handbuch<. Berlin, ohne Jahr, durch eine Widmung in oder vor das Jahr 1925 datiert, S.328-330 und S.366-368.

{144} Vgl. Dieter Martin,> Spaziergang durch die Geschichte der Fotografie<, Hamburg 1996, S.66.

{145} "chromogen" = farbebildend. Vgl. Kurt Dieter Solf, >Fotografie<, Frankfurt a.M. 19882, S.80ff.

{146} Vgl. Rolf Sachsse, "Die Bildleistungen der Popularisierungszeit". In: Josef-Haubrich-Kunsthalle Köln (Hrsg.) 1981, >Farbe im Photo<. S.157 bis 159 und ders. "Fotografie als NS-Staatsdesign. Ein Medium und sein Mißbrauch durch Macht". In: Kunst und Ausstellungshalle der Bundesrepublik Deutschland (Hrsg.), >Deutsche Fotografie Macht eines Mediums 1870 - 1970<, Bonn 1997, S.125.

{147} Vgl. Rolf Sachsse, "Fotografie als NS-Staatsdesign. Ein Medium und sein Mißbrauch durch Macht", In: Kunst und Ausstellungshalle der Bundesrepublik Deutschland (Hrsg.), >Deutsche Fotografie Macht eines Mediums 1870 - 1970<, Bonn 1997, S.125.

{148} Vgl. "Das Farbfoto, eine Spitzenleistung deutscher Technik". In: >Zeitschriften-Dienst< 70. Ausgabe Nr. 3049, S.7f. Zum >Zeitschriften-Dienst< vgl. im Glossar ' ">Zeitschriften-Dienst<".

{149} So die Möglichkeit mit Hilfe der Bermpohl-Naturfarbenkamera drei Farbauszüge gleichzeitig zu fotografieren, um dann mit deren Hilfe Abzüge - bei dieser Technik besser: farbige Drucke- zu erstellen. Die etwa gleichzeitigen Verfahren Carbrodruck und Duxochrom beruhten auf demselben Prinzip. Vgl. das Apfelstilleben von Willy Zielke wiedergegeben als farbiger Bromölumdruck, In: Robert & Bruno Schultz (Hrsg.),>Das Deutschen Lichtbild Jahresschau 1933<, 6.Jahrgang, Berlin 1932, Tafel 61 und Josef-Haubrich-Kunsthalle Köln (Hrsg.) >Farbe im Photo. Die Geschichte der Farbphotographie von 1961 bis 1981<. Köln 1981, Abb. S.108f.

{150} Anders war die Situation in Amerika, wo die KODAK schon in den späten Dreißiger Jahren neben den farbigen Kleinbildfilmen auch Negativ-Platten im Format 8 x 10" lieferte.

{151} Sie entsprechen denen eines Kleinbilddias. Vgl. dazu den Brief von Ilse Haenchen vom 30.11.1997.

{152} Eine Folge der weitgehenden Zerstörungen Deutschlands durch den Krieg und der begonnenen Demontage der industriellen Produktionsmittel nach dem Zweiten Weltkrieg.

{153} Vgl. Heinrich Freytag, "Das Duxochrom-Verfahren." In: >Gebrauchsfotografie. Das Atelier des Fotografen< 47. Jahrgang, Heft 12, Dezember 1940, S.208.

{154} Der Carbrodruck, das von amerikanischen Fotografen bevorzugte Farbverfahren, konnte sich in Deutschland nicht durchsetzen. Einer der wenigen Anwender war Ewald Hoinkis. Vgl. Ute Eskildsen, >Ewald Hoinkis. Fotografien 1924-1960<. Essen 1988, S.17. Zum Duxochromverfahren vgl. Gert Koshofer, "Geschichte der Farbverfahren in der Spezialistenzeit". In: Josef-Haubrich-Kunsthalle Köln (Hrsg.), >Farbe im Photo. Die Geschichte der Farbphotographie von 1961-1981<. Köln 1981, Abb. S.98f.

{155} Vgl. Otto Croy, ""Schöner" werden - durch Retusche". In: >PhotoMagazin<, München 1953, S.48-53.

{156} Vgl. Dora Philippine Kallmus (Madam d'Ora) zur Retusche um 1907, zitiert nach Fritz Kempe,>Nicola Perscheid, Arthur Benda, Madam d'Ora<. Hamburg 1980, S.26.

{157} "Mode und Porträt-Lichtbildner wünschen Retusche auf dem Negativ ..." Vgl. Joachim Giebelhausen ,"Die alten Kupferstecher ". In: Grossbild - Technik und Linhof (Hrsg.), >Grossbild-Technik. Magazin für moderne Grossformat-Fotografie< Heft 1 München 1954, S.5.

{158} Vgl. Otto Croy, >Retusche von heute<. Düsseldorf 19572,(19371,) S.5-11.

{159} Den Gepflogenheiten der Praxis folgend, wurde von Agfa unter anderem ein Porträt-Mattfilm produziert und ab etwa 1925 auf den Markt gebracht. In den Formaten 4,5 cm x 6 cm bis 24 cm x 30 cm gehandelt, zeichnete er sich durch seinen mattierten Zelluloid-Träger aus, der die Retusche in hohem Maße vereinfachte. Vgl. Dr. M. Andresen, >Agfa Photo-Handbuch<. Berlin, ohne Jahr, aber durch Widmung vor das Jahr 1925 datiert, S.365.

{160} Vgl. Otto Croy, >Retusche von heute<. Düsseldorf 19572, (19371) Abb. S.55ff.

{161} Die nur 9 x 6 cm großen "Cartes-de-visit" wurden 1854 von A. E. Disdéri eingeführt.

{162} Alle nachträglichen Eingriffe in das Negativ wurden als unfotografisch angesehen. Die starke Ablehnung der Retusche hing damit zusammen, daß man das rein fotografische des Prozesses betonte, um sich von der Fotografie des 19. Jahrhundertes und der Kunstfotografie des frühen 20. Jahrhunderts abzusetzen. 1981 veröffentlichte der wahrscheinlich weltweit bekannteste Landschaftsfotograf Ansel Adams ein Buch, in dem er dem Fotofachmann und dem Laien den Weg zum perfekten Negativ aufzeigte. In diesem Buch wurde der Begriff Retusche nicht ein einziges Mal genannt, denn Adams höchstes Ziel war es, das perfekte Foto nur durch Licht und Chemie zu erzeugen. Vgl. Ansel Adams, >Das Negativ<. München 1982. Die Positivretusche wird bei ihm nur zum Ausflecken benutzt und wird in seinem Buch >Das Positiv<. München 1984 auf S.176f. erklärt.

{163} Gemeint sind Abzüge, die als Endprodukte gefertigt wurden.

{164} Ilse Haenchen: "Da (in der Nachkriegzeit Anm, d. Verf.) war ein erheblicher Porträtbetrieb durch die ganzen Soldaten, die auf Urlaub kamen und mit ihren Bräuten und die alle. Da waren wir drei verschiedene Operateure im Gang, die wechselten sich ab, die machten Bilder. Es wurde nicht wie "Polifoto" und so weiter ein Standardlicht gemacht, nein, es wurde schon individuell, doch nach dem jeweiligen Objekt fotografiert, am Negativ noch retuschiert alles. Damals kannten wir das, wir nahmen einen Teil noch mit der großen Kamera auf und dann wurden auch Porträts, wenn es möglich war vom Objekt her, Kleinbild (hier ist das Negativformat von 6 cm x 6 cm gemeint, Anm. d. Verf.) aufzunehmen und dann positiv zu retuschieren, so wurde das gemischt." Vgl. Interview mit Karl-Ludwig und Ilse Haenchen 11/1995, S.11.

{165} Vgl. Otto Croy, ""Schöner" werden - durch Retusche". In: >PhotoMagazin<, Heft 3, München 1953, S.50 u. 52.

{166} Retuscheure waren häufig ausgebildete Maler, die ihr Einkommen aufbesserten, indem sie neben der Schwarzweißretusche auch aus Schwarzweißbildern durch deren Kolorierung (falsche) Farbfotografien schufen. Vgl. Brian Coe, >Farbphotographie und ihre Verfahren<. München 1979, S.14.

{167} Hajek-Halke war Assistent von Mario Bucovich ,der mit Karl Schenker befreundet war. Bucovich übernahm ca. 1935 Schenkers Atelier. Schenker mußte außer Landes gehen, weil sich in seinem Atelier angeblich zwei eifersüchtige Männer vor den Ohren eines im Haus wohnenden Staatsanwaltes duelliert hatten. Vgl. Heinz Hajek-Halke, Brief an Fritz Kempe über Karl Schenker, vom 02.01.1982,In: >Archiv Fritz Kempe, Photographische Sammlung<, des Museum für Kunst und Gewerbe, Hamburg, Ordner F 54, Stichwort: Karl Schenker.

{168} Fotografien, die als Hefttitel, als Rücktitel oder für das Frontispiz, dem dritten prominenten Abbildungsort im Heft, gedacht waren. Vgl. Abb. So entstand ein Titelbild, mit ausführlichen Retuschieranweisungen für ein Titelbild. In: >PhotoMagazin< Heft 6, Juni 1953, S.46.

{169} "Übrigens schwöre ich auf Retusche, im Gegensatz zu anderen Photographen. Das Licht ist doch so brutal und deshalb kann jede Frau Retusche verlangen. Oft sitze ich mehr als eine Stunde mit dem Pinsel über einem Photoabzug." Vgl. Hubs Flöter, "Über sich und seine Arbeit schreibt Hubs Flöter, Stuttgart." In: Farbenfabriken Bayer, >Fortschritt und Leistung. Hausmitteilungen für den Berufslichtbildner.< 8. Jahrgang, Heft 1, Leverkusen 1952.

{170} "Location" ist ein Fachterminus aus der Film- und Fotoproduktion der Gegenwart. Er bezeichnet den Aufnahmeort außerhalb eines Studios oder Ateliers.

{171} Vgl. Interview mit Karl-Ludwig und Ilse Haenchen 11/1995, S.54.

{172} Vgl. Horst-Tardiff und Michael Schirmer (Hrsg.), >Horst. Photographien aus sechs Jahrzehnten<. München Paris London 1995, S.274 und "Cecil Beaton, Photomoden und Modephotos." In: Wilfried Wiegand (Hrsg.), >Die Wahrheit der Photographie. Klassische Bekenntnisse zu einer neuen Kunst<. Frankfurt a. M. 1981, S.230f. u. 234.

{173} Vgl. Uwe Westphal, >Werbung im Dritten Reich<. Berlin 1989 S.7, 10 u. 16, sowie S.57 ff. u. 76 ff. und vgl. Kellner, Kurth und Lippert (Hrsg.), >1945 bis 1995 50 Jahre Werbung in Deutschland.< Frankfurt 1995, S.11f.

{174} "Mehr oder weniger", abhängig vom zeitlichen Kontext. Wer, wie z.B. F.C.Gundlach und Barbara Buffa für die >Brigitte< in die Sahara fliegen konnte, mußte keine Angst vor Regen haben. Vgl. Interview mit Barabara Buffa 11/1996, S.3ff.

{175} Frühe Außenaufnahmen wurden auf der Rennbahn gemacht, wohin einzelne Modehäuser ihre Mannquins schickten, damit diese für ihr Haus warben. Eine andere Tendenz, die zur Verlagerung des Aufnahmeortes nach außen führte, war die Reformkleidbewegung der Jahrhundertwende. Mit ihr ging eine Aufwertung des Naturerlebnisses einher. Vgl. Claudia Horbas "Frühe Modefotografie Pariser Ateliers". Berlin 1994, S.9 und Enno Kaufhold, "Fixierte Eleganz", In: F.C. Gundlach und Uli Richter (Hrsg.), >Berlin en vogue<, Berlin 1993, S.221f. sowie die Abb. S.22 u. 50f.

{176} Vgl. für Amerika und England Martin Harrison, Apperances, London 1991, S.30 u. 97ff. Für die Modefotografie der Dreißiger Jahre Frankreichs vgl. Gerard-Julien Salvy, >Mode des annes 30<, Paris 1991, Abb, S.132-185.

{177} Vgl. Interview mit Karl-Ludwig und Ilse Haenchen 11/1995, S.5.

{178} Vgl. die Addressenliste der Fotografen im Anhang.

{179} Vgl. biographische Kartei der "Fotosammlung in der Berlinischen Galerie", Berlin, Stichwort '"Alexander Binder".

{180} Das Atelier Binder wurde zunächst von dem jüdischen Alexander Binder (1888-1929) 1913 gegründet und nach dessen Tod von Liesel von Stengel weitergeführt. Sie war Fotografin und führte die Geschäfte, bis sie 1938 in ein KZ verschleppt wurde. Sie überlebte als Kapo. Kapos waren von der nationalsozialistischen KZ-Aufsicht aus Häftlingskreisen rekrutierte Unterwärter und Unterwärterinnen. Liesel von Stengel starb 1978 in Ascona.

{181} "Karl-Ludwig Haenchen: In der Bayrischen Straße, am Kudamm und da hatte ich außerdem noch ein Atelier am Kudamm und während des Krieges hatte ich noch ein Atelier, ein reines Porträtatelier an der Friedrichstraße. Ilse Haenchen: "Unter den Linden da."(...)"Karl-Ludwig Haenchen: Ich entsinne mich noch, da war Flöter Fotograf bei Binder im Atelier am Kudamm, das beste Atelier, das hatte ich später übernommen." Vgl. Interview mit Karl-Ludwig und Ilse Haenchen 11/1995, S.8 u. 5.

{182} Ilse Haenchen: "Aber das Hauptatelier war in der Bayerischen Straße." Vgl. Interview mit Karl-Ludwig und Ilse Haenchen 11/1995, S.45f.

{183} Vgl. biographische Kartei der "Fotosammlung in der Berlinischen Galerie", Berlin, Stichwort '"Alexander Binder".

{184} Diese Verschleierung der Wirklichkeit untersuchte Barbara Berrit Böhm in Ihrer Magisterarbeit Aspekte der Modefotografie am Beispiel der Modefotos von F.C. Gundlach aus den Sechziger und Siebziger Jahren. Sie untersuchte den Wahrheitsgehalt von Modefotografien und kam zu dem Schluß, daß "durch die Photographie Wirklichkeit vorgespiegelt werden kann und Wirklichkeiten spielend miteinander verknüpft werden, ohne daß das Unauthentische daran offenbar werden muß." S.105. Dabei ist es "nicht der Fall, daß sie immer bewußt Illusionen schafft, sondern eigentlich auch die Illusion der Authentizität der Photographie überhaupt entlarvt, indem sie fingierte Wirklichkeiten nur so mangelhaft glaubwürdig darstellen kann, daß sich darin auch die Grenze des Mediums überhaupt offenbart." Vgl. Berit Barbara Böhm, >Aspekte der Modephotographie am Beispiel der Modephotos von F.C. Gundlach aus den Sechziger und Siebziger Jahren<. Magisterarbeit am Kunsthistorischen Institut der Universität Köln, August 1990, S.106.

{185} Vgl. >US-Vogue< vom 5 Juli 1930, S.37. In: Nancy Hall-Duncan, >History of Fashion Photography.< Abb. S.61.

{186} Die Abbildungsgröße verrät etwas über die Bewertung dieser Fotografien durch die Redaktion, sie waren 8 x 6 cm groß und gehörten bei einem möglichen Abbildungsformat von 36,5 x 27cm pro Seite zu den kleinsten Abbildungen im Heft. Außerdem wurden sie an wenig prominenter Stelle im hinteren Teil des Heftes veröffentlicht. Auffällig an den Aufnahmen ist neben dem Hintergrund, daß die Modelle auf einem Bild alle den gleichen Rock anhaben. Die Fotomodelle erschienen außerdem sehr unprofessionell. Ihre Posen wirken für den Betrachter eher abweisend, als zum Kauf anregend, Das vordere Modell hat dunkle Schatten unter den Augen und schaut sehr unfreundlich.

{187} Der um 1900 führende Architekt in Wien, Otto Wagner, integrierte 1895 ein repräsentatives Fotoatelier auf dem Dach des Ankerhauses am Graben in Wien, das diesen Vorteil gegenüber anderen Stockwerken besonders deutlich macht.

{188} Zur Lage der Ateliers vgl. Der Modefotograf und sein Betrieb (3.5.) Zur Höhe der Ateliers und der Größe der verwendeten Scheinwerfer vgl. Abb. 3.3.1./ 2. und Victoria and Albert Museum (Hrsg.) >Shots of Style<, London 1985, Abb. S.22 "Hoyningen-Huene at work in the Paris Vogue Studio1931".

{189} Vgl. Friedrich Bohne, "Sonja Georgi". In: >Gebrauchsfotografie. Das Atelier des Fotografen< Heft 3, März 1940, S.38.

{190} Kahn von Ludwig war zu seiner Zeit einer der bekanntesten und auf dem Markt erfolgreichsten Modefotografen. Er war ein großer Konkurrent F.C. Gundlachs. Dieser berichtete, daß Kahn von Ludwig, mit Spitznahmen "Ali" einer der ersten deutschen Fotografen war, der sich ein eigenes Flugzeug mit einem Piloten leisten konnte (F.C.Gundlach am 19.01.1996). Eine Rekonstruktion der Werke von Kahn von Ludwig ist fast unmöglich, da außer einigen wenigen Prints in verstreuten Sammlungen und den veröffentlichten Fotografien nichts erhalten ist. Er starb im Dezember 1996 verarmt in einer kleinen Wohung in München. Vgl. Fritz Janda, "Starfotograf Khan: 3 Wochen tot in seiner Wohnung". In: >Münchner Abendzeitung< vom 23.12.1995. Der Porträtfotograf Christian von Alvensleben war zeitweise Assistent bei Kahn von Ludwig.

{191} Vgl. Studio für Modeaufnahmen. In: >GROSSBILD technik magazin für moderne Grossformat-Fotografie.< Heft 4, München 1955, S.19 und siehe die Abbildung im Anhang.

{192} Vgl. Hanns Hubmann," ... so wird's gemacht! Hinter den Kulissen der Pariser Modephotographie". In: >PhotoMagazin< Heft 11, München 1952, S.43.

{193} Vgl. Hans Schöner (Hrsg.) "Regi Relang, 30 Jahre Mode Paris", Abb. S.15 von 1951 und Abb. 25 von 1953.

{194} Modefotos des Typs "Mode auf der Straße" gab es vermehrt seit den späten Zwanziger Jahren. Ihre Werbewirkung war sehr überzeugend, denn sie zeigte Kleidungsstücke, wie z.B. Sommerkleider, Kostüme oder Mäntel besonders glaubhaft, weil so alltagsnah (siehe Abb.3.3.2./ 3.).

{195} Manchmal gelingt es, gleiche Aufnahmeorte bei verschiedenen Fotografen wiederzuerkennen. So fotografierten mindestens vier Fotografen, Hubs und Ilse Flöter, Freiherr von Gudenberg, Kalr-Ludwig Haenchen und Lilli Niebuhr im Treppenhaus des "Hauses der Mode" in Wien, mit geringen perspektivischen Abweichungen. Vgl. Fotomuseum im Münchner Stadtmuseum, >Das Konvolut der Meisterschule für Mode<, München, Inventarnummer A 226, 1940.

{196} Telefoninterview mit F.C. Gundlach vom 01.10.1997.

{197} Vgl. Interview mit Gerd Hartung 7/1997, S.12.

{198} Vgl. >Die Mode<, 1. Jahrgang, Heft 4, April 1941, S.10 und die Abbildungen im Anhang.

{199} Vgl. Michael Koetzle ,"Pariser Pikanterien" In: Michael Koetzle und Uwe Scheid, (Hrsg.) >Pariser Pikanterien<. Köln 1993, S.11.

{200} "Während aber der völlig nackte Körper auf den gesunden Menschen natürlich und rein wirkt, ist mit der geschmückten und nur halb entkleideten Nacktheit stets der Reiz der Pikanterie verbunden." Willi Warstat, >Der schöne Akt<, Berlin 1929, S.7. "(...) Der völlig nackte Körper kann schön oder häßlich sein, aber an sich und ohne persönliche Liebe betrachtet, ist er sicher reizlos. Die angedeutete Nacktheit hingegen wirkt immer verführerisch. Sie scheint etwas zu verraten, was man gar nicht sieht (...), was aber eben durch den Schleier des Geheimnisses der darüber gelegten und vielleicht noch weiter andeutenden Kleidung nur um so begehrenswerter gemacht wird." Vgl. Hubs Flöter in: >Film und Frau< Heft 16, Juni 1950, S.25.

{201} Vgl. "Die Erotik in der Photographie", Berlin 1931. In: Michael Koetzle und Uwe Scheid,>Pariser Pikanterien<. Köln 1993, S.36.

{202} "(...) Frauen dürfen öffentlich nur baden, falls sie einen Badeanzug tragen, der Brust und Leib an der Vorderseite des Oberkörpers vollständig bedeckt, unter den Armen fest anliegt, sowie mit angeschnittenen Beinen und einem Zwickel versehen ist. Der Rückenausschnitt des Badeanzugs darf nicht über das untere Ende der Schulterblätter hinausgehen." Regierungserklärung der Regierung von Papen aus dem Jahr 1932, zitiert nach Ingrid Loschek, >Die Mode im 20. Jahrhundert<, München 19883, S.120.

{203} Vgl. Michael Köhler, >Ansichten vom Körper<. Schaffhausen, Zürich, Frankfurt/M. Düsseldorf 1986, S.67 und Abb. S.68-76.

{204} Vgl. Freidemann Beyer, >Die UFA-Stars im Dritten Reich Frauen für Deutschland<, München 19913, S.40.

{205} Vgl. Leni Riefenstahl, >Schönheit im Olympischen Kampf<, Berlin 1937, S.26 - 39. Ein Eintrag des Zeitschriften Dienstes vom 20. Juni 1939 ist in diesem Zusammenhang sehr interessant. Unter dem Stichwort erotische Fotos stand folgender Aufruf: "Die Bildnachrichtenstellen der großen Filmgesellschaften werden des öfteren von Zeitschriften um Lieferung von Fotos mit stark erotischer Note gebeten. Wir hoffen, daß dieser Hinweis genügt, solche Vorkommnisse in Zukunft auszuschalten." Vgl. Kurt Lothar Tank, (Hrsg.), >Zeitschriften-Dienst< Ausgabe 7 vom 20.06.1939, Nr.285.

{206} Vgl. Gabriele Huster, "Die Verdrängung der Femme Fatale und ihrer Schwestern. Nachdenken über das Frauenbild des Nationalsozialismus." In: Neue Gesellschaft für Bildende Kunst im "Kunstquartier-Ackerstraße" (Hrsg., Redaktion: Klaus Behnken), >Inszenierung der Macht<. Berlin 1987, S.149.

{207} Vgl. Christiane Doermer-Tramitz, >... auf den ersten Blick. Über die ersten dreißig Sekunden einer Begegnung von Mann und Frau< Opladen 1990, S.137f.

{208} Diese Kisten, Halbbögen und ähnliche bewegliche Hohlkörper wurden in den Ateliers der Dreißiger Jahre häufig zur Andeutung von Architektur verwendet und gehörten zum üblichen Equipment. Sie lösten die Säulen und Sockel des 19. Jahrhunderts ab und standen mit ihrer nüchternen Geometrie dem Geist des Bauhauses nahe.

{209} Diese Bezeichnung sei hier erlaubt, weil Yvas Einsatz von Hell und Dunkel an die Tradition der Utrechter Carravagisten und ihrer Nachfolger erinnert. Besonders das Strahlen des Markenzeichens auf dem Badeanzug erinnert an Rembrandts pastosen Farbauftrag zur Erzeugung von Glanzeffekten. Vgl. Rembrandt, Der Selbstmord der Lukretia.1666, den Ausschnitt Kette und Wunde, Minneapolis, The Minneapolis Institute of Arts. In: Svetlana Alpers, >Rembrandt als Unternehmer<. Köln 1989, S.20, Tafel 7.

{210} Vgl. Christiane Doermer-Tramitz, >... auf den ersten Blick. Über die ersten dreißig Sekunden einer Begegnung von Mann und Frau<. Opladen 1990, S.138 und die Abb. S.143-161.

{211} Vgl. Glossar, Stichwort ' "Sexappeal".

{212} Vgl. dazu Kapitel 8.2.1., Die "Neue Sachlichkeit".

{213} Zu den Stilmerkmalen des "Neuen Sehens" in der Fotografie vgl. Ute Eskildsen, >Ewald Hoinkis<, Essen 1988, S.17 und C.G. Philipp, >Photographische Perspektiven aus den Zwanziger Jahren< in dem gleichnahmigen Katalog des Museum für Kunst und Gewerbe Hamburg 1995, S.28 "Folgende Merkmale kennzeichnen die Formensprache des neuen Sehens, die - je nach Photographenpersönlichkeit unterschiedlich - in sämtlichen Themenbereichen Anwendung fand,(...). Der neue Kamerablick bevorzugte ungewohnte Perspektiven und knappe Bildausschnitte,(...). Enge, prägnante Bildausschnitte mit angeschnittenen Gegenständen und Konzentration auf Details bestimmten die Sachaufnahmen. Der Seriencharakter von Industrieprodukten kam in der gleichförmigen Reihung zum Ausdruck. Im Makro- und Mikrokosmos der sichtbaren Welt entdeckte man optische Strukturen und Symmetrien. Natur- und Kunstformen wurden gleichgesetzt. Die Oberflächenbeschaffenheit und die Materialstruktur der Dinge, von Haut oder Stoff rückten ins Blickfeld, man wollte ihrer körperlichen Eigenschaften optisch habhaft werden."

{214} Die Ausläufer dieses Atelierstils lassen sich aber noch bis 1952 verfolgen (siehe Abb. 3.3.3./ 8.).

{215} Der Vorname und damit auch das Geschlecht sind unbekannt.

{216} Vgl. die Bademodefotos des Atelier Meerkämper im Augustheft von >Die Junge Dame< Heft 33 1934 oder die Fotos von Paulus Leeser, veröffentlicht im Juniheft des >Althoff Magazin<, Heft 17, 1935.

{217} Das weitere Schicksal der Fotografin Ruth Eppler ist nicht bekannt.

{218} Die Fotos sind rückseitig mit dem Stempel: "Copyright by Imre von Santho" gekennzeichnet. Der Ort der Veröffentlichung ist unbekannt. Vgl. außerdem das Interview mit Karin Stilke 10/1996, S.9f.

{219} Karin Stilke erinnerte sich in einem späteren Gespräch daran, daß sie das Hotel wechselten, weil die Devisen knapp wurden und sie die Reise noch etwas verlängern wollten. (Telefonat vom 06.12.1997).

{220} Vgl. Interview mit Karin Stilke 10/1996 S.9f.

{221} Auftraggeber war die Firma "Juvena". Die Rückseite eines Fotos (zwei Modelle und ein Esel) aus dem Konvolut der Meisterschule für Mode, aufbewahrt im Fotomuseum im Münchner Stadtmuseum, ist mit dem Datum 16.02.1939 datiert. Veröffentlicht wurden Fotografien aus der Serie im Mai 1939 in der >NS-Frauenwarte< (eine Variante des Eselbildes) und im Juni im Heft 10 von >die neue linie< (eine Variante auf der Felsenkuppe) und wahrscheinlich auch in anderen Publikationen. Schon im Jahr vorher war Balg für Juvena in Südeuropa, wie eine Veröffentlichung in >die neue linie< Heft 10, Juni 1938 zeigt.

{222} Vgl. Christine Wittrock, >Das Frauenbild in faschistischen Texten und seine Vorbilder in der bürgerlichen Frauenbewegung der Zwanziger Jahre<. Dissertatinon Frankfurt/M 1981, S.299. Zur Zensur der Modefotografie vgl. Modelenkung im Dritten Reich.

{223} Vgl. >Die Dame< Heft 8, 1942, Abb. Frontispiz.

{224} Er hatte mit diesem Foto sein Mode-Debüt in der Zeitschrift >Film und Frau<. Seine erste dort veröffentlichte Serie war ein Porträt des Schauspielers Jean Marais. Vgl. >Film und Frau< Heft 4, 1951.

{225} Vgl. >Film und Frau< Heft 16, 1950, S.17 (Inventarnr. F 1950.16.17.3.).

{226} Wahrscheinlich lag die Location in der Nähe Stuttgarts, weil Hubs Flöter zu der Zeit in Stuttgart lebte und überwiegend dort arbeitete. Vgl. Kurzbiographie Hubs Flöter.

{227} Es wäre ein lohnendes Unterfangen, die in den Zeitschriften der frühen Nachkriegszeit veröffentlichten Akt- und Halbaktfotografien auf das in ihnen verkörperte Frauenbild zu untersuchen.

{228} Die Zitate sind die originalen Bildunterschriften der >Film und Frau< Heft 21, 1949, S.2f. Ihr Autor war höchstwahrscheinlich Curt Waldenburger, der Chefredakteur der Zeitschrift.

{229} "Der neue Kamerablick bevorzugte ungewohnte Perspektiven und knappe Bildausschnitte, räumliche Überlagerungen und extreme Diagonalen. An die Stelle der traditionellen "Bauchnabelperspektive" traten Auf- und Untersichten, (...)" Vgl. C.G.Philipp, >Photographische Perspektiven aus den Zwanziger Jahren< in dem gleichnamigen Katalog des Museum für Kunst und Gewerbe Hamburg 1995, S.28.

{230} Vgl. Interview mit Karl-Ludwig und Ilse Haenchen 11/1995, S.54.

{231} Die Bezeichnung "Tageslicht" meint hier, im ersten Abschnitt, das Licht unter freiem Himmel außerhalb von geschlossenen Räumen.

{232} Als Beleuchtungsgeräte des Kunstlichtes standen Glühlampen, Bogenlampen und Leuchtstofflampen zur Verfügung. Vgl. Walter Nurnberg, >Licht und Beleuchtung in der Fotografie<, übersetzt von Egon Fischer, Düsseldorf 1955, S.29-33.

{233} Vgl. Regina Relang, "Modebilder ohne Sonne". In: >PhotoMagazin<, Heft 11 München 1950, S.40-43.

{234} "Der Ruhm, die Mode "Weiß in Weiß" oder "Grau in Grau", also bei bedecktem Himmel fotografiert, öffentlichkeitsfähig gemacht zu haben, gebührt den großen amerikanischen Modejournalen, die es wagten, gerade diese Bilder ganzseitig herauszustellen und damit die Epoche eines neuen photographischen Stils zu beginnen." Wie Anm. oben, S.40.

{235} Charlotte Rohrbach zitiert nach Gerd Hartung. Vgl. Interview mit Gerd Hartung 7/1997, S.15.

{236} Von der Wortbedeutung her ist das Blitzlicht ein künstliches Licht. Es hat sich in der Fotografie eingebürgert, alle Lichtquellen, die über den Stromfluß funktionieren und ein Dauerlicht produzieren, unter dem Begriff "Kunstlicht" zusammenzufassen.

{237} Vgl. zu Norbert Leonard, in: Werner Eckhard, "Über einen Photographen: Norbert Leonard". >PhotoMagazin<, Heft 10, München 1952, S.42.

{238} Fresnellinsen bündeln das Licht wie eine sehr große Lupe. Ein spezieller Schliff, der Fresnellschliff, ermöglicht es, die Lampendurchmesser relativ klein zu halten.

{239} Vgl. Claudia Gabriele Philipp, Fotografie im Atelier. In: Ute Eskildsen (Hrsg.) Fotografieren hieß Teilnehmen. Ausstellung Essen 1992, S.29f.

{240} Vgl. Interview mir Karl-Ludwig und Ilse Haenchen 11/1995, S.6.

{241} Wie Anm. oben.

{242} Wie Anm. oben.

{243} Vgl. Interview mit Karin Stilke 10/1996, S.34.

{244} Die Belichtung fand in Berlin in der Mitte der Dreißiger Jahre statt. Leider ist ein Abzug aus dem Besitz Karin Stilkes in den Wirren der russischen Besetzung verloren gegangen. Vgl. Interview mit Karin Stilke vom 05.09.1996, S.11. Auch Sonja Georgi hatte in den Dreißigern so ein von Karin Stilke beschriebenes Gestell in Funktion, um lange Belichtungszeiten zu überbrücken. Vgl. Interview mit Karl-Ludwig und Ilse Haenchen 11/1995, S.6.

{245} Vgl. Interview mit Karl-Ludwig und Ilse Haenchen 11/1995, S.6.

{246} Zur Geschichte des Blitzlichtes vgl. Heinrich Freytag und Otto Sahmel, >Das Blitzlichtbuch. Blitzpulver, Kapselblitz, Blitzlampe, Röhrenblitz<. Düsseldorf 1954.

{247} Spätestens seit den 1860er Jahren wurde mit dem Magnesiumblitz fotografiert, Osram-Blitzlichtbirnen wurden Anfang der Dreißiger Jahre entwikkelt. Vgl. Glossar, Stichwort ' "Blitzlichtgeräte".

{248} Vgl. Interview mit Karl-Ludwig und Ilse Haenchen 11/1995, S.53.

{249} Die vorherrschenden Blitzanlagen der frühen Sechziger in Deutschland waren Niedervoltanlagen von Mannesmann. Sie verloren ihre Marktführerschaft in den Siebzigern an die Firma Balcar. Auskunft F.C. Gundlachs bei einem Telefoninterview am 01.10.1997. Vgl. außerdem: Rudolf Knapmann, "Tageslicht - Wiederentdeckt". In:>Photo Magazin< Heft 7, München 1950, S.13.

{250} Vgl. Interview mit Karl-Ludwig und Ilse Haenchen 11/1995, S.53.

{251} Telefoninterview mit F.C.Gundlach vom 27.09.1997.

{252} "Karl - Ludwig Haenchen: Ich hatte ja nacher schon mit dem Blitzen die Schwierigkeit. Da ist jedes Foto, wie ich ja schon gesagt habe, zur Aufhellung geblitzt. Und wenn ich die benötigten Fotos machte, mit Auswahlfotos in Schwarz-Weiß und Farbe, dann gab die Zeit der Aufladung der Blitze das Tempo an. Und alles was, die Zahl der Mädchen, die Umkleidegeschwindigkeit und alles was war, orientierte sich alles im Grunde an der Aufladezeit der Blitze." Vgl. Interview mit Karl-Ludwig und Ilse Haenchen 11/1995, S.53.

{253} Vgl. Interview mit Karl-Ludwig und Ilse Haenchen 11/1995, S.54.

{254} Vgl. Hans Schöner (Hrsg.), >Regina Relang, 30 Jahre Mode Paris<, Königsbach-Stein 1982, Abb. S.109, 1964 und S.123, 1965.

{255} Hinweis F.C.Gundlachs bei einem Telefonat am 27.09.1997.

{256} "Atelier „Künstlerwerkstatt": Im Anfang des 19. Jh.s aus frz. atelier „Werkstatt" entlehnt. Das frz. Wort (afrz. astelier) bedeutete urspr. „Haufen von Holzspänen" und bezeichnete später speziell den Arbeitsraum des Zimmermanns (in dem Holzspäne anfallen). Es handelt sich bei dem Wort um eine Abl. von afrz. astele „Splitter, Span", das auf gleichbed. spätlat. astella (für lat. assula, astala) beruht." Vgl.>Duden, Etymologie<, Mannheim Wien Zürich 1963, S.37.

{257} So berichtete Frau Dr. Giesela Leonard, die erste Ehefrau des Fotografen Norbert Leonard in einem Telefongespräch am 29.12.1997 und vgl. die Interviews mit Michael Georgi, Karl-Ludwig Haenchen, Karin Stilke und Gerd Hartung.

{258} Vgl. die Anschriftenliste im Anhang.

{259} Ein anderes Indiz dafür ist das Rechnungsbuch Niebuhrs. Es weist Kunden aus dem gesamten Reichsgebiet auf. Es waren Aufträge verschiedenster Art und überraschenderweise auch sehr viele aus dem Porträtbereich. Wie es scheint reisten viele Porträtkunden nach Berlin, um sich dort von einem Großstadtfotografen porträtieren zu lassen. Vgl. das Rechnungsbuch Lilli Niebuhr, 10/1938 bis 12/1943.

{260} Anton Sahm machte sich 1918 nach seiner künstlerischen Ausbildung zum Porträtmaler in Wien und Paris und einer langjährigen Assistenzeit bei Madam d'Ora in München als Porträt- und Modefotograf selbstständig. Vgl. Heinz F.W. Mänz, Anton Sahm. Ein Photograph der guten Gesellschaft. In: Agfa-Leverkusen (Hrsg.), >Fortschritt und Leistung. Hausmitteilungen für den Berufslichtbildner.< Heft 2, 8. Jahrgang 1952.

{261} Vgl. Michael Gross >Model<. Wien München 1996, S.98f.

{262} Die Angestellten Yvas waren 1935, 1. Emmy Löwenthal (Retuscheurin), 2. Edith Heymann (Sekretärin), 3. Else Wulkan (Sekretärin, vorher bei Alfred Simon tätig), 4. Frau Sellge (Negativretuscheurin), 5. Elisabeth Röttgers (Pressevertreterin), 6. Frau Schneider (Retuscheurin , Bilder trocknen), 7. Frau Arnheim (Retuscheurin, Assistentin), 8. keine Angaben, 9.Margaret Ekkart (Laborantin). Die Liste wurde 1991 von Frau Röttgers (damalige Pressevertreterin) nach einer Fotografie aus dem Jahre 1935 erstellt. Nicht auf dem Bild aber zur Belegschaft gehörend, war der Studioleiter Werner Berger, selbst Fotograf und eine Köchin, von der nur ihr Vorname Mathilde bekannt ist. Werner Berger machte sich 1938 selbständig und übernahm einen Teil der Kundschaft Yvas. Nach Frau Röttgers umfaßte die Atelierwohnung ca. 14 Zimmer. Der Großteil wurde für den Fotobetrieb genutzt und einige Zimmer bewohnte das Ehepaar Simon. Zur Wohnung gehörten des weiteren eine Galerie und ein Dachgarten. Vgl. Ira Buran, >Else Neuländer-Simon ("YVA"), eine Berliner Fotografin der Zwanziger und Dreißiger Jahre- Leben und Werk.< Wissenschaftliche Hausarbeit zur ersten Staatsprüfung für das Amt des Lehrers an der Freien Universität Berlin 1992, S.12f.

{263} Wie Anm. oben.

{264} Michael Georgi: "(...) wir hatten ja zwei Wohnungen. Das war ja die Größe von meiner (...) Mutter. Daß sie in der einen ihre ganzen geschäftlichen Sachen hatte und praktisch rüber in die nächste große Wohnung, sie hat wahrscheinlich auch noch drüben gelebt, wo wir mit dem Kindermädchen lebten. Sie kennen ja diese alten Berliner Häuser, das war bestimmt eine 5-Zimmerwohnung. - Joh.Ch.Moderegger: Vor dem Krieg hatte Ihre Mutter doch auch schon Angestellte? Michael Georgi: Na klar, ich glaube sogar mehr als nach dem Krieg. Sie hat die Aufnahmen gemacht und die anderen Sachen delegiert. Aber das konnte sie natürlich auch alles. Also ich habe noch vor Augen, wie sie in der Dunkelkammer gestanden haben."Vgl. Interview mit Michael Georgi 8/1997, S.3 u. 5.

{265} Ilse Haenchen: "Alle hatten eigene Ateliers, eigene Labors, ihre Retuscheure, Laboranten." Vgl. Interview mit Karl-Ludwig und Ilse Haenchen 11/1995, S.22.

{266} Vgl. die Veröffentlichungszahlen bei den jeweiligen Kurzbiographien.

{267} Vgl. Glossar, Stichwort ' "Operateur".

{268} Vgl. Interview mit Karl-Ludwig und Ilse Haenchen 11/1997 S.60.

{269} Vgl. die Interviews Stilke 1996, Golz 1995, Hartung 1997 und Peters 1997.

{270} Das berichtete Frau Dr. Giesela Leonard in einem Telefongespräch am 29.12.1997.

{271} Vgl. >FotoMagazin<, Beiheft >FM-Professionell< VIII, 1970 S.88.

{272} Sie sind im Besitz einer Großnichte von Lilli Niebuhr, Ulrike Brandi - Geismar. LIlli Niebuhr lebte in Klein Hesebeck in einem Atelierhaus, das in den Sechziger Jahren erbaut wurde. Lilli Niebuhr hinterließ unter anderem ein großes Konvolut von Landschaftsaufnahmen aus den Dreißiger bis Sechziger Jahren.

{273} Über Franz Rompel ist weiter nichts bekannt.

{274} Die Originalzeugnisse lagen dem Autoren vor, sie werden bei Ulrike Brandi-Geismar aufbewahrt (s.o.).

{275} Dieses Zwischenhändlertum mit Produzentenanteilen war im Berlin der Vorkriegszeit durchaus üblich. Auch Trude John und Annemarie Delorme arbeiteten wie er in ähnlicher Weise. Vgl. das Anschriftenverzeichnis im Anhang.

{276} Telefongespräch mit Dorit Brandi-Effenberg am 23.12.1997.

{277} Wie Anm. oben.

{278} Hinweis von Ulrike Brandi-Geismar am 06.12.1997.

{279} Vgl. Dritte Verordnung über den vorläufigen Aufbau des Deutschen Handwerks (Großer Befähigungsnachweis), Auszug aus dem Reichsgesetzblatt vom 18.1.1935. In: >Der Photograph< 49. Jahrgang, Heft 5, 1939, S.18f.

{280} Vgl. die Bademodefotos von Winterfeld und Niebuhr.

{281} Wie die Nichte Lilli Niebuhrs, Dorit Brandi-Effenberg, am 06.12.1997 mitteilte, führte der Ehemann Lilli Niebuhrs die Bücher.

{282} Vgl. zu den Einträgen in die Geschäftsbücher die Bilanz anläßlich der "Neuregelung der Einkommensteuer Vorauszahlung für die Jahre 1943 bis 1944".

{283} Sie zahlte an Miete und Heizung:

1939- 3672,00 RM

1940- 3442,92 RM

1941- 4834,70 RM

1942- 4448,70 RM

{284} Im Jahr 1939 zahlte sie 784,- RM Fernsprechgebühren und 830,47 RM Porto.

{285} Michael Georgi erzählte von dem 300SL Mercedes-Kabriolett seiner Mutter. Vgl. dazu das Interview 8/1997, S.1. Auch auf einigen Modefotografien ist das Auto zu sehen. Vgl. Abb. 3.5.1.2./ 1.

{286} Auf Modefotos von 1939 sieht man sein BMW-Kabriolett. Vgl. Abb. 3.5.1.2./2.

{287} Diese Fotografien befinden sich im Besitz von Ulrike Brandi-Geismar.

{288} Vgl. "Hauptbuch Photographik Niebuhr" Einträge unter der Rubrik "Löhne und Gehälter":

1937- 11558,94 RM

1938- 11177,50 RM

1939- 10464,48 RM

1940- 2981,23 RM

1941- 4428,53 RM

1942- 5450,62 RM

1943- 2317,26 RM

{289} Vgl. Sylvia Lott Die Frauenzeitschriften von Hans Huffzky und John Jahr, Berlin 1985, S.235f.

{290} "Betrifft: Neuorganisation des deutschen Modeschaffens: "Heinz Duphorn *Kassel 02.10.1899 (bisheriger Leiter der Bildpressestelle der UFA wird dafür auch UK-gestellt) wird für jährlich 9600,- RM, außerdem wird eine Sekretärin Frl. Helene Wolfbauer für 600,- RM monatl. und eine Assistentin Frau Ellen Kray für 222,18 monatl. eingestellt. Alle Gehälter werden aus Mitteln des Propagandafonds bezahlt." Vgl. Berlin Document Center, R 055/001032 Microfiche (zwei Blätter) Reichsministerium für Volksaufklärung u. Propaganda Juli 1942 Blatt 1.

{291} Um die Kaufkraft der Reichsmark in den Dreißiger und Vierziger Jahren zu verdeutlichen, erzählte Gerd Hartung: "(...) Ich denke auch immer noch daran, daß damals ein Maßanzug, ich ließ im Jahr 5 machen, 250,- Mark kostete. Und als ein Schneider in Berlin 300,- Mark für einen Maßanzug verlangte, sagte mein Herrenmodekollege Laurenz, der beste Herrenmodezeichner damals: "Ich hätte ihn erschlagen können." Weil er plötzlich fünfzig Mark mehr bezahlen mußte. Aber es war eben damals als Kaufwert so viel wie 500,-. Heute kostet ein Maßanzug bis 3000,- Mark.". Ein paar Schuhe der Luxusfirma Bally kostete 1950 30,- DM, soviel wie Hartung als Honorar für eine Modezeichnung vom >Tagesspiegel< bekam. Heute kostet ein Paar Bally Schuhe ca. 600,- DM" Vgl. Interview mit Gerd Hartung 8/1997, S.10. Propagandaminister Goebbels bezog in den ersten Jahren der nationalsozialistischen Herrschaft (bis ca. 1938) ein Ministergehalt von 1750,- RM im Monat. Im Vergleich dazu verdiente ein studierter Jurist 750,- RM im Monat. Vgl. Hela Strehl-Firle, >Goebbels Politische Impressionen aus privater Sicht<, Unveröffentlicht, Stuttgart ca. 1979, S.133 und dies. >Karriere! Karriere??< Unveröffentlicht, Stuttgart 1983, S.22. Karin Stilke berichtete in einem Gespräch im Dezember 1997, daß man für 8,- RM in einem Restaurant ein sehr gutes Gericht inklusive Getränk seviert bekam. Das Gläser-Cabriolett, ein eher kleiner viersitziger Mittelklassewagen der Marke NSU, kostete 1936 5500,- RM. Vgl. >die neue linie< Heft 3, November 1936, S.70 (die Werbung auf dem Rücktitel).

{292} Vgl. "Hauptbuch Photographik Niebuhr" Einträge unter der Rubrik Modellgelder:

1939- 4638,72 RM

1940- 2054,09 RM

1941- 1935,28 RM

1942- 1224,05 RM

1943- 466,10 RM

{293} Gespräch mit Karin Stilke am 06.12.1997.

{294} Vgl. Interview mit Karl-Ludwig und Ilse Haenchen 11/1995, S.1.

{295} Wie Anm. oben S.8.

{296} Vgl. "Hauptbuch Photographik Niebuhr", Einträge unter der Rubrik "Photographik":

1936- 85840,31 RM

1937- 73454,78 RM

1938- 81913,62 RM

1939- 70295,95 RM

1940- 33106,80 RM

1941- 44135,12 RM

1942- 54194,34 RM

1943- 42197,32 RM

{297} Vgl. verschiedene Beiträge in: Diethart Krebs, Walter Uka (Hrsg.), >Die Gleichschaltung der Bilder. Zur Geschichte der Pressfotografie 1930-1936<. Berlin 1983 und vgl. die Kurzbiographie von Yva.

{298} In den untersuchten Zeitschriften fanden sich 54 Veröffentlichungen Yvas mit mindestens einem Bild aus der Zeit von 1929 bis Juli 1938 und 50 Veröffentlichungen des Ateliers Binder mit mindestens einem Bild aus der Zeit von 1930 bis Juni 1938.

{299} Einen im Vergleich sehr geringen Bedarf hatten Tageszeitungen, die >NS-Frauenwarte<, und ein paar übergreifendere Magazine, wie z.B. die Soldatenzeitung >Signal<.

{300} Vgl. Interview mit Karl-Ludwig und Ilse Haenchen, 11/1995, S.8.

{301} Dies wäre zutreffend für das Atelier Binder, Karl-Ludwig Haenchen, Sonja Georgi, Lilli Niebuhr und F.C. Gundlach.

{302} Besonders zutreffend für Hubs Flöter und F.C. Gundlach.

{303} Diese Schwerpunkte deckten Yva, Ewald Hoinkis, Norbert Leonard und F.C. Gundlach vermehrt ab.

{304} Selbst diese eigentümliche Kombination fand sich bei zwei Fotografen, nämlich bei Charlotte Rohrbach und Norbert Leonard.

{305} Eine bis heute anhaltende Spezialisierung der Fotografen setzte Anfang der Fünfziger Jahre ein. Folgende Spezialgebiete haben sich so weit herauskristallisiert, daß es Fotografen gibt, die nur noch eine dieser Teildisziplinen der Fotografie ausüben: Architektur, Landschaft, Porträt, Mode, Reportage, Reproduktion, Still (Stilleben), Tiere, Werbung, Wissenschaft und Industrie. Vergleiche dazu: >GROSSBILD technik magazin für moderne GROSS-FORMAT-FOTOGRAFIE in Farbe und Schwarzweiß.< Heft 4, München, 1955, S.8-21.

{306} Sonja Georgi: "Gewiß porträtiere ich auch, namentlich für den Film (...)" Vgl. Artur Gläser, "Photographie und Mode Zu den Bildern von Sonja Georgi". In: Kodak Aktiengesellschaft Berlin (Hrsg.), >Photographik< Heft 25, Oktober 1939, S.4.

{307} Vgl. Glossar, Stichwort ' "Starfotografie".

{308} Wie Anm. oben.

{309} Vgl. Interview mit Karl-Ludwig und Ilse Haenchen 11/1995, S.7.

{310} Von Ewald Hoinkis ist bekannt, daß er, bevor er nach Berlin ging, über einen Strohmann Preisanfragen auch an das Atelier Winterfeld richtete. Vgl. Ute Eskildsen (Hrsg.), >Ewald Hoinkis, Fotografien 1924 - 1960<. Berlin 1988, S.15.

{311} Dieses geht aus den Einträgen im Geschäftsbuch Lilli Niebuhrs unter den Rubriken Telefon und Proto hervor.

{312} Siehe Abb. 3.5.1.2./ 4. Der ausführende Fotograf des Atelier Binder könnte Hubs Flöter gewesen sein, der Spezialist für Außenaufnahmen war und bis 1938 im Atelier Binder angestellt war. Als das Atelier Binder 1938 geschlossen wurde, machte er sich selbständig. Daß ihm die Frima "Forma" nicht weiterhin die Aufträge gab, mag daran gelegen haben, daß Flöter mit Kriegsbeginn zur Armee eingezogen wurde. Vgl. die Kurzbiographien von Alexander Binder und Hubertus (Hubs) Flöter.

{313} Im untersuchten Zeitraum gab es 34 Einträge zu der Firma "Forma" mit Gesamtforderungen von 17.178,59 RM.

{314} Dazu gehörten Mieder, Korsetts und Bademoden. F.C. Gundlach bezeichnete die Wäschefotografie als "Königsdiziplin" der Modefotografie. Sie verlangt das meiste Fingerspitzengefühl von Auftraggeber, Model und vor allem vom Fotografen. Wie oben angesprochen ist der nur leicht bekleidete Körper in der Öffentlichkeit immer auch ein Politikum. So ist es interessant, daß Wäsche in der Zeit vor 1950 zu großen Anteilen von Frauen fotografiert wurde, während die Aktfotografie von Männern dominiert wurde.

{315} Vgl. Kapitel 8.

{316} Alle Einträge über 300,- RM standen für Honorarforderungen an Frauen.

3/1942: Frau Karla Drabsch, Teupitz 375,- RM

6/1943: Frau Grundmann, Berlin	326,- RM
8/1943: Frau Charlotte Stiel, Königsberg	318,- RM
9/1943: Frau von Anlock, Berlin	304,- RM
12/1943: Frau von Zahn, St. Pölten	375,- RM

Vgl. Rechnungsbuch Lilli Niebuhr, 10/1938 bis 12/1943.

{317} Nicht nur an die Front, sondern auch an nahestehende Personen im Reich schickte man Bilder, um zu zeigen: "Ich lebe noch." Vgl. zu diesem Lebensgefühl: Margret Boveri, >Tage des Überlebens<. Berlin 1945. Frankfurt a.M. 1996, S.9.

{318} Die ersten Luftangriffe erlebte Berlin im Winter 1940. Es folgte eine längere bombenlosen Zeit. Am 1. März 1943 starten die Alliierten verheerende Flächenbombardements, die bis zum Kriegsende anhielten und die dazu führen, daß am 1. August 1943 von den Blockleitern (Blockleiter waren ein Instrument der sozialen Kontrolle des Alltages. Wer diesen Posten haben wollte, mußte in der Partei sein und an regelmäßigen Versammlungen teilnehmen.) Flugzettel mit folgendem Inhalt in die Briefkästen gesteckt wurden: "Berlinerinnen! Der Gauleiter der Reichshauptstadt befiehlt,dass Frauen mit Kindern sofort die Stadt verlassen. Rettet euer Leben! Rettet Euer Hab und Gut! Sonderzüge sind bereitgestellt. Der Transport erfolgt kostenlos. Karten durch die NSV." Der Aufruf löste einen Exodus aus, dem mit etwas Verzögerung auch die Niebuhrs folgten. Vgl. Hela Streh-Firle, >Goebbels, Politische Impressionen aus privater Sicht,< Unveröffentlicht, Stuttgart 1979, S.187.

{319} Vgl. Anhang, Quellen "Niebuhr Bilanz".

{320} Vgl. im Anhang Schreiben an das Finanzamt Wilmersdorf Nord, vom 06.09.1943.

{321} Vgl. Leonie Wagner, >Nationalsozialistische Frauenansichten.< Frankfurt a. M. 1996, S.102f. und vgl. dazu im Kapitel 4, Abschnitt 4.3. Das Frauenbild im Dritten Reich.

{322} Vgl. Atina Grossmann, "Berufswahl - ein Privileg der bürgerlichen Frauen". In: Ute Eskildsen, >Les dones fotògrafes al la República de Weimar. 1919-1933<. Ausstellungskatalog Barcelona 1995, S.12-20.

{323} Der Firmenname "Photographik Niebuhr" kann als ein Hinweis darauf verstanden werden, daß die Eheleute Otto und Lilli Niebuhr das Geschäft gemeinsam führten. "Photo-" stand für Lilli Niebuhrs Arbeit als Fotografin, "graphik" für Otto Niebuhrs Arbeit als Grafiker. Vgl. Traugott Schalcher, Werbephoto - Kundendienstphoto, In: Kodak Aktiengesellschaft (Hrsg.), >Photographik<, Heft 13, Berlin 1936, S.18.

{324} Vgl. Eberhard Hölscher, "Photographik". In: Kodak Aktiengesellschaft Berlin (Hrsg.) >Photographik< Heft 15, 1937, S.7.

{325} Vgl. Heinrich Freytag, "Das fotografische Bildnis im Kriege." In: >Gebrauchsfotografie. Das Atelier des Fotografen< 48. Jahrgang, Heft 6, Juni 1941, S.101.

{326} Vgl. in diesem Kapitel den Abschnitt 3.1.

{327} Ihre Ausbildung zur Fotografin erhielt sie schon als Kind bei ihrer Mutter, der sehr erfolgreichen Fotografin Hedda Walther. Doch bevor Sonja Georgi (geb.Walther) sich mit 21 Jahren selbständig machte, lernte sie ein Semester Fotografie an der Letteschule in Berlin. Danach arbeitete sie ein Jahr lang als Operateurin im Atelier Binder.

{328} Schulen, wie die Letteschule in Berlin waren um 1900 im Zuge der Gleichberechtigungsbestrebungen für Frauen entstanden. Sie sollten fundierte Ausbildungen in verschiedenen Sparten vermitteln. Basierend auf handwerklicher Tradition wurden überbetriebliche Ausbildungen angeboten, die im Bereich der Fotografie mit dem Gesellen- oder Meisterbrief endeten. Vgl. Susanne Baumann, "Der Weg über die Schulen". In: Museum Folkwang (Hrsg.), >Fotografieren hieß teilnehmen. Fotografen der Weimarer Republik." Essen 1994, S.34 - 40. Vgl. weiter: Katja Protte, "Beruf: Bildberichterin". In: Deutsches Historisches Museum (Hrsg.) Magazin. 7.Jg. Heft. 20, "Bildberichterstatterin" im "Dritten Reich". Fotografien aus den Jahren 1937 bis 1944 von Liselotte Purper. Berlin 1997, S.2-4. Auch in England waren kurz nach der Jahrhundertwende gute Ausbildungsmöglichkeiten für Fotografen gegeben. Vgl. John Pultz, >Der fotografierte Körper<. Köln 1995, S.46.

{329} Vgl. die Kurzbiographien.

{330} Vgl. Interview mit Karl-Ludwig und Ilse Haenchen 11/1997, S.54.

{331} Wahrscheinlich handelt es sich um die letzte von ihr veröffentlichte Modefotografie. Lilli Niebuhr konzentrierte sich nach dem Krieg vermehrt auf die Porträtfotografie und begann in den Sechzigern Gemüse und Pflanzen für die Kuverts von Saatguttütchen zu fotografieren. Das führte sie bis kurz vor ihrem Tod 1993 fort. Gespräch mit Ulrike Brandi - Geismar. Vgl. >Unsere Kleidung unser Werk< Heft 3, Herbst 1954.

{332} Zu diesen zählte F.C. Gundlach: "Barbara Buffa:(...) F.C. Gundlach war da doch ganz anders. So zum Beispiel die Kataloge für Falke, die waren sehr frei. Da hat er immer ein Weitwinkel genommen. (...) Immer wenn so technische Neuerungen kamen, wurden die immer gleich von ihm ausprobiert.(...)." Vgl. Interview mit Barbara Buffa 11/1996, S.11 und S.3f., 17, 19f.

{333} Vgl. Bernd Weise, "Pressefotografie als Medium der Propaganda im Presselenkunssystem des Dritten Reiches", in: Diethard Krebs, Walter Uka, Brigitte Walz-Richter, >Die Gleichschaltung der Bilder. Zur Geschichte der Pressefotografie 1930-1936<. Berlin 1983, S.145.

{334} Wie Anm. oben.

{335} In der Vorbemerkung zu den Richtlinien für redaktionelle Hinweise in Tageszeitungen, Zeitschriften und Korrespondenzen, die auf das Schriftleitergesetz von 1933 zurückgingen, hieß es 1935: "(...) nachstehende Richtlinien. Sie wurden aus der Praxis heraus aufgestellt, um den gesetzlichen Bestimmungen, die eine klare Trennung zwischen Text- und Werbeteilen bezwecken, Geltung zu verschaffen. Hierbei ist zu beachten, daß Bilder gleichbedeutend mit Text sind." Vgl. Werberat der deutschen Wirtschaft und der Reichspressekammer vom Reichsverband der deutschen Presse (Hrsg.), >Richtlinien für redaktionelle Hinweise in Tageszeitungen, Zeitschriften und Korrespondenzen<. Berlin 1935, S.3. Bundesarchiv, Berlin Document Center, Signatur: RD 33/8.

{336} Vgl. Bernd Weise, "Pressefotografie als Medium der Propaganda im Presselenkungssystem des Dritten Reiches", in: Diethard Krebs, Walter Uka, Brigitte Walz-Richter, >Die Gleichschaltung der Bilder. Zur Geschichte der Pressefotografie 1930-1936<<. Berlin 1983, S.145 und ders., "Fotojournalismus Erster Weltkrieg - Weimarer Republik". In: Kunst und Ausstellungshalle der Bundesrepublik Deutschland, (Hrsg.) >Deutsche Fotografie Macht eines Mediums. 1870 - 1970<, in Zusammenarbeit mit Klaus Honnef, Rolf Sachsse und Karin Thomas. Bonn 1997, S.84.

{337} Vgl. Bernd Weise, "Pressefotografie als Medium der Propaganda im Presselenkungssystem des Dritten Reiches", in: Diethard Krebs, Walter Uka, Brigitte Walz-Richter, >Die Gleichschaltung der Bilder. Zur Geschichte der Pressefotografie 1930-1936<. Berlin 1983, S.145-147.

{338} Vgl. die Anschriftenliste der Fotografen im Anhang.

{339} Vgl. die Kurzbiographien im Anhang und Peter Reichel, Der nationalsozialistische Staat im Bild. In: Kunst und Ausstellungshalle der Bundesrepublik Deutschland, (Hrsg.) >Deutsche Fotografie Macht eines Mediums. 1870 - 1970<. In Zusammenarbeit mit Klaus Honnef, Rolf Sachsse und Karin Thomas. Bonn 1997, S.129.

{340} Vgl. Glossar, Stichwort"'arisch".

{341} Vgl. Lothar Kräussl, >Fotografie zwischen Kunsthandwerk, Kunsthandwerk, Kunsthandwerk. Die Geschichte und Entwicklung der Gesellschaft Deutscher Lichtbildner seit 1919<. Stuttgart 1992, S.56 und Anm. 13, S.78.

{342} Der Autor setzt diesen Begriff in Ausführungszeichen, um auf die ideologische Verdrehung dieses Begriffes hinzudeuten. Die Einteilung der Menschen in Rassen ist ein Gliederunginstrument der Naturwissenschaften. Würde ein Mensch, in Nordnorwegen startend, zu Fuß nach Südafrika wandern und nach den Gemeinsamkeiten aller Menschen schauen, sähe er die fließende Veränderung des menschlichen Phänotypes und würde sie als Anpassung an verschiedene Lebensräume begreifen und nicht, wie zu Anfang des 20. Jahrhunderts geschehen, hierarchisch bewerten.

{343} Vgl. Lothar Kräussl, >Fotografie zwischen Kunsthandwerk, Kunsthandwerk, Kunsthandwerk. Die Geschichte und Entwicklung der Gesellschaft Deutscher Lichtbildner seit 1919<. Stuttgart 1992, S.62.

{344} Vgl. das von Frau Dr. Hoffmann bearbeitete Schreiben des Reichsverbandes der Deutschen Presse vom 31.01.1945, betr. Antrag auf Eintrag in die Berufsliste der Bildberichterstatter Herbert List. In: Bundesarchiv, Berlin Document Center, Aktenzeichen R 103/85.

{345} Im damaligen Amtsdeutsch wurde nach "Volljude", mit zwei jüdischen Eltern, "Halbjude" mit nur einem jüdischen Elternteil und "Vierteljude" mit einem jüdischen Großelternteil unterschieden. Als arisch galt nur, dessen Großeltern beide arisch waren.

{346} Vgl. Adolf Burger, <Das Unternehmen Bernhard, Die Geldfälscherwerkstatt im KZ Sachsenhausen. Zum Fälschen gezwungen. Ein Tatsachenbericht<, Berlin 1992, S.129.

{347} Vgl. Werner, >Findbücher zu Beständen des Bundesarchivs, Bestand R 103, Reichsverband der Deutschen Presse<, Koblenz 1980, S.II.

{348} Vgl. Bernd Weise, "Pressefotografie als Medium der Propaganda im Presselenkungssystem des Dritten Reiches". In: Diethard Krebs, Walter Uka, Brigitte Walz-Richter, >Die Gleichschaltung der Bilder. Zur Geschichte der Pressefotografie 1930-1936.< Berlin 1983, S.144.

{349} Vgl. Interview mit Gerd Hartung, Berlin 7/1997, S.2. Auch Karl-Ludwig Haenchen berichtete, daß er Modefotos im Propagandaministerium abgeliefert hatte. Vgl. Interview mit Karl-Ludwig und Ilse Haenchen, 11/1995, S.25.

{350} Vgl. Bernd Weise, Pressefotografie als Medium der Propaganda im Presselenkungssystem des Dritten Reiches, In: Diethard Krebs, Walter Uka, Brigitte Walz-Richter, Die Gleichschaltung der Bilder. Zur Geschichte der Pressefotografie 1930-1936. Berlin 1983, S.147.

{351} Vgl. Glossar, Stichwort'">Zeitschriften-Dienst<".

{352} Vgl. Kurt Lothar Tank (Hrsg.), >Zeitschriften-Dienst< 186./55. Ausgabe 27.11.1942, Nr. 7968 im Bundesarchiv, Berlin Document Center.

{353} Charlotte Rohrbachs Schriftleiterausweis mit der Nummer 10291 war am 31.10.1938 in Bremen-Oberneuland ausgestellt worden. Das Feld für 1938 blieb frei. Sie war jedoch schon seit dem 17.11.1935 anerkannte Bildjournalistin ("Bildberichterstatterin"). Der Ausweis ist bei Rosemarie Peters in Wedel/Schleswig-Holstein einzusehen.

{354} Der Presseausweis Niebuhrs Nr. 4712 war 1938 ausgestellt worden, enthielt aber auch einen gestempelten Aufkleber für das Jahr 1937. Der Ausweis ist bei Ulrike Brandi-Geismar einzusehen.

{355} Vgl. Gretel Wagner, "Die Mode in Berlin". In: F.C. Gundlach und Uli Richter (Hrsg.) >Berlin en vogue<. Berlin 1993 S.128/129. Daß die französische Haute Couture dann doch nicht nach Berlin verlegt wurde, verhinderte vor allem der Modeschöpfer Lucien Lelong. Er überzeugte Adolf Hitler davon, daß sich die Schönheit und Eleganz einer Stadt nicht auf eine andere übertragen ließe und deshalb die Mode in Paris bleiben müsse. Vgl. Ingrid Loschek, >Mode im 20. Jahrhundert. Eine Kulturgeschichte unserer Zeit<. München 19883, S.151.

{356} Vgl. Agnes Gerlach: "Zeitgemäß - Artgemäß. Kleiderschau des Deutschen Frauenwerks". In: >NS-Frauenwarte< Heft 18 1936/37, S.577. Nationalistische Polemik gegen Pariser Mode gab es in Deutschland und Österreich seit dem ersten Weltkrieg. Sie wurde bis 1945 immer wieder aufgegriffen und publik gemacht. Vgl. Traude Hansen: >Wiener Werkstätte, Mode Stoffe Schmuck.< Wien München 1984, S.16. "Nordisch" hat nichts mit Norddeutsch zu tun. Auch in Süddeutschland ist das nordische Blut noch das beherrschende. Es ist der Träger der Deutschheit." Vgl. Ludwig Ferdinand Clauß, >Die nordische Seele. Eine Endnoten in die Rassenseelenkunde<. München Berlin 1937, S.32 Tafel 7.

{357} Vgl. Maria May Bildunterschrift zu Fotografien Norbert Leonards. In: >Die Mode< Heft 2, 1941, S.43. Auch das Institut für Ur- und Frühgeschichte an der CAU- zu Kiel verdankt seinen großen Ausbau in den Dreißiger Jahren diesen "Kulturstiftenden" Bestrebungen des Parteiideologen Alfred Rosenberg. Henning Hassmann und Detlef Jantzen, ""Die deutsche Vorgeschichte - eine nationale Wissenschaft." Das Kieler Museum vorgeschichtlicher Altertümer im Dritten Reich". In: Michael Müller Wille und Kurt Schietzel (Hrsg.), >Offa<, Heft 28, 1995, S.9-24. Zu Alfred Rosenberg vgl. Reinhard Bollmus, "Alfred Rosenberg - "Chefideologe" des Nationalsozialismus?" In: Ronald Smelser, Enrico Syring, Rainer Zittelmann (Hrsg.)> Die Braune Elite I<. Darmstadt 19943, S.230.

{358} Zur "Arisierung" der Textilindustrie und der Modehäuser vgl. Uwe Westphal, Berliner Konfektion und Mode. Die Zerstörung einer Tradition 1836 - 1939, Berlin 1986. Gloria Sultano, Wie geistiges Kokain ... Mode unterm Hakenkreuz, Wien 1995 besonders S.133-151 und 221 - 265 und Andreas Ley, Chic in großen Breiten. In: Münchner Stadtmuseum (Hrsg.), Schulze-Varell Architekt der Mode, München 1991, S.10.

{359} Vgl. Glossar, Stichwort '"arisch".

{360} "Mit dieser arischen Besetzung der Fachausschüsse konnte die gesamte Branche der Bekleidungsindustrie kontrolliert werden. Es ist davon auszugehen, daß enge Absprachen zwischen den Nazis Tengelmann, Rudolph Herzog und Otto Jung zur Gründung der ADEFA führten." Vgl. Uwe Westphal, >Berliner Konfektion und Mode 1836-1839 Die Zerstörung einer Tradition<, Berlin 19922, S.123. Otto Jung wurde dann ab 1935 auch einer der Geschäftsführer des Deutschen Mode-Instituts e.V.

{361} Zur ADEFA vgl. Gloria Sultano, <Wie geistiges Kokain ... Mode unterm Hakenkreuz.< Wien 1995, S.137-140.

{362} Vgl. Uwe Westphal, >Berliner Konfektion und Mode 1836-1939<. Berlin 19922, S.10 u. 89.

{363} Wie Anm. oben.

{364} Vgl. Brigitte Stamm, "Berliner Modemacher der 30er Jahre." In:>Der Bär. Jahrbuch des Vereins für die Geschichte Berlins<. 38. u. 39. Folge, Berlin 1989/90, und vgl. Gretel Wagner, "Die Mode in Berlin". In: F.C. Gundlach und Uli Richter (Hrsg.), >Berlin en vogue<. Berlin 1993, S.127 Anm. 11.

{365} "Man hatte Frau Goebbels angesprochen und um Übernahme des Patronates des Deutschen Mode Institutes gebeten, was bestätigt wurde. Doch nur für einen Tag. Anderntags kam der Widerruf. Goebbels hatte seiner Frau jegliche Modebeteiligung verboten. Wieder: "Meine Genossen vom Friedrichshein". Vgl. Hela Strehl-Firle, >Goebbels Politische Impressionen aus privater Sicht,< Unveröffentlicht, München 1979, S.91.

{366} Vgl. Else Rema, "Gespräch mit Magda Goebbels", Manuskript, Privatbesitz, o.J. um 1933/34, S.1, zitiert nach Andreas Ley, >Chic in großen Breiten<.In: Münchner Stadtmuseum (Hrsg.), >Schulze-Varell Architekt der Mode<. München 1991, S.10f.

{367} "Bei offiziellen Essen im Hause Goebbels und in der Reichskanzlei ist das Bild völlig anders. Der übliche Kreis, überwiegend aus Künstlern bestehend, ist mit ein paar wenigen Ausnahmen gar nicht vertreten. Einladungen ergehen natürlich schriftlich. Frack und Abendkleid sind vorgeschrieben. Magda läßt sich noch schnell von einer Dame einen Büstenhalter leihen." Vgl. Hela Strehl-Firle, >Goebbels Politische Impressionen aus privater Sicht<, Unveröffentlicht, München ca. 1979, S.133 und "Hören Sie, ich habe mich mit Josef versöhnt. Er will mit mir morgen zum Derby nach Hamburg. Leihen Sie mir noch einmal das schwarze Transparent-Samtkleid, wie in Dresden. Mit Nerzcape und Kette von Louis Philipp. Josef sah es so gern, und er weiss nicht, dass das von ihnen ist. Ich schicke nachher den Fahrer." Wie oben, S.179.

{368} Brief von Herbert Tengelmann, Beirat des DMI und von der Wirtschaftsgruppe Textilindustrie an den Industriellen Wolfgang Müller von der Firma Carl Weber, Berlin. Vgl. Bundesarchiv, Berlin Document Center, Aktz.: Wirtschaftsgruppe Textilindustrie R 13 XIV / 263, Tgb.-Nr.B. 41571/V Berlin, den 16. März 1936.

{369} Wie Anm. oben.

{370} Vgl. Bundesarchiv, Berlin Document Center, Aktz.: Wirtschaftsgruppe Textilindustrie R 13 XIV / 263, Tgb.-Nr.B. 41571/V Berlin, den 13.03.1936.

{371} "Desgleichen bekam ich auch mein Gehalt erst nach dieser Zeit rückwirkend ohne Zinsen überwiesen!" Vgl. Hela Strehl-Firle, >Karriere! Karriere??< Unveröffentlicht, München 1983, S.10.

{372} Vgl. Bundesarchiv, Berlin Document Center, Aktz.: R 13 XIV/179 Wirtschaftsgruppe Textilindustrie, R 4901/9756. Betrifft: Deutsches Mode-Institut e.V. April 1937 bis Juni 1941. Sultano nennt als weitere Träger des Institutes das Reichsfinanzministerium, den Werberat der deutschen Wirtschaft, und die Wirtschaftsgruppe Bekleidungsindustrie. Doch ist mir nicht bekannt, ob von den Genannten auch Vertreter in den Beirat entsandt wurden, was jedoch anzunehmen ist. Vgl. Gloria Sultano, >Wie geistiges Kokain ... Mode unterm Hakenkreuz<. Wien 1995, S.136.

{373} Vgl. Mitgliederliste des Deutschen Mode Institutes für das Geschäftsjahr 1937/1938. Bundesarchiv, Berlin Document Center, Wirtschaftsgruppe Textilindustrie, Aktz. R 13/XIV 179.

{374} Hela Strehl schrieb dazu in ihren Memoiren: "Meine breite Skala mit Industrieverbindungen, Kenntnis von Sprachen und eingeführten Auslands-beziehungen, waren einem künftigen Institut von Wert. Ich kündigte also meinen hervorragenden Vertrag mit Scherl, sagte der IG Farbenindustrie, sagte Bemberg und mehreren anderen Festpartnern valet und wurde der einberufenen Presse in meiner neuen Berufung vorgestellt. (...) Die Berufung wurde gleichzeitig durch DNB bekanntgegeben - inclusive meiner Programmbedingung: Mode auf intenationaler Basis. (...) Das Dilemma begann sofort, es waren noch keine Räume vorhanden und noch kein Etat, welche zu bestallen. Man zog mit Büro samt Sekretariat in meine Doppel-Etagen Wohnung und blieb dort (...) eineinhalb Jahre ohne Miete zu zahlen." Vgl. Hela Strehl-Firle, >Karriere! Karriere??< Unveröffentlicht, München 1983, S.10.

{375} Vgl. den Brief von Franz Pöschmann an Dr. Gremmler von der Wirtschaftsgruppe Textilindustrie vom 11.06.1936. Bundesarchiv, Berlin Document Center, Wirtschaftsgruppe Textilindustrie, Aktz.: R 13 XIV/179.

{376} Bevor sie zu >Sport im Bild< kam, war Elsa Herzog seit mindesten 1919 bei >Die Dame< für die Modeseiten verantwortlich. Vgl. Impressum, >Die Dame<, 46. Jahrgang, Heft 21, August 1919, S.IV.

{377} Vgl. Hela Strehl-Firle, >Karriere! Karriere??< Unveröffentlicht, München 1983, S.58-65. So war Hela Strehl gut mit Petra Fiedler befreundet, der Tochter des Architekten Peter Behrens. Petra Fiedler war bei >Die Dame<, die im Deutschen Verlag erschien, seit mindestens 1934 die Modechefin. Vgl. dies. S.61 u. 71.

{378} Der Arbeitsplan des DMI ist im Anhang (11.2.2.) in vollem Umfang abgedruckt.

{379} Berlin, den 13.03.1936, Satzung ohne Datum, jedoch wie oben dargelegt sicher vor dem 31.12.1935. (Unterstreichungen und Formatierung wie im Original). Vgl. Bundesarchiv, Berlin Document Center, Aktz.: Wirtschaftsgruppe Textilindustrie R 13 XIV / 263, Tgb.-Nr.B. 41571/V.

{380} Die Moderennen, aus Pferderennen und Modenschau kombinierte Großveranstaltungen, waren bis 1933 von dem Reichsverband der Deutschen Moden-Industrie organisiert worden und stellten den Höhepunkt der Präsentation der Mode aus Berlin, des Berliner Chic, dar. Nach 1936 wurde jüdischen Firmen die Teilnahme verboten. Vgl. Uwe Westphal, >Berliner Konfektion und Mode 1836-1839. Die Zerstörung einer Tradition<, Berlin 19922, S.96f.

{381} Zum Beispiel für die Damenmode Frühling/Sommer 1939. Vgl. Schreiben der Wirtschaftsgruppe Textilindustrie, vom 24.01.1939 an die Fachgruppe Baumwollweberei. Bundesarchiv, Berlin Document Center, Aktz.: R 13 XIV/179.

{382} Vgl. Hela Strehl-Firle, >Karriere! Karriere??< Unveröffentlicht, München 1983, S.130. Hartung erzählte eine etwas andere Version der Trennung Strehls vom DMI. "Aber sie fiel dann in Ungnade, weil sie die Verbindung der Mode zur Industrie, in kluger Voraussicht favorisierte und sich ein Sprechzimmer einrichtete(...), in dem sie die Wände hellgrün streichen ließ und das mit Japanpapier überklebte, daß es nur matt durchschimmerte und sie hatte den ersten Nierenschreibtisch. Der nahm dann die ganze spätere Fünfzigerjahre Mode voraus. Und da ließ sie in echtem Gold "HS" einlagern. Das war den obersten Leuten zu viel, daß sich jemand damit sozusagen auf Dauer in diese Position manövrierte und sie wurde dann später entfernt." Vgl. Interview mit Gerd Hartung, 7/1997, S.33.

{383} Eine damals angehende Moderedakteurin schrieb dazu 1990: "... es wurde sogar eine Reichsbeauftragte für Mode berufen. Eine Dame, die nicht ohne Verstand war und sich der Zeit und ihren Gegebenheiten und mit Eleganz auch den Machthabern anzupassen wußte. Sie hat sich später, das nebenbei bemerkt, auch den folgenden, nicht mehr braunen Jahren perfekt angepaßt." Vgl. Cordula Moritz und Gerd Hartung, >Linienspiele 70 Jahre Mode in Berlin<, Berlin 1991, S.20.

{384} "Hela Strehl- Le "Führer" de la mode germanique, est à Paris. Hitler a dit: "Allez au monde, en temps de deux ans, la femme allemande, doit être al plus élégante." >Paris Soir<, Juli 1937, S.6, zitiert nach Hela Strehl, >Karriere! Karriere??< München 1983, S.126f.

{385} Vgl. Uwe Westphal, >Berliner Konfektion und Mode 1836-1839 Die Zerstörung einer Tradition<, Berlin 19922, S.89-100.S

{386} "Die Berliner Konfektionsindustrie befand sich im Dezember 1938, nach fünfjähriger, systematischer Verfolgung der jüdischen Modeschaffenden, in "arischer Hand" und damit auch am Ende einer großen Tradition, die nicht mehr aufgenommen werden konnte." Vgl. Uwe Westphal, >Berliner Konfektion und Mode 1836-1939 Die Zerstörung einer Tradition<, Berlin 19922, S.166.

{387} Relativ stabile Exportmärkte Deutschlands im Dritten Reich waren Skandinavien und die Schweiz, dazu kamen Spanien und über Portugal auch Südamerika. Doch insgesamt wurden durch kriegsbedingte Einsparungen und aufkommenden Nationalismus in Europa die Im- und Exporte klein gehalten. 1940/41 stiegen die Ausfuhrzahlen wieder kurzfristig, denn Belgien, Holland und Frankreich wurden durch die deutsche Besetzung wieder zu Exportmärkten. Weitere Abnehmer für deutsche Textilien waren Ungarn, Italien, Schweiz, Belgien, Kanada, Türkei, Holland, Niederländisch-Indien, Nord- und Südamerika, England, Dänemark, Norwegen und Schweden. Vgl. Gloria Sultano, Wie geistiges Kokain... Wien 1995, S.135-151 und vgl. Gretel Wagner, "Die Mode in Berlin." In: F.C. Gundlach, Uli Richter (Hrsg.), >Berlin en vogue<. Berlin 1993, S.129.

{388} Brief der Wirtschaftsgruppe Textilindustrie vom Oktober 1940, zitiert nach Gloria Sultano, >Wie geistiges Kokain....< Wien 1995, S.137.

{389} Charlotte Till Borchardt schrieb in einer Deutschen Zeitung, die in Kroatien am 11.12.1943 erschienen war:"Schäferszene" und "Vogelmotiv in Kinderbuchart": Maria May, die Schöpferin der deutschen Modestoffe - Bild eines Frauenberufes. Die Schöpferin dieser Stoffe ist die Zeichnerin und Malerin Maria May - den deutschen Mode- und Textilfachleuten seit Jahren ein Name von Klang-, die vor geraumer Zeit die Stoffmanufaktur des deutschen Modeinstitutes ins Leben rief und leitet." Vgl. Bundesarchiv, Berlin Document Center, Aktz.: R 13 XIV/179.

{390} Ministerialrat Federle erhielt dieses Schreiben auf dem Papier des DMI. Leider ist die Signatur unleserlich, es wurde jedoch im Auftrag Tengelmanns, als Begleitschreiben zu der Denkschrift von Maria May verfaßt. Vgl. Betrifft Deutsches Mode-Institut e.V. April 1937 bis Juni 1941, Schreiben vom 29. Juni 1937. Bundesarchiv, Berlin Document Center, Aktz.: R 13 XIV/179 R 4901 9756

{391} Diese Berufsbezeichnung würde man ihr sicherlich heute geben.

{392} Vgl. Maria May, "Die Manufaktur des Deutschen Mode-Institutes". In: >Die Mode<, Heft 2, 1941, S.27.

{393} Vgl. Charlotte Till Borchardt wie oben.

{394} Wie Anm. oben.

{395} Vgl. Maria May, "Die Manufaktur des Deutschen Mode-Institutes". In: >Die Mode< Heft 2, 1941, S.27.

{396} Brief der Wirtschaftsgruppe Textilindustrie vom Oktober 1940, zitiert nach Gloria Sultano, >Wie geistiges Kokain ...< Wien 1995, S.137.

{397} "Folgende Häuser und Salons gehörten dazu: G. & G. Modelle (Gehringer und Glupp), Corves & Seger, Hilda Romatzki, Annemarie Heise, Kuhnen, Hansen Bang (Schwichtenberg), Schröder-Eggeringhaus, Nina Carell, Suden und Lauer Schulze-Bibernell, Aribert Schwabe, Werner Brüggemann, Rolf Horn, Elise Topell, C. G. Strobach, Hanns Bisegger, Lochte & Co., Dorit und Erich John." Vgl. Gretel Wagner, "Die Mode in Berlin". In: F.C. Gundlach, Uli Richter (Hrsg.), >Berlin en vogue<. Berlin 1993, S.129.

{398} "(...) die Mode-, wo Blusen John und wir alle drin waren, woraus denn jetzt die Mode verkauft wurde? Wie hieß denn die jetzt? (...) Modellgesellschaft?" Vgl. Interview mit Karl-Ludwig und Ilse Haenchen 11/1995, S.13.

{399} Vgl. Berliner Mode. In: >Zeitschriften-Dienst<, Eintrag Nr. 6774, vom 15. Mai 1942, S.6f.

{400} Vgl. >Die Dame<, 68. Jahrgang, Heft 3 1941, S.13, zitiert nach Gretel Wagner, "Die Mode in Berlin". In: F.C. Gundlach und Uli Richter (Hrsg.), >Berlin en vogue<. Berlin 1993, S.129.

{401} Vgl. Interview mit Karl-Ludwig und Ilse Haenchen 11/1995, S.13.

{402} Vgl. Ingrid Loschek, >Die Mode im 20. Jahrhundert<. München 19883, S.151.

{403} Vgl. Brief vom Mai 1944 an die Wirtschaftsgruppe Textilindustrie. Bundesarchiv, Berlin Document Center, Aktz. R 13 XIV/179.

{404} *Kreisau (Schlesien) 11.03.1907.-†Berlin-Plötzensee (hingerichtet) 23.Januar 1945.

{405} Vgl. Interview mit Karl-Ludwig und Ilse Haenchen 11/1995, S.14f.

{406} Vgl. Begründung für den Etat der Dienststelle des Reichsbeauftragten für die Mode. Brief von Oberregierungsrat Carstensen an den Reichsfinanzminister vom 17. Juni 1942. Bundesarchiv, Berlin Document Center, Aktz. R 55/941 Ministerium für Volksaufklärung und Propaganda, Blatt 45.

{407} Am 06.10.1942 diktierte Geobbels, nachdem Carstensen als Jagdflieger in Nodafrika gefallen war, in sein politischen Tagebuch: "(...) ich verliere in Carstensen einen meiner zuverlässigsten und nationalsozialistisch aufrechtesten Mitarbeiter." Vgl. Elke Fröhlich (Hrsg.), >Die Tagebücher des Joseph Goebbels<. München New Providence London Paris 1996, Teil II, Band 6, S.452, Zeile 243ff.

{408} Wie Anm. Begründung für den Etat der Dienststelle des Reichsbeauftragten .

{409} Vgl. Glossar, Stichwort '">Zeitschriften-Dienst<".

{410} In einem Schreiben vom Dezember 1941 an das Propagandaministerium machte die Deutsche Arbeitsfront ihren Führungsanspruch in Fragen der Modelenkung deutlich. Sie wollte "das deutsche Modeschaffen federführend in die Hand nehmen." Vgl. Bundesarchiv, Berlin Document Center, Aktz. R 55/941 Ministerium für Volksaufklärung und Propaganda, Blatt 5 u. 6.

{411} Vgl. Elke Fröhlich (Hrsg.), >Die Tagebücher des Joseph Goebbels<. München New Providence London Paris 1996,Teil II, Band 2, S.275, Zeile 153-179.

{412} Wie Anm. oben, S.435.

{413} Vgl. Bundesarchiv, Berlin Document Center, Aktz. R 13 XIV/267 Wirtschaftsgruppe Textilindustrie.

{414} Wahrscheinlich sogar bis 1945, doch ab Herbst 1944 dürfte jegliche Modearbeit im Chaos des Krieges untergegangen sein. Vgl. Brief vom Mai 1944 an die Wirtschaftsgruppe Textilindustrie. Bundesarchiv, Berlin Document Center, Aktz. R 13 XIV/179.

{415} Joseph Goebbels, zitiert nach Elke Fröhlich, (Hrsg.), >Die Tagebücher des Joseph Goebbels<. München New Providence London Paris 1996,Teil II, Band 9, S.612, Zeile 110-114.

{416} Benno von Arent, der Mitglied in der Reichskammer der Bildenden Künste war, wurde an Hitlers Geburtstag 1937 zusammen mit Arno Breker und den Architekten W. Brinkmann und J. Krüger der Professorentitel verliehen. Albert Speer hatte diesen Titel schon im Januar 1937 erhalten. Vgl. Otto Thomae, >Die Propaganda-Maschinerie, Bildende Kunst und Öffentlichkeitsarbeit im Dritten Reich<. Berlin 1978, S.197.

{417} Vgl. Bundesarchiv, Berlin Document Center, Aktz. R 55/941 Ministerium für Volksaufklärung und Propaganda, Blatt 80 und Gloria Sultano, >Wie geistiges Kokain ... Mode unterm Hakenkreuz.< Wien 1995, Seite 326, Anm. 359. Doch war es nicht so, wie Westphal annahm, daß von Arent den Meistersinger und andere Wagner-Opern ausstattet. Adolf Hitler, der das gern gesehen hätte, konnte sich im Fall von Arent nicht gegen Winifred Wagner durchsetzen. Vgl. Albert Speer, >Spandauer Tagebücher<, Frankfurt Berlin Wien, 1975, S.154f.

{418} Hitler beschloß, diese Pylonen später einmal in Stein auszuführen. Vgl. Albert Speer, >Spandauer Tagebücher<, Frankfurt Berlin Wien, 1975, S.198f. Speer erwähnte von Arent in seinen beiden Büchern relativ ausführlich. Es ist gut möglich, daß er ihn als möglichen Konkurrenten bei Hitler empfunden hat, denn ihre Aufgabenfelder überschnitten sich ein wenig, wie die Ausstattung der Mussolini-Dekoration in Berlin zeigt.

{419} Vgl. Albert Speer, >Erinnerungen<, Frankfurt Berlin 19719, S.124 und vgl. Paul Schmidt, Statist auf politischer Bühne 1923-1945. Erlebnisse des Chefdolmetschers im Auswärigen Amt mit den Staatsmännern Europas, Bonn 1953, S.389-391.

{420} So zum Beispiel ein Flackgeschütz für die Rede in einem Rüstungsbetrieb im Ruhrgebiet vom 18.12.1940. Vgl. Bundesarchiv, Berlin Document Center, Aktz. NS 10/47 S.29 - 34. Vgl. dazu "Der Führer spricht zu den Volksgenossen." In: Rudolf Herz, Hoffman & Hitler. Fotografie als Medium des Führer-Mythos. München 1994, die Abb.6/21, S.314.

{421} Vgl. >Die Mode<, Heft 1, Januar 1941.

{422} In einem halboffiziellen Schreiben sprach von Arent den Staatsekretär Leopold Gutterer mit "Lieber Poldi" an, was dann etwas später bei einem rangniedrigeren Beamten des Propaganda Ministeriums auf Mißfallen stieß. Vgl. Brief Benno von Arent an Staatssekretär Gutterer vom 11.05.1943. Bundesarchiv, Berlin Document Center, Aktz. R 055/001032.

{423} Vgl. Hela Strehl, bei ihr hieß es: "Benno v. Arent, der Reichsbühnenbildner, - Rei-Bü-Bi - genannt, mußte jahrgangsgemäß in den Polenkrieg. Es gefiel ihm dort nicht. Und er kehrte mit der siegreichen Armee nach Hause. Jedoch sein Arbeitsgebiet lag brach. Man brauchte keine Festpylonen die Charlottenburger Chaussee entlang, wie im Frieden." Vgl. Hela Strehl-Firle, >Goebbels Politische Impressionen aus privater Sicht<, Unveröffentlicht, München 1979, S.95.

{424} Vgl. Neuorganisation des deutschen Modeschaffens. Bundesarchiv, Berlin Document Center, Aktz. R 55/001032, Ministerium für Volksaufklärung und Propaganda.

{425} Vgl. Etat der Dienststelle des Reichsbeauftragten für die Mode. Bundesarchiv, Berlin Document Center, Aktz. R 55/941 Reichsministerium für Volksaufklärung und Propaganda, Blatt 39-49 und Anm. oben.

{426} Vgl. "Aufzeichnung der Unterredung zwischen Herrn Staatssekretär Gutterer und Professor Benno von Arent am 7. Dezember 1942 in der Kameradschaft der deutschen Künstler, an der auch Herr Duphorn, der Mitarbeiter des Reichsbeauftragten für die Mode, und Dr. Mahlberg vom Modereferat des Ministeriums teilnahmen." Bundesarchiv, Berlin Document Center, Aktz. R 55/001032, Ministerium für Volksaufklärung und Propaganda, Blatt 90-93.

{427} Im Gegensatz zum "Reichsbeauftragten für die Bekleidung" der nur eine Art Wirtschaftsprüfstelle war. Wie Anm. oben.

{428} Vgl. Schreiben vom 8.10.1941. Bundesarchiv, Berlin Document Center, Aktz. R 55/941, Ministerium für Volksaufklärung und Propaganda, Blatt 1-3.

{429} Vgl. Bundesarchiv, Berlin Document Center, Aktz. R 55/731. Ministerium für Volksaufklärung und Propaganda, Blätter 120, 125, 133, u. 140.

{430} Vgl. Brief von Dr. Hopf vom Rechnungshof des Propagandaministeriums vom 10.12.1942 an Staatsrat Carstensen zum Etat des Reichsbeauftragten für die Mode, darin "Schaffung eines Subventions-Fonds für Modefotografen." Vgl. Bundesarchiv, Berlin Document Center, Aktz. R 55/731 Ministerium für Volksaufklärung und Propaganda, Blätter 86/87. Mit ähnlichen Subventionen hatte das Propagandaministerium bereits in der Filmindustrie gute Erfahrungen gemacht. Ein Subventionsprogramm für den deutschen Film hatte von 1933 bis 1937 70 Prozent aller deutschen Filmproduktionen mit jeweils 70 Prozent des Etats von der nationalsozialistisch gegründeten Reichsfilmbank finanziert und so die heimischen Produktionen stabilisiert. Unveröffentl. Skript von John E. Davidson, (Professor der Ohio State University) >Film in Nationalsozialismus< Vortrag, gehalten im Kennedy Haus Kiel, am 13.05.1997.

{431} Vgl. maschinengeschriebene, auszugsweise Abschrift eines Briefes von Benno von Arent an das Propagandaministerium, vom 24. September 1942. Bundesarchiv, Berlin Document Center, Aktz. R 55/731, Ministerium für Volksaufklärung und Propaganda.

{432} Zu der Devisenverteilung vgl. Interview mit Gerd Hartung 6/1997, S.9 u.23.

{433} Vgl. Bericht über die Geschäftsprüfung bei dem Reichsbeauftragten für die Mode am 4.5.1943. Darin sind die Abrechnungen der Modenschauen vom 22.11.1942 und 22.1.1943 enthalten. Bundesarchiv, Berlin Document Center, Aktz. R 055/731, Ministerium für Volksaufklärung und Propaganda, Blatt 107-109.

{434} Begründet wird die Verschiebung der anderen Punkte folgendermaßen: "Nach der Auslegung des Generalbevollmächtigten für die Reichsverwaltung wird als kriegswichtig das anerkannt, was für den Abwehrkampf des deutschen Volkes oder zur Erhaltung der Arbeitsfähigkeit der mit Kriegsaufgaben betrauten Behörden unerlässlich ist." Vgl. Neuorganisation des deutschen Modeschaffens, Schreiben an Staatssekretär Gutterer vom 19.10.1942. Bundesarchiv, Berlin Document Center, Aktz. R 55/79, sowie: Schreiben des Rechnungshofes vom 5.11.1942. Wie oben, R 55/001032, Reichsministerium für Volksaufklärung und Propaganda.

{435} "Am Freitag dem 10. d. M., sind die Modeschaffenden Berlins von dem Reichsbeauftragten für die Mode zu einer Besprechung in das Haus der "Kameradschaft der deutschen Künstler" eingeladen. Im Anschluß an (...) die vom Reichsbeauftragten für die Mode Professor Benno von Arent gehaltene

Rede, in der die Richtlinien für die Modeschaffenden bekannt gegeben werden, soll eine engere Fühlungnahme mit den Modeschaffenden, den Modeschriftleitern, den Modefotografen und Zeichnern, genommen werden. Hierzu sind auch einige Vertreter von Behörden und Dienststellen geladen." Vgl. Schreiben vom 9.07.1942 an das Reichsministerium für Volksaufklärung und Propaganda, Abteilung Haushalt Bundesarchiv, Berlin Document Center, Aktz. R0 55/00731.

{436} Vgl. Schreiben des Rechnungshofs, Referat Pro. K. Dr. Mahlberg, vom 17.07., 20.09. und 27.11.1943. Bundesarchiv, Berlin Document Center, Aktz. R 55/791. Vgl. zum Ankauf der Modekartei, das Schreiben Leiter Pro. Reef. RR. Dr. Heinrichsdorf, Berlin 9.4.1943. Wie oben, Aktz. R 55/1039.

{437} Teilabschrift eines Briefes Benno von Arentes an das Propagandaministerium vom 24.09.1942. Die Anmietung eigener Räume für sein Amt zerschlugen sich, da die finanziellen Mittel fehlten und das Propagandaministerium selbst Anspurch auf die Räume erhob. So richtete er ein Büro in seiner Privatwohnung in Berlin Wannsee, Bismarkstraße 28, ein. Vgl. Bundesarchiv, Berlin Document Center, Aktz. R 55/791. Gerd Hartung sagte zur Reimannschule: "1932 habe ich ja studiert in der Reimannschule, die es heute auch nicht mehr gibt. Die war im ersten Hochhaus in Berlin am Victoria-Louise-Platz (Ecke Motzstraße, Anm. d. Verf.)mit unendlich vielen Ateliers. Die hatten ja von Kunstgewerbe über Film, Foto, Filmschneiderei, Modeschneiderei, Modezeichnen usw. alles was sie nur wollten im Angebot. Das wurde dann auch kassiert, weil ich glaube, daß Herr Reimann oder seine Frau nicht arisch waren." Vgl. Interview mit Gerd Hartung, Berlin 7/1997, S.12. Die Reimannschule blieb nach ihrer Arisierung unter der Leitung von Hugo Häring noch bis 1944 bestehen. Vgl. Rolf Sachsse, "Kontinuität, Brüche und Mißverständnisse. Bauhausphotographie in den Dreißiger Jahren". In: Winfried Nehrdinger (Hrsg.), >Bauhaus-Moderne im Nationalsozialismus<. München 1993, S.66.

{438} Vgl. Dr. Kurt Lothar Tank (Hrsg.), Die Mode im Leben des Volkes. In: >Zeitschriften Dienst< 181./50. Ausgabe, Nummer 7754 vom 23.10.1942, S.9f.

{439} Wie Anm. oben.

{440} Vgl. Aufzeichnung der Unterredung zwischen Herrn Staatssekretär Gutterer und Professor Benno von Arent am 7. Dezember 1942 in der Kameradschaft der deutschen Künstler, an der auch Herr Duphorn, der Mitarbeiter des Reichsbeauftragten für die Mode, und Dr. Mahlberg vom Modereferat des Ministeriums teilnahmen. Bundesarchiv, Berlin Document Center, Aktz. R 55/001032 Microfiche, Ministerium für Volksaufklärung und Propaganda Blatt 90-93.

{441} Leider ist aus den Akten nicht zu entnehmen, welcher Minister diese Entscheidung getroffen hat. Vgl. Bundesarchiv, Berlin Document Center, Aktz. R 55/731 Microfiche, Ministerium für Volksaufklärung und Propaganda,Blatt 96 vom 28. Januar 1943 und R 55/001032 Blatt 2 vom 22. April 1943.

{442} Vgl. Hela Strehl-Firle, >Goebbels Politische Impressionen aus privater Sicht<, Unveröffentlicht, München 1979, S.95.

{443} Vgl. Elke Fröhlich, (Hrsg.), >Die Tagebücher des Joseph Goebbels<. München New Providence London Paris 1996,Teil II, Band 11, S.589, vom 31.3.1944 und Band 13, S.314 vom 24.08.1944.

{444} Wie Anm. oben, Teil II, Band 14, S.332 vom 02.12.1944.

{445} So war nach Reichel, auch die Kulturpolitik von diesem Kompetenzgerangel geprägt. Vgl. Peter Reichel, >Der schöne Schein des Dritten Reiches<. Frankfurt a. M. 19932, S.84.

{446} "Deutsche Arbeits Front" (DAF), der Gewerkschaftsersatz der NSDAP.

{447} Vgl. Gloria Sultano, >Wie geistiges Kokain ...< Wien 1995, S.74.

{448} 1940, noch vor der Besetzung Frankreichs wurde die Organisation in der Zeitschrift >Hella< vorgestellt (vgl. >Hella< Heft 9, Juli 1940, S.10f.). Ursprünglich hieß sie "Syndicat de la Couture Parisienne" und war 1868 in Paris als Vereinigung der Kleiderhersteller gegründet worden, um das Plagieren des Designs zu verhindern. Sie diente später als Lobby. Vgl. Georginia O'-Hara, >The Encyclopaedia of Fashion<. From 1840 to the 1980s. London 1986, S.68.

{449} Vgl. Uwe Westphal, >Berliner Konfektion und Mode<. Berlin 1986, S.66f.u. 90.

{450} Karl-Ludwig Haenchen: "Wichtig war ihnen, daß sie die deutschen Produkte überdie Botschaften im Ausland in die dortige Presse bringen konnten, um den Markt für einen Deutschen Export vorzubereiten. Das war der Sinn der Sache. Und diese Aktion, die Sachen zu fotografieren, da kriegten Aufträge: die Relang, Sonja Georgi und ich. Flöter weiß ich nicht. Und diese Sachen gingen dann über das Propagandaministerium in diese Geschichte." Vgl. Interview mit Karl-Ludwig und Ilse Haenchen 11/1995, S.25.

{451} Vgl. unbekannter Autor in >Film und Frau< Heft 2 1952, S.8.

{452} Vgl. maschinengeschriebene auszugsweise Abschrift eines Briefes von Benno von Arent an das Propagandaministerium vom 24. September 1942. Bundesarchiv, Berlin Document Center, Aktz. R 55/731, Ministerium für Volksaufklärung und Propaganda.

{453} So berichtete zum Beispiel die >Dame< über die "schönst gewachsenen Frauen" und ihre Arbeit als Mannequins. Die >Elegante Welt< berichtete regelmäßig über Feste und öffentliche Veranstaltungen und wies dabei immer wieder auch auf das junge Fotomodell Karin Lahl hin. Später folgten ähnliche Berichte in der >Film und Frau<, der >Brigitte<, im >Stern< und anderen Illustrierten. Vgl. dazu auch Sylvia Lott, >Die Frauenzeitschriften von Hans Huffzky und John Jahr. Zur Geschichte der deutschen Frauenzeitschriften zwischen 1933 und 1970<. Berlin 1985, S.40f. und S.85f.

{454} Vgl. Simone Bergmann, die selbst Modell war. Sie schildert in ihrem Buch auch die dunklen Seiten des Modellebens. Vgl. dieselbe, >Make up. Fotomodelle erzählen aus ihrem Leben<. Ravensburg 1981.

{455} Vgl. David Seidner, "Statischer Tanz" In: David Seidner (Hrsg.), >Lisa Fonssagrives-Penn<. München Paris London 1996, S.11. Wenige, mehr illustrativeVeröffentlichungen, die sie auf Fotos ihres Mannes zeigt, erschienen auch in deutschen Magazinen. Vgl. Harrison in Seidner S.31.

{456} Vgl. David Seidner, >Lisa Fonssagrives-Penn. Drei Jahrzehnte klassischer Modephotographie<. München Paris London 1996, mit einem Text von Martin Harrison. Vgl. außerdem Michael Gross, >Model. Das häßliche Geschäft der schönen Frauen< Wien München 1996, S.172.

{457} Sucht man in Modepublikationen der Vergangenheit und der Gegenwart nach den Namen von Fotografen und Fotomodellen, findet man in der Regel nur den der Fotografen. Seine Namensnennung unterlag dem Urheberrecht und im Dritten Reich der Pressezensur. Er mußte genannt werden. Die Identität des Fotomodells jedoch erschloß sich nur dem Kenner, denn ihr Name wurde nie genannt, es sei denn es handelte sich bei dem Fotomodell um eine Persönlichkeit der Gesellschaft, um Schauspieler oder Sportler.

{458} Eine Sitte, die auch in der >Film und Frau< bei den Fotomodellen der Fünfziger Jahre gepflegt wurde. Vgl. Simone Bergmann, >Make-up. Fotomodelle erzählen aus ihrem Leben<. Ravensburg 1981, S.119.

{459} Zitiert nach Simone Bergmann, Make-up. Fotomodelle erzählen aus ihrem Leben. Ravensburg 1981, S.121.

{460} Vgl. Willy Bogner zitiert nach Mark Kuntz, "Models Von anonymen "Kleiderständern" zu selbstbewußten Superstars", >Brigitte< Heft 5, Hamburg 1996, S.124.

{461} Wie Anm. oben.

{462} Vgl. Maria Zander (Hrsg.), "Sprechen Sie noch ...?" In: >Elegante Welt< Heft 1, Stuttgart, Oktober 1949, S.36.

{463} Heute gibt es eine kleine Führungsriege von einem Dutzend Modellen, die sich weltweiter Bekanntheit und Vorbildfunktion erfreuen. Diese Top-Modelle sind Projektionsfiguren, wie es Fürstinnen und Schauspielerinnen für viele Frauen sind:"Today's supermodels have become, as he puts it, "the visual projection of the dreams of millions, the contemporary repositories of glamour, as powerful, sought after, and celebrated as the movie stars of Hollywood's heyday." Vgl. "Stephen Fenichell zitiert Michael Gross". In: Stephen Fenichell Show and Tell. >American Photo< Heft 3, Mai/Juni, New York 1995 S.34. Gaby van Cleef war die zweite Ehefrau von Hubs Flöter.

{464} Vgl. Anita Hunter, Das dramatisch Leben der berühmtesten Mannequins der Welt. In >Film und Frau< Heft 2, 1952, S.8.

{465} Vgl. Friedrich Kluge, >Etymologisches Wörterbuch der deutschen Sprache.< Zwölfte und dreizehnte unveränderte Auflage. Mit Unterstützung durch Wolfgang Krause bearbeitet von Alfred Götze. Walter de Gruyter & Co, Berlin und Leipzig 1943, Stichwort: "Mannequin", S.375. Diese Definiton wird auch heute noch vom Duden-Verlag in seinen Veröffentlichungen vertreten.

{466} Vgl. Michael Gross,> Model. Das häßliche Geschäft der schönen Frauen< Wien-München 1996, S.52.

{467} Wie Anm. oben.

{468} Vgl. Stichwort: französiche Mode. In: Ruth Klein, Lexikon der Mode. Drei Jahrtausende Europäischer Kostümkunde. Baden-Baden 1950, S.135, und vgl. Stichwort: "Worth, Charles Frederick." In: Gerogina O'Hara, The Encyclopaedia of Fashion. London 1986, S.263f.

{469} Vgl. Michael Gross, <Model, Das häßliche Geschäft der schönen Frauen< Wien-München 1996, S.55.

{470} Dazu das Fotomodell Karin Stilke: "Oh, ja, ein Riesenunterschied. Oh, wir waren ganz fein. Mannequins, da guckten wir drauf runter." Vgl. Interview mit Karin Stilke 10/1996, S.9.

{471} Doch wie Maren Prahm vom >Brigitte< und >Young Miss< Modellbooking in einem Gespräch am 14.11.1997 sagte: "Mannequins sind lange, dünne Kleiderständer, die laufen können."

{472} "Nein, ich habe mit Models nicht gearbeitet, dann hätte ich nämlich nichts mehr verdient. Ich habe einmal versucht für die Herrenmode mit einem Herren-Model zu arbeiten. Der wollte aber für die Stunde 100,- Mark und ich bekam für die Figur knapp 100,- Mark. Das war nach dem Krieg."(...)"Dazu denken Sie immer, eben jede Zeichnung in den Generalproben hier, von den Theatergeschichten und eben deswegen kann ich nur sagen, daß ich wirklich,(...) anatomisch richtig zeichnen konnte. Weil ich immer nach dem Leben alle möglichen Haltungen, Stellungen zeichnen konnte und daher also wirklich mit dem Körper vertraut bin." Vgl. Interview mit Gerd Hartung 7/1997, S.25f.

{473} Die Modefotografen Regina Relang, Friedrich Aschenbroich, Hubs Flöter und Norbert Leonard wurden 1950 in der >Constanze< gefragt, wie sie sich das ideale Fotomodell vorstellen würden. Darauf antwortete Friedrich Aschenbroich, der hier stellvertretend für alle Befragten zitiert wird, da seine Aussage die der anderen zusammenfaßt: "Es müßte in der Lage sein, ein großes Abendkleid ebenso wirkungsvoll zu tragen wie einen sportlichen Pullover- es müßte einen extravaganten Hut ebenso überzeugend vorstellen können wie einen Regenmantel. Die Vielfalt dieser Aufgaben verlangt Grazie, ein bißchen schauspielerisches Talent und selbtverständlich ... eine gute Figur!" Vgl. Friedrich Aschenbroich. In: >Constanze<, "Was ist ein ideales Foto-Mannequin?" Heft 23, Hamburg, November 1950. Der Modefotograf F.C. Gundlach: "Was ein gutes Model ausmacht ist, daß sie zu jedem Kleid das passende Gefühl rüberbringt." Interview mit F. C. Gundlach vom 26.09.1996.

{474} Vgl. Alexander Liberman, "Das Model beherrscht nun die Modefotografie; das Model selbst erschafft das Image." In: Polly Devlin und Alexander Libermann (Hrsg.), Vogue-Geschichte der Mode-Photographie. Herrsching 1980, S.239.

{475} Vgl. Ulrich Mohr, Das Bildnis der Eva, Hamburg 1959, S.11.

{476} Wie Anm. oben, S.12.

{477} "Ja, da war die Elfi Wildfeuer. Eine, sehr schwer zu sagen, eine der interessantesten Frauen, die ich kennengelernt habe. Sie war nicht hübsch oder nicht schön, aber sie hat Farben an sich gehabt. Ohne geschminkt zu sein. Also, sie war voll Charme und Beweglichkeit, und wenn man mit ihr eine halbe Stund gesprochen hat, hat g'sagt, die is aber eigentlich hübsch! Und nach einer Stund hat man g'sagt, die is schön, ja!" Das österreichische Fotomodell Ulla Denk im Interview mit Gloria Sultano. Vgl. Gloria Sultano,> Wie geistiges Kokain<, Wien 1995, S.298.

{478} Vgl. Hubs Flöter, "Karriere vor der Kamera". In: >Leica Photographie< 21. Jahrgang, Heft 3 Frankfurt 1969, S.95. Daß einige Modelle ihre Karriere sehr früh begannen, zeigt sich sowohl beim Anblick ihrer Gesichter, als auch an ihren Biographien. Vgl. die Kurzbiographie von Karin Stilke im Anhang. Außerdem diverse Lebensläufe in: Michael Gross, >Model<, Wien München 1996. Heute hat sich die Altersspanne um ca. 4 Jahre nach unten verschoben. "Die meisten Mädchen fangen mit 15 oder 16 Jahren an zu modelln und mit 25 gehören sie schon zu den "alten Damen"." Maren Prahm vom >Brigitte< und >Young Miss< Modellbooking in einem Gespräch am 14.11.1997.

{479} Die Untergrenze ist eigentlich noch kürzer, denn manches Modell arbeitete nur eine Saison oder machte nur eine Kampagne mit. Den dreijährigen Durchschnitt ermittelte ich aus der Durchsicht der Zeitschrift >Film und Frau<, von 1948 bis 1955 und aus der >Brigitte< der Sechziger Jahre. Riederer 1962 gibt 10 Jahre als Obergrenze für die Arbeitszeit eines Models an: "Sehr viel länger als zehn Jahre kann und will kein Mannequin, das als Fotomodell arbeitet, die physischen Strapazen dieses Berufes auf sich nehmen." Vgl. Marietta Riederer, >Wie Mode Mode wird<, München 1962, S.131.

{480} Vgl. Fallenberg, Elisabeth, >So wirst Du Fotomodell<. Wien 1984, S.21.

{481} "(...) die Kunst der unvollendeten Bewegung, (...) die nur sehr wenige Modelle beherrschen - dieses Innehalten, wie in einem freeze-frame, eine Tausendstelsekunde bevor eine Handlung vollendet ist, das dem Betrachter einer Photographie erlaubt, sie selbst zu vollenden, die angedeutete Geschichte zu Ende zu erzählen, (...)." Vgl. David Seidner, "Statischer Tanz". In: >Lisa Fonssagrives -Penn<, München Paris London 1996, S.12.

{482} Weiß bemalte Schauspieler erstarrten bei Vorstellungen zu Skulpturen. Vgl. William A Ewing, >Faszination Körper, Meisterfotografien der menschlichen Gestalt<. Leipzig 1994, S.282. Vgl. auch ein Zitat aus dem Salon von 1859, in Ausst. Kat. Wien 1993/94, Diskurse der Bilder. Photokünstlerische Reprisen kunsthistorischer Werke. Wien 1993/94, S.26. Außerdem vgl. Milena Greif, >Skulpturale Tendenzen in der Photographie des 20. Jahrhunderts<. Unveröffentlichte Magisterarbeit im Fach Kunstgeschichte an der Ludwig Maximilians-Universität München, März 1997, S.25f.

{483} Vgl. Angelika Völker , >Wiener Mode und Modefotografie<. Wien 1987, S.212.

{484} Die Abbildungen zeigen, daß es wirklich keine Ausnahme dieses Schlankheiteszwanges gab. In der deutschen Nachkriegspresse wurden immer wieder die Maße 1,75 cm groß, 89 cm Oberweite, 57 cm Taille und 90 cm Becken genannt. Weniger die Körpergröße war ausschlaggebend für die Modellqualität, als eine harmonische Figur mit möglichst langen Beinen, um die optisch bedingten Verkürzungen ausgleichen zu können. Vgl. Norbert Leonard In: >Constanze<, "Was ist ein ideales Foto-Mannequin?" Heft 23, Hamburg, November 1950. Viele Fotomodelle, besonders in den Dreißiger Jahren, wurden auf Hockern stehend fotografiert, um die Beine dadurch optisch zu verlängern.

{485} "Sie ist wandlungsfähig, ein Talent, das jedes gute Model braucht." Vgl. >Time<, September 1949 zu dem Fotomodell Lisa Fonssagrieves-Penn, zu lesen. zitiert nach Michael Gross, >Model, Das häßliche Geschäft der schönen Frauen<. Wien München 1996, S.107.

{486} Vgl. David Seidner, Statischer Tanz. In: ders., Lisa Fonssagrives-Penn, München Paris London 1996, S.12.

{487} Diese Freude am eigenen Bild in Verbinung mit einer gewissen Eitelkeit ist bis in die Gegenwart eine große für Frauen und zunehmend auch Männer, Motivation Fotomodell zu werden. Nach einem Gespräch zwischen Claudia Gabriele Philipp mit dem Modefotografen Peter Lindberg, anläßlich seiner Retropsektive im Museum für Kunst und Gewerbe Hamburg, Januar/Februar 1998.

{488} Vgl. Nancy Hall-Duncan, >The history of Fashion Photography<. New York 1979, S.43f. und Simone Bergmann, >Make up<. Ravensburg 1981, S.122.

{489} Vgl. Hubs Flöter, "Meine Fotomodelle." In: >Film und Frau< Modenheft Frühjahr Sommer 1954, ohne Seite und vgl. auch: " (...) von Beruf ist Margot Schauspielerin, die in Kinderstücken die Märchenprinzessin spielt. (...) Sonst Modezeichnerin, stellt Edith Schalkowski sich hier einmal als Mannequin vor." ohne Autor, Blick in eine Modewerkstatt der Ostzone: "Ein Modell für 200 Kleider", in >Constanze< 1. Maiheft 1950, S.28f.

{490} Der Modeofotograf Horst P. Horst, zitiert nach Simone Bergmann, >Make up<. Ravensburg 1981, S.124.

{491} F.C. Gundlach fotografierte in den Fünfzigern sehr häufig die Modebilder der >Film und Frau< - Serie "Filmstar in Mode".

{492} Charles Rainey, der Schwiegersohn des Gründers der ersten Modellagentur (New York ca. 1920) "John Robert Powers" im Gespräch mit Michael Gross. Vgl. Michael Gross, >Model. Das häßliche Geschäft der schönen Frauen<. Wien München 1996, S.78.

{493} "Von der Stenotypistin bis zum Fotomodell ging der Weg der interessanten Berlinerin Chiqui Jonas. In den Jahren von 1939 bis 1942 war sie das meistbegehrte Modell der Modehäuser am Kurfürstendamm. Ihr Vorführstil ist vorbildlich. Sie beweist, daß ein Mannequin ihren Beruf nicht "lernen" kann. Natürliche Anmut, Haltung, sehr viel Einfühlungsvermögen und Verständnis für modische Feinheiten muß man besitzen, nicht erwerben." Vgl. Hubs Flöter, "Meine Fotomodelle". In: >Film und Frau< Modeheft Frühjahr Sommer 1954, ohne Seite. Flöters Name steht zwar im Titel, doch dürften die Texte, bis auf die Einleitung, überwiegend aus der Redaktion stammen. Vgl. auch Erika Weigt, ehemaliges Modell und Gründerin des "Münchener Mannequinstudio", zitiert nach: Susa Ackermann, Couture in Deutschland. München 1961, S.133.

{494} Die wahrscheinlich älteste Modellschule in Europa war die "Lucie-Clayton-Schule" in London, gegründet 1928 von Sylvia Gollidge einem ehemaligen Mannequin. Vgl. Michael Gross, >Model. Das häßliche Geschäft der schönen Frauen<. Wien Müchen 1996, S.196f.

{495} Auch in Amerika, wo es seit dem Ende der Zwanziger Jahre die ersten Modellvermittlungen gab, wurde mit Hilfe von "Scouts" (ursprünglich: "Fährtensucher") in der Öffentlichkeit nach neuen Gesichtern gesucht. Vgl. Michael Gross, >Model, Das häßliche Geschäft der schönen Frauen.< Wien München 1996, S.72.

{496} Vgl. Interview mit Karin Stilke, 10/1996, S.10.

{497} Vera Ashby war Mannequin, ihr Künstlername war "Sumurun". Sie führte um 1900 bei Captain Molyneux in Paris Mode vor. Zitiert nach Simone Bergmann, >Make up<. Ravensburg 1981, S.122.

{498} Vgl. Friedkarl Wieber, >Der deutsche Zeitschriftenroman im zwanzigsten Jahrhundert, Eine volkskundliche Auseinandersetzung<, Halle/Saale 1933, S.17f.

{499} Vgl. Interview mit Gerd Hartung 7/1997, S.4f.

{500} Aus diesen Karteien wurden unter anderem auch Gaukler und Weihnachtsmänner vermittelt.

{501} Im Nachruf heißt es weiter: "So hart urteilte Schlachtermeister Behmenburg aus Oldenburg in Oldenburg, als seine 18jährige Tochter Wilhelmina entdeckt wurde. Und das ausgerechnet in Chicago. Dorthin war das deutsche Ehepaar mit dem schönen Kind gerade ausgewandert. (...) Trotz seiner Angst ließ er sich schließlich breitschlagen. "Geh auf die Mannequinschule", sagte er, "aber die Kosten zahlst du mir eines Tages zurück." Vgl. Constance Regnier und Dagmar Rathke, "Ein Märchen ohne Happy-End". In: >BUNTE< Heft 13.3.1980, über Wilhelmina, die Verkörperung des "Fräuleinwunders"(ca. *1940 - †1980), vgl. zu Wilhelmina auch; Michael Gross, >Model, Das häßliche Geschäft der schönen Frauen<. Wien München 1996, S.232ff.

{502} Vgl. Svetlana Alpters, >Rembrandt als Unternehmer<. Köln 1989, S.134.

{503} Es wäre interessant, die These zu überprüfen, ob die Moralvorstellung mit patriarchalen Gesellschaftssystemen zusammenhängt oder ob darin ein tieferer, biologischer Verhaltenskodex sichtbar wird, der den verschiedenen Geschlechtern bestimmte Rollen im Ablauf der Partnerwerbung zuschreibt. Für die Deutung als Ausdruck des Frauenbildes einer patriarchalen Struktur sprechen die strikten Präsentationsverbote für Frauen, die zum Beispiel in einigen islamischen Ländern zur alltäglichen Verschleierung der Frauen in der Öffentlichkeit führen oder in Japan und China dazu führten, daß Frauenrollen im Theater bis ins 20. Jahrhundert hinein von Männern gespielt werden mußten. Marianne Wex vertrat 1980 die These, daß es in früheren Zeiten, sie erfaßt eine Zeitspanne von ca. 1900 bis ins klassische Altertum, kaum verinnerlichte Verhaltensmuster gab. Vgl. Marianne Wex, >"Weibliche" und "männliche" Körpersprache als Folge patriarchalischer Machtverhältnisse<, Frankfurt a. M. 19802, S.101, 121, 133, 139.

{504} Vgl. Michael Gross, >Model, Das häßliche Geschäft der schönen Frauen<. Wien München 1996, S.132 und 190ff.

{505} "(...) die Tatsache kultureller Unterschiede in der Gestaltung sexueller Beziehungen zeigt, wie sehr Sexualität durch Normen und soziale Sanktionen geregelt wird." Vgl. Dorothee Alfermann, Geschlechterrollen und geschlechtstypisches Verhalten. Köln 1996. S.156.

{506} "Interessanterweise unterliegen nicht alle Gesten einem regionalen Wandel. Manche Gebärden scheinen Allgemeingültigkeit zu besitzen und vermitteln uns zumindest teilweise das Gefühl, in einer vertrauten Umgebung zu sein, auch wenn wir uns am anderen Ende der Welt befinden. (...) Demnach gehören einige Gesten offenbar zur "Grundausstattung" des Menschen, während andere nur in bestimmten Kulturkreisen vorkommen." Vgl. Desmond Morris, >Bodytalk, Körpersprache, Gesten und Gebärden<, München 1995, S.5.

{507} Vgl. Wolfgang Kemp, "Kunstwerk und Betrachter: Der rezeptionsästhetische Ansatz". In: Belting, Dilly, Kemp, Sauerländer und Warnke (Hrsg.), >Kunstgeschichte eine Endnoten<. Berlin 19883, S.245.

{508} Die Definition der Kommunikation besagt, daß Kommunikation nur dann besteht, wenn zwischen mindestens zwei Partnern ein Informationsaustausch stattfindet. Bei der Betrachtung eines Fotos erhält zwar der Betrachter Informationen, aber er gibt keine Information an das Bild. Vgl. zur Definiton der Kommunikation Paul Watzlawick, Janet H. Beavin, Don D. Jackson, >Menschliche Kommunikation<, Bern Stuttgart Toronto 19938 (1969), S.30.

{509} Sie waren nur "überwiegend" die Zielgruppe und nicht ausschließlich, denn Modefotos wurden auch in weniger geschlechtsspezifischen Zeitschriften, wie >die neue linie<, >Silberspiegel< (ehemals >Sport im Bild<) und >Elegante Welt< in erheblichem Ausmaß veröffentlicht. Auch Zeitschriften wie >Die Dame< und >Die Mode< werden einige männliche Leser erreicht haben, denn auch vom Anspruch her reine Frauenzeitschriften, wie >Constanze< wurde von vielen Männern gelesen. Ein Drittel der >Constanze<-Leserschaft war männlich. Vgl. Sylvia Lott, >Die Frauenzeitschriften von Hans Huffzky und John Jahr. Zur Geschichte der deutschen Frauenzeitschriften zwischen 1933 und 1970<. Berlin 1985, S.495 f.

{510} Zwei mögliche weitere "Kommunikationspaare" mit wahrscheinlich unterschiedlicher Körpersprache und dem zur Folge dann anderen Bildwirkungen waren ein homosexueller Mann fotografiert ein weibliches Modell und eine lesbische Frau fotografiert ein weibliches Modell. "... die Schönheit von Frauen spielt nur dann eine wichtigere Rolle als die von Männern, wenn es um heterosexuelle Liebesbeziehungen geht." Vgl. Dorothee Alfermann, >Geschlechterrollen und geschlechtstypisches Verhalten< Köln 1996, S.153.

{511} Vgl. Uta Gote, "Fragen an Hubs Flöter. Erotik ist das Hauptmotiv meiner Themen." In: >Die Welt< vom 4.3.1970. In: Archiv Fritz Kempe, Photographische Sammlung des Museum für Kunst und Gewerbe Hamburg, Ordner F 26, Stichwort: Hubs Flöter.

{512} Vgl. Hubs Flöter, "Karriere vor der Kamera". In: >Leica Photographie< 21. Jahrgang, Heft 3 Frankfurt 1969, S.94.

{513} Vgl. D. B. Givens, "The non-verbal basis of attraction: Flirtation, courtship and seduction." In: >Psychiatry<, 41, 346-351, 1978. zusammengefaßt von Christiane Doermer-Tramitz, >... auf den ersten Blick. Über die ersten dreißig Sekunden einer Begegnung von Mann und Frau<. Opladen 1990, S.138.

{514} Vgl. Christiane Doermer-Tramitz, >... auf den ersten Blick<. Opladen 1990, S.139 - 167. Vgl. dazu auch Samy Molcho >Alles über Körpersprache< , München 1995, die Abb. S.70 unten.

{515} Vgl. Österreich, ohne Namen, "Modephotographie Überschlank mit guten Beinen," in: >Die Wochen-Presse Das Österreichische Nachrichtenmagazin<, 14. Jahrgang Nummer 31, Wien 1.8.1959, S.2. In: Archiv Fritz Kempe, Photographische Sammlung des Museum für Kunst und Gewerbe Hamburg, Ordner F 48, Stichwort: Regina Relang.

{516} Otto Croy schrieb bei der Betrachtung von Architekturaufnahmen der Fotografin Helga Glaßner aus Wien:"Gerade hier gibt es eine Gelegenheit, sich einmal Gedanken zu machen, wann man in seinem Urteil zu dem Ausdruck männliches oder weibliches Bild kommt. Es ist ja klar: Man folgert vom Werk zurück zu seinem Schöpfer. Seine Auffassung teilt sich dem Bild mit. Sieht einer die Welt rosig, dann schafft er rosige Bilder, ist er ein düsterer Patron, dann stellt er dunkle Bilder her, aus denen wenig Lebensfreude spricht. Dieser Rückschluß vom Bild auf die Persönlichkeit, die dahintersteht, ist nur beschränkt möglich bei einem einzelnen Bild. Eine ganze Reihe nebeneinander betrachtet, vermittelt jedoch ein bedeutend zutreffenderes Ergebnis." Vgl. Otto Croy, "Bild und Persönlichkeit, Zu den Bildern von Helga Glaßner". In: Kodak Aktiengesellschaft (Hrsg.) >Photographik<, Heft 28 Berlin 1940, S.1.

{517} Pose bedeutet: "gekünstelte, gezierte Stellung; unnatürliche, affektierte Haltung" und geht zurück auf eine ältere Bedeutung: "innehalten, ausruhen". Vgl. Stichwort Pose in: >Duden< (Hrsg.), Etymologie, Mannheim Wien Zürich 1963, S.522.

{518} Vgl. Max Imdahl, "Pose und Indoktrination - Zu Werken der Plastik und Malerei im Dritten Reich". In: Klaus Staeck (Hrsg.)> Nazi-Kunst ins Museum?< Göttingen 1988, S.87.

{519} "Der Aufnahme voraus geht die Verständigung beider Seiten darüber, daß fotografiert wird, und diese Tatsache beeinflußt das Verhalten aller Beteiligten. (...) Die (...) Fotografie kann als Modellfall eines Dialoges begriffen werden, der vom optimalen Einsatz der technischen Möglichkeiten (...), von der bewußten Reaktion auf die Anwesenheit der Kamera und vom Konsens zwischen FotografIn und Fotografierten hinsichtlich der angestrebten Repräsentativität der Aufnahme bestimmt wurde." Vgl. C.G. Philipp, "Fotografie im Atelier". In: Ute Eskildsen (Hrsg.), >Photographieren hieß teilnehmen<, Essen 1995 S.27.

{520} "Der Unterschied zwischen digitaler und analoger Kommunikation wird vielleicht etwas klarer, wenn man sich vor Augen hält, daß bloßes Hören einer unbekannten Sprache, z.B. im Radio, niemals zum Verstehen dieser Sprache führen kann, während sich oft recht weitgehende Informationen relativ leicht aus der Beobachtung von Zeichensprachen und allgemeinen Ausdrucksgebärden ableiten lassen, selbst wenn die sie verwendende Person einer fremden Kultur angehört. Analoge Kommunikation hat ihre Wurzeln offensichtlich in viel archaischeren Entwicklungsperioden und besitzt daher eine weitaus allgemeinere Gültigkeit als die viel jüngere und abstraktere digitale Kommunikationsweise." Vgl. Watzlawick, Paul; Beavin, Janet H.; Jackson, Don D., >Menschliche Kommunikation<, Bern Stuttgart Toronto 19938 (1969), S.62f. und vgl. zur Körpersprache zwischen Mann und Frau Christiane Doermer-Tramitz, > ... auf den ersten Blick.< Opladen 1990, S.58 - 72 und Vera F. Birkenbihl, Claus Blickhan und Bertold Ulsamer, >Einstieg in das Neuro-Linguistische-Programmieren<. Bremen 19936, S.19f und 45 f.

{521} "Auf die Anordnungen des Fotografen reagiert sie, noch bevor er sie ausspricht", schwärmte die Zeitschrift >TIME< in ihrer Ausgabe vom 19. September 1949 über Lisa Fonssagrives-Penn. Vgl. Michael Gross, >Model. Das häßliche Geschäft der schönen Frauen<. Wien München 1996, S.107.

{522} Vgl. Roland Barthes, >Die Helle Kammer<. Frankfurt am Main 19862 , S.19.

{522.1} Vgl. Adolf Burger, >Das Unternehmen Bernhard, Die Geldfälscherwerkstatt im KZ Sachsenhausen. Zum Fälschen gezwungen. Ein Tatsachenbericht<, Berlin 1992, S.129-170.

{523} Vgl. Abb. 3.3.1./ 1. Mode auf dem Dach und 3.3.3./ 17. Bademode.

{524} "Ich finde die Persönlickeit eines Mädchens darf nicht zum Ausdruck kommen." Sagte der amerikanische Modefotograf Irving Penn. Vgl. Michael Gross, >Model. Das häßliche Geschäft der schönen Frauen<. Wien München 1996, S.106.

{525} Vgl. Interview mit Karl-Ludwig und Ilse Haenchen 11/1995, S.57.

{526} Vgl. Interview mit Karin Stilke, 10/1996, S.9f.

{527} Nach einem Gespräch mit Karin Stilke, 12/1997.

{528} Vgl. Konstanze von Franken, >Handbuch des guten Tones und der feinen Sitten,< Berlin 1917, 30. verbesserte Auflage, 15.09.1919 (terminus ante quem), S.1.

{529} Dazu sagte Ilse Haenchen: "Als das eben losging und die Mädchen anfingen, sich zu bewegen. Als sie nicht mehr nur steinern da standen. - Joh. Ch. Moderegger: Wann war das ungefähr ? - Ilse Haenchen: Ja, das war in den letzten zwei Jahren vor dem Krieg, Ende der 30er Jahre fing das an." Vgl. Interview mit Karl-Ludwig und Ilse Haenchen 11/1995, S.9.

{530} Vgl. >Film und Frau< Modeheft Herbst Winter 1957/1958. In diesem Heft ist gut zu sehen, daß das Fotomodell Simone d'Alliencourt trotz der Arbeit mit verschiedenen Fotografen ihren ganz eigenen Stil verfolgte. Vgl. die Abb. von: F.C. Gundlach: S.23f., 28f., 42f. (Abb. 7.), 45, 60 und 114ff. Charlotte Rohrbach: S.30f., 51 (Abb. 5.+ 6.) Hubs Flöter: S.48 (Abb. 1), 58 (Abb. 2.) und Karin Kraus: S.54, (Abb. 3.+ 4.).

{531} Vgl. Werner Suhr, "Bilder von Mode und Sport Zu den Bildern von Dr. Peter Weller", Berlin. In: Kodak Aktiengesellschaft (Hrsg.) >Photographik< Heft 28, Berlin 1940, S.16.

{532} "So findet sich die zierliche Münchner Photographin (Regina Relang, Anm. d. Verf.) mit dem großgelockten, rotblonden Haar mit der Tatsache ab, daß es zwischen Oslo und Madrid, Wien und London "bestenfalls" zehn Mannequins gibt, die photogen und ausdrucksvoll genug sind, um auf Modebildern der Frauenzeitschriften sowohl dem bereits verwöhnten Lieschen Müller als auch der weiblichen High Society einen kräftigen Hauch von nobler Haute Couture und Luxuskonfektion zu vermitteln; ...". Vgl. "Modephotographie Überschlank mit guten Beinen", in: >Die Wochen-Presse. Das Österreichische Nachrichtenmagazin< 14. Jahrgang, Nummer 31, Wien 1. August 1959, S.1f. In: Archiv Fritz Kempe, Photographische Sammlung des Museum für Kunst und Gewerbe Hamburg, Ordner F 48, Stichwort: Regina Relang.

{533} Einige Modelle durften nur die Kleider "ihres Hauses" vorführen.

{534} Und auch nicht in anderen modefotografisch wichtigen Metropolen Europas. Vgl. Ulrich Mohr, >Das Bildnis der Eva<, Hamburg 1959, S.13. und Michael Gross, <Model, Das häßliche Geschäft der schönen Frauen.< Wien München 1996, S.68.

{535} Vgl. Michael Gross, >Model. Das häßliche Geschäft der schönen Frauen< Wien München 1996, S.171f.

{536} Vgl. Hubs Flöter, "Karriere vor der Kamera". In: >Leica Photographie< 21. Jahrgang, Heft 3 Frankfurt 1969, S.90. Eine der ältesten Agenturen ist die immer noch bestehende Agentur "Modellteam" in Hamburg. Sie wurde 1970 von dem Fotomodell Sonja Ekvall gegründet.

{537} Zum Beispiel "Hauser Memmingen".

{538} Vgl. Larissa Krainer, >Österreichische Frauenzeitschriften. Zwischen Kommerz- und Alternativmedien<, Klagenfurt 1995, Gloria Sultano, >Wie geistiges Kokain .... Mode unterm Hakenkreuz<. Wien 1995, Angelika Völker, >Wiener Mode und Modefotografie von 1912-1932<. Ausstellung Wien 1984 und Gerda Buxbaum, >À la mode. Die Modezeitschriften des 19. Jahrhunderts<, Dortmund 1983.

{539} Vgl. Interview mit Karin Stilke 10/1996, S.3 und S.16.

{540} Auch nachdem Karin Stilke schon lange (seit 1941) mit dem Verleger Georg Stilke verheiratet war, arbeitete sie unter ihrem Mädchennamen Karin Lahl.

{541} Vgl. >Film und Frau> Modeheft Herbst/Winter 1953/1954.

{542} "Da hatte mich ja die Assistentin von der Yva auf der Straße angesprochen und dadurch ist es gekommen." Vgl. Interview mit Karin Stilke 10/1996, S.2.

{543} Vgl. Ira Buran, >Else Neuländer-Simon ("YVA"), eine Berliner Fotografin der Zwanziger und Dreißiger Jahre- Leben und Werk<. Unveröff. Staatsexamensarbeit, Berlin 1992, S.9f.

{544} Vgl. die Fotografenliste in der Kurzbiographie von Karin Stilke.

{545} Karin Stilke: "Aber wie gesagt, das war der aller, aller erste Anfang, der größte Teil ist ja glaube ich von Santho da, ein Teil ist auch Yva da. Gut wurde es eigentlich erst, als ich dann mit Sonja Georgi gearbeitet hatte und Flöter. Das sind die beiden mit denen ich vor allem gearbeitet hab, und die eben auch wirklich anfingen für meine Begriffe schöne Fotos zu machen." Vgl. Interview mit Karin Stilke 10/1996, S.2.

{546} Ihre Eltern, die sehr weltoffen waren, erhoben keinen Einspruch gegen die Arbeit ihrer einzigen Tochter als Fotomodell. Im Gegenteil sie freuten sich über jedes veröffentlichte Foto von ihr, das sie sahen. Vgl. Interview mit Karin Stilke 10/1996, S.21.

{547} Frau Röttgers zitiert nach Ira Buran, >Else Neuländer-Simon ("YVA"), eine Berliner Fotografin der Zwanziger und Dreißiger Jahre- Leben und Werk<. Unveröff. Staatsexamensarbeit, Berlin 1992, S.10f.

{548} Interview mit Karin Stilke am 06.12.1997.

{549} Vgl. Interview mit Karl-Ludwig und Ilse Haenchen, 11/1995, S.1.

{550} "Ich arbeitete exklusiv für diese Zeitschrift (die US->Vogue<, Anm d.V.). Ich fand Mr. Steichen so nett. Eines Tages meinte er: "Es ist nicht fair, daß sie an die Vogue gebunden sind." Er öffnete eine Schublade, und da lagen Briefe von verschiedenen Firmen, Chesterfield-Zigaretten, Coca-Cola. "Die kann ich ihnen nicht verheimlichen", fügte er hinzu." Das erzählte eines der ersten amerikanischen Supermodels, Hannah Lee Sherman dem Autoren Michael Gross. Sie arbeitete bis 1934 als Fotomodell für Mode und Werbung überwiegend in den USA. Vgl. Michael Gross, >Model< Wien München 1996, S.60.

{551} Ob eine Abbildung des Fotos noch existiert ist unklar, da der Veröffentlichungsort unbekannt ist. Interview mit Karin Stilke vom 17.09.1996 und vgl.

William A. Ewing, >The photographic art of Hoyningen-Huene<, London 1986, S.237.

{552} 1941 wurde mit ihrem Bild für Blusen der Firma Vollmöller geworben. In den Fünfzigern war sie das "Texas-Mädchen" und lächlte von vielen Litfaßsäulen in Deutschland für die Zigarettenindustrie.

{553} Von den zwischen 1933 und 1944 ca. 400 in der >NS-Frauenwarte< veröffentlichten Modefotos war nur eines im Jahr 1942 zu finden, auf dem sie von Sonja Georgi abgelichtet worden war. Vgl. >NS-Frauenwarte< Heft 3, August 1942, S.41.

{554} Vgl. >Modenwelt vereinigt mit Ultra-Modenalbum<, Heft 6, Berlin 1941, S.205.

{555} Es ist nicht eindeutig, ob dieser Name ein Künstlernamen ist.

{556} So lautete die Unterschrift unter dem Titelfoto des >Spiegel<, die nach einem Zitat Hubs Flöters getextet worden war. Vgl. >Der Spiegel<, IV. Jahrgang, Heft 16, 22. April 1950, S.32.

{557} Vgl. Gloria Sultano, "Gott sei Dank, wir leben noch!"- Interview mit Ulla Denk. In: dies., >Wie geistiges Kokain .... Mode unterm Hakenkreuz.< Wien 1995, S.298.

{558} Das Phänomen, daß ein Mensch nur durch seine Wirkung auf andere als schön angesehen wurde beschrieb Arthur Marwick 1988 aus der Literatur: "We believe in the beauty of Gwendolen (in Daniel Deronda), or of Trollope's Lizzie Greystock, it seems to me, more through the effects they have on other people (a phenomenon we are all familiar with) than through any painstaking phenomenon descripiton by the author. Beauty is that entirely physical phenomenon which has a profund effect on other people." Vgl. Arthur Marwick, >Beauty in history, society, politics and personal appearance c. 1500 to the present<, London 1988, S.254.

{559} Elfi Wildfeuer als Fotomodell für Regina Relang. Vgl. >Die Dame< Heft 18, August 1941.

{560} Vgl. >Der Spiegel<, IV. Jahrgang, Heft 16, 22. April 1950, S.33 und Gloria Sultano, "Gott sei Dank, wir leben noch!"- Interview mit Ulla Denk. In: dies., >Wie geistiges Kokain .... Mode unterm Hakenkreuz.< Wien 1995.S.288f.

{561} Wie Anm. oben.

{562} Hannelore Dörge war von Regina Relang entdeckt worden: "H.H.- Sie haben 1949 diese Faschingskostüm-Bilder zum ersten Male gemacht (...) - R.R.- ... und im Februar 1950 im >Heute< zum erstenmal veröffentlicht. Hannelore Dörge, die später in den Harem eines orientalischen Fürsten ging (links unten das Bild von ihr, das auch LIFE-Titel war- Red.), und Margit Saad, die spätere Filmschauspielerin waren meine ersten Modelle. ....."Vgl. "Hans Hubmann, Bild Journalismus". In: >Foto Magazin< II 12/1968. In: Archiv Fritz Kempe, Photographische Sammlung des Museum für Kunst und Gewerbe Hamburg, Ordner F 48, Stichwort: Regina Relang.

{563} Vgl. Drei Mannequins - drei Mode-Temperamente. In: >Schwäbische Illustrierte Presse<, 4. Jahrgang, Heft 42, 5. November 1949, Titelbild und S.30f.

{564} "Hubs Flöter, damals Haus-Modefotograf der Wiener "Mode" und der Berliner "neuen linie" entdeckte das große und schlanke Mannequin 1942 bei einer Modevorführung in Wien. Er machte sofort einen Exklusivvertrag mit Elfi Wildfeuer. Sie darf sich nur noch von Flöter fotografieren lassen." Vgl. >Der Spiegel<, IV. Jahrgang, Heft 16, 22. April 1950, S.32 und Hubs Flöter,in: >Film und Frau< Modenheft Frühjahr Sommer 1952,ohne Seite. Aus den Jahren 1948 bis 1950 ist dem Autoren auch kein Modefoto Elfi Wildfeuers bekannt, das ein anderer Fotograf aufgenommen hätte. Davor und danach arbeitete Elfi Wildfeuer auch mit anderen Fotografen.

{565} Vgl. M.W. (der Autor ist unbekannt), "Fotos schöner Frauen sind Hubs Flöters Lebenswerk", >Welt am Sonntag<, Hr. 11, 15. März 1970. In: Archiv Fritz Kempe, Photographische Sammlung des Museum für Kunst und Gewerbe Hamburg, Ordner F 26, Stichwort: Hubs Flöter.

{566} Hubs Flöter meinte vielleicht, daß er Elfi Wildfeuer für sich entdeckt hatte, allerdings kannte auch seine Frau Ilse Flöter Elfi Wildfeuer schon vor ihm. Vgl. Fotomuseum im Münchner Stadtmuseum (Hrsg.), >Gespräch zwischen Barbara Golz, Elfi Wildfeuer, Renatus Flöter und Susi Stelzner<, Unveröffentlicht, München 1994, S.1 und vgl. Anschriftenliste der Fotografen im Anhang.

{567} Vgl. Das Foto von Walter von Gudenberg mit dem Fotomodell Elfi Wildfeuer 1939 im Haus der Mode in Wien. Fotomuseum im Münchner Stadtmuseum, Ordner: A 212 1939.

{568} In den Dreißigern waren des weiteren folgende Frauen, deren Namen sich ermitteln ließen, als Fotomodell tätig: Edith Aschenbroich (Berlin), Ulla Denk (Wien), Chiqui Jonas (Berlin), Kiki Schulze die Ehefrau des Modeschöpfers Heinz Schulze und Ulli Strobel, (Berlin).

{569} Vgl. Joseph Goebbels, "Michael Ein deutsches Schicksal in Tagebuchblättern", o.O. 1933, S.41. Anzumerken sei hier aus ornithologischer Sicht, daß es gerade in der Vogelwelt Beispiele dafür gibt, daß "Männer" alleinerziehend sind, so zum Beispiel der Mornellregenpfeifer (eudromias morinellus).

{570} In Bezug auf eine historische Geschlechterforschung, im Sinne von "gender" sind in den letzten Jahren viele Arbeiten zu nationalsozialistischen Themenkomplexen veröffentlicht worden.

{571} Vgl. Peter Panter," Neues Licht". In: Robert und Bruno Schultz, >Das Deutsche Lichtbild< Berlin 1930, Textseite 1.

{572} Es ist durchaus möglich, daß noch nicht alle Modefotografinnen als solche erkannt wurden, da sich viele Namen keinem Geschlecht zuordnen ließen. Eine Auszählung der erfaßten Anschriften unter diesem Gesichtspunkten ergab für den Bearbeitungszeitraum 22 Modefotografinnen im Gegensatz zu 20 Modefotografen.

{573} Vgl. Edith Eiswald, "AZ stellt Münchner Fotografen vor: Regina Relang". In: >Münchner Abend Zeitung< 06.12.1979, S.33. In: Archiv Fritz Kempe, Museum für Kunst und Gewerbe Hamburg, Ordner F 48, Stichwort: Regina Relang.

{574} Die Fotografinnen waren häufig auf Modeaufnahmen mit Kindern spezialisiert. "Beauty-Fotografen" machen überwiegend Fotos von Make-Up und zu Themen der Schönheitspflege.

{575} Zu Charlotte March vgl. Michael Koetzle, >Die Zeitschrift twen Revision einer Legende<, München 1995, S.310.

{576} Vgl. Ute Eskildsen (Hrsg.), >Fotografieren hieß teilnehmen Fotografinnen der Weimarer Republik<, Düsseldorf 1994, S.34f. und vgl. Rolf Sachsse "Bilder machen lernen. Zur deutschen Photographie Ausbildung". In: Ausstellungs Katalog Essen, >Otto Steinert und Schüler, Fotografie und Ausbildung 1948-1978<. Essen 1990, S.144-161.

{577} Vgl. Artur Gläser, "Die Frau als Photographin Zu den Bildern von Ingeborg Hoppe, Stuttgart". In: Kodak Aktiengesellschaft Berlin (Hrsg.) >Photographik< Heft 31, April 1941, S.1. Ein Aufsatz von Margot Hübner in der selben Zeitschrift (Heft 10 1936, S.16) beschäftigte sich mit der Stillfotografin Anneliese Tovote aus Leipzig. Sie arbeitete für verschiedene Modepublikationen des Otto Beyer Verlages Leipzig. Sie fotografierte Kleidung und Accessoires jedoch nie am Fotomodell, sondern nur drapiert.

{578} Vgl. Artur Gläser, "Die Frau als Photographin Zu den Bildern von Ingeborg Hoppe, Stuttgart". In: Kodak Aktiengesellschaft Berlin (Hrsg.) >Photographik< Heft 31, April 1941, S.1.

{579} Vgl. Sizlvia Horfáth, "Reorganisation der Geschlechterverhältnisse. Familienpolitik im faschistischen Deutschland". In: Neue Gesellschaft für Bildende Kunst im "Kunstquartier-Ackerstraße" (Hrsg.), Redaktion: Behnken, Klaus, >Inszenierung der Macht< Berlin 1987, S.129-143.

{580} Vgl. Leonie Wagner, >Nationalsozialistische Frauenansichten<. Frankfurt a. M. 1996, S.102f.

{581} Vgl. Katja Protte, >"Bildberichterstatterin" im "Dritten Reich". Fotografien aus den Jahren 1937 bis 1944 von Liselotte Purper<. in: Deutsches Historisches Museum (Hrsg.) >Magazin< 7. Jahrgang Heft. 20, Berlin 1997. In der >Dame< war für die Bebilderung des oben geschilderten Themenbereiches überwiegend Hedda Walther zuständig, vgl. die Fotos von ihr in >Die Dame< Heft 2, 7 und 9, 1942 und Heft 2, 1943.

{582} Aus dem Jahr 1939 existiert ein inhaltlich ähnliches Bild Hedda Walthers, diesmal hält Sonja Georgi ihr zweites Kind, ihre Tochter Sibylle (Berlin *1938) in die Luft. Auch als Frontispiz abgedruckt lautet die Bildunterschrift in dem stark vom Kriegsbeginn geprägten Heft: "Gesunde Jugend Deutschlands Glück und Zukunft" Vgl. >Die Dame< 66. Jahrgang, Frontispiz, Heft 20, 2. Septemberheft (siehe Abb.6.1./ 1.b.).

{583} Vgl. >Die Dame< 65. Jahrgang, Heft 15, 2. Juliheft 1938.

{584} "Hat der Mann Arbeit, dann haben die Kinder Brot. Und hat das Kind Brot, dann ist die Grundlage des Familienfriedens hergestellt." Joseph Goebbels zitiert nach Leonie Wagner, Nationalsozialistische Frauenansichten. Frankfurt a. M. 1996, S.105. Ausschließlich der Ehemann ist in dieser Vorstellung als Ernährer vorgesehen. Bei Wagner wird die Problematik der Frauenarbeit ausführlicher behandelt. Vgl. dies. S.101 - 150, bei ihr findet sich auch ein guter Überbliick über die Literatur zu dieser Thematik. Zu der Darstellung berufstätiger Frauen im deutschen Film vgl. Karin Ellwanger, >Frauen nach Maß. Der Frauentyp der Vierziger Jahre im Zeichensystem des Filmkostüms<. In: Neue Gesellschaft für Bildende Kunst im Kunstquartier-Ackerstraße (Hrsg.), Redaktion: Behnken, Klaus, >Inszenierung der Macht<. Berlin 1987, S.125.

{585} Vgl. die verschiedenen Aufsätze zu den einzelnen Fotografinnen in der Zeitschrift >Photographik< (siehe Literaturverzeichnis) aber auch den großen Bericht "Ich und Du" über die Fotografin Ilse Flöter, in >Die Mode<, Februar 1941, S.33ff.

{586} Joh. Ch. Moderegger: "Ich habe das Gefühl, daß sehr viele Bilder, die mit "Hubs Flöter" gestempelt sind, von ihr sind. - Gerd Hartung: Nur bedenken Sie auch, daß sie ja dann sozusagen etwas epigonal in den Fußstapfen ihres Mannes, oder eigentlich in den Fotos, in den Linsen ihres Mannes weiter fotografieren konnte. Ich weiß nicht, wie weit sie eigenständige Ideen in das Foto einbringen konnte." Vgl. Interview mit Gerd Hartung, Berlin 7/1997, S.11.

{587} Vgl. >Film und Frau< Heft 9, 19 und 20 1949, sowie Heft 21 1950. Insgesamt veröffentlichte sie nur 17 Aufnahmen in der >Film und Frau<, bevor sie im August 1949 verschwand vgl. Kurzbiographie Ilse Flöter.

{588} "Frauenrecht. Das Recht, zu dienen und zu lieben, das Recht, Barmherzigkeit zu üben, das Recht, die Kindlein sanft zu hegen, zu ziehen, lehren, mahnen, pflegen, das Recht, wenn alles schläft zu wachen, das Recht im Dunkel Licht zu machen, das Recht, gekrönt mit sanfter Würde zu tragen andrer Last und Bürde, das Recht, wenn trübe Zweifel walten, den Glauben fest und treu zu halten, das Recht, ohn' Ende zu verzeihn, das Recht, ein gutes Weib zu sein voll warmer Güte, fromm und echt, das ist das schöne Frauenrecht!" Gedicht von Dora Rappard. In: "Die deutsche Mutter!" >Die Schule im Dritten Reich<, Klassenlesestoff für die neue deutsche Schule, Heft 35, Zusammengestellt von Berta Hernhagen, Berlin o.J. zitiert nach Ute Benz, >Frauen im Nationalsozialismus Dokumente und Zeugnisse<, München 1993.

{589} Christine Wittrock sprach 1981 in ihrer Dissertation zum Frauenbild in faschistischen Texten und seinen Vorläufern in der bürgerlichen Frauenbewegung der Zwanziger Jahre von einem "offiziösen Frauenbild": "Vom offiziösen Frauenbild ist deswegen die Rede, weil es ein tatsächlich offizielles Frauenbild im Sinne von festgefügten, amtlichen Vorstellungen nicht gab, da, wie bereits ausgeführt, jede ideologische Präzisierung bezüglich der Frauenfrage vermieden wurde." Vgl. Christine Wittrock, >Das Frauenbild in faschistischen Texten und seine Vorbilder in der bürgerlichen Frauenbewegung der Zwanziger Jahre< Dissertation Frankfurt a. M. 1981, S.230.

{590} Vgl. Claudia Friedel, >Komponierende Frauen im Dritten Reich.Versuch einer Rekonstruktion von Lebensrealität und herrschendem Frauenbild<. Münster Hamburg 1995, S.74.

{591} Vgl. Elfriede Eggener, >Die organische Eingliederung der Frauen in den nationalsozialistischen Staat<, Dissertation, Leipzig 1938, S.18f.

{592} Vgl. Leonie Wagner, >Nationalsozialistische Frauenansichten.< Frankfurt a. M. 1996, S.106. Im Bereich der Musik wurde den Frauen ähnlich abwertend wie in der Fotografie, das ihnen angeblich gemäßere Feld der Musikerzieherinnen zugewiesen, während ihnen Leitungsfunktionen, wie sie zum Beispiel Dirigenten auszuführen, versagt blieben. Vgl. Claudia Friedel, >Komponierende Frauen im Dritten Reich.Versuch einer Rekonstruktion von Lebensrealität und herrschendem Frauenbild<. Münster Hamburg 1995, S.122f. und 125-128.

{593} Vgl. >Die Dame<, 69. Jahrgang, Heft 1 Januar 1942, S.24f.

{594} Die Aufnahmen, die vom Atelier der >Dame< verwirklicht wurden, also wahrscheinlich von Elsbeth Heddenhausen fotografiert worden waren, zeigen in zwei Abbildungen Karin Stilke als Fotomodell. Sie posierte als "Haustochter", in Hosen beim Aufhängen der Wäsche und als "Laborantin" an einem Retuschiertisch.

{595} Vgl. Dora Menzler, >Die Schönheit deines Körpers<, Stuttgart 19248, Abb. S.43-53 u. 70-118.

{596} Vgl. Paul Schultze-Naumburg, >Nordische Schönheit. Ihr Wunschbild im Leben und in der Kunst<. München Berlin 1937, S.100f.

{597} Vgl. die Farbaufnahmen im Abbildungsteil.

{598} Frauen diesen Types wurden Mitte der Fünfziger Jahre populär. Vielleicht läßt sich dieses Ideal dadurch erklären, daß die nun die Mode bestimmende Generation in ihrer Jugend auf das "nordische Ideal" hin erzogen wurde. Vgl. Maruta Schmidt und Gabi Dietz (Hrsg.), Frauen unterm Hakenkreuz. Berlin 19852,S.91f.

{599} Eine ähnliche Beobachtung schilderte auch Ute Brüning bei der Wirtschaftswerbung ehemaliger Bauhäusler. Vgl. Ute Brüning, "Bauhäusler zwischen Propaganda und Wirtschaftswerbung". In: Nehrdinger, Winfried (Hrsg.), >Bauhaus-Moderne im Nationalsozialismus<. München 1993, S.32.

{600} Eine weitere Einrichtung mit ähnlicher Zielsetzung, in der Praxis jedoch erheblich sexistischer, war der von der SS gegründete "Lebensborn e.V.", dessen Ziel war, "die Erhaltung und Mehrung des nordischen Blutanteiles" (Heinrich Himmler 1931) im deutschen Volk. Über den "Lebensborn e.V." wurde in den großen Illustrierten nicht berichtet. Wie Anm. oben, S.93.

{601} Vgl. >NS-Frauenwarte<, Heft 25, Juni 1939, S.806.

{602} Vgl. Edith Rosenbrock, "Die Mode im Leben des Volkes" in: Kurt Lothar Tank, (Hrsg.) >Zeitschriften-Dienst<, 181./50. Ausgabe vom 23. Oktober 1942, Eintrag Nr. 7754, S.10.

{603} Vgl. David M. Wilson und Else Roesdahl, "Frihetens källa. Nordens betydelse för Europa", Stockholm 1992 S.39-62, zitiert nach Michael Müller Wille, >Der politische Mißbrauch der skandinavischen Vor- und Frühgeschichte während der Jahre 1933-1945<. In: ders. und Kurt Schietzel (Hrsg.), >Offa<, Heft 28, 1995, S.25.

{604} Vgl. Edith Rosenbrock, Die Mode im Leben des Volkes in: Kurt Lothar Tank, (Hrsg.) >Zeitschriften-Dienst<, 181./50. Ausgabe vom 23. Oktober 1942, Eintrag Nr. 7754, S.10.

{605} Vgl. Ohne Autor: "Gretchen, Goethes Bühnengestalt in der Schauspielkunst der Gegenwart". In: >Silberspiegel<, Heft 27, Dezember 1941, S.1168-1171.

{606} Vgl. Katharina Sykora, "Die Neue Frau. Ein Alltagsmythos der Zwanziger Jahre". In: Katharina Sykora, Annette Dorgerloh u.a. (Hrsg.), >Die Neue Frau<. Marburg 1993, S.9-24.

{607} Vgl. Marion Becker und Elisabeth Moortgat ,,"Ihr Garten Eden ist das Magazin." Zu den Bildgeschichten von Yva im UHU 1930-1933". In: Ute Eskildsen (Hrsg.), >Fotografieren hieß teilnehmen. Fotografinnen der Weimarer Republik<, Düsseldorf 1994, S.249.

{608} Vgl. Guenther, Irene V., "Nazi "Chic"? German Politics and Women's Fashions, 1915-1945" In: Valerie Steele (Hrsg.): >Fashion Theory. The Journal of Dress, Body & Culture.< Vol.1, Issue 1 New York, (March 1997), S.36.

{609} Vgl. David, Seidner, >Lisa Fonssagrives-Penn Drei Jahrzehnte klassischer Modephotographie<. München Paris London 1996, S.12. Fotografien, die Lisa Fonssagrives zeigten wurden auch in deutschen Zeitschriften veröffentlicht, es waren jedoch keine Modefotografien, sondern illustrative Fotografien, die ihr Mann Fernand Fonssagrives zwischen 1935 und 1938 von ihr gemacht hatte. Vgl. dazu Anm. oben S.30f.

{610} Vgl. Hela Strehl-Firle, >Karriere! Karriere??< Unveröffentl., München 1983, S.77.

{611} "Hitler's personal preference, however, was for slim, lipsticked, well-dressed women." Vgl. Irene V. Guenther, "Nazi "Chic"? German Politics and Women's Fashions, 1915-1945." In: Valerie Steele (Hrsg.): >Fashion Theory. The Journal of Dress, Body & Culture.< Vol.1, Issue 1 New York, (March 1997), S.33.

{612} Vgl. Hela Strehl-Firle, >Goebbels Politische Impressionen aus privater Sicht< Unveröffentlicht, Stuttgart ca. 1979, S.91.

{613} Vgl. Christine Wittrock, >Das Frauenbild in faschistischen Texten und seine Vorbilder in der bürgerlichen Frauenbewegung der Zwanziger Jahre<. Dissertation Frankfurt a. M. 1981, S.295.

{614} Die Arbeit als Porträtfotograf, vor allem für Soldatenporträts, galt als kriegswichtig und befreite bis 1944 die Männer sogar von der Front. Vgl. Rolf Sachsse, "Fotografie als NS-Staatsdesign". In: Kunst und Ausstellungshalle der Bundesrepublik Deutschland (Hrsg.), >Deutsche Fotografie. Macht eines Mediums. 1870 - 1970<, Bonn 1997, S.131. Lilli Niebuhrs Arbeitsbuch, welches sie für ihre Arbeit als Porträtfotografin erhielt, war am 06.06.1942 ausgestellt worden.

{615} Vgl. Interview mit Barbara Buffa, 11/1996, S.36.

{616} Diese Modefotografien erinnern an die Modefotografie, wie sie die >Sybille< in der DDR der Siebziger Jahre zeigte. Vgl. Oswald Oberhuber (Hrsg.), >Ausgeblendete Realität. Modefotos aus der DDR<, Wien 1989. Peter Lindbergh entdeckt die Fabrik für sich als Kulisse der Modefotografie in den späten Achtziger Jahren. Vgl. Institut für Auslandsbeziehungen (Hrsg.), >Bildermode - Modebilder<. Bearbeitet von F.C. Gundlach, Berlin 1995 S.106, Abb. 109.

{617} Vgl. Marianne Wex, >"Weibliche" und "männliche" Körpersprache als Folge patriarchalischer Machtverhältnisse , Frankfurt a. M. 19802, S.96ff.

{618} "Vorsicht mit Hosen!" Zu der im Dritten Reich bestehenden Problematik, daß Frauen Hosen anzogen vgl. Gundula Walter, >Hosen, weibliche Kulturgeschichte der Frauenhose<, Marburg 1994, besonders S.248-261und .

{619} Vgl. Edith Rosenbrock, "Die Anfänge des Modebildes in der Deutschen Zeitschirft". In: Ernst Herbert Lehmann (Hrsg.) >Beiträge zur Erforschung der Deutschen Zeitschrift<, Band VIII Charlottenburg 1942, S.180f.

{620} "Die am Rande weiblichen Lebens liegenden Möglichkeiten zwecklossinnvollen Daseins, aus denen jede verfeinerte Kultur ihren Glanz und Duft bezog, sind ja schon lange und in anderen Zusammenhängen erloschen. Die "Dame" ist schon vor unserer Generation gestorben, und es ist nicht sicher, ob man darüber so froh sein sollte, wie es die Zeitmeinung verlangt. Selbst das Spiel der Mode, ohnehin nur bescheidener Rest menschlicher Kindheit (das Kind im Manne spielt mit gefährlicheren Requisiten!), verschwand vor dem Grau der Not." Vgl. Maria Jochum, "Frauenfrage 1946". in: Eugen Kogon und Walter Dirks (Hrsg.), >Frankfurter Hefte. Zeitschrift für Kultur und Politik<, Heft 3, Frankfurt am Main, Juni 1946, S.25.

{621} Vgl. Hela Strehl-Firle, >Karriere! Karriere??< Unveröffentlicht, München 1983, S.128.

{622} Die wohlhabenden deutschen Großstadtfrauen gehörten im internationalen Vergleich mit zu den bestangezogenen Frauen.

{623} Vgl. das Titelbild der >NS-Frauenwarte<, Heft 4.2. Februarheft 1938.

{624} Vgl. Irene V. Guenther, "Nazi "Chic"? German Politics and Women's Fashions, 1915-1945." In: Valerie Steele (Hrsg.): >Fashion Theory. The Journal of Dress, Body & Culture<. Vol.1, Issue 1 New York, (March 1997), S.40.

{625} Budapest, das schon seit dem 19.Jahrhundert eine Hochburg der Fotografie war, brachte einige sehr erfolgreiche Modefotografen hervor. Dazu gehörte der international anerkannte Martin Munkacsi, der als gelernter Dekorationsmaler seine Karriere als Sportfotograf in Budapest begann und der im Deutschland der Dreißiger und Vierziger Jahre bekannte Imre von Santho. Zu Munkacsi vgl., Arbeitskreis Photographie Hamburg e.V.(Hrsg.): >Das deutsche Auge<. Hamburg 1996, S.139f., zu Santho vgl. Kurzbiographie Imre von Santho.

{626} Auch andere große Städte in Deutschland und Österreich hatten ihre eingenen Illustrierten. Insgesamt gab es mindestens noch zwölf illustrierte Zeitungen in Deutschland. Vgl. dazu die Liste der nach der großen Einstellungswelle noch verbliebenen Illustrierten aus dem Porpagandaministerium vom Juni 1943 im Anhang und Diethard Krebs, Walter Uka und Brigitte Walz-Richter, >Die Gleichschaltung der Bilder. Zur Geschichte der Pressefotografie 1930-1936<. Berlin 1983, S.6.

{627} Erst am 3. Februar 1945 wurde das Berliner Presseviertel durch einen Bombenangriff zerstört. Vgl. Ute Eskildsen (Hrsg.), >Fotografie in deutschen Zeitschriften 1946 -1984<. Stuttgart 1985, S.4.

{628} Die Tatsache, daß monatlich ca. 200 Zeitschriften durch die Reichskanzlei flossen sagt natürlich gar nichts darüber aus, welche Aufmerksamkeit oder Wertschätzung die einzelnen Blätter genossen. Jede Aussage hierzu wäre reine Spekulation. Doch kann angenommen werden, daß wahrscheinlich zumindest die Luxusmagazine, wie zum Beispiel der >Silberspiegel< gelegentlich von der Parteiführung gelesen wurden. Im Herbst 1996 wurde in der Filmreihe des BBC, Hitlers Helfer eine kurze Sequenz von der Terasse des Obersalzberges gesendet, in der Albert Speer zu sehen war, der im >Silberspiegel< blätterte.

{629} Vgl. Schreiben der Adjudantur Adolf Hiltlers (Oberführer A.B. Albrecht) an das RMfVuP Dr. Lehmann, Berlin, Wilhelmplatz 8/9, mit beigefügter Auflistung, vom 05.04.1940. In: Bundesarchiv, Berlin Document Center, Microfiche, Filmrolle 5903 Aktenzeichen NS 10/47, S.45-49. Hinzu kammen noch zwei englische Titel, die auf persönlichen Wunsch Goebbels Adolf Hitler vorgelegt werden sollten, nämlich die >Picture Post< und die >Illustrated<. Vgl. Bundesarchiv, Berlin Document Center Microfiche Filmrolle 5903 Aktenzeichen NS 10/47, S.51 vom 24.04.1940.

{630} Vgl. Larissa Krainer, >Österreichische Frauenzeitschriften. Zwischen Kommerz- und Alternativmedien<, Klagenfurt 1995, S.96.

{631} Zu den drei großen Einstellungs- und Zusammenlegungsaktionen im Mai 1941, April 1943 und August/September 1944 vgl. Sylvia Lott, >Die Frauenzeitschriften von Hans Huffzky und John Jahr. Zur Geschichte der deutschen Frauenzeitschriften zwischen 1933 und 1970<. Berlin 1985, S.163f.

{632} Vgl. Larissa Krainer, >Österreichische Frauenzeitschriften. Zwischen Kommerz- und Alternativmedien<, Klagenfurt 1995, S.96.

{633} Entnommen dem Rechnungsbuch Lilli Niebuhrs.

{634} Wie Anm. oben.

{635} Vgl. Verlag des Börsenvereins der Deutschen Buchhändler zu Leipzig (Hrsg.), Sperlings Zeitschriften und Zeitungs-Adreßbuch. Handbuch der deutschen Presse. 59. Ausgabe, Leipzig 1941.

{636} Anfang der Dreißiger Jahre betrug der monatliche Umsatz der großen Berliner Agenturen an aktuellen Bildern (inklusive Modefotos) 25.000 bis 34.000 Abzüge. Vgl. Wilhelm Markwardt, >Die Illustrierten der Weimarer Zeit<. München 1982, S.119.f.

{637} Vgl. dazu das Rechnungs- und das Geschäftsbuch von Lilli Niebuhr und Uwe Westphal, Berliner Konfektion und Mode 1836-1839. Die Zerstörung einer Tradition, Berlin 19922, S.70ff. und ders. Werbung im Dritten Reich. Berlin 1989, S.152-155.

{638} So findet sich im Geschäftsbuch Lilli Niebuhrs für den September 1940 die letzte Gehaltsforderung ins Ausland. Von der in Mailand ansässigen Agentur Grassé wurden 2000 Lire gefordert. Einen letzten großen Umsatz hatte sie mit der Prager Filiale der Agentur Schostal. Hier forderte sie im Juni 1940 einen Betrag von 1421,50 RM. Vgl. Rechnungsbuch Lilli Niebuhr.

{639} Wie nah sich Amerika und Europa in den Dreißiger Jahren waren zeigt sich an den Reisezeiten der Ozeanriesen und der Zeppeline. Die Ozeanriesen,die neben den Pasagieren auch Fracht transportierten benötigten:
1884 Oregon 6 Tage, 10 Stunden, 10 Minuten
1904 Mauretania 4 Tage, 17 Stunden, 21 Minuten
1933 Rex 4 Tage, 13 Stunden, 58 Minuten
1952 United States 3 Tage, 10 Stunden, 40 Minuten

Vgl. Basil W. Bathe, >Von den Kreuzzügen zu den Kreuzfahrten. Eine Chronik der Passagierschiffahrt<. Bielefeld Berlin 1972, S.184, 226 und 228. Die Zeppeline transportierten in wöchentlichem Linienverkehr zwischen Frankfurt und New York, in der Zeit von Mai 1936 bis Mai 1937 1300 Personen sowie Post und Fracht. Die Flugzeit betrug druchschnittlich 2,5 Tage. Vgl. M.Griehl und J. Dressel, >Zeppelin!< Frankfurt a. M. 1991, S.85.

{640} Über den Zeitschriftenimport oder Export von und nach Großbritannien und den Commenwealth ist dem Autor nichts bekannt.

{641} Vgl. Otto Groth, >Die Zeitung. Ein System der Zeitungskunde<. Band 1. Mannheim Leipzig Berlin, 1928, S.56, zitiert nach Hans Bohrmann und Peter Schneider, >Zeitschriftenforschung. Ein wissenschaftlicher Versuch<. Berlin 1975, S.20 (Formatierung wie im Original).

{642} Ernst Herbert Lehmann, (*17.01.1908 Dresden) bezeichnete sich selber als den "Erfinder" der Zeitschriftenwissenschaft. Vgl. Hans Bohrmann und Peter Schneider, >Zeitschriftenforschung. Ein wissenschaftlicher Versuch<. Berlin 1975. Hier findet man sowohl eine Kurzbiographie (S.53f.), als auch einige kritische Anmerkungen zu seiner Person (S.38f.).

{643} Vgl. Ernst Herbert Lehmann, "Endnoten in die Zeitschriftenkunde". Leipzig 1936, S.81, zitiert nach Hans Bohrmann und Peter Schneider, >Zeitschriftenforschung. Ein wissenschaftlicher Versuch<. Berlin 1975, S.18.

{644} Wie Anm. oben, vgl. auch Interview mit Gerd Hartung, 6/1997, S.2.

{645} Vgl. Lore Krempel, >Die deutsche Modezeitschrift. Ihre Geschichte und Entwicklung nebst einer Bibliographie der deutschen, englischen und französischen Modezeitschriften<. Dissertation München v. 31. Juli 1933. Coburg 1935, S.2.

{646} Vgl. Petra Springer, >"Frauenwelt" (1924-1933) Volkskundliche Analyse einer sozialdemokratischen Frauenzeitschrift in der Weimarer Republik<. Unveröffentlichte Magisterarbeit an der Christinan-Albrechts-Universität zu Kiel 1987, S.87.

{647} Vgl. Interview mit Barabara Buffa 11/1996, S.24.

{648} "... aus der Praxis heraus aufgestellt, um den gesetzlichen Bestimmungen, die eine klare Trennung zwischen Text- und Werbeteilen bezwecken, Geltung zu verschaffen." Vgl. Werberat der deutschen Wirtschaft, Reichspressekammer und Reichsverband der deutschen Presse (Hrsg.), "Richtlinien für redaktioninlle Hinweise in Tageszeitungen Zeitschriften und Korrespondenzen." Berlin 1935, S.1-3. Einzusehen sind die Richtlinien im Bundesarchiv, Berlin Document Center, unter der Signatur: RD33/8.

{649} Hervorhebung und Formatierungen wie im Originaltext. Vgl. Anm. oben, S.6-11.

{650} Wie Anm. oben S.22.

{651} Der Ullstein Verlag mußte von seinen Besitzern, den Ullstein-Brüdern im Frühsommer 1934 an die NS-Auffanggesellschaft "Cautio" verkauft werden und wurde Ende 1937 in "Deutscher Verlag" umbenannt. Der Deutsche-Verlag wurde 1952 an die Familie Ullstein zurückerstattet.

{652} >Das Buch für Alle< erschien im Universalverlag W. Vobach & Co. - Bernhard Meyer - Curt Hamel, Berlin, Versandort war Leipzig.

{653} Vgl. das Titelblatt von >Das Buch für Alle<, Hefte 1 von Januar 1942.

{654} Vgl. Curt Waldenburger, 1866-1935. In: >Das Buch für Alle<, Heft 2, Leipzig 1935/1936, S.2.

{655} Ab Mai 1941 nur noch 16 Seiten.

{656} Er war von April 1933 bis 1945 Mitglied der NSDAP. Vgl. Sylvia Lott, >Die Frauenzeitschriften von Hans Huffzky und John Jahr. Zur Geschichte der deutschen Frauenzeitschriften zwischen 1933 und 1970.< Berlin 1985, S.389.

{657} Etwas relativiert wurde die Propaganda durch Witzzeichnungen, die sowohl die kriegsbedingte Verdunklung, die schlechte Ernährungslage und den Frauentyp der feinen "Dame", aufs Korn nahmen.

{658} Vgl. Aus der großen deutschen Kunstausstellung. >Das Buch für Alle<, Heft 7 1938/39; Plastik und Malerei im Haus der deutschen Kunst, Heft 18 1941;Schimherr der Künste, Heft 4 1939; Atelierbesuch bei Georg Kolbe Heft 10 1942; <Grosse deutsche Kunstausstellung 1942,< Heft 11 1942.

{659} Die Vornamen und damit auch das Geschlecht der Modezeichner sind dem Autor unbekannt.

{660} Vgl. Rolf Sachsse, "Fotografie als NS-Staatsdesign". In: Kunst und Ausstellungshalle der Bundesrepublik Deutschland, (Hrsg.) >Deutsche Fotografie Macht eines Mediums. 1870 - 1970<. Bonn 1997, S.118 und 125.

{661} Vgl. das Lehrbuch der Porträtfotografie von Wolf H. Döring, >Bildnisse drinnen und draußen<. Halle/Saale 1934, S.55f.

{662} Das erste Heft der >NS-Frauenwarte< erschien im Juni 1932, das letzte im Januar 1945 (Heft 8 1945). Von 1933 bis 1945 erschienen ca. 220 Hefte. Der Autor konnte ungefähr die Hälfte, 121 Hefte einsehen und inventarisieren.

{663} Vgl. Impressum der >NS-Frauenwarte< Heft 25. 7. Jahrgang, 1. Juniheft 1939. S.816.

{664} Ab Januar 1934 waren alle Frauenverbände unter der Bezeichnung "Deutsches Frauenwerk" zusammengefaßt. Schirmherr war der Reichsminister des Inneren Wilhelm Frick, der Führer der Organisation war Dr. Krummacher, stellvertretende Leiterin und Ausführende war Paula Siber. Der Führungsstab wurde aus Mitgliedern der NS-Frauenschaft gebildet. 1934 waren ca. 8 Millionen Frauen in dieser NS-Dachorganisation vereinigt. Die Devise war: "Gemeinnutz geht vor Eigennutz" Vgl. Die >Junge Dame< 2.Jahrgang, Februar 1934, S.2. Seit Ende Februar war Gertrud Scholz-Klink die Vorsitzende der NS-Frauenschaft. Eine Kurzbiographie und ihre Aufgaben und Ansichten als "Reichsfrauenführerin" sind zusammengfaßt in: Jill Stephenson, "Gertrud Scholtz-Klink - Die NS-Musterfrau". In: Ronald Smelser, Enrico Syring, Rainer Zittelmann (Hrsg.), >Die Braune Elite II<. Darmstadt 1993, S.219-228.

{665} Vgl. Sylvia Lott, >Die Frauenzeitschriften von Hans Huffzky und John Jahr. Zur Geschichte der deutschen Frauenzeitschriften zwischen 1933 und 1970<. Berlin 1985, S.172.

{666} Vgl. Annaliese Zander-Mika, "Frauenzeitschrift". In: Heide (Hrsg.), >Handbuch der Zeitungswissenschaft<. Bd. I. Spalte 1175 f. Zitiert nach Anm. oben, S.287.

{667} Vgl. im Bundesarchiv Berlin Document Center, Rundschreiben des werbenden Zeitschriftenhandels vom 19.09.1944. Aktz. R 103/93, August/September 1944, S.25.

{668} Vgl. >NS-Frauenwarte<, 11. Jahrgang, Heft 15, Mai 1943.

{669} Vgl. Agnes Gerlach, "Zeitgemäß-Artgemäß. Kleiderschau des Deutschen Frauenwerks." In: >NS-Frauenwarte<, 5. Jahrgang, Heft 18, zweites Juniheft 1936.

{670} Wie Anm. oben.

{671} Vgl. >NS-Frauenwarte<, Heft 1, Juli 1939, S.20.

{672} Vgl. >Zeitschriften-Dienst< 20. Ausg. 16. September 1939 Nr. 781 "Aus alt mach neu."

{673} Vgl. Gloria Sultano, >Wie geistiges Kokain .... Mode unterm Hakenkreuz<. Wien 1995, S.39-54.

{674} Vgl. Gertrud Villforth, Modebericht: Herbst-Winter 1941/1942. "In Berlin und Wien sahen wir... ". >NS-Frauenwarte<, Heft 6, September 1941, S.90f.

{675} Als einziges im Ausland produziertes Bild läßt sich eine Veröffentlichung der amerikanischen Filmgesellschaft Paramount indentifizieren. Vgl. ein nicht besonders auffälliges Modefoto in der >NS-Fraunewarte< Heft 27, Dezember 1936, S.868. Zur Ermittlunge der Urheberschaft des Fotos k könnte der Name "Reinhardt" beitragen.

{676} Im Jahr 1941 (diesen Jahrgang der >NS-Frauenwarte< konnte der Autor bis auf ein Heft komplett inventarisieren) veröffentlichte sie in 18 von 24 Heften 53 Modefotos, wofür sie von dem Verlag 591,90 RM auf 10 Rechnungen verteilt forderte.

{677} Vgl. Interview mit Karl-Ludwig und Ilse Haenchen 11/1995, S.2.

{678} Vgl. >Gebrauchsfotografie. Das Atelier des Fotografen< Heft 11, 1939, S.23.

{679} Die Verbandsarbeit zeichnete sich durch Musikabende und Vorträge unter anderem im "Schrifttumskreis" aus. Die Vorträge wurden von den teilnehmenden Damen selbst gehalten. Nach dem Krieg entstand eine enge Verbindung nach England und es gab einen regen Ausstausch mit ähnlichen englischen Verbänden. Heute heißt der Verein "Frau und Kultur." Die Information stammen aus einem Telefongespräch am 20.03.1997 des Autors mit Frau Bogen aus Kiel, deren Mutter als Frau eines höheren Beamten in der Deutschen Frauenkultur tätig war.

{680} Vgl. Jill Stepenson,"Gertrud Schotz-Klink". Ronald Smelser, Enrico Syring, Rainer Zittelmann (Hrsg.), >Die Braune Elite II<. Darmstadt 1993, S.219f.

{681} Vgl. Sylvia Lott, >Die Frauenzeitschriften von Hans Huffzky und John Jahr. Zur Geschichte der deutschen Frauenzeitschriften zwischen 1933 und 1970<. Berlin 1985, S.169.

{682} Wie Anm. oben, S.181.

{683} Vgl. >Deutsche Moden-Zeitung<, 1940, Heft 17 (Mai), 24 (August) und 25 (September).

{684} Vgl. Anny Latour, >Magier der Mode. Macht und Geheimnis der Haute Couture<. Stuttgart 1956, S.200.

{685} Herausgegeben wurde es von Gustaf W. Nedowitz in der "Elite"-Verlagsgesellschaft Berlin W 30, Nollendorfplatz. Chefredakteur war Hermann

Freiherr von Elking. Vgl. >Die Deutsche Elite<, Heft 3, Berlin, September 1927.

{686} Vgl. Joe Flint, "Garten Asiens", in: >Sport im Bild< 35. Jahrgang, Heft 4, Berlin Februar 1927, S.222-225.

{687} Diese acht Seiten waren das, was man heute in den Redaktionen als "Bleiwüste" bezeichnet.

{688} "Relaunch" ist ein Fachbegriff aus der Publizistik. Er steht für die inhaltliche und, oder formale Überarbeitung und Erneuerung eines Heftes. Der Relaunch steht im Gegensatz zu der Herausgabe eines neuen Heftes (Launch).

{689} Vgl. Rosa Friderika Schäffling, >Die repräsentativen Zeitschriften, ihre Entwicklung und Bedeutung in Deutschland, Italien, Frankreich, England und in den USA<. Dissertation München, 10.11.1949, S.78.

{690} Vgl. Peter de Mendelsohn, >Zeitungsstadt Berlin<. Frankfurt Berlin Wien, 19591, 19822, S.237-248.

{691} Vgl. Bernd Weise, "Fotojournalismus, Erster Weltkrieg-Weimarer Republik". In: Kunst- und Ausstellungshalle der Bundesrepublik Deutschland (Hrsg.) >Deutsche Fotografie. Macht eines Mediums 1870-1970<. Bonn 1997, S.77.

{692} Vgl. Bernd Weise, "Pressephotographie unter dem Diktat der Nationalsozialisten". In: Arbeitskreis Photographie Hamburg e.V. (Hrsg.), >Das deutsche Auge<. Hamburg 1996, S.30.

{693} Sommer und Wind benutzten 1988 das von Sommer in Verbindung mit dem sozialwissenschaftlichen Institut Sinus entwickelte "Konzept des sozialen Milieus", um die Bevölkerung der Bundesrepublik in den Achtzigern dieses Jahrhunderts, in Bezug auf ihr Verhalten den Modetrends gegenüber einordnen zu können. Für die Bundesrepublik wurden acht soziale Milieus herausgearbeitet. Die Gesellschaftsstruktur hat sich zwar gewandelt, so daß hier keine prozentualen Angaben über die Größe der einzelnen Milieus gemacht werden können, doch sind ihre Charakterisierungen teilweise übertragbar. Vgl. Carlo Michael Sommer und Thomas Wind Mode, >Die Hüllen des Ich<. Basel 1988, S.42. Eine kurze Zusammenfassung dieses Models findet man unter Carlo Michael Sommer, "Der Lauf der Dinge. Aus der Sozialpsychologie der Alltagsobjekte". In: >Daidalos< Heft 40, 1991, S.94f.

{694} In der Bundesrepublik Deutschland stellte dieses Milieu 1986 einen Prozentsatz von 24% der Bevölkerung. Vgl. Carlo Michael Sommer und Thomas Wind >Mode, Die hüllen des Ich.< Basel 1988, S.43.

{695} Vgl. Rosa Friderika Schäffling, >Die repräsentativen Zeitschriften, ihre Entwicklung und Bedeutung in Deutschland, Italien, Frankreich, England und in den USA.< Dissertation München, 10.11.1949, S.74.

{696} Vgl. >Silberspiegel< Heft 3, Februar 1936, S.86 und Heft 19, September 1937, S.894.

{697} Vgl. Bernd Weise, "Fotojournalismus, Erster Weltkrieg-Weimarer Republik". In: Kunst- und Ausstellungshalle der Bundesrepublik Deutschland (Hrsg.), >Deutsche Fotografie. Macht eines Mediums 1870-1970.< Bonn 1997, S.77.

{698} Ob sich in dieser veränderten Gewichtung gewandelte Lebensgewohnheiten der männlichen Bevölkerung widerspiegelten ist dem Autor nicht bekannt. Es ist möglich, daß die für die Fünfziger Jahre empirisch bestätigte Erkenntnis, daß Männer mehr Tageszeitungen lesen, Frauen dafür mehr Illustrierte, schon in den Dreißigern zur Verfügung stand, so daß sich in dem Wandel der Zielgruppe eine Gewinnmaximierung durch inhaltliche Begrenzung zeigte. Vgl. zur männlichen Leserschaft von Illustrierten Sylvia Lott, >Die Frauenzeitschriften von Hans Huffzky und John Jahr. Zur Geschichte der deutschen Frauenzeitschriften zwischen 1933 und 1970<. Berlin 1985, S.495ff.

{699} Strehl machte in ihrer Autobiographie kaum genaue Zeitangaben. Vgl. >Sport im Bild<, 38. Jahrgang, Heft 18, September 1932, S.798-804, und Hela Strehl-Firle, >Karriere! Karriere??< Unveröffentlicht, München 1983, S.58ff.

{700} Zu den Grandhotels vgl. Christian Gargerle, Vorausdruck des Buches Grand Hotel. In: >Geo-Special<: London. Hamburg, Februar 1998, S.92-97.

{701} Hier handelt es sich wahrscheinlich um das Septemberheft, Heft 18 aus dem 38. Jahrgang der >Sport im Bild<, denn sie druckte das Inhaltsverzeichnis in ihrer Autobiographie ab.

{702} "Ich hatte diverse Broschüren geschrieben. Redaktionsleitung -Chefredakteurin ist etwas anderes. Mich hat man -wie so oft- einfach hineingestellt. Ohne Rat. Ohne Tips. Bewacht von den Augen der grossen Konkurrenz: Ullstein, auch Elegante Welt, auch Neue Linie, Team, "Alter Hasen". (...) Ich studiere nicht einmal Konkurrenzblätter. Ganz allein auf die Frage konzentriert: Was würdest Du lesen wollen? (...) Es wird Erfolg. (...) Elsa Herzog: "Hela, ganz anders, als ich es gemacht habe- aber gut!" Konkurrenz verstummt-. Gutes Zeichen. (...) Noch öfter kommen Momente der Ungewissheit: Als Paris von seinem Stil abgeht, "Die Dame", sich jünger, kecker, kürzer trägt, nein, noch nicht Courrèges. Direktion: "Sind sie sicher?" Ich "Bin ich sicher?" Denke eine lange, wache Nacht nach. Blamage wäre öffentlich. Anderntags: "Ich bleibe dabei." "Wie Sie denken," sagt der Werbechef, deutlich klingt Zweifel durch. Muss ich unbedingt den Galgen riskieren? Ich kann nicht aus meiner Haut - ich muss. Für Druck, Auslieferung, vergeht Zeit, Krisenzeit, für mich, Warten! Erfolg! Sieg! Wir liegen vorn-Ullstein hinkt nach. Ich, Einzige, die das Neue bringt! (...)!" Vgl. Hela Strehl-Firle, >Karriere! Karriere??< Unveröffentlicht, München 1983, S.60-63.

{703} Vgl. Anm. oben, S.63.

{704} Karl-Ludwig Haenchen: ">Die Elegante Welt< hat nie einen Auftrag gegeben, sie nahmen nur Sachen, die ihnen angeboten wurden." Vgl. Interview mit Karl-Ludwig und Ilse Haenchen, 11/1995, S.2.

{705} Vgl. Marion Beckers und Elisabeth Moortgat, "Ihr Garten Eden ist das Magazin". In: Ute Eskildsen (Hrsg.), >Fotografieren hieß teilnehmen. Fotografinnen der Weimarer Republik<. Düsseldorf 1994, S.239-250.

{706} Diese regelmäßig erscheinenden, taschenbuchgroßen Büchlein, wie >Uhu< und das etwas populistischere >Das Magazin<, erreichten nicht die großen Auflagen wie die Luxusillustrierten und sprachen, wie die regelmäßig veröffentlichten pikanten Aktfotografien zeigten, eher ein männliches Publikum an. Vgl. "Die schöne Unbekannte", Pikante Aktfotografie von Yva veröffentlicht in >UHU< Heft 2, November 1929, S.81.

{707} >Berliner Illustrirte< schrieb sich, die alte Schreibweise beibehaltend, immer ohne "ie" im Titel.

{708} Vgl. Tim N. Gidal, "Deutschland- Beginn des modernen Photojournalismus". In: Romeo E. Martinez, >Bibliothek der Photographie< Band 1. Luzern und Frankfurt a. M. 1972, S.15ff. und Willy Stiewe, "Der Stilwandel der Bildberichtersattung". In: >Gebrauchsfotografie. Das Atelier des Fotografen<47. Jahrgang, Heft 9, 1940, S.149-151.

{709} Fotoreportagen waren "psychologisch empfundene (...), spontan festgehaltene (...) Bilderzählungen und Photo-Essays, die aus der flüchtigen, doch sachbedeutend charakteristischen Impression leben." Bernd Lohse, "Live Photographie- eine Neumodische Erfindung?" Ohne Ort und Jahr, S.20, (Bernd Lohse war Fotoreporter. Vgl. seine Abb. in >Silberspiegel< Heft 23, 1940 und >Die Dame< Heft 9 1941). Zitiert nach Wilhelm Markwardt, >Die Illustrierten der Weimarer Zeit. Publizitische Funktion, ökonomische Entwikklung und inhaltliche Tendenzen<. München 1982, S.127.

{710} Vgl. >Silberspiegel< 2. Jahrgang, Heft 3, 4. Februar 1936, S.104-106.

{711} Vgl. Hela Strehl-Firle, >Karriere! Karriere??< Unveröffentlicht, München 1983, S.65 (Formatierungen wie im Original). Die "Hindenburg" verbrannte am 6. Mai 1937 in Lakehurst, dabei kamen 36 Menschen ums Leben.

{712} Vgl. Interview mit Gerd Hartung 7/1997, S.12.

{713} Vgl. Fünfuhrtee im Freien. >Die Dame<, 63. Jahrgang, Heft 15, 2. Juliheft 1936, S.22f. Durch ihre Reportage: Land zwischen Felsen und Meer über Fischer an der Küste Portugals war 1935/36 die Redaktion der französichen >Vogue< auf Regina Relang aufmerksam geworden und animierte sie, Mode zu fotografieren. Diese Portugal-Reportage wurde in Ausschnitten im November 1936 in >die neue linie< (VIII. Jahrgang, Heft 3, 1936) veröffentlicht.

{714} Vgl. zur Verantwortung für das Layout: Wolfgang Schade, "Der Bildredakteur hat das Wort". In: >Gebrauchsphotographie< Heft 8, Berlin 1933 S.93.

{715} Vgl. Hela Strehl-Firle, >Karriere! Karriere??< Unveröffentlicht, München 1983, S.95.

{716} "Magda will den Vorabend ihres Geburtstages gefeiert wissen. Goebbels hält eine Rede in Essen. "Geben Sie mir einen Thee," sagt sie. "Aber mit Männern." Guter Rat teuer. Ehemänner fallen aus. Junggesellen. Man stellt drei Paare zusammen. Die Hausfrau, Ello Quandt, Magda, das ist einfach. (...) Dazu den Fotografen Imre von Santho. (...) Tadelloser Hemdschnitt. Tadellose Manieren." Vgl. Hela Strehl-Firle, >Goebbels Politische Impressionen aus privater Sicht<, Unveröffentlicht, München ca. 1979, S.165-167.

{717} Vgl. Christian, Ferber >Die Dame. Ein deutsches Journal für den verwöhnten Geschmack 1912-1943<. Berlin 1980, S.8.

{718} Wie Anm. oben, S.12f.

{719} Christian Ferber erwähnte Schnebel nicht namentlich, sondern bezeichnete ihn als "Platzhalter". Vgl. Christian, Ferber >Die Dame. Ein deutsches Journal für den verwöhnten Geschmack 1912-1943<. Berlin 1980, S.13.

{720} Vgl. Ludwig Emauel Reindl, Editorial >Die Dame< Heft 3, 1943.

{721} Wie Anm. oben.

{722} In den ersten Jahren von ca. 1919 bis 1930 waren die folgenden Fotografen die Hauptlieferanten für Modefotografien: Madame d'Ora, die aus Wien und aus Paris berichtete, Nicola Perscheid, Becker & Maaß, Ernst Sandau, Karl Schenker, Alexander Binder und Yva.

{723} Zur Bedeutung des Covers für den Leser vgl. Ellen McCracken, >Decoding Women's Magazines From Mademoiselle to Ms<. Houndsmills Basingstoke Hampshire London, 1993, S.19f.

{724} Natürlich auch keine Doppelseiten. Vgl. Lilli Niebuhr, das Frontispiz in >Die Elegante Welt< XXIV. Jahrgang, Heft 25, vom 13.12.1935, auf dem Abendmode am Weihnachtsbaum gezeigt wurde.

{725} Vgl. >Die Dame< Heft 19, zweites Juniheft 1933.

{726} Agneta Fischer war Schwedin und hatte in Paris ein großes Atelier für Modefotografie.

{727} Die Vornamen wurden nur genannt, wenn sie sich ermitteln ließen.

{728} Vgl. >Die Dame< Heft 5, Februar 1939 und Heft 17, August 1939.

{729} Gerd Hartung: "(...) dann kam Frau Johanna Thal als Moderedakteurin und Frau Johanna Thal wurde dann ersetzt, weil ich glaube nicht rein arisch oder irgend so was, durch Petra Fiedler, die eigentlich Petra Behrens hieß, die Tochter von dem berühmten Professor Peter Behrens." Vgl. Interview mit Gerd Hartung 6/1997, S.1.

{730} Vgl. Impressum, in: >Die Dame< 61. Jahrgang, Heft 10, erstes Maiheft 1934, S.56.

{731} Vgl. >Die Dame<, Heft 12, erstes Märzheft 1930, S.30f.

{732} Gerd Hartung: "Und Petra Fiedler und Hela Strehl trafen sich dann in der Reichskanzlei. Die wurden beide eingeladen, es wurde angerufen." Vgl. Interview mit Gerd Hartung 6/1997, S.5 und Hela Strehl-Firle, >Goebbels Politische Impressionen aus privater Sicht,< Unveröffentlicht, München 1979, S.57 und diess. >Karriere! Karriere??< Unveröffentlicht, München 1983, Abb. S.62. vgl. Abb.4.2.2./1., Hela Strehl und Petra Behrens vor dem Hotel Matignon, Paris 1939, aufgenommen von Karl-Ludwig Haenchen.

{733} Im Impressum des Heftes 20 vom September 1940 wurde "Petra Haenchen-Fiedler" als Verantwortliche der Moderedaktion genannt, ab dem Heft 1, 1943 wieder "Petra Fiedler". Vgl. >Die Dame< Heft 20, September 1940, S.58.

{734} Gerd Hartung: "Und die (Petra Fiedler Erg. d. Verf.) hatte dann als Fotografen hauptsächlich Herrn Haenchen und Herr Haenchen bekam das Angebot von der >Eleganten Welt<, dort sozusagen art director zu werden und um ihn für den Verlag Ullstein zu erhalten -die >Elegante Welt< kam bei Zander & Labisch raus- heiratete Petra Fiedler den Haenchen und hatte ihn fortan, sozugagen als Starfotografen der Dame beschäftigt." Vgl. Interview mit Gerd Hartung 6/1997, S.1.

{735} Nach Hartung war dieses das erste farbige Modefoto als Titel eines >Die Dame< Heftes. Gerd Hartung: "Und Haenchen hat ja das erste fotografierte Titelbild auf die Dame gebracht. Ich fand es damals gar nicht besonders schön, aber das war eben das Neue. Die Farbe kam ja erst so richtig nach dem Krieg und vorher war sie ja noch der Zeichnung vorbehalten." Vgl. Interview mit Gerd Hartung 6/1997, S.13.

{736} In der Dokumentation Kunst in Deutschland 1933 -1945 von Mortimer G. Davidson werden weder Barabara von Klackreuth noch Arthur Wittig genannt.

{737} Vgl. >Die Dame< 66. Jahrgang, Heft 18, 3. Augustheft 1939, S.23-25.

{738} Die Ziffer in Klammern hinter dem Fotografen bezieht sich darauf, in wievielen Heften er vertreten war. Wenn er nur in einem Heft vertreten war, wird die Zahl weggelassen.

{739} Vgl. >Die Dame<, Heft19, September 1938, S.25-29.

{740} Die Hefte hatten 1938 durchschnittlich 45 Seiten.

{741} >Das Magazin< ist bis 1941 nachweisbar und erschien nach dem Krieg wieder.

{742} Gerd Hartung: "Dorrit Holland war die Redakteurin von der >Eleganten Welt< und das war eine sehr gut aussehende und auch sehr elegante Dame. Die >Elegante Welt< mit ihrem bißchen Hautgout, sie wurde von uns im Ullsteinverlag immer ein bißchen distanziert betrachtet. Also, ich hätte für die >Elegante Welt< nie zeichnen mögen." Vgl. Interview mit Gerd Hartung 6/1997, S.11.

{743} Vgl. >Die Elegante Welt< Heft 25, Dezember 1935.

{744} Zum Vergleich: Karl-Ludwig Haenchen, der fest bei >Die Dame< engagiert war, war seit Anfang 1939 in fast jedem >Die Dame< Heft mit mehreren Veröffentlichungen vertreten.

{745} Der Untersuchung lagen 80 Hefte von >Die Elegante Welt< zugrunde.

{746} Der aus Ungarn stammende Fotograf emigrierte 1938 von Berlin nach Kalifornien.

{747} Seit 1936 war ihre Freundin, die Kunsthistorikerin Charlotte Weidler, die offizielle Atelierleiterin. Am Stil der Fotografien Yvas änderte sich jedoch nichts. Vgl. Ira Buran, >Else Neuländer-Simon ("YVA"),Eine Berliner Fotografin der Zwanziger und Dreißiger Jahre - Leben und Werk<. Wissenschaftliche Hausarbeit zur ersten Staatsprüfung für das Amt des Lehrers an der Freien Universität Berlin 1992, S.15.

{748} Eine Ausnahme bildeten hier Anton Sahm und Renata Riederer, die beide ihre Ateliers in München hatten.

{749} Der Pionier der Fotoreportage und Mitbegründer der ersten Fotografenagentur DEPHOT, Otto Umbehr (Umbo) im Gespräch mit Manfred Steube und Wilhelm Marckwardt, zitiert nach: Wilhelm Marckwardt, >Die Illustrierten der Weimarer Zeit. Publizitische Funktion, ökonomische Entwicklung und inhaltliche Tendenzen<. München 1982, S.128.

{750} Die Maße des Heftes waren 36, 5 x 27 cm, bei durchschnittlich 75 Seiten, Der Heftpreis von 1929 bis 1943 betrug unverändert 1,- RM, die im Impressum genannte Druckauflage betrug:

1931	30.000
1933	39.000
1935	40.666
1937	40.166
1939	48.083

Vgl. Rosa Friderika Schäffling, >Die repräsentativen Zeitschriften, ihre Entwicklung und Bedeutung in Deutschland, Italien, Frankreich, England und in den USA<. Dissertation München, 10.11.1949, S.94.

{751} Das wurdeunter anderem in dem Aufruf an die Leser deutlich, ausgelesene Hefte nicht wegzuwerfen, sondern den Soldaten an die Front zur Unterhaltung zu schicken.

{752} Bruno E. Werner, "Was ist deutsch in der Kunst?" Vgl. >die neue linie< Heft 11, V. Jahrgang Juli 1934, S.12f. Enzyklopädisches Kaleidoskop der letzten 60 Jahre mit Porträts der wichtigsten Persönlichkeiten aus Politik, Philosophie,Wissenschaft und Kultur ergänzt durch die wichtigsten Erfindungen. Vgl. >die neue linie< Heft 3, November 1936, S.18-25. Richard Hamann, "Das Geheimnis der ersten Lichtbilder. Zum 100jährigen Geburtstag der Fotografie." Vgl. >die neue linie< Heft 7, März 1939,S.41-44. Wilhelm Lotz, "Das Seebad der Zwanzigtausend". Vgl. >die neue linie< Heft 10, Juni 1938, S.19-22. Joachim Günther, Orden. Vgl. >die neue linie< Heft 5, Januar 1943, S.16f.

{753} Am hervorstechendsten waren die Arbeiten des Büros Herbert Beyer und Kurt Kranz. Dazu und zu weiteren ehemaligen Bauhäuslern, die an >die neue linie< mitarbeiteten, vgl. Ute Brüning, "Bauhäusler zwischen Propaganda und Wirtschaftswerbung". In: Winfried Nehrdinger, (Hrsg.), >Bauhaus-Moderne im Nationalsozialismus<. München 1993, S.26 u.44ff.

{754} Das Raster war dem ähnlich welches Willy Fleckhaus 1959 für das Layout der Zeitschrift >twen< entworfen hatte Vgl. Carsten M. Wolff, "Das Schöne mit den einfachsten Mitteln. Willy Fleckhaus als Gestalter". In: Michael Koetzle (Hrsg.), >Die Zeitschrift twen Revision einer Legende<. München 1995, S.210-225.

{755} Zur Problematik der Umrißkonkurrenz und von Figur und Grund, Vgl. Rudolf Arnheim, >Kunst und Sehen<. Berlin New York 1978, S.220-228.

{756} Vgl. Glossar'"Kupfertiefdruck".

{757} Vgl. Stichwort'"Nationalsozialismus" in der Brockhaus- Enzyklopädie, Mannheim 1973.

{758} Wenn nach 1933 bei Fotografien aus Amerika nur der Name der Agentur angeben wurde, dann ist die Wahrscheinlichkeit sehr hoch, daß es sich bei den Fotografen um Exilanten aus Deutschland gehandelt hat, denn die Namen anderer ausländischer Fotografen wurden genannt.

{759} Insgesamt kamen zwischen September 1929 und März 1943 etwa 174 >die neue linie< Hefte heraus. Viele zeigten keine Modefotografien, wobei in den Jahren von 1933 und 1940 fast jedes Heft Modefotografien zeigte. Als im Januar 1941 das erste Heft von >Die Mode<, die auch bei Otto Beyer erschien, herauskam, zeigte >die neue linie< fast keine Modefotografien mehr, denn man wollte sich innerhalb des Verlages keine Konkurrenz machen. Das Magazin >Die Mode< auf das später noch ausführlich eingegangen wird, zeigte fast nur Mode.

{760} In >die neue linie< ist Erna Lendvai-Dircksen mit einigen Modefotografien auf denen Kindermode gezeigt wurde vertreten. Vgl. >die neue linie<, Heft 2, Oktober 1930. Besonders Erna Lendvai-Dircksen ist in den Jahren ihrer Tätigkeit als Kindermodefotografin auch als Porträtistin im Dienste der Nationalsozialistischen Rassenforschung hervorgetreten. Vgl. Claudia Gabriele Philipp, E. Lendvai-Dircksen. "Verschiedene Möglichkeiten, eine Fotografin zu rezipieren". In: >Fotogeschichte< Heft 7, Marburg 1983, S.39-56.

{761} Vgl. >die neue linie< Heft 7, März 1939, S.VI (entspricht in etwa Seite 53).

{762} Vgl. Sylvia, Lott, >Die Frauenzeitschriften von Hans Huffzky und John Jahr. Zur Geschichte der deutschen Frauenzeitschriften zwischen 1933 und 1970<. Berlin 1985, Anm.1 S.187.

{763} Vgl. >Modenwelt vereinigt mit Ultra-Modenalbum< Heft 6, Juni 1941.

{764} Vgl. Abb. 5.6.1./ 11. und 6.1./ 2., die Modefoto mit Karin Stilke, die Wäsche aufhängt.

{765} Von >Die Mode< erschienen zwischen Januar 1941 und April 1943 23 Hefte zum Preis von 1,50 RM mit durchschnittlich 58 Seiten.

{766} Dort hieß es sinngemäß, daß es verboten ist, in jeglicher Form über Schmuck oder Kunsthandwerk zu berichten, sowie Werbung aus diesem Bereich zu drucken. Vgl. Werberat der deutschen Wirtschaft, Reichspressekammer und Reichsverband der deutschen Presse (Hrsg.), Richtlinien für redaktioninlle Hinweise in Tageszeitungen Zeitschriften und Korrespondenzen. Berlin 1935, S.19. Einzusehen im Bundesarchiv, Berlin Document Center, unter der Signatur: RD 33/8. >Die Mode< verstieß in den folgenden Heften wegen der Abbildung von Schmuck gegen diese Richtlinien: Heft 2 und 6, 1941 und Heft 2 und 10, 1942.

{767} Vgl. M.W. in >Die Mode< 1. Jahrgang, Heft 3, März 1941, S.7. M.W. veröffentlichte auch in >Die Dame< seine propagandistischen Artikel mit historischem und pädagogischem Appell. Vgl. M.W. Ein Wort an die deutsche Frau. In: >Die Dame< 66. Jahrgang, zweites Septemberheft 20, 1939, S.2f.

{768} Vgl. Interview mit Gerd Hartung 6/1997, S.2.

{769} Vgl. Peter de Mendelssohn, Zeitungsstadt Berlin. Berlin 2. erweiterte Auflage1982 (19591), S.473f.

{770} Vgl. Ernst Herbert Lehmann, "Betrachtung über Modezeitschriften". In: >Die Mode< 1. Jahrgang, Heft 7, S.13.

{771} Wie Anm. oben, S.406ff. und 473.

{772} Vgl. >Die Mode< 1. Jahrgang, Heft 7, Juli 1941, S.13 und 45.

{773} Vgl. Ernst Herbert Lehmann, Die Mode und die deutsche Sprache. In: >Die Mode< 1. Jahrgang, Heft 10, Oktober 1941, S.15, und 48f. Hier geht es vor allem um die Eindeutschung und Übersetzung von französischen Fachbegriffen aus der Mode und den ihr verwandten Fächern. Welche seltsame Sprache diese Bemühungen schon vorher erzeugt hatte, zeigt ein Artikel vom April desselben Jahres. Unter der Überschrift "Die neuen Farben" wurden deutsche Farbschöpfungen mit deutschen Namen aus der Natur vorgestellt: orchideenfarben, kupferbraunfarben, rotlackfarben, rosenholzfarben, pappel- und moosgrünfarben (...). Vgl. "Die neuen Farben". >Die Mode< 1. Jahrgang, Heft 4, April 1941, S.37.

{774} Vgl. Ernst Herbert Lehmann, "Betrachtung über Modezeitschriften". In: >Die Mode< 1. Jahrgang, Heft 7, S.13.

{775} Gerd Hartung: "Ich habe ja noch die amerikanische >Vogue< von 34, aber dann später natürlich auch nicht mehr, weil die eben gar nicht mehr eingeführt wurde. Das war ja alles nur möglich über Devisen. Und die Buchhändler kriegten ja keine Devisen, um ausländische Literatur einzukaufen. Also ich weiß nur, daß ich damals in einigen Zeichnungen abzeichnen durfte und ein paar Hefte kamen auch manchmal glaube ich noch an den Deutschen Verlag, der als Großverlag wohl auch etwas mehr Devisen bekam als ein kleinerer Verlag, das war gestattet. Und der kriegte dann auch nochmal ein paar ausländische Journale, und die durfte ich dann in der Redaktion der >Dame< sehen. Aber sonst war das auch unterbrochen." Vgl. Interview mit Gerd Hartung 6/1997, S.21.

{776} Vgl. Ernst Herbert Lehmann, Betrachtung über Modezeitschriften. In: >Die Mode< 1. Jahrgang, Heft 7, S.13.

{777} "Wenn man fragt, wie wird eine Mode aussehen, die sich aus den neuen politischen, kulturellen und menschlischen Gegebenheiten gestaltet, so wird man den Typ der neuen deutschen Jugend betrachten müssen, die Träger des großen Zukunftsgedankens ist. Ihre Ideale: Einfachheit, Kameradschaft, Gläubigkeit und Bereitschaft bestimmen die Formgesetze auch der äußeren Dinge des Lebens. So wird Mode unerträglich werden, die Ausdruck der Geldherrschaft und des sozialen Unterschieds oder Nachahmung und Sehnsucht danach ist. (...) Nicht zuletzt wird das von Sport, Natur und Gemeinschaftserlebnis bestimmte Lebensgefühl Voraussetzung für den modernen Kleidstil sein." Vgl. Anneliese Hafkesbrink, Mode in der Zeitenwende. In: >Die Mode<, 1. Jahrgang, Heft 1, Januar 1941, S.19. Zu weiteren Auszügen aus programmatischen Texten aus >Die Mode< vgl. im Anhang, Listen und Quellen, 7.2.3.2. zu >Die Mode<.

{778} Vgl. Bundesarchiv, Berlin Document Center, Aufzeichnung der Unterredung zwischen Herrn Staatssekretär Gutterer und Herrn Professor Benno von Arent am 7. Dezember 1942 in der Kameradschaft der deutschen Künstler, an der auch Herr Duphorn, der Mitarbeiter des Reichsbeauftragten für die Mode und Herr Dr. Mahlberg vom Modereferat des Ministeriums teilnahmen. Aktz. R 55 / 731, Blatt 3, S.2f.

{779} Vgl. Schreiben des Reichsbeauftragten für die Mode an Dr. Hopf aus dem Referat Haushalt des Reichsministeriums für Propaganda vom 17.8.1942. Bundesarchiv, Berlin Document Center, Aktz. R 55/731, Blatt 58.

{780} Wie man an den von von Arent entworfenen Orden und den Pylonen für den Besuch Moussolinis erkennen kann, bevorzugte er den Gebrauch von schmückenden und erklärenden Symbolen und Zeichen. Vgl. >die neue linie< Heft 1, Januar 1943, S.11 und Otto Thomae, >Die Propaganda-Maschinerie, Bildende Kunst und Öffentlichkeitsarbeit im Dritten Reich<. Berlin 1978, S.197, 229 und 454, >Joseph Goebbels, Eintragung vom 07.11.1941< In: Elke Fröhlich, (Hrsg.), >Die Tagebücher des Joseph Goebbels.< München New Providence London Paris 1996, S.246.

{781} Vgl. Ohne Titel und Autor, aber wahrscheinlich Anneliese Hafkesbrink, >Die Mode< 1. Jahrgang, Heft 4, April 1941, S.8.

{782} Der Autor konnte alle veröffentlichten >Die Mode< Hefte untersuchen. Die Zahlen in Klammern beziehen sich darauf, in wievielen Heften die Fotografen vertreten waren, wenn keine Zahl erscheint, wurden ihre Fotografien nur in einem Heft gezeigt.

{783} Eine eingehende Würdigung und Erforschung der Modestillfotografie steht noch aus.

{784} Die Hefte 8/9 August/September 1941, 8/9 August/September 1942, 1/2, Januar/Februar 1942 und 1/2 Januar/Februar 1943.

{785} Für eine andere Zeitschrift des Otto Beyer Verlages war Peter Ludwig zeitweise der bestimmende Fotograf. Er fotografierte für >Hella< zwischen

1940 und 1943 sehr viele Titel und ganzseitig gedruckte propagandistische Stimmungsfotos, besonders Fotografien schöner junger Frauen in der Natur.

{786} Eine Ursache für die Größe dieser Gruppe im Bearbeitungszeitraum liegt darin, daß Waren aus Leder und somit Schuhe in der Zeit vor und im Krieg zu den am stärksten rationierten Rohstoffen gehörten. Das führte dazu, daß es häufig keine passenden Schuhe zu den fotografierten Kleidern gab und die Fotografen keine andere Möglichkeit hatten, als dieses dadurch zu verbergen, daß keine Schuhe auf dem Foto zu sehen waren. Vgl. Irene V. Guenther, "Nazi "Chic"? German Politics and Women's Fashions, 1915-1945". In: Valerie Steele (Hrsg.): >Fashion Theory. The Journal of Dress, Body & Culture<. Vol.1, Issue 1 New York, (March 1997), S.49.

{787} Dieses war die Devise als alle anderen Materialien so sehr rationiert waren, daß den Modeschöpfern nur noch der Hut als Feld für freie Designversuche zur Verfügung stand. Vgl. Anm. oben, S.37.

{788} Hier findet sich eine Entsprechung in der Bewertung der Porträtmalerei. Dort war das Ganzkörperporträt lange Zeit den Herrschern und ihren Familien vorbehalten. Die anderen gängigen Porträtformate spiegelten zum Teil einen abnehmenden materiellen Wert der Bildnisse wieder, denn sie waren schneller und mit relativ weniger Materialaufwand zu erstellen.

{789} Karl-Ludwig Haenchen: "Neben der Mode war ich ja der bestbezahlte Starfotograf beim Film. Jannings bevorzugte mich, stellte immer die Bedingung, daß ich die Fotos machte." Vgl. Interview mit Karl-Ludwig und Ilse Haenchen 11/1995, S.4. Zur Starfotografie vgl. Glossar '"Starfotografie".

{790} Vgl. Glossar "Weichzeichnung".

{791} Vgl. Brian Braithwaite, >Women's Magazines The First 300 Years<, London 1995, S.60-63.

{792} Vgl. Christian, Ferber, >Die Dame. Ein deutsches Journal für den verwöhnten Geschmack 1912-1943<. Berlin 1980, S.14 und Sylvia Lott, >Die Frauenzeitschriften von Hans Huffzky und John Jahr. Zur Geschichte der deutschen Frauenzeitschriften zwischen 1933 und 1970<. Berlin 1985, S.188.

{793} "Herr Professor von Arent übte scharfe Kritik an der Zeitschrift "Die Mode" aus. Er brachte vor allem zu Ausdruck, daß diese Zeitschrift dadurch, daß sie draußen überall als das Blatt des Ministeriums angesehen wird, wegen ihrer schlechten Qualität eine Gefahr für das Ministerium bedeute. Er bat den Herrn Staatssekretär, festzustellen, ob der Herr Minister bereit sei, ihm als Reichsbeauftragten für die Mode diese Zeitschrift als dessen Organ zu übergeben. Im bejahenden Falle würde er sich sofort um neue Mitarbeiter umsehen, bzw. Frau Petra Fiedler als seine engste Mitarbeiterin in dieser Zeitschrift heranziehen. Wegen einer andern Beschäftigung von Fräulein Hafkesbrink würde dann mit Dr. Werner vom Beyer-Verlag Fühlung aufgenommen. Herr Staatssekretär Gutterer stimmte der Kritik des Herrn von Arent bei, brachte zum Ausdruck, daß auch der Herr Minister mit dieser Zeitschrift mehr als unzufrieden sei, machte aber darauf aufmerksam, daß über eine eventuelle Übernahme dieser Zeitschrift durch den Reichsbeauftragten unter allen Umständen der Reichspressechef Dr. Dietrich unterrichtet werden muß." Vgl. Bundesarchiv, Berlin Document Center, Aufzeichnung der Unterredung zwischen Herrn Staatssekretär Gutterer und Herrn Professor Benno von Arent am 7. Dezember 1942 in der Kameradschaft der deutschen Künstler, an der auch Herr Duphorn, der Mitarbeiter des Reichsbeauftragten für die Mode und Herr Dr. Mahlberg vom Modereferat des Ministeriums teilnahmen. Aktz. R 55 / 731, Blatt 3, S.2f.

{794} "Ignoring harangues published in Das schwarze Korps, non-Nazi women's magazines such as Die Dame and Die Mode featured the latest trends until March 1943, when paper shortages and Goebbels' "Total War" measures forced them to cease publication." Vgl. Irene V. Guenther, "Nazi "Chic"? German Politics and Women's Fashions, 1915-1945." In: Valerie Steele (Hrsg.): >Fashion Theory. The Journal of Dress, Body & Culture<. Vol.1, Issue 1 New York, (March 1997), S.40.

{795} Vgl. Rainer Gries, Volker Ilgen, Dirk Schindelbeck, >"Ins Gehirn der Masse kriechen!" Werbung und Mentalitätsgeschichte<, Darmstadt 1995, S.68.

{796} Diese neue Form der Einbindung erinnert an die, seit dem ersten Jahrzehnt des 20. Jahrhunderts einsetztende Entwicklung in der Architektur, bei der Fenster ohne Bauzier direkt in die Wand eingeschnitten wurden. Einer der Pioniere dieser Architekturauffassung in Europa war Adolf Loos. Besonders das Haus am Michaelerplatz welches 1909-1911 nach seinen Plänen in Wien errichtet wurde, löste durch seine schnörkellos eingeschnittenen Fenster eine heftige Kontroverse aus.

{797} Vgl. Interview mit Karl-Ludwig und Ilse Haenchen 11/1995, S.16.

{798} Vgl. Interview mit Barbara Buffa, 11/1996, S.15-18.

{799} In den Modezeichnungen war es Gerd Hartung, der >Die Mode< im Bereich der Graphik auf die gleiche qualitative Stufe mit >Die Dame< stellte, denn er zeichnete für beide Magazine. Ein Vergleich der Modegraphiken Hartungs, die er für >Die Dame< und für >Die Mode< schuf, steht noch aus.

{800} Vgl. Kapitel 2.

{801} Weitere Fotografen der Zwanziger und frühen Dreißiger Jahre wurden in Kapitel zwei und sieben aufgelistet.

{802} Die während dieser zweiten Periode neu auftauchenden und schnell bekannt werdenden Namen sind: Lilli Niebuhr (August 1934 in: >Deutsches Frauenwerk<), Sonja Georgi (unter ihrem Mädchennamen Sonja Walther, im April 1935, in: >Der Silberspiegel<), Karl-Ludwig Haenchen (Oktober 1935, in: >Die Elegante Welt<), Regina Relang (Juli 1936, in: >Die Dame<),Hubs Flöter (November 1938, in: >die neue linie<), Norbert Leonard, (Juli 1938, in: >die neue linie<).Einige ausländische Modefotografen wurden in der zweiten Periode, also von 1935 bis 1939 erstmalig und dann vermehrt veröffentlicht. Dabei handelte es sich um Egidio Scaioni (Dezember 1930 >die neue linie<), Studio Dorvyne (Dezember 1934, >Die Dame<), George Saad (Januar 1933, >Die Elegante Welt<), Kollar (November 1936, >die neue linie<) und Studio Anzon (1936 in >Die Elegante Welt<). Die Fotografin Charlotte Rohrbach wird in dieser Zeit ihre ersten Modefotografien veröffentlicht haben, denn dem Autor sind zwei an unbekanntem Ort veröffentlichte Modefotografien aus Sammlungen bekannt. Erst ab 1947 trat sie als Modefotografin mit vielen Veröffentlichungen in der Zeitschrift >Film und Frau< in Erscheinung.

{803} Er blieb zunächst in Paris, wo er überwiegend arbeitete, flüchtete 1941 in die Provence und verbrachte ab 1942 mehrere Jahre in verschiedenen Lagern in Südfrankreich und der Schweiz. Vgl. Willy Maywald, Die Splitter des Spiegels. Eine illustrierte Autobiographie. München 1985, S.105-180. Vgl. Rheinisches Landesmuseum Bonn (Hrsg.), >Und Sie haben Deutschland verlassen ... müssen. Fotografen und Ihre Bilder 1928-1997<. Bonn 1997.

{804} Vgl. >Hella<, Heft 10, August 1940, S.11 und >Die Dame<, Heft 5 1942, S.14.

{805} Die fotografierte Mode beeinflußte die Modefotografie, doch fielen dem Autoren keine darauf zurückzuführenden stilistischen Übereinstimmungen mehrerer Fotografen, die die Mode des gleichen Modeschöpfers fotografierten, auf.

{806} Auf die Arbeitsweise Bruno Winterfelds ist schon weiter oben, im Kapitel 3.5. eingegangen worden. Zum Atelier Binder Vgl. die Kurzbiographie zu Alexander Binder.

{807} Einige der bei Imre von Santho und Sonja Georgi beschäftigte Fotografen oder Assistenten sind namentlich bekannt. So Edith Eppler und Friedrich Aschenbroich, die bei Santho assistierten und Peter Ludwig, der zeitweise bei Sonja Georgi arbeitete.

{808} Auf Hubs und Ilse Flöter wird später ausführlicher eingegangen.

{809} Vgl. Peter Panter, "Neues Licht". In: Robert und Bruno Schultz, >Das Deutsche Lichtbild< Berlin 1930, Textseite 3.

{810} Vgl. Klaus-Jürgen Sembach, "Stil 1930", Tübingen 19842, ohne Seitenzahlen.

{811} Vgl. Gustav F. Hartlaub, Brief vom 18.Mai 1923, Archiv der städtischen Kunsthalle Mannheim, zitiert nach Manfred Fath und Hans-Jürgen Buderer (Hrsg.), >Neue Sachlichkeit<. Ausstellungskatalog Mannheim 1994/1995, München 1994, S.15f.

{812} In der Literatur werden seine ersten neusachlichen Fotografien auf 1915 datiert. Vgl. Wilfried Wiegand, "Wolkenkrazer auf der Wiese. Eine sensatinoelle Wiederentdeckung: Ernst Bloßfeldts monumentale Pflanzenportäts in Bonn" In: >Frankfurter Allgemeine Zeitung< Nr. 104, Frankfurt 05.05.1994, S.35. Vgl. außerdem Karl Blossfeldt, >Urformen der Kunst, Wundergarten der Natur. Das fotografische Werk in einem Band<. Mit einem Text von Gert Mattenklott. Neuaufgelegt bei Schirmer/Mosel, München 1994.

{813} Vgl. Museum für Kunst und Gewerbe Hamburg (Hrsg.), >Photographische Perspektiven aus den Zwanziger Jahren.< Mit Texten von Horst W. Scholz und Claudia Gabriele Philipp, Hamburg 1994, S.26 und Abb. S.77.

{814} Vgl. Margit von Plato, "Yvas Fotos". In: >Gebrauchswerbekunst<, Heft 11, Halle/Saale 1931, S.32.

{815} "Sie versteht es, das Starre des fotografischen Moments durch eine sehr kontrastreiche Hell-Dunkel-Skala zu brechen. Die Lebendigkeit ihrer Bilder, ganz gleich ob es sich um figürliche oder Materialfotos handelt, hat etwas Ansprechendes und Anziehendes. Verbunden mit einer guten fotografischen Technik werden die Yva-Fotos zu ausgezeichneten Werbeträgern." Vgl. Margit von Plato, "Yvas Fotos". In: >Gebrauchswerbekunst<, Heft 11, Halle/Saale 1931, S.32.

{816} Vgl. Sergiusz Michalski, >Neue Sachlichkeit, Malerei, Graphik, Photographie in Deutschland 1929-1933<. Köln 1994, S.156ff. und die Abbildungen in Christian Schad, Maria und Anunziata vom Hafen 1923. Abb. 24, S.115 und ders. Bildnis Dr. Haustein, 1928, Abb. 26, S.117, In: Kunsthalle Bielefeld (Hrsg.) >Neue Sachlichkeit. Magischer Realismus<. Bielefeld 1990, sowie Otto Dix, Bildnis der Tänzerin Anita Berber 1925, Galerie der Stadt Stuttgart.

{817} Vgl. Alexander Kanoldt, Olevano II, 1925 und Georg Scholz, "Landschaft bei Berghausen," 1924. In: Manfred Fath und Buderer, Hans-Jürgen (Hrsg.), >Neue Sachlichkeit<. Ausstellungskatalog Mannheim 1994/1995, München 1994, Abb. S.29.

{818} Vgl. Bodo von Dewitz und Karin Schuller-Procopovici (Hrsg.) >Hugo Erfurth 1874-1948. Photograph zwischen Tradition und Moderne<. Köln 1992 und außerdem Glossar, Stichwort "Weichzeichnung".

{819} "Ganz ausgesprochen ist die flächenhaft ornamentale Vordergrundwirkung ohne Tiefenperspektive, oft sogar ohne Plastik der Form." Vgl. Erna Lendvai-Dircksen, Zur Psychologie des Sehens. In: Robert und Bruno Schultz (Hrsg.) >Das Deutsche Lichtbild<, Berlin 1931, S.29.

{820} Dieses zeigt sich in den Modefotografien des Jahres 1934 in der Zeitschrift >Die Elegante Welt< (23. Jahrgang).

{821} Vgl. Ira Buran, >Else Neuländer-Simon ("YVA"), eine Berliner Fotografin der Zwanziger und Dreißiger Jahre- Leben und Werk<. Unveröff. Staatsexamensarbeit, Berlin 1992, S.38-46.

{822} Vgl. Robert und Bruno Schultz, >Das Deutsche Lichtbild< 2. Jahrgang Berlin, 1928/29, Abb. S.38.

{823} Vgl. die Abbildungen der Strumpfmodefotografie, Abb. 8.2.1./ 3. bis 10.

{824} Die Bekleidungsfirma "Forma Fabrik E. Doertenbach, Köln" stellte schwerpunktmäßig Bademode, Korsetts und Wäsche her. Damenoberbekleidung war ein Nebengeschäft, wie die Veröffentlichungen in den Zeitschriften zeigten.

{825} Auf das, was in der Modefotografie als Neoklassizismus bezeichnet wurde, wird später eingegangen. Vgl. Kapitel 8.2.2.

{826} Vgl. Prof. Mente Berlin, In: >Das Atelier des Photographen<, "Zitiert nach Pressestimmen. das deutsche lichtbild im Urteil des In- und Auslandes". Beiheft zu >Das Deutsche Lichtbild< 1931.

{827} 1933 schrieb Raoul Hausmann das Vorwort.

{828} Vgl. >Das Deutsche Lichtbild< 1927 bis 1934. Das Treuegelöbnis des Herausgebers und die in den folgenden Jahren unübersehbar vermehrt in den Fotografien sichtbaren Hakenkreuze reichten nicht aus, >Das Deutsche Lichtbild< über das Jahr 1938 hinaus am Leben zu erhalten. Die Einstellung des Jahrbuches hängt womöglich mit dem Berufsverbot für Juden zusammen (allerdings ist dem Autor nicht bekannt, ob Bruno Schultz Jude war), das 1938 in Kraft trat, denn andere fotografische Jahrbücher konnten weiterhin erscheinen (siehe unten), und Gründe für die Einstellung des Buches werden im Abschied an den Leser nicht genannt. Im Gegenteil, das letzte >Das Deutsche Lichtbild< vor 1945 endet mit einem Aufruf um Hilfe: "(...)so daß mir als Begründer, Herausgeber und Verleger der Jahresschau (...) nur übrig bleibt, allen Mitarbeitern aus heißem Herzen zu danken und mit der Bitte zu schließen, mir durch weitere wertvolle Mitarbeit zu ermöglichen, "Das Deutsche Lichtbild" als anerkannt führende Jahresschau, der Erde zu erhalten." Vgl. >Das Deutsch Lichtbild< Berlin 1938, S.177. 1954 wurde >Das Deutsche Lichtbild<, jetzt von Wolf Strache, später kam Otto Steinert dazu, wieder als Jahrbuch herausgegeben. Es erschien bis 1979.

{829} Vgl. Peter Panter (Kurt Tucholsky), "Neues Licht". (Vorwort) In: >Das Deutsche Lichtbild< 1930, S.2.

{830} Sie wurde im Dritten Reich für ihr sich in Arbeit befindliches Werk, Das Deutsche Volksgesicht. hoch geehrt. Vgl. Claudia Gabriele Philipp, E. Lendvai-Dircksen. "Verschiedene Möglichkeiten, eine Fotografin zu rezipieren". In: >Fotogeschichte< 3 1983, Heft 7, S.39-56.

{831} Vgl. Erna Lendvai-Dircksen, "Zur Psychologie des Sehens". In: >Das Deutsche Lichtbild< 1931, S.29.

{832} Wie Anm. oben, S.30.

{833} Vgl. Heinrich Kühn, "Fortschritte? Bemerkungen zur Technik der Lichtbildnerei unserer Zeit". In: Robert und Bruno Schultz (Hrsg.), >Das Deutsche Lichtbild< Berlin 1933, S.48. Vgl. dazu außerdem Franz Dröge und Michael Müller, (Hrsg.), >Die Macht der Schönheit, Avantgarde und Faschismus oder die Geburt der Massenkultur<, Hamburg 1995, S.337.

{834}"Deutsch sein heißt klar sein." Adolf Hitler 1937 zitiert nach Klaus Bakkes, >Hitler und die bildenden Künste<, Köln 1988, S.50.

{835} Vgl. Hanns Neumann, "Bild oder Illustration?" In: R. Ottowil Maurer (Hrsg.), >Fotofreund Jahrbuch< Berlin Wien Leipzig 1942, S.57.

{836} Der Begriff "Neoklassizismus" ist einerseits ein zeitgenössischer Begriff des Dritten Reiches und wird andererseits in der angelsächsischen Literatur, dem "Klassizismus" in der deutschen Literatur entsprechend gebraucht. Im folgenden wird er als Bezeichnung des Klassizismus in der Modefotografie gebraucht und nach seiner regionalen Herkunft und den historischen Epochen unterschieden.

{837} Vgl. H. K. Frenzel, >Hoyningen-Huené. Meisterbildnisse. Frauen Mode Sport Künstler<. In: Reimer, Dietrich (Ernst Vohsen) A.G. (Hrsg.), Berlin 1932, S.14.

{838} Wie Anm. oben, S.15. Zum Neoklassizismus Vgl. Klaus Backes, >Hitler und die bildenden Künste,< Köln 1988, S.50 und 75, Joachim Petsch, >Kunst im Dritten Reich. Architektur, Plastik, Malerei, Alltagsästhetik<. Köln 1994, S.7.

{839} Vgl. William A. Ewing, >The photographic art of Hoyningen-Huene<, London 1986, S.99f. und Abb. 49f. und 29f.

{840} Geroge Hoyningen-Huene veröffentlichte bis 1935 ausschließlich in Publikationen des Verlegers Conde Nast und ging dann zu >Harper's Bazar<.

{841} Horst P. Horst löste Hoyningen Huene 1935 bei Conde Nast ab. Horst veröffentlichte sehr selten in deutschen Magazinen. Auch über ihn wurde in der Fotofachpresse berichtet. Vgl. Margot Hübner, "Mode im Licht und - Schatten". In: Kodak Aktiengesellschaft Berlin (Hrsg.) >Photographik< Heft 9 1935, S.17 - 20 und das Frontispiez in >Die Dame< Heft 19, September 1938.

{842} Hoyningen-Huene wurde schon damals Weltruhm bescheinigt. Vgl. H. K. Frenzel, >Hoyningen-Huené. Meisterbildnisse. Frauen Mode Sport Künstler<. In: Reimer, Dietrich (Ernst Vohsen) A.G. (Hrsg.), Berlin 1932, S.15.

{843} "Die modischen Aufnahmen von Hoyningen-Huene sind von einer so diskreten und unvordringlichen Eleganz und einem so selbstverständlichen Charme, daß man darüber fast ihren eigentlichen Zweck vergißt und sie wie schöne Zufallseindrücke einer kultivierten Geselligkeit hinnimmt." Vgl. Eberhard Hölscher, "Photographie und Persönlichkeitsleistung. Zu den Bildern von Hoyningen-Huene" In: Kodak Aktiengesellschaft Berlin (Hrsg.) >Photographik< Heft 22 1939, S.15.

{844} Sonja Georgi fotografierte noch bis in die Fünfziger Jahre Bilderfolgen in der neoklassizistischen Tradition. Vgl. "Die klassische Linie". Abb. in >Film und Frau< Heft 9 1949, S.2f.

{845} Wie weit die gestalterische Absicht eine Rolle spielte, ist unklar.

{846} Vgl. die Abbildungen zu dem Kapitel 3.1.1.

{847} Die Nationalsozialisten adaptierten die fotografische Moderne für sich und setzten sie gezielt für die Präsentation ihres Staates ein. Vgl. Rolf Sachsse, Kontinuität, "Brüche und Mißverständnisse. Bauhausphotographie in den Dreißiger Jahren". In: Nehrdinger, Winfried (Hrsg.), >Bauhaus-Moderne im Nationalsozialismus.< München 1993, S.72-74.

{848} Vgl. Interview mit Karl-Ludwig und Ilse Haenchen 11/1995, S.10.

{849} Ilse Haenchen:"Und auch die Modelle sollten ja exakt zu sehen sein. Also eine Abendrobe zum Beispiel. Da wurde sehr viel von der Assistenz dekoriert. Hauptsache die blieb erst mal stehen, unbeweglich, ohne sich zu rühren und dann wurde gesteckt, hier und da." Vgl. Interview mit Karl-Ludwig und Ilse Haenchen 11/1995, S.57.

{850} Vgl. Annie Richardson, "The Nazification of Women in Art". In: Taylor, Brandon; van der Will, Wilfried (Hrsg.) >The Nazification of art. Art, Design, Music Achitecture & Film in the Third Reich<. Winchester/Hampshire UK 1990, S.64.

{851} Eine umfangreiche Literaturliste zu dieser Thematik findet man bei Julia Ackermann, >Aspekte der Architekturdarstellung in der Fotografie der Zwanziger Jahre, Zur Theorie des neuen Sehens am Beispiel Alexander Rodtschenko und Laszlo Moholy-Nagy.< Phil. Magisterarbeit Kiel 1995.

{852} Vgl. Alfred Rosenberg, >Revolution in der bildenden Kunst?< München 1934, S.5.

{853} Zu der nationalsozialistischen Freizeitorganisation, die 1933 als Alibi für die Entmachtung der Arbeiterschaft durch die Deutsche Arbeitsfront ins Leben gerufenen worden ist Vgl. Peter Reichel, >Der schöne Schein des Dritten Reiches<. Frankfurt a. M. 19932, S.243-262.

{854} Vgl. die Abb. in Mortimer G. Davidson,> Kunst in Deutschland 1933-1945. Eine wissenschaftliche Enzyklopädie der Kunst im Dritten Reich. Band 1 Skulpturen<. Tübingen 1988, ohne Seite. Vgl. die Abb. der Läufergruppe von Hugo Lederer in: Peter Reichel, >Der schöne Schein des Dritten Reiches<. Frankfurt a. M. 19932, die letzte Abb. des Tafelteils, vor S.381.

{855} Zur Frage nach Täuschung und Wahrheitsgehalt in der Modefotografie Vgl. Barbara Berit Böhm, Aspekte der Modephotographie am Beispiel der Modephotos von F.C. Gundlach aus den Sechziger und Siebziger Jahren. Phil. Magisterarbeit Köln, 1990, S.3 und bes. S.43. Nach Böhm kann man hier von einer "fingierten Authentizität" sprechen. In Ihrer Magisterarbeit beschäftigte sie sich ausführlich mit dem Wahrheitsgehalt von Modefotografien, jedoch aus der Nachkriegszeit. Sie kam zu dem Ergebnis, daß die Modefotografie da wo sie am stärksten inszeniert ist, am wahrhaftigsten ist.

{856} Vgl. >Harper's Bazaar< Dezember 1933, zitiert nach Susan Morgan, Martin Munkacsi. New York 1992, Abb. S.56.

{857} Vgl. Erna Lendvai-Dircksen, "Zur Psychologie des Sehens". In: >Das Deutsche Lichtbild< Berlin 1931, S.29.

{858} Vgl. Eduard Gaertner "Mode und Baukunst" In: >Die Mode< Heft 8/9, Berlin Wien August/September 1942, S.7, Paul Schultze-Naumburg, Kunst und Rasse, München 1928.

{859} Vgl. Bruno Schultz, "Nachwort." In: >Das Deutsche Lichtbild< 1934, S.26.

{860} Vgl. Bruno E. Werner, "Was ist deutsch in der Kunst?" In: >die neue linie< Heft 11, Leipzig Berlin, Juli 1934, S.12f.

{861} Vgl. F. A. Brockhaus, >Der Sprach-Brockhaus. Deutsches Bildwörterbuch für Jedermann<. Lepzig 1940, S.213.

{862} Vgl. Interview mit Gerd Hartung, 7/1997, S.19.

{863} Siehe unten, Zitat Anneliese Haffkesbrink, Die Tiefere Bedeutung. In: >Die Mode<, Heft 10, Berlin Wien, Oktober 1942, S.4.

{864} Vgl. Annie Richardson, The Nazification of women in art. In: Taylor, Brandon; van der Will, Wilfried (Hrsg.) The Nazification of art. Art, Design, Music Achitecture & Film in the Third Reich. Winchester/Hampshire UK 1990, S.72f.

{865} "Like Mary in Pietà, they too are "vessels" to be filled and know their own fate." Vgl. Annie Richardson,"The Nazification of women in art". In: Taylor, Brandon; van der Will, Wilfried (Hrsg.) >The Nazification of art. Art, Design, Music Achitecture & Film in the Third Reich<. Winchester/Hampshire UK 1990, S.74.

{866} Vgl. >Die Dame<, Heft 3, 65. Jahrgang, erstes Februarheft 1938, S.32 oben.

{867} Vgl. Herbert Freiherr von Oelsen, >Tausend Jahre Deutscher Plastik und Malerei<. Berlin Leipzig 1934, Abb. S.36 und S.38.

{868} Vgl. ders. S.16f. und Paul Schulze Naumburg, >Kampf um die Kunst.< München 1932, S.16f.

{869} Vgl. Robert Scholz, >Architektur und Bildende Kunst 1933-1945<. Preussisch Oldendorf 1977, S.63. (Arno Breker veröffentlichte hier nach dem Krieg, Arno Breker, Im Strahlungsfeld der Ereignisse. Dort 1972.) Zu Robert Scholz Vgl. Klaus Backes, <Hitler und die bildenden Künste<, Köln 1988, S.114.

{870} Viele Bildbeispiele findet man bei Gertrud Schiller, >Ikonographie der christlichen Kunst<. Band 2 und 5. Gütersloh 1980.

{871} Vgl. Alfred Rosenberg, "Revolution in der bildenden Kunst?" München 1934, S.3f. und Reinhard Bollmus, "Alfred Rosenberg - "Chefideologe" des Nationalsozialismus?" In: Ronald Smelser, Enrico Syring, Rainer Zittelmann, (Hrsg.) >Die Braune Elite I<. Darmstadt 19943, S.226-229.

{872} Luftangriffe gehörten 1942 nicht mehr nur in Berlin zum Alltag, und im September 1942 war die Zahl der umgekommenen deutschen Soldaten auf ca. 2 Millionen angestiegen.

{873} Darauf wurde zuletzt in der Arbeit von Gabi Stix-Marget über den Bildhauer Medardo Rosso und die von ihm selbsterstellten fotografischen Interpretationen seiner Skulpturen hingewiesen. Zur aktuellen weiterführenden Literatur dieses Themas Vgl. Gabi Stix-Marget, >Medardo Rosso (1858-1928) Bildhauer und Fotograf seiner Werke<. Phil. Dissertation, Kiel 1998, S.109ff.

{874} Vgl. Berthold Hinz, "Bild und Lichtbild im Medienverbund". In: Hinz, Mittag, Schäche, Schönberger (Hrsg.), >Die Dekoration der Gewalt. Kunst und Medien im Faschismus<. Gießen 1979, S.137-149.

{875} Vgl. >Gebrauchsfotografie. Das Atelier des Fotografen< 48. Jahrgang, Heft 10, Halle/Saale, September 1941, Titelfoto und S.162-166.

{876} Die am Morgen aus dem Tal Heraufsteigende aus dem Jahr 1940.

{877} Heinrich Wölfflin hatte sich schon zwischen 1896 und 1914 in drei Aufsätzen ausführlich mit der Problematik der Skulptureninterpretation durch die Fotografen beschäftigt. Vgl. Wilhelm-Lehmbruck-Museum (Hrsg.), >Skulptur im Licht der Fotografie<. Ausstellungs Katalog Duisburg 1998.

{878} Silke Wenk hat 1991 in einem Aufsatz auf die große Bedeutung weiblicher Aktskulpturen für die Übermittlung der NS-Ideale auf die Öffentlichkeit hingewiesen. Die Präsenz der im Original nur wenigen Personen zugänglichen Skulpturen, im öffentlichen Bewußtsein, wurde durch viele fotografische Reproduktionen in verschiedensten Zeitschriften und durch riesige Mengen von Kunstpostkarten erzeugt. Wenk sah das in den Skulpturen verkörperte Ideal als Vorbild für die private Aktfotoproduktion und die dabei verwendeten Posen an. Vgl. Silke Wenk, "Volkskörper und Medienspiel Zum Verhältnis von Skulptur und Fotografie im Deutschen Faschismus." In: Bechtloff, Dieter (Hrsg.), >Kunstforum<, Band 114, Juli/August 1991, S.226-236.

{879} Wie Anm. oben, S.232f.

{880} Die Problematik des Bildhauers Fritz Klimsch (*1870-†1960) ist sehr bezeichnend für die Künstler und Kulturschaffenden des Dritten Reiches. Sie gaben häufig vor "unpolitische" Menschen zu sein, weil sie keine Parteimitglieder waren und meinten damit, daß alles, was sie geschaffen hatten auch unpolitisch gewesen sei. Sie übersahen dabei aber ihre enge Einbindung in die Kulturpolitik des totalitären Systems, das sich ihrer Ideale und Werke propagandistisch bediente, ihnen aber auch persönlichen Nutzen brachte.

{881} Vgl. Gesa Hansen, >Fritz Klimsch<. Phil. Dissertation Kiel 1994, S.179.

{882} Vgl. Silke Wenk, "Volkskörper und Medienspiel Zum Verhältnis von Skulptur und Fotografie im Deutschen Faschismus". In: Dieter Bechtloff (Hrsg.), >Kunstforum<, Band 114, Juli/August 1991, S.227-236 und vgl. zur Postkartenproduktion: Rudolf Herz, Hoffman & Hitler. Fotografie als Medium des Führer-Mythos. München 1994, S.48-63.

{883} Joseph Goebbels:"Ich zeige dem Führer unsere neuen Plastiken von Prof. Klimsch. Er ist begeistert. Wird Klimsch Aufträge geben." Vgl. Rolf Georg Reuth, (Hrsg.), >Joseph Goebbels. Tagebücher<. Band 1-5, 1897-1945, München Zürich 1992, Band 3, S.1147, Tagebucheintrag vom 28.10.1937.

{884} Die Abbildungen Vgl. in: Robert Scholz, >Architektur und Bildende Kunst 1933-1945<. Preußisch Oldendorf 1977 Zu ihrem Standort Vgl. Gesa Hansen, >Fritz Klimsch<. Phil. Dissertation Kiel 1994, S.179. Dadurch, daß sie im Propagandaministerium standen, waren sie nur einer kleinen Öffentlichkeit direkt zugänglich, zu der einige Modefotografen gehörten.

{885} Vgl. Walter Grasskamp, "The De-Nazification on Nazi-art: Arno Breker and Albert Speer today." In: Brandon Taylor, Wilfried van der Will (Hrsg.) >The Nazification of art. Art, Design, Music Achitecture & Film in the Third Reich<. Winchester/Hampshire UK 1990, S.239 und Gesa Hansen, >Fritz Klimsch>.

Phil. Dissertation Kiel, 1994, S.191 und H.O.,Geformtes Haar. In: >Die Dame< Heft 10, 1. Maiheft 1940, S.17.

{886} Zum Beispiel bei den folgenden Skulpturen: Stehende von Rudolf A. Agricola (1943); Kniende von Arno Breker (1942); Die Belebende von Max Alfred Brumme (o.J.); Bildnis Fräulein Annemarie Jakob von Heinrich Faltermeier (1943); Frauenkopf von Oswald Hoffmann (o.J.) und Trauernde II von Günther von Scheven (ca. 1942). Vgl. Zu den aufgezählten Künstlern die Abb. in Mortimer G. Davidson, >Kunst in Deutschland 1933-1945. Eine wissenschaftliche Enzyklopädie der Kunst im Dritten Reich<. Band 1 Skulpturen. Tübingen 1988.

{887} K.L. Tank, zitiert nach: Silke Wenk, "Aufgerichtete weibliche Körper. Zur allegorischen Skulptur im deutschen Faschismus". In: Neue Gesellschaft für Bildende Kunst im "Kunstquartier-Ackerstraße" (Hrsg.), Redaktion: Behnken, Klaus, >Inszenierung der Macht<. Berlin 1987, S.118.

{888} Das Element der Distanzierung und Entindividualisierung wurde schon 1928 von Clauß in seiner Abhandlung Die nordische Seele als charakteristisch für die "nordische Rasse"bezeichnet. Dieses machte die Deutschen zu besonders guten Befehlsempfängern und verankerte die damit verbundene Enthebung von Verantwortung in der "Rasse". Vgl. Ludwig Ferdinand Clauß, >Die nordische Seele. Eine Endnoten in die Rassenseelenkunde<. München Berlin (19281) 194318. (18. Auflage, 117. - 122. Tausend), S.25-35 und die Tafeln 2 und 4.

{889} Vgl. Gabriele Huster, "Die Verdrängung der Femme Fatale und ihrer Schwestern. Nachdenken über das Frauenbild des Nationalsozialismus." In: Neue Gesellschaft für Bildende Kunst im "Kunstquartier-Ackerstraße" (Hrsg.), Redaktion: Behnken, Klaus, >Inszenierung der Macht.< Berlin 1987, S.144 und Silke Wenk, "Volkskörper und Medienspiel Zum Verhältnis von Skulptur und Fotografie im Deutschen Faschismus". In: Dieter Bechtloff, (Hrsg.), >Kunstforum<, Band 114, Juli/August 1991, S.229.

{890} Wie Anm. oben, S.230.

{891} Auf die Veröffentlichung einiger Modefotografien in farbiger Tonung an anderer Stelle schon verwiesen worden. Für die Skulptur spielte die Färbung des verwendeten Materials natürlich auch eine nicht geringe Rolle, am wichtigsten waren jedoch die plastischen Eigenschaften des Werkstoffes. Vgl. Uwe Heithorn, Phil. Dissertation Kiel 1997.

{892} Vgl. Wolfgang Schultz, "Der rassische und völkische Grundgedanke des Nationalsozialismus". In: >Die Verwaltungsakademie. Ein Handbuch für den Beamten im nationalsozialistischen Staat.< Band I, Die weltanschaulichen, politischen und staatsrechtlichen Grundlagen des natinalsozialistischen Staates. Gruppe I, Die weltanschaulichen Grundlagen. Berlin 1935-1937, S.51.

{893} Vgl. Silke Wenk, "Aufgerichtete weibliche Körper. Zur allegorischen Skulptur im deutschen Faschismus". In: Neue Gesellschaft für Bildende Kunst im "Kunstquartier-Ackerstraße" (Hrsg.), Redaktion: Behnken, Klaus, >Inszenierung der Macht<. Berlin 1987, S.114.

{894} Vgl. K.L. Tank, zitiert nach Anm. oben, S.118.

{895} Vgl. Anneliese Haffkesbrink, "Die Tiefere Bedeutung". In: >Die Mode<, Heft 10, Berlin Wien, Oktober 1942, S.4.

{896} Vgl. Nancy Hall-Duncan, >The history of fashion photography.< New York 1979, S.84-121.

{897} Vgl. Richard Martin, >Fashion and Surrealism,< New York 1987 und Ivo Kranzfelder, >Zur Utopie eines ästhetischen Hedonismus oder Die Ambivalenz des Lustprinzips<. Phil. Dissertation München 1992, S.96-105.

{898} Vgl. im Kapitel 7:"Spiele der Mode" im >Silberspiegel< und "Spuk in der Moderedaktion" in >Die Dame<.

{899} Vgl. >Die Dame< 64. Jahrgang, Heft 12, 1. Juniheft 1937, S.34-36.

{900} In den Jahren nach dem Krieg haben Modefotografen immer wieder ihr Equipement zur Gestaltung eingesetzt. Vgl. Norbert Leonard, >Film und Frau< Heft 8, 1953, S.14f. und F.C. Gundlach >Film und Frau - Modeheft Frühjahr/Sommer 1957< S.54f.

{901} Die Umsetzung der oben geschilderten Mischlichtsituation war eine Meisterleistung des Fotografen und seiner Assistenten. Mindesten drei Kunstlichtquellen und das Tageslicht wurden so koordiniert, daß eine natürlich wirkende Helligkeit erzeugt wurde. Möglich war dieses nur durch große Erfahrung des Fotografen und den unterstützenden Einsatz der erst seit 1933 verfügbaren Belichtungsmesser.

{902} Vgl. Eberhard Hölscher, "Modische Impressionen Aufnahmen: Imre von Santho", Berlin In: Kodak Aktiengesellschaft Berlin (Hrsg.) >Photographik< Heft 12 1936, S.17.

{903} "Leonard fotografierte ja dann hauptsächlich für >Die Mode<. Sie begannen ja mit diesem sehr hübschen Foto von ihm, wie sich in den Auslagefenstern, ich glaube es war Herrmann Hoffmann oder einem anderen großen Modehaus, die Reichskanzlei spiegelte." Vgl. Interview mit Gerd Hartung, 7/1997, S.28.

{904} Vgl. Klaus Backes, >Hitler und die Bildenden Künste<. Köln 1988, S 139f. Zur Bedeutung der Neuen Reichskanzlei Vgl. Lars Olof Larsson, >Die Neugestaltung der Reichshauptstadt. Albert Speers Generalbebauungsplan für Berlin<. Stockholm 1978, S.106.

{905} Mit der Kenntnis der Biographie Nobert Leonards kann dieses Foto, als ironischer Tanz auf dem Vulkan, fast schon als eine Provokation verstanden werden, weil er nur auf Grund eines gefälschten Stammbaumes als Modefotograf arbeiten konnte.

{906} Vgl. daneben auch die Abbildungen Leonards in Institut für Auslandsbeziehungen (Hrsg.), >Bildermode - Modebilder<. Bearbeitet von F.C. Gundlach, Berlin 1995, Abb. S.97.

{907} Vgl. die Kurzbiographie von Imre von Santho.

{908} Vgl. die Kurzbiographie von Regina Relang mit der Angabe weiterführender Literatur.

{909} Vgl. die Kurzbiographie von Ilse Flöter.

{910} Vgl. Interview mit Karin Stilke 10/1996, S.2.

{911} Vgl. Anneliese Hafkesbrink, Ich und Du. In: >Die Mode< 1. Jahrgang, Heft 2, Berlin Wien, Februar 1941, S.32.

{912} Vgl. Anm. oben, S.33.

{913} "(...) Aus dieser Auffassung ergibt sich aber auch organisch der eigene fotografische Stil von Ilse Flöter, jener statuarische Ernst, den ihre Fotos im Gegensatz zu den fröhlich-bewegten, spontan entstandenen Aufnahmen ihres Mannes besitzen." Vgl. Anm. oben, S.47.

{914} Immer wieder wurde betont, daß Hubs Flöter ein hervorragender Techniker gewesen sei, doch vor Aufnahmen mit dem Kunstlicht scheute er sich Zeit seines Schaffens erfolgreich. Er bevorzugte das Tageslicht so sehr, daß er auch bei Innenaufnahmen nur das vorhandene Licht nutzte. Wegen des Lichtmangels im Inneren verzichtete er weitestgehend auf Innenaufnahmen. Vgl. Ohne Autor, Fotografie. "Wildfeuer". In: >Der Spiegel< IV. Jahrgang, Heft 16, 22.04.1950, S.34 und wahrscheinlich Anneliese Hafkesbrink, "Ich und Du." In: >Die Mode<. Monatliche Auslese besten Modeschafffens. 1. Jahrgang, Heft 2, Berlin-Wien, Februar 1941 S.36.

{915} Urlaub von der Front gab es nur in monatlichen Abständen oder seltener. Die Erlaubnis, Urlaub zu nehmen, hing eng mit der jeweiligen Kriegslage zusammen.

{916} Joseph Goebbels am 11.09.1941. Vgl. Elke Fröhlich, (Hrsg.), >Die Tagebücher des Joseph Goebbels<. München New Providence London Paris 1996, Teil II Band 1, S.399.

{917} Vgl. Artur Gläser, "Kunst aber kommt von Können!" In: Kodak Aktiengesellschaft Berlin (Hrsg.) >Photographik< Heft 14 1937, S.18.

{918} Vgl. Neumann, Hanns, "Bild oder Illustration?" In: Maurer, R. Ottwil (Hrsg.) >Fotofreund Jahrbuch 1942<. 19. Jahrgang, Berlin Wien Leipzig 1941, S.59.

{919} Vgl. Interview mit Gerd Hartung 6/1997, S.13.

{920} Um sich dieses vor Augen zu führen reicht es meist ein weißes Blatt Papier neben eine Schwarzweißfotografie zu legen, um zu sehen, daß es sich bei ihr eher um eine Blau- oder Braunweißfotografie handelt.

{921} Spätestens dann, wenn nämlich die Kundin in ein Geschäft kam und den Rock in eben dem über die farbige Modefotografie in einer Zeitschrift vermittelten Blau haben wollte.

{922} Dr. Gerhard von Kujawa, Von der Farbephotographie zum Farbendruck. In: Eduard von Pagenhardt (Hrsg.) >Agfacolor, Das farbige Lichtbild. Grundlagen und Aufnahmetechnick für den Liebhaberphotographen.< 2. Auflage München 1941, (1.Auflage 1938/39), S.36.

{923} Interview mit Barbara Buffa vom 27.11.1996, S.23.

{924} Autochromplatten, die erste naturfarbenen Fotografien (Dias im Kornrasterverfahren) gab es seit 1892, sie fanden aber keine Anwendung in der Modefotografie. Vgl. Gert Koshofer, Geschichte der Farbverfahren in der Spezialistenzeit. In: Josef-Haubrich-Kunsthalle Köln (Hrsg.), >Farbe im Photo. Die Geschichte der Farbphotographie von 1961 bis 1981.< Köln 1981, S.84ff. Zu den vielen verschiedenen Kolorierverfahren vgl. Brian Coe, Farbphotographie und ihre Verfahren. München 1979, S.8-27.

{925} Vgl. Rolf Sachsse, "Bildleistungen der Spezialistenzeit". In: Josef-Haubrich-Kunsthalle Köln (Hrsg.), >Farbe im Photo. Die Geschichte der Farbphotographie von 1961 bis 1981<. Köln 1981, Abb. S.128. Vgl. außerdem die zahlreichen Abbildungen in Libermann, Alexander, The art and technique of color photography, New York 1951.

{926} Vgl. das Titelfoto von >Die Dame< Heft 7, Juli 1942.

{927} "Der große Helligkeitsunterschied -ein Spitzlicht in einem (farbigen - Anm.d.Verf.)Projektionsbilde erhält etwa 250 bis 500 mal soviel Licht wie ein tiefschwarzer Schatten des gleichen Lichtbildes- ist technisch auf Papier gar nicht zu erzielen. Unsere beste Druckerschwärze auf bestes Kunstdruckpapier gedruckt, ergibt dagegen nur einen Kontrast von etwa 1 bis 40 bis äußerstens 1 zu 50." Vgl. Gerhard von Kujawa, "Von der Farbephotographie zum Farendruck". In: Eduard von Pagenhardt (Hrsg.), >Agfacolor, Das farbige Lichtbild. Grundlagen und Aufnahmetechnick für den Liebhaberphotographen<. 2. Auflage München 1941, (1.Auflage 1938/39), S.36f.

{928} Der Früchtekorb war seit 1893 eines der beliebtesten farbfotografischen Motive. Vgl. Rolf Sachsse, "Das gedruckte farbige Bild". In: Josef-Haubrich-Kunsthalle Köln (Hrsg.) 1981, >Farbe im Photo<. S.208.

{929} Vgl. >Die Dame< Heft 20, 2. Septemberheft 1939.

{930} Bei dem Stoffmuster handelt es sich um eine Kreation Maria Mays, von der Manufaktur des Deutschen Modeinstitutes. Vgl. >Die Dame< Heft 4, April 1942. Zu der Schwierigkeit geeignete Titelfotos für Zeitschriften zu finden und zu den Kriterien, die sie erfüllen sollten Vgl. Willy Stiewe, Das Titelbild. In: >Gebrauchsfotografie. Das Atelier des Fotografen<, 47. Jahrgang, Heft 1, Januar 1940, S.5-8.

{931} Vgl. >Die Mode< Heft 4, April 1941, S.21.

{932} Die Blendenwahl hatte ab den 60er Jahren einen großen Einfluß auf die Bildgestaltung in der Modefotografie. Speziell bei Benutzung eines Teleobjektives war es möglich, durch ein Öffnen der Blende das Model scharf abzubilden und den Hintergrund abstrakt verschwimmen zu lassen."Ja, die Teleobjektive. Und damit konnte man auch den Hintegrund verwischen. Ich wollte immer, daß die Mode integriert ist in den Hintergrund. Das heißt nicht, daß hier vorne ein Gegenstand ist und dahinten, sondern daß es in sich aufgeht." (...) "... Also die Hintergründe wurden mit dem Fotografen abgestimmt, ob man das abstrakt machte, in der Wüste, oder mit dem Teleobjektiv... ." Vgl. Interview mit Barbara Buffa 11/1996, S.3 u. 16.

{933} Die Überbelichtung wird seit ca. 1990 in der Modefotografie, besonders jedoch im Bereich der Beautyfotografie bewußt eingesetzt, denn die Überbelichtung um ca. 1/3 Blende hat zwei erwünschte Effekte:

- Erstens wird alles auf der Fotografie dargestellte etwas heller, duftiger und strahlender, außerdem werden die Poren der Haut überstrahlt wodurch sie makellos und rein wirkt.

- Zweitens verändert sich die Farbe der Haut. Sie bekommt eine gelblich, orange, braune Tönung, die heutzutage als besonders "gesund" angesehen wird.

{934} Zur Erforschung der Farbkonstanz vergleiche: Rudolf Arnheim, Kunst und Sehen. Eine Psychologie des schöpferischen Auges. Berlin New York 1978, S.340 ff. und Irvin Rock,>Wahrnehmung. Vom Visuellen Reiz zum Sehen und Erkennen.< Heidelberg 1985, S.30 ff. Zur Farbtreue vergleiche: Kurt Dieter Solf, >Fotografie. Grundlagen-Technik-Praxis.< Frankfurt am Main 1986, S.94.

{935} Vgl. Charlotte Rohrbach zitiert von Gerd Hartung, Interview mit Gerd Hartung 7/1997, S.15.

{936} Hier steckt einer der Hauptgründe dafür, daß Modefotografie so oft in südlichen Gefilden fotografiert wurde und wird.

{937} Karl-Ludwig Haenchen: (...) Dann die ganze Nervengeschichte, daß sie ja nicht wissen, was ist drauf und was für Fehler sind. Ich habe sehr viele Außenaufnahmen gemacht, jedes Jahr auf einer anderen Insel oder so. Und immer habe ich mir von Kodak Filme schicken lassen und die ausprobiert und dann dieselbe Nummer geordert. Ich hatte einmal eine ganze Sammlung Fotos gemacht und dann war bei der Hasselblatt ein Balken quer durch. Das konnten sie ja nicht hören. Sie konnten auch da nicht entwickeln. Man kam mit den belichteten Fotos zurück und dann war der Salat da. Es waren alles Aufnahmen, die sie ein zweites Mal nicht aufnehmen konnten, weil sie von den Firmen, den Modefirmen praktisch aus der Produktion genommen wurden, bloß für die Aufnahmen, die sie selber benutzten." Vgl. Interview mit Karl-Ludwig und Ilse Haenchen 11/1995, S.5. Vgl. auch im Glossar "Farbkorrektur bei der Entwicklung".

{938} Das erklärte Eugen Kogon, der lange Zeit im Konzentrationslager inhaftiert war, in den >Frankfurter Heften<.Vgl. Frank Grube und Gerhard Richter, >Die Gründerjahre der Bundesrepublik. Deutschland zwischen 1945 und 1955<. Hamburg 1981, S.18.

{939} Nach einem Gespräch, das der Autor am 06.12.1997 mit Ulrike Brandi-Geismar geführt hat.

{940} Von 119 Heften der >NS-Frauenwarte< untersuchten Heften belieferte sie 69 Hefte mit mindesten einem Modefoto. Karl-Ludwig Haenchen, der kein Parteimitglied war, belieferte 30 Hefte, die anderen Fotografen, die für die >NS-Frauenwarte< arbeiteten, veröffentlichten in durchschnittlich drei Heften.

{941} Vgl. im Anhang die Teilabschrift des Rechnungsbuches von Lilli Niebuhr.

{942} Vgl. Kunst und Ausstellungshalle der Bundesrepublik Deutschland, (Hrsg.) >Deutsche Fotografie Macht eines Mediums. 1870 - 1970<. Bonn 1997, S.375.

{943} Vgl. zu dem Film "Das Stahltier" und seiner Bewertung durch die Nationalsozialisten Leni Riefenstahl, >Memoiren<, Hamburg 1987, S.397.

{944} Vgl. die Kurzbiographie.

{945} >Film und Frau<, 1948: 36 x 26,4 cm groß und durchschnittlich 24 Seiten stark bei vierzehntäglichem Erscheinen. 1955 35 x 25,5 cm groß, durchschnittlich 60 Seiten und in vierzehntägigem Rhytmus. Sie erschien bis 1965, wurde dann umbenannt in >Moderne Frau< und ging 1969 in der 1964 gegründeten >petra< auf. Vgl. Hoffmann und Campe-Verlag (Hrsg.), >Merian extra<, Der Verlag. Hamburg, Oktober 1991, S.93f.

{946} Vgl. >NS-Frauenwarte< 12. Jahrgang, Heft 12, Dezember 1944.

{947} Die Entnazifizierung wurde in den vier Besatzungszonen unterschiedlich gehandhabt und war von zweifelhaftem Erfolg. Vgl. Frank Grube und Gerhard Richter,> Die Gründerjahre der Bundesrepublik. Deutschland zwischen 1945 und 1955<. Hamburg 1981, S.16-19.

{948} Vgl. Maren Deicke, "Bilder vom Anfang. Über Charlotte Rohrbach." In: >Zeit - Magazin<, Heft 48, November 1980, S.72-74.

{949} Lizenznehmer waren Martin Christiansen und Kurt Ganske , die >Film und Frau< erschien zunächst im Verlag "Stimme der Frau", der später in "Jahreszeiten-Verlag" umbenannt wurde. Zur weiteren Geschichte der Zeitschrift Vgl. >Sylvia Lott, Die Frauenzeitschriften von Hans Huffzky und John Jahr. Zur Geschichte der deutschen Frauenzeitschriften zwischen 1933 und 1970.< Berlin 1985, S.387-391.

{950} Er war vor 1945 Assistent bei Imre von Santho und veröffentlichte erst nach dem Krieg unter seinem Namen.

{951} Die Jahreszahlen in Klammern beziehen sich auf das Datum der ersten Veröffentlichung in der Zeitschrift >Film und Frau<.

{952} Vgl. Hans Schöner (Hrsg.), >Regina Relang, 30 Jahre Mode Paris 1951-1981<. Königsbach 1982 und ders., >Regina Relang, 30 Jahre Mode Italien 1951-1981<. Königsbach 1983.

{953} Vgl. Sylvia Lott, >Die Frauenzeitschriften von Hans Huffzky und John Jahr. Zur Geschichte der deutschen Frauenzeitschriften zwischen 1933 und 1970<. Berlin 1985, S.391.

{954} Die Rohrbach-Flugzeugwerke gehörten ihrem späteren Mann. Vgl. die Kurzbiographie von Charlotte Rohrbach.

{955} Arno Breker widmete ihr 1978 einen der gemeinsam produzierten Bildbände handschriftlich mit den Worten: "Motto: Ohne Rohrbach - Kein Breker: Dem nimmermüden tapferen Mitstreiter Charlotte Rohrbach in Liebe und herzlicher Verehrung gewidmet. Arno Breker 1978." Vgl. Arno Breker, >Bildnisse unserer Epoche 1978< Vgl. Nachlaß Charlotte Rohrbach.

{956} Vgl. Hans R. Queser, >"Du gehörst dem Führer!" Vom Hitlerjungen zum Kriegsberichter<. Köln 1993, S.243.

{957} Vgl. Rupert Martin, >Floods of light: Flash Photography. 1851-1981.< Katalog zur Ausstellung von The Photographers' Gallery, London 1982, S.80.

{958} Vgl. Artur Reder, "Vom Foto zum gedruckten Bild" In: Grossbild - Technik und Linhof (Hrsg.) >Grossbild Technik< 1 München 1954, S.28.

{959} Vom Autor nach einem Gespräch vom 06.09.1996 mit Leonardo Guzzo, Inhaber eines Fotofachlabors in Hamburg, zusammengfaßt.

{960} Vgl. Gérard Lagneau "Optische Tricks und Gaukelspiel" In: Pierre Bourdieu u.a. (Hrsg.), >Eine illegitime Kunst Die sozialen Gebrauchsweisen der Photographie<, Frankfurt a. M. 19831, S.178.

{961} Vgl. Dieter Martin, >Spaziergang durch die Geschichte der Fotografie<, Hamburg 1996, S.27, 53f. u. 57f.

{962} Vgl. Eberhard Hölscher, "Die Wiedergabe von Lichtbildern im Buchdruck und Tiefdruck". In: Kodak Aktiengesellschaft Berlin (Hrsg.) >Photographik< Heft 9 1935, S.16.

{963} Vgl. Friedrich Kluge (Hrsg.), >Etymologisches Wörterbuch der deutschen Sprache. Zwölfte und dreizehnte unveränderte Auflage<. Mit Unterstützung durch Wolfgang Krause bearbeitet von Alfred Götze. Walter de Gruyter & Co, Berlin und Leipzig 1943, Stichwort: "Mannequin", S.375.

{964} Wie Anm. oben, Stichwort: "Mode", S.395.

{965} Vgl. Dieter Martin, >Spaziergang durch die Geschichte der Fotografie<, Hamburg 1996, S.86f. In dem Film Blow up (GB 1968) der sich am Leben des Modefotografen David Bailey orientierte, fotografierte der Hauptdarsteller mit einer Hasselblatt vom Stativ.

{966} Vgl. Hubs Flöter, In: >Film und Frau< Heft 16, Juni 1950, S.25, vgl. dazu auch: Marietta Riederer, >Wie Mode Mode wird<. München 1962, S.93-95.

{967} Der Aufsatztitel bezieht sich auf den Abspann der Kinofilme, in dem unter allen anderen an der Produktion beteiligten als einer der letzten auch der Standfotograf genannt wird.

{968} Vgl. Rudolf Reißner, "Auch einer, der dabei ist ..." .In: >Gebrauchsfotografie. Das Atelier des Fotografen< Heft 10, Oktober 1940, S.163-166.

{969} Vgl. Interview mit Karl-Ludwig und Ilse Haenchen 11/1995, S.4, 6, 7-11, 32 u. 50.

{970} Vgl. Kurt Julius, "Man nennt mich Starphotograph". In: >PhotoMagazin< Heft 1, München 1950, S.38 und Los Angeles County Museum of Art (Hrsg.), >Masters of Starlight-Photographers in Hollywood.< Los Angeles 1991, sowie Carol Squiers, "Hollywood Glamour". In: American Photo, May/June 1995, 6.Jahrgang Heft 3, S.54-59 und 106-107. Vergl, L. Fritz Gurber, "Die Kunst der Filmphotographie und noch etwas ... ". In: Museum Ludwig Köln (Hrsg.), >Die Kunst der Filmphotographie.< Köln 1990, S.9ff.

{971} Vgl. Dieter Martin, >Spaziergang durch die Geschichte der Fotografie<. Hamburg 1996, S.20.

{972} "A vintage print is one made at roughly the same time as the negative by the photographer himself or by a person or procedure satisfactory to the photographer. Specific dates of positive prints arc rarely known. The distinction between a vintage print and a print done considerably later would be expressed as follows, with the date referring to the production of the negative: 1901 (for a vintage print), 1901 printed later (for a later print)." Vgl. >Sotheby's< New York 1996, S.XI (Formatierung wie im Original).

{973} Vgl I. Impressum des >Zeitschriften-Dienst< 199./68. Ausgabe vom 26. Februar 1943, S.16.

{974} Vgl. Bundesarchiv, Berlin Document Center, Berlin.

{975} Nationalsozialistische Eindeutschung der Bezeichnung: Chefredakteur.

{976} Vgl. Sylvia Lott, >Die Frauenzeitschriften von Hans Huffzky und John Jahr. Zur Geschichte der deutschen Frauenzeitschriften zwischen 1933 und 1970<. Berlin 1985, S.161ff.

{977} Vgl. >Gebrauchswerbekunst< Heft 6, Juni 1939 S. 32f.

{978} Der Vorname ist unbekannt.

{979} Vgl. >Constanze<, Heft 23, Hamburg, November 1950, ohne Seite.

{980} Vgl. Barbara Golz, "Hubs Flöter, geboren in Köln (1910-1976)" In: >Kölner Museums-Bulletin, Berichte und Forschungen aus den Museen der Stadt Köln<. Heft 1/2 1995, S. 56-61 und andere Einzelquellen.

{981} Vgl. Die Kurzbiographie Hubertus Flöters von Rolf Sachsse, in: Kunst und Ausstellungshalle der Bundesrepublik Deutschland, (Hrsg.) Deutsche Fotografie Macht eines Mediums. 1870 - 1970. Bonn 1997, S. 598.

{982} Vgl. Barbara Golz, "Hubs Flöter, geboren in Köln (1910-1976)" In: >Kölner Museums-Bulletin, Berichte und Forschungen aus den Museen der Stadt Köln<. Hefet 1/2 1995, S. 58.

{983} Interview mit Michael Georgi, dem Sohn von Sonja Georgi vom 14.08.1997 in Hamburg.

{984} Vgl. >Silberspiegel< Heft 4, Februar 1936, S. 9.

{985} Vgl. Interview mit Michael Georgi 8/1997, S. 1.

{986} Zu seinen weiteren Ateliers vgl. die Anschriftenliste weiter unten.

{987} Geburtsname unbekannt.

{988} Biographie aus dem Interview und Dokumenten gebildet.

{989} In der Häftlingsliste des Unternehmens Bernhard wurde er als Buchdrucker geführt. Vgl. Adolf Burger, Unternehmen Bernhard. Die Fälscherwerkstatt im KZ Sachsenhausen. Berlin 1992, S. 237.

{990} 39 Häftlinge der Fälscherwerkstatt stammten aus dem KZ Sachsenhausen und über 100 Häftlinge aus dem KZ Auschwitz. Sämtliche Häftlinge waren wegen ihrer rassischen Zugehörigkeit in das KZ verbracht worden, aber als politische Gefangene klassifiziert worden. Wie Anm. oben, S. 230.

{991} Bei Kriegsende waren rund vierzig Prozent der in Großbritannien kursierenden Pfundnoten Falschgeld. Deshalb zog die Bank von England am 24.März 1945 alle Banknoten ab zehn Pfund ein und erklärte sie ab 30. April 1945 für ungültig. Später wurden auch die Fünfpfundnoten eingezogen. Wie Anm. oben S. 119.

{992} Wie Anm. oben S. 97 u. 167.

{993} Gerburtsname unbekannt.

{994} Vgl. Archiv Fritz Kempe in der Photographischen Sammlung des Museum für Kunst und Gewerbe, Hamburg, Ordner L 40, Stichwort Peter Ludwig.

{995} Die Biographie Lilli Niebuhrs wurde aus ihren persönlichen Unterlagen erstellt.

{996} Vgl. Bruno E. Werner, "Über eine Photographin: Relang". In: >PhotoMagazin< Heft 1, München, Januar 1950, S. 44.

{997} Ihre erste Veröffentlichung hatte sie dort im Heft 15, dem zweiten Juliheft 1936.

{998} Die Biographie von Charlotte Rohrbach wurde unter Zuhilfenahme folgender Quellen erstellt: Handschriftlicher Lebenslauf vom 12. Juli 1945 aus Berlin, Entnazifizierungsbescheinigung vom September 1945 und mündlichen Mitteilungen von Frau Rosemarie Peters aus Wedel im August 1997, die den Nachlaß von Charlotte Rohrbach verwaltet.

{999} "Motto: Ohne Rohrbach - Kein Breker: Dem nimmermüden tapferen Mitstreiter Charlotte Rohrbach in Liebe und herzlicher Verehrung gewidmet. Arno Breker 1978." Vgl. die Handschriftliche Widmung Brekers an Charlotte Rohrbach in seinem Buch Bildnisse unsere Epoche. Preußisch Oldendorf 1978.

{1000} Karl-Ludwig Haenchen: "Der Santho war im Grunde genommen ein Herrenmodezeichner, der durch die Hela Strehl dann anfing, mit Auftrag für das Studio Mode zu machen, mit einem sehr eigenen Stil. Hatte dann ein Studio am Kurfürstendamm. Sein Assistent der hieß Aschenbroich, der machte später allein Mode. Sowohl, komischerweise hat sich der Santho das Leben genommen und der Aschenbroich später dann auch." Vgl. Interview mit Karl-Ludwig und Ilse Haenchen 11/1995, S. 2.

{1001} Vgl. Hela Strehl-Firle, >Goebbels Politische Impressionen aus privater Sicht.< Unveröffentlicht, Stuttgart 1979, S. 165.

{1002} Gerd Hartung: "Santho war lange vor meiner Zeit eigentlich und ich kenne ihn nur von einigen Zeichnungen, die damals in >Sport im Bild< veröffentlicht wurden. Sehr gut gezeichnete Karrikaturen, von Sommersport, Golfplatz und so weiter." Vegl. Interview mit Gerd Hartung 6/1997, S. 12 und vgl. Eberhard Hölscher, "Modische Impressionen. Aufnahmen: Imre von Santho," Berlin. In: Kodak Aktiengesellschaft Berlin (Hrsg.), >Photographik< Heft 12, 1936, S. 17.

{1003} Vgl. Hela Strehl-Firle, >Goebbels Politische Impressionen aus privater Sicht<. Unveröffentlicht, Stuttgart 1979, S. 165.

{1004} Die Biographie Karin Stilkes wurde aus den Mode-und Fraunezeitschriften und ihren Berichten erstellt.

{1005} Die Kurzbiographie wurde mit Hilfe ihrer autobiographischen Schriften und der Akten des Berlin Document Center sowie der Impressi des >Silberspiegel< erstellt.

{1006} Vgl. Hela Strehl-Firle, >Karriere! Karriere??< Unveröffentlicht, München 1983, S. 56 u. Ulrich J. Klaus, >Deutsche Tonfilme 1935<. Bd. 6, Berlin Berchtesgaden 1995, S. 90.

{1007} Vgl. Ute Eskildsen (Hrsg.),> Les dones fotògrafes a la República de Weimar 1919 - 1933<. Barcelona 1995, S. 184.

{1008} Die Daten und Informationen zur Biographie Yvas stammen überwiegend aus der Monographie Yvas von Ira Buran. Vgl. Ira Buran, >Else Neuländer-Simon ("Yva"), eine Berliner Fotografin der Zwanziger und Dreißiger Jahre - Leben und Werk.< Wissenschaftliche Hausarbeit zur ersten Staatsprüfung für das Amt des Lehrers an der Freien Universität Berlin 1992.

{1009} "Der Avantgarde-Fotograf Heinz Hajek-Halke, der in den 20er Jahren zu den experimentierfreudigsten Fotografen gezählt werden muß, trat 1931 oder 32 in die SA ein, weil das damals die "radiklaste Truppe" war, die es in Berlin gab. Daraus machte er jedoch keinen Heel, denn im Grunde seines Herzens war er immer Anarchist gewesen. Er sei in die SA eingetreten um sich von einer Vorstrafe zu befreien." Vgl. Diethard Krebs, "Der Avanrtgarde-Fotograf als SA-Bandit". In: Krebs, Uka, Walz-Richter (Hrsg.), >Die Gleichschaltung der Bilder.< Berlin 1983, S. 195.

{1010} Vgl. >Photofreund. Halbmonatsschrift für Freunde der Photographie< VI. Jahrgang, Nr. 23, Halle/Saale, 05.12.1926, S. 429-431.

{1011} Vgl. Ira Buran, >Else Neuländer-Simon ("Yva"), eine Berliner Fotografin der Zwanziger und Dreißiger Jahre - Leben und Werk.< Wissenschaftliche Hausarbeit zur ersten Staatsprüfung für das Amt des Lehrers an der Freien Universität Berlin 1992, S. 15.

{1012} 1992 "Hotel Bogota".

{1013} "Er erinnert sich (...) vor allem an Yva, eine der berühmtesten Mode-Portrait- und Akt-Photographinnen dieser "Szene", bei der er in die Lehre ging und alsbald zum Assistenten -wie man heute sagen würde- aufstieg. Statt Lehrgeld zu zahlen, erhielt er nämlich -wie er mit berechtigtem Stolz erwähnt-ein Taschengeld für seine Arbeit." Vgl. Helmut Newton, >Helmut Newton, Portraits<. München 1995, S. 9.

{1014} Sie arbeitete von 1928-1931, unter anderem für George Hoyningen-Huene als Fotomodell und wurde seine Assistentin. Sie machte sich später als Fotografin selbständig.

{1015} Vgl. Bundesarchiv, Berlin Document Center, Aktz.: Wirtschaftsgruppe Textilindustrie R 13 XIV / 263, Tgb.-Nr.B. 41571/V Berlin, den 13. 03.1936, Satzung ohne Datum, jedoch wie oben dargelgt sicher vor dem 31.12.1935. (Unterstreichungen und Formatierung wie im Original).

{1016} Vgl. Bundesarchiv, Berlin Document Center, Aktz. R 55/731 Microfiche, Ministerium für Volksaufklärung und Propaganda, maschienenschriftl., auszugsw. Abschrift eines Briefes von Benno von Arent an das Propgd. Ministerium, vom 24. September 1942.

{1017} Diese Liste wurde einem Schreiben an den Amtsrat Wilkening des Reichspropaganda Ministeriums Entnommen. Herr Heuseler vom Bildpresseamt hatte sie am 22.06.1943, die Zeitschriftenverteilung im Propagandaministerium betreffend, an ihn übersandt.Vgl. Bundesarchiv Berlin Document Center, Aktenzeichen R 055/000300 Blatt 12.

{1018} Vgl. >Die Mode< Heft 7, Juli 1941, S. 14f.

{1019} Vgl. >Die Mode< Heft 1, Januar/Februar 1941, S. 19.

{1020} Vgl. das Editorial von M.W., in: >Die Mode< Heft 3, April 1941, S. 7.

{1021} Dieses richtet sich gegen die Bewegung der "Schlurfs", Vgl. Gloria Sultano, >Wie geistiges Kokain .... Mode unterm Hakenkreuz<. Wien 1995, S. 300ff.

{1022} Vgl. das Editorial von M.W., in: >Die Mode< Heft 5, Juni 1941, S. 13, 53 u. 58f.

{1023} Bisher konnte nicht geklärt werden, ob die Ursache hierfür die Unterbrechung der Sammeltätigkeit war, oder ob die Modefotografien falsch ausgezeichnet wurden.

{1024} Neben der Meisterschule für Mode in München gab es noch weitere Meisterschulen für Mode in Berlin und Hamburg. Dem Autor ist nicht bekannt, ob es dort noch ähnliche Konvolute gibt. Vgl. Berlin Document Center, Modeschulen München, Hamburg, Berlin im Dritten Reich. Akten aus Hoppegarten, Aktenzeichen: R 4901 10, R 100, R10 20, R 4988, R 9756. Natürlich gab es bis mindestens 1939 noch einige freie Modeschulen. Die oben aufgezählten waren die staatlichen.

{1025} Der Autor inventarisierte etwa 3000 Modefotografien, aus denen die Bildauswahl für die Dissertation getroffen wurde.

12.2. Glossar

12.2.1. Allgemeines Glossar

"arisch"
Arisch, bzw. Arier war ursprünglich eine Bezeichnung der indogermanischen Sprachfamilie, die im 19. Jahrhundert auf verschiedene Völker (Inder, Meder, Perser, Griechen, Römer, Kelten, Germanen) angewendet wurde. Der Begriff erhielt schon damals einen rassenideologischen und antijüdischen Akzent und wurde in der Nationalsozialistischen "Herrenmenschen" Ideologie für ein pseudowissenschaftliches Rassenbild mißbraucht.

Konzentrationslager (KZ)
Die Internierungslager im Burenkrieg wurden erstmals als Konzentrationslager bezeichnet. Im nationalsozialistischen Deutschland wurden rassisch Verfolgte, vor allem Juden, politische Gegner, Bibelforscher, Kriminelle, sogenannte Asoziale, Homosexuelle und Angehörige anderer diskriminierter sozialer und politischer Minderheiten in Konzentrationslager willkürlich verschleppt. Dies erfolgte ohne die Möglichkeit rechtlicher Gegenschritte. Zwangsarbeit, Hunger, Seuchen, Folter, tödliche medizinische Versuche verursachten, durchaus beabsichtigt, eine hohe Sterblichkeit. Ab 1941 mußten KZ-Häftlinge unter unmenschlichen Bedingungen in der Rüstungsindustrie arbeiten. Die KZs unterstanden zunächst (1933/34) der Sturmabteilung (SA), danach der Schutz Staffel (SS). Bis 1939 bestanden die großen Lager Dachau, Buchenwald, Sachsenhausen und Oewells mit Nebenlagern und 29 kleinere Lager. Durch Schweigegebot wurde das Ausmaß der Greuel verschleiert. Die Zahl der KZs stieg nach Kriegsausbruch auf 85.

Den Höhepunkt des Terrors bildeten die seit 1941 im Zuge der »Endlösung der Judenfrage« vor allem im »Generalgouvernement« Polen eingerichteten Vernichtungs-KZs (unter anderen Auschwitz, Maidanek, Treblinka), in denen Millionen Juden und hunderttausende »Zigeuner« (Sinti und Roma) mit Giftgas ermordet wurden. 1945 bis 1950 benutzte die sowjetische Militärverwaltung in der sowjetischen Besatzungszone (SBZ) ehemalige NS-KZs als Internierungslager für frühere NS-Täter und Mitläufer, aber auch für politische Gegner des neuen Regimes.{956}

UK
Abkürzung für "Unabkömmlich", die Bezeichnung für Männer, die nicht zum Militär eingezogen wurden, weil sie an anderen Orten für "kriegswichtige Einsätze" benötigt wurden.

12.2.2. Fachbegriffe im Zusammenhang mit der Modefotografie

Blitzlichtgeräte
Das erste Blitzlichtpulver auf Magenesiumbasis kam 1887 in den Handel. Parallel dazu wurde schon seit 1885 mit dem Licht freier elektrischer Funken fotografiert. Die erste kommerzielle Blitzlampe mit einmaliger, elektrischer Zündung gab es ab 1929, sie gehörte bald zur Ausrüstung jedes Fotoreporters.{957}

1940 hatte Kodak in den USA das erste Elektronenblitzgerät Kodatron auf den Markt gebracht, den Vorläufer aller Studioblitzanlagen. Nach dem Krieg waren amerikanische Blitzanlagen noch lange unbezahlbar für Deutsche Fotografen. Noch bis in die Gegenwart lohnt es sich für Fotografen, ihre Blitzanlagen in Ruhezeiten zu vermieten. Einer der dieses als erster in Deutschland praktizierte, war F.C.Gundlach mit seinem Professional Photographers Service (PPS) in Hamburg. Hier konnte man ab 1971 alles rund um die Fotoproduktion nicht nur kaufen, sondern auch mieten.

Conférencier
Conférencier ist der Ansager im Kabarett oder bei anderen Veranstaltungen, hier bei einer Modenschau.

Fachkamera
Die gebräuchlichen Kameras waren sogenannte Atelier- oder Fachkameras. Eine Haltevorrichtung (Standarte) für verschiedene Filmkasettenformate und eine Haltevorrichtung für wechselnde Objetkive sind durch einen beweglichen Balgen miteinander verbunden. Diese Teile sind auf einem Laufboden installiert und beweglich. Gehalten wird die Kamera von einem Stativ. Diese meist sehr großen Kameras waren für die höchst starre und konventionalisierte Modefotografie durchaus vorteilhaft. Durch ihre Größe waren sie sehr schwer und verringerten durch ihre Masse die Gefahr der Unschärfe durch Verwackeln.

"...Obgleich sich praktisch jede Aufnahme zur Reproduktion eignet, wird jeder, der das Wesen der Autotypie kennt, wissen, daß nur ein Foto mit bester Schärfe und feinsten Details - also eine Großbildaufnahme- das brauchbarste Original zur Anfertigung einer Autoypie ist. Bei der Reproduktion wird das Original durch den Raster, der vor der Aufnahmeplatte steht, in kleine und kleinste Punkte aufgelöst. Die verschiedenartige Größe der Punkte vermittelt bei einem gewissen Abstand den Eindruck von dunkleren und helleren Tonabstufungen."{958}

Farbkorrektur bei der Aufnahme und bei der Filmentwicklung
Ein Fotomodell kann auf dem ersten Foto braun gebrannt und auf dem nächsten käseweiß aussehen, das gleiche Kostüm grün oder rot. Um solche Probleme zu vermeiden gibt es verschiedene Möglichkeiten.

Erstens: Der Fotograf und das Modell arbeiten sehr sehr schnell, damit sich das Licht nicht verändert, weder durch wechselndes Wetter, noch durch den Tagesverlauf. Hier ist besonders das Modell gefordert, denn es muß sich möglichst schnell umziehen und sein Aussehen verändern.

Zweitens: Der Fotograf "drückt" das natürlich vorhanden Licht durch Kunstlicht, also Blitzlicht oder mit einer anderen Lichtquelle erzeugtes Licht, Glühlampen oder Gasentladungslampen bei Seite. Im Interview beschrieb Karl-Ludwig Haenchen, wie technisch einfach die Modefotografie in den Siebzigern wurde.

Drittens: Der Fotograf und sein Assistent haben das wechselnde Licht so gut im Blick, daß sie während der Aufnahmen die Farbcharakteristik der den Film belichtenden Stahlen mit Hilfe von sehr fein abgestimmten Farbfiltern, die auf die Objektive geschraubt werden, konstant halten.

Die vierte Möglichkeit der Farbkorrektur ist es, die Filmentwicklung so zu beeinflussen, daß die Farbcharakteristiken verschiedener Filme angeglichen werden. Die Entwicklung der Farbkorrektur bei der Filmentwicklung ist eng mit dem Namen des Fotolaboranten Leonardo Guzzo verbunden. Nachdem Guzzo von 1963 bis 1968 Assistent bei F.C. Gundlach gewesen war, richtete er seine Aufmerksamkeit auf die Technik der Filmentwicklung. Aus der fotografischen Praxis kommend, wußte er von den großen Schwierigkeiten, die es bereitete bei einer Bilderfolge eine konstante Farbcharakteristik zu erhalten.

Zu den oben aufgezählten Schwierigkeiten kam hinzu, daß es 1968 nur Farbdiafilme mit einer Empfindlichkeit von 64 ASA, das entsprach einer eher geringen Empfindlichkeit gab. Wollte man ein exakt belichtetes Bild machen, war man immer auf viel Tageslicht angewiesen. Um ein scharfes Hauptmotiv zu bekommen, darf die Belichtungszeit maximal eine 60tel Sekunde dauern. Alles was länger dauert wird leicht verwackelt und dadurch unscharf. Aus seiner Erfahrung als Assistent wußte Guzzo, wie schwierig es war diese idealen Bedingungen zu finden und zu nutzen.

Der Wunsch jedes Fotografen war es, einen Film zu benutzen, der sich ohne Farbverschiebung und Qualitätsverlust an die unterschiedlichen Helligkeitsverhältnisse anpasste, sich entwickelt also so präsentierte, wie die menschliche Farbwahrnehmung sah. An diesem Ziel arbeitete Guzzo. Er experimentierte mit dem vorhandenen Filmmaterial. Er belichtete Testfilme und entwikkelte diese bei unterschiedlichen Entwicklertemperaturen und Mischungsverhältnissen der Chemikalien und ging dabei wissenschftlich vor.

Um die erworbenen Kenntnisse in die Praxis umzusetzen, bedurfte es nur zu einem geringen Maß der Mitarbeit des Fotografen. Dieser durfte den Anfang eines Filmes nicht gleich mit wichtigen Bildern belichten, sondern mußte erst einmal ein paar Zentimeter Film nur für den Zweck belichten, die Lichtsituation bei der Aufnahem festzuhalten. Zurück im Labor wurde der Film im Dunklen "geclipt", ihm wurden einige Zentimeter abgeschnitten und zur Probe entwickelt. Mit Hilfe dieser "Clips" kann das Labor die optimale Entwicklung für jeden Film ermitteln, und in der Entwicklung gegen etwaige Farbstiche ansteuern, sowie die Filmempfindlichkeit "pushen"das heißt ohne große Qualitätsverluste heraufsetzen. Dieses Verfahren fand schnell eine große Verbreitung. Ein Auftrag, der in der Produktion Zehntausende von Mark gekostet hatte und auf Grund eines falsch eingestellten Belichtungsmessers hätte wiederholt werden müssen, konnte durch diese Spezialentwicklung gerettet werden. Heute sind "Push-Entwicklungen" und "Clips" ein weltweiter Standard in Foto-Fachlaboren.{959}

Inch
Englische und amerikanische Maßeinheit, die dem ehemaligen deutschen Zoll entspricht, 1 in = 25,4 mm. Das Zeichen für Inch ist: ".

Industriefotografie
Fotografie im Dienst von industrieller Werbung, also zum Beispiel Fotografien zur Schulung des Verkaufspersonals. Die Industriefotografie "bewegt sich am Rande des reinen Realismus." Sie steht der Werbefotografie jedoch sehr nah.{960}

Kleinbildkamera
Leica: Die Leica, das Vorbild aller Kleinbildkameras, die als erste den 35 mm Kinofilm als Negativmaterial aufnehmen konnte wurde ab 1925 herausgeben. Sie war lange Zeit eine von Amateuren bevorzugte Kamera. Doch spätestens 1932 mit der Leica II, die schon über eine beachtliche Anzahl von Wechselobjektiven und damit ein noch breiteres Einsatzfeld verfügte, wurde sie auch für Profifotografen attraktiv.{961}

Kontaktkopie
Bei der Kontaktkopie wird das Negativ plan auf ein Fotopapier gelegt. Dann wird durch das Negativ hindurch belichtet. Diese Technik ist die älteste Abzugstechnik und stammt noch aus der Zeit, als es keine Entwicklungspapiere gab sondern nur Auskopierpapiere. Diese wurden mit Hilfe des Sonnenlichtes, zum Teil über mehrer Stunden hinweg belichtet und anschließend fixiert.

Der Hauptnachteil der Kontaktkopiertechnik ist der, daß die Produktion mehrere Abzüge hintereinander sehr aufwendiger ist. Selbst die schnelleren Entwicklungspapiere lassen sich unter einem Vergrößerungsgerät zügiger verarbeiten, da das Ein- und Ausspannen der Negative und Positive in die Kontaktkopierrahmen, erheblich mehr Zeit in Anspruch nimmt.

Ein andere Nachteil aller Kontaktkopien ist der, daß sie immer nur so groß sein können wie das Negativ. Ihr Vorteil ist, daß sie eine von anders erstellten Abzügen beinahe unereichbare Brillianz haben. Das heißt, ihr Tonwertumfang entspricht in etwa dem des Negatives und die Bildschärfe zeigt keinerlei durch Lichtbrechung am Vergrößerungs-objektiv bedingte Unschärfen.

Korn
Als "Korn" bezeichnet man die Silberkristalle des Filmes, die je nach ihrer Vergrößerung im Positiv sichtbar oder unsichtbar sind. Das Maß der notwendigen Vergößerung hängt einerseits von der Größe des Negatives und andererseits von der beabsichtigten Abbildungsgröße ab. Je größer das Negativ im Verhältnis zur geplanten Abbildung ist, desto kleiner, also unsichtbarer ist das Korn.

Kupfertiefdruck
Der Tiefdruck erfolgt von Kupferwalzen, auf die das wiederzugebende Bild mittels eines fotomechanischen Rasterverfahrens vertiefend eingeätzt wurde. Auf der Walzenoberfläche befindet sich also ein Halbtonbild, das die dunkelsten Stellen am stärksten und die hellsten Stellen am wenigsten vertieft zeigt. Der Kupfertiefdruck erreicht zwar nicht ganz die Schärfe und Präzision des Buchdrucks, der ein Hochdruckverfahren ist, aber er übertrifft ihn durch den Reichtum seiner Farbtonskala und die Schönheit seiner Drucke, die einen warmen und samtartigen Charakter haben. Beim Tiefdruck kann man schönste Bildwirkungen auch auf schlechten Papieren erzielen und ist deshalb nicht an die Verwendung und Verfügbarkeit teurer Kunstdruckpapiere gebunden.{962}

Mannequin, Modell, Foto-Modell.
Mannequin M. von Nnl. maneken , "Männchen" ist Ausgangspunkt für frz. mannequin, das ursprünglich die Gliederpuppe zum Gebrauch der bildenden Künstler bezeichnet, dann als "Probierfräulein" in den Dienst der Mode tritt und mit ihr im 19. Jahrhundert zu uns gelangt: Schulz-Basler Fremdwörterbuch 1926 S. 69.{963}

Mode
Mode, femininum, lateinisch modus, maskulinum: "(rechtes) Maß" ergibt frz. mode feminium. Das im 15. Jahrhundert die Bedeutung "zeitgemäße Kleidertracht" erlangt und in der Formel à la mode mit der Übernahme französischer Tracht 1628 zum Schlagwort eines neuen Geschmacks wurde. Wenig später verlor Mode, nun auch außerhalb der Formel gebraucht, die Beschränkung auf eine Tracht und wurde zur "Zeitsitte" allgemein. Gleichzeitig ersetzte modisch das seit 1629 belegte alamodisch .{964}

Mittelformatkamera
Rolleiflex: Im Jahr 1929 brachte die Kamerafabrik Franke & Heidecke, Braunschweig, gegr. 1920 die erste zweiäugige Spiegelreflexcamera, die Rolleiflex auf den Markt. Das Filmformat 6 x 6 cm erlaubte schon damals qualitativ sehr hochwertige Abzüge und die anfängliche Festbrennweite von 75mm entsprach in etwa dem menschlichen Bildwinkel. Später kamen noch einige Wechselobjektive hinzu. Die Rolleiflex wurde über Jahrzehnte zu der meistgebrauchten Profikamera. Nach dem Krieg wurden der Kamerafabrik Franke & Heidecke alle Patente entzogen und bis 1950 konnten keine neuen Patente angemeldet werden. So wurden seit 1947 vorerst wieder die Vorkriegsmodell Rolleicord und Rolleiflex hergestellt. 1959 wurde dann die Tele- und 1961 die Weitwinkel-Rolleiflex angeboten.

Hasselblad 1941 benötigte das neutrale Schweden eine Kamera für ihre Luftwaffe. Da an Importe nicht zu denken war wurde in Göteborg eine Kamerafabrik von Victor Hasselblatt gegründet. In Zusammenarbeit mit dem vor den Nazis geflohenen Görlitzer Curt Benzin, der bereits 1935 eine einäugige Spiegelreflexkamera hergestellt hatte, wurde die einäugige Hasselblatt 1600 F mit 6x6 cm Filmformat hergestellt. Zunächst nur in die USA exportiert, erschien das Nachfolgemodell 1000 F1952 mit Carl Zeiss Objektiven auch auf dem deutschen Markt. Der größte Marktvorteil der Hasselblatt gegenüber der Rolleiflex bestand in der größeren Auswahl an Wechselobjektiven und in praktischen Filmkasetten.{965}

Operateuer
"Operateuer" war die aus dem 19. Jahrhundert stammende Bezeichnung für den fertig ausgebildeten Fotografen-Gehilfen oder Fotografen-Meister, der in einem Angestelltenverhältnis arbeitete. Von ihm wurde in erster Linie verlangt handwerklich zu arbeiten, also die Kamera zu bedienen u. ä. Die kreative Arbeit wurde in der Regel von dem Ateliergründer oder Leiter ausgeführt. So arbeiteten z. B. Hubs Flöter und seine spätere Ehefrau Ilse Reyer mehrfach für längere Zeit als Operateure in dem Atelier Binder.

Sexappeal
Der amerikanische Begriff "sexappeal" wurde in Deutschland in den frühen Fünfziger Jahren zu einem Thema. Der Modefotograf Hubs Flöter schrieb dazu 1950 in der >Film und Frau< einen kurzen Artikel Was ist Sex-Appeal?.

"Der eigentliche Sinn des Wortes "Sex-Appeal" liegt also in dem Spielen mit der - vielleicht sogar sehr - intimen Sphäre ohne unbedingte Bereitschaft oder ohne Bereitschaft überhaupt zu irgendwelchen intimen Konsequenzen.(...)

Der völlig nackte Körper kann schön oder häßlich sein, aber an sich und ohne persönliche Liebe betrachtet, ist er sicher reizlos. Die angedeutete Nacktheit hingegen wirkt immer verführerisch. Sie scheint etwas zu verraten, was man gar nicht sieht (...), was aber eben durch den Schleier des Geheimnisses der darüber gelegten und vielleicht noch weiter andeutenden Kleidung nur um so begehrenswerter gemacht wird. Darin liegt ja letztlich der Sinn jeder Modeschöpfung: Die Frau begehrenswert zu machen. Und eine Frau, die möglichst begehrenswert sein will, wird ihr Ziel am einfachsten und schnellsten erreichen, indem sie sich möglichst ausgezogen anzieht. Freilich hat dieser Sex-Appeal des ausgezogen Anziehens seine Grenzen .... (...) Alle anderen Formen des "Sex-Appeal" aber müssen entweder angeboren sein oder von einem sehr gewandten Geist eingeübt.(...)

Ähnlich verhält es sich mit dem "Sex-Appeal" des Blickes. Er kann natürlich erst bei etwas näherem Kontakt in Erscheinung treten. (...) Soll man es als ein leichtes Flackern der Augen beschreiben oder soll man sagen, es sei ein kaum wahrnehmbare sex-hypnotische Vergrößerung der Pupille? Jedenfalls ist es ein - bewußt oder unbewußt erfolgendes Augenspiel, das auch dem kältesten Manne wenigstens Aufmerksamkeit aufzwingt. (...)"{966}

Starfotografie
In dem Aufsatz Auch einer, der dabei ist ... , den der Filmfotograf der Tobis-Filmgesellschaft Rudolf Reißner 1940 in der Zeitschrift >Gebrauchsfotografie. Das Atelier des Fotografen< veröffentlichte machte er noch keinen Unterschied zwischen dem Standfotografen und dem Starfotografen.{967} Der Standfotograf war bei allen Filmaufnahmen dabei und machte überwiegend Szenenfotos für die Schaukästen vor den Kinos, oder für die Filmzeitschriften. Reißner beschrieb das Aufgabenfeld des Standfoto folgendermaßen:

"Das Reizvolle unseres Berufes ist, daß, von der einfachen Reproduktion angefangen bis zu raffiniertesten Trickaufnahmen (Doppelgänger, Fotomontage usw.), die Skala der Aufgaben sich bewegt. Täglich neue Gesichter, neue Szenen, neue Menschen mit vielen Wünschen. Heute wird im Freien gedreht, morgen im Atelier; heute Landschaftsszenen, morgen Porträt von einem verwöhnten Star, alle im bunten Wirbel durcheinander. (...)."{968}

Auffällig ist, daß er auch die Tätigkeit des Starfotografen zu seinem Aufgabenfeld zählt. Doch die zum Aufsatz veröffentlichten Aufnahmen zeigen ein anderes Bild, denn die Standfotografien sind von Reißner, die Starporträts aber sind von Karl-Ludwig Haenchen fotografiert worden. Kurt Julius, ein weiterer Starfotograf aus Hannover definierte 1950 den Beruf des Starfotografen, in Übereinstimmung mit Karl-Ludwig Haenchen{969} folgendermaßen: "Der Begriff "Starphotographie", aus dem Amerikanischen übernommen, verführt nur zu leicht dazu, dieses Gebiet als etwas Exclusives anzusehen. Schon wiederholt wurde mir sowohl von Berufskollegen wie auch von Außenstehenden gesagt, es müsse doch eine wahre Freude sein, die Stars und Berühmtheiten des deutschen Films regelmäßig vor der Kamera zu haben. Sie alle sind photogen, kennen keine Scheu und Hemmung vor der Kamera; Kostüme und Dekorationen für die Bildkomposition sind überreichlich vorhanden; auch sonst ist alles eitel Sonnenschein.

Soweit die "öffentliche Meinung".(...)

So ist denn auch die Tätigkeit des "Starphotographen" nur sehr vage mit derjenigen der "star photographers", unserer amerikanischen Berufskollegen dieser Sondersparte, zu vergleichen. es fehlt die in Amerika übliche kontraktliche Verpflichtung der Stars zu bestimmten Zeiten dem Starphotographen für Aufnahmen zur Verfügung zu stehen. Der Auftrag, einen sogenannten "Star-Satz" anzufertigen, wird nur von Film zu Film erteilt.

Da das Star-Photo eines Künstlers nicht nur ein gutes Porträt des Betreffenden in reiner persönlicher Prägung sein darf, sondern seine besondere Note innerhalb des gerade in Arbeit befindlichen Films zu berücksichtigen hat, bin ich dazu übergegangen, vor Beginn meiner eigentlichen photographischen Arbeit nach Möglichkeit das Drehbuch zu lesen. (...)."{970}

Stereofotografie
Die Stereofotografie ist beinahe genauso alt wie die Fotografie selbst, schon mit Daguerrotypien wurde sie betrieben. Hier handelte es sich um Albuminabzüge, die im Negaitv/Positiv - Verfahren hergestellt wurden, wie es auch heute noch gebräuchlich ist. Mit der Stereokamera können Bilder aufgenommen werden, die bei der Betrachtung eine echte räumliche Tiefe vermitteln. Wichtig bei der Aufnahme ist, daß beide Fotos mit einem räumlichen Abstand von etwa 7cm (Pupillenabstand) aufgenommen, und daß die Aufnahmen möglichst gleichzeitig ausgelöst werden. Nach der Entwicklung des Fotos muß bei der Betrachtung dafür gesorgt werden, daß jedes Auge nur sein Teilbild sieht, am Besten durch einen Stereobetrachter. Das Gehirn verarbeitet dann beide Teilbilder zu einem Raumbild. Die Stereokamera besteht im Prinzip aus zwei Kameras in einem Gehäuse.{971}

Vintage{972}
Ein Vintage-Print ist der Abzug eines Negatives, der in sehr enger zeitlicher Verbindung mit der Belichtung dieses Negatives gemacht wurde. Die Bezeichnung sagt nichts darüber aus, ob der Fotograf das Bild selbst abgezogen hat, ob es jemand anderer war, oder ob der Fotograf dabei war. Doch auch darüber, wie eng der zeitliche Rahmen sein muß, damit man von einem Vintage-Print sprechen kann, gibt es keine allgemeingültigen Aussagen. Das alles liegt immer im Ermessen der beteiligten Personen. Doch wird sicher kein Abzug eines Fotos der Dreißiger Jahre auf PE-Papier als Vintageprint anerkannt werden. Der "ideale Vintageprint" wäre vom Fotografen selbst am Tag der Aufnahme oder in der auf die Aufnahme unmittelbar folgenden Zeit abgezogen worden. Außerdem ist er auf der Rückseite gestempelt und signiert. Es ist eben der Abzug aus der Entstehungszeit mit all seiner "Patina". Im Konstrukt des "Vintage" meint man das Höchstmaß an Authentizität und künstlerischem Ausdruck zu erhalten. Weitere Bezeichnungen für Abzugsqualitäten sind in abnehmender sammlerischer Qualität gelistet: der "Later-Print", hier stimmen fast alle Parameter mit denen des Vintage-Print überein, doch ist der zeitliche Abstand zur Aufnahme größer. Meist haben sich die Materialeigenschaften durch technischen Fortschritt so verändert, daß das Bildergebnis ein anderes ist. Der "Modern-Print" ist ein Abzug der nach dem Tod des Fotografen vom original Negativ gezogen wurde und der "Press-Print", ist ein Abzug, der häufig von einem Repronegativ auf minderer Papierqualität abgezogen wurde.

Weichzeichner
Weichzeichnung bedeutet, daß es auf einer Fotografie keine Konturenschärfe gibt. Ob die Weichzeichnung bei der Aufnahme oder in der Dunkelkammer geschah läßt sich daran unterscheiden, ob die Lichter in das Dunkel hinzufließen scheinen oder umgekehrt. Laufen die Schatten in die Lichter, dann ist das Bild erst in der Dunkelkammer gesoftet worden. Als in den Zwanziger Jahren die Fotoobjektive qualitaitv immer hochwertiger wurden und extrem scharfe Abbildungen ermöglichten, wurde von der Firma Rodenstock ein schon etwas weicher zeichnendes Objektiv soweit ausgebaut, daß man mit ihm den Grad der Weichzeichnung genau bestimmen konnte. Dieses Objektiv hieß: Imagon.

>Zeitschriften-Dienst<
Von allen schriftlichen Informationsquellen, darunter Sonder- und Presserundschreiben verschiedener Dienste des amtlichen Deutschen Nachrichtenbüros und eine Reihe von besonderen Nachrichtendiensten, war der auf Veranlassung des damaligen Leiters der Inlandspresse im Reichspropagandaministerium, Hans Fritzsche, ins Leben gerufene >Zeitschriften-Dienst< (ZD) am wichtigsten. Die erste Ausgabe erschien am 9. Mai 1939. Als Hauptschriftleiter wies das Impressum Hans Georg Trurnit und ab 1942 Dr. Kurt Lothar Tank aus, sein Stellvertreter war Heinrich Bartsch und für Frauenfragen war Dr. Edith Rosenbrock, alle in Berlin, zuständig.{973} Ein Beamter kontrollierte den im privaten Aufwärts-Verlag, Berlin erscheinenden ZD. Der Bezug des kostenpflichtigen ZD war obligatorisch. Der ZD lieferte weiter bis zum 14.April 1945, ZD 310./179. Ausgabe.{974} Der Dienst mußte streng vertraulich behandelt und nach einer bestimmten Frist vernichtet werden. Lesen durften ihn nur die Hauptschriftleiter{975} und der durch den Artikel im ZD anzuregende Schreiber. Wiederholt wies die Schriftleitung des ZD darauf hin, daß die wörtliche Übernahme aus dem Dienst "in keinem Fall gestattet" sei.{976} Man kommt nicht umhin, anzunehmen, daß der Mode und der Modefotografie im Zeitschriften-Dienst keine besondere propagandistische Bedeutung beigemessen wurde. Sie wurde in den vier Jahren von 1939 bis 1943 nur 13 mal erwähnt.

Einträge zu Modethemen fanden sich unter den folgenden Nummern:

-ZD 9, 1.Juli 1939 Nr. 356, Hinweis und Belobigung des Artikels: "Die Mode und ihre Werbung" (...) Die Modelenkungsarbeit des deutschen Mode-Institutes in Zusammenarbeit mit der Textilindustrie ist hier gut herausgestellt worden!"{977}

-ZD 9 Nr. 376 Modefragen. "Text und Bilder über ausländische Modeschöpfungen sollten nicht kritiklos übernommen werden."

-ZD 20. Ausg. 16. September 1939 Nr. 781 "Aus alt mach neu."

-ZD 63 5. Juli 1940. 2767 "Der deutsche Lebenstil setzt sich durch. Pariser Mode überwunden."

-ZD 91 24. Januar 1941. NR. 3904 "Der deutschen Modezeitschrift ist heute eine wichtige Aufgabe (...)."

-ZD 127. 3. Oktober 1941. Nr 5452 "Deutsche Modesprache"

-ZD 155. 24. Ausgabe 24. April 1942 Nr. 6650 "Modeschaffen im Damenschneiderhandwerk"

-ZD 158. 27. Ausgabe 15. Mai 1942, Nr 6774 "Berliner Mode"

-ZD 181. 50 Ausgabe 23.Oktober 1942. Nr. 7754 "Die Mode im Leben des Volkes"

-ZD 186. 55.Ausgabe 27.November 1942 Nr. 7968 "Die Modenschau", die am 22.11. unter der Leitung des Reichsbeauftragten für die Mode, Professor Benno von Arndt, in der Kameradschaft der deutschen Künstler, Berlin, veranstaltet wurde, soll weder in Worten noch im Bild erwähnt werden."

-ZD 193. 62. Ausgabe 15. Januar 1943 Nr. 8225 "Deutsche Modeschauen im Ausland. Die von der Berliner Modelle GmbH zusammen mit dem Wiener Haus der Mode veranstalteten Modeschauen in den Niederlanden (25.1. bis 30.1.), Kopenhagen (5.2. bis 10.2.) und in Budapest (22.2. bis 27.2.) sollen gut beachtet werden, wobei jedoch jede Berichterstattung über lange Kleider oder Abendkleider im Wort und Bild untersagt ist."

-ZD 199. 68 Ausgabe 26. Februar 1943 Nr. 8443 "Aussprache unter uns Totaler Krieg und Mode."

Dieses ist der letzte Eintrag im ZD zum Thema Mode. Der ZD lieferte weiter bis zum 14. April 1945. ZD 310 / 179 Ausgabe.

13. Bibliographie

13.1. Genutzte Archive und Bibliotheken

13.1.1. Genutzte Archive

Archiv F.C. Gundlach, Hamburg.

Archiv Fritz Kempe, Photographische Sammlung, des Museum für Kunst und Gewerbe der Stadt Hamburg.

Archiv des Fotomuseum in Münchner Stadtmuseum, München.

Fotoarchiv im Bildarchiv Preußischer Kulturbesitz, Berlin.

Bundesarchiv, Berlin Document Center, Berlin.

13.1.2. Benutzte Bibliotheken

Bibliothek des Bundesarchivs, Berlin.

Bibliothek des Archiv F.C. Gundlach, Hamburg.

Bibliothek der Photographischen Sammlung im Museum für Kunst und Gewerbe der Stadt Hamburg.

Bibliothek des Fotomuseum in Münchner Stadtmuseum, München.

Bibliothek der Fotografischen Sammlung im Folkwangmuseum, Essen.

Bibliothek der Christian-Albrechts-Universität zu Kiel.

Bibliothek des Agfa Fotohistorama im Museum Ludwig, Köln.

Lipperheidische Kostümbibliothek, Berlin.

Schleswig-Holsteinische Landesbibliothek, Kiel.

Staatsbibliothek, Berlin.

13.2. Unveröffentlichte Quellen

13.2.1. Unveröffentlichte Interviews

Fotomuseum im Münchner Stadtmuseum (Hrsg.), Interview mit Elfie Wildfeuer und Renatus Flöter, geführt von Barbara Golz. Unveröffentlichtes Transskript, München Oktober 1994.

Moderegger, Johannes Christoph, Interview mit Karl-Ludwig und Ilse Haenchen Hamburg 11/1995. Unveröffentlichtes Transskript, Kiel 1996.

ders., Interview mit Karin Stilke, Hamburg 10/1996. Unveröffentlichtes Transskript, Kiel 1997.

ders., Interview mit Barbara Buffa, Hamburg 11/1996. Unveröffentlichtes Transskript, Kiel 1997.

ders., Interview mit Gerd Hartung, Berlin 7/1997. Unveröffentlichtes Transskript, Kiel 1997.

ders., Interview mit Michael Georgi, Hamburg 8/1997. Unveröffentlichtes Transskript, Kiel 1997.

ders., Interview mit Ulrike Brandi-Geismar, Klein Hesebeck 12/1997. Unveröffentlichtes Transskript, Kiel 1998.

13.2.2. Andere Unveröffentlichte Texte

Ackermann, Julia, Apekte der Architekturdarstellung in der Fotogafie der Zwanziger Jahre, Zur Theorie des neuen Sehens am Beispiel Alexander Rodtschenko und Laszlo Moholy-Nagy. Magisterarbeit am Kunsthistorischen Institut der Christian-Albrechts-Universtität zu Kiel 1995.

Böcher, Birgit, Modefotografie in Deutschland: Hubs Flöter 1945 -1960. Magisterarbeit am Kunsthistorischen Institut der Ludwig-Maximilians-Universität München 1994.

Böhm, Berit Barbara, Aspekte der Modephotographie am Beispiel der Modephotos von F.C. Gundlach aus den Sechziger und Siebziger Jahren. Magisterarbeit am Kunsthistorischen Institut der Universität Köln 1990.

Bogdahn, Claudia, Die umworbene Frau - der umworbene Mann. Magisterarbeit am Institut für Germanistik der Christian-Albrechts-Universität zu Kiel 1994.

Buran, Ira, Else Neuländer-Simon ("YVA"), eine Berliner Fotografin der Zwanziger und Dreißiger Jahre - Leben und Werk. Wissenschaftliche Hausarbeit zur ersten Staatsprüfung für das Amt des Lehrers an der Freien Universität Berlin 1992.

Davidson, John. E., Film im Nationalsozialismus. Vortrag, gehalten im Kennedyhaus Kiel, am 13.05.1997.

Greif, Milena, Skulpturale Tendenzen in der Photographie des 20. Jahrhunderts. Magisterarbeit am Kunsthistorischen Institut der Ludwig-Maximilians-Universität München 1997.

Ploog, Marlies, Die Rolle der berufstätigen Frau in Ideologie und Praxis des Nationalsozialismus. Magisterarbeit im Institut für Volkskunde an der Christian-Albrechts-Universität zu Kiel 1987.

Springer, Petra, "Frauenwelt" (1924-1933) Volkskundliche Analyse einer sozialdemokratischen Frauenzeitschrift in der Weimarer Republik. Magisterarbeit im Institut für Volkskunde an der Christian-Albrechts-Universität zu Kiel 1987.

Strehl-Firle, Hela Goebbels Politische Impressionen aus privater Sicht. Unveröffentlicht, München 1979 (Zur Verfügung gestellt von Gerd Hartung).

Strehl-Firle, Hela Karriere! Karriere?? Unveröffentlicht, München 1983 (Zur Verfügung gestellt von Gerd Hartung).

13.3. Nachschlagewerke, Monographien und Ausstellungskataloge

13.3.1. Nachschlagewerke bis 1955

Andresen, M., Agfa Photo-Handbuch. Berlin, ohne Jahr. Durch eine handschriftliche Widmung in oder vor das Jahr 1925 datiert.

Brockhaus, F. A. Der Sprach-Brockhaus. Deutsches Bildwörterbuch für Jedermann. Leipzig 1940.

Franken, Konstanze von, Handbuch des guten Tones und der feinen Sitten. Berlin 1917, 30. verbesserte Auflage, 15.09.1919 (terminus ante quem).

Klein, Ruth, Lexikon der Mode. Drei Jahrtausende europäischer Kostümkunde. Baden Baden 1950.

Schultz, Wolfgang, Der rassische und völkisch Grundgedanke des Nationalsozialismus. In: Die Verwaltungsakademie. Ein Handbuch für den Beamten im nationalsozialistischen Staat. Band I, Die Weltanschaulichen, politischen und staatsrechtlichen Grundlagen des nationalsozialistischen Staates. Gruppe I, Die Weltanschaulichen Grundlagen. Berlin 1935 - 1937.

Steinorth, Karl, Vor 60 Jahren. Mode- und Porträtaufnahmen aus der Zeitschrift Photographik. Manuskript, Stuttgart 1997.

Verlag des Börsenvereins der Deutschen Buchhändler zu Leipzig (Hrsg.), Sperlings Zeitschriften und Zeitungs-Adreßbuch. Handbuch der deutschen Presse. Leipzig, 59. Ausgabe 1941.

Werner,{978} Findbücher zu Beständen des Bundesarchivs, Bestand R 103, Reichsverband der Deutschen Presse. Koblenz 1980.

13.3.2. Monographien und Ausstellungskataloge bis 1955

Karl Blossfeldt, Urformen der Kunst, Wundergarten der Natur. Das fotografische Werk in einem Band. Mit einem Text von Gert Mattenklott. Berlin 1932. Neu aufgelegt bei Schirmer/Mosel München, 1994.

Clauß, Ludwig Ferdinand, Die nordische Seele. Eine Einführung in die Rassenseelenkunde. München Berlin (1928) 194318 (117. - 122. Tausend).

Croy, Otto, Retusche von heute. Düsseldorf 19572 (19371).

Döring, Wolf H., Bildnisse drinnen und draußen. Halle/Saale 1934.

Eggener, Elfriede, Die organische Eingliederung der Frauen in den nationalsozialistischen Staat. Dissertation, Leipzig 1938.

Frenzel, H. K., Hoyningen-Huené. Meisterbildnisse. Frauen Mode Sport Künstler. Reimer, Dietrich (Ernst Vohsen) A.G. (Hrsg.), Berlin 1932.

Freytag, Heinrich und Sahmel, Otto, Das Blitzlichtbuch. Blitzpulver, Kapselblitz, Blitzlampe, Röhrenblitz. Düsseldorf 1954.

Grabner, Alfred, Die Aktphotographie, Wien 1939.

Günther, Hans F. R., Rasse und Stil. Gedanken über ihre Beziehungen im Leben und in der Geistesgeschichte der europäischen Völker, insbesondere des deutschen Volkes. München 1926.

Heering, Walther (Hrsg.), Im Zauber des Lichts. Eine Folge des Goldenen Buches der Rolleiflex. Harzburg 1940.

Hoepffner, Marta Ausdruck und Gestaltung. Bilderbuch einer Fotografin. Stuttgart 1947.

Kirchstein, Eva-Annemarie, Die Familienzeitschrift. Ihre Entwicklung und Bedeutung für die deutsche Presse. Dissertation Leipzig, Berlin 1937.

Kujawa, Gerhard von, Von der Farbphotographie zum Farbendruck. In: Pagenhardt, Eduard von (Hrsg.), Agfacolor, Das farbige Lichtbild. Grundlagen und Aufnahmetechnik für den Liebhaberphotographen. München (19391) 19412.

Krempel, Lore, Die deutsche Modezeitschrift. Ihre Geschichte und Entwicklung nebst einer Bibliographie der deutschen, englischen und französischen Modezeitschriften. Dissertation München, Juli 1933, Coburg 1935.

Libermann, Alexander, The art and technique of color photography, New York 1951.

Menzler, Dora, Die Schönheit deines Körpers, Stuttgart 19248.

Mohr, Ulrich, Das Bildnis der Eva. Hamburg 1959.

Nurnberg, Walter, Licht und Beleuchtung in der Fotografie, aus dem Englischen übersetzt von Egon Fischer, Düsseldorf 1955.

Pagenhardt, E.v., Agfacolor, das farbige Lichtbild. München 19412.

Riefenstahl, Leni, Schönheit im olympischen Kampf. Berlin 1936.

Rosenberg, Alfred, Revolution in der bildenden Kunst? München 1934.

Rosenbrock, Edith, Die Anfänge des Modebildes in der Deutschen Zeitschirft. In: Ernst Herbert Lehmann (Hrsg.) >Beiträge zur Erforschung der Deutschen Zeitschrift<, Band VIII Charlottenburg 1942.

Schultze-Naumburg, Paul, Kunst und Rasse, München 1928.

Schultze-Naumburg, Paul, Kunst aus Blut und Boden. Leipzig 1934.

Schultze-Naumburg, Paul, Nordische Schönheit. Ihr Wunschbild im Leben und in der Kunst. München Berlin 1937.

Schäffling, Rosa Friderika, Die repräsentativen Zeitschriften, ihre Entwicklung und Bedeutung in Deutschland, Italien, Frankreich, England und in den USA. Dissertation München, 10.11.1949.

Schmidt, Paul, Statist auf politischer Bühne. 1923-1945. Erlebnisse des Chefdolmetschers im Auswärigen Amt mit den Staatsmännern Europas, Bonn 1953.

Stenger, Erich, Photo-Papier. Eine geschichtliche Betrachtung. Die bildmässige photographische Kopie. Ihre Geschichte. Leonar-Werke Aktiengesellschaft Hamburg-Wandsbek (Hrsg.), Hamburg1955.

Warstat, Willi, Der schöne Akt. Berlin 1929.

Werberat der deutschen Wirtschaft und der Reichspressekammer vom Reichsverband der deutschen Presse (Hrsg.), Richtlinien für redaktionelle Hinweise in Tageszeitungen, Zeitschriften und Korrespondenzen. Berlin 1935.

Wieber, Friedkarl, Der deutsche Zeitschriftenroman im zwanzigsten Jahrhundert. Eine volkskundliche Auseinandersetzung. Halle/Saale 1933.

Wilhelm, Pia, Die Marienkrönung am Westportal der Kathedrale von Senlis. Philosophische Dissertation am Kunsthistorischen Institut der Universität Hamburg 1937, Druck 1941.

Wolff, Dr. Paul, Meine Erfahrungen mit der LEICA. Ein historischer Querschnitt aus fast 10 Jahren Leica-Photographie. Frankfurt a. M. 19343.

13.3.3. Monographien, Ausstellungskataloge und Aufsätze aus diesen, seit 1955

Ackermann, Susa, Couture in Deutschland. München 1961.

Adams, Ansel, Das Negativ. München 1982.

Adams, Ansel, Das Positiv. München 1984.

Adam, Peter, Kunst im Dritten Reich. Hamburg 1992.

Alfermann, Dorothee, Der kleine Unterschied in der Werbung. In: Dane, E. & Schmidt. R. (Hrsg.), Frauen & Männer und Pornographie. Frankfurt a. M. 1990, S. 153-160.

Alfermann, Dorothee, Geschlechterrollen und geschlechtstypisches Verhalten. Köln 1996.

Alpers, Svetlana, Rembrandt als Unternehmer. Köln 1989.

Amelunxen, Hubertus von, Die aufgehobene Zeit. Die Erfindung der Fotografie durch Wiliam Henry Fox Talbot. Berlin 1989.

Aperture Foundation (Hrsg.), The idealizing vision. The art of fashion photography. New York 1991.

Arbeitskreis Photographie Hamburg e.V. (Hrsg.), Das deutsche Auge. Hamburg 1996.

Aries, E., Gender and communication. In: Shaver, P; Hendrick, C. (Hrsg.), Sex and Gender. Newbury Park Kalifornien1987, S. 149-176.

Arnheim, Rudolf, Kunst und Sehen. Berlin New York 1978.

Backes, Klaus, Hitler und die bildenden Künste. Köln 1988.

Bailey, David (Hrsg.), Shots of Style. Great fashion photographs. London 1985.

Barthes, Roland, Die helle Kammer. Frankfurt am Main 19862.

Barthes, Roland, Die Sprache der Mode. Frankfurt am Main 1985.

Bathe, Basil W., Von den Kreuzzügen zu den Kreuzfahrten. Eine Chronik der Passagierschiffahrt. Bielefeld Berlin 1972.

Beaton Cecil, Photomoden und Modephotos. In: Wilfried Wiegand (Hrsg.), Die Wahrheit der Photographie. Klassische Bekenntnisse zu einer neuen Kunst. Frankfurt am Main 1981, S. 227-236.

Benz, Ute, Frauen im Nationalsozialismus. Dokumente und Zeugnisse. München 1993.

Berlin Museum (Hrsg.), Heinz Oestergaard, Mode für Millionen. Bearbeitet von Christine Weidenschlager, Berlin 1992.

Bergmann, Simone, Make-up. Fotomodelle erzählen aus ihrem Leben. Ravensburg 1981.

Beyer, Friedemann, Die UFA-Stars im Dritten Reich. Frauen für Deutschland. München 19913.

Birkenbihl, Vera F.; Blickhan, Claus und Ulsamer, Bertold, Einstieg in das Neuro-Linguistische-Programmieren. Bremen 19936.

Blumenfeld, Erwin, Durch tausendjährige Zeit. Erinnerungen. Berlin 19882 (19761).

Bohrmann, Hans und Schneider, Peter, Zeitschriftenforschung. Ein wissenschaftlicher Versuch. Berlin 1975.

Bollmus, Reinhard, Alfred Rosenberg - "Chefideologe" des Nationalsozialismus? In: Smelser, Ronald; Syring, Enrico; Zittelmann, Rainer (Hrsg.) Die Braune Elite I. Darmstadt 19943, S. 223-235.

Boström, Jörg (Hrsg.), Dokument und Erfindung. Fotografien aus der Bundesrepublik Deutschland 1945 bis heute. Berlin 1989.

Bourdieu, Pierre; Boltanski, Luc; Castel, Robert; Chamboredon, Jean-Claude; Lagneau, Gérard und Schnapper, Dominique, Eine illegitime Kunst. Die sozialen Gebrauchsweisen der Photographie. Frankfurt a. M. 19831 (Frankreich1965).

Boveri, Margret, Tage des Überlebens. Berlin 1945. Frankfurt a. M. 1996.

Boyle, Kay, Der rauchende Berg. Geschichten aus Nachkriegsdeutschland. Frankfurt a. M. 1994.

Brost, Harald, Kunst und Mode. Stuttgart Berlin Köln Mainz 1984.

Braithwaite, Brian, Women's Magazines The First 300 Years. London 1995.

Brüning, Ute, Bauhäusler zwischen Propaganda und Wirtschaftswerbung. In: Nehrdinger, Winfried (Hrsg.), Bauhaus-Moderne im Nationalsozialismus. München 1993, S. 24-47.

Brugger, Ingrid (Hrsg.), Modefotografie von 1900 bis heute. Wien 1990.

Burger, Adolf, Unternehmen Bernhard. Die Geldfälscherwerkstatt im KZ Sachsenhausen. Zum Fälschen gezwungen. Ein Tatsachenbericht. Berlin 1992.

Buxbaum, Gerda, À la mode. Die Modezeitschriften des 19. Jahrhunderts. Dortmund 1983.

Buxbaum, Gerda, Mode aus Wien 1815 - 1938. Wien 1986.

Coe, Brian, Farbphotographie und ihre Verfahren. London 1978.

Condè nast Publications Ltd. (Hrsg.), Vogue. Geschichte der Modefotografie. Herrsching 1980.

Courtade, Francis und Cadars Pierre, Geschichte des Films im Dritten Reich. München und Wien 1975.

Daniel, Ute und Siemann, Wolfram (Hrsg.), Propaganda. Meinungskampf, Verführung und politische Sinnstiftung 1789 - 1989. Frankfurt a. M. 1994.

Davidson, Mortimer G., Kunst in Deutschland 1933 - 1945. Eine wissenschaftliche Enzyklopädie der Kunst im Dritten Reich. Band 1 Skulpturen. Tübingen 1988.

Davidson, Mortimer G., Kunst in Deutschland 1933-1945. Eine wissenschaftliche Enzyklopädie der Kunst im Dritten Reich. Band 2 Malerei. Tübingen 1988.

Davis, Fred, Fashion, culture, and identity, Chicago & London 1992.

Deslandres, Yvonne, Mode des Annes 40. Paris 1992.

Devlin, Polly; Libermann, Alexander, Vogue-Geschichte der Mode-Photographie. Herrsching 1980.

Dewitz, Bodo von und Schuller-Procopovici, Karin (Hrsg.), Hugo Erfurth 1874-1948. Photograph zwischen Tradition und Moderne. Köln 1992.

Deutsche Gesellschaft für Photographie (Hrsg.), Zeitprofile. 30 Jahre Kulturpreis Deutsche Gesellschaft für Photographie. Köln 1988.

Diesener, Gerald und Gries, Reiner (Hrsg.), Propaganda in Deutschland. Darmstadt 1996.

Doermer-Tramitz, Christiane, ... auf den ersten Blick. Über die ersten dreißig Sekunden einer Begegnung von Mann und Frau. Opladen 1990.

Dröge, Franz; Müller, Michael (Hrsg.), Die Macht der Schönheit, Avantgarde und Faschismus oder die Geburt der Massenkultur. Hamburg 1995.

Droste, Magdalena und Bauhausarchiv, Museum für moderne Gestaltung, bauhaus 1919-1933. Köln 1991.

Edkins Richardson, Diana (Hrsg.), vanity fair, Photographs of an age 1914 - 1936, New York 1982, mit einer Einleitung von John Russel.

Ellwanger, Karin, Frauen nach Maß. Der Frauentyp der vierziger Jahre im Zeichensystem des Filmkostüms. In: Neue Gesellschaft für Bildende Kunst im "Kunstquartier-Ackerstraße" (Hrsg.), Inszenierung der Macht. Berlin 1987, S. 119-129.

Engert, Jürgen (Hrsg.), Die wirren Jahre. Deutschland 1945 - 1948. Berlin 1996.

Frampton, Kenneth, Die Architketur der Moderne. Eine kritische Baugeschichte. Stuttgart 19914.

Eskildsen, Ute (Hrsg.), Fotografie in deutschen Zeitschriften 1946 - 1984. Stuttgart 1985.

Eskildsen, Ute (Hrsg.), Ewald Hoinkis, Fotografien 1924 - 1960. Berlin 1988.

Eskildsen, Ute (Hrsg.), Fotografieren hieß teilnehmen. Fotografinnen der Weimarer Republik. Düsseldorf 1994.

Eskildsen Ute, Les dones fotògrafes al la República de Weimar. 1919 - 1933. Ausstellungskatalog Barcelona 1995.

Esten, John (Hrsg.), Man Ray in Harper's Bazaar, 1934 - 1942, München 1989, Mit einem Text von Willis Hartshorn.

Ewing, William A., The photographic art of Hoyningen-Huene, London 1986.

Ewing, William A., (Hrsg.), A fetisch for beauty - Blumenfeld. Sein Gesamtwerk (1897 - 1969). Kilchberg/Zürich 1997.

Fallenberg, Elisabeth, So wirst Du Fotomodell. Wien 1984.

Fath, Manfred und Buderer, Hans-Jürgen (Hrsg.), Neue Sachlichkeit. Bilder auf der Suche nach der Wirklichkeit. Figurative Malerei der zwanziger Jahre. Ausstellungskatalog Mannheim 1994/1995, München 1994.

Felix, Zdenek (Hrsg.), Helmut Newton, aus dem photographischen Werk. Hamburg Bottrop Winterthur Turin 1993.

Ferber, Christian, Die Dame. Ein deutsches Journal für den verwöhnten Geschmack 1912-1943. Berlin 1980.

Ferber, Christian (Hrsg.), Berliner Illustrirte Zeitung. Zeitbild, Chronik, Moritat für Jedermann 1892 - 1945. Berlin 19852.

Flanner, Janet, Salute to the Thirties, Horst. New York 1971.

Flusser, Vilém, Für eine Philosophie der Fotografie. Göttingen 19926.

Frecot, Janos (Hrsg.), Herbert Tobias, Bilder der Sehnsucht. Photographien 1951 - 1960. Berlin 1994.

Freund, Gisèle, Photographie und Gesellschaft. München 1976.

Friedel, Claudia, Komponierende Frauen im Dritten Reich.Versuch einer Rekonstruktion von Lebensrealität und herrschendem Frauenbild. Münster Hamburg 1995.

Fröhlich, Elke (Hrsg.), Die Tagebücher des Joseph Goebbels. München New Providence London Paris 1996.

Garner, Philippe; Mellor, David Alan, Cecil Beaton. Photographien 1920-1970. München Paris London 1994.

Garnier, Guillaume (Hrsg.), Paris-Couture-Années trente. Ausstellungskatalog des "Musée de la Mode et du Costume, Pallais Galliera", Paris 1987.

Gidal, Tim N., Deutschland- Beginn des modernen Photojournalismus. In: Romeo E. Martinez, Bibliothek der Photographie Band 1. Luzern und Frankfurt a. M. 1972.

Grappa, Carola di (Hrsg.), Fashion: Theory Lustrum press. New York 1980.

Grasskamp, Walter, The De-Nazification of Nazi-art: Arno Breker and Albert Speer today. In: Taylor, Brandon; van der Will, Wilfried (Hrsg.) The Nazification of art. Art, Design, Music Achitecture & Film in the Third Reich. Winchester/Hampshire UK 1990, S. 231-248.

Griehl, M. und Dressel, J., Zeppelin! Frankfurt a. M. 1991.

Gries Rainer; Ilgen, Volker; Schindelbeck, Dirk, "Ins Gehirn der Masse kriechen!" Werbung und Mentalitätsgeschichte. Darmstadt 1995.

Gross, Michael, MODEL. Das häßliche Geschäft der schönen Frauen. (New York 1995), Wien München 1996.

Grube, Frank und Richter, Gerhard, Die Gründerjahre der Bundesrepublik. Deutschland zwischen 1945 und 1955. Hamburg 1981.

Gurber, L. Fritz, Die Kunst der Filmphotographie und noch etwas .... In: Museum Ludwig Köln (Hrsg.), Die Kunst der Filmphotographie. Köln 1990.

Gundlach, F.C. und Koch, Ingeborg, (Hrsg.), Vom New Look zum Petticoat. Deutsche Modefotografie der 50er Jahre. Berlin 1984.

Gundlach, F.C. und Honnef, Klaus, (Hrsg.), F.C. Gundlach Fashion Photography 1950 - 1975. Köln 1989.

Gundlach, F.C. und Richter, Uli (Hrsg.), Berlin en vogue. Berliner Mode in der Photographie, Tübingen Berlin 1993.

Hall-Duncan, Nancy, The history of fashion photography. New York 1979.

Hansen, Gesa, Fritz Klimsch. Dissertation Kiel 1994.

Hansen Traude, Wiener Werkstätte. Mode Stoffe Schmuck. Wien München 1984.

Harrison, Martin, Appearances. Fashion photography since 1945. London 1991.

Heidtmann, Frank, Kunstphotographische Edeldruckverfahren heute. Berlin 1978.

Herz, Rudolf, Hoffman & Hitler. Fotografie als Medium des Führer-Mythos. München 1994.

Hinz, Berthold, Die Malerei im deutschen Faschismus. Kunst und Konterrevolution. München 1974.

Hinz, Berthold, Bild und Lichtbild im Medienverbund. In: Hinz, Mittag, Schäche, Schönberger (Hrsg.), Die Dekoration der Gewalt. Kunst und Medien im Faschismus. Gießen 1979, S. 137-149.

Honnef, Klaus (Hrsg.), F.C.Gundlach. Modewelten-Photographien 1950 bis heute. Bonn 1985.

Horbas, Claudia, Frühe Modefotografie Pariser Ateliers. In: Staatliche Museen zu Berlin Preußischer Kulturbesitz, Kunstbibliothek (Hrsg.), Museumspädagogik/Besucherdienst. Berlin 1994.

Horst-Tardiff und Schirmer (Hrsg.), Horst. Photographien aus sechs Jahrzehnten. München Paris London 1995.

Horfáth, Szilvia, Reorganisation der Geschlechterverhältnisse. Familienpolitik im faschistischen Deutschland. In: Neue Gesellschaft für Bildende Kunst im "Kunstquartier-Ackerstraße" (Hrsg.), Inszenierung der Macht. Berlin 1987, S. 129-143.

Howell, Georginia, In Vogue. Sixty years of celebrities and fashion from britisch Vogue. Harmondsworth 1975.

Huster, Gabriele, Die Verdrängung der Femme Fatale und ihrer Schwestern. Nachdenken über das Frauenbild des Nationalsozialismus. In: Neue Gesellschaft für Bildende Kunst im "Kunstquartier-Ackerstraße" (Hrsg.), Inszenierung der Macht. Berlin 1987, S. 143-151.

Imdahl, Max, Pose und Indoktrination - Zu Werken der Plastik und Malerei im Dritten Reich. In: Klaus Staeck (Hrsg.), Nazi-Kunst ins Museum? Göttingen 1988, S. 87-99.

Institut für Auslandsbeziehungen (Hrsg.), Bildermode - Modebilder. Berlin 1995.

Kadlubek und Hildebrandt, Agfa Geschichte eines Deutschen Weltunternehmens 1867 - 1997. Neuss 1998.

Kellner, Kurth und Lippert (Hrsg.) 1945 bis 1995. 50 Jahre Werbung in Deutschland. Frankfurt a. M. 1995.

Kobal, John, The art of the great Hollywood portait photographers 1925 - 1940. New York 1980.

Koetzle, Michael, Pariser Pikanterien. In: Michael Koetzle und Uwe Scheid, (Hrsg.), Pariser Pikanterien. Köln 1993.

Koetzle, Michael, Die Zeitschrift twen Revision einer Legende. München 1995.

Koller, Gabriele, Zur Geschichte des Modejournals. In: Kunstgewerbesammlung der Stadt Bielefeld/Stiftung Huelsmann (Hrsg.), Streit der Moden. Modejournale von 1780 bis 1930. Bielefeld 1996.

Koschatzky, Walter, Die Kunst der Photographie. Wien 1989.

Kemp, Wolfgang, Kunstwerk und Betrachter: Der rezeptionsästhetische Ansatz. In: Belting, Dilly, Kemp, Sauerländer und Warnke (Hrsg.), Kunstgeschichte eine Einführung. Berlin 19883.

Kempe, Fritz, Nicola Perscheid, Arthur Benda, Madam d'Ora. Hamburg 1980.

Köhler, Michael, Ansichten vom Körper. Schaffhausen Zürich Frankfurt a. M. Düsseldorf 1986.

Koschatzky, Walter, Die Kunst der Photographie. Salzburg Wien 1989.

Koshofer, Gert, Geschichte der Farbverfahren in der Spezialistenzeit. In: Josef-Haubrich-Kunsthalle Köln (Hrsg.), Farbe im Photo. Die Geschichte der Farbphotographie von 1961 bis 1981. Köln 1981. S. 133-157.

Krainer, Larissa, Österreichische Frauenzeitschriften. Zwischen Kommerz- und Alternativmedien. Klagenfurt 1995.

Kräussl, Lothar, Fotografie zwischen Kunsthandwerk, Kunsthandwerk, Kunsthandwerk. Die Geschichte und Entwicklung der Gesellschaft Deutscher Lichtbildner seit 1919. Stuttgart 1992.

Kranzfelder, Ivo, Zur Utopie eines ästhetischen Hedonismus oder Die Ambivalenz des Lustprinzips. Dissertation München 1992.

Krauss, Rolf H., Photographie als Medium. 10 Thesen zur konvetionellen und kozeptionellen Photographie. Berlin 19791, Ostfildern 19952.

Krebs, Diethard; Uka, Walter; Walz-Richter, Brigitte, Die Gleichschaltung der Bilder. Zur Geschichte der Pressefotografie 1930-1936. Berlin 1983.

Kunsthalle Bielefeld (Hrsg.), Neue Sachlichkeit. Magischer Realismus. Bielefeld 1990.

Kunst und Ausstellungshalle der Bundesrepublik Deutschland, in Zusammenarbeit mit Honnef, Klaus; Sachsse, Rolf und Thomas Karin(Hrsg.), Deutsche Fotografie. Macht eines Mediums 1870 - 1970. Bonn 1997.

Larsson, Lars Olof, Die Neugestaltung der Reichshauptstadt. Albert Speers Generalbebauungsplan für Berlin. Stockholm 1978.

Latour, Anny, Magier der Mode. Macht und Geheimnis der Haute Couture. Stuttgart 1956.

Lautenbacher, Walter E., Inszenierte Modefotografie. 1953 - 1983. Ostfildern 1994.

Lehnert, Gertrud, Mode. Models. Superstars. Köln 1996.

Lenz, Siegfried, Lehmanns Erzählungen. Aus den Bekenntnissen eines Schwarzhändlers. Hamburg 197511.

Los Angeles County Museum of Art (Hrsg.), Masters of Starlight-Photographers in Hollywood. Los Angeles 1991.

Lott, Sylvia, Die Frauenzeitschriften von Hans Huffzky und John Jahr. Zur Geschichte der deutschen Frauenzeitschriften zwischen 1933 und 1970. Berlin 1985.

Lott-Almstadt, Sylvia, Brigitte 1886 - 1986. Die ersten hundert Jahre. Chronik einer Frauenzeitschrift. Hamburg 1986.

Lovatt-Smith, Lisa und Remy, Patrick (Hrsg.), Fashion Images de Mode. Göttingen 1996.

Loschek, Ingrid, Die Mode im 20. Jahrhundert. München 19883.

Marckwardt, Wilhelm, Die Illustrierten der Weimarer Zeit. Publizistische Funktion, ökonomische Entwicklung und inhaltliche Tendenzen. München 1982.

Martin, Dieter, Spaziergang durch die Geschichte der Fotografie. Hamburg 1996.

Martin, Richard, Fashion and Surrealism. New York 1987.

Martin, Rupert, Floods of light: Flash Photography. 1851-1981. The Photographers' Gallery. London 1982.

Marwick, Arthur, Beauty in history, society, politics and personal appearance since 1500 to the present. London 1988.

Maywlad, Willy, Die Splitter des Spiegels. Eine illustrierte Autobiographie. München 1985.

McCracken, Ellen, Decoding Women's Magazines From Mademoiselle to Ms. Houndsmills Basingstok Hampshire London 1993.

Mendelssohn, Peter de, Zeitungsstadt Berlin. Berlin 2. erweiterte Auflage1982 (19591).

Meissirel-Duguay, Elisabeth, Élégantes Modes d'avant-hier 1850-1866 à travers la photographie la gravure. Gaston Lachurié (Hrsg.), Paris 1987.

Merkel, Ina, ... und Du, Frau an der Werkbank. Die DDR in den 50er Jahren. Berlin 1990.

Michalski, Sergiusz, Neue Sachlichkeit, Malerei, Graphik, Photographie in Deutschland 1929-1933. Köln 1994.

Molcho Samy, Alles über Körpersprache. München 1995.

Morgan, Susan, Martin Munkacsi. New York 1992.

Moritz, Cordula; Hartung, Gerd, Linienspiele. 70 Jahre Mode in Berlin, Berlin 1991.

Morris, Desmond, Bodytalk, Körpersrprache, Gesten und Gebärden. München 1995.

Münchner Stadtmuseum (Hrsg.), Schulze Varell. Architekt der Mode. München 1991.

Musée de la Mode et du Costume, Palais Galliera (Hrsg.), Willy Maywald et la mode. Paris 1986.

Museum für Kunst und Gewerbe Hamburg (Hrsg.), Kunstphotographie um 1900. Die Sammlung Juhl. Hamburg 1989.

Museum für Kunst und Gewerbe Hamburg (Hrsg.), Dokumente der Photographie, Nicola Perscheid, Arthur Benda, Madame d'Ora. Hamburg 1980.

Museum für Kunst und Gewerbe Hamburg (Hrsg.), Photographische Perspektiven aus den Zwanziger Jahren. Hamburg 1994.

Oberhuber, Oswald (Hrsg.), Ausgeblendete Realität. Modefotos aus der DDR. Wien 1989.

O'Hara, Georginia, The Encyclopaedia of Fashion. From 1840 to the 1980s. London 1986.

Petsch, Joachim, Kunst im Dritten Reich. Architektur, Plastik, Malerei, Alltagsästhetik. Köln 1994.

Philipp, Claudia Gabriele, Fotografie im Atelier. In: Eskildsen, Ute (Hrsg.), Fotografieren hieß Teilnehmen. Ausstellung Essen 1992, S. 27-34.

Pohlmann, Ulrich, Harmonie zwischen Kunst und Industrie. Zur Geschichte der ersten Photoausstellungen (1839-1868). In: Dewitz, Bodo von; Matz, Reinhard (Hrsg.), Silber und Salz. Köln 1989, S. 496-513.

Protte, Katja, "Bildberichterstatterin" im "Dritten Reich". Fotografien aus den Jahren 1937 bis 1944 von Liselotte Purper. In: Deutsches Historisches Museum (Hrsg.), >Magazin< 7. Jahrgang, Heft 20, Berlin 1997.

Pultz, John, Der fotografierte Körper. Köln 1995.

Rheinisches Landesmuseum Bonn (Hrsg.), Und Sie haben Deutschland verlassen ... müssen. Fotografen und Ihre Bilder 1928-1997. Bonn 1997.

Queser, Hans R., "Du gehörst dem Führer!" Vom Hitlerjungen zum Kriegsberichter. Köln 1993.

Reichel, Peter, Der schöne Schein des Dritten Reiches. Frankfurt a. M. 19932.

Reilly, James M., Care and Identification of 19th - Century Photographic Prints. Kodak 1986.

Rema, Else, Gespräch mit Magda Goebbels. Manuskript aus Privatbesitz, o.J., um 1933/34. Zitiert nach Ley, Andreas, Chic in großen Breiten. In: Münchner Stadtmuseum (Hrsg.), Schulze-Varell Architekt der Mode. München 1991, S. 10f.

Reuth, Rolf Georg (Hrsg.), Joseph Goebbels. Tagebücher. Band 1-5, 1897-1945. München Zürich 1992.

Richardson, Annie, The Nazification of Women in Art. In: Taylor, Brandon; van der Will, Wilfried (Hrsg.), The Nazification of art. Art, Design, Music Achitecture & Film in the Third Reich. Winchester/Hampshire 1990, S. 53-79.

Riederer, Marietta, Wie Mode Mode wird. München 1962.

Riefenstahl, Leni, Memoiren. Hamburg 1987.

Röser, Jutta, Frauenzeitschriften und weiblicher Lebenszusammenhang Themen, Konzepte und Leitbilder im sozialen Wandel. Opladen 1992.

Sachsse, Rolf, Die Bildleitstungen der Popularisierungszeit. In: Josef-Haubrich-Kunsthalle Köln (Hrsg.), Farbe im Photo. Köln 1981, S. 157-175.

Sachsse, Rolf, Das gedruckte farbige Bild. In: Josef-Haubrich-Kunsthalle Köln (Hrsg.), Farbe im Photo. Köln 1981, S. 208-217.

Sachsse, Rolf, Bilder machen lernen. Zur deutschen Photographie Ausbildung. In: Ausstellungskatalog Essen, Otto Steinert und Schüler. Fotografie und Ausbildung 1948 - 1978. Essen 1990, S. 144-161.

Sachsse, Rolf, Kontinuität, Brüche und Mißverständnisse. Bauhausphotographie in den dreißiger Jahren. In: Nehrdinger, Winfried (Hrsg.), Bauhaus-Moderne im Nationalsozialismus. München 1993, S. 64-84.

Salvy, Gerard-Julien, Mode des annes 30. Paris 1991.

San Francisco Museum of Modern Art (Hrsg.), Avant-Garde Photography in Germany 1919 - 1939. San Francisco 1980.

Schiller, Gertrud, Ikonographie der christlichen Kunst. Band 2, Die Passion Jesu Christi. Gütersloh 1980.

Schiller, Gertrud, Ikonographie der christlichen Kunst. Band 5, Maria. Gütersloh 1980.

Schmidt, Maruta und Dietz, Gabi (Hrsg.), Frauen unterm Hakenkreuz. Berlin 19852.

Schnierer, Thomas, Modewandel und Gesellschaft. Die Dynamik von "in" und "out". Opladen 1995.

Schönberger, Klaus, "Hier half der Marshallplan" Werbung für das eruopäische Wiederaufbauprogramm zwischen Propaganda und Public Relations. In: Diesener, Gerald; Gries, Rainer (Hrsg.), Porpaganda in Deutschland. Zur Geschichte der politischen Massenbeeinflussung im 20. Jahrhundert. Darmstadt 1996, S. 193 - 212.

Schöner, Hans (Hrsg.), Regina Relang. 30 Jahre Mode Paris 1951 - 1981. Königsbach 1982.

Schöner, Hans (Hrsg.), Regina Relang. 30 Jahre Mode Italien 1951 - 1981. Königsbach 1983.

Scholz, Robert, Architektur und Bildende Kunst 1933 - 1945. Preußisch Oldendorf 1977.

Schuster, Martin, Foto-Psychologie. Heidelberg 1996.

Schweizerische Stiftung für die Photographie, Kunsthaus Zürich (Hrsg.), Die Photozeitschrift CAMERA 1922 - 1981. Ausstellungskatalog Zürich 1991.

Seidner, David, Lisa Fonssagrives-Penn. Drei Jahrzehnte klassischer Modephotographie. München Paris London 1996.

Sembach, Klaus-Jürgen, Stil 1930. Tübingen 19842.

Solf, Kurt Dieter, Fotografie. Frankfurt a. M. 19882.

Speer, Albert, Erinnerungen. Frankfurt a. M. Berlin 19719.

Speer, Albert, Spandauer Tagebücher, Frankfurt a. M. Berlin Wien 1975.

Smelser, Ronald; Syring, Enrico; Zittelmann, Rainer (Hrsg.), Die Braune Elite II. Darmstadt 1993.

Sommer, Carlo Michael; Wind, Thomas, Mode, die Hüllen des Ich. Weinheim Basel 1988.

Sontag, Susan, Über Fotografie. München 1978.

Stern, (Mrsg.), Stern-Mode. Hamburg 1991.

Stix-Marget, Gabi, Der Bildhauer Medardo Rosso (1858 - 1928) als Fotograf seiner Werke. Dissertation Kiel 1998.

Sultano, Gloria, Wie geistiges Kokain .... Mode unterm Hakenkreuz. Wien 1995.

Syberberg, Hans Jürgen, Fotografie der 30er Jahre. Eine Anthologie. München 1977.

Sykora, Katharina, Die Neue Frau. Ein Alltagsmythos der Zwanziger Jahre. In: Sykora, Katharina; Dorgerloh, Annette u.a. (Hrsg.), Die Neue Frau. Marburg 1993, S. 9-24.

Taylor, Brandon und van der Will, Wilfried, The Nazification of Art. Art, Design, Music, Achitecture and Film in the Third Reich. Winchester/Hampshire 1990.

Teige, Karl, Foto und Kunst - Antwort an Max Bill (1948). In: Kemp, Wolfgang (Hrsg.), Theorie der Fotografie II 1912 - 1945. München Paris London 1979, S. 263.

Thiel, Erika, Geschichte des Kostüms. Berlin 1980.

Thomae, Otto, Die Propaganda-Maschinerie, Bildende Kunst und Öffentlichkeitsarbeit im Dritten Reich. Berlin 1978.

Thoms, Ulrike, Dick und dünn, schön und häßlich. Schönheitsideale und Körpersilhouetten in der Werbung 1850 - 1950. In: Borscheid, Peter;

Klaus, Ulrich J., Deutsche Tonfilme 1935. Band 6. Berlin Berchtesgaden 1995.

Wischermann, Clemens (Hrsg.), Bilderwelt des Alltags. Studien zur Geschichte des Alltags. Stuttgart 1995, S. 242-281.

Vinken, Barbara, Mode nach der Mode. Frankfurt a. M. 1993.

Völker, Angelika, Wiener Mode und Modefotografie von 1912 - 1932. Ausstellungskatalog Wien 1984.

Wackerbarth, Horst, Die Ikonen des 21. Jahrhunderts . Photographie, Kunst und Neue Medien. In: Bolz, Norbert und Rüff, Ulrich (Hrsg.), Das grosse stille Bild. München 1996, S. 192-197.

Walter, Gundula, Hosen, weiblich. Kulturgeschichte der Frauenhose. Marburg 1994.

Wagner, Leonie, Nationalsozialistische Frauenansichten. Frankfurt am Main 1996.

Watzlawick, Paul; Beavin, Janet H.; Jackson, Don D., Menschliche Kommunikation, Bern Stuttgart Toronto 19938 (1969).

Weiermair, Peter (Hrsg.), Herbert Tobias, Photographien. Berlin 1985.

Wenk, Silke, Aufgerichtete weibliche Körper. Zur allegorischen Skulptur im deutschen Faschismuss. In: Neue Gesellschaft für Bildende Kunst im "Kunstquartier-Ackerstraße" (Hrsg.), Inszenierung der Macht. Berlin 1987, S. 103-119.

Werner, Findbücher zu Beständen des Bundesarchivs, Bestand R 103, Reichsverband der Deutschen Presse. Koblenz 1980.

Westphal, Uwe, Werbung im Dritten Reich. Berlin 1989.

Westphal, Uwe, Berliner Konfektion und Mode 1836 - 1839. Die Zerstörung einer Tradition. Berlin 19922.

Wex, Marianne, "Weibliche" und "männliche" Körpersprache als Folge patriarchalischer Machtverhältnisse. Frankfurt a. M. 19802.

White, Nancy und Esten, John, Style in Motion. Munkacsi Photographs ot the '20s, '30s, ' 40s. New York 1979.

Wilhelm-Lehmbruck-Museum (Hrsg.), Skulptur im Licht der Fotografie. Ausstellungskatalog Duisburg 1998.

Wittkop-Ménardeau, Unsere Kleidung. Aus der Geschichte der Moden bis zum Jahr 1939. Frankfurt a. M. 1985.

Wittrock, Christine, Das Frauenbild in faschistischen Texten und seine Vorbilder in der bürgerlichen Frauenbewegung der zwanziger Jahre. Dissertation Frankfurt a. M. 1981.

13.4. Zeitschriften und andere Periodika

13.4.1. Zeitschriften bis 1955

Berg, H. vom, Druckwiedergabe und Papierwahl. In: Kodak Aktiengesellschaft (Hrsg.), >Photographik< Heft 8, Berlin 1935, S. 2.

Benda, Arthur, Vier Jahrzehnte Modephotographie. In: Agfa-Leverkusen (Hrsg.), >Fortschritt und Leistung. Hausmitteilungen für den Berufslichtbildner< 8. Jahrgang, Heft 3, Leverkusen 1952, S. 9 - 12.

Bohne, Friedrich, Sonja Georgi. In: >Gebrauchsfotografie. Das Atelier des Fotografen< 47. Jahrgang, Heft 3, Berlin März 1940, S. 38.

Croy, Otto, Materialdarstellung und Papierstruktur. In: Kodak Aktiengesellschaft (Hrsg.) >Photographik< Heft 11, Berlin 1936, S. 1.

Croy, Otto, Bild und Persönlichkeit, Zu den Bildern von Helga Glaßner. In: Kodak Aktiengesellschaft (Hrsg.), >Photographik< Heft 28, Berlin 1940, S. 1.

Croy, Otto, Schöner werden - durch Retusche. In: >PhotoMagazin< Heft 1, München Januar 1953, S. 48-53.

Eckhard, Werner, Über einen Photographen: Norbert Leonard. In: >Photo Magazin< Heft 10, München Oktober 1952, S. 42-48.

Flöter, Hubs, Ohne Titel. In: >Film und Frau< Heft 16, Hamburg Juni 1950, S.25.

Flöter, Hubs, Über sich und seine Arbeit schreibt Hubs Flöter, Stuttgart. In: Farbenfabriken Bayer (Hrsg.), >Fortschritt und Leistung. Hausmitteilungen für den Berufslichtbildner< 8. Jahrgang, Heft 1, Leverkusen 1952, Ohne Seitenzählung.

Freytag, Heinrich, Das Duxochrom-Verfahren. In: >Gebrauchsfotografie. Das Atelier des Fotografen< 47. Jahrgang, Heft 12, Berlin Dezember 1940, S. 208.

Freytag, Heinrich, Das fotografische Bildnis im Kriege. In: >Gebrauchsfotografie. Das Atelier des Fotografen< 48. Jahrgang, Heft 6, Berlin Juni 1941, S. 101.

Gaertner, Eduard, Mode und Baukunst. In: Otto Beyer Verlag Leipzig (Hrsg.), >Die Mode< Heft 8/9, Berlin Wien August/September 1942, S. 7-11 und S. 36.

Gerlach, Agnes, Zeitgemäß - Artgemäß. Kleiderschau des Deutschen Frauenwerks. In: Deutsches Frauenwerk (Hrsg.), >NS - Frauenwarte< Heft 18, Leipzig 1936/37, S. 577.

Giebelhausen, Joachim, Die alten Kupferstecher. In: Grossbild - Technik und Linhof (Hrsg.), >Grossbild - Technik. Magazin für moderne Grossformat-Fotografie< Heft 1, München 1954, S. 2f.

Gläser Artur, Kunst aber kommt von Können! In: Kodak Aktiengesellschaft Berlin (Hrsg.), >Photographik< Heft 14, Berlin 1937, S. 18.

Gläser Artur, Photographie und Mode Zu den Bildern von Sonja Georgi. In: Kodak Aktiengesellschaft Berlin (Hrsg.), >Photographik< Heft 25, Berlin Oktober 1939, S. 4.

Gläser, Artur, Die Frau als Photographin, Zu den Bildern von Ingeborg Hoppe, Stuttgart. In: Kodak Aktiengesellschaft Berlin (Hrsg.), >Photographik< Heft 31, Berlin April 1941, S. 1.

Haffkesbrink, Anneliese, Die Tiefere Bedeutung. In: Otto Beyer Verlag Leipzig (Hrsg.), >Die Mode<, Heft 10, Berlin Wien, Oktober 1942, S. 4.

Hausmann, Raoul und Gräff, Werner, Wie sieht der Fotograf. In: Robert und Bruno Schultz (Hrsg.), >Das Deutsche Lichtbild< Berlin 1933, S. 11-18.

Hölscher, Eberhard, Edward J. Steichen. In: Kodak Aktiengesellschaft Berlin (Hrsg.), >Photographik< Heft 6, Berlin 1935, S. 20-23.

Hölscher, Eberhard, Junge Photographen stellen sich vor! In: Kodak Aktiengesellschaft Berlin (Hrsg.), >Photographik< Heft 8, Berlin 1935, S. 18.

Hölscher, Eberhard, Die Wiedergabe von Lichtbildern im Buchdruck und Tiefdruck. In: Kodak Aktiengesellschaft Berlin (Hrsg.), >Photographik< Heft 9, Berlin 1935, S. 16.

Hölscher, Eberhard, Modische Impressionen Aufnahmen: Imre von Santho, Berlin In: Kodak Aktiengesellschaft Berlin (Hrsg.), >Photographik< Heft 12, Berlin 1936, S. 12-17.

Hölscher, Eberhard, Bei der Betrachtung von amerikanischen Lichtbildern. In: Kodak Aktiengesellschaft Berlin (Hrsg.), >Photographik< Heft 14, Berlin 1937, S. 9 und S. 13.

Hölscher, Eberhard, Photographik. In: Kodak Aktiengesellschaft Berlin (Hrsg.), >Photographik< Heft 15 Berlin 1937, S. 7.

Hölscher, Eberhard, Spiegelungen der Mode Zu den Bildern von Relang, Paris. In: Kodak Aktiengesellschaft Berlin (Hrsg.), >Photographik< Heft 17, Berlin 1937, S. 15.

Hölscher, Eberhard, Die Photographie als Mittler modischer Kultur. Zu den Bildern von Scaioni, Paris. In: Kodak Aktiengesellschaft Berlin (Hrsg.), >Photographik< Heft 20, Berlin 1938, S. 1.

Hölscher, Eberhard, Photographie und Persönlichkeitsleistung. Zu den Bildern von Hoyningen-Huene In: Kodak Aktiengesellschaft Berlin (Hrsg.), >Photographik< Heft 22, Berlin 1939, S. 15.

Hubmann, Hanns, ... so wird's gemacht! Hinter den Kulissen der Pariser Modephotographie. In: >PhotoMagazin< Heft 11, München November 1952, S. 45f.

Hübel, A. und Zippermayr, M., Die Farbe in der Bildnisphotographie. In: Robert & Bruno Schultz (Hrsg.), Das Deutsche Lichtbild. Jahresschau 1930. 3. Jahrgang, Berlin 1930, Textseite 3-8.

Hübner, Margot, Mode im Licht und- Schatten. In: Kodak Aktiengesellschaft Berlin (Hrsg.), >Photographik< Heft 9, Berlin 1935, S. 17-20.

Jochum, Maria, Frauenfrage 1946. In: Eugen Kogon unter Mitwirkung von Walter Dirks (Hrsg.), >Frankfurter Hefte. Zeitschrift für Kultur und Politik< Heft 3, Frankfurt a. M. Juni 1946, S. 24-31.

Julius, Kurt, Man nennt mich Starphotograph. In: >PhotoMagazin< Heft 1, München Januar 1950, S. 38.

Knapmann, Rudolf, Tageslicht - Wiederentdeckt. In: >PhotoMagazin< Heft 7, München Juli 1950, S. 13.

Knapmann, Rudolf, Drei Photographen - Drei Frauen - Sechs Charaktere. (Hubs Flöter, Norbert Leonard, Regina Relang) >PhotoMagazin< Heft 4, München 1953, S. 42-46.

Lendvai-Dircksen, Erna, Zur Psychologie des Sehens. In: Robert und Bruno Schultz (Hrsg.), >Das Deutsche Lichtbild< Berlin 1931, Textseiten 26-30.

Lenning, Gertrud, Die Mode in der Photographik. In: Kodak Aktiengesellschaft Berlin (Hrsg.), >Photographik< Heft 4, Berlin 1934, S. 16-20.

Mänz, Heinz F.W., Anton Sahm. Ein Photograph der guten Gesellschaft. In: Agfa-Leverkusen (Hrsg.), >Fortschritt und Leistung. Hausmitteilungen für den Berufslichtbildner< 8. Jahrgang, Heft 2, 1952, Ohne Seitenzählung.

Magin, Dr. Ernst, Der Gummidruck. In: Bruno Schultz (Hrsg.), Das Deutsche Lichtbild. Jahresschau 1938. 11. Jahrgang Berlin 1937, S. 163-176.

Neumann, Hanns, Bild oder Illustration? In: Maurer, R. Ottwil (Hrsg.), Fotofreund Jahrbuch 1942. 19. Jahrgang, Berlin Wien Leipzig 1941, S. 56-59.

Panter, Peter, Neues Licht. In: Robert und Bruno Schultz (Hrsg.), >Das Deutsche Lichtbild< Berlin 1930, Textseiten 1-4.

Plato, Margit von, Yvas Fotos. In: >Gebrauchswerbekunst< Heft 11, Berlin 1931, S. 30-32.

Reder, Artur, Vom Foto zum gedruckten Bild. In: Grossbild - Technik und Linhof (Hrsg.), >Grossbild Technik< Heft 1, München 1954, S. 2-6.

Reißner, Rudolf, Auch einer, der dabei ist .... In: >Gebrauchsfotografie. Das Atelier des Fotografen< 47. Jahrgang, Heft 10, Berlin Oktober 1940, S.163-170.

Relang, Regina, Modebilder ohne Sonne. In: >PhotoMagazin< Heft 11, München 1950, S. 40-43.

Saebens, Hans, Warum anonyme Leistung? In: >Leica Fotografie< Heft 1 Frankfurt a. M. September 1949, S. 12.

Schade, Wolfgang, Der Bildredakteur hat das Wort. In: >Gebrauchsphotographie< 40. Jahrgang, Heft 8, Berlin 1933, S. 92f.

Schalcher, Traugott, Werbephoto - Kundendienstphoto. In: Kodak Aktiengesellschaft (Hrsg.), >Photographik< Heft 13, Berlin 1936, S. 18.

Schenker, Karl, Photoregie. Text und Aufnahmen von Karl Schenker, Berlin. In: Kodak Aktiengesellschaft Berlin (Hrsg.), >Photographik< Heft 6, Berlin 1935, S. 1-5.

Schultz, Bruno, Schlußwort. In: ders. >Das Deutsche Lichtbild< Berlin 1934, Textseiten 26-29.

Seewald, Hanna, Modephotographie. In: >Gebrauchsphotographie< 40. Jahrgang, Heft 7, Berlin 1933, S. 77-79.

Stiewe, Willy, Das Titelbild. In: >Gebrauchsfotografie. Das Atelier des Fotografen< 47. Jahrgang, Heft 1, Berlin Januar 1940, S. 5-8.

Stiewe, Willy, Der Stilwandel der Bildberichtersattung. In: >Gebrauchsfotografie. Das Atelier des Fotografen< 47. Jahrgang, Heft 9, Berlin September 1940, S. 149-151.

Suhr, Werner, Einfall und Überlegung. Zu den Bildern von Hubs Flöter. In: Kodak Aktiengesellschaft Berlin (Hrsg.), >Photographik< Heft 26, Januar 1940, S. 7-11.

Suhr, Werner, Bilder von Mode und Sport. Zu den Bildern von Peter Weller, Berlin. In: Kodak Aktiengesellschaft Berlin (Hrsg.), >Photographik< Heft 25, Berlin 1939, S. 13-16.

Werner, Bruno E., Was ist deutsch in der Kunst? In: Verlag Otto Beyer Leipzig (Hrsg.), >die neue linie< Heft 11, Leipzig Berlin Juli 1934, S. 12f.

13.4.2. Zeitschriften ab 1955

Berthold, Heinz, Disparität und Diffusion - Kriterien einer "Äshtektik" des Nationalsozialismus. In: >kritische berichte<, Heft 17, Marburg 1989, S.111f.

Brost, Harald, Geschichte macht Kleider, Kleider machen Geschichte. In: >die waage 2< Band 24, Grünenthal 1985, S. 40-54.

Flöter, Hubs, Karriere vor der Kamera. In: >Leica Photographie< 21. Jahrgang, Heft 3, Frankfurt a. M.1969, S. 90-97.

Gagerle, Christian, Vorausdruck des Buches Grand Hotel. In: >Geo-Special<: London. Hamburg, Februar 1998, S.92-97.

Gote, Uta, Fragen an Hubs Flöter. Erotik ist das Hauptmotiv meiner Themen. In: >Die Welt< vom 4.3.1970. In: Archiv Fritz Kempe, Photographische Sammlung des Museum für Kunst und Gewerbe Hamburg, Ordner F 26, Stichwort: Hubs Flöter.

Guenther, Irene V., Nazi "Chic"? German Politics and Women's Fashions, 1915-1945. In: Steele, Valerie (Hrsg.), Fashion Theory. The Journal of Dress, Body & Culture. Vol.1, Issue 1 New York, (March 1997), S. 29-58.

Hassmann, Henning und Jantzen, Detlef, "Die deutsche Vorgeschichte - eine nationale Wissenschaft." Das Kieler Museum vorgeschichtlicher Altertümer im Dritten Reich. In: Müller Wille, Michael und Schietzel, Kurt (Hrsg.), >Offa<, Heft 28, Schleswig 1995, S. 9-24.

Honnef, Klaus, Das subjektive Moment in der Dokumentar-Fotografie. Materialien und Gedanken zu einer neuen Ansicht über Fotografie. In: >Kunstforum< Band 41/5, Köln1980, S. 210.

Hubmann, Hans, Bild Journalismus. Ein Fotofesttag .... In: >FotoMagazin< II Heft 12, 1968. In: Archiv Fritz Kempe, Photographische Sammlung des Museum für Kunst und Gewerbe Hamburg, Ordner F 48, Stichwort: Regina Relang.

Maas, Ellen, Photographische Ateliers 1860-1910 und ihre Inhaber. In: >Anzeiger des Germanischen Nationalmuseums Nürnberg< Nürnberg 1977, S. 113-136.

M.W., Fotos schöner Frauen sind sein Lebenswerk. Hubs Flöter Inspiriert von Frauen um 30. In: >Welt am Sonntag<, Hamburg 13.03.1970, S. 66.

O.A., Fotografie. Wildfeuer. In: >Der Spiegel< IV. Jahrgang, Heft 16, Hamburg 22.04.1950, S. 32-34.

O.A., Modephotographie. Überschlank mit guten Beinen. In: >Die Wochen-Presse. Das Österreichische Nachrichtenmagazin< 14. Jahrgang, Nummer 31, Wien 1.8.1959, S. 2. In: Archiv Fritz Kempe, Photographische Sammlung des Museum für Kunst und Gewerbe Hamburg, Ordner F 48, Stichwort: Regina Relang.

Philipp, Claudia Gabriele, E. Lendvai-Dircksen. Verschiedene Möglichkeiten, eine Fotografin zu rezipieren. In: >Fotogeschichte< Heft 7, Marburg 1983, S. 39-56.

Schädlich, Lisa, Ein Typ aus Berlin. Meine Verehrung, Herr Hartung. In: >Sibylle< Heft 3 1991, S. 46.

Schnakenberg, Sabine, Arthur Benda (1885-1969) und Madame d'Ora (1881-1963). In: >Fotogeschichte< 16. Jahrgang, Heft 61, Marburg 1996, S. 72.

Relang, Regina, Über Modefotografie. In: Strache, Wolf und Steinert, Otto (Hrsg.), >Das Deutsche Lichtbild 1956< Stuttgart 1955, S.30 ff.

Squiers, Carol, Hollywood Glamour. In: >American Photo< 6. Jahrgang, Heft 3, New York May/June 1995, S. 54-59 und S. 106-107.

Sachsse, Rolf, Mit dem Rocksaum steigen und fallen die Honorare. In >die waage 2< Band 24, Grünenthal 1985, S. 70-75.

Sommer, Carlo Michael, Der Lauf der Dinge. Aus der Sozialpsychologie der Alltagsobjekte. In: >Daidalos< Heft 40, 1991, S. 94-98.

Strache, Wolf und Steinert, Otto (Hrsg.), Wir stellen vor: Charlotte March. In: >Das Deutsche Lichtbild 1964< Stuttgart 1963. S.18-20, 37 u.155f.

Strache, Wolf und Steinert, Otto (Hrsg.), Wir stellen vor: Kahn: Mode und Werbung. In: >Das Deutsche Lichtbild 1970< Stuttgart 1969, S. 21-27 u. 149f.

Strache, Wolf und Steinert, Otto (Hrsg.), Wir stellen vor: Mark Mender: Modefotografie. In: >Das Deutsche Lichtbild 1972< Stuttgart 1971, S.162-168 u. 202f.

Wenk, Silke, Volkskörper und Medienspiel. Zum Verhältnis von Skulptur und Fotografie im Deutschen Faschismus. In: Bechtloff, Dieter (Hrsg.), >Kunstforum<, Band 114, Köln Juli/August 1991, S. 226-236.

Wiegand, Wilfried, Wolkenkrazer auf der Wiese. Eine sensationelle Wiederentdeckung: Ernst Bloßfeldts monumentale Pflanzenportäts in Bonn. In: >Frankfurter Allgemeine Zeitung< Nr. 104, Frankfurt a. M. 05.05.1994, S. 35.

Wilson, David M.; Roesdahl, Else, Frihetens källa. Nordens betydelse för Europa. Stockholm 1992, S. 39-62, zitiert nach Michael Müller Wille, Der politische Mißbrauch der skandinavischen Vor- und Frühgeschichte während der Jahre 1933 - 1945. In: ders. und Schietzel, Kurt (Hrsg.), >Offa<, Heft 28, Schleswig 1995, S. 8.

Ziegler, Ulf Erdmann, Die Angst zu stürzen. In: >Vernissage< 6/1996, Kunst und Macht. Das Europa der Diktatoren 1930 bis 1945. Ausstellung Deutsches Museum Berlin 11.06. - 30.08.1996, Heidelberg 1996, S. 39.

14. Kurzbiographien und Anschriftenliste

14.1. Kurzbiographien in alphabetischer Folge

Alexander Binder, später Atelier Binder, Fotograf
*1888 Schweiz - † 1929 Berlin

Nach abgebrochenem Ingenieurstudium Besuch einer fotografischen Lehranstalt in München. 1913 Eröffnung eines Ateliers in der Motzstraße 69 in Berlin W 30 für Porträt- und Werbefotografie. Anfang der Zwanziger Jahre expressionistische Tendenzen, Veröffentlichungen in >Die Linse<, ab Mitte der Zwanziger Jahre traditionelle Fotografien. Nach Binders Tod 1929 wird das Atelier bis 1937/38 unter altem Namen weitergeführt. Die jüdische Atelierleiterin Elisabeth von Stengel († 1978 Ascona) kommt in ein Konzentrationslager. In den späten Zwanziger und den Dreißiger Jahren bis 1938 ist das Atelier Binder das größte Fotoatelier in Europa. Seine Schwerpunkte waren Starporträts und Modefotos. Auch nach 1929 war, nach kunstfotografischer Manier, in die Abzüge vorne rechts Binders Namenszug weiß einkopiert. Bis 1938 befindet sich das Atelier Binder am Kurfürstendamm 205. 1948/49 wird das Atelier Binder von der Firma Hasse und Wiese übernommen.

einige Angestellte des Atelier Binder:
- Lilli Niebuhr, ca. 1929, Arbeitsfeld: Labor und Retusche
- Sonja Georgi, 1935 - 1936, Arbeitsfeld: Operateur
- Ilse Flöter bis ca. 1934-1937, Arbeitsfeld: Auszubildende
- Elisabeth von Stengel bis 1938, Arbeitsfeld: Geschäftsführung
- Friedrich Aschenbroich bis ca. 1938, Arbeitsfeld: (erster) Operateur{979}
- Hubs Flöter bis ca.1938, Arbeitsfeld: (erster) Operateur

Hubs (Hubertus) Flöter, Fotograf{980}
* 03.11.1910 Köln - † Mai 1976 München

Sohn eines Porzellanfachmannes. 1927 Praktikum bei seinem Onkel, dem Mode-, Architektur- und Porträtfotografen Eugen Coubillier (dessen Atelier bestand bis 1935). 1928 Abschluß der gewerblichen Berufsschule in Köln. 01.05., Beginn des Studiums an der Bayerischen Staatslehranstalt für Lichtbildwesen in München. Direktor war zu der Zeit Hans Spörl, seine wichtigsten Lehrer waren Rudolf Müller Schönhausen und Rudolf Lähnemann. 1930 Besuch der Meisterklasse bei Willy Zielke. 1932 Abschluß. Willy Zielkes >Privatzeugnis<: "Einen Flöter gibt es nur e i n m a l !" Assistenz bei Hugo Schmölz in Köln. 1933 Eintritt in die NSDAP.{981} 01.10.1933 Einjahresvertrag als 1. Operateur im Atelier Binder in Berlin. 1934/35 Kameraassistent bei Willy Zielke (Bildreportage zu: Das Stahltier. In: >Kölnische Illustrierte< 01.06.1935.). 1935, 18.10. Meisterprüfung in München. 1935 - 1936 Vertrag mit dem Atelier Schenkel in München. 1936 - 1937 Motorsportaufnahmen für BMW. 1937 - 1938 zweiter Jahresvertrag im Atelier Binder, Berlin. 1938 Eröffnung eines Ateliers in Berlin-Dahlem zusammen mit seiner späteren Frau Ilse geb. Reyer. 1939 Beginn des Zweiten Weltkrieges. Im Juli 1940 wird Hubs Flöter eingezogen. 1940 Hochzeit mit Ilse Reyer im Mai, die in seiner Abwesenheit das Atelier weiterführt. 1942 Verwundung Hubs Flöters in Rußland und im Juni Rückkehr nach Berlin. 1943 Geburt des Sohnes Renatus im Mai und Freistellung von der Front. Zurück in Berlin Cheffotograf bei der Ufa (Universum Film AG). Dort Reportagen über Dreharbeiten und Starporträts. 30. 06.1944 Enlassung Hubs Flöters aus der Wehrmacht. 1945 Umzug nach Stuttgart. In den Jahren 1946 bis 1949 zusammen mit seiner Frau als Reportage- und Modefotograf tätig. 1948 Beginn der Zusammenarbeit mit >Film und Frau<. In den nächsten Jahren arbeitet er überwiegend als Modefotograf. 1951 Ilse Flöter, die seit 1949 vermißt wird, wird für tot erklärt. 1953 Hochzeit mit dem Fotomodell Gaby van Cleef. 1957 Umzug nach Berlin. 1965 Umzug nach München. Bis zu seinem Tod arbeitet er überwiegend für dieWochenzeitung >Bayernkurier<. 16.12.1972 In einem Interview mit dem >Bayernkurier< erklärt Hubs Flöter das Ende seiner Tätigkeit als Modefotograf. 19.05.1976 Hubs Flöter stirbt im Münchner Herz-Zentrum.

Fotografische Schwerpunkte: Porträt, Reportage, Mode

Veröffentlichungen unter anderem in:
>Die Dame<, 1940 (nie redaktionell)
>Hella<, bis 1943
>Die junge Dame<, 1939
>die neue linie<, 1938 - 1943
>NS-Frauenwarte<, 1939 - 1942
>Die Mode<, 1941 - 1943
>Film und Frau<, ab 1948
>Stern<, ab 1950
>Inspiration<, 1950
>Constanze<, ab 1950

Ilse Flöter, geb. Reyer, Fotografin
geb. ca. * 1918 - † 1949

1934-1937 Ausbildung zur Fotografin im Atelier Binder, Berlin. 1940 Heirat mit Hubs Flöter in Berlin. Während der Kriegsjahre führte sie das Atelier in Abwesenheit ihres Mannes weiter.{982} Ihre Modeaufnahmen wurden fast nur mit: "Hubs und Ilse Flöter" gekennzeichnet. 29.05.1943 Geburt des Sohnes Renatus. Im April/Mai 1945 Flucht nach Österreich. Später Umzug nach Stuttgart und weiterhin tätig als Modefotografin. 1948 Beginn der Zusammenarbeit mit >Film und Frau<. Im August 1949 verschwindet Ilse Flöter auf der Rückreise aus Österreich, wo sie Freunde besucht hatte, spurlos aus aus dem Zug. 1951 Ilse Flöter wird für tot erklärt.

Veröffentlichungen unter anderem in:
>die neue linie<, 1939 - 1941
>Die Mode<, 1941 - 1942
>Hella<, 1939 - 1942
>Film und Frau<, 1948 - 1949
>Inspiration<, 1950

Sonja Georgi, geb. Walther, Fotografin
* 17.11.1915 Berlin - † 11.08.1957 Düsseldorf

Bis 1935 Ausbildung zur Fotografin bei Ihrer Mutter, der Porträt- und Modefotografin Hedda Walther ("Als Mitgift bekommst Du mein Talent.").{983} 1935 ein Semester Ausbildung an der Letteschule in Berlin. 1935 - 1936 Operateurin im Atelier Binder. 1935 Geburt des Sohnes Michael. 1936 selbständig im eigenen Atelier. 1936{984} Hochzeit mit Heinz Georgi und Umzug in ein Atelier am Kurfürstendamm.{985} Dort beschäftigt sie mindestens zwei Angestellte und ihre Tante Luci Gerhardt * 1902 - † 1993, die Schwester der Fotografin Hedda Walthe. Heinz Georgi wird 1937 zur Wehrmacht eingezogen. 1938 Geburt der Tochter Sybille. Bis 1943 erfolgreiche Modefotografin in Berlin. Sonja Georgi führte ein sehr offenes Haus, in dem viele Persönlichkeiten aus Mode, Kabaret und Film ein- und ausgingen. 1943-45 mehrere Aufenthalte in der Schweiz, bei denen sie auch Mode fotografierte. Im April 1945 Flucht aus Berlin. Auf dem Weg nach Dänemark, dem Ziel der Flucht, blieb sie in Keitum auf Sylt bei einer befreundeten Familie, den Eltern der späteren Miss Germany Susanne Erichsen. Übersiedlung nach Wenningstedt und dort Arbeit als Fotografin für Soldaten und Angehörige der englischen Besatzung. Ab 1950 von dort aus Fortsetzung der Arbeit als Modefotografin. Zweite Ehe mit dem Engländer Harry Davis. 1952 Umzug nach Hamburg in ein großes Atelier mit Dachterasse. Dort beschäftigt sie zwei Angestellte. Einer der Angestellten ist der spätere Kameramann Herr Politow. Außerdem arbeitet weiterhin auch die Tante (Luci Gerhardt) mit. Sonja Georgi unterhält freundschaftliche Beziehungen zu Hubs Flöter. Beide vermitteln sich gegenseitig Aufträge. 1954 letzte Zeitschriftenveröffentlichungen. Ab jetzt Konzentration auf Katalogfotografie. Sie arbeitet bis zu ihrem Tod für die Textilindustrie.1957 Sonja Georgi begeht Selbstmord in Düsseldorf.

Fotografische Schwerpunkte: Mode, Porträt, Starporträt

Veröffentlichungen unter anderem in:
>Die Dame<, 1937 - 1943
>Der Silberspiegel<, 1936 - 1943
>Die Elegante Welt<, 1937 - 1943 und 1949 - 1954
>die neue linie<, 1938 - 1943
>NS-Frauenwarte<, 1937 - 1943
>Sie<, ab 1948
>Film und Frau<, 1948 - 1954
>Constanze<, 1950 - 1953
>Stern<, 1950 - 1954

Karl-Ludwig Haenchen, Fotograf
*11.09.1911Berlin

Nach dem Abitur Studium der Geschichte und Sport auf Lehramt. ca.1930 - 1933 Atelier in der Motzstraße 69 in Berlin.{986} Ab 1932 Veröffentlichung von Modefotos. Von 1936 - 1952 Nutzung eines Ateliers in der Bayerischen Straße 31. Etwa 1940 - 1943 erste Ehe mit Petra Fiedler. Bis 1945 überwiegend Starfotograf, hauptsächlich für die TOBIS. In der Besatzungszeit Arbeiten als Porträtfotograf für die Engländer, Nebenbei weiterhin Studio in der Bayrischen Straße. Nach dem Krieg überwog die Modefotografie, jedoch weniger die redaktionelle Modefotografie, als vielmehr die werbende. Etwa ab 1946 zweite Ehe mit Ilse.{987} 1954 Übersiedlung nach Hamburg. 1966 Produktion von Fernsehfilmen, außerdem auch als Schlagertexter erfolgreich. 1970 Ende der fotografischen Tätigkeit.

Fotografische Schwerpunkte: Mode, Porträt, Reportage

Veröffentlichungen unter anderem in:
>Die Dame<, 1936 - 1942
>Das Buch für Alle<, 1937 - 1938
>Die Elegante Welt<, 1935 - 1942
>Die junge Dame<, 1938 - 1941
>die neue linie<, 1936 - 1939
>Die Mode<, 1941
>Hella<, 1936 - 1942
>Meyers Frauen und Modeblatt<, 1937 - 1943
>Modenwelt<, 1937 - 1942
>NS-Frauenwarte<, 1936 - 1944
>Silberspiegel<, 1937 - 1941
>Film und Frau<, ab 1948
>Inspiration, Die Zeitschrift für die Dame<, ab 1950
>Stern<, 1950 - 1956
>Unser Werk<, 1955

Gerd Hartung, Modezeichner{988}
*November 1913 Berlin

Während der Schulzeit künstlerische Ausbildung. 1930 bis 1932 Ausbildung zum Modezeichner in den Illustrations- und Modeklassen der Reimannschule in Berlin. 1934 Beginn der Arbeit für >Die Dame<. 1941 parallel zur Arbeit für >Die Dame< Zeichner für >Die Mode<. Außerdem tätig als Kostümentwerfer für Theater, Film und die Textilindustrie. Seit 1975 Lehrtätigkeit an der Hochschule der Künste (HdK) Berlin für das Fach Herrenmode. Seit 1983 Lehrtätigkeit am Lette-Verein, Berlin. Seit 1986 Professur an der Hochschule der Künste (HdK) Berlin.

Veröffentlichungen unter anderem in und für:
>Die Dame<, >die neue linie<, >Die Mode<, >Der Silberspiegel<, >Die Gartenlaube<, >Vereinigte Textilzeitung<, >International Textiles< (Amsterdam). Mitarbeiter der >Berliner Modelle Gesellschaft G.m.b.H.< und >Manufaktur des Deutschen-Mode-Institut<.

Nach dem Krieg graphischer Mitarbeiter bei >Sie<, >Chic<, >Die Mode<, >Der Standpunkt<, >Die Frau<, >Modellhut<, >ITEX<, >TextilZeitung<, >TextilWirtschaft<, >Constanze<, >Film und Frau<, >Brigitte< und verschiedenen Tageszeitungen, darunter >Der Tagesspiegel<.

Norbert (Wilhelm) Leonard (Lawy, Levy), Fotograf
* 30.03.1913 Berlin - † 1971 Teneriffa

Sohn eines Architekturfotografen, lernte von diesem das Fotografenhandwerk. Etwa 1930 - 1933 Ausbildung zum Reproduktionsfotografen in einer Klischeeanstalt.{989} 1933 selbständiger Architekturfotograf. 1941 neben Hubs und Ilse Flöter der Hauptfotograf der Zeitschrift >Die Mode< aus dem Verlag Otto Beyer Leipzig. Dezember 1941 oder Januar 1942 Verschleppung als "Halbjude" wegen gefälschter Papiere in das KZ Auschwitz.{990} Ab September 1942 Zwangsarbeit als Fälscher im "Unternehmen Bernhard" im KZ Sachsenhausen. Durch seinen Beruf als Klischeefotograf qualifiziert, mußte er englische Pfundnoten{991}, amerikanische Dollars, sowie andere Währungen und brasilianische Pässe, tunesische Identitätskarten, englische und amerikanische Ausweise und Kapitänspatente fälschen.{992} 03.05.1945 Flucht aus dem KZ Schlier in Österreich bei der Verlegung der Abteilung in das KZ Ebensee ebenfalls Österreich. 1945 in Italien Vorbereitung auf die Auswanderung nach Palästina. 1947 Rückkehr nach Berlin, wohnhaft in der Regensburgerstraße.1947 Ehe mit Gisela Leonard{993} (Dr. phil., Germanistin) Redakteurin bei der Zeitung >Telegraf< (Hrsg. von Suhr), Berlin. Fotoarbeiten für >Heute<, die Zeitschrift der amerikanischen Besatzungsmacht, in München. 1949 Geburt der Tochter Christine.1949 wieder als Modefotograf in Berlin. Ab ca. 1960 schwere Beeinträchtigung der Arbeit durch die Parkinsonsche Krankheit.

Fotografische Schwerpunkte: Architektur, Mode, Porträt

Veröffentlichungen unter anderem in:
>die neue linie<, 1938 - 1941
>Hella<, 1938 - 1941
>Die Mode<, 1941
>Sie<, 1948
>Film und Frau<, ab 1948
>Burda Moden<, ab 1949
>Inspiration<, 1950
>Constanze<, ab 1950
>Stern<, ab 1950
>Quick<, ab 1950

Peter Ludwig, Fotograf{994}
* 27.03.1916 Mainz

Ca. 1934 bis 1937 Studium der Medizin in Frankfurt und Berlin. ca. 1937 bis 1940 Assistent bei Sonja Georgi. 1940 Ablegung der Prüfung (mit Auszeichnung) zum Bildberichterstatter. 1940 bis 1942 freier Fotograf in Berlin. Ab ca. 1941 Pressefotograf für die TOBIS. 1942 Mitglied der Wehrmacht. 1948 Flucht aus russischer Kriegsgefangenschaft nach Hamburg. 1948 freier Pressefotograf in Hamburg und Mitglied der "Sezession".

Veröffentlichungen unter anderem in:
>Die Mode<, 1941 - 1942
>Hella<, 1939 - 1943

Lilli Niebuhr, geb. Homfeldt, Fotografin{995}
* 10.01.1907 Husum - † 18.12.1993 Klein Hesebeck

Drittes von vier Kindern des Husumer Kaufmannes H. Homfeldt. 1923 Mittleren Reife und Schulabgang vom Husumer Lyzeum. 01.04.1925 - 30.09.1927 Fotogarfenlehre bei dem Fotografen Franz Rompel, Hamburger Str. 53, Hamburg 22. Verkürzung der Ausbildungszeit um 1/2 Jahr aufgrund ihrer besonderen Begabung. 04.10.1927 Gehilfenprüfung vor der Handwerkskammer Hamburg. 01.11. - 24.12.1927 Volontärin im Hamburger Haus des Ateliers "Dührkoop-Kamera-Bildnisse". Inhaberin war Minya Dührkoop, das Hauptatlier war am Kurfürstendamm 235 in Berlin. 01.03. - 15.05.1928 Praktikum in der Luftbildabteilung der Badisch-Pfälzischen Luft Hansa A.-G. 19.01. - 12.04.1929 Beschäftigung als Negativ- und Positiv-Retuscheurin und im "Laboratorium" des Fotoateliers "Binder Bildmäßige Photographie", Berlin W 15, Kurfürstendamm 225. ca. 1933 Eheschließung mit dem Graphiker, Bildhauer und Kunsterzieher Otto Niebuhr (Uelzen *29.10.1891 - †1949 Klein Hesebeck). 27.03.1933 Meisterprüfung in Hamburg. Ab 01.10.1933 als Inhaberin eines Fotografenbetriebes in der Handwerkskammer Berlin eingetragen. Sie arbeitet eng mit Ihrem Mann zusammen. Spätestens im August 1934 Eintritt in das Fotoatelier des Geschäftsmannes Bruno Winterfeld. Ab Oktober1935 selbständig. Neuer Firmenname "Photographik Niebuhr." Die Winterfelds gehen nach Amerika ins Exil, da sie jüdisch sind. 09.11.1936 Eintrag des Meisterbetriebes in der Handwerkskammer Berlin. 16.04.1938 Ausstellung des Schriftleiterausweises (Nr. 4712) als Bildberichterstatterin in Berlin. Bis auf das letzte Feld, für das Jahr 1944, sind alle Marken ab 1937 eingeklebt, obwohl der Ausweis erst 1938 ausgestellt wurde. Bis Herbst 1943 Aufrechterhaltung des Atelierbetriebes, in dem sie auch Fotografen ausbildete. Arbeitsbuch Nr. 40/b 66316 ausgestellt am 06.06.1942. 1943 Flucht nach Klein Hesebeck bei Bad Bevensen. 01.08.1946 Eintrag in die Handwerkskammer Lüneburg und Atelierbetrieb für Photographik in Klein Hesebeck. 28.05.1949 Ausstellung des Flüchtlingsausweises in Uelzen. 1960 Eröffnung des eigenen Atelierhauses bei Klein Hesebeck. Seit ca. 1960 Spezialisierung auf das Fotografieren von Pflanzen, Früchten, Gemüse, und Saatgut für Saatguthersteller. 1993 Ende der fotografischen Tätigkeit.

Fotografische Schwerpunkte: Mode, Porträt, Werbung, nach 1955 besonders Pflanzenfotografie

Veröffentlichungen unter anderem in:
>Althoff-Magazin<, 1935 - 1938
>Die Dame<, 1940
>Elegante Welt<, 1935 - 1937
>die neue linie<, 1936
>Die Mode<, 1941 - 1942
>NS- Frauenwarte<, 1936 - 1943
>Deutsche Frauenkleidung<, 1934 - 1943
>Unsere Kleidung<, 1938 - 1954
>Film und Frau<, 1948 - 1949

Veröffentlichungen Atelier Bruno Winterfeld unter anderem in:
>Althoff<, bis September 1935
>Beyer's Handarbeit<, 1930
>Deutsche Frauenkultur<, 1930 - 1934
>Die Dame<, 1934
>die neue linie<, 1929 - 1934
>Elegante Welt<, 1933 - 1934
>NS-Frauenwarte<, April 1934

Regina Relang, geb. Lang, Fotografin
* 1906 Stuttgart - †1989 München

Ca. 1928 - 1932 Schülerin an der Kunstakademie in Stuttgart und Berlin. 1932 geht Relang als Malerin nach Paris.{996} Zwischen 1932 und 1934 findet sie als Autiodidaktin und mit Hilfe ihrer Schwester der renommierten Fotografin Urs Lang-Kurz zur Fotografie. 1934 bis 1939 veröffentlicht sie fotografische Reiseberichte aus allen südeuropäischen Ländern, bevorzugt aus Spanien und Portugal. 1936 bringt die Fotoserie über portugiesische Fischer: "Fischer in Not" ihr1936 einen Vertrag mit der >Vogue< ein. Von diesem Zeitpunkt an beginnt ihre Karriere als Modefotografin. Anfangs arbeitet sie weiterhin als Reiseberichterin. Seit 1936 liefert sie Fotos für den Deutschen Verlag (ehemals Ullstein), besonders für >Die Dame<. 1939 Ehe mit dem aus Rußland stammenden, staatenlosen Maler Arkady Kusmin. Bis 1939 fotografiert sie für >Die Dame< überwiegend Reiseberichte. 1939 veröffentlicht sie erstmalig Modefotografien in Deutschland. 1940 veröffentlicht sie beinahe nur Reiseberichte. Für das zweite Aprilheft (Heft 7) von >Die Dame< liefert sie Bild und zusätzlich den Text. Im Jahr 1941 veröffentlicht sie fast nur noch Modefotografien. Seit 1948 arbeitet sie von München aus für den deutschen Zeitschriftenmarkt und seit 1956 besonders viel für >Madame<. 1962 eröffnet sie ein eigenes Atelier in München, wo sie neben Mode auch Werbung, Illustration und Beauty fotografiert.

Fotografische Schwerpunkte 1936 bis 1955: Mode, Reportage, Werbung

Veröffentlichungen unter anderem in:
>Die Dame<, 1936 - 1943{997}
>Hella<, 1939 - 1943
>Photographik<, 1937
>Film und Frau<, ab 1948
>Constanze<, ab 1950
>Stern<, ab 1950
>Quick<, ab 1950
>Inspiration<, ab 1950

Charlotte Rohrbach, geb. Wilhelm, Fotografin{998}
* 21.03.1902 Malschöwen (Allenstein/Ostpreußen) - † 01.02.1981 Berlin

Tochter des Lehrers Carl Wilhelm. 1914 begann sie zu fotografieren und erlernte erste fotografische Fertigkeiten bei dem Drogisten Fritz Krenz in Allenstein, in Ostpreußen. 1919 Abschluß des Lyzeums in Allenstein. 1920 - 1922 fotografische Ausbildung am Letteverein in Berlin und Abschluß mit dem Gesellenbrief. August bis Dezember 1922 wissenschaftliche Fotografin bei Gephot in Freiburg im Breisgau. Ab 23.02.1923 Werkfotografin und -Filmerin bei Rohrbach-Metall, Berlin, Bremen Oberneuland und Kopenhagen tätig. 1925 Hochzeit mit Dr. August Adolf Rohrbach, sie leben in Bremen. Seit mindestens 1928 gute und enge Kontakte zu Künstlerkreisen, zum Beispiel zu Emil Schumacher, Walter Lemcke, Joseph Thorak und besonders Arno Breker, zu dem sie bis zu ihrem Tod guten Kontakt pflegt.{999} Ab 1934 ständige Mitarbeiterin bei >Die Dame< im Deutschen Verlag (vormals Ullstein) Ihre Schwerpunkte waren hier die Bereiche Reportagen, Plastik, Architektur. 1935 offizielle anerkannte Bildberichterstatterin mit Schriftleiterausweis (Nr. 10 291mit Marken von 1937 bis 1943). Er hatte noch eine freie Stelle für das Jahr 1944. 1939 nach dem Tod des Ehemannes August Adolf Rohrbach Umzug nach Berlin. April 1945 Zerstörung des Ateliers mit dem gesamten Archiv, danach umfangreiche fotografische Dokumentation des zerstörten Berlins. Nach 1945 überwiegend Modefotografie für >Film und Frau< und für die Industrie. Ab ca. 1955 veröffentlicht sie weniger Modefotografien, dafür mehr Architektur und Gesellschaftsreportagen. Sie arbeitet bis drei Tage vor ihrem Tod (01.02.1981 Lungeninfarkt). Charlotte Rohrbach beschäftigte während ihrer Selbständigkeit nur eine Angestellte, das war Frau Hanna Böhning (1948 bis †1966). Charlotte Rohrbach printete Zeit ihres Lebens alle Fotos außer den Farbefotos selbst.

Fotografische Schwerpunkte: Reportage, Skulptur/Architektur, Mode, daneben Produktion von Werbefilmen für die Rohrbach Flugzeugwerke

Veröffentlichungen unter anderem in:
>Die Dame<, 1934 - 1943 (Reportage)
>die neue linie<, 1939 (Reportage)
>NS-Frauenwarte<, 1941 und 1942 (Skulptur)
>Film und Frau<, 1948 - 1962 (Mode u. Architektur)

Imre von Santho, Fotograf
*1900 Budapest - †1945 in Budapest{1000}

Drei Jahre in London tätig.{1001} Dekorativer Maler, Herrenmodezeichner und Karrikaturist in Berlin.{1002} Seit mind. 1934 Modefotograf, zunächst für den >Silberspiegel<. Fotostudio in Berlin ab ca. 1934 bis 1943, gehörte zum Freundeskreis von Magda Goebbels.{1003} 1945 Selbstmord in Budapest.

Veröffentlichungen unter anderem in:
>Silberspiegel<, 1934 - 1943
>Die Dame<. 1937 - 1943
>die neue linie<, 1938 - 1943
>Elegante Welt<, 1937 - 1/1943
>NS-Frauenwarte<, 1936 - 1943

Karin Stilke, geb. Lahl, Fotomodell{1004}
* 01.03. 1919 Bremen

Drittes Kind des Gummiwaren-Fabrikanten Heinrich Lahl (Bremen * 1870 - † 1951). Bis 1935 Besuch des Vietor-Lyzeums, Bremen. 1936 Abitur in der Kippenberg-Schule, Bremen. Januar bis April 1936 Aufenthalt bei Verwandten in New York. 1936 erste Modefotos mit Martin Munkacsi auf einem Landsitz in Long Island/USA. Mitte 1936 - 1938 Ausbildung zur Dolmetscherin in Berlin. 1938 - 1939 Arbeit als Dolmetscherin für Englisch. Seit 1936 kontinuierliche Arbeit als Fotomodell für verschiedene Fotografen. 1939 längere Reise nach England, Rückkehr am 25.08.1939. Nach dem Kriegsbeginn Umzug auf das Gut Ringelsdorf in Sachsen-Anhalt. Zwischen 1939 und 1941 ein halbes Jahr Hausmodell bei Schulze Bibernell (nach dem Krieg SchulzeVarell, München). 06.08.1941 Ehe mit dem Verleger Dr. Georg Stilke (*1904 Berlin bis †1974 Hamburg). Bis 1943 Arbeit als Fotomodel in Berlin, lebt bis zum Kriegsendes in Ringelsdorf, das im Mai 1945 von sowjetischen Truppen besetzt wird. 1946 bis April 1948 Dolmetscherin im Kommunikationsbüro der britischen Militärregierung in Berlin. 1948 - 1958 Arbeit als Fotomodell, ab 1955 allmählicher Rückzug aus dem Modellgeschäft.

Arbeitete mit folgenden Fotografen zusammen: (in zeitlicher Folge) Martin Munkacsi, Yva, Baron George Hoyningen-Huene, Imre von Santho, Ilse Flöter, Hubs Flöter, Lilli Niebuhr, Elisabeth von Stengel (Atelier Binder), Sonja Georgi, Karl-Ludwig Haenchen, Norbert Leonard, Charlotte Rohrbach, F.C. Gundlach und andere.

Veröffentlichungen unter anderem in:
>Harper's Bazaar<, >Die Dame<, >die neue linie<, >Hella<, >Die Modewelt<, >Die Mode<, >Der Silberspiegel<, >Film und Frau<.

Hela Strehl, Moderedakteurin und Conférencièr{1005}
*Juni 1902 München - † Juli 1991 München

Etwa 1915 Redakteurin der Jugendbeilage der >Münchener Zeitung< "Onkel Sepp". Ca. 1920 Ehe und Übersiedlung nach Berlin, Geburt des Sohnes. Ab ungefähr 1921 bei wechselnden Berliner Warenhäusern für die Öffentlichkeitsarbeit angestellt, dabei u.a. Organisation von Modenschauen. 1934/35 Kostümausstattung des Filmes "Ich war Jack Mortimer" unter dem Regisseur Carl Froelich, der im Auftrag der Tobis gedreht wurde.{1006} Ab ca. 1932 bis 1934 Moderedakteurin bei Scherls >Sport im Bild< ab 1934 bei seinem Nachfolgeblatt, dem >Silberspiegel<, daneben Beratertätigkeiten für Agfa Travis und I.G. Farben. Ab 1935 Geschäftsführerin des Deutschen-Mode-Institutes e.V. Bis 1969 arbeitete sie für fast alle großen deutschen Modehäuser und Bekleidungshersteller als Beraterin und als Conférenciѐr.

Hedda Walther, geb. Gerhardt, Fotografin{1007}
* 13.09.1894 Berlin - † 21.11.1979 Berlin

1915 Geburt der Tocher Sonja. 1916 Ehe mit dem Komerzienrat Kurt Wilhelm Walther. 1917 Scheidung. Ca. 1921 - 1924 fotografische Aubildung im Letteverein, Berlin. 1924 - 1925, Assistentin im Atelier Bruno Wiehr in Dresden. 1925 selbständig mit eigenem Atelier für Kinderbildnisse in Berlin. Bis 1945 Kinder-, Tier- und Gesellschaftsfotografin in Berlin. Zwischen 1945 und 1948 vor allem als Porträtfotografin der Alliierten in Berlin tätig. 1960 Ende der fotografischen Tätigkeit.

Fotografische Schwerpunkte: Porträt, Starporträt, Kinder, Mode, Tiere

Veröffentlichungen unter anderem in:

>Die Dame<, 1937 - 1941
>Elegante Welt<, ab 1937
>die neue linie<, 1931 - 1938
>Film und Frau<, 1948 - 1951

Yva, Else Neuländer-Simon, Fotografin{1008}
* 26.01.1900 Berlin- † ca. 31.12.1944

Wahrscheinlich fotografische Ausbildung im Lettehaus in Berlin. Nach der Ausbildung halbjähriges Praktikum in einem Filmstudio. Seit ca. 1925 erstes Atelier in der Friedrich-Wilhelm-Straße 17 in einer von ihrem Bruder Fritz Neuländer übernommenen Wohnung. 1926 Zusammenarbeit mit Heinz Hajek-Halke{1009} (*1898 Berlin - † 1983). Im Dezember 1926 veröffentlichten sie Fotos unter dem Namen: "Atelier Yva, Hajek-Halke".{1010} Die Zusammenarbeit war nur kurz, im gleichen Jahr trennten sie sich im Streit über Honorarfragen. 1930 Umzug in größere Atelierräume in der Bleibtreustraße 17. 1934 Heirat mit Alfred Simon und Umzug des Ateliers in neue, abermals größere Räume in der Schlüterstraße 45. 1936 wird ihr Atelier auf Grund der nationalsozialistischen Rassengesetze arisiert. Ihre Fotografien werden ab 1936 durch den Pressedienst Charlotte Weidler vertrieben. Mit der befreundeten Kunsthistorikerin Dr. Charlotte Weidler hatte Yva 1932 eine große Reportage über Tunesien gemacht.{1011} Yvas Fotografien werden jetzt mit "Pressephoto Yva" gekennzeichnet. Yva arbeitet bis zum totalen Berufsverbot für Juden 1938 weiter in ihrem Atelier in der Schlüterstraße 45.{1012} 1937 bis 1938 volontiert Helmut Newton in ihrem Atelier.{1013} Nach dem Berufsverbot findet sie eine Anstellung als Röntgenassistentin in einem jüdischen Krankenhaus in Berlin. 1942 wird sie mit ihrem Mann in ein unbekanntes Konzentrationslager (wahrscheinlich Majdanek/Lublin) verschleppt und ermordet.

Fotografische Schwerpunkte: Mode, Werbung, Starporträt, Porträt, Akt

Veröffentlichungen unter anderem in:
>Die Dame<, 1926 - 1935
>Elegante Welt<, 1929 - 1937
>die neue linie<, 1929 - 1938
>Uhu< ab1934 eingestellt, 1924 - 1934
>Berliner Illustrierte<, mind. 1932 - 1936
>Das deutsche Lichtbild<, 1928/29 und 1930
ges. 5 Fotos verschiedenster Genres.

14.1.1. Zu den Kurzbiographien

Wie der Leser im Vergleich zu der Anschriftenliste feststellen wird, ist die Menge der Kurzbiographien gemessen an der Zahl der in der Arbeit erwähnten Fotografen sehr gering. Es gibt nur zu einigen Modefotografen aussagekräftiges Material. Auf diese Problematik wurde schon ausführlich im Text eingegangen. Es stehen noch viele Biographien aus, die interessante Erkenntnisse versprechen, wie zum Beispiel die der Moderedakteurin Petra Fiedler oder des Fotomodells Elfi Wildfeuer. Wo Petra Fiedler nach dem Krieg lebte ist unbekannt. Elfi Wildfeuer eröffnete nach ihrer Modellkarriere einen Modesalon in Salzburg, doch da es sich bei ihrem Namen um einen Künstlernamen zu handeln scheint, war ihr gegenwärtiger Wohnsitz, in der Nähe von Salzburg nicht zu ermitteln. Genauso interessant wäre eine Biographie des Fotounternehmers Bruno Winterfeld, um die genauen Umstände der Atelierübergabe an Lilli Niebuhr zu ermitteln. Hier bietet sich Raum für weitere Forschungen an.

Die für den Sommer 1999 in Historischen Museum der Stadt Frankfurt am Main geplante Ausstellung zu dem Thema Mode und Modefotografie im Dritten Reich, wird sicher weitere interessante Erkenntnisse vermitteln.

14.2. Anschriftenliste nach Fotorückseitenstempeln von 1909 bis 1960

Es wurden nur Fotografen in die Liste aufgenommen, die überwiegend Modefotografien veröffentlichten. Die angegebenen Jahreszahlen beziehen sich auf datierte Abzüge. Der Autor hat darauf verzichtet, die heute unbrauchbaren Telefonnummern mitanzugeben. Bei den Fotografen, die auf ihrem Stempel eine Telefonnummer angegeben hatten, wurde als Symbol % eingesetzt.

14.2.1. Anschriftenliste der Fotografen in Deutschland

- Aschenbroich, Friedrich, 1947, Jungfernstieg 16/20, Hamburg 36, ehem. Assistent von Imre von Santho und Angestellter des Atelier Binder
- Balg, Erich, 1936 bis nach dem Krieg, Emserstraße 45, Berlin W 15
- Kodak, Werbestudio, 1937-1939, Lindenstraße 27, Berlin SW 68

- Binder, Alexander, ca. 1913, Motzstraße 69, Berlin W 30
ders., ca. 1920, Kurfürstendamm 206, Berlin W 30
ders., ab 1922 bis 1929, Kurfürstendamm 225, Berlin W 15

- Binder-Stengel, 1930 bis 1938, Kurfürstendamm 205, Berlin W 15

- Borchert, Usa, 1947, Spessartstr. 38, Wilmersdorf, Berlin

- Croy, Dr. Otto, 1937 bis 1941, Bregenzer Straße 4, Berlin W 15

- Delorme, Annemarie, Agentur, 1936, Fredericia Str. 28, Berlin-Charlottenburg, vormals Edith Breyer, Fredericiastraße 27

- Dührkoop, Rudolf, 1909-1919, Kurfürstendamm 235, Berlin W 50

- Ebert, Georg, 1947, Horst Kohl Str. 13, Berlin Steglitz

- Eberth, 1919, Lenné Str. 5, Berlin

- Eichler, 1947, Bregenzer Str. 4, Berlin W 15

- Enkelmann, S., 1939, Kurfürstendamm 200, Berlin W 15

- Flöter, Hubs und Ilse, 1937-1944, Ebereschenallee 58, Berlin Westend, %, Stempel Zusatz: R.D.B.
dies., 1941, Hagenstraße 49, Berlin Grunewald, %
dies., ab 1948 , Pischekstraße 7, Stuttgart

- Flöter, Hubs , 1958-1966, Im Dohl 5 a, Berlin Dahlem

- Freese, Hannelore, 1947, Eppendorfer Landstr. 62, Hambug

- Georgi (Walter), Sonja, 1934, Kurfürstenstraße 126, Berlin W 62, %

- Georgi, Sonja, ab 1938 bis 1940, Kurfürstendamm 157/158, Berlin Halensee
dies., ab 1946, Deutsches Haus, Wenningstedt Sylt, %
dies., ab 1951, Marie Louisenstraße, Hamburg

- Gorny, Hein,1934, Düsseldorferstraße 46, Berlin W 15
ders.,1936 bis nach dem Krieg, Kurfürstendamm 35, Berlin W 15, %

- Gudenberg, Walter Freiherr von, 1928, Brandenburgische Str. 28, Berlin W 15
ders., 1934, Königstraße 67, Berlin Wannsee
ders., Bildberichte, 1939 - 1943, Opernring 11, Wien I, %

- Gundlach, Franz Christian, 1952, Heidehofstraße 4, Stuttgart O
ders., 1953, Elisabethenstraße 34 a, Stuttgart
ders.,1954, Forststraße 104 B, Stuttgart W, %

- Haenchen, Karl-Ludwig, ca.1930 bis 1933, Motzstraße 69, Berlin W 30
ders., 1933 bis 1936, Brandenburgischestr. 38, Berlin W 15, %
ders., 1936 bis 1952, Bayerischestraße 31, Berlin W 15, %
ders., 1938 bis 1943/1950, Kurfürstendamm 205, Berlin W 15, %
ders., 1939 bis 1945, Friedrichstraße (Unter den Linden), Berlin W 8
ders., 1950 bis 1965, Heilwigstraße 65, 2020 Hamburg

- Haensler, Ruth, 1942, Machandelweg 11 c, Berlin-Charlottenburg, %

- Harlip, G., 1932, Kurfürstendamm 24, Berlin W 15,
ab 1935 Photo-Verlag Dr. G. Harlip

- Heddenhausen, Elisabeth, 1934 - 1939, Glienecke W., Berlin

- Hesse, Gertrud, Kamerabildnisse, 1934 - 1939, Duisburg, %

- Hirschfeld, Etty, Berchtesgardenerstr. 88, Berlin W 30

- Hoinkis, Ewald, 1931, Derfflinger Straße 28, Berlin W 35
ders., 1934, Kurfürstendamm 180, Berlin
ders., 1934, Lietzenburgerstraße 28, Berlin W 35

- Hoppe, Ingeborg, 1941 bis mindestens 1948, Heidehofstraße 4, Stuttgart O

- John, Trude, Agentur 1936, Fredericistr. 33, Berlin Charlottenburg, %

- Keller, Jo, 1933, Bamberger Str. 19, Berlin W 30

- Kind, Enno, 1937, Düsseldorferstraße 4, Berlin W 15

- Knoth, Ernst, 1947, Strandstraße 7, Westerland Sylt

- Lang-Kurz, Urs, 1937-1942, Am Friedrichsplatz Kronenstraße 25, Stuttgart N

- Leeser, Paulus, 1935-1939, Berlin

- Leonard, Norbert, ab 1939 bis 1942, Neue Winterfeldstr. 29, Berlin W 30
ders., ab 1947, Neue Ansbacherstraße 20, Berlin W 30, %
ders., ab 1949, Regensburgerstr. 4, Berlin W 30, %
ders., ab 1952, Peter-Lenné-Straße 18, Berlin Dahlem

- Limpert, Emy, 1937-1939, Liebfrauenstr. 5, Frankfurt a. M.

- Ludwig, Peter, 1941-1942, Teltowerstraße 10, Berlin Babelsberg II, Stempelzusatz: R.D.B.

- Lüdecke, Barbara, 1947, Wernfeld am Main

- Mahrenholz, Rolf, 1928, Bamberger Str. 59, Berlin W 50
ders., 1936, Graf-Spee-Straße 30, Berlin W 35
ders., ab 1938 London

- Marcus, Elli,1930, Kurfürstendamm 93, Berlin

- Marion, (Anny Fuchs), 1928-1931, Paulsbornerstr. 9, Berlin Halensee, %
dies., 1938, Kurfürstendamm 96, Berlin Halensee
dies. 1943, Kurfürstendamm 177, Berlin Halensee

- Meisenbach, 1939, Hauptstraße 7-8, Berlin Schöneberg

- Moeckel, Madeleine, 1938, Petersbergstraße, Saarbrücken

- Nehrdich, Rolf, W., 1937-1943, Kurfürstendamm 45, Berlin W 15, %
ders., 1948, Claudiusstraße 12, Hamburg Wandsbeck, %

- Niczky, Jo (Joe), 1940-1947, Kurfürstendamm 201, Berlin W 15

- Niebuhr, Lilli, 1935, Meinekestsraße 12, Berlin W 15, %
dies., 1946, Klein Hesebek/Bad Bevensen

- Osten, Dorothea von der, 1947, Zähringerstraße 39 d, Berlin Wilmersdorf

- Pawlikowski, Harald von, 1947, Hamburg

- Perkhammer, Heinz von,1934-1942, Kurfürstendamm 53, Berlin W 15

- Petersen, Inge, 1937, Düsseldorferstraße 17/18, Berlin W 15

- Relang, Regina, 1937, Rue Froidevaux 21, Paris 14
dies., 1939-1943, Berlin, dann ab ca. 1947 München

- Rohrbach, Charlotte, 1934, Oberneulander Straße 116, Bremen Oberneuland
dies., 1939-1981, Helmstedter Straße 25, Berlin Wilmersdorf

- Sahm, Anton,1937-1939, München

- Sandau Ernst, Leitung seit 1928 Suse Byk, 1928-1938, Unter den Linden 19, Berlin W 8, % Vogel-Sandau ist der Nachfolge Betrieb von Sandau.

- (Vogel)-Sandau, 1938, Unter den Linden 19, Berlin W 8, %

- Santho, Imre von, 1936-1943, Kurfürstendamm 201, Berlin W 15, %

- Schaller, Hans, 1947, Wexstraße 38, Wilmersdorf, Berlin

- Schenker, Karl, 1919, Matthäikirchstraße 27, Berlin W 1
ders., 1931-1934, Aschaffenburger Straße 9, Berlin W 30

- Schneider, Ernst, 1910 , Unter den Linden 62-63, Berlin NW 7
ders., 1932 , Kurfürstendamm 179, Berlin W 15

- Schroeder, Illa, 1942-1943, Berlin

- Seidenstücker, Friedrich, 1928-1943, Kaiserplatz 17, Berlin Wilmersdorf

- Söhring, Lotte, bis 1933, Brandenburgischestr. 38, Berlin W 15

- Strache, Dr. Wolf, 1941, Wetzlarer Straße 6, Berlin Wilmersdorf

- Strelow, Liselotte, 1940, Kurfürstendamm 230, Berlin W 50

- Tovote, Annelise,1936-1940, Kochstr. 66, Leipzig S 3

- Tovote-Lehmann ,1940-1943, Ludendorffstr. 38, Leipzig C 1

- Vogelsang, O. K., 1936, Kurfürstendamm 199, Berlin W 15
und Stolp/Pommern

- Walther, Hedda, 1935-1943, Kasatanienallee 23, Berlin Charlottenburg, %
dies., ab 1945, Straße 123, Berlin Kladow

- Weller, Dr. Peter, 1934-1940, Nollendorfplatz 9, Berlin W 30, Stempelzusatz: "Fördert deutsche Arbeit"
ders., 1940, Rankestraße 9, Berlin W 50

- Wilhelmi, Ruth, 1940, Holsteinische Str. 2, Berlin Steglitz, %

- Willinger, 1911, Dorotheenstraße 72-74, Berlin NW 7

- Winterfeld, Bruno, vor 1934, Bamberger Str. 4, Berlin W 50, %
ders., 1935, Meinekestsraße 12, Berlin W 15, %
- Wolff, Dr. Paul, Berlin
- Yva, Else Neuländer-Simon, 1925, Friedrich-Wilhelm Str. 17, Berlin W 10
dies., 1930, Bleibtreustraße 17, Berlin W 10
dies., 1934-1938, Schlüterstraße 45, Berlin W 15
dies. 1938-1939, Düsseldorferstraße 22 oder 58, Berlin

14.2.2. Anschriftenliste der Fotografen in Österreich

- Glogau, Edith, 1925 - 1940, Wien
- Gudenberg, Walter Freiherr von, 1939 - 1943, Opernring 11, Wien I, %
- Hoffmann, Kitty, 1925 - 1960, Wien
- Manassé, Foto Salon, Kärntnerring 15, Wien
- Tomann, Otto, 1939, Wiplingerstr. 24, Wien I

14.2.3. Anschriftenliste der Fotografen in Italien

- Bogger, Studio, 1939, Via Borghetto 5, S. A. Milano
- Ilca, Fotoatelier, 1939, Via Borghetto 2, Milano
- Jacobsen, Rolf, 1937- 1938, Corso Venzia 56, Milano

14.2.4. Anschriftenliste der Fotografen in der Schweiz

- Lutz, Rolf ,1954, Sternstraße 12, Zürich, %

14.2.5. Anschriftenliste der Fotografen in Paris

- Anzon, 1937, 33 Rue Fontaine 33, Paris
- Dax, 1938, Paris
- Diaz, Luigi, 1938-1939, Paris
- Diénes, André, 1937-1938, Paris
- Dorvyne, 1936-1937, 33 Rue de Surène, Paris 8e
- Eggarter, Willy, 1937, Av. Victor Emmanuel III, Paris
- Fischer, Agneta, 1939, Paris{1014}
- Franz, Studio, 1938-1939, Rue Tronchet, Paris
- Green, Renate,1932, Paris
- Kollar, 1936-1939, Rue Chardin 11, Paris
- Maywald, Willy, 1937-1939, 10 Rue de la G de, Paris VIe
- Nepo, Arik, 1936-1938, Paris
- Relang, Regina, 1937 bis 1939, 21 Rue Froidevaux, Paris 14
- Saad, George, 1936-1939, 162 Bd. Haussmann, Paris 8
- Scaioni, Egidio, 1938, Rue Malebranche, Paris Ve
- Schall, Roger, 1947, Paris
- Seeberger, 1947, 112 Bd. Maleshermbes, Paris, %
- Tabard, Maurice, 1938-1939, Paris

14.2.6. Anschriftenliste der Fotografen in England

- Hoppé, E.O., 1929, London
- Mahrenholz, Rolf, ab 1938 London
- Popper, Paul, 1935, London
- Potter,1938, London
- Tunbridge, 1938, London

15. Materialien

15.4.1. Zum Gliederungspunkt 4.2.2. Das Deutsche-Mode-Institut

*"**Arbeitsplan***
Die Interessen der Mode sind zum Teil ideeler, also propagandistischer, zum Teil materieller, also wirtschaftlicher Art. Dieser Unterscheidung entspricht die Gründung zweier modeberatender Institute, die als eine Gesamtheit aufzufassen sind.

Das Mode-Institut
wird die ideellen Interessen der Mode zentral vertreten und fördern. Ihm obliegt die Mode-Repräsentation nach dem In- und Ausland, der es sich um so erfolgreicher widmen kann, als ihm die bestätigte amtliche Unterstüzung eine Zwischenstellung zu den grossen fachlichen und künstlerischen Organisationen geschaffen hat.

Mode Propaganda
Sie unterteilt sich
1. in eine direkte spezielle Modebeeinflussung und Beratung des Publikums,
2. in eine indirekte, die von allen massenbeeinflussenden Stellen, wie Theater, Rundfunk, Film und Presse ausgeht.

zu 1,) (...) systematische Geschmacksbildung zu einer Geschmackssicherheit (...) unterstützt Einzelpropaganda der Firmen, (...) Dabei ist die Arbeit des Mode-Institutes um so wertvoller, als es vom Publikum als neutrale Stelle betrachtet und demgemäß seine Äusserungen, die nicht dem Vorurteil jeder Eigenwerbung unterliegen, leichtere Aufnahme finden.
(...) die höchste Form von Gemeinschaftpropaganda.

zu 2.) (...) Die Presse wiederum, deren fachkundiger Schriftleiternachwuchs auf dem Gebiet der Mode sehr dünn gesät ist, ermöglicht durch Fachvorträge im Haus der Presse durch einen regen Gendankenaustausch (...) eine systematische Schulung im Fachsinne, eine Erziehung zur Erkenntnis der grossen Zusammenhänge über den Redaktionsrahmen hinaus, der sonst den Schriftleiterinnen gar nicht zugänglich ist. (...) Ausserdem bestehen ausgezeichnete direkte Verbindungen von Fach- und Zeitungsverlagen zum Mode-Institut, mit denen ein wechselseitiger Interessenaustausch bereits seit einigen Monaten gepflogen wird, kraft dessen jederzeit eine Einsatzbereitschaft zu speziellen Aktionen vorliegt.

Die Mode-Dienst G.m.b.H.
vertritt die wirtschaftl. (...) Ergänzung zu den Belangen des Mode-Instituts. (...)
Ihre Vermittler-Tätigkeit ist im weitesten Sinne und ideell wie praktisch aufzufassen. Sie entspricht dem Bestreben, eine grundsätzliche Verständigung oder Verständigungsfreudigkeit der modebearbeitenden Kräfte untereinander zu schaffen. Frankreichs vorbildliches Gesamtgefüge, das das Fundament dieser Weltmodezentrale ist, soll darin Beispiel sein. Innerhalb dieser grundsätzlichen Idee soll die praktische durch Vermittlung und Förderung junger oder fähiger Kräfte von Zeichnern, Fotografen, Entwurfskünstlern usw. Ausdruck finden. (...) gez. Hela Strehl." [1015]

15.4.2. Zu Gliederungspunkt 4.2.5. "Reichsbeauftragter für die Mode"

"1) Zum Beispiel wird es dringend notwendig sein, um einen Stab erstklassiger Vorführdamen zu erziehen und auch zu halten - sie sind schließlich die Repräsentantinnen der deutschen Frau im In- und Ausland, diese gesondert anzustellen und auch zu bezahlen. Sie werden dringend benötigt, einerseits für die Vorführungen, andererseits als Fotomodelle usw. und müssen neben ihrer beruflichen Tätigkeit unbedingt in Umgangsformen, Sprachen Modekultur, Schönheitspflege, Gymnastik usw. usw. geschult werden, um einigermassen hohen Ansprüchen, die an sie gestellt werden, zu genügen.

2) Aus verschiedenen Schulen gehen ausgezeichnete Kräfte für Modegraphik, Modellentwurf, Modezubehör-Entwurf usw. hervor. Diese Kräfte verschwinden nachher im Modeschaffen und werden innerhalb kürzester Zeit, durch den Zwang, Geld zu verdienen, künstlerisch vollkommen verdorben und ihrer künstlerischen Elans beraubt, und verschwinden auch somit nach bestem Start künstlerisch. Auch sie müssen angestellt werden.

3) Die wenigen guten Modefotografen, die wir in Berlin haben, sind arbeitsmässig sehr überlastet und arbeiten (nach eingehender, eigener Feststellung) unter den primitivsten Verhältnissen. Hier muss ich auch Geldmittel haben, um eingreifen zu können.

4) Für den Ansporn auf dem Sektor der Textilindustrie habe ich die Absicht, zur Förderung der synthetischen Stoffe, derern Qualität und Musterung überraschend gut sind und die durch falsch gelenkte Propaganda - im Volk mit teilweiser Abneigung aufgenommen werden - (entsprechende Anordnungen meinerseits zur Herstellung und zur Förderung sind ergangen, so zum Beispiel die Erstellung der Modellkollektionen bei den besten Häusern in mindestens 60 % dieses Materials), als Auszeichnung für hochwertige Leistungen das Gütezeichen "Der Reichsbeauftragte für die Mode" zu schaffen.

5) (...) Ich hätte dann auch von da aus arbeitsmäßig die Möglichkeit, die deutschen Modezeitschriften, die zur Zeit teilweise unter allem Niveau sind und absolut falsch in ihrer Propagandaarbeit die deutsche Mode leiten, führend zu beeinflussen, wie ich auch die Absicht habe, die Zeitschrift "Die Mode" umzubiegen, die dann aber ein anderes Gesicht erhalten muss, sowie anderere Mitarbeiter, bei llaer Würdigung des bisher Geleisteten. (...)"{1016}

15.5. Zu Punkt 7.1., Liste der Illustrierten, die im Juni 1943 vom Propagandaministerium bezogen wurden

"Berliner Illustrierte, Illustierter Beobachter, Münchner Illustrierte, Kölnische Illustrierte, Suttgarter Illustrierte, Hamburger Illustrierte, Wiener Illustrierte, Frankfurter Illustrierte, Wochenschau Essen, Deutsche Illustrierte, Die Woche, Neue Gartenlaube, Die Koralle, Leipziger Illustrierte, Der Adler, Der Rundblick, Die Wehrmacht, Unser Heer, Simplicissimus, Kladderadatsch, Lustige Blätter, Deutschland.

Hinzu kommt das "Signal", das über das Oberkommando der Wehrmacht in 15 Sprachen geliefert wird .... ."{1017}

15.6. Auszüge aus programmatischen Texten aus >Die Mode<, zu Gliederungspunkt 7.2.3.2.

Ohne Titel

"Viele Beschauer mögen beim Anblick dieser beiden Seiten erstaunt fragen, was diese Bilder eigentlich in einem Modeheft bedeuten. Nichts, als nur das eine, daß junge, zeitbewußte Modedarsteller die überlieferte Form gesellschaftlich repräsentativer Modedarstellung, die einem gewissen Teil der ausländischen Modepresse als gültig hinzustellen gelungen ist, nicht mehr ausreichend ansehen für die neue deutsche Aufgabe. Diese jungen Zeichner wollen neu sehen lernen an dem Leben, das sie umgibt, sie wollen das zeichnen, was sie selbst sind, und versuchen nur dieses zunächst "niederzuschreiben". Ihr Aufgabenbereich finden sie nicht in Träumen von Großfürstinnen und Stars, in Gestalten, die ihnen die Wirklichkeit nie gezeigt hat. Sie suchen solche Plätze auf, wo sie mit ihren leibhaftigen Augen die Menschen sehen, für die die deutsche Mode gemacht wird, und deren Lebensform entscheidend das Gesicht der deutschen Mode bestimmt. Ehrlich, zeit- und selbstbewußt beginnen sie ihre Arbeit da - zunächst absichtslos irgendeiner modischen Form gegenüber -, wo gemeinschaftliches Leben, das Wort "gesellschaftlich" erscheint hier nicht mehr passend, richtungsweisende Ansätze für die Zukunft enthält. So sind es die Stätten der Arbeit, die ihnen neue Blickweiten geben. Oder auf dem Sportplatz, wo sie ihre Generation sich selbst lebend und gebend in fröhlichem körperlichem Tun zeichnen können, empfangen sie ihren Arbeitsantrieb. Welche Form der modischen Darstellung sich einmal daraus entwickeln wird, enscheidet sich gemeinsam mit der Arbeit der Modellschöpfer. Mit den hier abgebildeten zeichnerischen Studien sollte nur einmal gezeigt werden, wo junge Zeichner heute für ihre Arbeit einen neuen Anfang suchen." [1018]

"Mode in der Zeitenwende

Wenn man fragt, wie wird eine Mode aussehen, die sich aus den neuen politischen, kulturellen und menschlischen Gegebenheiten gestatet, so wird man den Typ der neuen deutschen Jugend betrachten müssen, die Träger des großen Zukunftsgedankens ist. Ihre Ideale: Einfachheit, Kameradschaft, Gläubigkeit und Bereitschaft bestimmen die Formgesetze auch der äußeren Dinge des Lebens. So wird Mode unerträglich werden, die Ausdruck der Geldherrschaft und des sozialen Unterschieds oder Nachahmung und Sehnsucht danach ist. (...) Nicht zuletzt wird das von Sport, Natur und Gemeinschaftserlebnis bestimmte Lebensgefühl Voraussetzung für den modernen Kleidstil sein." [1019]

Ohne Titel

"Die Männer stehen unter den Waffen und nach dem Sieg kommen sie heim (...) Welche Frau träumt nicht von dieser Stunde, die sie so schön, so neu, so anziehend finden soll wie noch nie .... Auch darum also: Mode auch im Kriege!" [1020]

"Weltgeltung der deutschen Frau Weltgeltung der deutschen Mode

Das Gemeinsame des Typus, der sich abzuzeichnen beginnt, liegt im Stil, in der Haltung. Diesem Stil wiederspricht alles, was frivol, nur verspielt und würdelos wirkt. Denn das zentrale Formgesetz des deutschen Frauentypus ist Zucht. Zucht in der Gelöstheit, im Spiel, ja sogar im Rausch. ... Strand und Badekleidung! Auch er zweiteilge Schwimmanzug der sehr jungen, schlanken und straffen Sportlerinnen kann stilvoll und erfeulich wirken. Derselbe Aufzug, auffällig verziert, widerspricht dem Stil der deutschen Frau. Entspricht die amerikanische Sportmode dem deutschen Frauentypus? Die Wege trennen sich dort, wo mit gewollter Saloppheit, mit zur Schau getragenem Mangel an disziplinierter Haltung eine Art Kult getrieben wird. [1021] *Zucht, Sauberkeit und Klarheit der Linien wird ebenso für den Stil der festlichen Modeschöpfung entscheidend sein. Ein "damenhafer" Stil, um einen gelöufigen Ausdruck der Vergagenheit zu gebrauchen. ... Man wird sich daran gewöhnen müssen, Kleider für Frauen zu schaffen, die in einem neuen Sinne "Herrinnen" sind, für die also von vornherein Modeschöpfungen untragbar sind, die einem Dirnchen zweckdienlich erscheinen.*

(...) Arbeitskleid (...) Gemeinschaftskleid (...) Die berufstätige Frau legt Wert auf einen gepflegten Haushalt, die große Künstlerin ist eine glänzende Köchin, und alle Frauen fühlen zutiefst, daß - gleichgültig an welchem Platz sie ihre Kraft beruflich auch einsetzten mögen - Liebe, Ehe und Mutterschaft, die wahrhaft heilige Verbundenheit zum Schicksalsstrom des Blutes, ihres Lebens Sinn und Erfüllung ist.

Wenn der Krieg vorbei ist,wird die Weltgeltung der deutschen Frau selbtverständlich sein, weil sie in Geist und Gestalt, in Wesen und Haltung die Frau einer neu gewordenen europäiscen Welt, die Frau der Zukunft repräsentiert." [1022]

16. Abbildungverzeichnis

16.1. Einführung in den Abbildungverzeichnis

Die Abbildungen wurden ausgewählt, um den Text zu illustrieren und die Thesen der Dissertation zu ergänzen. Als Abbildungsvorlagen dienten fotografische Abzüge und in Zeitschriften und Büchern abgedruckt Fotografien und Zeichnungen. Alle Reproduktionen wurden vom Autor durchgeführt. Das über eine wissenschaftliche Publikation hinausgehende Verwertungsrecht der Modefotografien und Modezeichnungen liegt bei Zeichnern, Fotografen und ihren Nachkommen und den Museen und Sammlungen.

Das Vintagematerial wurde in vier verschiedenen Sammlungen gesichtet und reproduziert: im Fotomuseum im Münchner Stadtmuseum, in der Lipperheidischen Kostümbibliothek, die sich in der Kunstbibliothek Berlin befindet, in der Photographische Sammlung des Museum für Kunst und Gewerbe Hamburg und in der Sammlung F.C. Gundlach in Hamburg.

Hier soll noch einmal kurz darauf hingewiesen werden, daß es sich bei allen untersuchten Modefotografien um Halbfabrikate, auf dem Produktionsweg zum gedruckten Modefoto handelte. Fast alle Modefotografien, die sich in Sammlungen befinden dienten als Druckvorlagen. Dementsprechend schlecht ist häufig ihr Zustand. Daß die Modefotografien -obwohl sie Zwischenprodukte waren- erhalten sind, hat mehrere Ursachen.

Einige Modefotografien wurden schon in ihrer Entstehungszeit von Interessierten gesammelt. So sammelte der Chefredakteur von >Film und Frau<, Curt Waldenburger alle in seiner Zeitschrift veröffentlichten Modefotografien. Einige Modefotografien wurden von den Fotografen an Agenturen gegeben, wo sie dann vergessen wurden und so überdauerten.

Eine besonders interessante Geschichte hat das aus ca. 2500 Modefotografien bestehende Konvolut der "Meisterschule für Mode München", das im Fotomuseum des Münchner Stadtmuseums aufbewahrt wird. Es gehört neben den Beständen der Lipperheidischen Kostümbibliothek zu den größten deutschen Modefoto-Sammlungen aus der Zeit vor 1945. Die ca. 2500 Fotografien stammen aus den Jahre 1936 bis 1943. Es sind überwiegend Modefotografien, aber es gibt auch einige Modestills. Es ist besonders auffällig, daß aus dem Jahr 1941 nur sehr wenige Fotografien vorhanden zu sein scheinen.[1023]

Bei den Fotografien dieses Konvolutes handelt es sich um Fotografien, die für Schulungszwecke von den Verlagen an die Meisterschule für Mode in München weitergegeben wurden.[1024] Die Fotografien waren also vom Fotografen, den Modeherstellern oder den Agenten in Redaktionen geschickt worden. Dort wurden sie für die Publikation ausgewählt und wenn nötig noch einmal retuschiert, um als Druckvorlage zu dienen.

Auf eine genaue Vermessung der Vintageprints wurde aus Zeitgründen verzichtet.[1025] Der Wandel in der Abzugsgröße der Modefotografien wurde in Kapitel 3.1.1., Beobachtungen am Vintageprint, ausführlich behandelt.

Neben den Originalfotografien dienten dem Autor vor allem in Frauen- und Modezeitschriften des Zeitraumes von 1915 bis 1965 veröffentlichte Modefotografien als Bildquellen. Die Zeitschriften stammten zum Teil aus Privatbesitz und konnten in verschiedenen Bibliotheken eingesehen werden: der Staatsbibliothek in Berlin, der Lipperheidischen Kostümbibliothek in Berlin, der Bibliothek des Berlin Document Center in Berlin und der Bibliothek des Institutes für Weltwirtschaft Kiel.

Wenn bei den Reproduktionen aus Zeitschriften die Seitenzahlen fehlen, so liegt das daran, daß die Hefte häufig ohne Seitenzahlen veröffentlicht wurden, oder diese vom Buchbinder abgeschnitten wurden, als mehrere Hefte zu einem Band zusammengefaßt wurden.

Nr. 1 Abbildung 1 zu Kapitel 1.3.
Fotograf: Hubs Flöter
Beschreibung: Strickkleid in einem Berliner Park
Datierung: 1940
Originalmaterial: Silbergelatine Barythprint,
Vorlage für diese Abbildung: Zeitschriftendruck
Veröffentlicht in: Deutsche Moden Zeitung, 1940, Heft 24, S. 424

Nr. 2 Abbildung 1 zu Kapitel 2.
Fotograf: unbekannt
Beschreibung: "Kleiderprotät" aus dem 19. Jahrhundert
Datierung: 1855
Originalmaterial: Albuminprint
Vorlage für diese Abbildung: Fotokopie
Veröffentlicht in: Elisabeth Meissirel-Duguay, Elegantes. Modes dávant-hier 1850-1866 á travers.
Paris 1987, S. 48.
Sammlung: Photographische Sammlung im Museum für Kunst und Gewerbe Hamburg, Inv. Nr. 1989.116.308

Nr. 3 Abbildung 2 zu Kapitel 2.
Fotograf: Friedrich Wilhelm Brookmann
Beschreibung: Fotografierte und nach der Fotografie gestochene Modeabbildung
Datierung: 1903/04
Originalmaterial: Albuminprint und Zeitungsdruck
Vorlage für diese Abbildung: Buchdruck
Veröffentlicht in: Penroses Pictorial Annual 1903/04
Referenz: Nancy Hall-Duncan, The History of Fashion Photography, New York 1979, S. 19
Sammlung: IMP/GEH Collection

Nr. 4 Abbildung 3 zu Kapitel 2.
Kupferstecher: unbekannt
Titel: Strandpromenadenkleid aus weißem Musselin und Mantel aus schwarzem Atlas
Datierung: 1801/02
Originalmaterial: Kolorierte Kupferstiche
Vorlage für diese Abbildung: Buchdruck
Veröffentlicht in: Journal des Luxus und der Moden, Weimar 1801/02
Referenz: Gabriele Koller, Zur Geschichte des Modejournals. Streit der Moden. Modejournale von 1780 bis 1930. Bielefeld 1996, S. 15.

Nr. 5 Abbildung 4 zu Kapitel 2.
Fotograf: unbekannt
Titel: Elegante Haustoilette, Kinderkleidchen und Trauerkleid
Datierung: vor 1851, wahrscheinlich 1850
Originalmaterial: Kolorierter Silbergelatine Barythprint
Vorlage für diese Abbildung: Buchdruck
Veröffentlicht in einem Modekalender, für den 1.11.1851
Referenz: Gerda Buxbaum, À la mode. Dortmund 1983, S. 117

Nr. 6 Abbildung 1 zu Kapitel 2.1.
Modezeichner: Kürschner
Titel: Zwei Hochsommerliche Kleider. Modelle: Strube, Berlin
Datierung: 1941
Originalmaterial: Zeichnung auf Karton
Vorlage für diese Abbildung: Zeitschriftendruck
Veröffentlicht in: Die Mode, Juli 1941, Heft 7, S. 17
Sammlung: Gerd Hartung, Berlin

Nr. 7 Abbildung 2 zu Kapitel 2.1.
Modezeichner: Jungfermann
Titel: Schwarz und weiss
Datierung: 1941
Originalmaterial: Zeichnung auf Karton
Vorlage für diese Abbildung: Zeitschriftendruck
Veröffentlicht in: Die Mode, Juli 1941, Heft 7, S. 18/19
Sammlung: Gerd Hartung, Berlin

Nr. 8 Abbildung 3 zu Kapitel 2.1.
Modezeichner: Voigt
Titel: Im Mondschein
Datierung: 1938
Originalmaterial: Zeichnung auf Karton
Vorlage für diese Abbildung: Zeitschriftendruck
Veröffentlicht in: die neue linie, Juni 1938, Heft 10, Modebeilage S. III
Sammlung: Gerd Hartung, Berlin

Nr. 9 Abbildung 4 zu Kapitel 2.1.
Modezeichner: Gerd Hartung
Titel: Modelle, Hannes Bisegger
Datierung: 1941
Originalmaterial: Zeichnung auf Karton
Vorlage für diese Abbildung: Zeitschriftendruck
Veröffentlicht in: Die Mode, August/September 1941, S. 21
Sammlung: Gerd Hartung, Berlin

Nr. 10 Abbildung 1 zu Kapitel 2.2.
Fotograf: Ernst Schneider
Beschreibung: Abendgarderobe
Datierung: 1912
Originalmaterial: Silbergelatine Barythprint
Vorlage für diese Abbildung: Silbergaltine Barythprint
Sammlung: Lipperheidesche Kostümbibliothek in der Kunstbibliothek Berlin

Nr. 11 Abbildung 2 zu Kapitel 2.2.
Fotograf: unbekannt
Titel: Mll. Ève Lavallière in einem Reisekleid, Modell Doucet
Datierung: 1910
Originalmaterial: Silbergelatine Barythprint
Vorlage für diese Abbildung: Buchdruck
Veröffentlicht in: Les Modes, Paris
Referenz: Erika Thiel, Geschichte des Kostüms, Berlin 1980, Abb. 698

Nr. 12 Abbildung 1 zu Kapitel 3.1.1.
Fotograf: Johannes Christoph Moderegger
Titel: Fotopapiere mit Wasserzeichen aus der Zeit zwischen 1949 und 1955
Datierung: 1998
Vorlage für diese Abbildung: Silbergaltine Barythprint

Nr. 13 Abbildung 2 zu Kapitel 3.1.1.
Fotograf: Studio Dorvyne, Paris
Beschreibung: Sommerliches Abendkleid in klassischer Umgebung
Datierung: 1937
Originalmaterial: Silbergelatine Barythprint
Vorlage für diese Abbildung: Silbergelatine Barythprint
Sammlung: Fotomuseum im Münchener Stadtmuseum, Konvolut des Meisterschule für Mode München, Inv. Nr. A 206/40 1936/37

Nr. 14 Abbildung 3 zu Kapitel 3.1.1.
Fotografin: Sonja Georgi
Titel: Berliner Modehäuser zeigen ihre Modelle
Datierung: 1937
Originalmaterial: Silbergelatine Barythprint
Vorlage für diese Abbildung: Zeitschriftendruck
Veröffentlicht in: Die Dame, April 1937, Heft 9, 2. Aprilheft, S. 26

Nr. 15 Abbildung 4 zu Kapitel 3.1.1.
Fotografin: Sonja Georgi
Titel: Berliner Modehäuser zeigen ihre Modelle
Datierung: 1937
Originalmaterial: Silbergelatine Barythprint
Vorlage für diese Abbildung: Zeitschriftendruck
Veröffentlicht in: Die Dame, April 1937, Heft 9, 2. Aprilheft, S. 27/28

Nr. 16 Abbildung 5 zu Kapitel 3.1.1.
Fotografin: Imre von Santho
Datierung: ca. 1937
Originalmaterial: Silbergelatine Barythprint
Vorlage für diese Abbildung: Silbergaltine Barythprint
Sammlung: Photographische Sammlung im Museum für Kunst und Gewerbe Hamburg

Nr. 17 Abbildung 1 zu Kapitel 3.1.3.
Fotografin: Sonja Georgi
Titel: Für Land und Arbeit
Datierung: 1937
Originalmaterial: Kolorierte Silbergelatine Barythprints
Vorlage für diese Abbildung: Zeitschriftendruck
Veröffentlicht in: Die Dame, März 1940, Heft7, 2. Märzheft, S. 21

Nr. 18 Abbildung 2 zu Kapitel 3.1.3.
Fotograf: Norbert Leonard
Titel: Herrliche Handdrucke ...
Datierung: 1941
Originalmaterial: Kolorierter Silbergelatine Barythprint
Vorlage für diese Abbildung: Zeitschriftendruck
Veröffentlicht in: Die Mode, Juni 1941, S. 35

Nr. 19 Abbildung 1 zu Kapitel 3.2.
Fotograf: Karl-Ludwig Haenchen
Titel: Anna Damann
Bemerkung: Die Spur, die das Retuscheinstrument in der Filmemulsion hinterlassen hat ist deutlich als Riffelung zu erkennen.
Datierung: 1940
Originalmaterial: Kolorierter Silbergelatine Barythprint
Vorlage für diese Abbildung: Zeitschriftendruck
Veröffentlicht in: Hella, Januar 1940, Heft 41/42, Titel

Nr. 20 Abbildung 1 zu Kapitel 3.2.2.
Fotograf: Dr. Otto Croy
Titel: Retusche auf der Rückseite eines Negatives
Datierung: ca. 1950
Vorlage für diese Abbildung: Buchdruck
Veröffentlicht in: Dr. Otto Croy, Retusche von heute. Düsseldorf 19572, S. 57

Nr. 21 Abbildung 2 zu Kapitel 3.2.2.
Fotograf: Dr. Otto Croy
Titel: Retusche, die Stirn
Datierung: ca. 1950
Vorlage für diese Abbildung: Buchdruck
Veröffentlicht in: Dr. Otto Croy, Retusche von heute. Düsseldorf 19572, S. 76 + 77

Nr. 22 Abbildung 3 zu Kapitel 3.2.2.
Fotografin: Regina Relang
Beschreibung: Mode vor rau verputzter Kulissenwand, Fotomodell: Ulla Denk
Datierung: 1943
Originalmaterial: Silbergelatine Barythprint
Vorlage für diese Abbildung: Silbergelatine Barythprint
Sammlung: Fotomuseum im Münchener Stadtmuseum, Konvolut der Meisterschule für Mode München, Inv. Nr. A 226 1943

Nr. 23 Abbildung 1 zu Kapitel 3.2.4.
Fotograf: Klaus Kallmorgen
Titel: So entstand ein Titelbild.
Datierung: 1953
Originalmaterial: Silbergelatine Barythprint
Vorlage für diese Abbildung: Zeitschriftendruck
Veröffentlicht in: Photo MAGAZIN, Juni 1953, Heft 6, S. 46

Nr. 24 Abbildung 2 zu Kapitel 3.2.4.
Fotograf: Klaus Kallmorgen
Titel: Die Schauspielerin Vera Molnar für den Stern.
Datierung: 1953
Originalmaterial: Silbergelatine Barythprint
Vorlage für diese Abbildung: Zeitschriftendruck
Veröffentlicht in: Photo MAGAZIN, Juni 1953, Heft 6, S. 47

Nr. 25 Abbildung 3 zu Kapitel 3.2.4.
Fotograf und Fotografin: Hubs und Ilse Flöter
Beschreibung: umfangreiche Retusche im Gesicht und am Hut
Datierung: 1949
Originalmaterial: Silbergelatine Barythprint
Vorlage für diese Abbildung: Kupfertiefdruck
Veröffentlicht in: Film und Frau, 1949, Heft 19, Titel.

Nr. 26 Abbildung 1 zu Kapitel 3.3.1.
Fotograf: Norbert Leonard
Beschreibung: Mode über Dächern von Berlin
Datierung: 1941
Originalmaterial: Silbergelatine Barythprint
Vorlage für diese Abbildung: Zeitschriftendruck
Veröffentlicht in: Die Mode, November 1941, Heft 11, S. 38

Nr. 27 Abbildung 2 zu Kapitel 3.3.1.
Fotograf: Karl-Ludwig Haenchen
Titel: Der Fotograf Karl-Ludwig Haenchen bei einer Bildnisstudie der Schauspielerin Carola Höhn (Tobis)
Datierung: 1939
Originalmaterial: Silbergelatine Barythprint
Vorlage für diese Abbildung: Zeitschriftendruck
Veröffentlicht in: Die Dame, August 1939, 3. Augustheft, Heft 18, S. 24

Nr. 28 Abbildung 1 zu Kapitel 3.3.2.
Fotografin: Regina Relang
Titel: Fein plissierter Rock zum Kokon aufgeschlagen von Sciaparelli
Datierung: 1951
Originalmaterial: Silbergelatine Barythprint
Vorlage für diese Abbildung: Buchdruck
Referenz: Hans Schöner (Hrg.) Regina Relang, 30 Jahre Mode Paris, Königsbach-Stein 1982, S. 15

Nr. 29 Abbildung 2 zu Kapitel 3.3.2.
Fotografin: Regina Relang
Titel: Plastische Ornamentik auf weißem Organza-Kleid von Griffe.
Datierung: 1953
Originalmaterial: Silbergelatine Barythprint
Vorlage für diese Abbildung: Buchdruck
Referenz: Hans Schöner (Hrg.) Regina Relang, 30 Jahre Mode Paris, Königsbach-Stein 1982, S. 25

Nr. 30 Abbildung 3 zu Kapitel 3.3.2.
Fotografin: Sonja Georgi
Beschreibung: Strickkleid
Datierung: 1936
Originalmaterial: Silbergelatine Barythprint
Vorlage für diese Abbildung: Silbergaltine Barythprint
Sammlung: Photographische Sammlung im Museum für Kunst und Gewerbe Hamburg, Inv. Nr. 1995

Nr. 31 Abbildung 4 zu Kapitel 3.3.2.
Fotograf: Imre von Santho
Beschreibung: Mode im Foyer einer Theaters (?)
Datierung: 1930
Originalmaterial: Silbergelatine Barythprint
Vorlage für diese Abbildung: Silbergaltine Barythprint
Sammlung: Photographische Sammlung im Museum für Kunst und Gewerbe Hamburg, Inv. Nr. 1995

Nr. 32 Abbildung 1 zu Kapitel 3.3.3.
Fotografin: Ilse Flöter
Titel: Das gehört zum Modefoto
Datierung: 1941
Originalmaterial: Silbergelatine Barythprint
Vorlage für diese Abbildung: Zeitschriftendruck
Veröffentlicht in: Die Mode, April 191, Heft 4, S. 10

Nr. 33 Abbildung 2 zu Kapitel 3.3.3.
Fotograf: Willi Zielke
Titel: Der Diskuswerfer von Myron
Datierung: 1936
Originalmaterial: Silbergelatine Barythprint
Vorlage für diese Abbildung: Buchdruck
Referenz: Leni Riefenstahl, Schönheit im Olympischen Kampf, Berlin 1936, S. 26

Nr. 34 Abbildung 3 zu Kapitel 3.3.3.
Fotograf: Willi Zielke
Titel: Lebendig gewordene Antike

Datierung: 1936
Originalmaterial: Silbergelatine Barythprint
Vorlage für diese Abbildung: Buchdruck
Referenz: Leni Riefenstahl, Schönheit im Olympischen Kampf, Berlin 1936, S. 27

Nr. 35 Abbildung 4 zu Kapitel 3.3.3.
Fotografin: Yva (Else Neuländer Simon)
Beschreibung: Bademode für Jantzen
Datierung: 1933
Originalmaterial: Silbergelatine Barythprint
Vorlage für diese Abbildung: Silbergelatine Barythprint
Sammlung: Photographische Sammlung im Museum für Kunst und Gewerbe Hamburg

Nr. 36 Abbildung 5 zu Kapitel 3.3.3.
Fotograf: Karl-Ludwig Haenchen (zugeschrieben)
Titel: Stil und Charme anmutig betont unter dem Zeichen Benger-Ribana
Datierung: 1937
Originalmaterial: Farbfoto
Vorlage für diese Abbildung: Zeitschriftendruck
Veröffentlicht in: Elegante Welt, Mai 1937, Heft 10, S. 10

Nr. 37 Abbildung 6 zu Kapitel 3.3.3.
Fotografin: Lilli Niebuhr
Beschreibung: Bademode im Studio
Datierung: 1933
Originalmaterial: Silbergelatine Barythprint
Vorlage für diese Abbildung: Silbergelatine Barythprint
Sammlung: Lipperheidische Kostümbibliothek in der Kunstbibliothek Berlin, Mappe F 30 1930er

Nr. 38 Abbildung 7 zu Kapitel 3.3.3.
Fotografin: Yva (Else Neuländer Simon)
Beschreibung: Bademode für Venus
Datierung: 1935
Originalmaterial: Silbergelatine Barythprint
Vorlage für diese Abbildung: Silbergelatine Barythprint
Sammlung: Photographische Sammlung im Museum für Kunst und Gewerbe Hamburg

Nr. 39 Abbildung 8 zu Kapitel 3.3.3.
Fotograf: F.C. Gundlach
Titel: Bunt und Phantasievoll
Beschreibung: Bademode für Heinzelmann
Datierung: 1952
Originalmaterial: Silbergelatine Barythprint
Vorlage für diese Abbildung: Kupfertiefdruck
Veröffentlicht in: Film und Frau, 1952, Heft 12, S. 13

Nr. 40 Abbildung 9 zu Kapitel 3.3.3.
Fotograf: unbekannt, Agentur Turde John
Beschreibung: Bademode für Venus
Datierung: 1935
Originalmaterial: Silbergelatine Barythprint
Vorlage für diese Abbildung: Silbergelatine Barythprint
Sammlung: Lipperheidische Kostümbibliothek in der Kunstbibliothek Berlin, Mappe Berlin en vogue

Nr. 41 Abbildung 10 zu Kapitel 3.3.3.
Fotograf: Imre von Santho
Beschreibung: Bade- und Strandmode für Jantzen, im Vordergrung liegend Curd Jürgens
Datierung: 1936
Originalmaterial: Silbergelatine Barythprint
Vorlage für diese Abbildung: Silbergelatine Barythprint
Sammlung: Lipperheidische Kostümbibliothek in der Kunstbibliothek Berlin, Mappe Berlin en Vogue

Nr. 42 Abbildung 11 zu Kapitel 3.3.3.
Fotograf: Imre von Santho
Beschreibung: Bade- und Strandmode für Jantzen, Fotomodelle: Edith Aschenbroich und Curd Jürgens
Datierung: 1936
Originalmaterial: Silbergelatine Barythprint
Vorlage für diese Abbildung: Silbergelatine Barythprint
Sammlung: Photographische Sammlung im Museum für Kunst und Gewerbe Hamburg

Nr. 43 Abbildung 12 zu Kapitel 3.3.3.
Fotografin: Ruth Eppler
Beschreibung: Bademodereise nach Ragusa, Fotomodell: Karin Stilke
Bemerkung: veröffentlicht mit dem Vermerk: Copyright by Imre von Santho, Ruth Eppler war seine Assistentin
Datierung: 1937
Originalmaterial: Silbergelatine Barythprint
Vorlage für diese Abbildung: Silbergelatine Barythprint
Sammlung: Photographische Sammlung im Museum für Kunst und Gewerbe Hamburg

Nr. 44 Abbildung 13 zu Kapitel 3.3.3.
Fotografin: Ruth Eppler
Beschreibung: Bademodereise nach Ragusa, Fotomodelle: Karin Stilke und Edith Aschenbroich
Bemerkung: veröffentlicht mit dem Vermerk: Copyright by Imre von Santho, Ruth Eppler war seine Assistentin
Datierung: 1937
Originalmaterial: Silbergelatine Barythprint
Vorlage für diese Abbildung: Silbergelatine Barythprint
Sammlung: Photographische Sammlung im Museum für Kunst und Gewerbe Hamburg

Nr. 45 Abbildung 14 zu Kapitel 3.3.3.
Fotografin: Ruth Eppler
Beschreibung: Bademodereise nach Ragusa, Fotomodell: Karin Stilke
Bemerkung: veröffentlicht mit dem Vermerk: Copyright by Imre von Santho, Ruth Eppler war seine Assistentin
Datierung: 1937
Originalmaterial: Silbergelatine Barythprint
Vorlage für diese Abbildung: Silbergelatine Barythprint
Sammlung: Photographische Sammlung im Museum für Kunst und Gewerbe Hamburg

Nr. 46 Abbildung 15 zu Kapitel 3.3.3.
Fotograf: Erich Balg
Beschreibung: Bademode für Juvena
Datierung: 1939
Originalmaterial: Silbergelatine Barythprint
Vorlage für diese Abbildung: Zeitschriftendruck
Veröffentlicht in: die neue linie, Juni 1939, Heft 10
Sammlung: Fotomuseum im Münchener Stadtmuseum, Konvolut der Meisterschule für Mode München

Nr. 47 Abbildung 16 zu Kapitel 3.3.3.
Fotograf: Erich Balg
Beschreibung: Bademode für Juvena
Bemerkung: rückseitig vom Fotografen datiert, 16.02.1939
Datierung: 1939
Originalmaterial: Silbergelatine Barythprint
Vorlage für diese Abbildung: Silbergaltine Barythprint
Variante veröffentlicht in: NS-Frauenwarte, Mai 1939, Heft 23, S. 609
Sammlung: Fotomuseum im Münchener Stadtmuseum, Konvolut der Meisterschule für Mode München

Nr. 48 Abbildung 17 zu Kapitel 3.3.3.
Fotograf: Norbert Leonard
Titel: Badeanzüge in ungewöhnlicher Pose
Datierung: 1941
Originalmaterial: Silbergelatine Barythprint
Vorlage für diese Abbildung: Zeitschriftendruck
Veröffentlicht in: Die Mode, Juni 1941, Heft 7, S. 32

Nr. 49 Abbildung 18 zu Kapitel 3.3.3.
Fotograf: Norbert Leonard
Titel: Badeanzüge in ungewöhnlicher Pose

Datierung: 1941
Originalmaterial: Silbergelatine Barythprint
Vorlage für diese Abbildung: Zeitschriftendruck
Veröffentlicht in: Die Mode, Juni 1941, Heft 7, S. 33

Nr. 50 Abbildung 19 zu Kapitel 3.3.3.
Fotografin: Hedda Walther
Titel: Die Schauspielerin Maria Bard in ihrem Garten mit dem Sprengschlauch
Datierung: 1942
Originalmaterial: Silbergelatine Barythprint
Vorlage für diese Abbildung: Zeitschriftendruck
Veröffentlicht in: Die Dame, Juli 1942, Heft 8, Frontispiz

Nr. 51 Abbildung 20 zu Kapitel 3.3.3.
Fotograf: Erich Balg
Titel: Gestade ewigen Frühlings. Modische Eselei. Drei Mannequins von Rochas ...
Datierung: 1950
Originalmaterial: Silbergelatine Barythprint
Vorlage für diese Abbildung: Kupfertiefdruck
Veröffentlicht in: Film und Frau, Juni 1950, Heft 16, S. 17

Nr. 52 Abbildung 21 zu Kapitel 3.3.3.
Fotograf: Hubs Flöter
Titel: Der Fischer und die Mädchen. Verwirrende Perspektive. Lars schaut zu. Das Picknik ist zu Ende ...
Bemerkung: Fotomodelle, Rite Engelhardt und Hannelore Dröge
Datierung: 1949
Originalmaterial: Silbergelatine Barythprint
Vorlage für diese Abbildung: Kupfertiefdruck
Veröffentlicht in: Film und Frau, Juli 1949, Heft 21, S. 2

Nr. 53 Abbildung 22 zu Kapitel 3.3.3.
Fotograf: Hubs Flöter
Titel: Der Fischer und die Mädchen. Wie zwei Tanagra-Figuren
Datierung: 1949
Originalmaterial: Silbergelatine Barythprint
Vorlage für diese Abbildung: Kupfertiefdruck
Veröffentlicht in: Film und Frau, Juli 1949, Heft 21, S. 3

Nr. 54 Abbildung 1 zu Kapitel 3.4.
Fotograf: Imre von Santho
Beschreibung: weiss in weiss im Studio (high key), Fotomodell Karin Stilke
Datierung: 1936
Originalmaterial: Silbergelatine Barythprint
Vorlage für diese Abbildung: Zeitschriftendruck
Veröffentlicht in: Die Dame, April 1936, Heft9, S. 23

Nr. 55 Abbildung 2 zu Kapitel 3.4.
Fotografin: Sonja Georgi
Titel: Wir photographieren Samt, den Modestoff der Wintersaison. Sonja Georgi: Kunstlicht mit Tageslicht.
Datierung: 1950
Originalmaterial: Silbergelatine Barythprint
Vorlage für diese Abbildung: Zeitschriftendruck
Veröffentlicht in: PhotoMagazin, Dezember 1950, Heft 12, S. 24

Nr. 56 Abbildung 3 zu Kapitel 3.4.
Fotograf: Rudolf Betz
Titel: Wir photographieren Samt, den Modestoff der Wintersaison. Rudolf Betz: Aufnahme mit Blitzlicht.
Datierung: 1950
Originalmaterial: Silbergelatine Barythprint
Vorlage für diese Abbildung: Zeitschriftendruck
Veröffentlicht in: PhotoMagazin, Dezember 1950, Heft 12, S. 25

Nr. 57 Abbildung 4 zu Kapitel 3.4.
Fotograf: Rudolf Betz
Titel: Wir photographieren Samt, den Modestoff der Wintersaison. Rudolf Betz: Aufnahme bei Tageslicht und Sonne.
Datierung: 1950
Originalmaterial: Silbergelatine Barythprint
Vorlage für diese Abbildung: Zeitschriftendruck
Veröffentlicht in: PhotoMagazin, Dezember 1950, Heft 12, S. 26

Nr. 58 Abbildung 5 zu Kapitel 3.4.
Fotografin: Sonja Georgi
Titel: Wir photographieren Samt, den Modestoff der Wintersaison. Sonja Georgi: Aufnahme mit Kunstlicht.
Datierung: 1950
Originalmaterial: Silbergelatine Barythprint
Vorlage für diese Abbildung: Zeitschriftendruck
Veröffentlicht in: PhotoMagazin, Dezember 1950, Heft 12, S. 27

Nr. 59 Abbildung 6 zu Kapitel 3.4.
Fotografin: Regina Relang
Titel: Wir photographieren Samt, den Modestoff der Wintersaison. Sonja Georgi: Aufnahme bei diffusem Licht.
Datierung: 1950
Originalmaterial: Silbergelatine Barythprint
Vorlage für diese Abbildung: Zeitschriftendruck
Veröffentlicht in: PhotoMagazin, Dezember 1950, Heft 12, S. 28

Nr. 60 Abbildung 1 zu Kapitel 3.4.1.
Fotografin: Regina Relang
Titel: Modebilder ohne Sonne.
Datierung: 1950
Originalmaterial: Silbergelatine Barythprint
Vorlage für diese Abbildung: Zeitschriftendruck
Veröffentlicht in: PhotoMagazin, Dezember 1950, Heft 11, S. 41

Nr. 61 Abbildung 2 zu Kapitel 3.4.1.
Fotografin: Charlotte Rohrbach
Beschreibung: unbekanntes Fotomodell mit Sommerhut
Datierung: ca. 1940
Originalmaterial: Silbergelatine Barythprint
Vorlage für diese Abbildung: Silbergelatine Barythprint
Sammlung: Archiv F.C. Gundlach, Hamburg

Nr. 62 Abbildung 1 zu Kapitel 3.5.1.1.
Fotograf: (Atelier) Bruno Winterfeld
Beschreibung: Bademode für Jantzen
Datierung: 1934
Originalmaterial: Silbergelatine Barythprint
Vorlage für diese Abbildung: Silbergelatine Barythprint
Sammlung: Lipperheidesche Kostümbibliothek in der Kunstbibliothek Berlin, Mappe F 30 1930er

Nr. 63 Abbildung 2 zu Kapitel 3.5.1.1.
Fotografin: Lilli Niebuhr
Beschreibung: Bademode für Benger Ribana
Datierung: 1935
Originalmaterial: Silbergelatine Barythprint
Vorlage für diese Abbildung: Silbergelatine Barythprint
Sammlung: Lipperheidesche Kostümbibliothek in der Kunstbibliothek Berlin, Mappe F 30 1930er

Nr. 64 Abbildung 3 zu Kapitel 3.5.1.1.
Fotografin: Sonja Georgi
Beschreibung: Mode an der Tankstelle
Datierung: 1937
Originalmaterial: Silbergelatine Barythprint
Vorlage für diese Abbildung: Silbergelatine Barythprint
Sammlung: Photographische Sammlung im Museum für Kunst und Gewerbe Hamburg

Nr. 65 Abbildung 4 zu Kapitel 3.5.1.1.
Fotograf: Karl-Ludwig Haenchen
Beschreibung: Karomantel vor einem Ministerium in Berlin
Datierung: 1937
Originalmaterial: Silbergelatine Barythprint
Vorlage für diese Abbildung: Silbergelatine Barythprint
Sammlung: Photographische Sammlung im Museum für Kunst und Gewerbe Hamburg

Nr. 66 Abbildung 1 zu Kapitel 3.5.1.2.
Fotografin: Lilli Niebuhr
Beschreibung: Schaukästen des Ateliers Niebuhr auf dem Kurfürstendamm
Datierung: 1943
Originalmaterial: Silbergelatine Barythprint
Vorlage für diese Abbildung: Silbergelatine Barythprint
Sammlung: Nachlass Lilli Niebuhr

Nr. 67 Abbildung 2 zu Kapitel 3.5.1.2.
Fotograf: Hubs Flöter zugeschrieben
Titel: Atelier Binder, Forma Badeanzüge im Nordseewind
Datierung: 1938
Originalmaterial: Silbergelatine Barythprint
Vorlage für diese Abbildung: Silbergelatine Barythprint
Veröffentlicht in: die neue linie, Juni 1938, Heft 10, Modebeiheftung S. VI
Sammlung: Fotomuseum im Münchener Stadtmuseum

Nr. 68 Abbildung 1 zu Kapitel 3.6.
Fotografin: Lilli Niebuhr
Beschreibung: Blitzaufhellung und auffällig sichtbares Abwedeln bei der Positiventwicklung
Datierung: 1954
Originalmaterial: Silbergelatine Barythprint
Vorlage für diese Abbildung: Zeitschriftendruck
Veröffentlicht in: Unsere Kleidung, unser Werk, Herbst 1954, Heft 3

Nr. 69 Abbildung 1 zu Kapitel 4.2.2.
Fotograf: Karl-Ludwig Haenchen
Beschreibung: Hela Strehl und Petra Behrens (Fiedler) vor dem Hotel Matignon, Paris
Datierung: 1939
Originalmaterial: Silbergelatine Barythprint
Vorlage für diese Abbildung: Laserprint
Referenz: Hela Strehl-Firle, Karriere! Karriere?? unveröffentlicht, München 1983, S. 62

Nr. 70 Abbildung 1 zu Kapitel 4.2.5.
Fotograf: Press Pitts (Fotoagentur)
Titel: Goebbels, Benno v. Arent u. Gerda Maurus (in der Mitte links Benno von Arent)
Bemerkungen: Benno von Arent war zeitweise der Leiter der "Kameradschaft der Künstler"
Datierung: 1941
Originalmaterial: Silbergelatine Barythprint
Vorlage für diese Abbildung: Zeitschriftendruck
Veröffentlicht in: Die Mode, Januar 1941, Heft 1

Nr. 71 Abbildung 1 zu Kapitel 5.3.
Fotograf: Walter von Gudenberg
Titel: Anmutige Runde
Bemerkungen: lebendige Skulpturen, Fotomodelle Elfi Wildfeuer und Susanne Stelzner, Wien
Datierung: 1942
Originalmaterial: Silbergelatine Barythprint
Vorlage für diese Abbildung: Zeitschriftendruck
Veröffentlicht in: Die Mode, Mai 1942, Heft 5

Nr. 72 Abbildung 1 zu Kapitel 5.4.
Fotograf: Imre von Santho
Bemerkungen: Paillettenkleid und Flirtpose, Aufnahmen liegender Fotomodelle sind während des Bearbeitungsspielraumes sehr selten
Datierung: 1938
Originalmaterial: Silbergelatine Barythprint
Vorlage für diese Abbildung: Zeitschriftendruck
Veröffentlicht in: Die Dame, 1. Februarheft 1938, Heft 3, S. 43

Nr. 74 Abbildung 1 zu Kapitel 5.5.
Fotograf: Norbert Leonard
Titel: Wir zeigen ...
Bemerkung: besonders selbstbewußte und maskuline Pose
Datierung: 1941
Originalmaterial: Silbergelatine Barythprint
Vorlage für diese Abbildung: Zeitschriftendruck
Veröffentlicht in: Die Mode, August/September 1941, Heft 8/9, S. 12

Nr. 75 Abbildung 2 zu Kapitel 5.5.
Fotograf: Karl-Ludwig Haenchen
Bemerkungen: sehr männliche Pose
Datierung: 1943
Originalmaterial: Silbergelatine Barythprint
Vorlage für diese Abbildung: Silbergelatine Barythprint
Sammlung: Fotomuseum im Münchener Stadtmuseum, Inv. Nr. A 266 1943

Nr. 76 Abbildung 1 zu Kapitel 5.6.1.
Fotografin: Yva (Else Neuländer Simon)
Beschreibung: Fotomodell Karin Stilke, geb. Lahl
Datierung: 1936
Originalmaterial: Silbergelatine Barythprint
Vorlage für diese Abbildung: Silbergelatine Barythprint
Sammlung: Photographische Sammlung im Museum für Kunst und Gewerbe Hamburg

Nr. 77 Abbildung 2 zu Kapitel 5.6.1.
Fotograf: Martin Munkacsi
Beschreibung: Modefoto für Harper's Bazaar, Long Island/USA, Fotomodell Karin Stilke, geb. Lahl
Datierung: 1936
Originalmaterial: Silbergelatine Barythprint
Vorlage für diese Abbildung: Buchdruck
Sammlung: Nancy White und John Esten, Style in Motion. Munkacsi Photographs of the '20s, '30s, '40s. New York 1979, S. 50

Nr. 78 Abbildung 3 zu Kapitel 5.6.1.
Fotografin: Ruth Eppler
Beschreibung: Bademodereise nach Ragusa für Juvena, Fotomodell: Karin Stilke
Bemerkung: veröffentlicht mit dem Vermerk: Copyright by Imre von Santho, Ruth Eppler war seine Assistentin
Datierung: 1937
Originalmaterial: Silbergelatine Barythprint
Vorlage für diese Abbildung: Silbergelatine Barythprint
Sammlung: Photographische Sammlung im Museum für Kunst und Gewerbe Hamburg

Nr. 79 Abbildung 4 zu Kapitel 5.6.1.
Fotografin: Ilse Flöter
Beschreibung: Modefotografie im Regen, Fotomodell Karin Stilke, geb. Lahl
Datierung: 1941
Originalmaterial: Silbergelatine Barythprint
Vorlage für diese Abbildung: Zeitschriftendruck
Veröffentlicht in : Die Mode, November 1941, Heft 11

Nr. 80 Abbildung 5 zu Kapitel 5.6.1.
Fotografin: Ilse Flöter
Titel: Mehr als Hüte ...
Bemerkung: Fotomodell Karin Stilke, geb. Lahl
Datierung: 1941
Originalmaterial: Silbergelatine Barythprint
Vorlage für diese Abbildung: Zeitschriftendruck
Veröffentlicht in : Die Mode, Januar/Februar 1941, Heft 1

Nr. 81 Abbildung 6 zu Kapitel 5.6.1.
Fotograf: Norbert Leonard
Titel: Ein Hut für Viele
Bemerkung: Fotomodell Karin Stilke, geb. Lahl
Datierung: 1941
Originalmaterial: Silbergelatine Barythprint
Vorlage für diese Abbildung: Zeitschriftendruck
Veröffentlicht in : Die Mode, Juli 1941, Heft 7, S. 31

Nr. 82 Abbildung 7 zu Kapitel 5.6.1.
Fotograf: Franz Christian Gundlach
Beschreibung: Tweede Kostüm
Bemerkung: Fotomodell Karin Stilke, geb. Lahl
Datierung: 1956

Originalmaterial: Silbergelatine Barythprint
Vorlage für diese Abbildung: Zeitschriftendruck
Veröffentlicht in : Film und Frau, November 1956, Heft 1, S. 26

Nr. 83 Abbildung 8 zu Kapitel 5.6.1.
Fotografin: Sonja Georgi
Titel: Rolleiflex 6x6 Tessar 3,5 Blende 11 Stufenlisenscheinwerfer 1/2 Sekunde, Vergrößert auf Brovira-Papier
Bemerkung: Fotomodell Karin Stilke, geb. Lahl und ein unbekanntes Fotomodell
Datierung: 1940
Originalmaterial: Silbergelatine Barythprint
Vorlage für diese Abbildung: Zeitschriftendruck
Veröffentlicht in : Gebrauchsfotografie. Das Atelier des Fotografen. März 1940, Heft 3, S. 36

Nr. 84 Abbildung 9 zu Kapitel 5.6.1.
Fotograf: unbekannt
Beschreibung: Marlene Dietrich und Karin Stilke geb. Lahl im Pallazzo Vendramin, Venedig
Datierung: 1939
Originalmaterial: Silbergelatine Barythprint
Vorlage für diese Abbildung: Silbergelatine Barythprint
Sammlung: Privatbesitz

Nr. 85 Abbildung 10 zu Kapitel 5.6.1.
Graphiker: unbekannt
Titel: Ja, welche Gläser nehmen wir nur
Datierung: 1940
Originalmaterial: Zeichung
Vorlage für diese Abbildung: Zeitschriftendruck
Veröffentlichung in: Die Dame, August 1944, 3. Augustheft, Heft 19

Nr. 86 Abbildung 11 zu Kapitel 5.6.1.
Fotografin: Elisabeth Heddenhausen
Titel: Schürzen aus Werkstoff
Bemerkung: u.a. Fotomodell Karin Stilke, geb. Lahl
Datierung: 1941
Originalmaterial: Silbergelatine Barythprint
Vorlage für diese Abbildung: Zeitschriftendruck
Veröffentlicht in: Modenwelt, Juni 1941, Heft 6, S. 205

Nr. 87 Abbildung1 zu Kapitel 5.6.2.
Fotograf: Rolf W. Nehrdich
Beschreibung: Im Haus der Kunst in Wien
Bemerkung: Fotomodell Elfi Wildfeuer
Datierung: 1943
Originalmaterial: Silbergelatine Barythprint
Vorlage für diese Abbildung: Silbergelatine Barythprint
Sammlung: Fotomuseum im Münchener Stadtmuseum, Inv. Nr. 226/22 1943

Nr. 88 Abbildung 2 zu Kapitel 5.6.2.
Fotograf: Haeussler
Bemerkung: Fotomodell Ulla Denk, Wien
Datierung: 1939
Originalmaterial: Silbergelatine Barythprint
Vorlage für diese Abbildung: Silbergelatine Barythprint
Sammlung: Fotomuseum im Münchener Stadtmuseum, Inv. Nr. 226 1943

Nr. 89 Abbildung 3 zu Kapitel 5.6.2.
Fotograf: Hubs Flöter
Titel: Elfi hebt den Finger
Bemerkung: Fotomodell Elfi Wildfeuer
Datierung: 1949
Originalmaterial: Silbergelatine Barythprint
Vorlage für diese Abbildung: Zeitschriftendruck
Veröffentlicht in: Schwäbische Illustrierte Presse, November 1949, Heft 42, Titel

Nr. 90 Abbildung 4 zu Kapitel 5.6.2
Fotograf: Hubs Flöter
Titel: Typischer Kleiderständer
Bemerkung: Fotomodell Elfi Wildfeuer
Datierung: 1949
Originalmaterial: Silbergelatine Barythprint
Vorlage für diese Abbildung: Zeitschriftendruck
Veröffentlicht in: Der Spiegel, April 1950, Heft 16, Titel

Nr. 91 Abbildung 5 zu Kapitel 5.6.2.
Fotograf: Rolf W. Nehrdich
Beschreibung: Abendkleid auf einer Treppe
Bemerkung: Fotomodell Elfi Wildfeuer
Datierung: 1939
Originalmaterial: Silbergelatine Barythprint
Vorlage für diese Abbildung: Silbergelatine Barythprint
Sammlung: Fotomuseum im Münchener Stadtmuseum, Inv. Nr. A 212 1939

Nr. 92 Abbildung 6 zu Kapitel 5.6.2.
Fotograf: Rolf W. Nehrdich
Beschreibung: Mode aus Wien präsentiert im Schwarzenberg Pallais
Bemerkung: Fotomodell Elfi Wildfeuer
Datierung: 1939
Originalmaterial: Silbergelatine Barythprint
Vorlage für diese Abbildung: Silbergelatine Barythprint
Sammlung: Fotomuseum im Münchener Stadtmuseum, Inv. Nr. A 212 1939

Nr. 93 Abbildung 1a zu Kapitel 6.1.
Fotografin: Hedda Walther
Titel: Die Fotografin Sonja Georgi mit ihrem Sohn Michael. Aufgenommen von ihrer Mutter Hedda Walther
Datierung: 1938
Originalmaterial: Silbergelatine Barythprint
Vorlage für diese Abbildung: Zeitschriftendruck
Veröffentlicht in: Die Dame, Juli 1938, 2. Juliheft, Heft 15, Frontispiz

Nr. 94 Abbildung 1b zu Kapitel 6.1.
Fotografin: Hedda Walther
Titel: Gesunde Jugend Deutschlands Glück und Zukunft
Datierung: 1938
Originalmaterial: Silbergelatine Barythprint
Vorlage für diese Abbildung: Zeitschriftendruck
Veröffentlicht in: Die Dame, September 1939, 2. Septemberheft, Heft 20, Frontispiz

Nr. 95 Abbildung 2 zu Kapitel .6.1.
Fotografin: Elisabeth Heddenhausen
Titel: Modekünstler schaffen Berufskleider für ...
Bemerkung: Fotomodell Karin Stilke, geb. Lahl als Haustochter und als Laborantin
Datierung: 1942
Originalmaterial: Silbergelatine Barythprint
Vorlage für diese Abbildung: Zeitschriftendruck
Veröffentlicht in: Die Dame, Januar 1942, Heft 1, S. 24/25

Nr. 96 Abbildung 1 zu Kapitel .6.2.
Fotograf: Ludwig Ferdinand Clauß
Titel: Der Leistungsmensch - Nordisches Streben und nordische Bewegung. Überwindung der Schwere
Datierung: 1943
Originalmaterial: Silbergelatine Barythprint
Vorlage für diese Abbildung: Buchdruck
Referenz: L.F. Clauß, Rasse und Seele. München Berlin 1943, S. 44

Nr. 97 Abbildung 2 zu Kapitel 6.2.
Fotografin: Lilli Niebuhr
Beschreibung: Fotomodell als "Gretchen"
Datierung: 1939
Originalmaterial: Silbergelatine Barythprint
Vorlage für diese Abbildung: Zeitschriftendruck
Veröffentlicht in: NS- Frauenwarte, Januar 1939, Heft 1, S. 806

Nr. 98 Abbildung 3 zu Kapitel 6.2.
Fotografen: Willot (3 Fotos), Rosemarie Clausen, Schwer, Hans Holdt, R.F. Schmidt, F.X. Stzer, Ufa (3 Fotos)
Titel: Gretchen, Goethes Bühnengestalt in der Schauspielkunst der Gegenwart
Datierung: 1941
Originalmaterial: Silbergelatine Barythprint

Vorlage für diese Abbildung: Zeitschriftendruck
Veröffentlicht in: Silberspiegel, Dezember 1941, Heft 27, S. 1168-1171

Nr. 99 Abbildung 4 zu Kapitel 6.2.
Fotografen: Willot (3 Fotos), Rosemarie Clausen, Schwer, Hans Holdt, R.F. Schmidt, F.X. Stzer, Ufa (3 Fotos)
Titel: Gretchen, Goethes Bühnengestalt in der Schauspielkunst der Gegenwart
Datierung: 1941
Originalmaterial: Silbergelatine Barythprint
Vorlage für diese Abbildung: Zeitschriftendruck
Veröffentlicht in: Silberspiegel, Dezember 1941, Heft 27, S. 1168-1171

Nr. 100 Abbildung 5 zu Kapitel 6.2.
Fotografin: Yva (Else Neuländer Simon)
Beschreibung: Fotomodell auf einer Gartenbank im Studio
Datierung: 1934
Originalmaterial: Silbergelatine Barythprint
Vorlage für diese Abbildung: Zeitschriftendruck
Veröffentlicht in: Photographik, Berlin 1943, Heft 4, S. 18
Sammlung: Photographische Sammlung im Museum für Kunst und Gewerbe Hamburg, Inv. Nr. 1995 216

Nr. 101 Abbildung 6 zu Kapitel .6.2.
Fotograf: Fernand Fonssagrives
Titel: Kraft und Grazie
Beschreibung: Fotomodell Lisa Fonssagrives-Pen
Datierung: 1940
Originalmaterial: Silbergelatine Barythprint
Vorlage für diese Abbildung: Zeitschriftendruck
Veröffentlicht in: Hella, August 1940, Heft 10, S. 11

Nr. 102 Abbildung 7 zu Kapitel .6.2.
Fotograf: unbekannt
Titel: Künstlerempfang beim Führer. Von links Else Elster, Leni Marbach, der Führer und Reichskanzler, Lilian Harvey, Karin Hardtt, Dinah Grace, Willy Fritsch, Leni Riefenstahl und die Schwester von Dinah Grace
Datierung: 1936
Originalmaterial: Silbergelatine Barythprint
Vorlage für diese Abbildung: Buchdruck
Veröffentlicht in: Berliner Illustrirte Zeitung 1937, S. 337
Referenz: Christian Ferber (Hrg.) Berliner Illustrirte Zeiteung. Zeitbild, Chronik, Moritat für Jedermann 1892-1945. Berlin 1985

Nr. 103 Abbildung 8 zu Kapitel 6.2.
Fotograf: Norbert Leonard
Titel: Bekleidung der betriebstätigen Frau
Datierung: 1941
Originalmaterial: Silbergelatine Barythprint
Vorlage für diese Abbildung: Zeitschriftendruck
Veröffentlicht in : Die Mode, Januar 1941, Heft 1, S. 4

Nr. 104 Abbildung 9 zu Kapitel 6.2.
Fotograf: Norbert Leonard
Titel: Bekleidung der betriebstätigen Frau
Datierung: 1941
Originalmaterial: Silbergelatine Barythprint
Vorlage für diese Abbildung: Zeitschriftendruck
Veröffentlicht in : Die Mode, Januar 1941, Heft 1, S. 5/6

Nr. 105 Abbildung 1 zu Kapitel 7.1.
Fotograf: unbekannt
Titel: Zeitungskiosk am Leipziger Platz
Datierung: 1941
Originalmaterial: Silbergelatine Barythprint
Vorlage für diese Abbildung: Buchdruck
Referenz: Diethard Krebs, Walter Uka, Brigitte Walz-Richter, Die Gleichschaltung der Bilder. Zur Geschichte der Pressefotografie 1930-1936. Berlin 1983, S. 63

Nr. 106 Abbildung 1 zu Kapitel 7.2.1.1.
Fotograf: L. Aufsberg
Titel: Das Buch für Alle. Am Himmelsschrofen bei Oberstorf im Allgäu
Beschreibung: Idylle am Fluß
Bemerkung: Universalverlag W. Vobach & Co. - Bernhard Meyer- Curt Hamel, Berlin. Versandort Leipzig. Maße: 32,5 x 24 cm
Datierung: 1942
Originalmaterial: Silbergelatine Barythprint
Vorlage für diese Abbildung: Zeitschriftendruck
Veröffentlicht in: Das Buch für Alle, April 1942, Heft 4, Titel

Nr. 107 Abbildung 2 zu Kapitel 7.2.1.1.
Fotograf: Dr. Kurt Herrmann
Titel: Deutsches Familienblatt
Beschreibung: Zwei Kinder mit Hund auf einer Blumenwiese
Bemerkung: Farbiges Titelbild
Datierung: 1938/39
Originalmaterial: Silbergelatine Barythprint
Vorlage für diese Abbildung: Fotokopie
Veröffentlicht in: Deutsches Familienblatt, 1938/39, Heft 7, Titel

Nr. 108 Abbildung 3 zu Kapitel 7.2.1.1.
Fotograf: Vobach Atelier (7), Hackstein, Kitty Hoffmann, Rolf W. Nehrdich
Titel: Gestrickte Winterjacken für Groß und Klein
Beschreibung: Idylle am Fluß
Bemerkung: Universalverlag W. Vobach & Co. - Bernhard Meyer- Curt Hamel, Berlin. Versandort Leipzig. Maße: 32,5 x 24 cm
Datierung: 1942
Originalmaterial: Silbergelatine Barythprint
Vorlage für diese Abbildung: Zeitschriftendruck
Veröffentlicht in: Das Buch für Alle, September 1942, Heft 9

Nr. 109 Abbildung 1 zu Kapitel 7.2.1.2.
Graphiker: Robert L. Bock
Titel: NS-Frauenwarte Der Sieg des Lebens ist der Sinn der Welt! Heftthema: Erziehung zur Gesundheit
Bemerkung: Frauenwartenverlag Leipzig. Maße: 31,2 x 24,2 cm
Datierung: 1942
Originalmaterial: Farbdruck
Vorlage für diese Abbildung: Farbdruck
Veröffentlicht in: NS-Frauenwarte, Juni 1939, 1. Juniheft, Heft 25, Titel

Nr. 110 Abbildung 1 zu Kapitel 7.2.1.3.
Graphiker: unbekannt
Titel: Deutsche Frauenkleidung
Bemerkung: Verlag Heim und Werk, Nürnberg. Maße: 31,4 x 23 cm
Datierung: 1929
Originalmaterial: Farbdruck
Vorlage für diese Abbildung: Farbdruck
Veröffentlicht in: Deutsche Frauenkleidung, März 1929, Heft 3, Titel

Nr. 111 Abbildung 1 zu Kapitel 7.2.2.1.
Graphikerin: Charlotte Stolze
Titel: Deutsche Moden-Zeitung
Bemerkung: Otto Beyer Verlag Leipzig. Maße: 32 x 25 cm
Datierung: 1940
Originalmaterial: Farbdruck
Vorlage für diese Abbildung: Farbdruck
Veröffentlicht in: Deutsche Moden-Zeitung, Mai 1940, Heft 17, Titel

Nr. 112 Abbildung 1 zu Kapitel 7.2.2.2.
Graphiker: Weigel
Titel: Sport im Bild
Bemerkung: Scherl-Verlag Berlin. Maße: 36,4 x 25,7 cm, durchschnittlich 78 Seiten
Datierung: 1929
Originalmaterial: Farbdruck
Vorlage für diese Abbildung: Farbdruck
Veröffentlicht in: Sport im Bild, Februar 1929, Heft 4, Titel

Nr. 113 Abbildung 2 zu Kapitel 7.2.2.2.
Graphiker: Rolf Niczky
Titel: Die Deutsche Elite
Bemerkung: Gustaf W. Nedowitz, "Elite"-Verlagsgesellschaft Berlin. Maße: 34 x 25,8 cm
Datierung: 1929
Originalmaterial: Zeichnung

Vorlage für diese Abbildung: Vierfarbdruck
Veröffentlicht in: Die Deutsche Elite, September 1929, Heft 4, Titel

Nr. 114 Abbildung 3 zu Kapitel 7.2.2.2.
Graphiker: Rolf Niczky
Titel: Einst und Jetzt
Bemerkung: Ausklappabbildung (Der Sohn vonRolf Niczky, Joe Niczky war in den 40/50er Jahren Fotograf in Berlin)
Datierung: 1929
Originalmaterial: Zeichnung
Vorlage für diese Abbildung: Vierfarbdruck
Veröffentlicht in: Die Deutsche Elite, September 1929, Heft 4, S. 207

Nr. 115 Abbildung 4 zu Kapitel 7.2.2.2.
Graphiker: Ernst Klausz
Titel: Berliner Bühnenbilder Entwurf zu Jenufa
Bemerkung: goldenes Pergaminpapier als Schutz des Vierfarbdruckes
Datierung: 1929
Originalmaterial: Zeichnung
Vorlage für diese Abbildung: Vierfarbdruck
Veröffentlicht in: Die Deutsche Elite, September 1929, Heft 4, S. 237

Nr. 116 Abbildung 5 zu Kapitel 7.2.2.2.
Fotograf: unbekannt
Titel: Wer. Wo. Wann? Das Schawlfest
Datierung: 1929
Originalmaterial: Silbergelatine Barythprint
Vorlage für diese Abbildung: Zeitschriftendruck
Veröffentlicht in: Die Deutsche Elite, September 1929, Heft 4, S. 198f.

Nr. 117 Abbildung 6 zu Kapitel 7.2.2.2.
Fotograf: unbekannt
Titel: Wer. Wo. Wann? Das Schawlfest. Frau Lona, Edith Bey, Frau von Stick, Frau Witting-Fehling, Gräfin Schweinitz
Datierung: 1929
Originalmaterial: Silbergelatine Barythprint
Vorlage für diese Abbildung: Zeitschriftendruck
Veröffentlicht in: Die Deutsche Elite, September 1929, Heft 4, S. 202f.

Nr. 118 Abbildung 1 zu Kapitel 7.2.2.3.
Fotograf: Imre von Santho
Titel: Der Silberspiegel
Bemerkung: Scherl-Verlag, Berlin, Maße: 36,4 x 26,1 cm, durchschnittlich 50 Seiten
Datierung: 1936
Originalmaterial: Kolorierter Silbergelatine Barythprint
Vorlage für diese Abbildung: Zeitschriftendruck
Veröffentlicht in: Der Silberspiegel (vormals Sport im Bild), April 1936, Heft 17, Titel

Nr. 119 Abbildung 2 zu Kapitel 7.2.2.3.
Fotografin: Sonja Walther (später Sonja Georgi)
Titel: Junge Mädchen verabreden sich zum Besuch im Kino
Datierung: 1936
Originalmaterial: Silbergelatine Barythprint
Vorlage für diese Abbildung: Zeitschriftendruck
Veröffentlicht in: Der Silberspiegel, Februar 1936, Heft 11, S. 104f.

Nr. 120 Abbildung 3 zu Kapitel 7.2.2.3.
Fotograf: Ewald Hoinkis
Titel: Die Dame kauft ein. Vormittags um 12
Datierung: 1934
Originalmaterial: Silbergelatine Barythprint
Vorlage für diese Abbildung: Zeitschriftendruck
Veröffentlicht in: Die Dame, Dezember 1934, 1. Dezemberheft, Heft 24, S. 24f.

Nr. 121 Abbildung 4 zu Kapitel 7.2.2.3.
Fotografin: Regina Relang
Titel: Fünfuhr-Tee im Freien
Datierung: 1936
Originalmaterial: Silbergelatine Barythprint
Vorlage für diese Abbildung: Zeitschriftendruck
Veröffentlicht in: Die Dame, Juli 1936, 2. Juliheft, Heft 15, S. 22f.

Nr. 122 Abbildung 5 zu Kapitel 7.2.2.3.
Fotograf: Imre von Santho
Titel: Spiele der Mode
Datierung: 1937
Originalmaterial: Silbergelatine Barythprint
Vorlage für diese Abbildung: Zeitschriftendruck
Veröffentlicht in: Der Silberspiegel, September 1937, Heft 19, S. 906-911

Nr. 123 Abbildung 6 zu Kapitel 7.2.2.3.
Fotograf: Imre von Santho
Titel: Spiele der Mode
Datierung: 1937
Originalmaterial: Silbergelatine Barythprint
Vorlage für diese Abbildung: Zeitschriftendruck
Veröffentlicht in: Der Silberspiegel, September 1937, Heft 19, S. 906-911

Nr. 124 Abbildung 7 zu Kapitel 7.2.2.3.
Fotograf: Imre von Santho
Titel: Spiele der Mode
Datierung: 1937
Originalmaterial: Silbergelatine Barythprint
Vorlage für diese Abbildung: Zeitschriftendruck
Veröffentlicht in: Der Silberspiegel, September 1937, Heft 19, S. 906-911

Nr. 125 Abbildung 1 zu Kapitel 7.2.2.4.
Fotografin: Sonja Georgi
Titel: Die Dame. Der Vergissmeinnichthut.
Bemerkung: Deutscher Verlag Berlin, vormals Ullstein. Maße 36 x 28,2 cm, seit 1935 durchschnittlich 50 Seiten
Datierung: 1940
Originalmaterial: Kolorierter Silbergelatine Barythprint
Vorlage für diese Abbildung: Zeitschriftendruck
Veröffentlicht in: Die Dame, Mai 1940, Heft 10, Titel

Nr. 126 Abbildung 2 zu Kapitel 7.2.2.4.
Fotografin: Sonja Georgi
Titel: Die Geburt des Lächelns. Singende Kinder im Chor von Vierzehnheiligen
Datierung: 1939
Originalmaterial: Silbergelatine Barythprint
Vorlage für diese Abbildung: Zeitschriftendruck
Veröffentlicht in: Die Dame, Dezember 1939, 1. Dezemberheft, Heft 25, S. 27

Nr. 127 Abbildung 3 zu Kapitel 7.2.2.4.
Fotograf: Karl-Ludwig Haenchen
Titel: Herta Feiler
Datierung: 1940
Originalmaterial: Farbfoto
Vorlage für diese Abbildung: Zeitschriftendruck
Veröffentlicht in: Die Dame, Oktober 1940, 1. Oktoberheft, Heft 21, Titel

Nr. 128 Abbildung 4 zu Kapitel 7.2.2.4.
Fotograf: Karl-Ludwig Haenchen
Titel: Im Atelier. Arthur Wittig.
Datierung: 1939
Originalmaterial: Silbergelatine Barythprint
Vorlage für diese Abbildung: Zeitschriftendruck
Veröffentlicht in: Die Dame, August 1939, 3. Augustheft, Heft 18, S. 23

Nr. 129 Abbildung 5 zu Kapitel 7.2.2.4.
Fotograf: Karl-Ludwig Haenchen
Titel: Im Atelier. Karl-Ludwig Haenchen. Barbara von Klackreuth.
Datierung: 1939
Originalmaterial: Silbergelatine Barythprint
Vorlage für diese Abbildung: Zeitschriftendruck
Veröffentlicht in: Die Dame, August 1939, 3. Augustheft, Heft 18, S. 24f.

Nr. 130 Abbildung 6 zu Kapitel 7.2.2.4.
Fotografin: Elisabeth Heddenhausen
Titel: Die Dame. Der schwarze Sommerhut
Datierung: 1938
Originalmaterial: Kolorierter Silbergelatine Barythprint

Vorlage für diese Abbildung: Zeitschriftendruck
Veröffentlicht in: Die Dame, Juni 1938, 1. Juniheft, Heft 12, Titel

Nr. 131 Abbildung 7 zu Kapitel 7.2.2.4.
Fotografin: Elisabeth Heddenhausen
Titel: Spuk in der Moderedaktion
Datierung: 1938
Originalmaterial: Silbergelatine Barythprint
Vorlage für diese Abbildung: Zeitschriftendruck
Veröffentlicht in: Die Dame, September 1938, 1. Septemberheft, Heft 19, S. 26f.

Nr. 132 Abbildung 1 zu Kapitel 7.2.2.5.
Graphiker: Halil beg Mussayassul
Titel: Die Elegante Welt. Bildnis meiner Frau in kaukasischer Tracht.
Bemerkung: Erich Zander Druck und Verlagshaus, Berlin, Maße: 33 x 25,2 cm, durchschnittlich 50 Seiten
Datierung: 1943
Originalmaterial: Mischtechnick
Vorlage für diese Abbildung: Zeitschriftendruck
Veröffentlicht in: Elegante Welt, Januar 1943, Heft 1, Titel

Nr. 133 Abbildung 1 zu Kapitel 7.2.2.6.
Graphiker: Friedrich Stabenau
Titel: die neue linie
Beschreibung: Dieses war das letzte erscheinende Heft der neuen linie vor ihrer Einstellung.
Bemerkung Otto Beyer Verlag, Leipzig Maße: 36,5 x 27 cm, durchschnittlich 50 Seiten
Datierung: 1943
Originalmaterial: Mischtechnik
Vorlage für diese Abbildung: Zeitschriftendruck
Veröffentlicht in: die neue linie, Januar 1943, Heft 1, Titel

Nr. 134 Abbildung 2 zu Kapitel 7.2.2.6.
Fotografen: Kollar, Saad, Pressefoto Yva, Haenchen, Zeichnung Voigt
Titel: gestrickt - gehäkelt
Datierung: 1936
Originalmaterial: Mischtechnik
Vorlage für diese Abbildung: Zeitschriftendruck
Veröffentlicht in: die neue linie, November 1936, Heft 3, S. 40f.

Nr. 135 Abbildung 1 zu Kapitel 7.2.3.1.
Fotografin: Sonja Georgi zugeschrieben
Titel: Modenwelt
Bemerkung: Deutscher Verlag Berlin, vormals Ullstein. Maße 32 x 24 cm, durchschnittlich 36 Seiten
Datierung: 1941
Originalmaterial: Kolorierter Silbergelatine Barythprint
Vorlage für diese Abbildung: Zeitschriftendruck
Veröffentlicht in: Modenwelt, 1941, Heft 6, Titel

Nr. 136 Abbildung 1 zu Kapitel 7.2.3.2.
Graphiker: August von Herzorgenberg
Titel: Die Mode
Bemerkung: Otto Beyer Verlag Leipzig. Maße 36,5 x 27 cm, durchschnittlich 45 Seiten
Datierung: 1941
Originalmaterial: Mischtechnik
Vorlage für diese Abbildung: Zeitschriftendruck
Veröffentlicht in: Die Mode, August/September 1941, Heft 8/9, Titel

Nr. 137 Abbildung 2 zu Kapitel 7.2.3.2.
Graphiker: unbekannt
Titel: Die Mode
Datierung: 1942
Originalmaterial: Mischtechnik
Vorlage für diese Abbildung: Fotokopie
Veröffentlicht in: Die Mode, August/September 1942, Heft 8/9, Titel

Nr. 138 Abbildung 1 zu Kapitel 7.2.3.3.
Fotograf: Norbert Leonard
Beschreibung: Zwei Fotomodelle in diffusem Licht
Datierung: 1941
Originalmaterial: Farbfotografie
Vorlage für diese Abbildung: Zeitschriftendruck
Veröffentlicht in: Die Mode, April 1941, Heft 4, S. 8

Nr. 139 Abbildung 2 zu Kapitel 7.2.3.3.
Fotografin: Ilse Flöter
Beschreibung: Fotomodell Kiki Schulze, später Modeschöpferin Kiki Schulze-Varell
Datierung: 1941
Originalmaterial: Silbergelatine Barythprint
Vorlage für diese Abbildung: Zeitschriftendruck
Veröffentlicht in: Die Mode, April 1941, Heft 4, S. 34

Nr. 140 Abbildung 3 zu Kapitel 7.2.3.3.
Fotograf: Karl-Ludwig Haenchen
Beschreibung: Glamourfoto
Datierung: 1940
Originalmaterial: Silbergelatine Barythprint
Vorlage für diese Abbildung: Silbergelatine Barythprint
Sammlung: Lipperheidische Kostümbibliothek in der Kunstbibliothek Berlin

Nr. 141 Abbildung 4 zu Kapitel 7.2.3.3.
Fotograf: Karl-Ludwig Haenchen
Titel: Standfoto aus "Das Fräulein von Barnhelm"
Datierung: 1940
Originalmaterial: Silbergelatine Barythprint
Vorlage für diese Abbildung: Zeitschriftendruck
Veröffentlicht in: Gebrauchsfotografie. Das Atelier des Fotografen, Oktober 1940, Heft 10, S. 165

Nr. 142 Abbildung 1 zu Kapitel 8.2.1.
Fotograf: Studio Manassé
Beschreibung: Glamoureffekt und Palmenschatten
Datierung: ca. 1930
Originalmaterial: Silbergelatine Barythprint
Vorlage für diese Abbildung: Silbergelatine Barythprint
Sammlung: Photographische Sammlung im Museum für Kunst und Gewerbe Hamburg

Nr. 143 Abbildung 2 zu Kapitel 8.2.1.
Fotograf: Egidio Scaioni
Titel: Die ersten Ensembles für den Nachmittag
Bemerkung: Layout und Foto wirken zusammen zweidimensional
Datierung: 1929
Originalmaterial: Silbergelatine Barythprint
Vorlage für diese Abbildung: Zeitschriftendruck
Veröffentlicht in: Sport im Bild, Februar 1929, Heft 4, S. 256

Nr. 144 Abbildung 3 zu Kapitel 8.2.1.
Fotografin: Yva (Else Neuländer-Simon)
Beschreibung: Werbung für Seidenstrümpfe
Datierung: ca. 1930
Originalmaterial: Silbergelatine Barythprint
Vorlage für diese Abbildung: Silbergelatine Barythprint
Sammlung: Photographische Sammlung im Museum für Kunst und Gewerbe Hamburg, Inv. Nr. 1995

Nr. 145 Abbildung 4 zu Kapitel 8.2.1.
Fotograf: Enno Kind
Beschreibung: Werbung für Seidenstrümpfe
Datierung: 1937
Originalmaterial: Silbergelatine Barythprint
Vorlage für diese Abbildung: Zeitschriftendruck
Veröffentlicht in: Photographik, Juli 1937, Heft 16, S. 18

Nr. 146 Abbildung 5 zu Kapitel 8.2.1.
Fotografin: Lilli Niebuhr
Beschreibung: Werbefoto für Seidenstrümpfe. Strumpfmode mit Schlagschatten als Hintergrund
Datierung: 1938
Originalmaterial: Silbergelatine Barythprint
Vorlage für diese Abbildung: Silbergelatine Barythprint

Sammlung: Fotomuseum im Münchener Stadtmuseum, Inv. Nr. A 224/1938

Nr. 147 Abbildung 6 zu Kapitel 8.2.1.
Fotografin: Sonja Georgi
Beschreibung: Werbefoto für Seidenstrümpfe.
Datierung: 1939
Originalmaterial: Silbergelatine Barythprint
Vorlage für diese Abbildung: Zeitschriftendruck
Veröffentlicht in: Photographik, Oktober 1939, Heft 25, S. 14

Nr. 148 Abbildung 7 zu Kapitel 8.2.1.
Fotograf/in: Hubs und Ilse Flöter
Beschreibung: Werbefoto für Seidenstrümpfe.
Datierung: 1939
Originalmaterial: Silbergelatine Barythprint
Vorlage für diese Abbildung: Zeitschriftendruck
Veröffentlicht in: Die Mode, Mai 1941, Heft 5, S. 54

Nr. 149 Abbildung 8 zu Kapitel 8.2.1.
Fotograf: Norbert Leonard
Titel: Der ombrierte Strumpf aus reiner Seide.
Beschreibung: Werbefoto für Seidenstrümpfe der Marke Elbeo
Datierung: 1941
Originalmaterial: Silbergelatine Barythprint
Vorlage für diese Abbildung: Zeitschriftendruck
Veröffentlicht in: Die Mode, August/September 1941, Heft 8/9, S. 56

Nr. 150 Abbildung 9 zu Kapitel 8.2.1.
Fotograf: Enno Kind
Beschreibung: Werbefoto für Seidenstrümpfe.
Datierung: 1937
Originalmaterial: Silbergelatine Barythprint
Vorlage für diese Abbildung: Zeitschriftendruck
Veröffentlicht in: Photographik, Juli 1937, Heft 16, S. 16

Nr. 151 Abbildung 10 zu Kapitel 8.2.1.
Fotografin: Lilli Niebuhr
Beschreibung: Werbefoto für Seidenstrümpfe.
Datierung: 1937
Originalmaterial: Silbergelatine Barythprint
Vorlage für diese Abbildung: Silbergelatine Barythprint
Referenz: Nachlass Lilli Niebuhr

Nr. 152 Abbildung 1 zu Kapitel 8.2.1.1.
Fotografin: Lilli Niebuhr
Bemerkung: Fotomodell Karin Stilke, geb. Lahle
Datierung: 1936
Originalmaterial: Silbergelatine Barythprint
Vorlage für diese Abbildung: Silbergelatine Barythprint
Veröffentlicht in: die neue linie, November 1936, Heft 11, S. 54
Sammlung: Fotomuseum im Münchener Stadtmuseum, Inv. Nr. A 206/1936

Nr. 153 Abbildung 2 zu Kapitel 8.2.1.1.
Fotografin: Yva (Else Neuländer-Simon)
Beschreibung: Der Schatten ist dem Rückenausschnitt nachgestaltet
Datierung: ca. 1935
Originalmaterial: Silbergelatine Barythprint
Vorlage für diese Abbildung: Silbergelatine Barythprint
Sammlung: Photographische Sammlung im Museum für Kunst und Gewerbe Hamburg, Inv. Nr. 1995, 194

Nr. 154 Abbildung 1 zu Kapitel 8.2.2.
Fotograf: George Hoyningen-Huene
Titel: Mlle Alicia, swimwear by Patou
Bemerkung: "neoklassisches Licht"
Datierung: 1928
Originalmaterial: Silbergelatine Barythprint
Vorlage für diese Abbildung: Buchdruck
Referenz: William A. Ewing, The photographic art of Hoyningen-Huene, London 1936, Abb. 49

Nr. 155 Abbildung 2 zu Kapitel 8.2.2.
Fotograf: George Hoyningen-Huene
Titel: Peegy Leaf, dress by Augusta Bernard
Bemerkung: "internationaler Neoklassizismus
Datierung: 1934
Originalmaterial: Silbergelatine Barythprint
Vorlage für diese Abbildung: Buchdruck
Referenz: William A. Ewing, The photographic art of Hoyningen-Huene, London 1936, Abb. 13

Nr. 156 Abbildung 1 zu Kapitel 8.2.2.1.
Fotograf: Imre von Santho
Beschreibung: "gefallene " Säule, Ruinenkulisse
Datierung: 1937
Originalmaterial: Silbergelatine Barythprint
Vorlage für diese Abbildung: Silbergelatine Barythprint
Sammlung: Photographische Sammlung im Museum für Kunst und Gewerbe Hamburg

Nr. 157 Abbildung 2 zu Kapitel 8.2.2.1.
Fotograf: Imre von Santho
Beschreibung:stehende Säule, Tempelkulisse
Bemerkung: Vergleichsbild als Datierungshilfe im Fotomuseum im Münchener Stadtmuseum, Inv. Nr. A 206/40 1936/37
Datierung: 1937
Originalmaterial: Silbergelatine Barythprint
Vorlage für diese Abbildung: Silbergelatine Barythprint
Sammlung: Photographische Sammlung im Museum für Kunst und Gewerbe Hamburg

Nr. 158 Abbildung 3 zu Kapitel 8.2.2.1.
Fotograf: Karl-Ludwig Haenchen
Titel: Haltung - Kraft der Frauen
Beschreibung: geschlossene Umrisslinie
Datierung: 1939
Originalmaterial: Silbergelatine Barythprint
Vorlage für diese Abbildung: Zeitschriftendruck
Veröffentlicht in: Die Dame, Oktober 1939, 2. Oktoberwoche, Heft 22, S. 21

Nr. 159 Abbildung 4 zu Kapitel 8.2.2.1.
Fotograf: Hubs Flöter
Beschreibung: "Neues Sehen" in der Modefotografie im "dynamischen oder Kraft-durch-Freude Stil"
Datierung: 1940
Originalmaterial: Silbergelatine Barythprint
Vorlage für diese Abbildung: Zeitschriftendruck
Veröffentlicht in: Photographik, Januar 1940, Heft 26

Nr. 160 Abbildung 5 zu Kapitel 8.2.2.1.
Fotograf: Imre von Santho
Beschreibung: "Neues Sehen" in der Modefotografie
Datierung: 1940
Originalmaterial: Silbergelatine Barythprint
Vorlage für diese Abbildung: Silbergelatine Barythprint
Sammlung: Photographische Sammlung im Museum für Kunst und Gewerbe Hamburg, Inv.Nr. 1995, 438

Nr. 161 Abbildung 6 zu Kapitel 8.2.2.1.
Fotograf: Norbert Leonard
Titel: Schuh aus erikafarbenem Chevreauleder
Datierung: 1941
Originalmaterial: Silbergelatine Barythprint
Vorlage für diese Abbildung: Zeitschriftendruck
Veröffentlicht in: Die Mode, Juli 1941, Heft 7, S. 21

Nr. 162 Abbildung 1 zu Kapitel 8.2.3.
Fotograf: Hubs Flöter
Beschreibung: "dynamischer oder Kraft-durch-Freude Stil"
Datierung: 1940
Originalmaterial: Silbergelatine Barythprint
Vorlage für diese Abbildung: Zeitschriftendruck
Veröffentlicht in: Photographik, Januar 1940, Heft 26

Nr. 163 Abbildung 2 zu Kapitel 8.2.3.
Fotografin: Sonja Georgi
Titel: Rolleiflex 6 x 6 Tessar 3,5 Blende 8 Panatomic Film 1/50 Sekunde Brovira Vergrößerung
Beschreibung: "dynamischer oder Kraft-durch-Freude Stil"
Datierung: 1940
Originalmaterial: Silbergelatine Barythprint
Vorlage für diese Abbildung: Zeitschriftendruck
Veröffentlicht in: Gebrauchsfotografie. Das Atelier des Fotografen, März 1940, Heft 3, S. 41

Nr. 164 Abbildung 3 zu Kapitel 8.2.3.
Fotograf: Karl-Ludwig Haenchen
Beschreibung: "dynamischer oder Kraft-durch-Freude Stil"
Datierung: ca. 1938
Originalmaterial: Silbergelatine Barythprint
Vorlage für diese Abbildung: Silbergelatine Barythprint
Sammlung: Archiv F.C. Gundlach, Hamburg

Nr. 165 Abbildung 4 zu Kapitel 8.2.3.
Fotografin: Lilli Niebur
Beschreibung: "dynamischer oder Kraft-durch-Freude Stil"
Datierung: 1940
Originalmaterial: Silbergelatine Barythprint
Vorlage für diese Abbildung: Zeitschriftendruck
Veröffentlicht in: Deutsche Modenzeitung, August 1940, Heft 24, S. 431 und Hella 1940, Heft 10, S. 2

Nr. 166 Abbildung 5 zu Kapitel 8.2.3.
Fotograf: Willi Zielke
Beschreibung: "dynamischer oder Kraft-durch-Freude Stil"
Datierung: 1936
Originalmaterial: Silbergelatine Barythprint
Vorlage für diese Abbildung: Buchdruck
Referenz: Leni Riefenstahl, Schönheit im Olympischen Kampf, Berlin 1936

Nr. 167 Abbildung 6 zu Kapitel 8.2.3.
Fotograf: Willi Zielke
Beschreibung: "dynamischer oder Kraft-durch-Freude Stil"
Datierung: 1936
Originalmaterial: Silbergelatine Barythprint
Vorlage für diese Abbildung: Buchdruck
Referenz: Leni Riefenstahl, Schönheit im Olympischen Kampf, Berlin 1936

Nr. 168 Abbildung 7 zu Kapitel 8.2.3.
Fotograf: unbekannt
Bildhauer: Hugo Lederer
Beschreibung: "dynamischer oder Kraft-durch-Freude Stil"
Datierung: 1936
Originalmaterial: Silbergelatine Barythprint
Vorlage für diese Abbildung: Buchdruck
Referenz: Peter Reichel, Der schöne Schein des Dritten Reiches, Frankfurt a.M. 1993, S. 381, Abb. Bildarchiv Preußischer Kulturbesitz

Nr. 169 Abbildung 8 zu Kapitel 8.2.3.
Fotograf: unbekannt
Bildhauer: Eberhard Encke
Beschreibung: "dynamischer oder Kraft-durch-Freude Stil"
Datierung: 1936
Originalmaterial: Silbergelatine Barythprint
Vorlage für diese Abbildung: Buchdruck
Referenz: Mortimer G. Davidson, Kunst in Deutschland 1933-1945. Eine wissenschaftliche Enzyklopädie der Kunst im Dritten Reich. Band 1 Skulpturen. Tübingen 1988.

Nr. 170 Abbildung 9 zu Kapitel 8.2.3.
Fotograf: Karl-Ludwig Haenchen
Beschreibung: verschliffener "dynamischer oder Kraft-durch-Freude Stil"
Datierung: 1943
Originalmaterial: Silbergelatine Barythprint
Vorlage für diese Abbildung: Silbergelatine Barythprint
Sammlung: Fotomuseum im Münchener Stadtmuseum, Inv. Nr. A 226 1943

Nr. 171 Abbildung 10 zu Kapitel 8.2.3.
Fotografin: Sonja Georgi
Beschreibung:Dynamik und Geschwindigkeit werden durch Auto, Windhund und Perspektive suggeriert. Fotomodelle Karin Stilke geb. Lahl und Chiqui Jonas
Datierung: 1937
Originalmaterial: Silbergelatine Barythprint
Vorlage für diese Abbildung: Silbergelatine Barythprint
Sammlung: Archiv F.C. Gundlach, Hamburg

Nr. 172 Abbildung 11 zu Kapitel 8.2.3.
Fotograf: Karl-Ludwig Haenchen
Beschreibung: Dynamik durch Perspektive
Datierung: 1941
Originalmaterial: Silbergelatine Barythprint
Vorlage für diese Abbildung: Zeitschriftendruck
Veröffentlicht in: Die Mode, Januar/Februar 1941, Heft 1
Sammlung: Fotomuseum im Münchener Stadtmuseum

Nr. 173 Abbildung 12 a. zu Kapitel 8.2.3.
Fotograf: Hubs Flöter
Beschreibung: Dynamik durch Perspektive
Datierung: 1939
Originalmaterial: Silbergelatine Barythprint
Vorlage für diese Abbildung: Zeitschriftendruck
Veröffentlicht in: Die Dame, Januar 1939, Heft 1

Nr. 174 Abbildung 12 b. zu Kapitel 8.2.3.
Fotograf: Hubs Flöter
Titel: Brunnenfigur (Bronze) von Prof. Joseph Wackerle, München
Datierung: 1940
Originalmaterial: Silbergelatine Barythprint
Vorlage für diese Abbildung: Zeitschriftendruck
Veröffentlicht in: Die Dame, September 1940, 2. Septemberheft, Heft 20

Nr. 175 Abbildung 13 zu Kapitel 8.2.3.
Fotograf: Martin Muncacsi
Bildhauer: Eberhard Encke
Titel: Muncacsi's first fashion photograph (of model Lucile Brokaw) Harper's Bazaar, December 1933
Beschreibung: "dynamischer oder Kraft-durch-Freude Stil"
Datierung: 1933
Originalmaterial: Silbergelatine Barythprint
Vorlage für diese Abbildung: Buchdruck
Referenz: Susane Morgan, Martin Munkacsi, New York 1992, S. 56

Nr. 176 Abbildung 1 zu Kapitel 8.2.4.2.
Fotograf: Imre von Santho
Titel: Pailletten
Beschreibung: "gemüt- oder seelenvoller Stil"
Bemerkung: Fotomodell Karin Stilke
Datierung: 1938
Originalmaterial: Silbergelatine Barythprint
Vorlage für diese Abbildung: Zeitschriftendruck
Veröffentlicht in: Die Dame, Februar 1938, Heft 3, 1. Februarheft

Nr. 177 Abbildung 2 zu Kapitel 8.2.4.2.
Fotograf: George Saad
Beschreibung: "gemüt- oder seelenvoller Stil"
Datierung: 1939
Originalmaterial: Silbergelatine Barythprint
Vorlage für diese Abbildung: Zeitschriftendruck
Veröffentlicht in: die neue linie, Februar 1939, Heft 6
Sammlung: Fotomuseum im Münchener Stadtmuseum

Nr. 178 Abbildung 3 zu Kapitel 8.2.4.2.
Fotograf: Imre von Santho
Beschreibung: "gemüt- oder seelenvoller Stil"
Datierung: 1942
Originalmaterial: Silbergelatine Barythprint
Vorlage für diese Abbildung: Zeitschriftendruck
Veröffentlicht in: Der Silberspiegel, März 1942, Heft 3

Nr. 179 Abbildung 4 zu Kapitel 8.2.4.2.
Fotograf: Karl-Ludwig Haenchen
Titel: Schönheit der Drapierung
Beschreibung: "gemüt- oder seelenvoller Stil"
Datierung: 1939
Originalmaterial: Silbergelatine Barythprint
Vorlage für diese Abbildung: Zeitschriftendruck
Veröffentlicht in: Die Dame, November 1939, Heft 23, 1. Novemberheft, S. 18/19

Nr. 180 Abbildung 5 zu Kapitel 8.2.4.2.
Fotograf: Studio Dorvyne
Titel: In festlichem Rahmen
Beschreibung: "gemüt- oder seelenvoller Stil"
Datierung: 1939
Originalmaterial: Silbergelatine Barythprint
Vorlage für diese Abbildung: Zeitschriftendruck
Veröffentlicht in: Die Dame, Juli 1939, Heft 15, 2. Juliheft, S. 25/26

Nr. 181 Abbildung 1 zu Kapitel 8.2.6.
Fotograf: Dr. Wolf Strache
Titel: Jos Röwer, die am Morgen aus dem Tal Heraufsteigende (1940). Leica, Isopan F-Film, Beleuchtung 1-3 Lampen je 500 Watt.
Datierung: 1941
Originalmaterial: Silbergelatine Barythprint
Vorlage für diese Abbildung: Zeitschriftendruck
Veröffentlicht in: Gebrauchsfotografie. Das Atelier des Fotografen, September 1941, Heft 10, S. 164f.

Nr. 182 Abbildung 1 zu Kapitel 8.2.6.1.
Fotografin: Elisabeth Heddenhausen
Titel: Geformtes Haar
Beschreibung: Skulpturen von Tony Lucarda, Lorenz Zilken, Michele Guerrisi
Bemerkung: Fotomodell Karin Stilke
Datierung: 1940
Originalmaterial: Silbergelatine Barythprint
Vorlage für diese Abbildung: Zeitschriftendruck
Veröffentlicht in: Die Dame, Mai 1940, Heft 10, 1. Maiheft, s. 16/17

Nr. 183 Abbildung 2 zu Kapitel 8.2.6.1.
Fotograf: Karl-Ludwig Haenchen
Beschreibung: entblößende Pose
Datierung: 1940
Originalmaterial: Silbergelatine Barythprint
Vorlage für diese Abbildung: Silbergelatine Barythprint
Sammlung: Photographische Sammlung im Museum für Kunst und Gewerbe Hamburg

Nr. 184 Abbildung 3 zu Kapitel 8.2.6.1.
Fotografin: Lilli Niebuhr
Titel: Wäschewerbung für Felina
Beschreibung: entblößende Pose
Datierung: 1940
Originalmaterial: Silbergelatine Barythprint
Vorlage für diese Abbildung: Zeitschriftendruck
Veröffentlicht in: Die Dame, Juli 1939, Heft 15, 2. Juliheft S. 44

Nr. 185 Abbildung 4 zu Kapitel 8.2.6.1.
Fotograf: Imre von Santho
Beschreibung: entblößende Pose
Datierung: ca. 1938
Originalmaterial: Silbergelatine Barythprint
Vorlage für diese Abbildung: Silbergelatine Barythprint
Sammlung: Lipperheidesche Kostümbibliothek in der Kunstbibliothek Berlin

Nr. 186 Abbildung 5 zu Kapitel 8.2.6.1.
Fotograf: Karl-Ludwig Haenchen
Beschreibung: entblößende Pose
Datierung: 1936
Originalmaterial: Silbergelatine Barythprint
Vorlage für diese Abbildung: Zeitschriftendruck
Veröffentlicht in: die neue linie, November 1936, Heft 11, S. 55

Nr. 187 Abbildung 6 zu Kapitel 8.2.6.1.
Fotograf: Walter von Gudenberg
Beschreibung: Modefotografie im Stil der Renaissance
Datierung: 1942
Originalmaterial: Silbergelatine Barythprint
Vorlage für diese Abbildung: Vierfarbdruck
Veröffentlicht in: Die Mode, Juli 1942, Heft 7

Nr. 188 Abbildung 7 zu Kapitel 8.2.6.1.
Fotografin: Ilse Flöter
Beschreibung: Modefotografie im Stil Vermeers
Datierung: 1942
Originalmaterial: Silbergelatine Barythprint
Vorlage für diese Abbildung: Zeitschriftendruck
Veröffentlicht in: Die Mode, Januar/Februar 1942, Heft 3

Nr. 189 Abbildung 1 zu Kapitel 8.2.7.
Fotograf: Studio Kollar, Paris
Beschreibung: Positiv und Negativ von einem Foto gespiegelt
Datierung: 1939
Originalmaterial: Silbergelatine Barythprint
Vorlage für diese Abbildung: Zeitschriftendruck
Veröffentlicht in: Photographik, Januar 1939, Heft 22, S. 21

Nr. 190 Abbildung 2 zu Kapitel 8.2.7.
Fotograf: Imre von Santho
Beschreibung: Doppelbelichtung oder Fotomontage
Datierung: 1938
Originalmaterial: Silbergelatine Barythprint
Vorlage für diese Abbildung: Silbergelatine Barythprint
Sammlung: Fotomuseum im Münchener Stadtmuseum, Inv. Nr. B 154/21 1938

Nr. 191 Abbildung 3 zu Kapitel 8.2.7.
Fotograf: Imre von Santho
Beschreibung: Doppelbelichtung oder Fotomontage
Datierung: 1938
Originalmaterial: Silbergelatine Barythprint
Vorlage für diese Abbildung: Silbergelatine Barythprint
Sammlung: Photographische Sammlung im Museum für Kunst und Gewerbe Hamburg, Inv. 1995

Nr. 192 Abbildung 4 zu Kapitel 8.2.7.
Fotograf: Imre von Santho
Beschreibung: Fotomodell zwischen zwei Modepuppen
Datierung: 1938
Originalmaterial: Silbergelatine Barythprint
Vorlage für diese Abbildung: Silbergelatine Barythprint
Veröffentlicht in: die neue linie, Februar 1938, Heft 6, S. 7
Sammlung: Fotomuseum im Münchener Stadtmuseum, Inv. Nr. B 154 1938

Nr. 193 Abbildung 5 zu Kapitel 8.2.7.
Fotograf: Imre von Santho
Titel: Pause im Atlier
Datierung: 1937
Originalmaterial: Silbergelatine Barythprint
Vorlage für diese Abbildung: Zeitschriftendruck
Veröffentlicht in: Die Dame, Juni 1937, Heft 12, 1. Juniheft 1937, S. 34-36

Nr. 194 Abbildung 6 zu Kapitel 8.2.7.
Fotograf: Norbert Leonard
Titel: Berlin zeigt: ...
Beschreibung: Spiegelung der Reichskanzlei in dem Fenster eines Modenhauses
Datierung: 1941
Originalmaterial: Silbergelatine Barythprint
Vorlage für diese Abbildung: Zeitschriftendruck
Veröffentlicht in: Die Mode, August 1941, Heft 8 (Frontispiz)

Nr. 195 Abbildung 7 zu Kapitel 8.2.7.
Fotograf: Norbert Leonard
Titel: Lange Küsse auf dem Heimweg vom Kostümfest
Beschreibung: Spiegelung der Reichskanzlei in dem Fenster eines Modenhauses
Datierung: 1953

Originalmaterial: Silbergelatine Barythprint
Vorlage für diese Abbildung: Zeitschriftendruck
Veröffentlicht in: Film und Frau, August 1953, Heft 2, S. 21

Nr. 196 Abbildung 1 zu Kapitel 8.2.8.
Fotograf: Regina Relang, Paris
Titel: Frauen aus Südfrankreich
Datierung: 1937
Originalmaterial: Silbergelatine Barythprint
Vorlage für diese Abbildung: Zeitschriftendruck
Veröffentlicht in: Photographik, Oktober 1937, Heft 17

Nr. 197 Abbildung 1 zu Kapitel 8.2.9.
Fotografin: Ilse Flöter
Beschreibung: Fotomodell Kiki Schulze
Datierung: 1941
Originalmaterial: Silbergelatine Barythprint
Vorlage für diese Abbildung: Zeitschriftendruck
Veröffentlicht in: Die Mode, Oktober 1941, Heft 10

Nr. 198 Abbildung 2 zu Kapitel 8.2.9.
Fotograf: Hubs Flöter
Datierung: 1941
Originalmaterial: Silbergelatine Barythprint
Vorlage für diese Abbildung: Zeitschriftendruck
Veröffentlicht in: Die Mode, Januar/Februar 1941, Heft 1

Nr. 199 Abbildung 3 zu Kapitel 8.2.9.
Fotografin: Ilse Flöter
Titel: Hüte von Adele List, Wien
Datierung: 1941
Originalmaterial: Silbergelatine Barythprint
Vorlage für diese Abbildung: Zeitschriftendruck
Veröffentlicht in: Die Mode, August/September 1941, Heft 8/9

Nr. 200 Abbildung 1 zu Kapitel 9.
Graphiker: Gerd Hartung
Beschreibung: Für die Übermittlung der Farbinformation ist auch noch in den Fünfziger Jahren die Modegraphik zuständig.
Datierung: 1941
Originalmaterial: Modezeichnung
Vorlage für diese Abbildung: Zeitschriftendruck
Veröffentlicht in: Film und Frau Modeheft, Herbst/Winter 1953/54, S. 16

Nr. 201 Abbildung 2 zu Kapitel 9.
Fotograf: Walter von Gudenberg
Beschreibung: Koloriertes Schwarzweissfoto
Bemerkung: Fotomodell Elfi Wildfeuer
Datierung: 1943
Originalmaterial: Silbergelatine Barythprint
Vorlage für diese Abbildung: Silbergelatine Barythprint
Sammlung: Fotomuseum im Münchener Stadtmuseum

Nr. 202 Abbildung 3 zu Kapitel 9.
Fotograf: Rex-Film
Beschreibung: Echtes Farbfoto
Bemerkung: Rex-Film, Berlin Wilmersdorf, Pommerschestraße 28
Datierung: 1943
Originalmaterial: Farbabzug
Vorlage für diese Abbildung: Farbabzug
Sammlung: Fotomuseum im Münchener Stadtmuseum

Nr. 203 Abbildung 1 zu Kapitel 9.1.
Fotograf: Karl-Ludwig Haenchen
Beschreibung: hartes Schwarzweißlicht
Datierung: 1942
Originalmaterial: Farbfoto
Vorlage für diese Abbildung: Zeitschriftendruck
Veröffentlicht in: Die Dame, Juli 1942, Heft 7

Nr. 204 Abbildung 2 zu Kapitel 9.1.
Fotografin: Elisabeth Heddenhausen
Datierung: 1939
Originalmaterial: Silbergelatine Barythprint
Vorlage für diese Abbildung: Zeitschriftendruck
Veröffentlicht in: Die Dame, September 1939, Heft 20, 2. Septemberheft

Nr. 205 Abbildung 3 zu Kapitel 9.1.
Fotografin: Sonja Georgi
Titel: Vom Abendkleid zum Hausgewand
Datierung: 1939
Originalmaterial: Farbfoto
Vorlage für diese Abbildung: Zeitschriftendruck
Veröffentlicht in: Die Dame, Dezember 1939, Heft 26, 2. Dezemberheft, S. 26/27

Nr. 206 Abbildung 4 zu Kapitel 9.1.
Fotograf: Karl-Ludwig Haenchen
Titel: Sport und Farbe
Bemerkung: Fotomodell Karin Stilke
Datierung: 1940
Originalmaterial: Farbfotografie
Vorlage für diese Abbildung: Zeitschriftendruck
Veröffentlicht in: Die Dame, Juni 1940, Heft 12, 1. Juniheft, S. 20/21

Nr. 207 Abbildung 5 zu Kapitel 9.1.
Fotografin: Regina Relang
Datierung: 1942
Originalmaterial: Silbergelatine Barythprint
Vorlage für diese Abbildung: Zeitschriftendruck
Veröffentlicht in: Die Dame, April 1942, Heft 4, Titel

Nr. 208 Abbildung 6 zu Kapitel 9.1.
Fotografin: Regina Relang
Titel: Dekorative Muster
Datierung: 1942
Originalmaterial: Silbergelatine Barythprint
Vorlage für diese Abbildung: Zeitschriftendruck
Veröffentlicht in: Die Dame, April 1942, Heft 4, S. 22/23

Nr. 209 Abbildung 7 zu Kapitel 9.1.
Fotografin: Regina Relang
Titel: Werktätige Hilfe des deutschen Mädchens und der deutschen Frau überall, wo Kräfte gebraucht werden: Junge Chemikerin im Laboratorium.
Datierung: 1942
Originalmaterial: Farbfoto
Vorlage für diese Abbildung: Zeitschriftendruck
Veröffentlicht in: Die Dame, April 1942, Heft 4, S. 18

Nr. 210 Abbildung 8 zu Kapitel 9.1.
Fotograf: Norbert Leonard
Beschreibung: Modefoto im Studio bei diffusem Tageslicht
Datierung: 1941
Originalmaterial: Farbfoto
Vorlage für diese Abbildung: Zeitschriftendruck
Veröffentlicht in: Die Mode, April 1941, Heft 4, S. 7

Nr. 211 Abbildung 9 zu Kapitel 9.1.
Fotograf: Hubs Flöter
Beschreibung: farbige Modefotografie
Bemerkung: Fotomodell Gaby van Cleef
Datierung: 1953
Originalmaterial: Farbfoto
Vorlage für diese Abbildung: Zeitschriftendruck
Veröffentlicht in: Film und Frau Modeheft Herbst/Winter 1952/1953, S. 65

Nr. 212 Abbildung 10 zu Kapitel 9.1.
Fotograf: Norbert Leonard
Beschreibung: farbige Modefotografie
Datierung: 1953
Originalmaterial: Farbfoto
Vorlage für diese Abbildung: Zeitschriftendruck
Veröffentlicht in: Film und Frau Modeheft Frühjahr/Sommer 1953, S. 53

Nr. 213 Abbildung 11 zu Kapitel 9.1.
Fotograf: Franz Christian Gundlach
Titel: Spiel im Schleier
Bemerkung: Fotomodell Grit Hübscher
Datierung: 1953
Originalmaterial: Farbfoto
Vorlage für diese Abbildung: Zeitschriftendruck
Veröffentlicht in: Film und Frau, Dezember 1953, Heft 25, 1. Dezemberheft, S. 4f.

Nr. 214 Abbildung 1 zu Kapitel 10.
Fotograf: Friedrich Aschenbroich
Titel: Unser Titelbild zeigt die junge Nachwuchsschauspielerin Josefine Kipper
Bemerkung: "Film und Frau" erstmalig auf Golddruckwappen
Datierung: 1950
Originalmaterial: Silbergelatine Braythprint
Vorlage für diese Abbildung: Kupfertiefdruck
Veröffentlicht in: Film und Frau, November 1950, Heft 27, Titel

Nr. 215 Abbildung 2 zu Kapitel 10.
Fotografin: Sonja Georgi
Titel: Unser Titelfoto: Die Schauspielerin Karin Jakobsen, die auch als Bühnenautorin bekannt ist.
Bemerkung: "Film und Frau" erstmalig auf Golddruckwappen
Datierung: 1950
Originalmaterial: Silbergelatine Braythprint
Vorlage für diese Abbildung: Kupfertiefdruck
Veröffentlicht in: Film und Frau, April 1951, Heft 7, Titel

Nr. 216 Abbildung 3 zu Kapitel 10.
Fotograf: Hubs Flöter
Titel: Zauber der Verwandlung
Bemerkung: Fotomodelle Karin Stilke und Elfi Wildfeuer
Datierung: 1951
Originalmaterial: Silbergelatine Braythprint
Vorlage für diese Abbildung: Kupfertiefdruck
Veröffentlicht in: Film und Frau, April 1951, Heft 7, S. 2/3

Nr. 217 Abbildung 4 zu Kapitel 10.
Fotograf: Rolf Lutz
Titel: Wie man im Bett frühstückt
Datierung: 1950
Originalmaterial: Silbergelatine Braythprint
Vorlage für diese Abbildung: Kupfertiefdruck
Veröffentlicht in: Film und Frau, November 1950, Heft 1, S. 14

Nr. 218 Abbildung 5 zu Kapitel 10.
Fotograf: Willy Maywald
Titel: Unter den Dächern von Paris
Datierung: 1950
Originalmaterial: Silbergelatine Braythprint
Vorlage für diese Abbildung: Kupfertiefdruck
Veröffentlicht in: Film und Frau, November 1950, Heft 1, S. 5/6

Nr. 219 Abbildung 6 zu Kapitel 10.
Fotografin: Charlotte Rohrbach
Titel: Festliche Variationen. Die strenge Schönheit griechischer Gewänder ... Die Modelle des Hauses Frederking, Hamburg zeigt Ihnen Charlotte Rohrbach unsere Mitarbeiterin, die Mode und Innenräume mit gleicher Meisterschaft fotografiert.
Datierung: 1950
Originalmaterial: Silbergelatine Braythprint
Vorlage für diese Abbildung: Kupfertiefdruck
Veröffentlicht in: Film und Frau, November 1950, Heft 27

Nr. 220 Abbildung 7 zu Kapitel 10.
Fotografin: Charlotte Rohrbach
Titel: Die Dame besucht ...
Datierung: 1943
Originalmaterial: Silbergelatine Braythprint
Vorlage für diese Abbildung: Zeitschriftendruck
Veröffentlicht in: Die Dame, März 1943, Heft 3, S. 20f.

Nr. 221 Abbildung 8 zu Kapitel 10.
Fotografin: Charlotte Rohrbach
Titel: Wiedergeburt deutscher Kunst. Teil einer Monumentalfigur von Arno Breker.
Datierung: 1943
Originalmaterial: Silbergelatine Braythprint
Vorlage für diese Abbildung: Zeitschriftendruck
Veröffentlicht in: Der Silberspiegel, August 1942, Heft 8

16.2. Abbildungen in Kapitelfolge

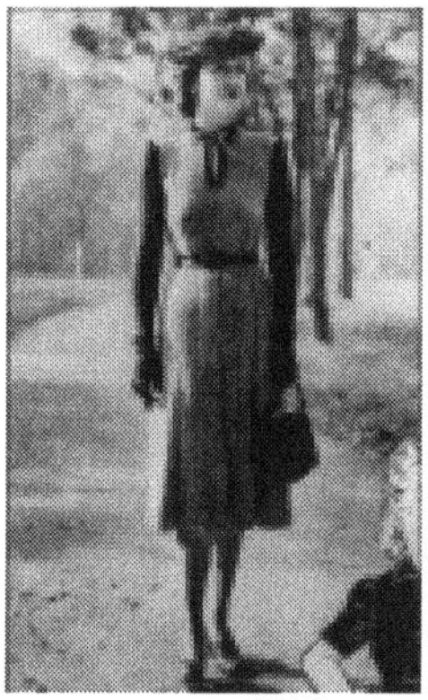

Abbildung 1

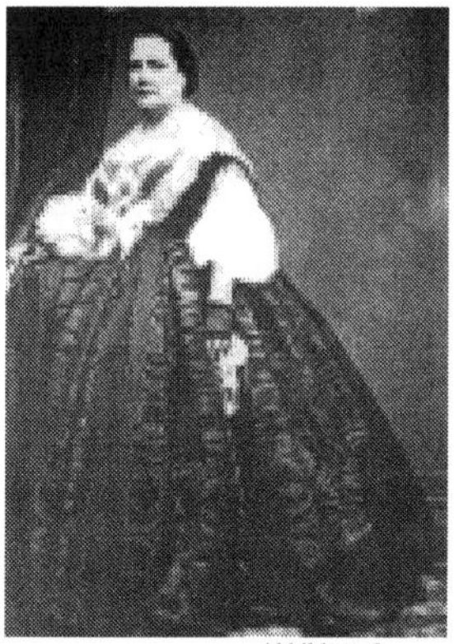

Abbildung 2

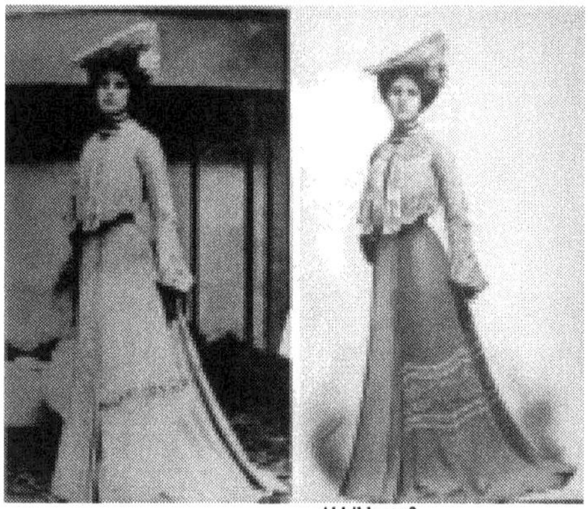

Abbildung 3

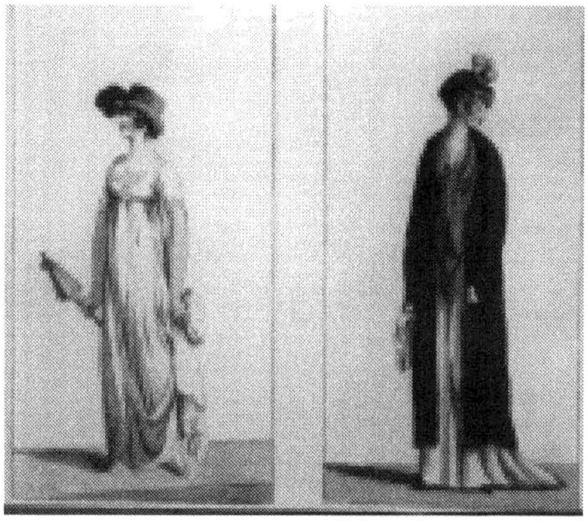

Abbildung 4

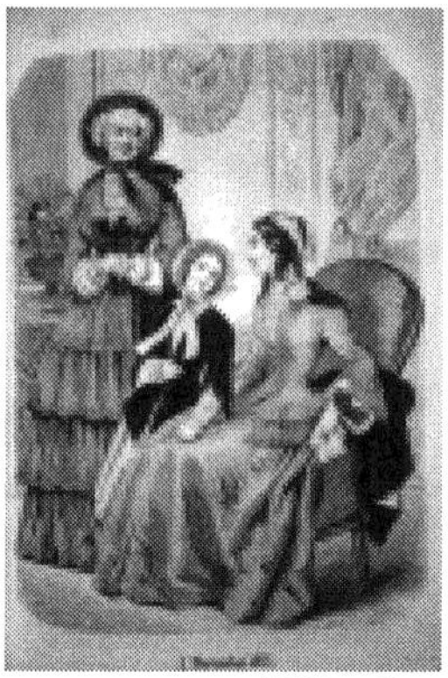

Abbildung 5

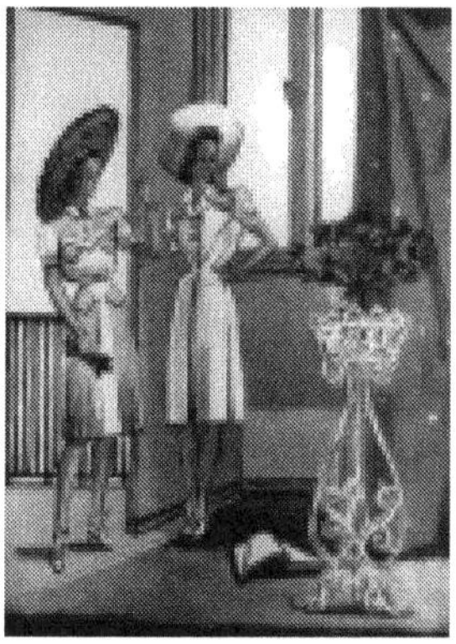

Abbildung 6

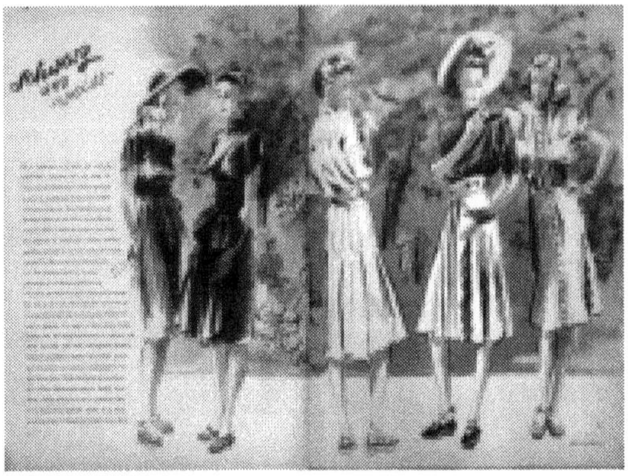

Abbildung 7

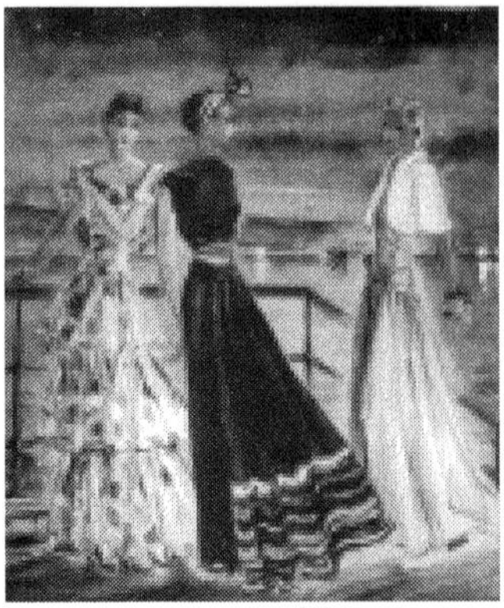

Abbildung 8

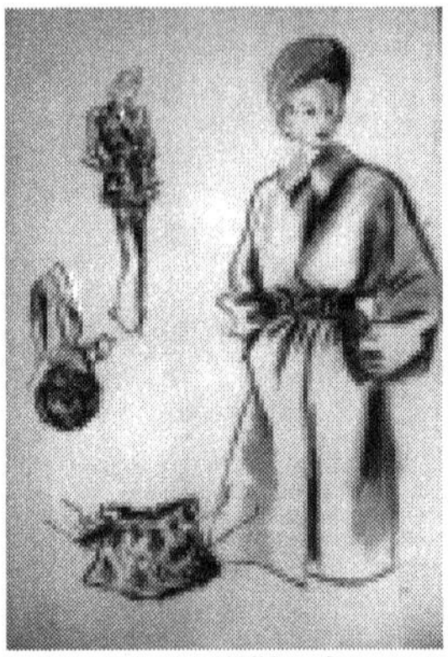

Abbildung 9

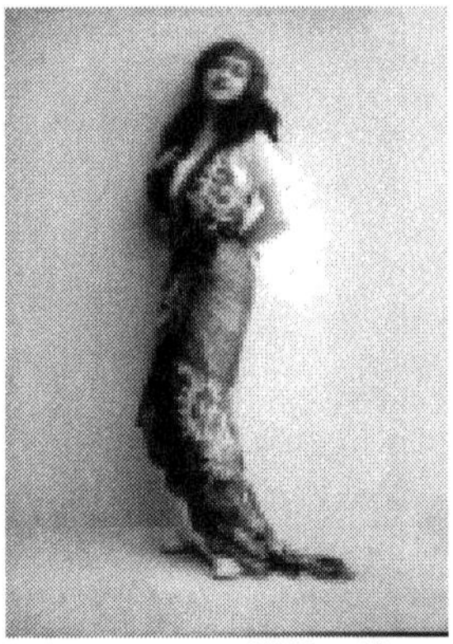

Abbildung 10

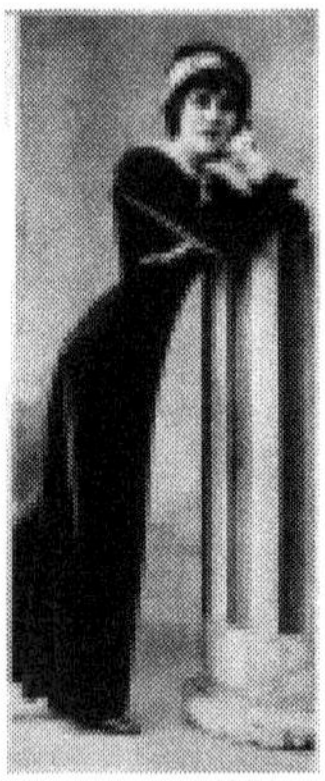

Abbildung 11

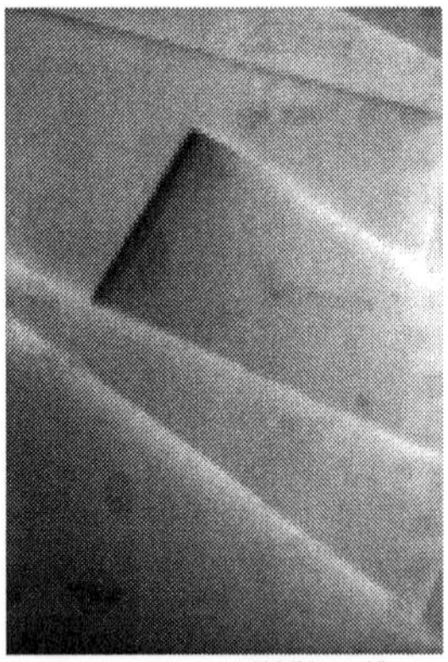

Abbildung 12

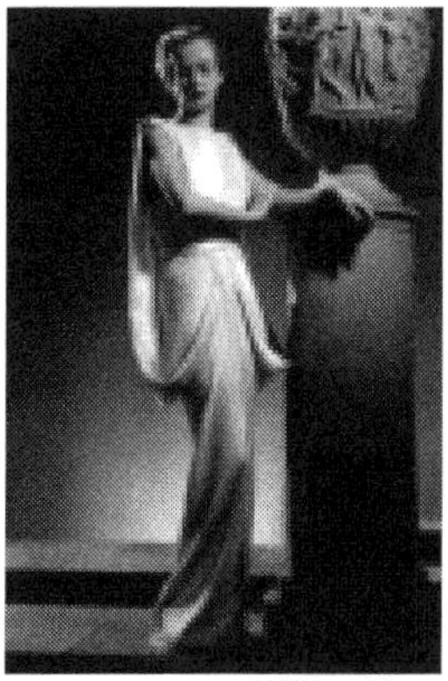

Abbildung 13

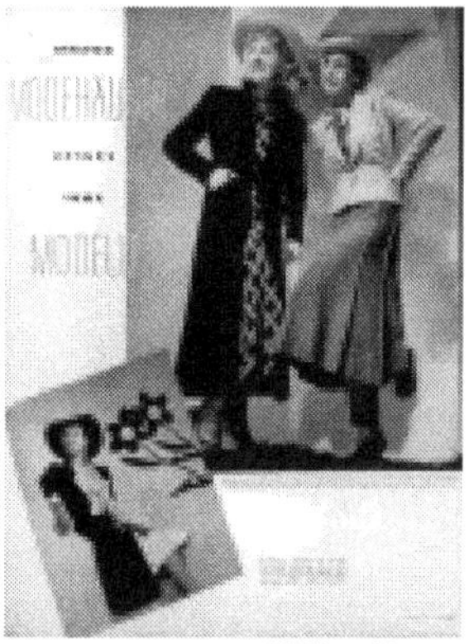

Abbildung 14

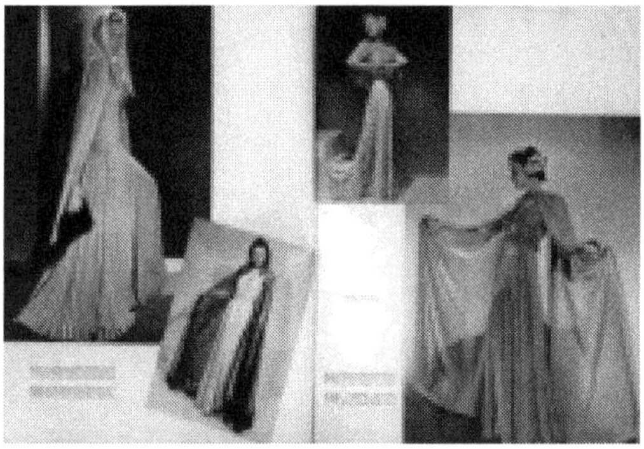

Abbildung 15

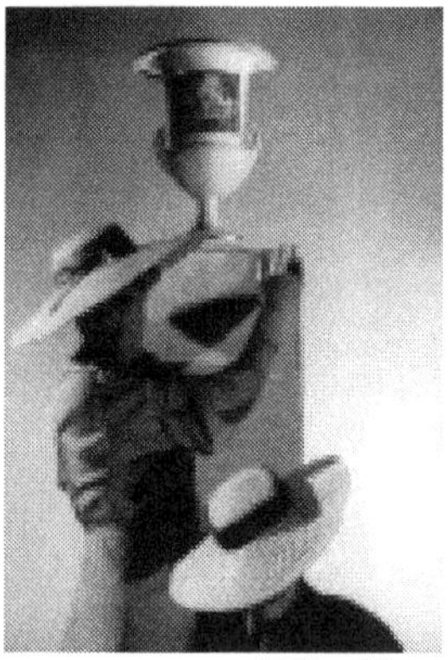

Abbildung 16

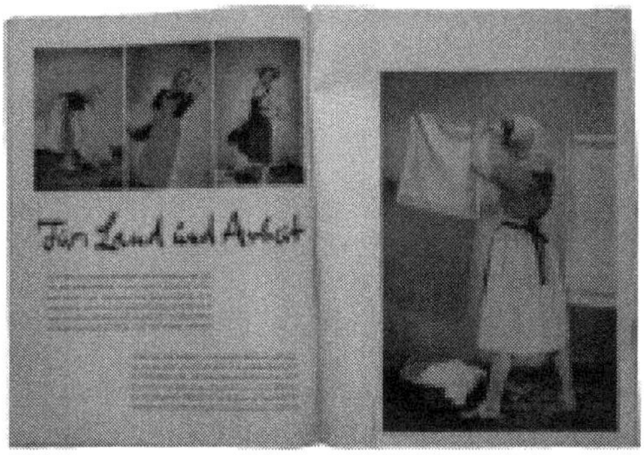

Abbildung 17

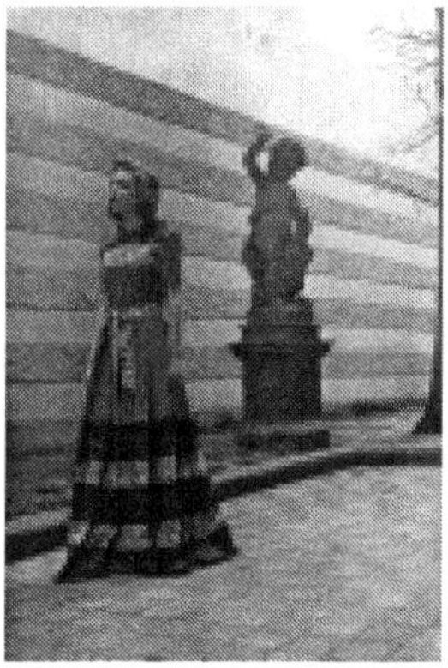

Abbildung 18

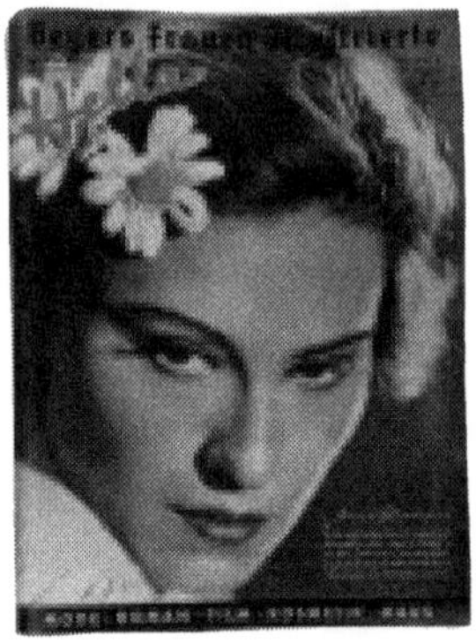

Abbildung 19

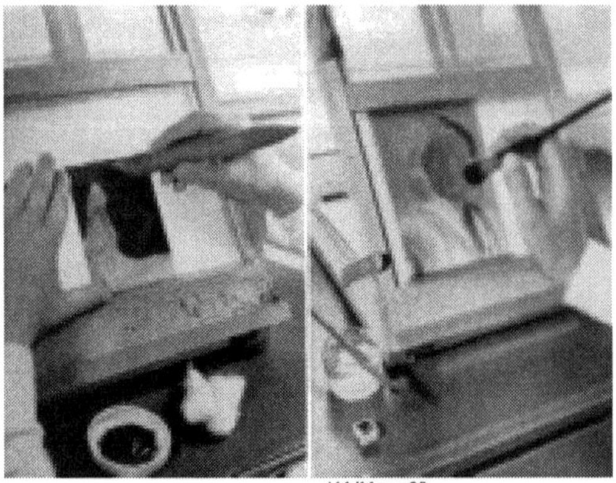

Abbildung 20

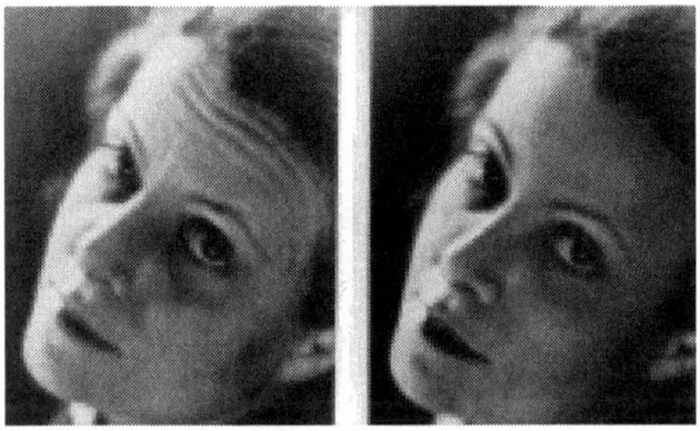

Abbildung 21

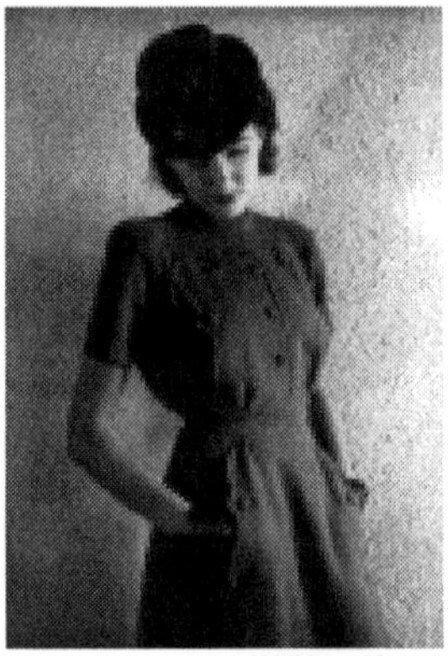

Abbildung 22

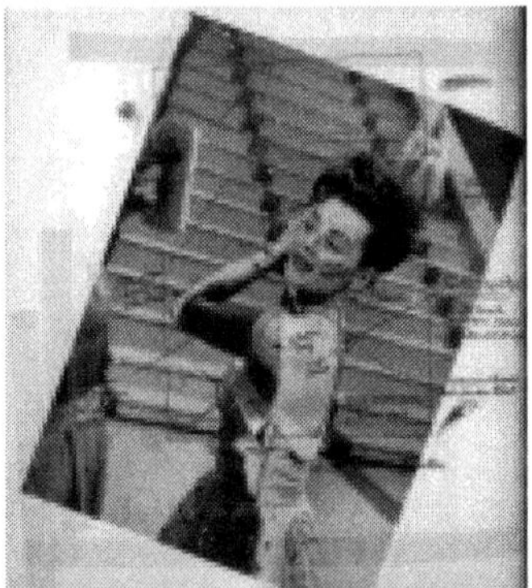

Abbildung 23

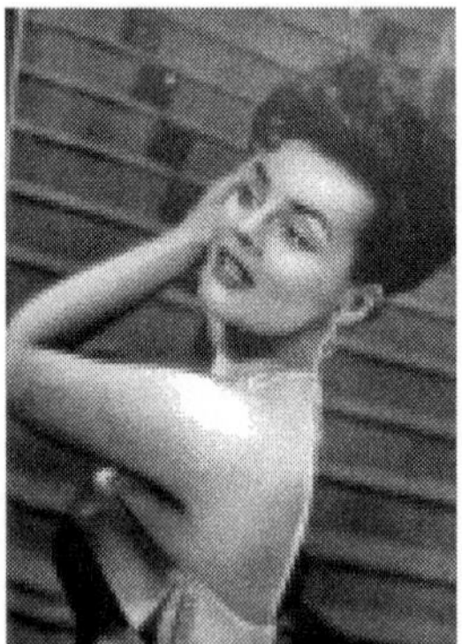

Abbildung 24

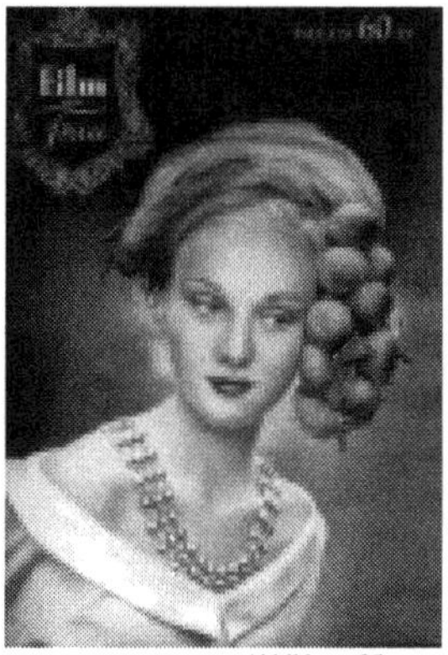

Abbildung 25

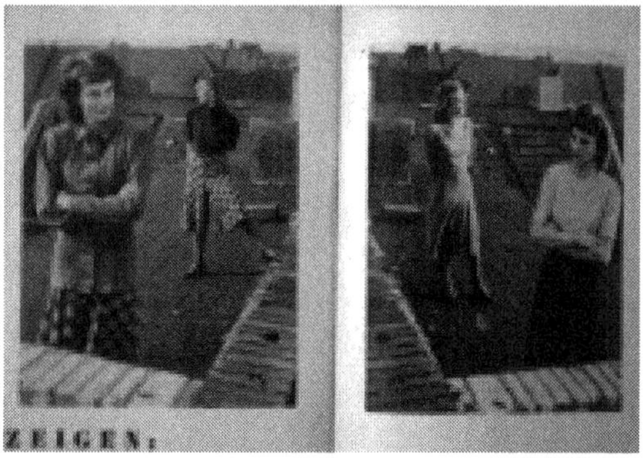

Abbildung 26

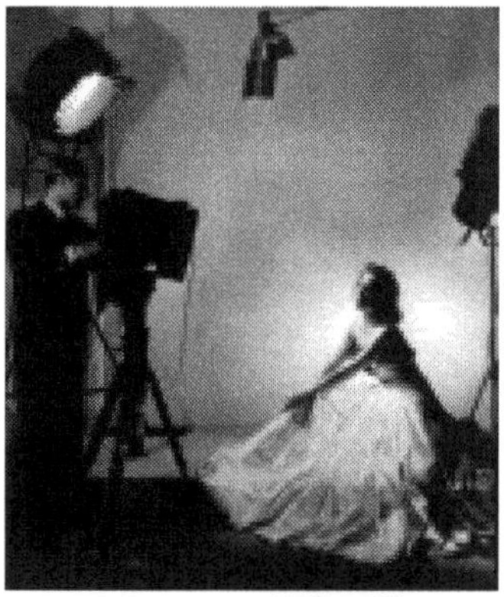

Abbildung 27

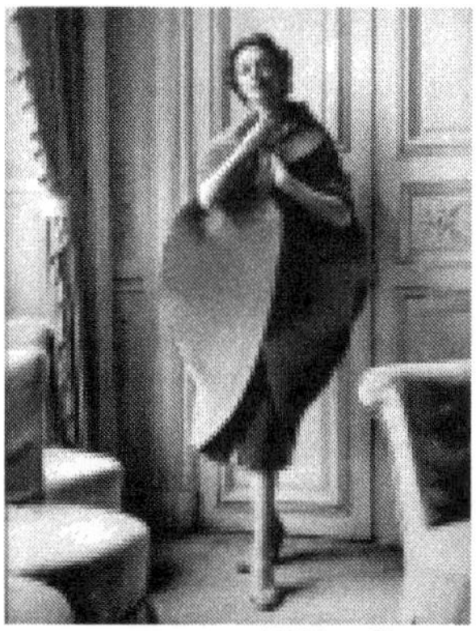

Abbildung 28

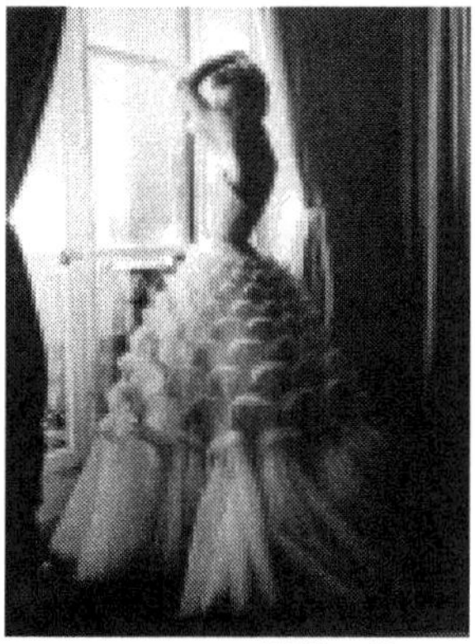

Abbildung 29

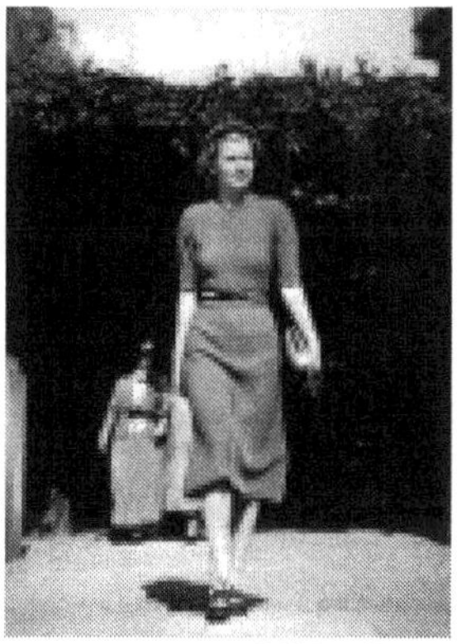

Abbildung 30

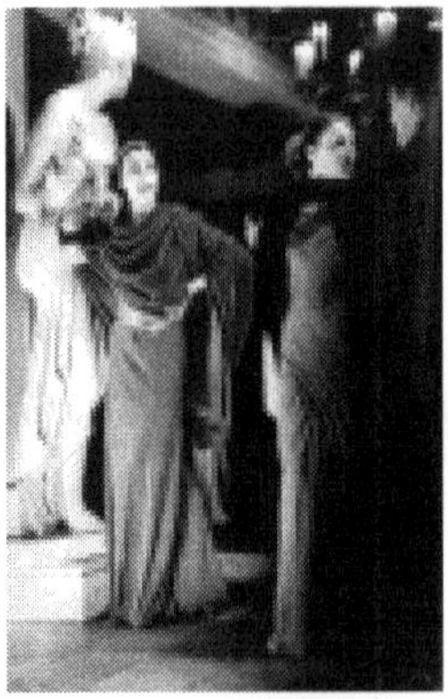

Abbildung 31

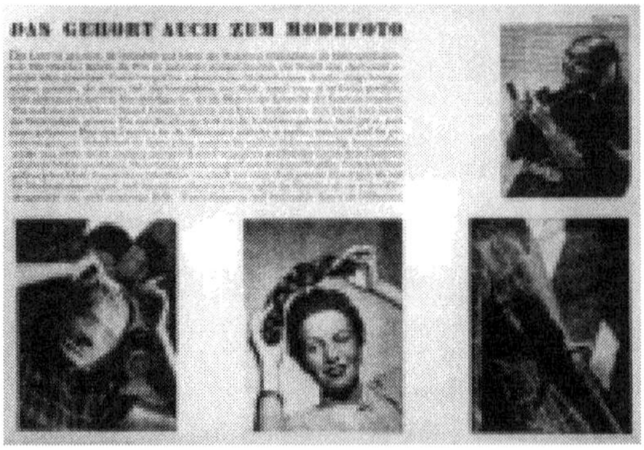

DAS GEHÖRT AUCH ZUM MODEFOTO

Abbildung 32

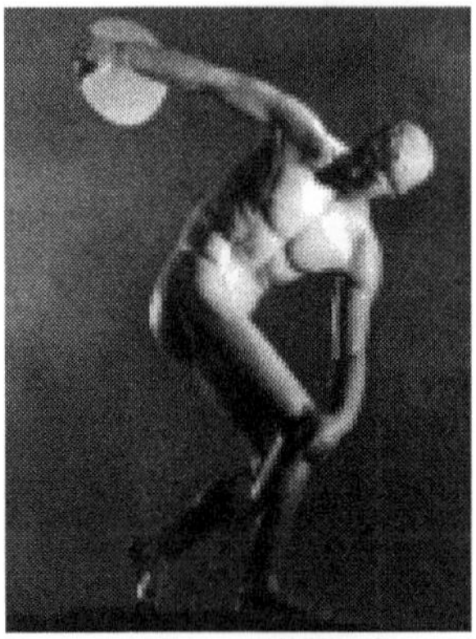

Abbildung 34

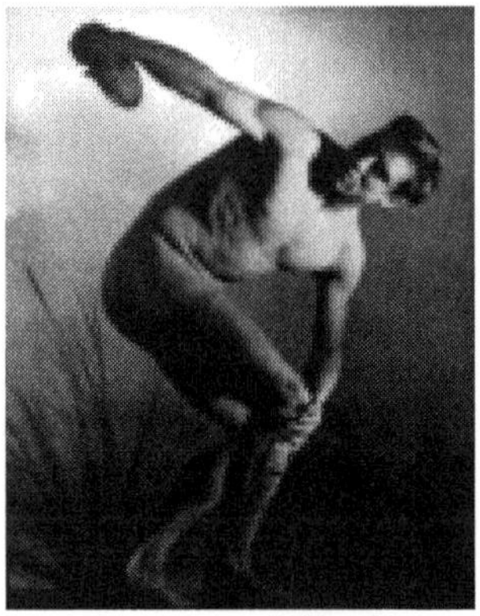

Abbildung 35

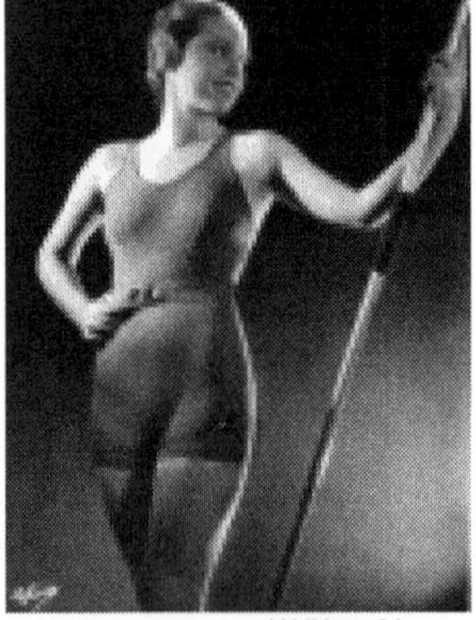

Abbildung 36

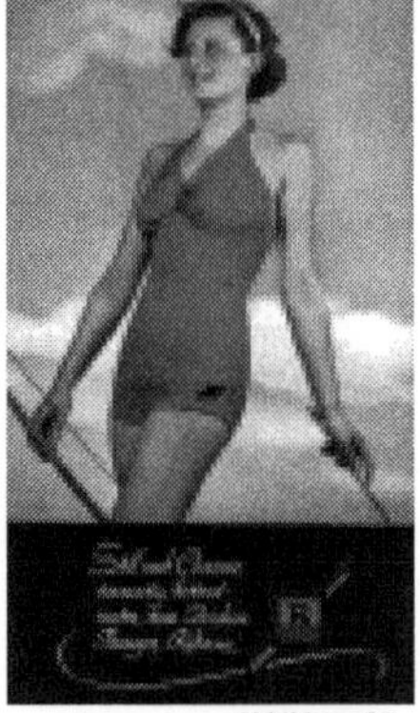

Abbildung 37

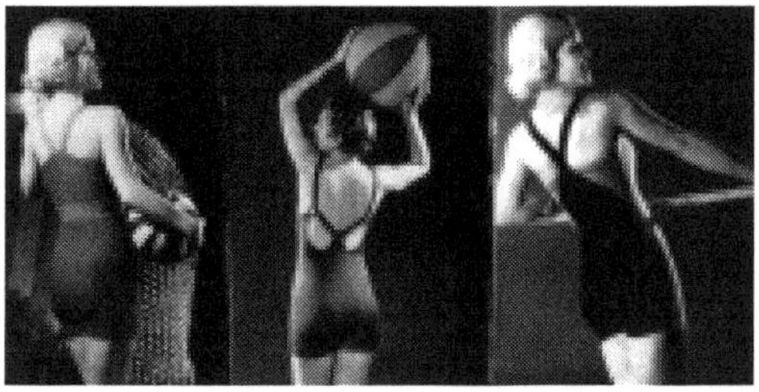

Abbildung 37

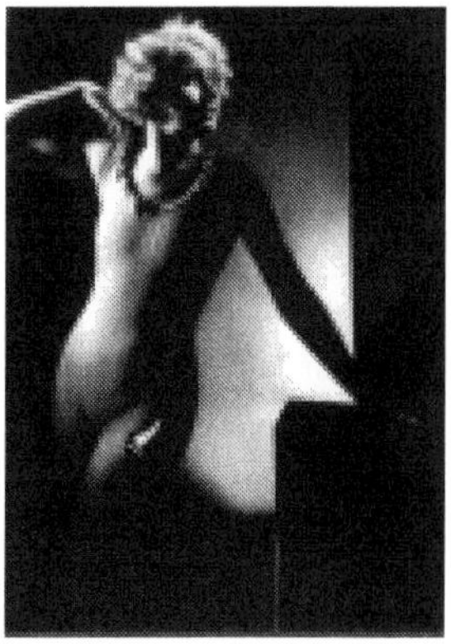

Abbildung 38

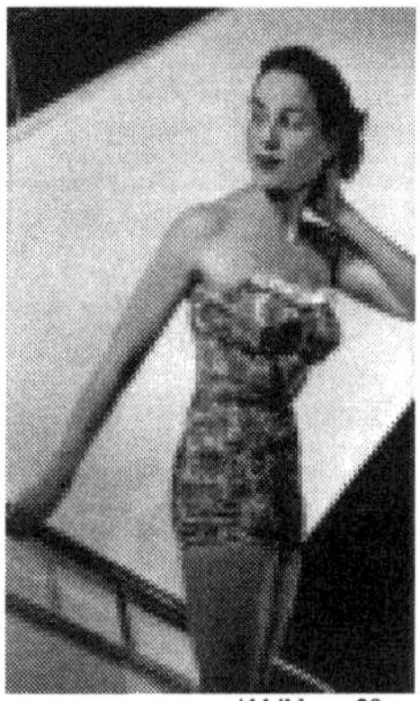

Abbildung 39

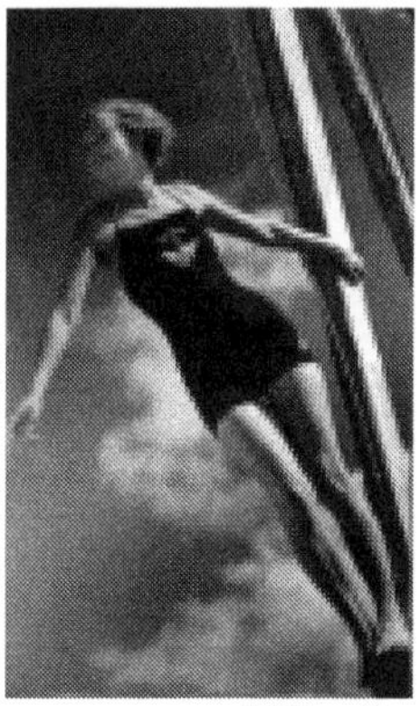

Abbildung 40

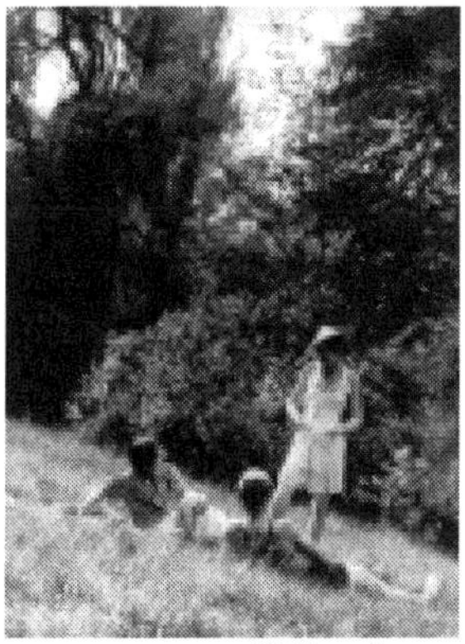

Abbildung 41

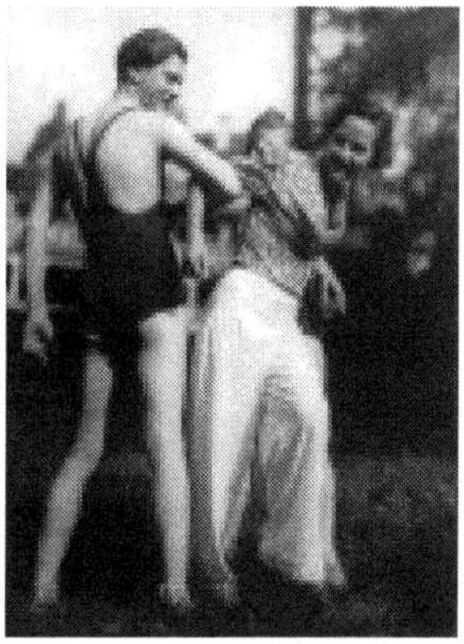

Abbildung 42

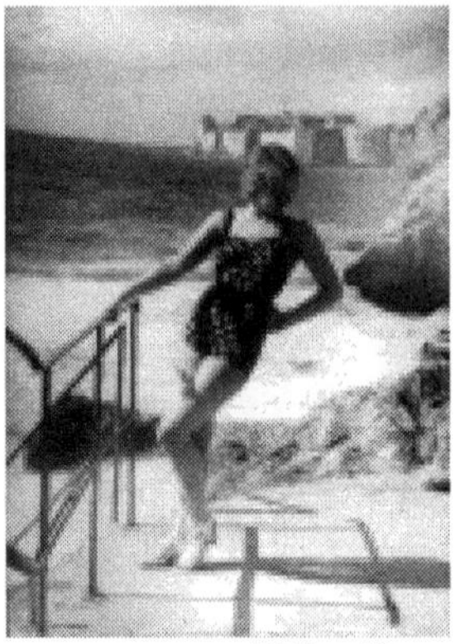
Abbildung 43

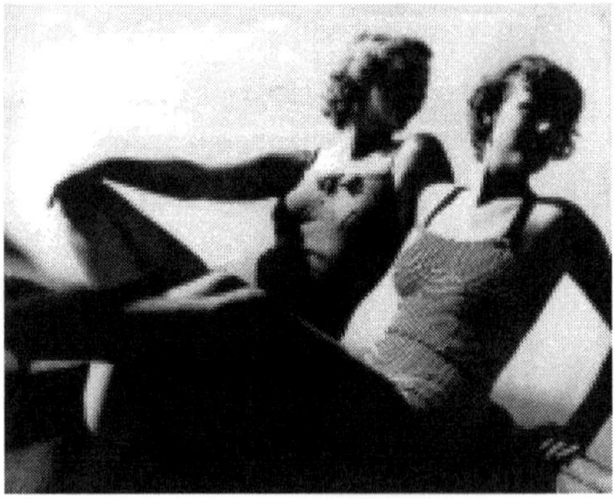
Abbildung 44

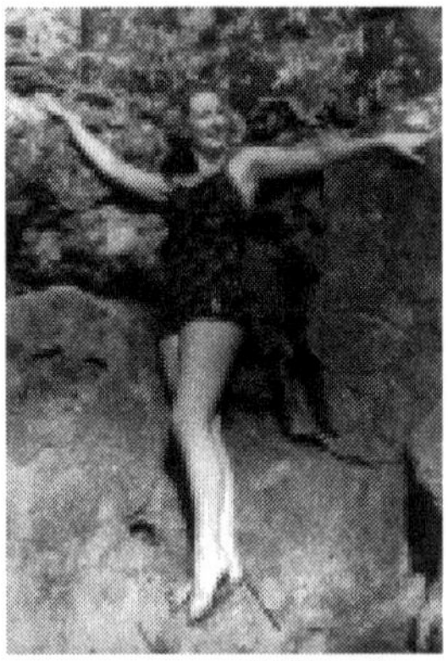
Abbildung 45

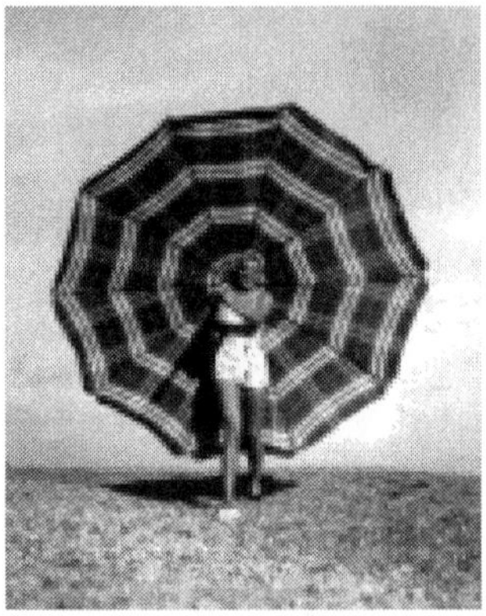
Abbildung 46

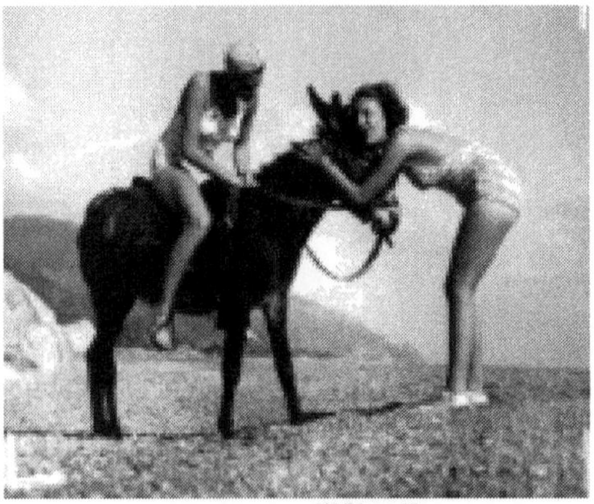
Abbildung 47

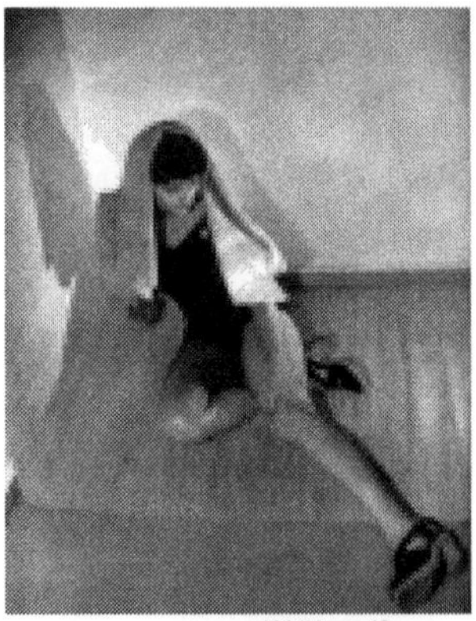
Abbildung 48

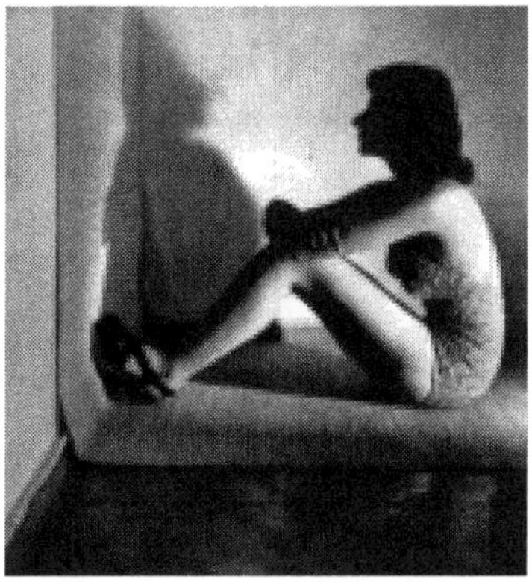

Abbildung 49

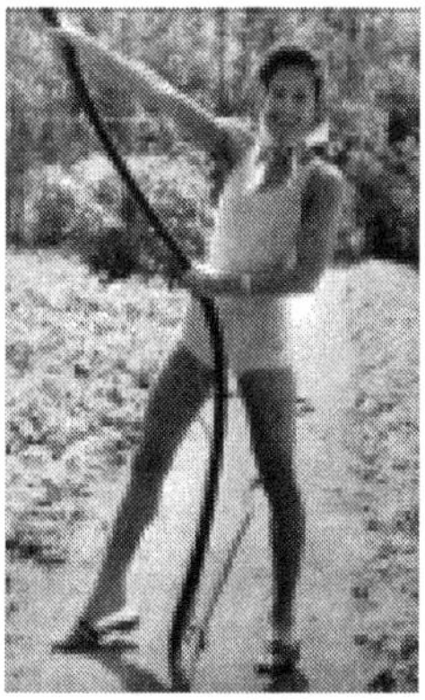

Abbildung 50

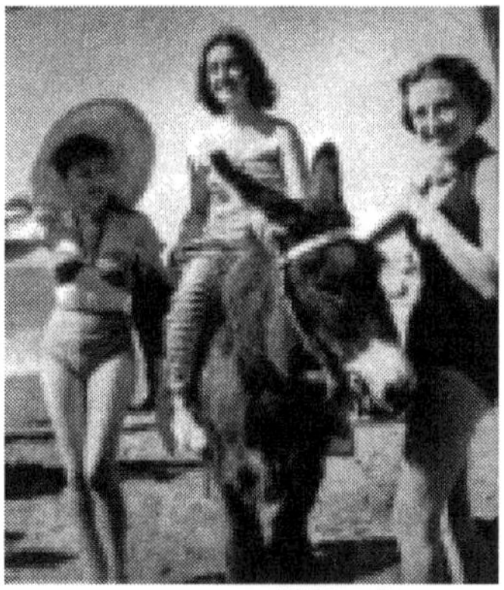

Abbildung 51

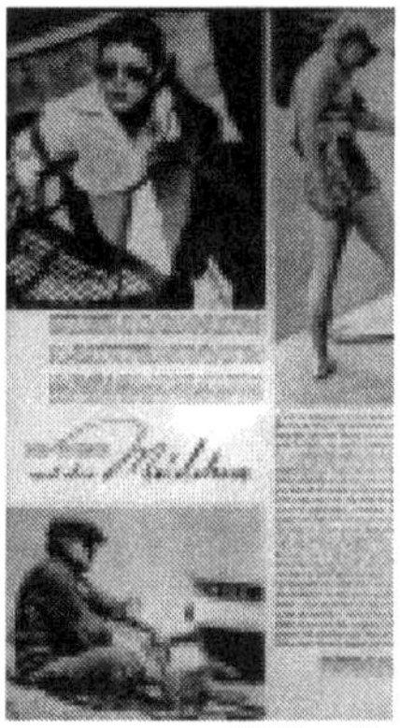

Abbildung 52

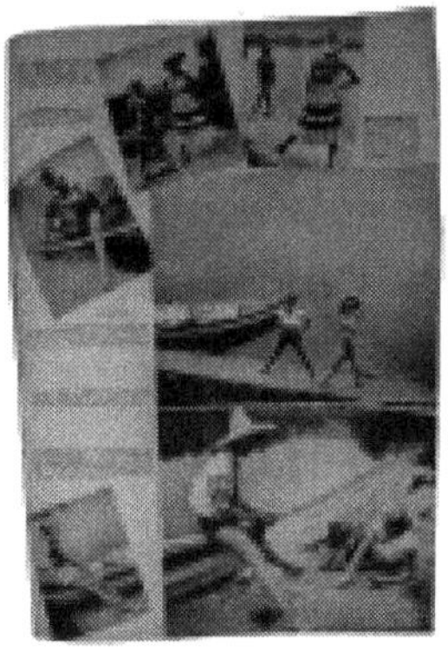

Abbildung 53

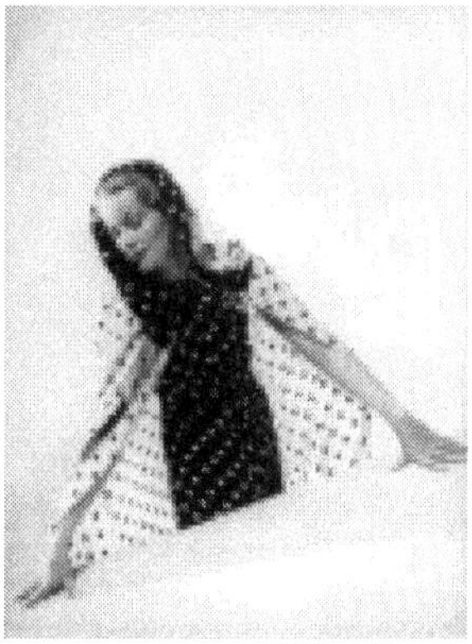

Abbildung 54

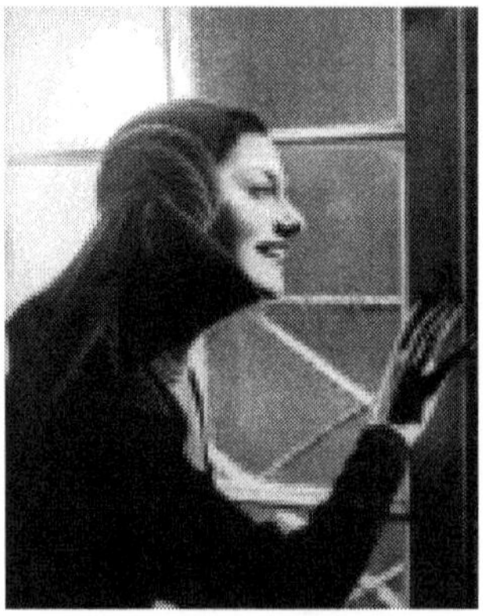

Abbildung 55

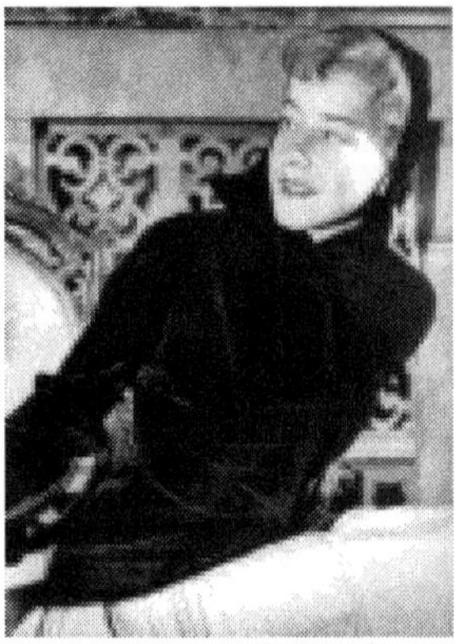

Abbildung 56

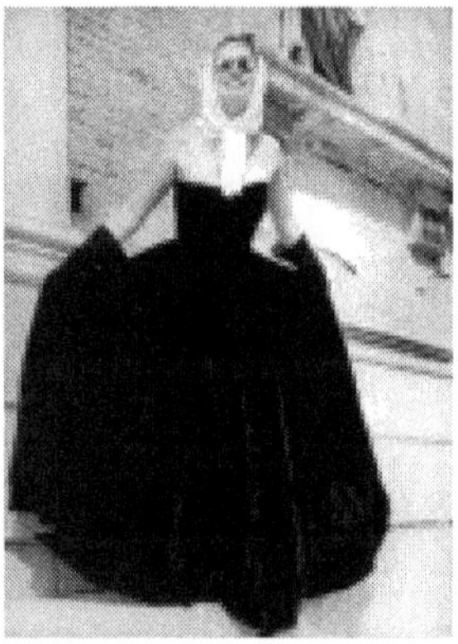

Abbildung 57

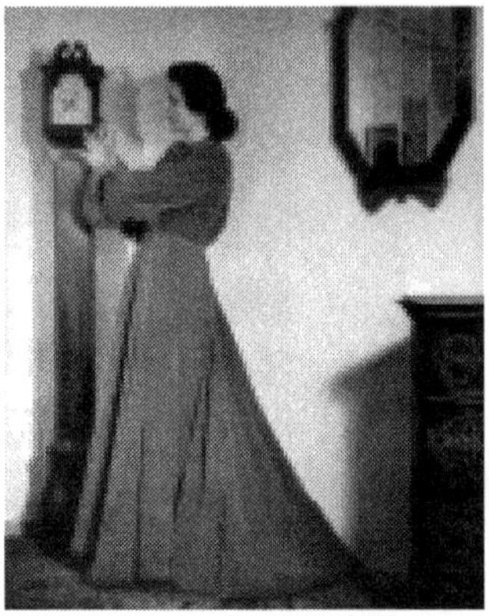

Abbildung 58

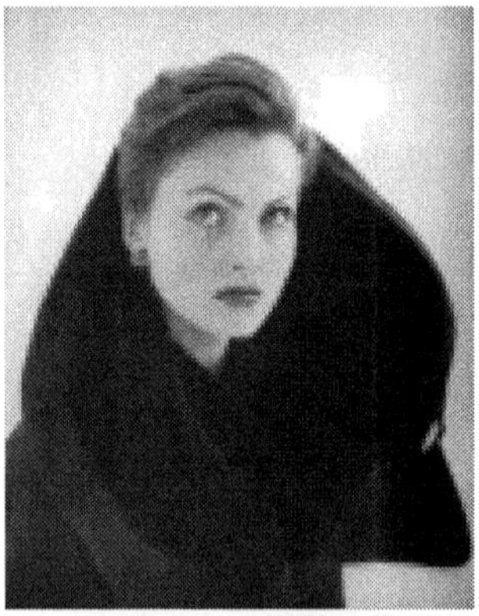

Abbildung 59

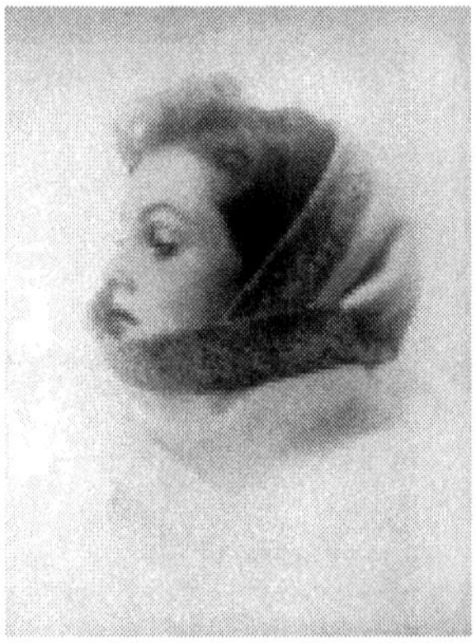

Abbildung 60

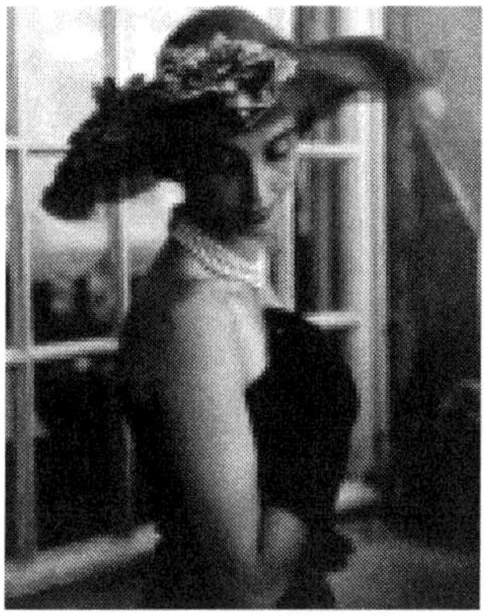
Abbildung 61

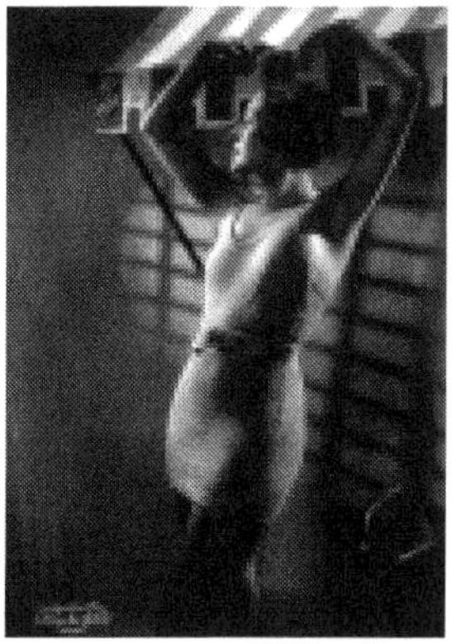
Abbildung 62

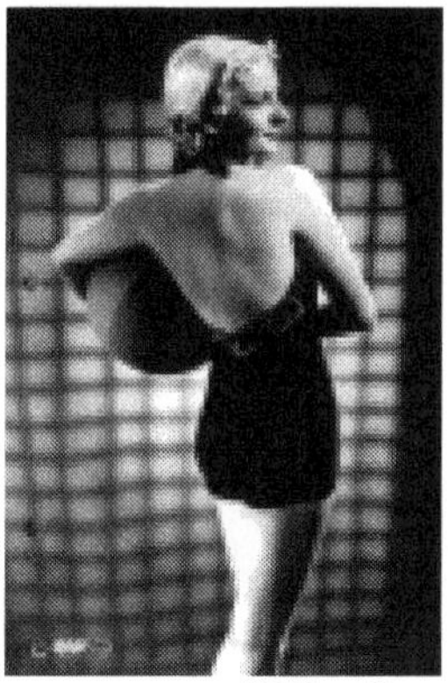
Abbildung 63

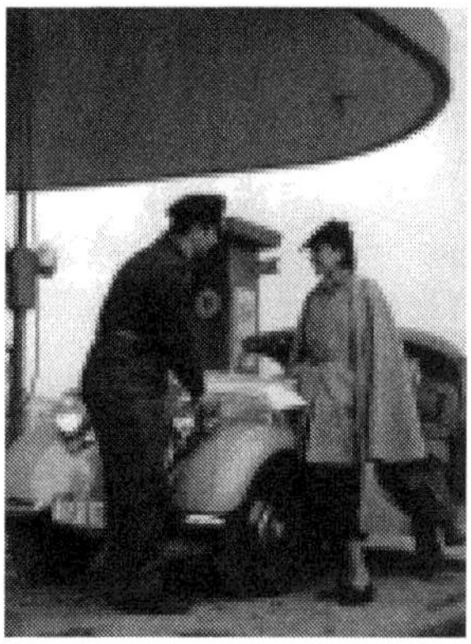
Abbildung 64

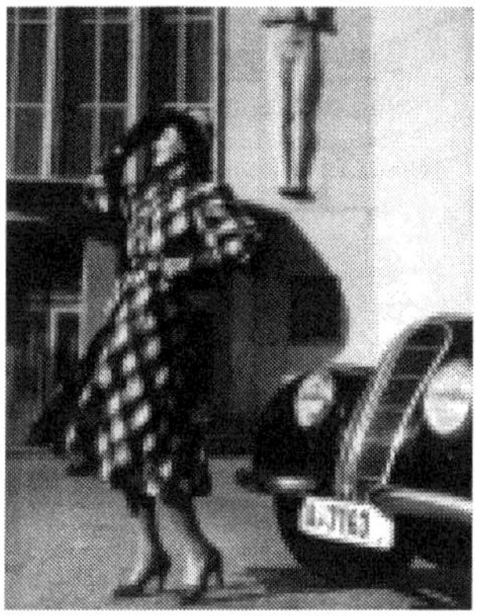
Abbildung 65

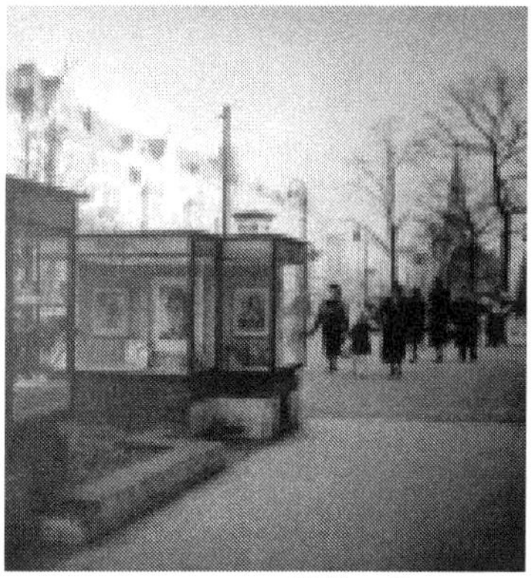
Abbildung 66

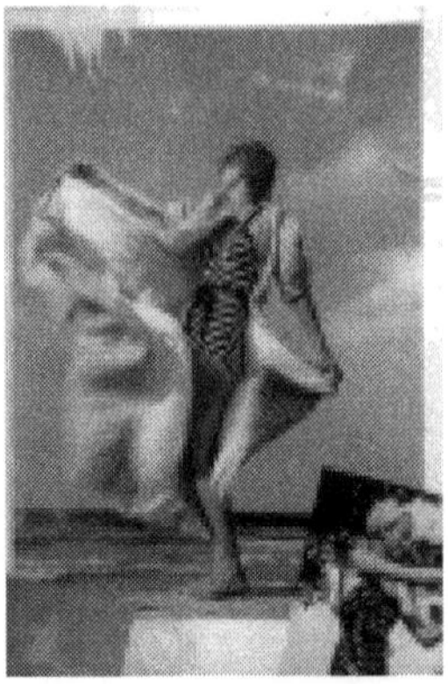

Abbildung 67

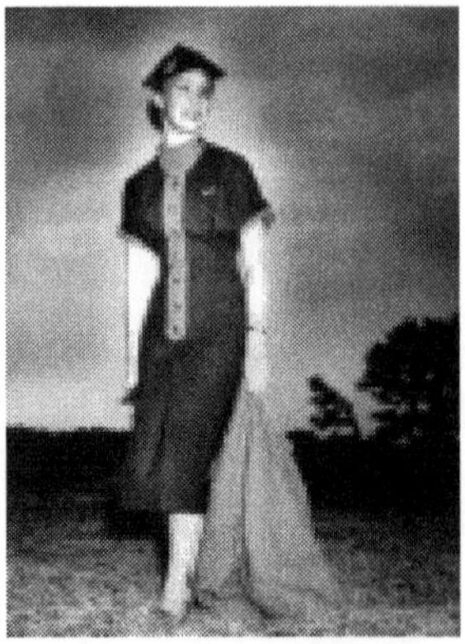

Abbildung 68

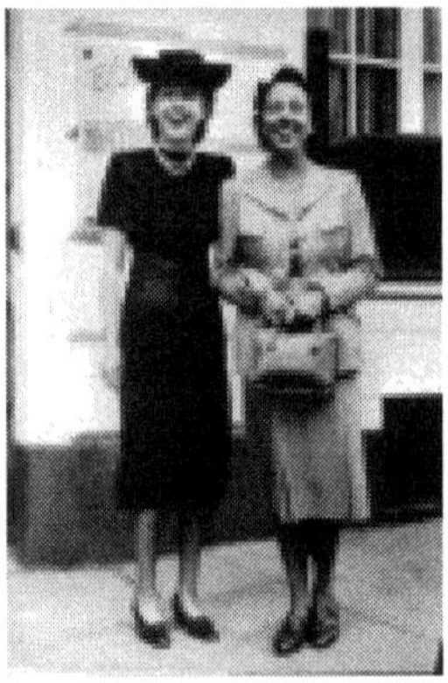

Abbildung 69

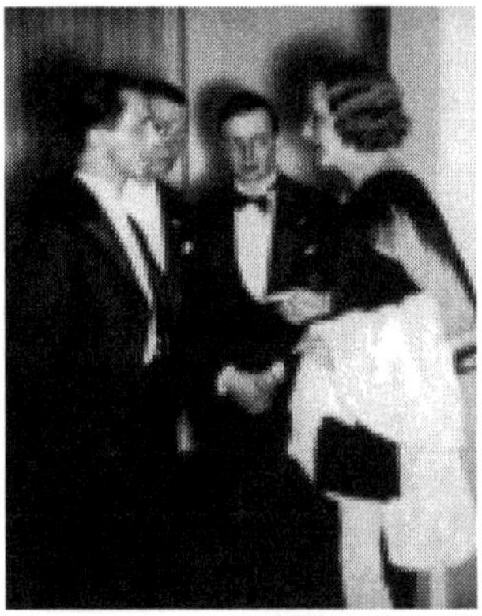

Abbildung 70

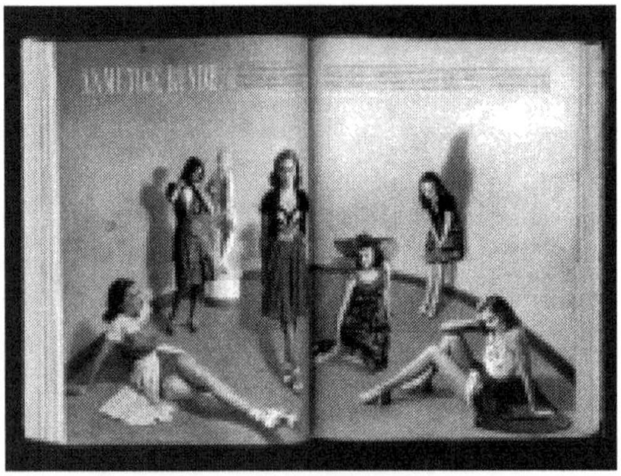

Abbildung 71

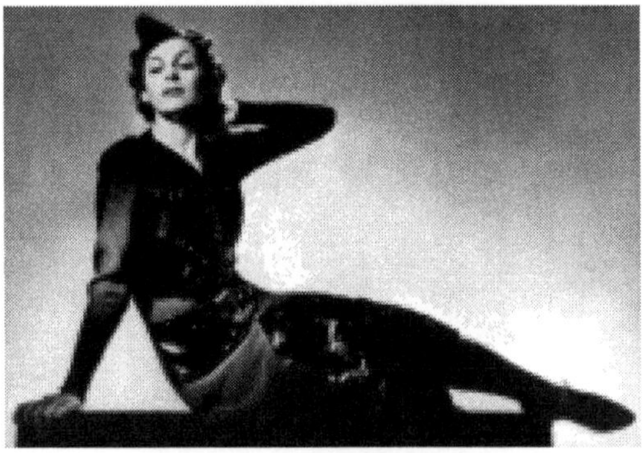

Abbildung 72

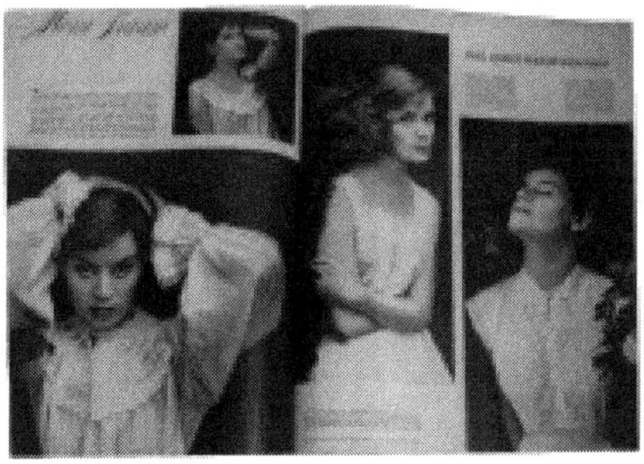

Abbildung 73

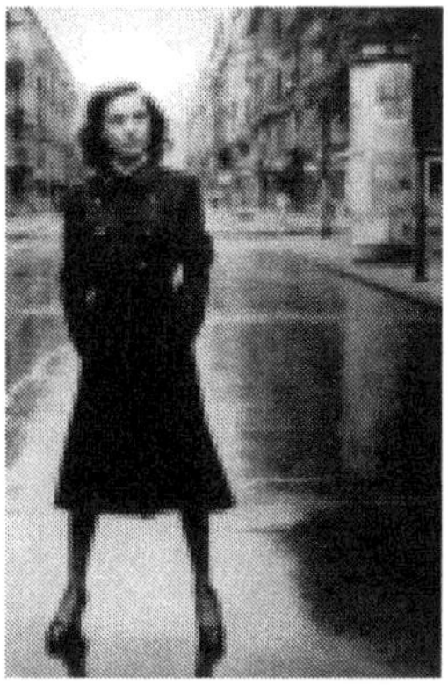

Abbildung 74

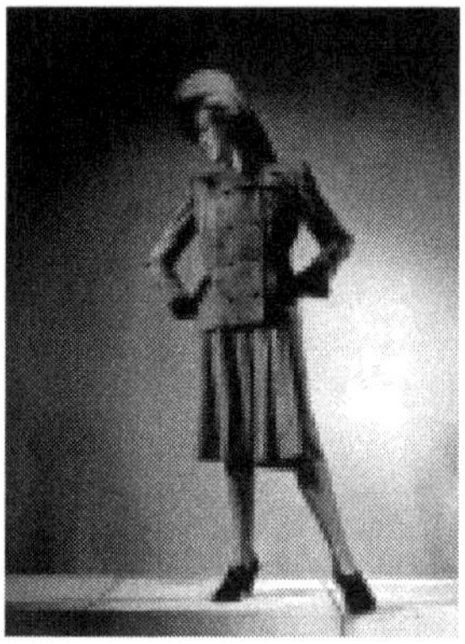

Abbildung 75

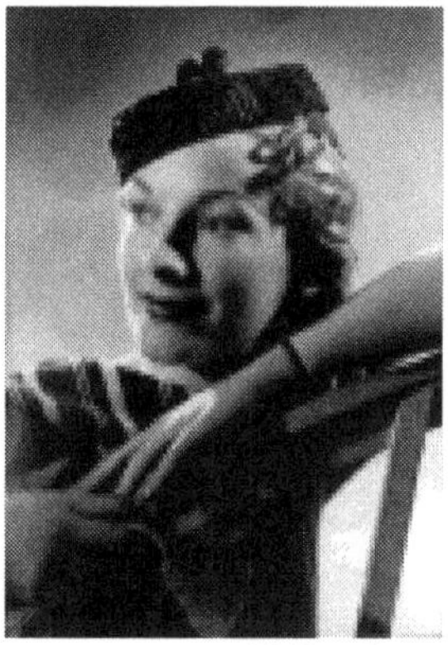

Abbildung 76

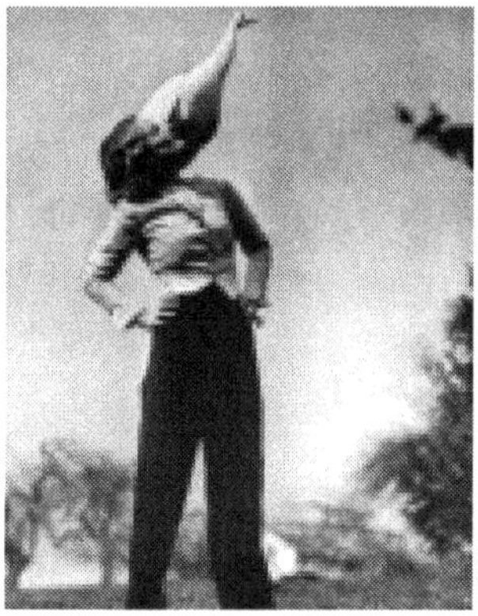

Abbildung 77

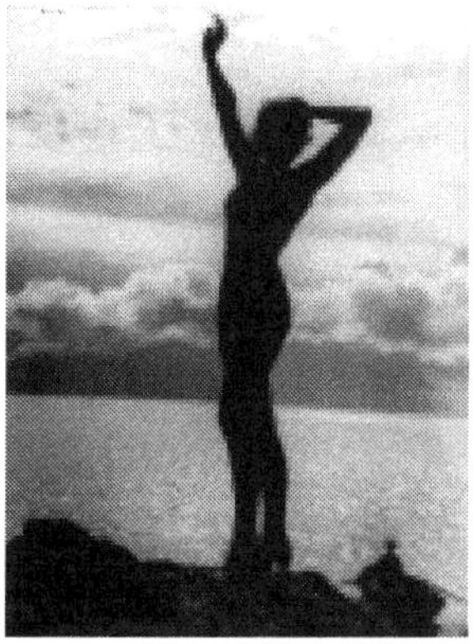

Abbildung 78

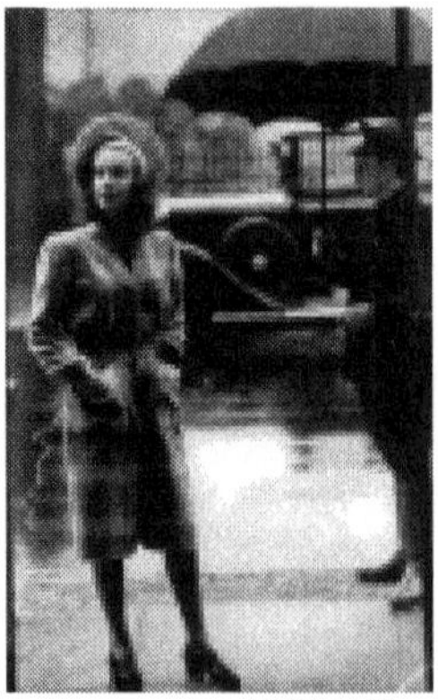
Abbildung 79

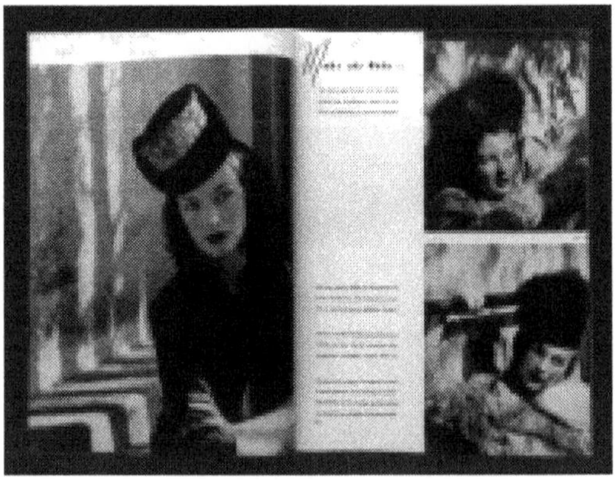
Abbildung 80

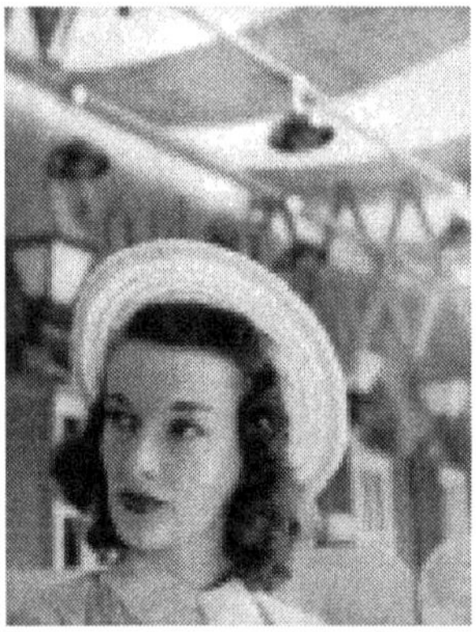
Abbildung 81

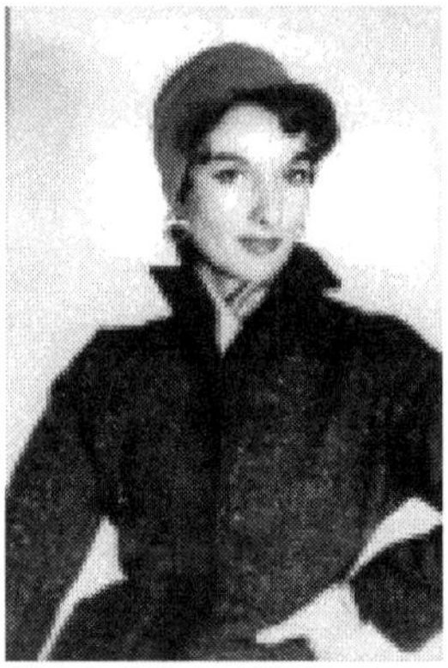
Abbildung 82

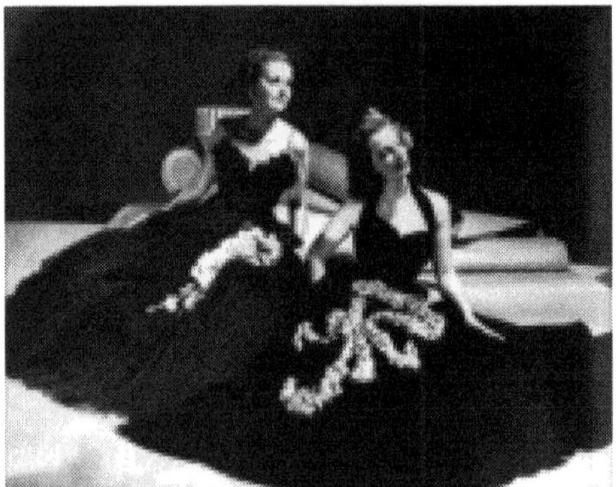
Abbildung 83

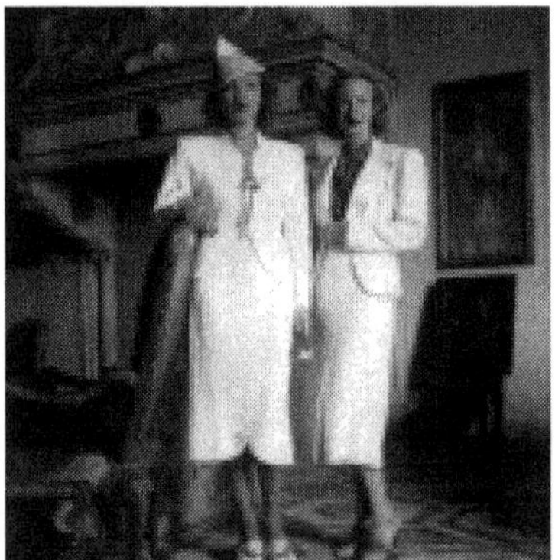
Abbildung 84

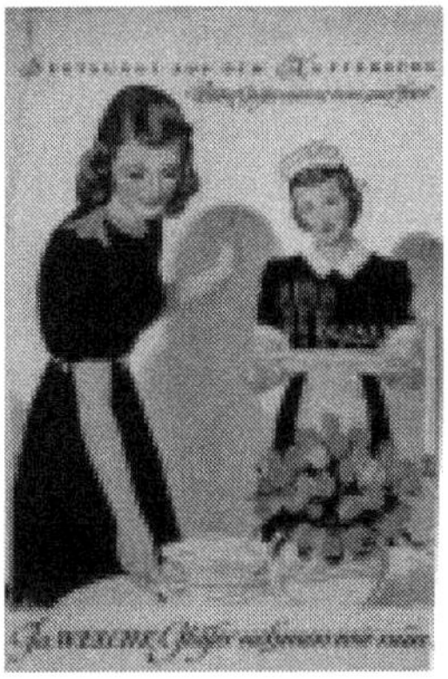

Abbildung 85

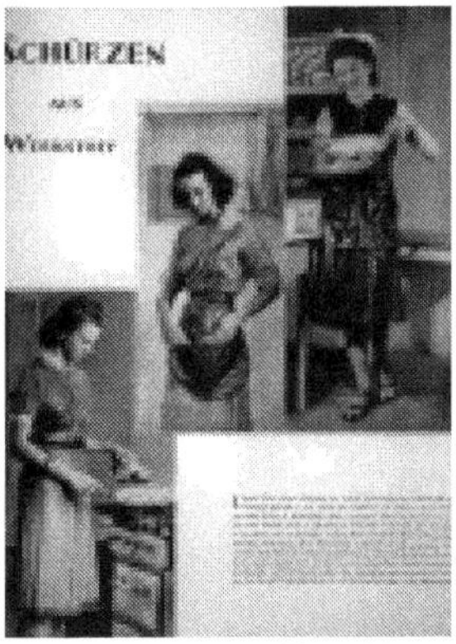

Abbildung 86

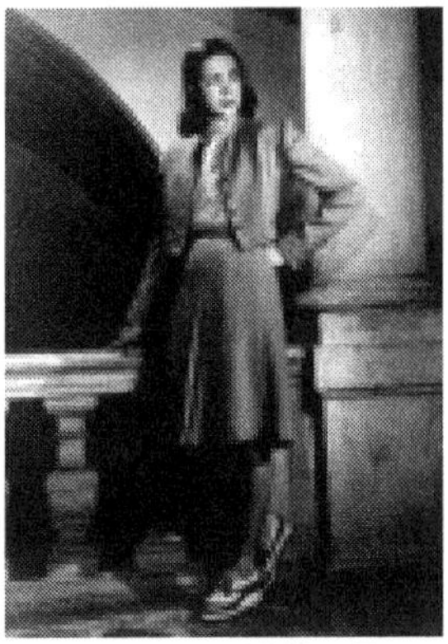

Abbildung 87

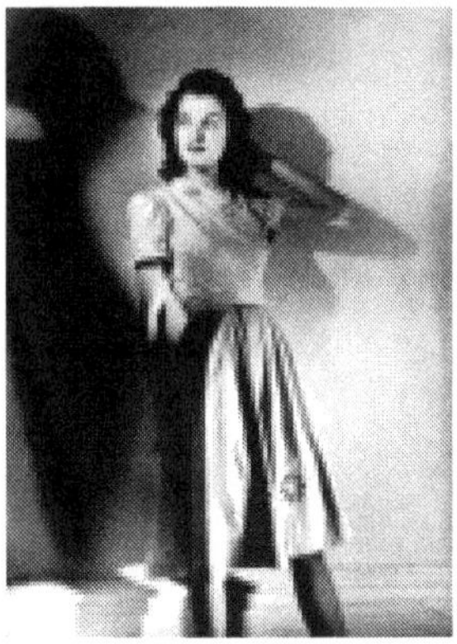

Abbildung 88

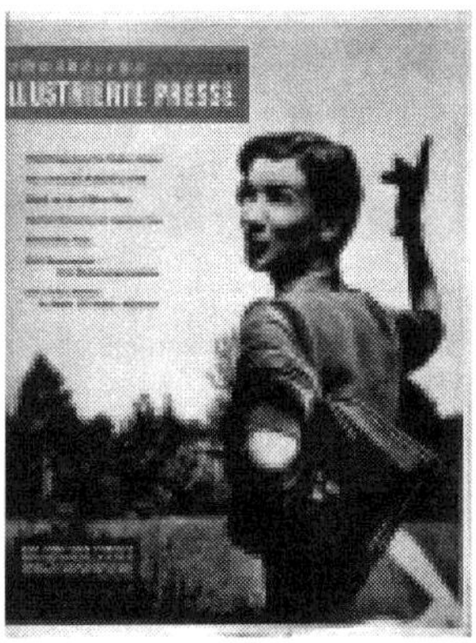

Abbildung 89

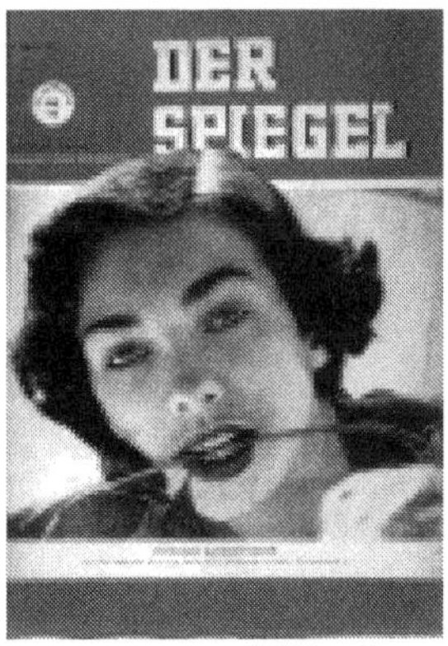

Abbildung 90

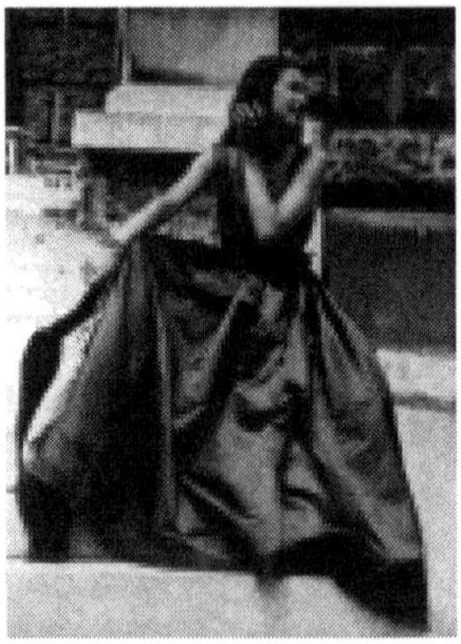

Abbildung 91

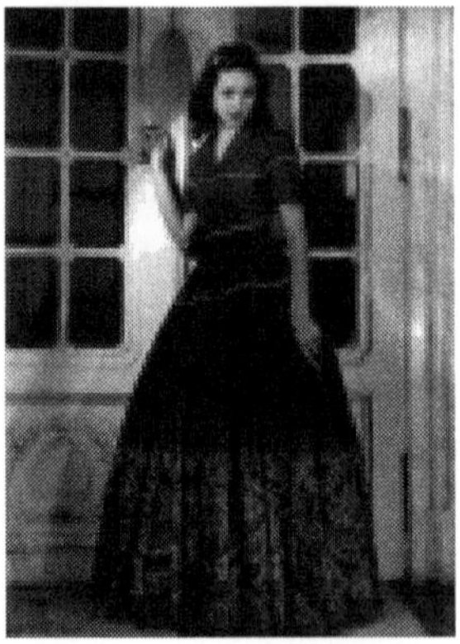

Abbildung 92

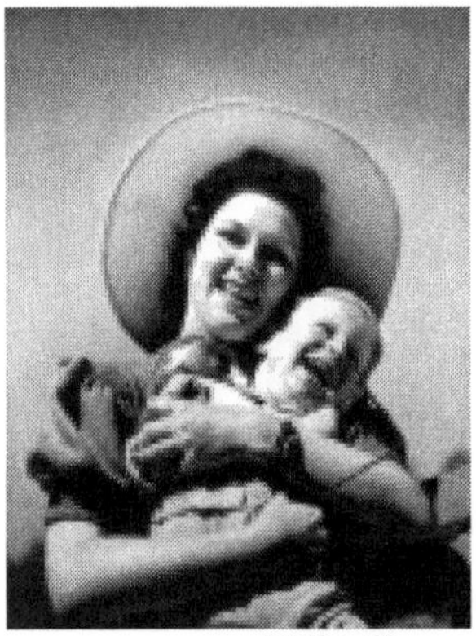

Abbildung 93

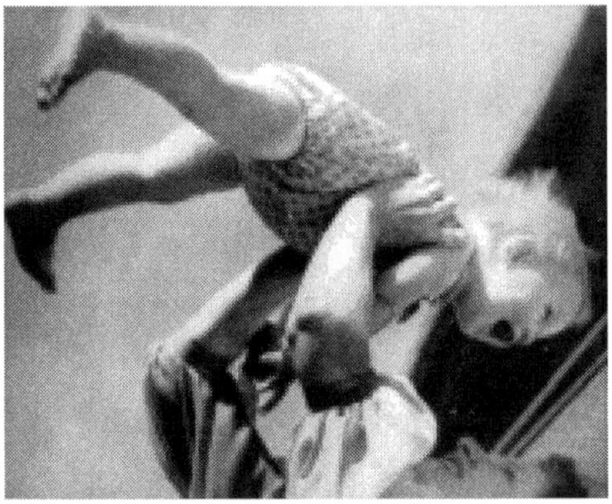

Abbildung 94

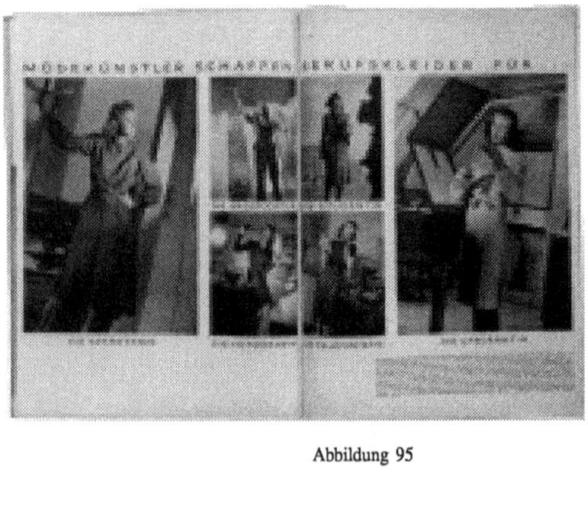

Abbildung 95

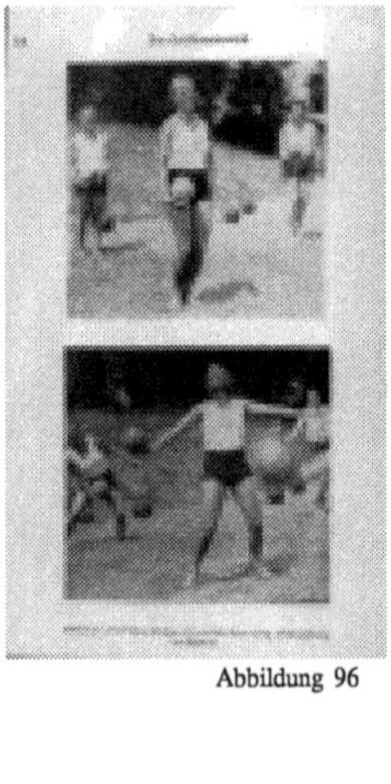

Abbildung 96

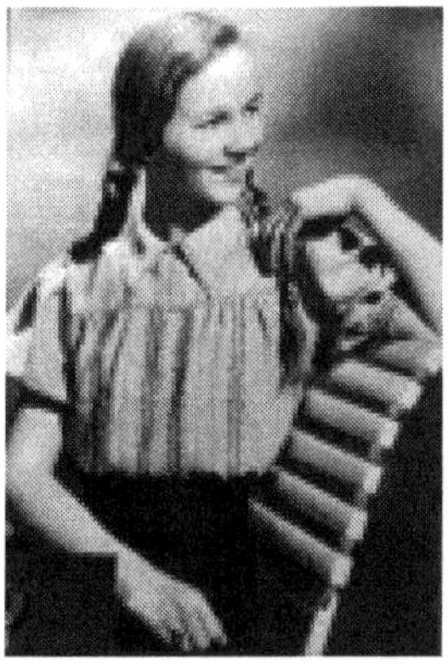

Abbildung 97

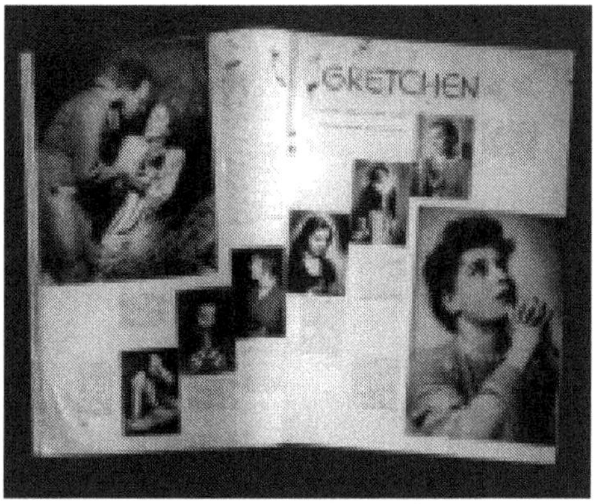

Abbildung 98

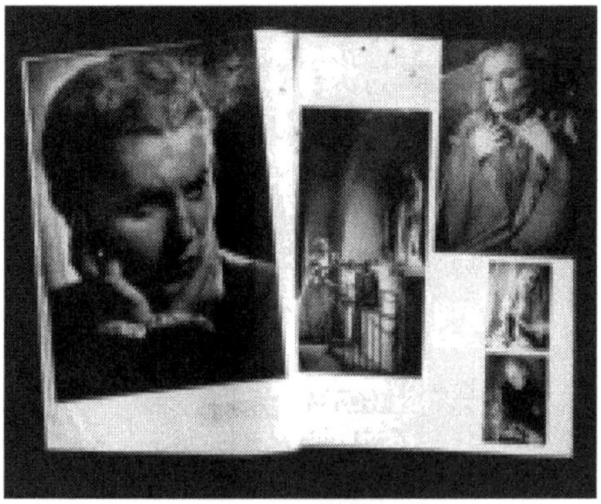

Abbildung 99

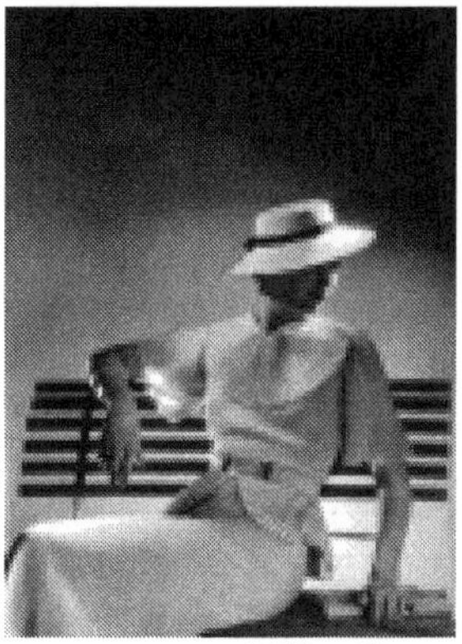

Abbildung 100

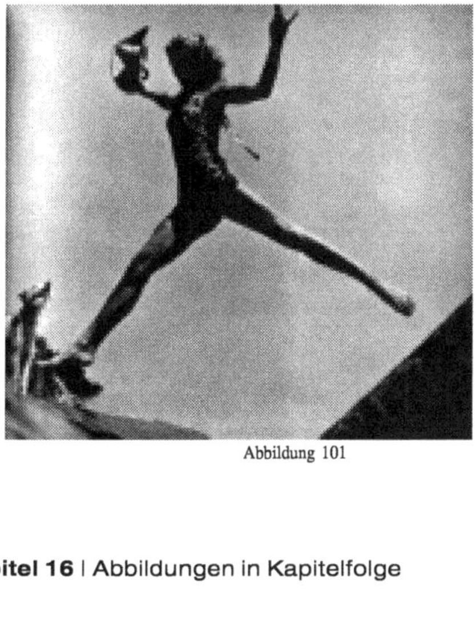

Abbildung 101

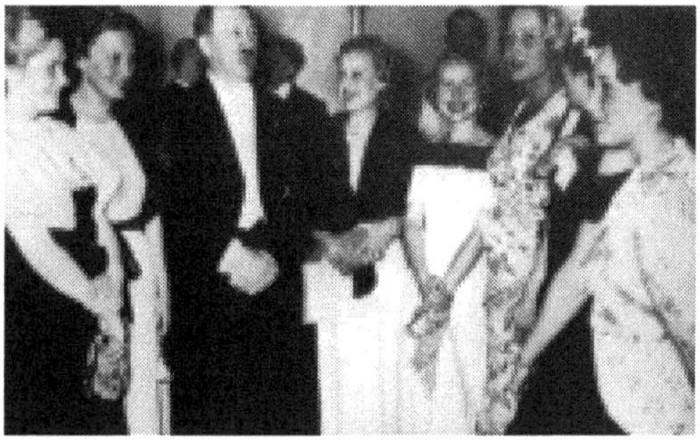

Abbildung 102

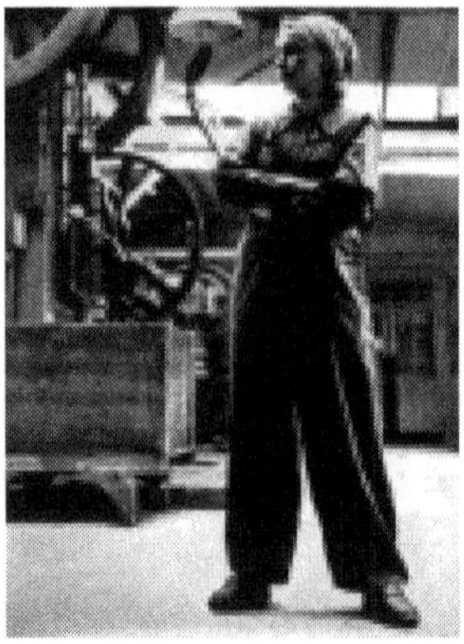

Abbildung 103

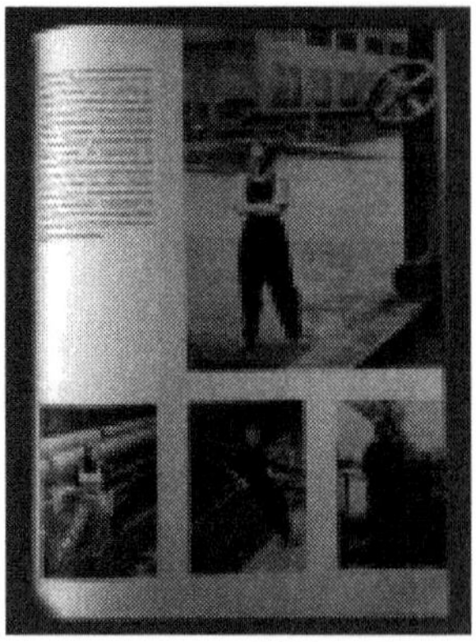

Abbildung 104

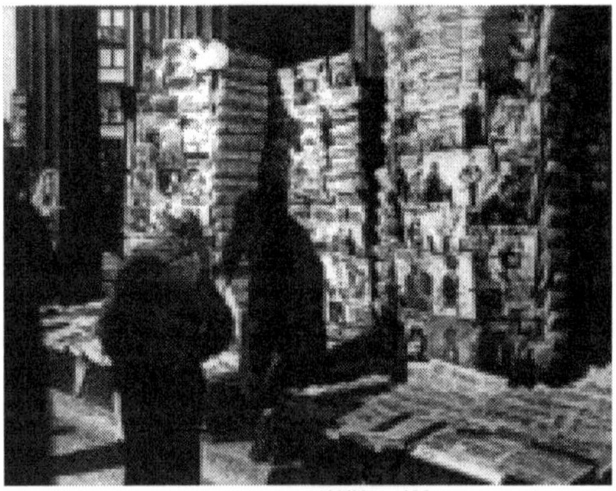

Abbildung 105

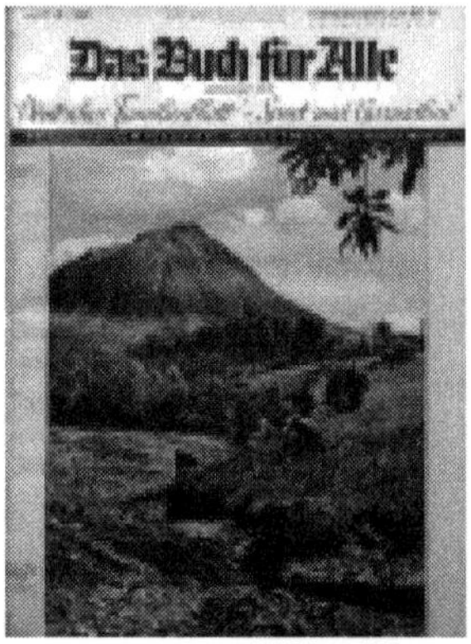

Abbildung 106

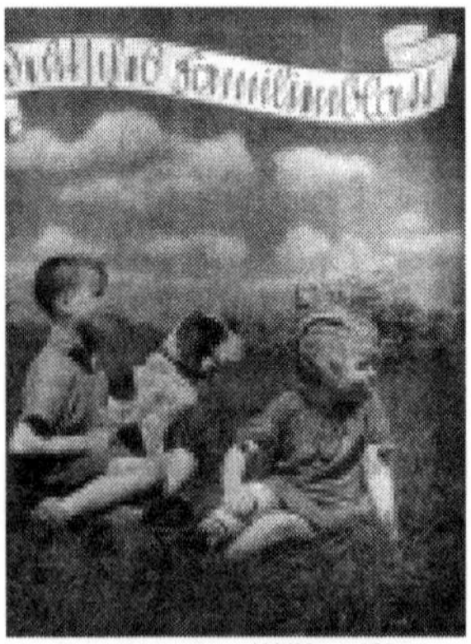

Abbildung 107

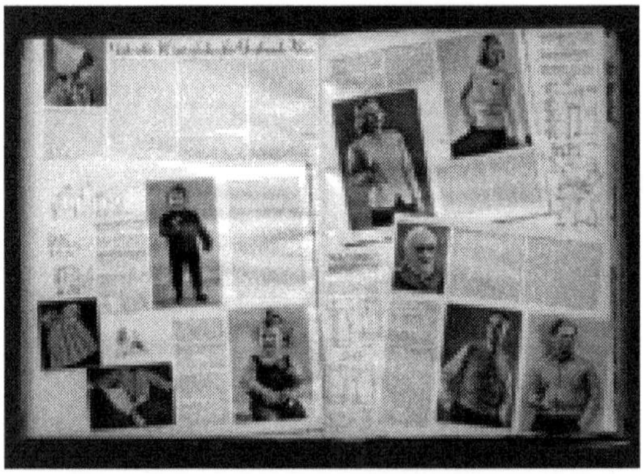

Abbildung 108

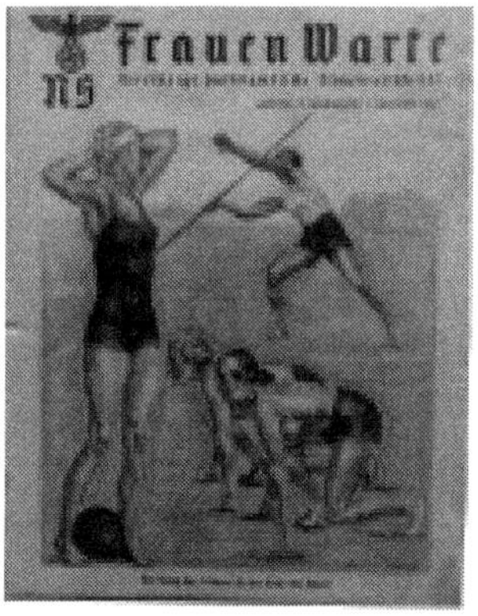

Abbildung 109

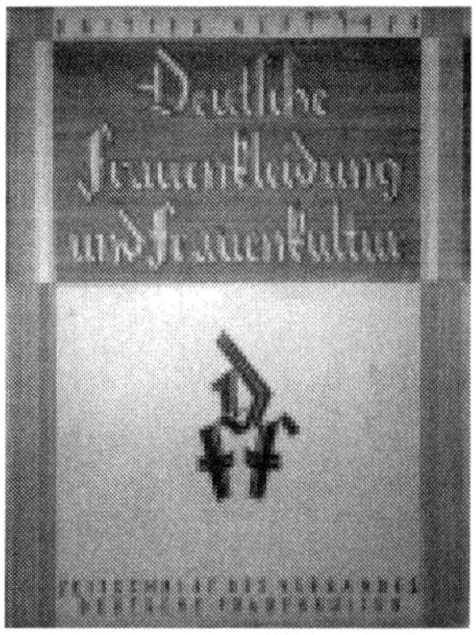

Abbildung 110

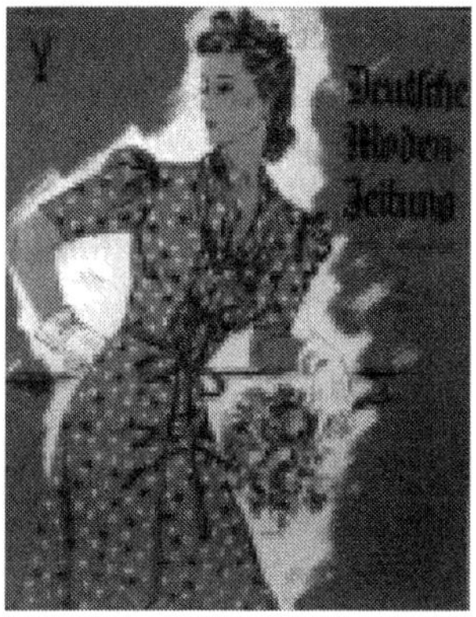

Abbildung 111

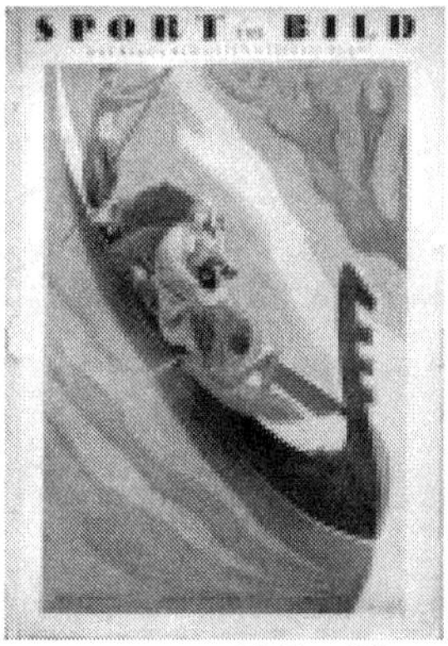

Abbildung 112

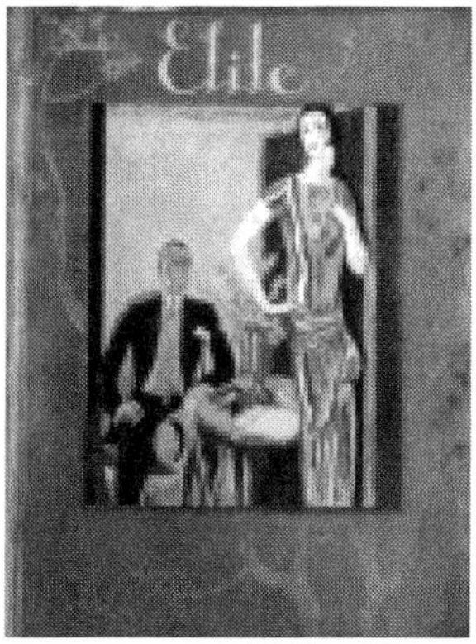

Abbildung 113

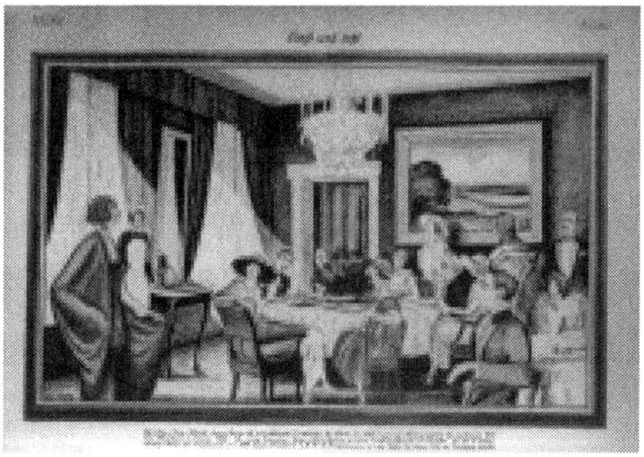

Abbildung 114

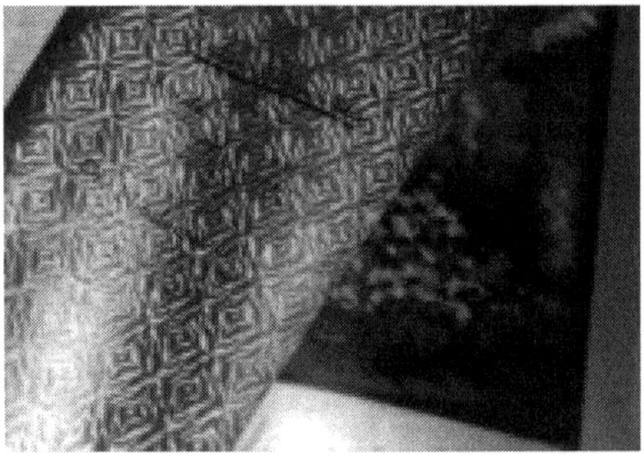

Abbildung 115

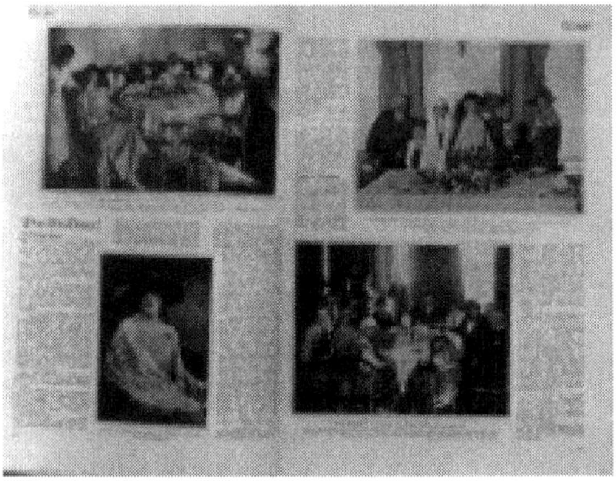

Abbildung 116

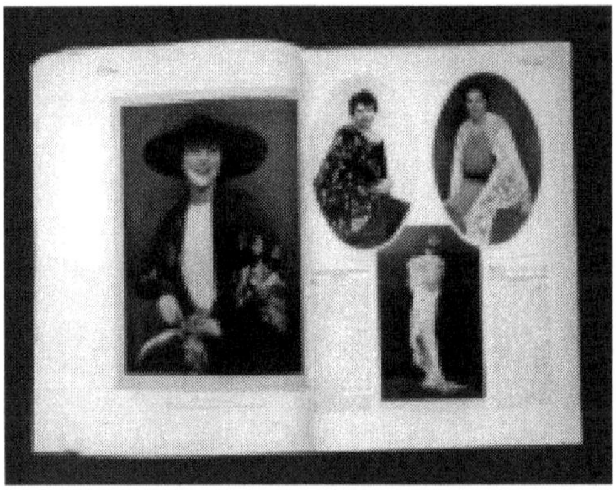

Abbildung 117

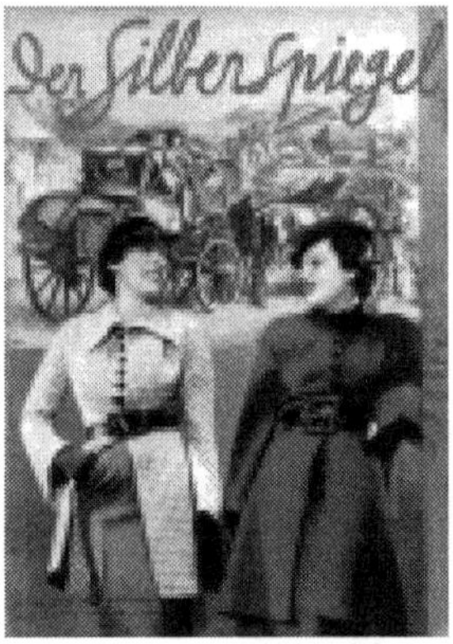

Abbildung 118

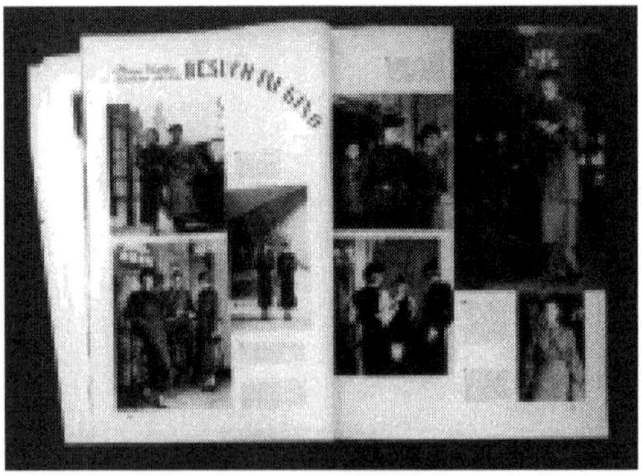

Abbildung 119

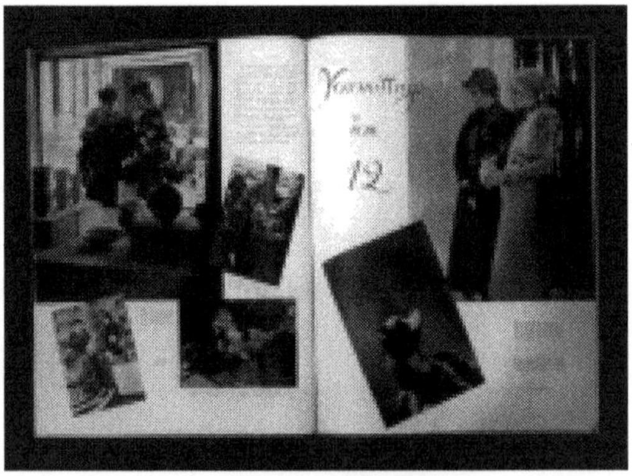

Abbildung 120

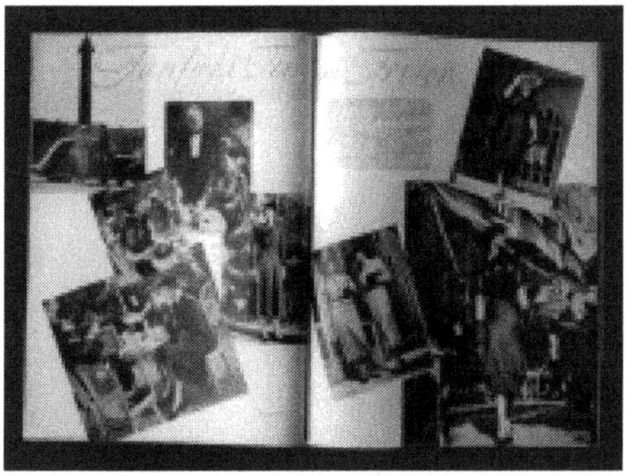

Abbildung 121

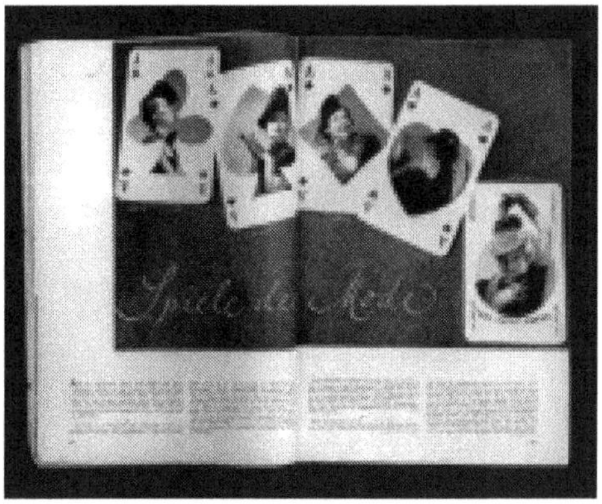

Abbildung 122

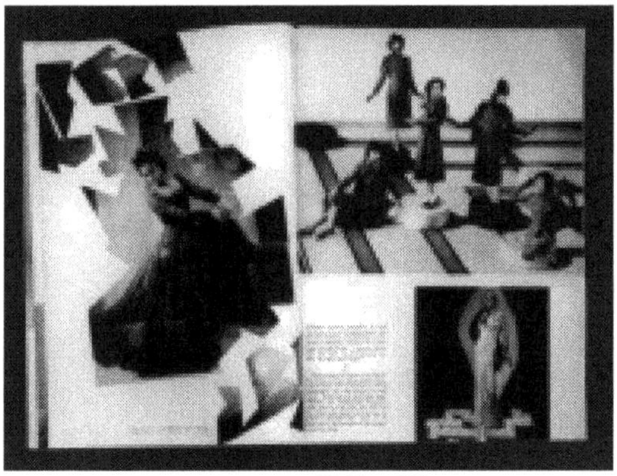

Abbildung 123

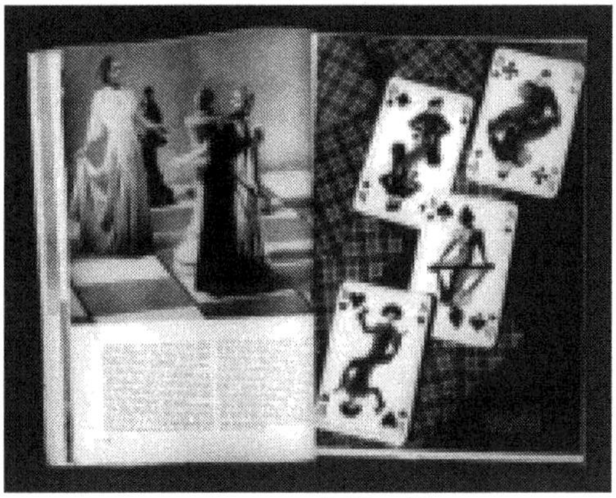

Abbildung 124

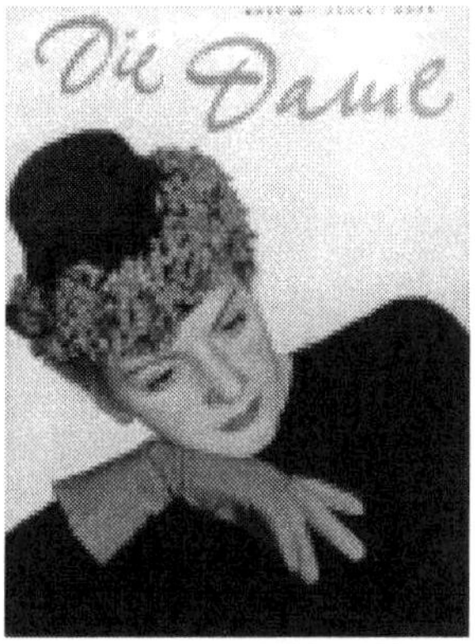

Abbildung 125

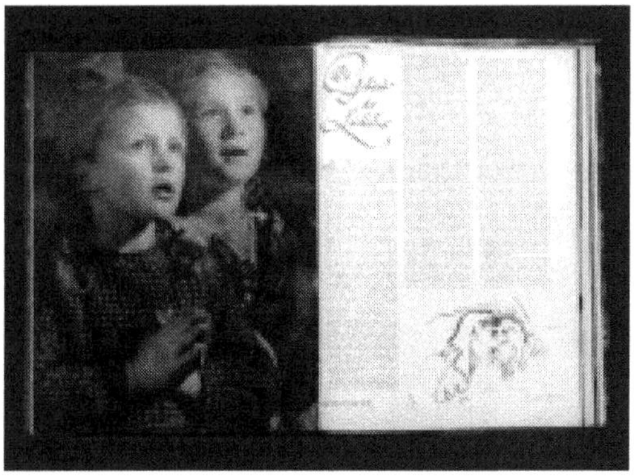

Abbildung 126

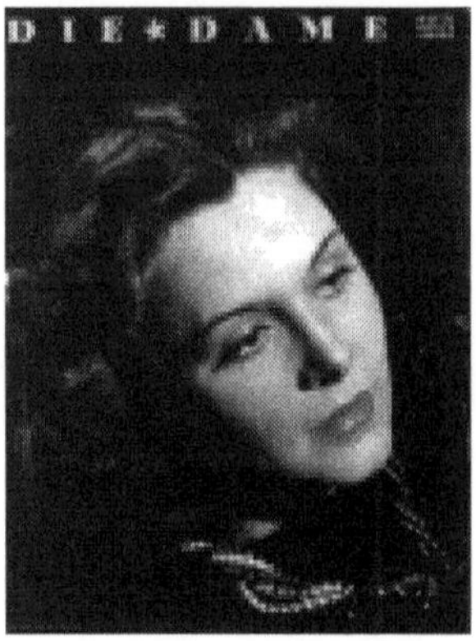

Abbildung 127

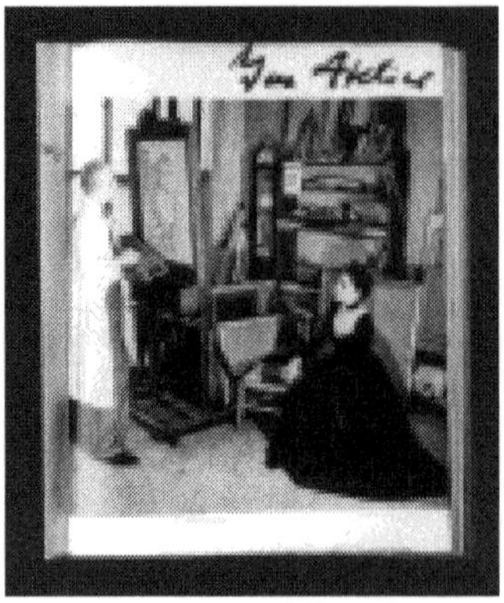

Abbildung 128

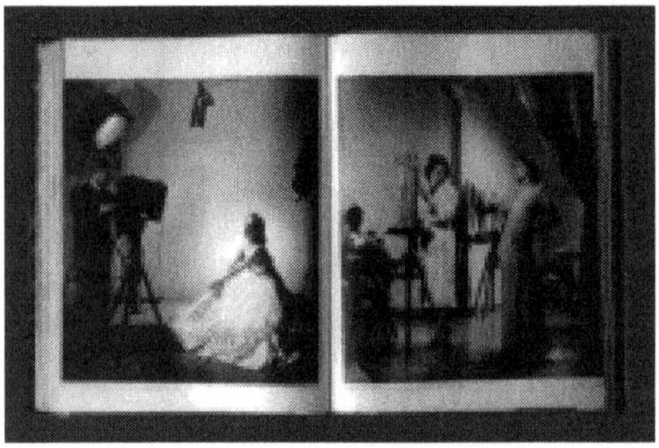

Abbildung 129

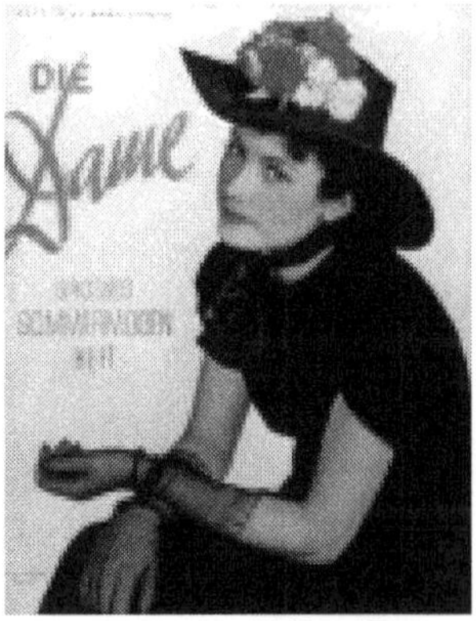

Abbildung 130

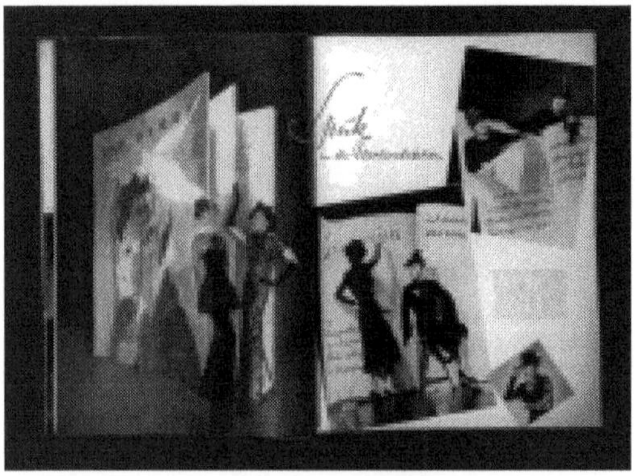

Abbildung 131

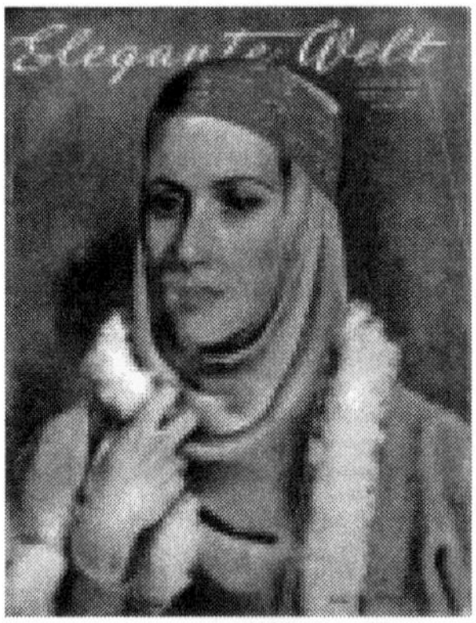

Abbildung 132

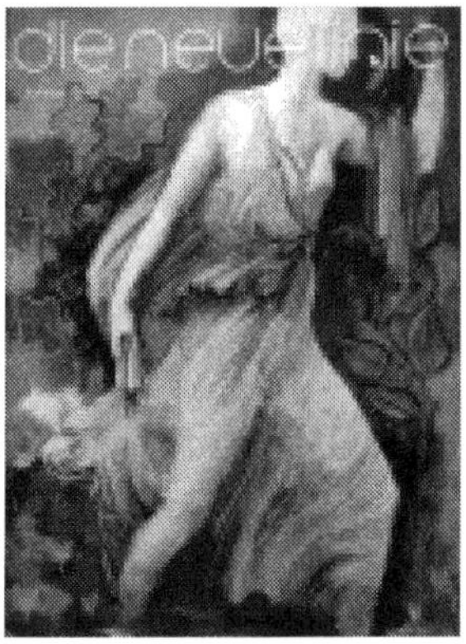

Abbildung 133

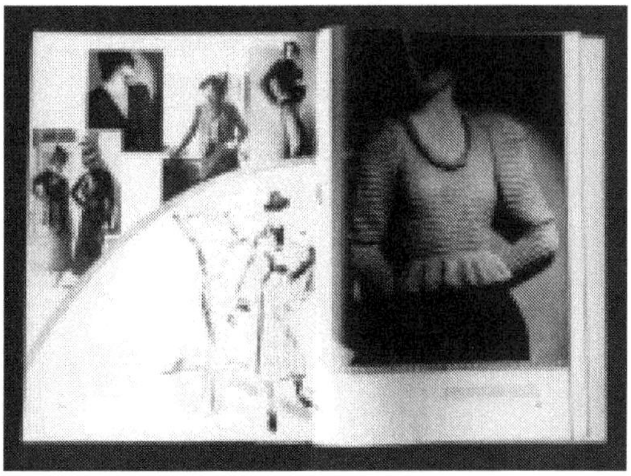

Abbildung 134

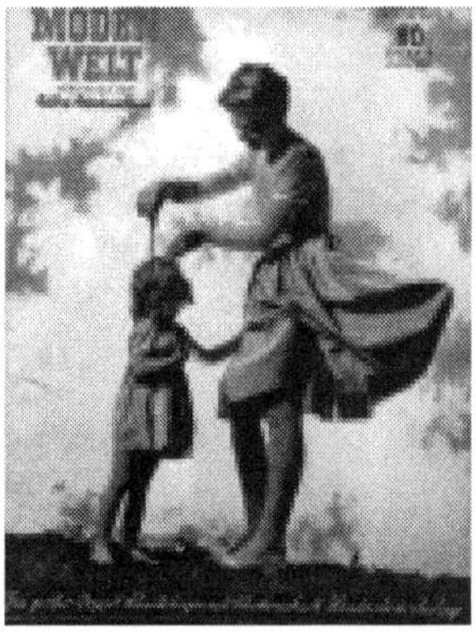

Abbildung 135

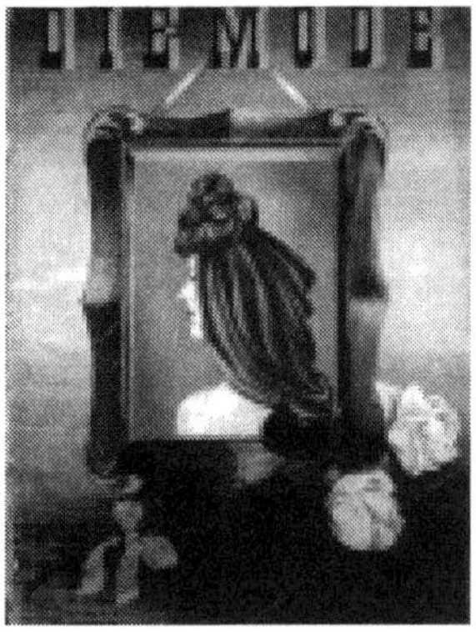

Abbildung 136

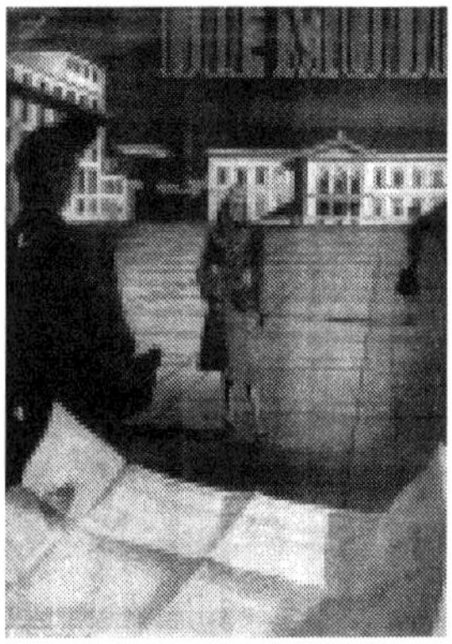

Abbildung 137

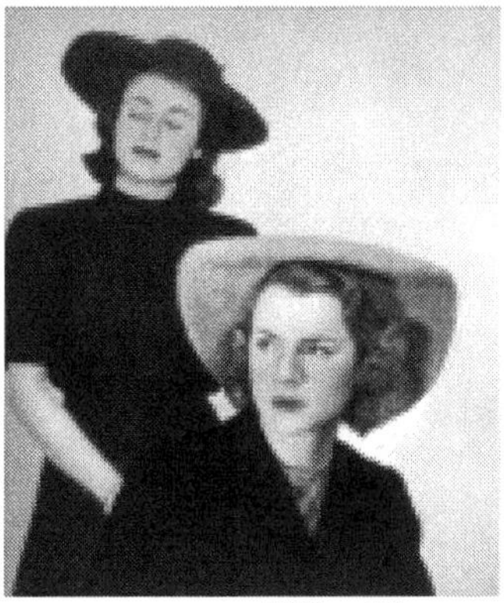

Abbildung 138

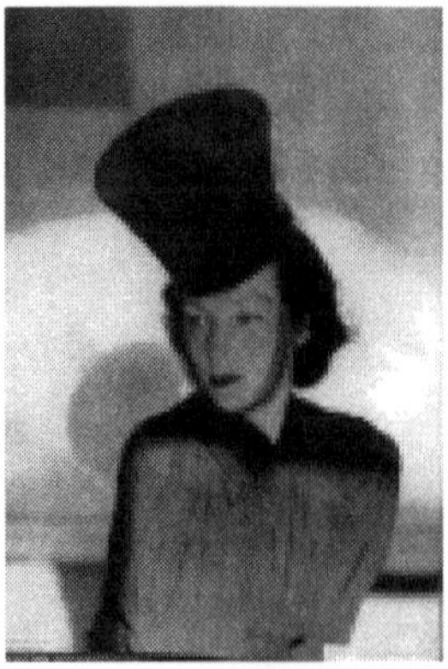

Abbildung 139

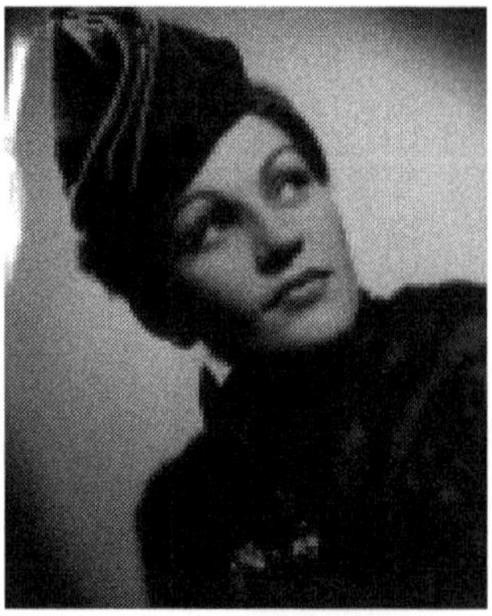

Abbildung 140

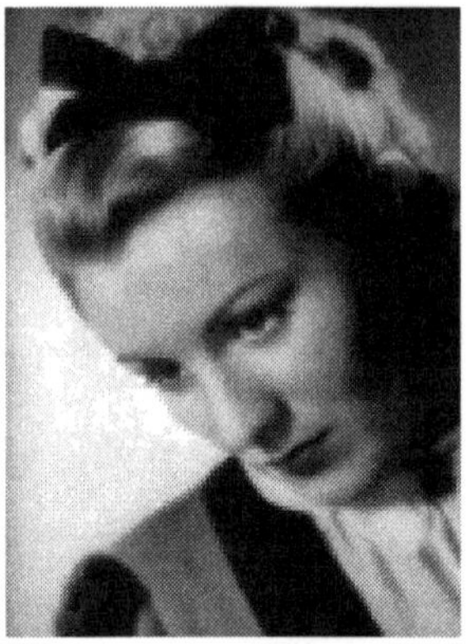

Abbildung 141

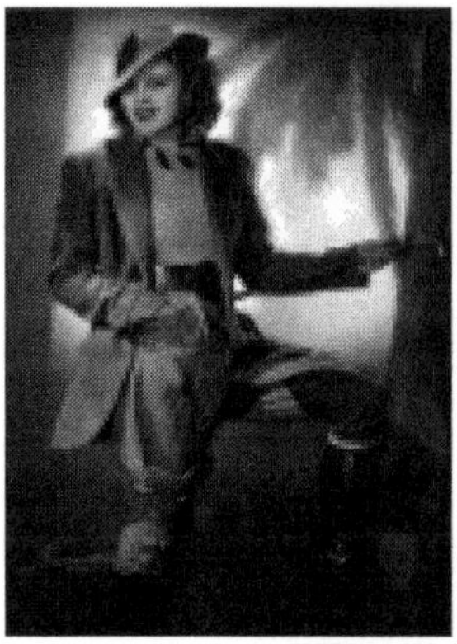

Abbildung 142

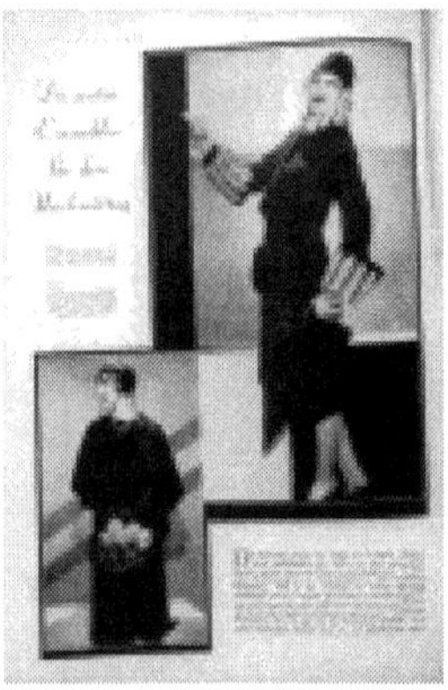

Abbildung 143

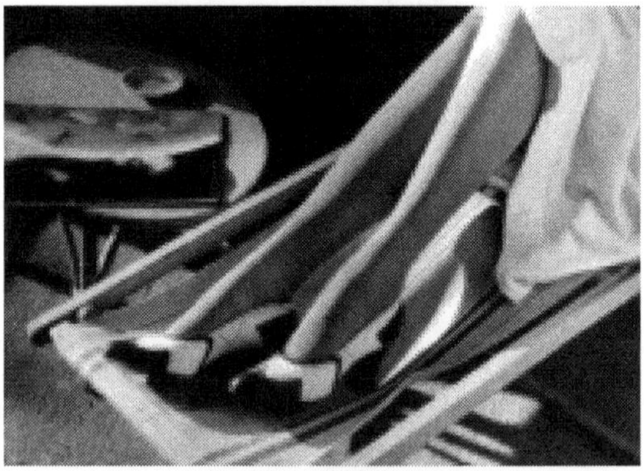

Abbildung 144

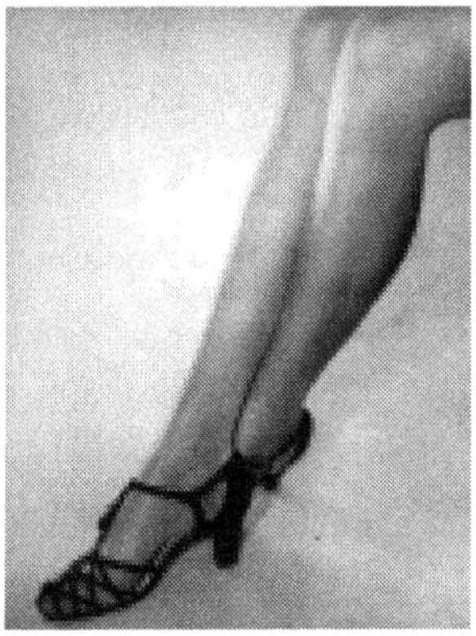
Abbildung 145

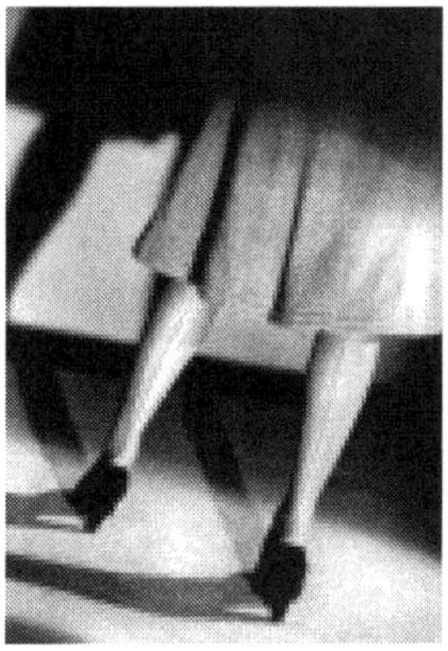
Abbildung 146

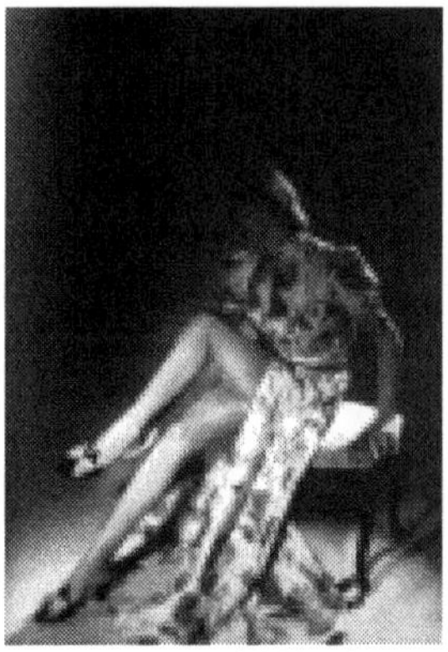
Abbildung 147

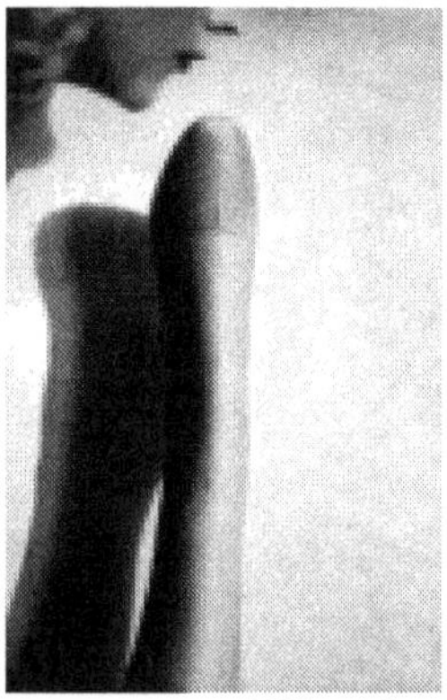
Abbildung 148

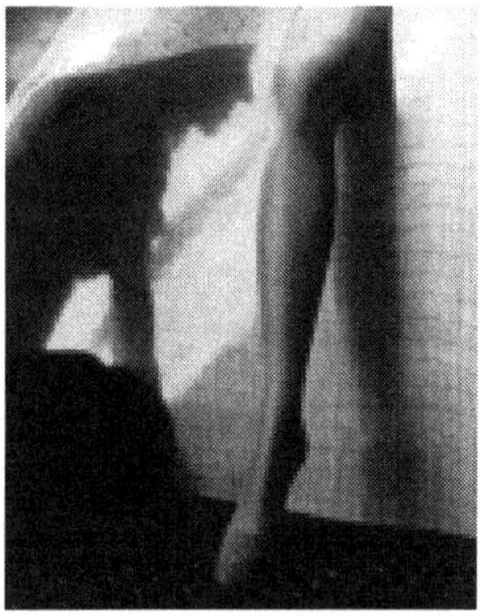
Abbildung 149

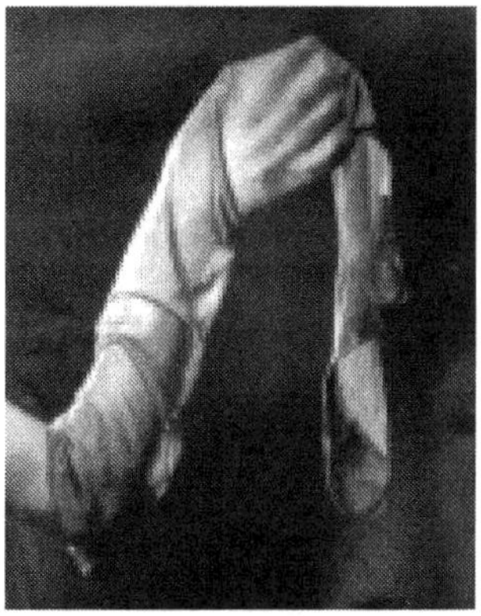
Abbildung 150

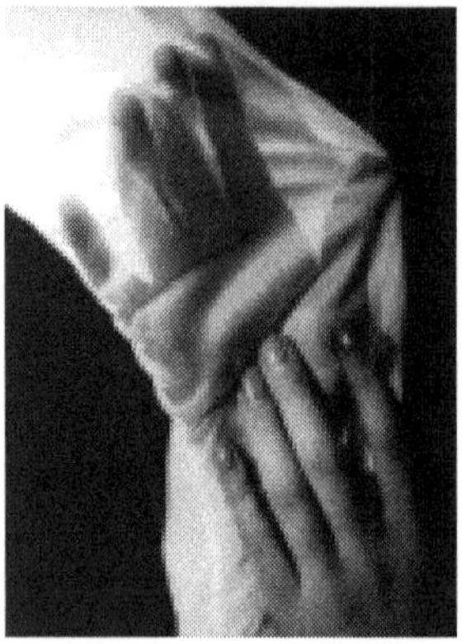
Abbildung 151

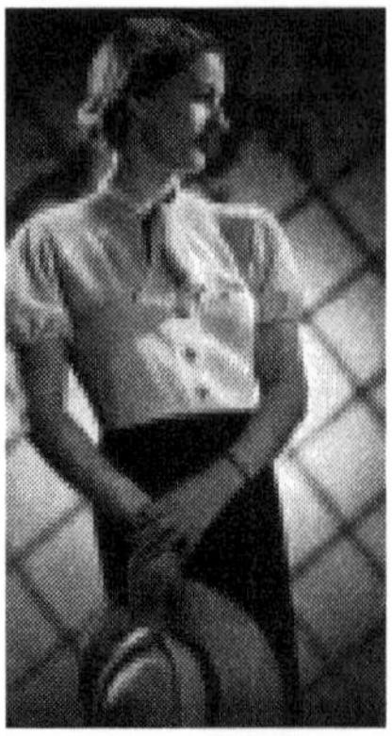
Abbildung 152

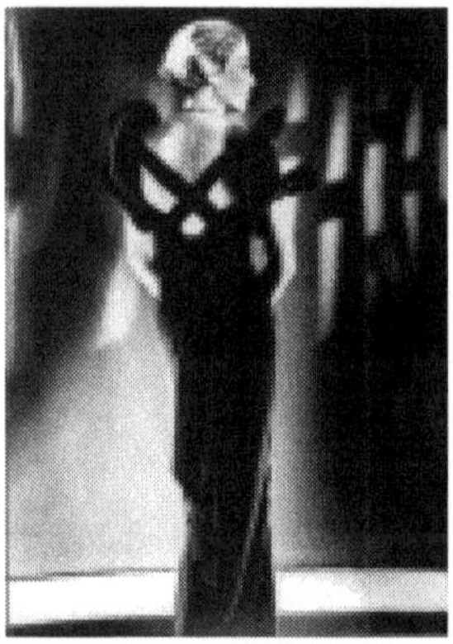
Abbildung 153

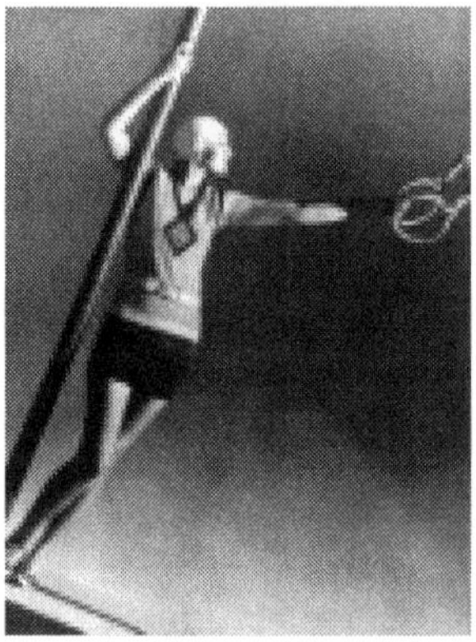
Abbildung 154

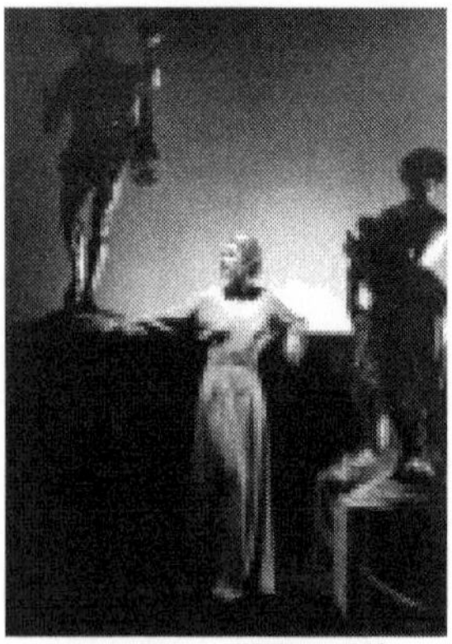
Abbildung 155

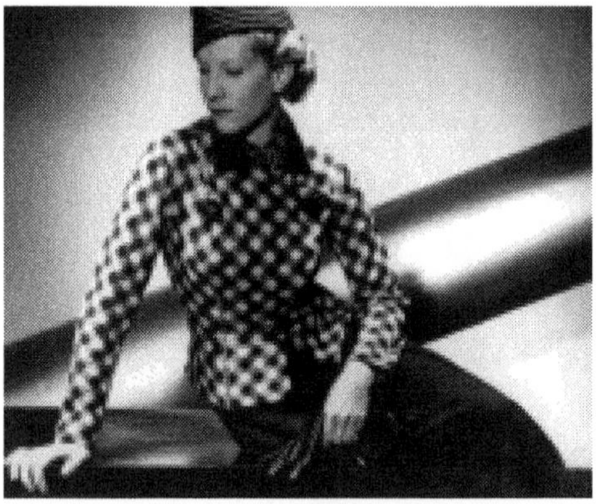
Abbildung 156

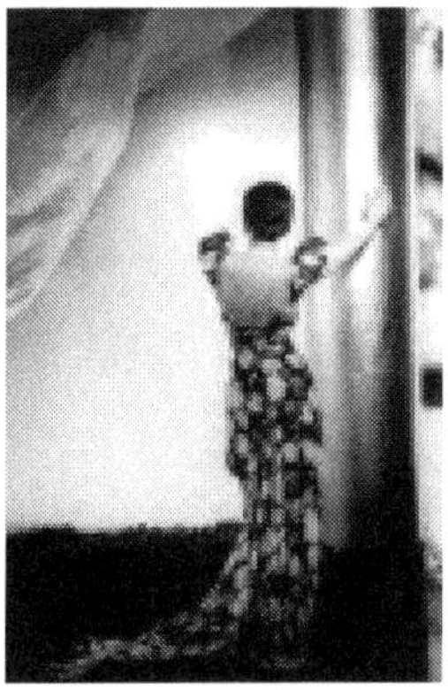

Abbildung 157

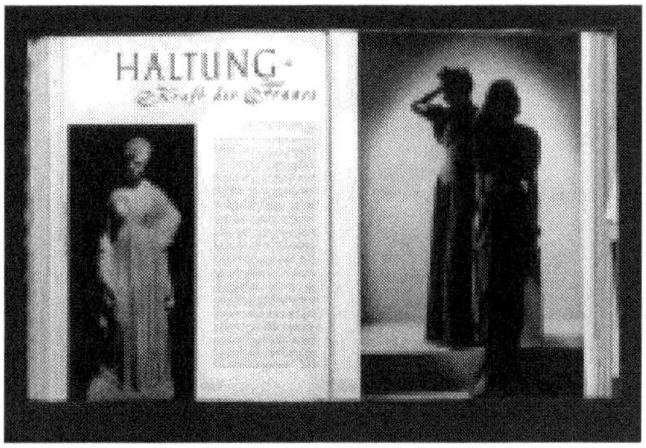

Abbildung 158

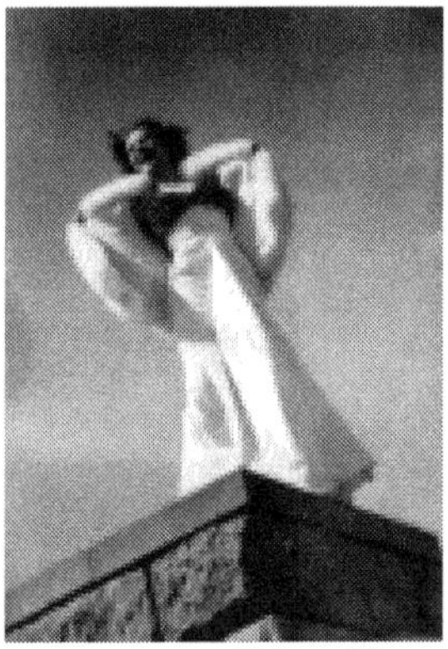

Abbildung 159

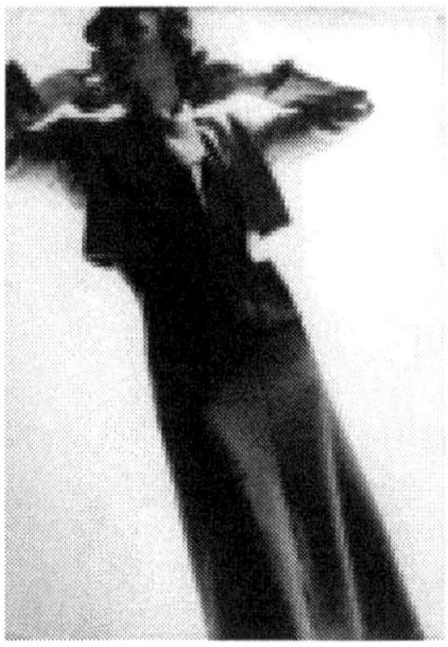

Abbildung 160

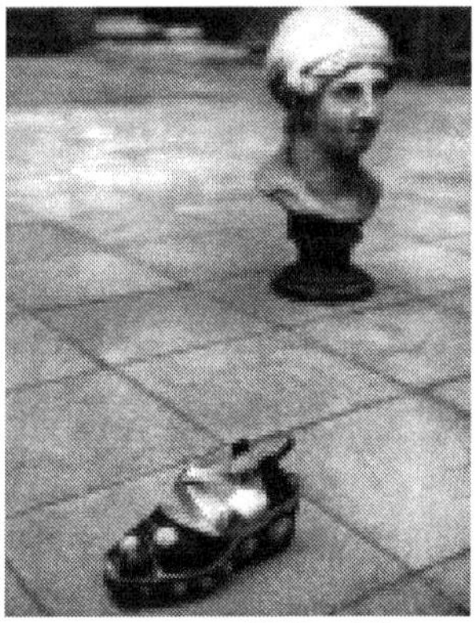

Abbildung 161

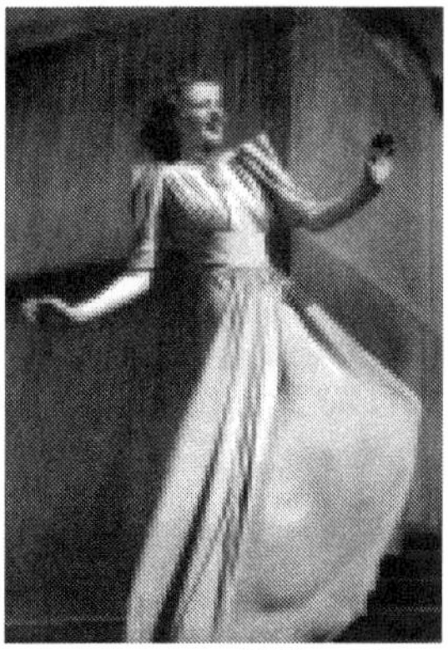

Abbildung 162

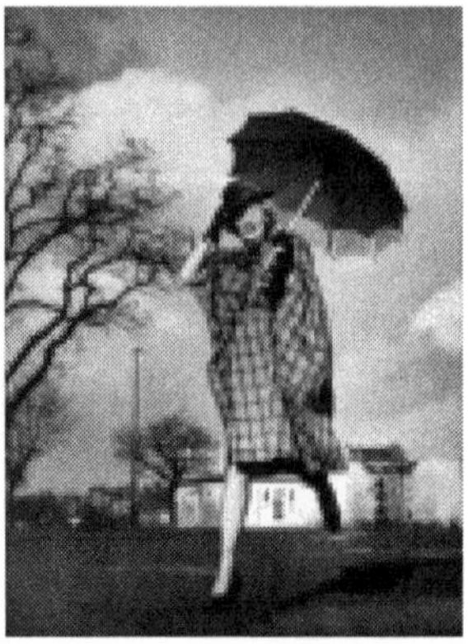
Abbildung 163

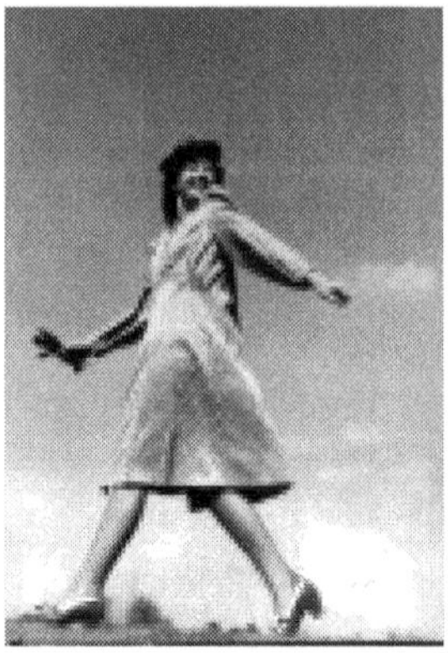
Abbildung 164

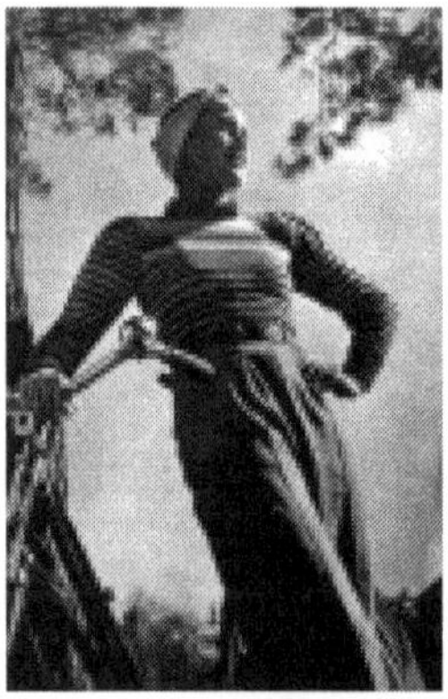
Abbildung 165

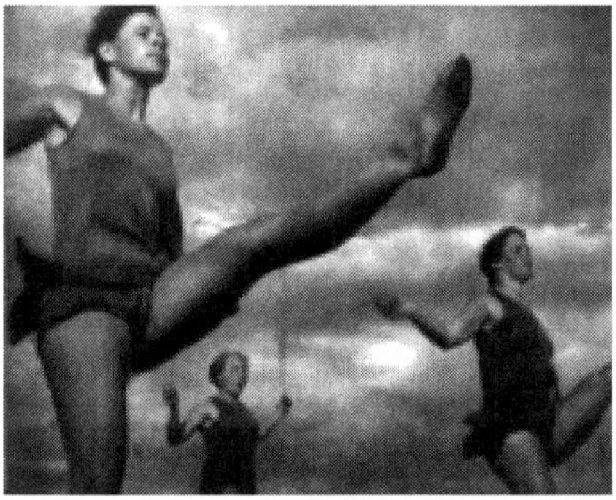
Abbildung 166

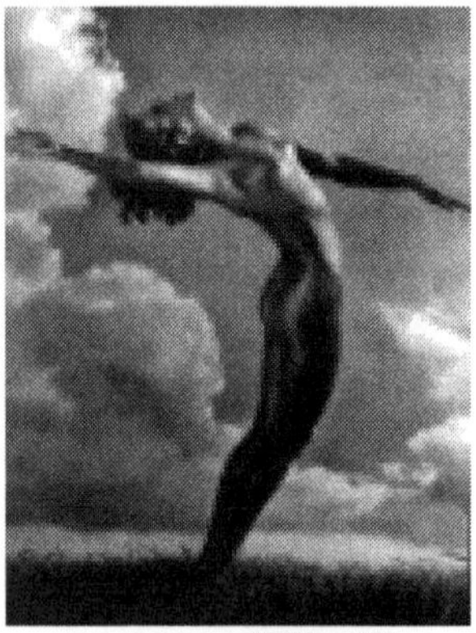
Abbildung 167

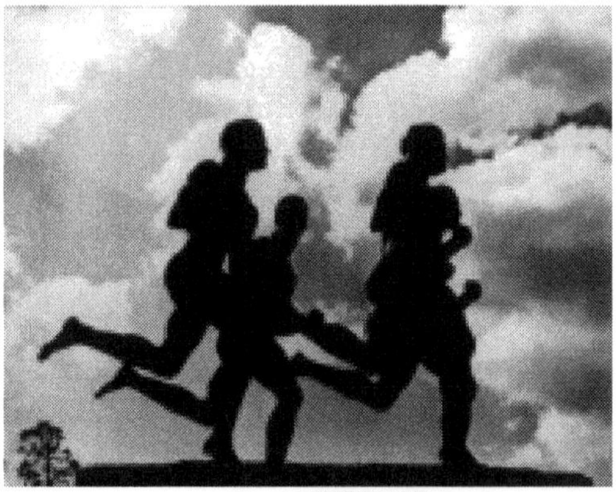
Abbildung 168

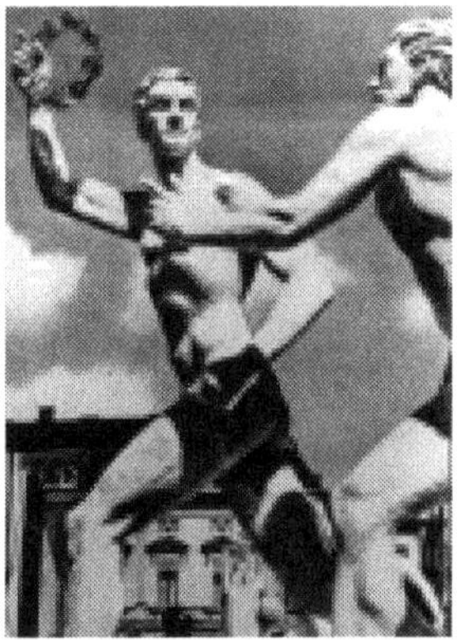

Abbildung 169

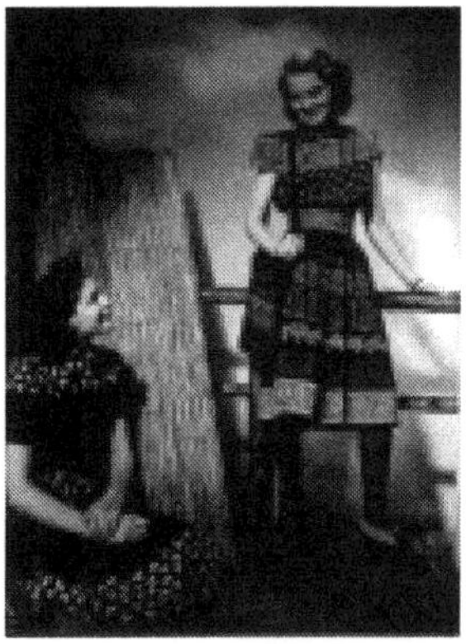

Abbildung 170

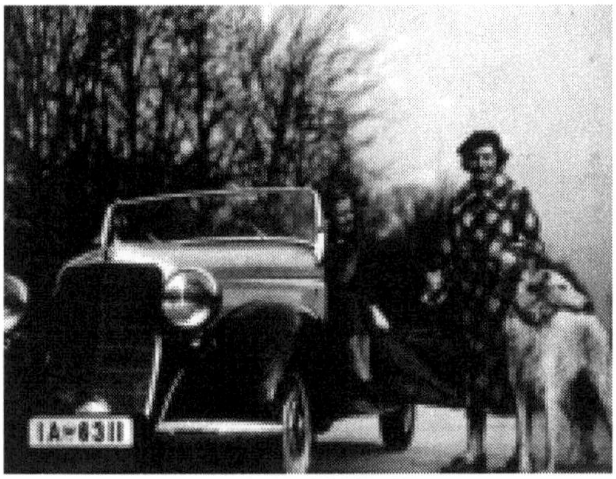

Abbildung 171

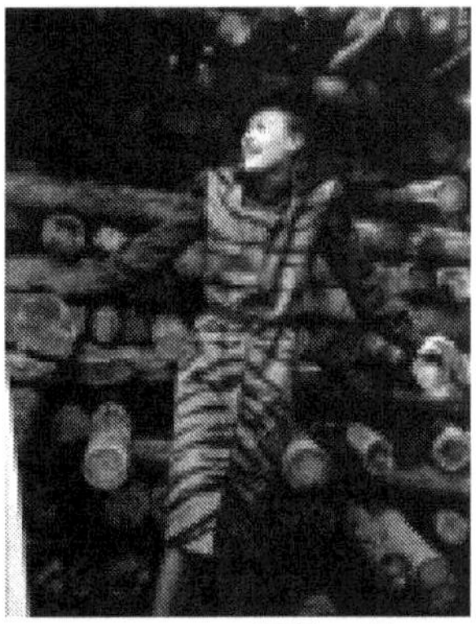

Abbildung 172

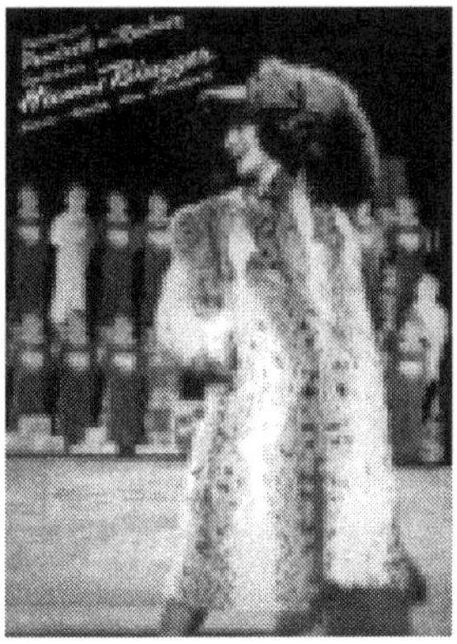

Abbildung 173

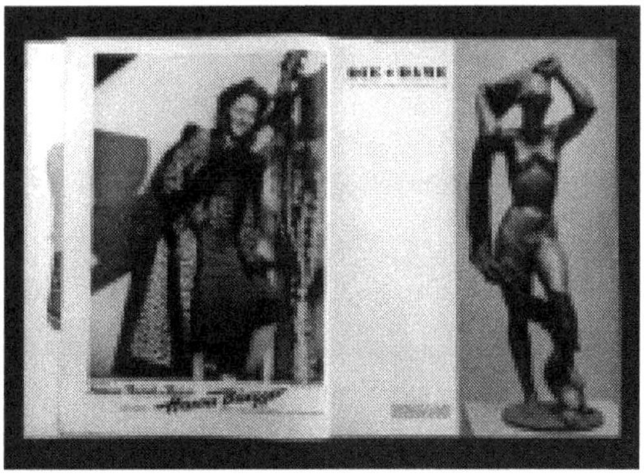

Abbildung 174

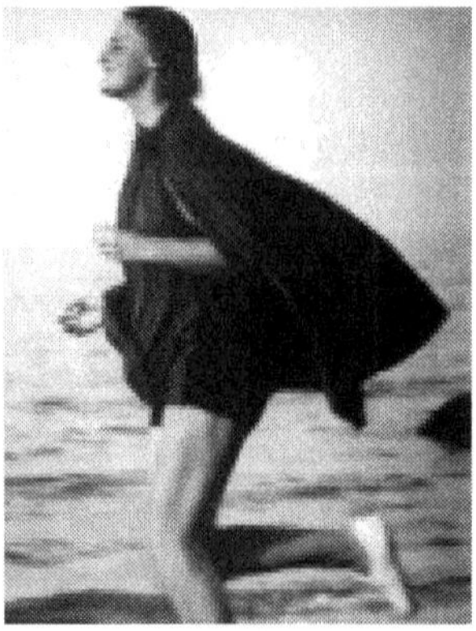

Abbildung 175

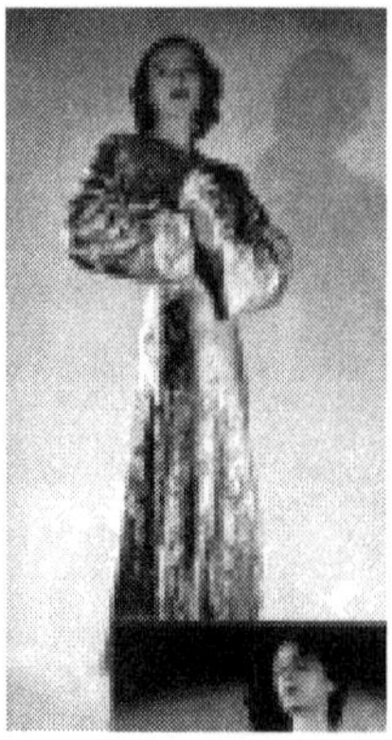

Abbildung 176

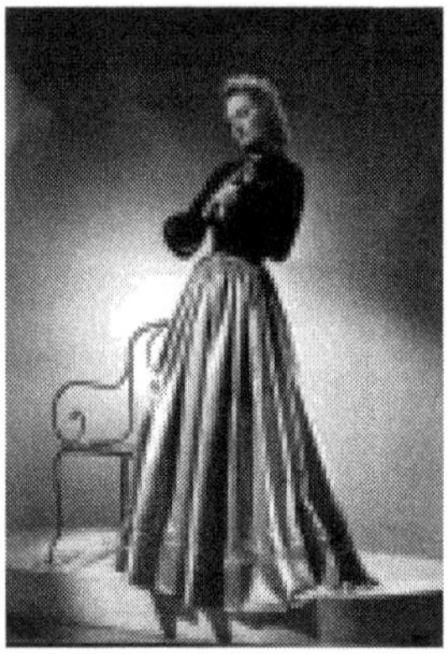

Abbildung 177

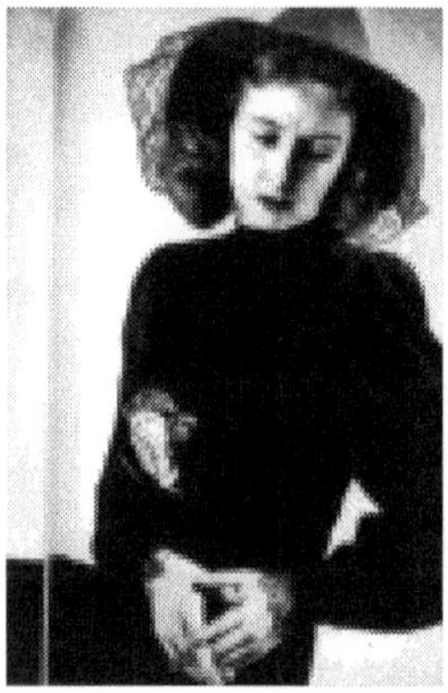

Abbildung 178

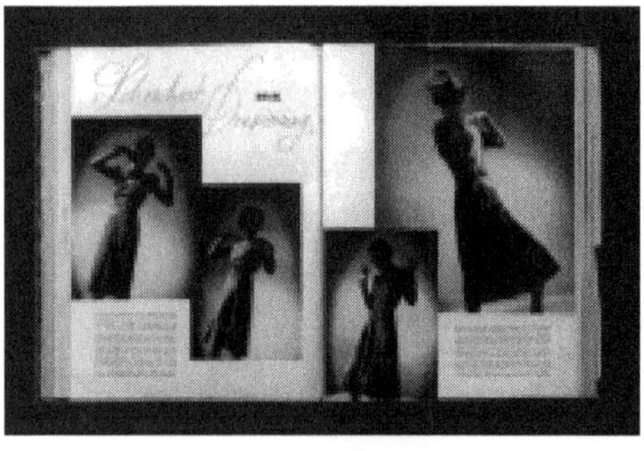

Abbildung 179

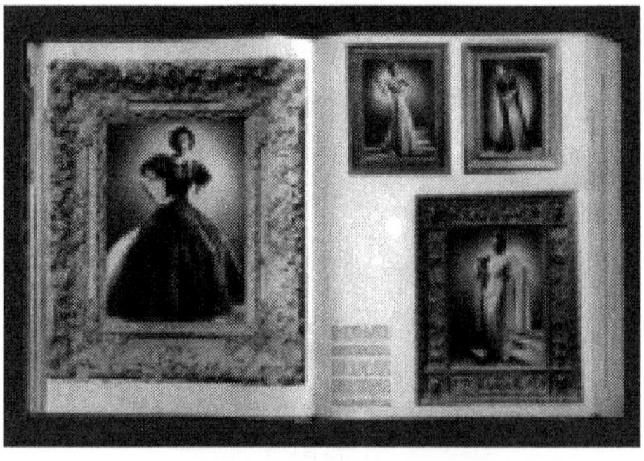

Abbildung 180

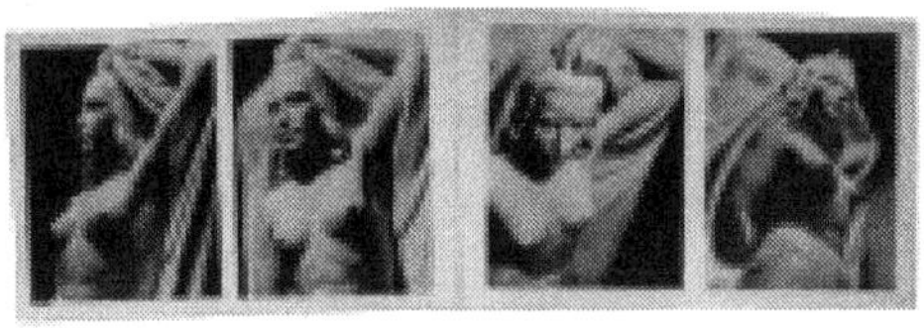

Abbildung 181

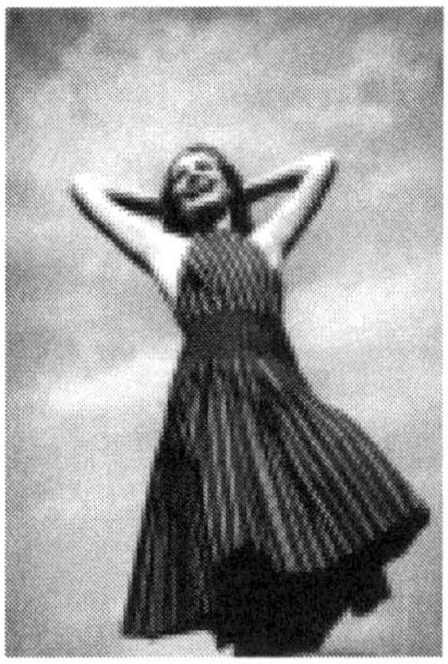

Abbildung 182

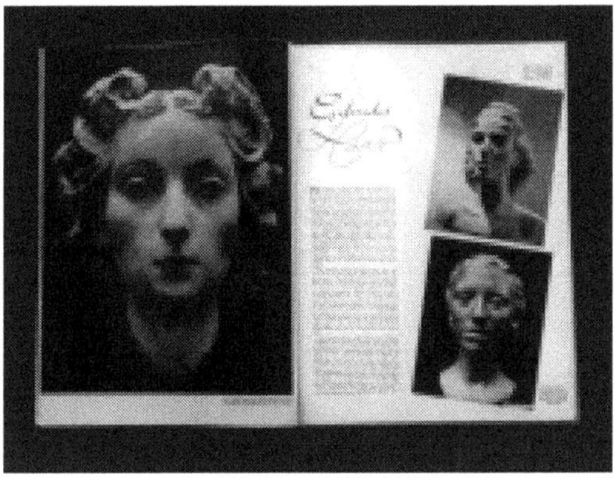

Abbildung 183

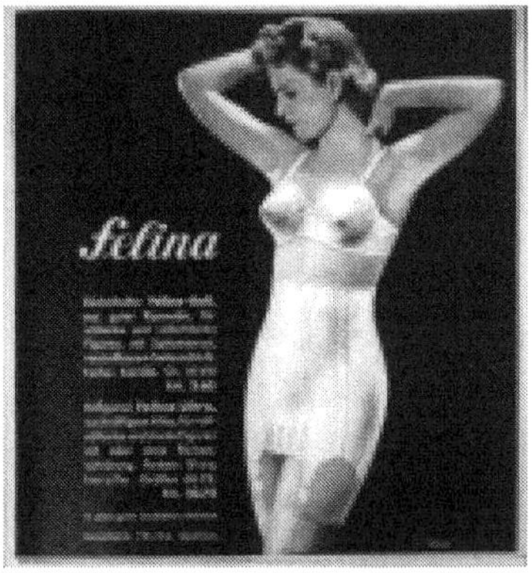

Abbildung 184

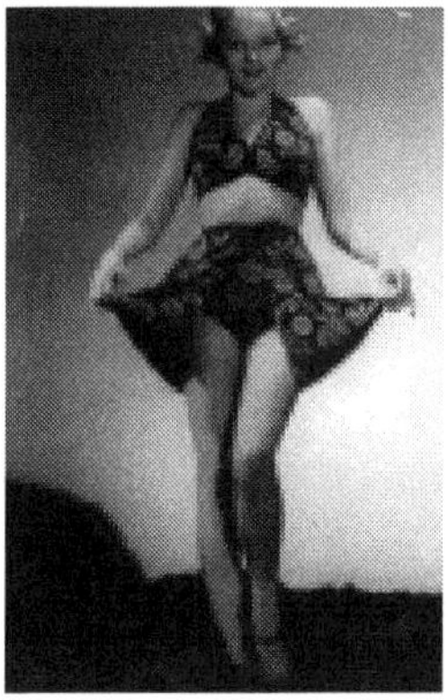

Abbildung 185

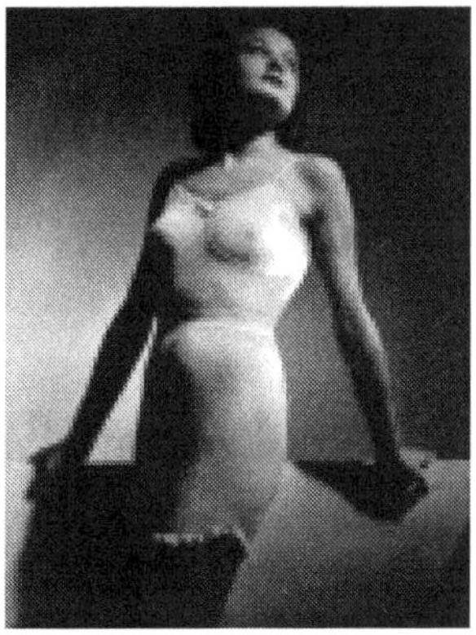

Abbildung 186

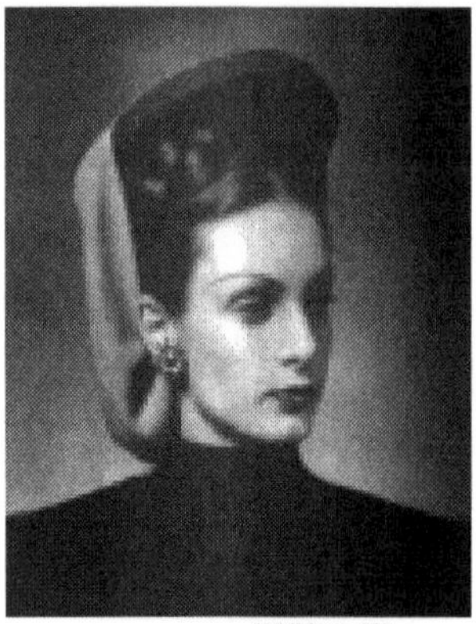
Abbildung 187

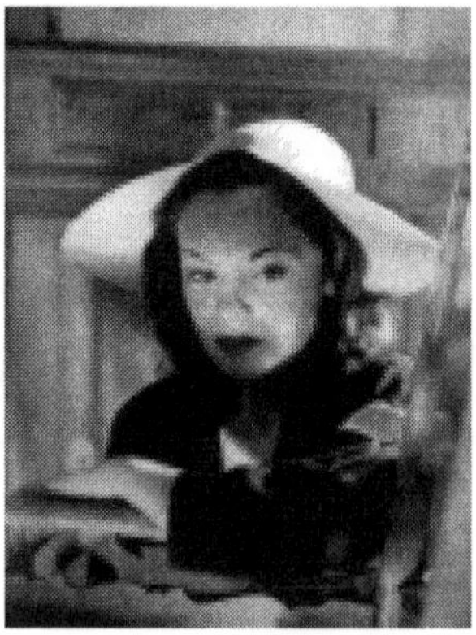
Abbildung 188

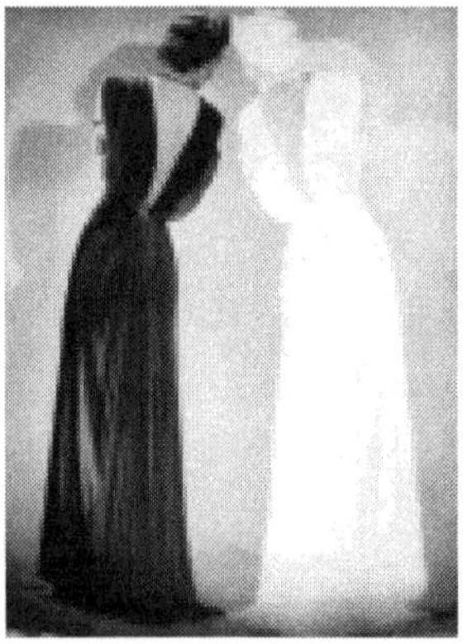
Abbildung 189

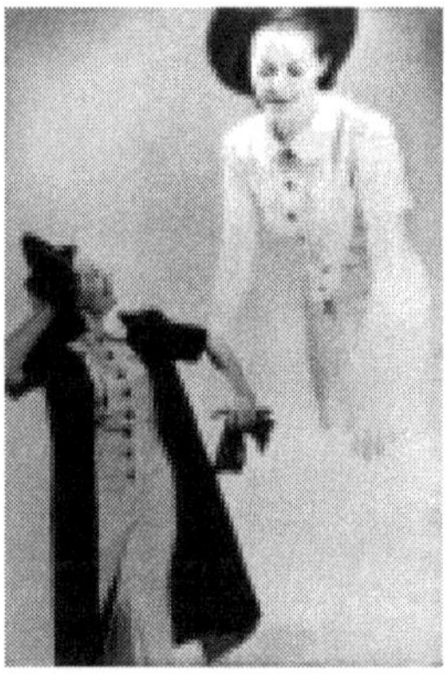
Abbildung 190

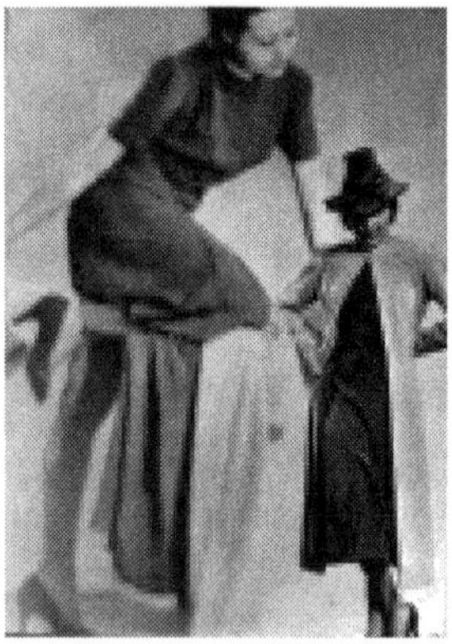
Abbildung 191

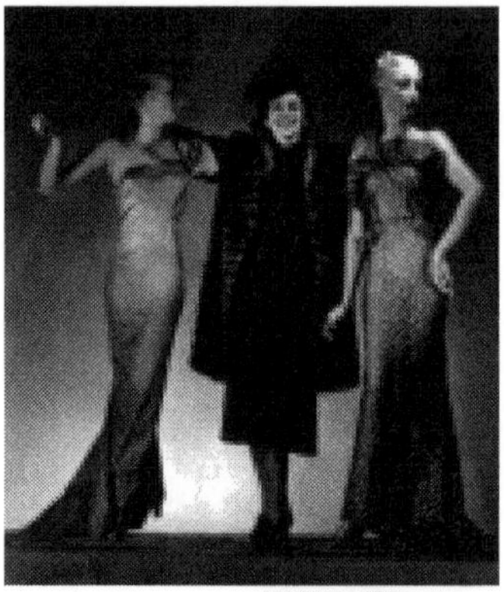
Abbildung 192

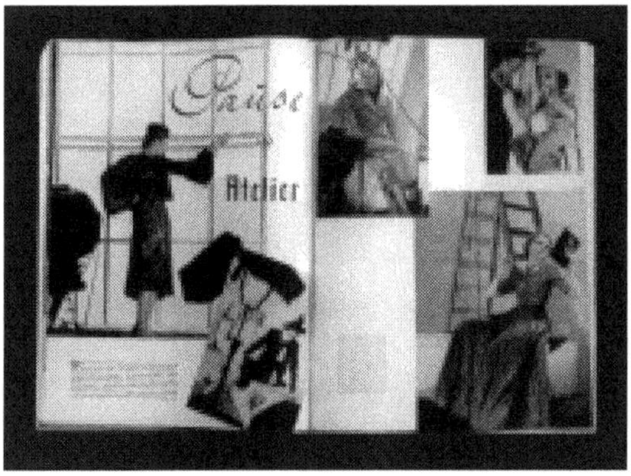

Abbildung 193

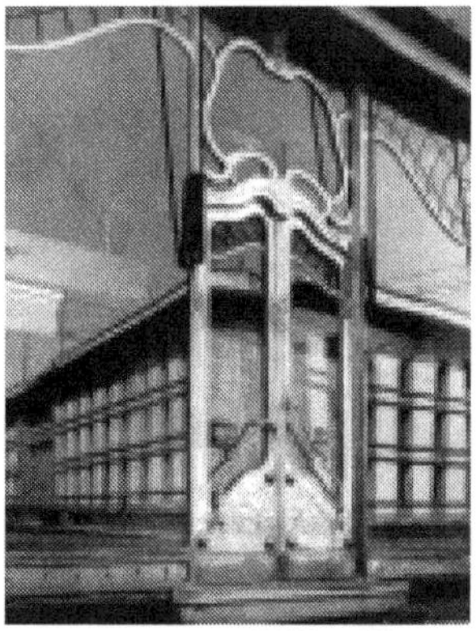

Abbildung 194

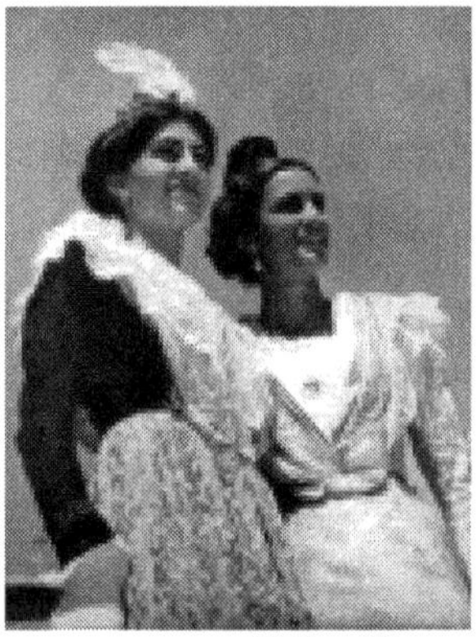

Abbildung 195

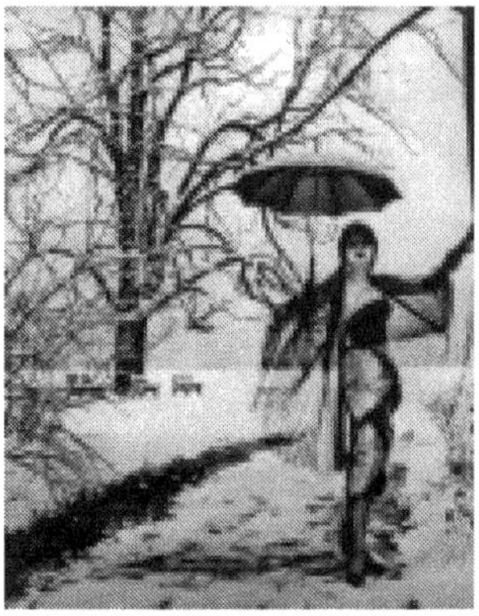

Abbildung 196

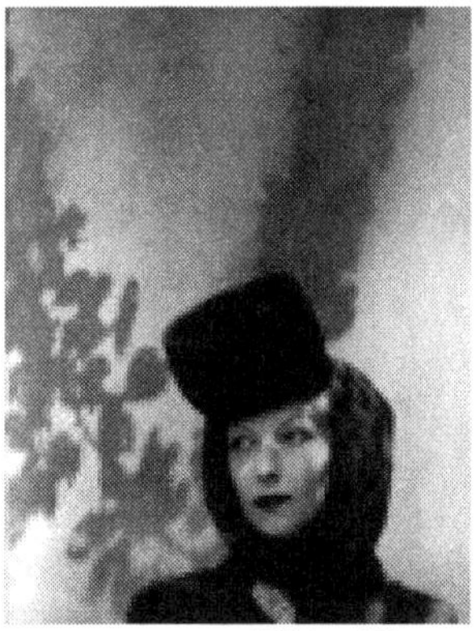

Abbildung 197

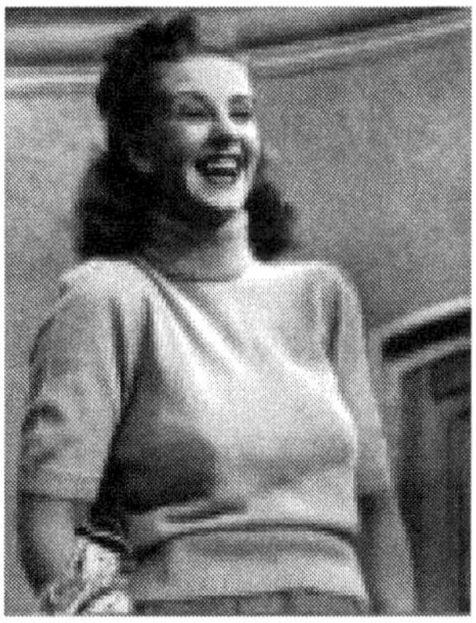

Abbildung 198

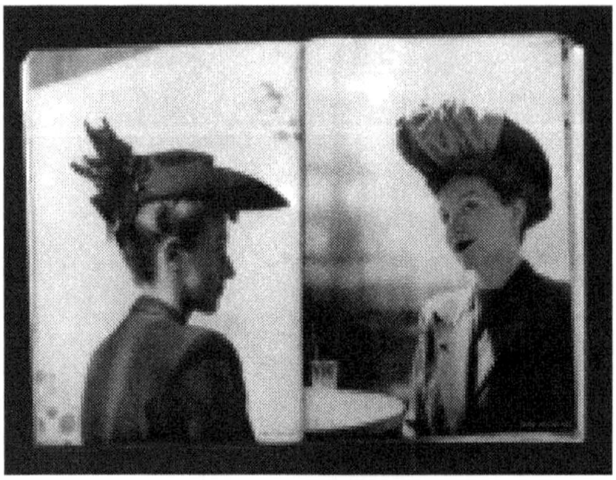

Abbildung 199

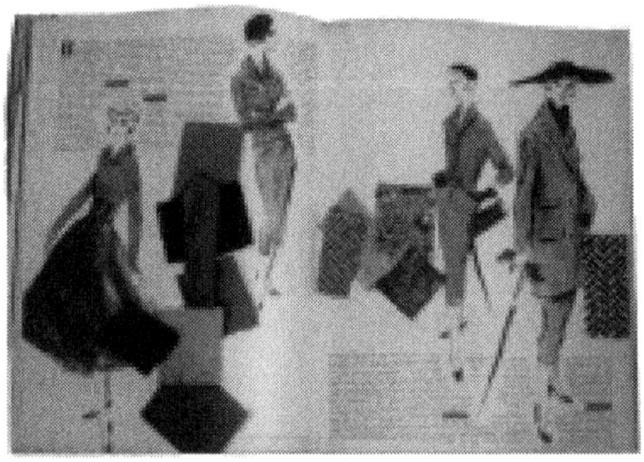

Abbildung 200

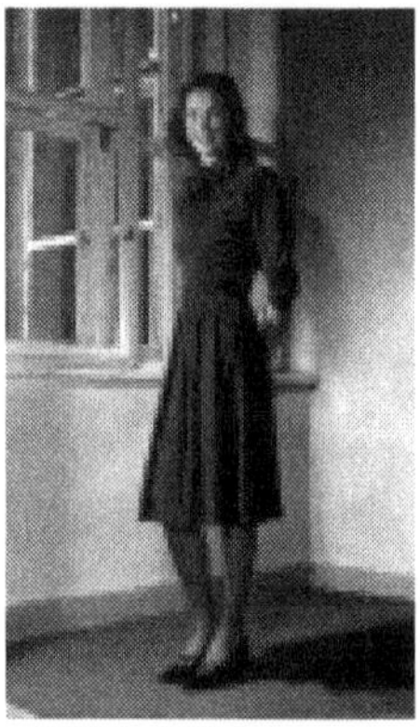

Abbildung 201

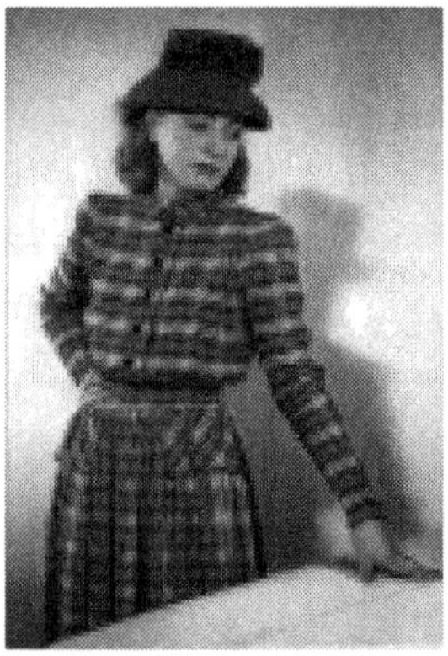

Abbildung 202

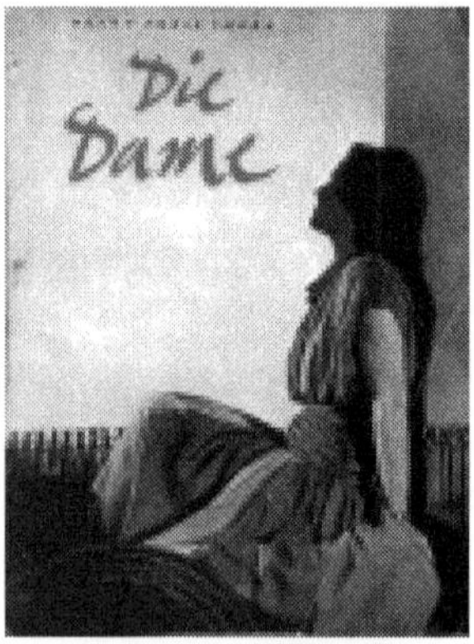

Abbildung 203

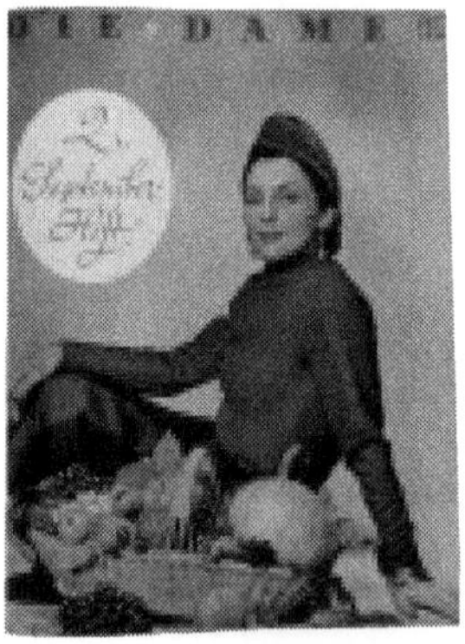

Abbildung 204

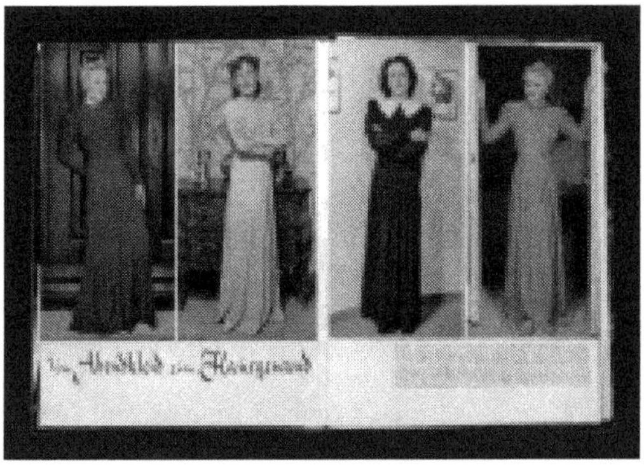

Abbildung 205

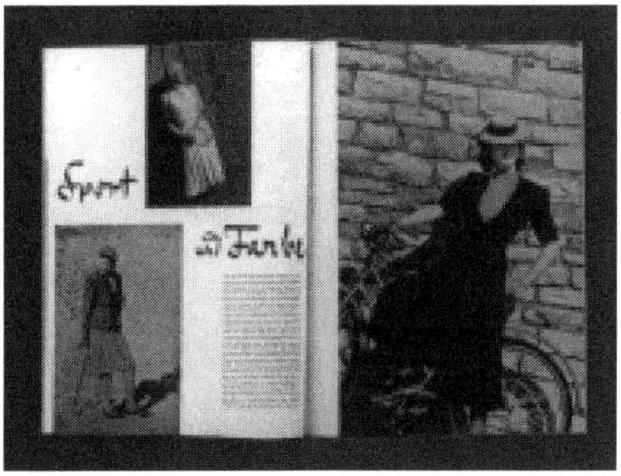

Abbildung 206

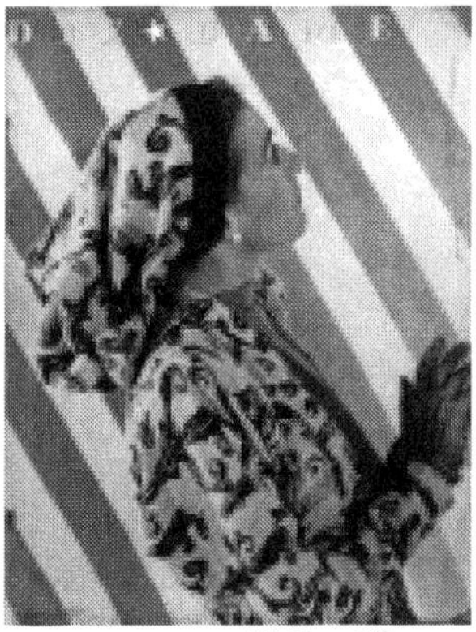

Abbildung 207

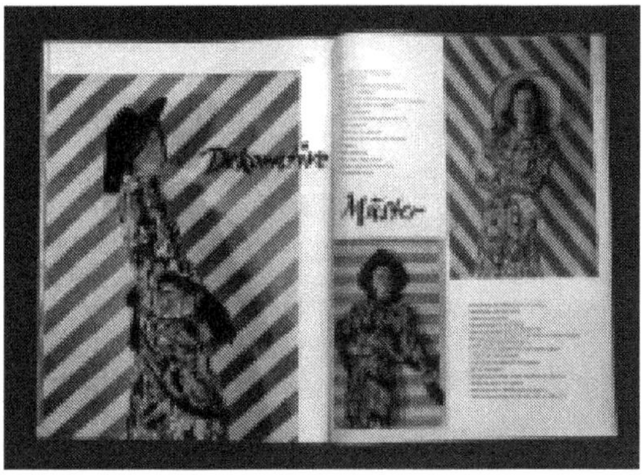

Abbildung 208

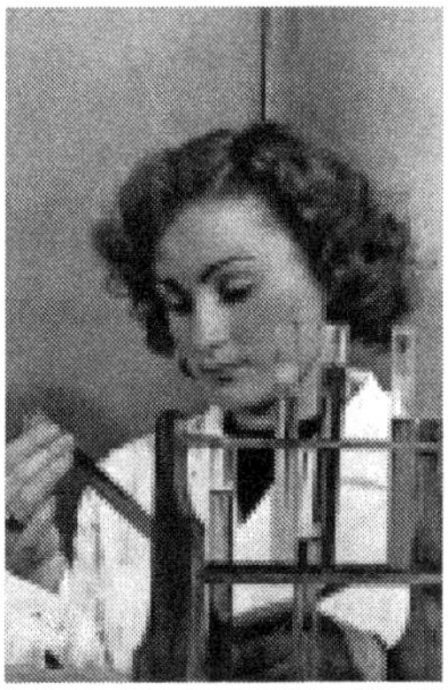

Abbildung 209

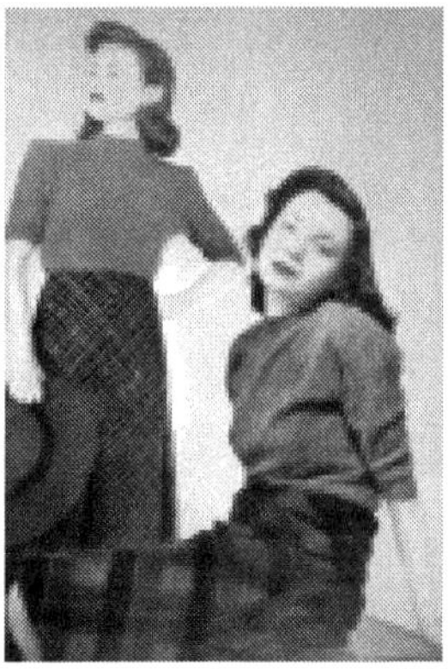

Abbildung 210

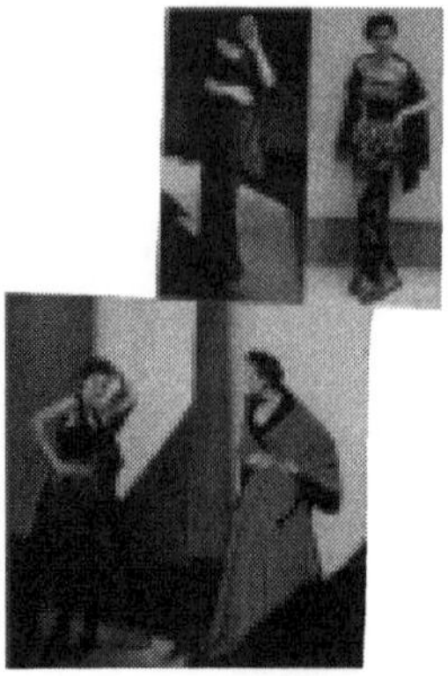

Abbildung 211

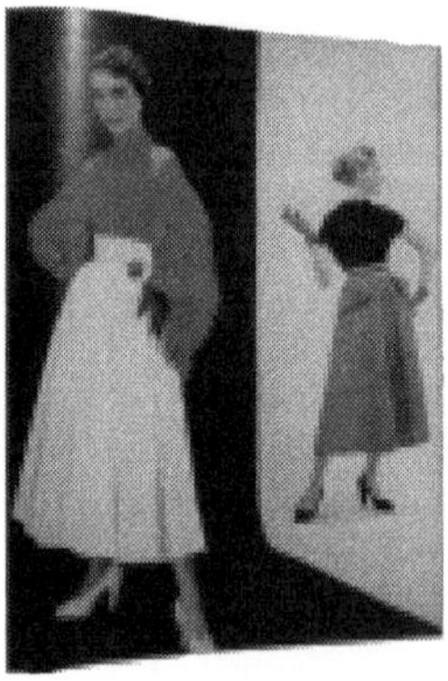

Abbildung 212

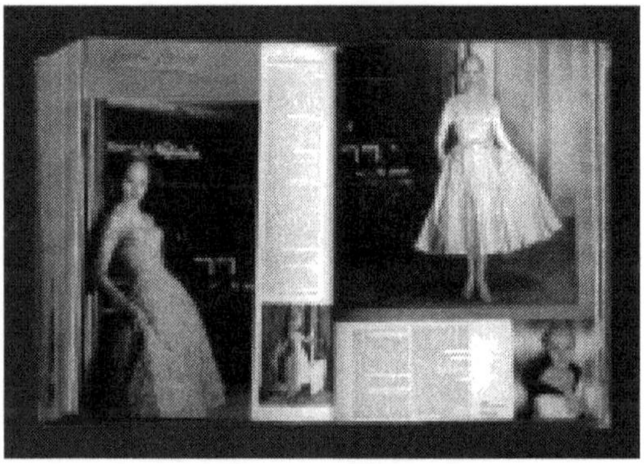

Abbildung 213

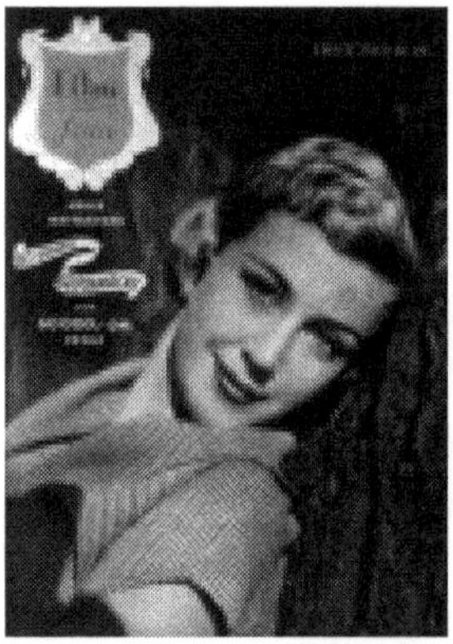

Abbildung 214

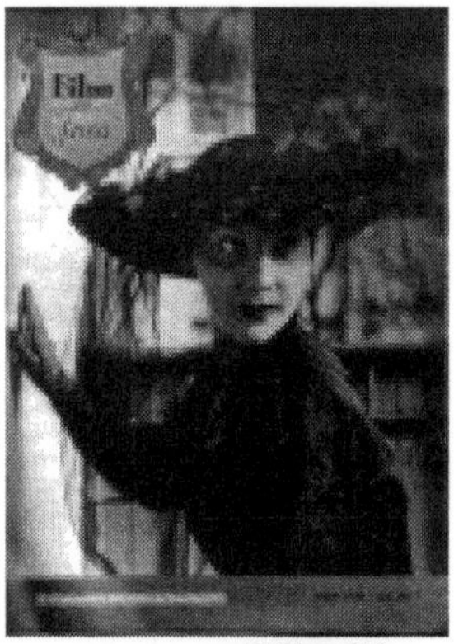

Abbildung 215

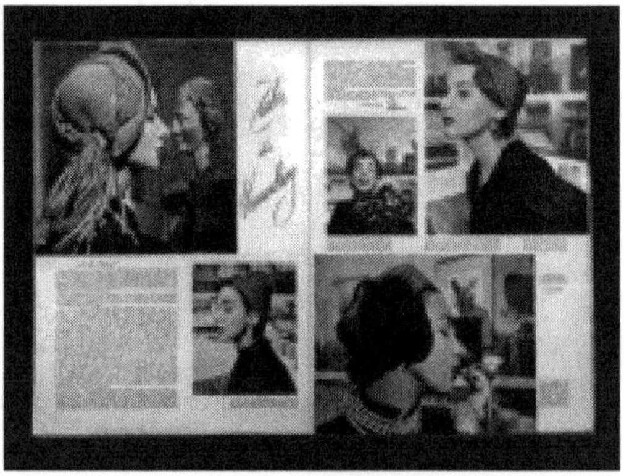

Abbildung 216

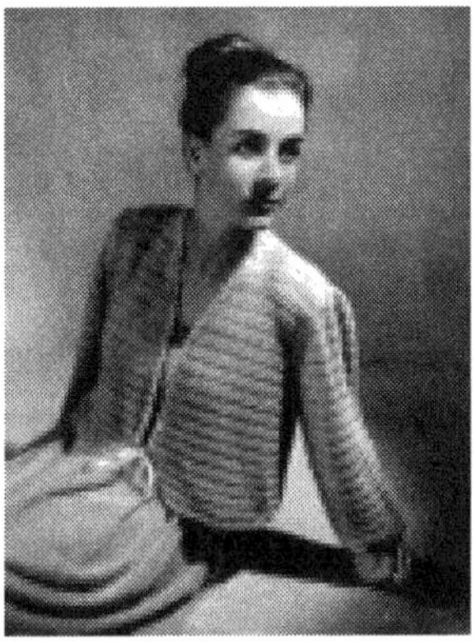

Abbildung 217

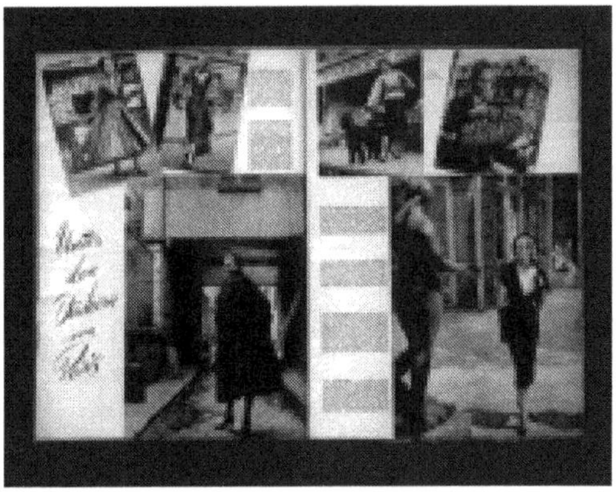

Abbildung 218

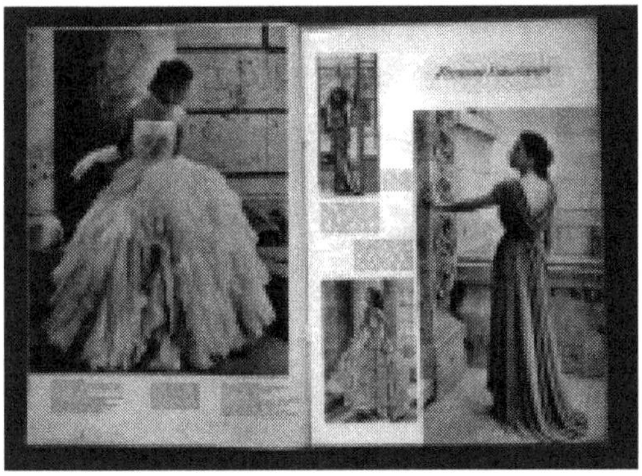

Abbildung 219

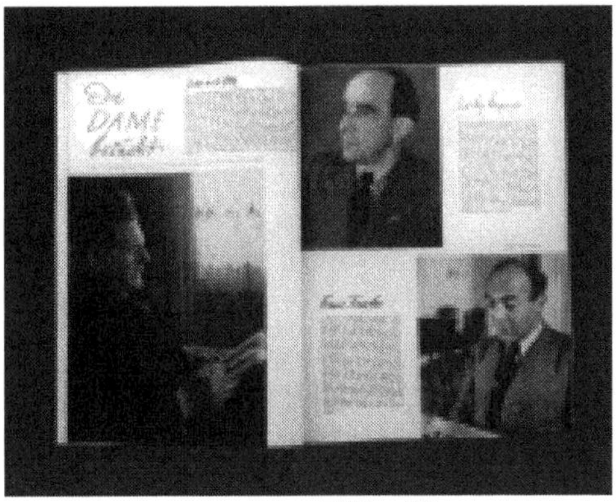

Abbildung 220

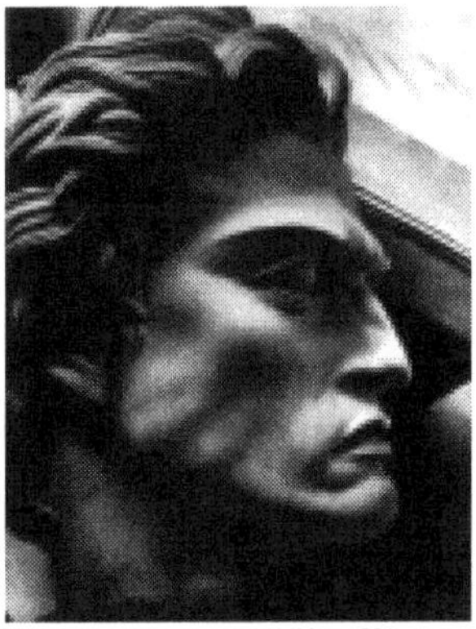

Abbildung 221